龙与狮的对话

翻译与马戛尔尼访华使团

王宏志 著

中国出版集团 东方出版中心

图书在版编目（CIP）数据

龙与狮的对话: 翻译与马戛尔尼访华使团 / 王宏志
著.—上海: 东方出版中心, 2023.4（2024.6 重印）
ISBN 978-7-5473-2155-3

Ⅰ.①龙… Ⅱ.①王… Ⅲ.①中英关系—国际关系史
—史料—1793 Ⅳ.①D829.561

中国国家版本馆 CIP 数据核字(2023)第 014898 号

上海市版权局著作权合同登记: 图字 09-2023-0161 号

龙与狮的对话: 翻译与马戛尔尼访华使团

著　　者　王宏志
策划编辑　朱宝元
责任编辑　戴浴宇　沈旖婷
封面设计　甘信宇

出 版 人　陈义望
出版发行　东方出版中心
地　　址　上海市仙霞路 345 号
邮政编码　200336
电　　话　021-62417400
印 刷 者　山东韵杰文化科技有限公司

开　　本　710mm×1000mm　1/16
印　　张　40
插　　页　10
字　　数　454 千字
版　　次　2023 年 6 月第 1 版
印　　次　2024 年 6 月第 5 次印刷
定　　价　158.00 元

呈献
南洋理工大学终身名誉校长
徐冠林教授

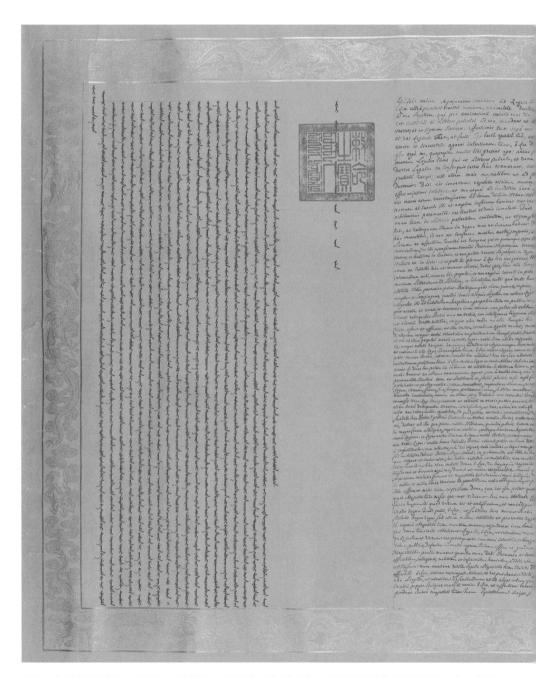

图 1 乾隆颁送乔治三世第一道敕谕，1793 年 10 月 7 日，现藏英国皇家档案馆，RA GEO ADD 31 21 A，courtesy of the Royal Archives © Her Majesty Queen Elizabeth II 2021。

奉天承運

皇帝勅諭嘆咭唎國王知悉咨爾國王遠在重洋傾心嚮化特遣使恭齎表章航海來庭叩祝萬壽並備進方物用將忱悃朕披閱表文詞意肫懇具見爾國王恭順之誠深為嘉許所有齎到表貢之正副使臣念其奉使遠涉推恩加禮已令大臣帶領瞻覲錫之筵宴疊加賞賚用示懷柔其已回珠山之管船官役人等六百餘名雖未來京朕亦優加賞賜俾得普沾恩惠一視同仁至爾國王表內懇請派一爾國之人住居天朝照管爾國買賣一節於天朝體制既屬不合而於爾國亦殊覺無益因思外國所留京當差之人原准其來京但既來之後即遵用天朝服色安置堂內永遠不准復回本國此係天朝定制想爾國王亦所知悉今爾國王欲求派一爾國之人住居京城既不能若來京當差之西洋人在京居住不歸本國又不可聽其往來常通信息實為無益之事且天朝所管地方至為廣遠凡外藩使臣到京驛館供給行止出入俱有一定體制從無聽其自便之例今爾國若留人在京言語不通服飾殊制無地可以安置

設天朝欲差人常駐爾國亦豈爾國所能遵行況西洋諸國甚多非止爾一國若俱似爾國王懇請派人留京豈能一一聽許寧能盡如爾所請乎是此事斷難准行豈能因爾國王一人之請以致更張天朝百餘年法度且天朝統馭萬國一視同仁即在廣東貿易者亦不僅爾嘆咭唎一國若俱紛紛效尤懇請留京豈能一一曲徇此事尤不便准行爾國王惟當善體朕意益勵款誠永矢恭順以保乂爾有邦共享太平之福除正副使臣以下各官及通事兵役人等正賞加賞各物件另單賞給外茲因爾國使臣歸國特頒勅諭並賜爾國王文綺珍物具如常儀加賜綵緞羅綺文玩器具諸珍另單王其祗受悉朕眷懷特此勅諭

乾隆五十八年八月初三日

图 2 乾隆颁送乔治三世第二道敕谕，1793 年 10 月 7 日，现藏英国皇家档案馆，RA GEO ADD 31 21 B，courtesy of the Royal Archives © Her Majesty Queen Elizabeth II 2021。

乾隆五十七年九月初三日

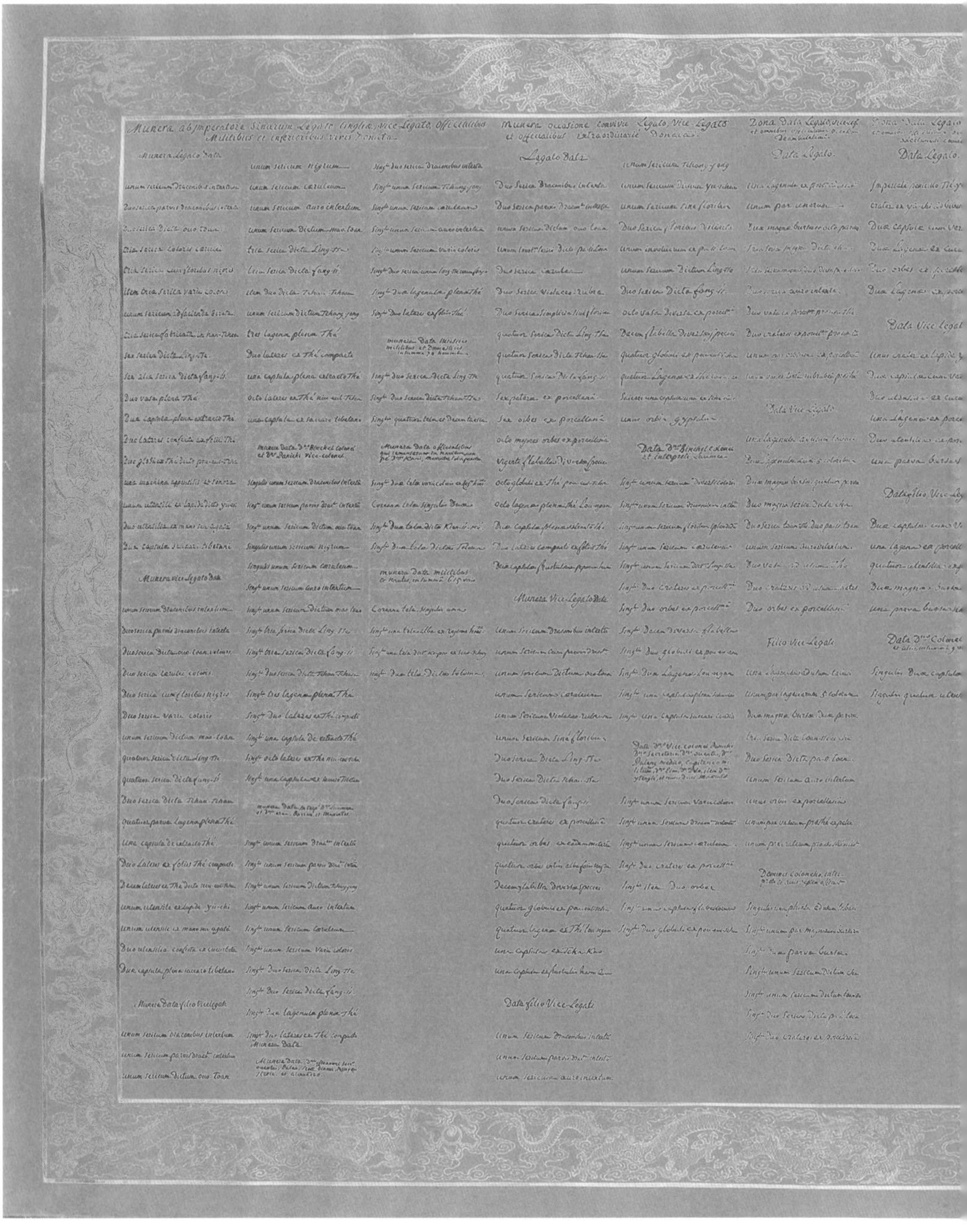

图 3 乾隆赏送马戛尔尼使团成员物件清单，现藏英国皇家档案馆，RA GEO ADD 31 21 C，courtesy of the Royal Archives © Her Majesty Queen Elizabeth II 2021。

計開
正貢正副使及官役共丁等物件

正貢
龍緞一匹　　　　　緞緞二匹　　　　青花緞三匹　　　彩緞三匹　　　杭紬三匹
龍緞六匹　　　　　茶青二大匹　　　大普洱茶二個　　玉器一件
妝緞六匹　　　　　　　　　　　　　磚茶二塊
瑪瑙二件

正使
龍緞一匹　　　　　緞緞二匹　　　　青花緞二匹　　　彩緞二匹　　　緞四匹
妝緞一匹　　　　　茶青二塊　　　　女兒茶十個　　　玉器二件　　　六安茶八瓶
葫蘆器二件　　　　　　　　　　　　玉器二件　　　普洱茶四圓

副使
龍緞一匹　　　　　青緞二匹　　　　青緞二匹　　　　緞一匹　　　　素緞二匹
妝緞一匹　　　　　津緞一匹　　　　磚茶二塊　　　　女兒茶一匣　　六安茶四瓶
緞緞二匹　　　　　茶青三捲

副使
龍緞一匹　　　　　青緞二匹　　　　藍緞二匹　　　　錦一匹　　　　花緞二匹
妝緞一匹　　　　　津緞一匹　　　　磚茶二塊　　　　菠蘿緞一匹　　茶青并茶各一匣
緞緞三匹　　　　　茶青三捲

通事官一名
龍緞一匹　　　　　青緞一匹　　　　藍緞一匹　　　　錦一匹
妝緞一匹　　　　　磚茶二塊　　　　茶青二塊　　　　女兒茶八個
緞緞二匹

代筆官一名
龍緞一匹　　　　　青緞一匹　　　　藍緞一匹　　　　緞各二匹
妝緞一匹　　　　　津緞一匹　　　　茶青一匣　　　　紬緞各二匹
緞緞二匹

吹樂官七名
緞緞共七匹　　　　藍緞七匹　　　　緞各一匹
彩緞七匹　　　　　伊開　　　　　　緞各一匹
　　　　　　　　　伊發勒
　　　　　　　　　錦并條帛

留都管事官三名
緞緞四匹　　　　　布帛四匹　　　　銀十兩
高蔭官各一匹

且家如官正副貢使官物件
緞緞二匹　　　　　　　　　　　　　小增城菊茶一匣
哈密瓜乾一世

正使
龍緞一匹　　　　　緞緞二匹　　　　藍緞二匹　　　　緞色緞二匹
妝緞二匹　　　　　五彩真花碗六件　寰青白茶寰碗六件　各樣扇二十柄
緞緞四匹　　　　　寰青四茶寰碗四件

總閱問本生
鵝緞一匹　　　　　錦一匹　　　　　津緞一匹　　　　羽緞一匹　　　緞四匹
妝緞二匹　　　　　五彩真花碗六件　十錦扇四柄　　　普洱茶四圓　　六安茶八瓶
緞緞二匹

管兵官白斾
津緞一匹　　　　　藍緞一匹　　　　綾各一匹　　　　普洱茶二圓
六安茶各二瓶　　　米糖各二匣

官道地瓷物件
六安油壺一對　　　宜興壺一對　　　綾各一匹　　　　大卷八絲緞二匹　小卷八絲緞一匹
代文庫一世　　　　寰碗各二件　　　大卷紗二匹　　　　　　　　　旛扇各十柄

隨事官員
五彩緞碗一對　　　亮花錦一對　　　　　　　　　　　大卷八絲緞一匹　十錦扇各十柄
緞緞二匹　　　　　寰盤各一件　　　　　　　　　　　

瑪瑙二匹　　　　　小荷包各二個　　　藍緞各一匹
五彩瓷碗一對　　　寰盤一對　　　　　大卷紗二匹
寰碗一對　　　　　大荷包各二個　　　八絲緞二匹　　　錦一匹

副使
五彩瓷碗一對　　　小荷包八個　　　大荷包各一對　　大卷八絲緞二匹　大卷八絲緞二匹
寰碗一對　　　　　大荷包一對　　　　　　　　　　　　　　　　　　　錦二匹
緞緞二匹　　　　　小荷包二個　　　　　　　　　　　

副使
五彩瓷碗一對　　　寰盤一對　　　　小荷包二個　　　紗緞各三匹　　　八絲緞二匹
瑪瑙各一對　　　　　　　　　　　　紗各一匹
緞緞一匹　　　　　綾各一匹

總辦官九名
皮緞各九匹　　　　小荷包各二個　　　緞各一匹　　　　八絲緞二匹　　錦一匹
　　　　　　　　　　　　　　　　　　　　　　　　　八絲緞二匹　　寰盤一件

特貢正副使及各官寰劇物件
緞緞各一世　　　　葫蘆器二件　　　寰盤二件　　　　寰盤二件
御筆字畫小冊頁一本　寰盤四件

副貢玉盃一子
劇宮盒二件

柳緞一件　　　　　漆桃盒二件　　　　　　　　　　　寰盤二件
玉盃一件　　　　　葫蘆器二件

緞緞四件　　　　　大荷包二對　　　　大荷包一對
　　　　　　　　　　　　　　　　　小荷包一個

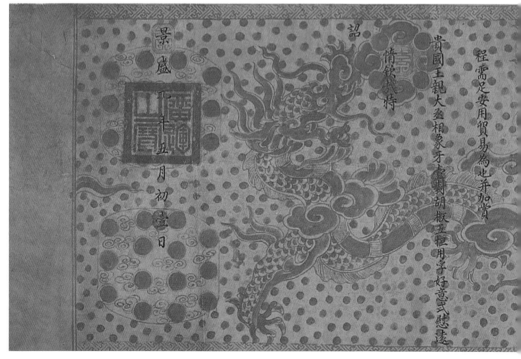

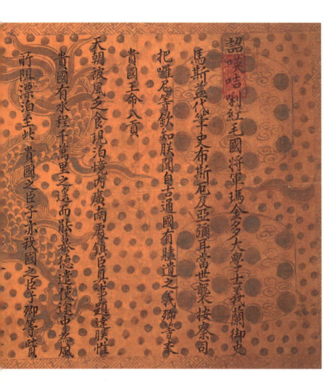

图4 阮光缵颁与马庚多斯船长谕令，1793年5月29日，现藏大英图书馆，Or 14817/B © The British Library。

图5 阮光缵颁与马戛尔尼谕令，1793年6月8日，现藏大英图书馆，Or 14817/A © The British Library。

图 6　使团画师额勒桑德所绘严宽仁画像，现藏大英图书馆 ©
The British Library。

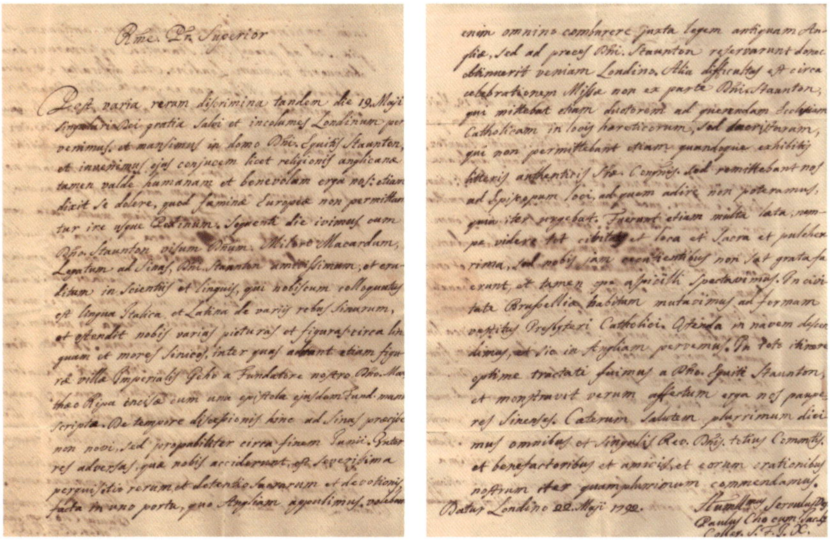

Rme. Pr. Superior

Post varia rerum discrimina tandem die 19. Maji singulari Dei gratia salvi et incolumes Londinum pervenimus, et mansimus in domo Dni. Equitis Staunton, et invenimus ejus conjugem licet religionis anglicanæ tamen valde humanam et benevolam erga nos: etiam dixit se dolere, quod fæmina Europæa non permittantur ire usque Pekinum. Sequenti die ivimus cum Dno. Staunton visum Dnum. Milord Macardum, Legatum ad Sinas, Dni. Staunton amicissimum, et eruditum in Scientiis et linguis, qui nobiscum colloquutus est lingua Italica et Latina de variis rebus Sinarum, et ostendit nobis varias picturas et figuras circa linguam et mores Sinicos, inter quas adsunt etiam figuræ villæ Imperialis Geho a Fundatore nostro Dno. Mathæo Ripa incisæ cum una epistola ejusdem Fund. manu scripta. De tempore discessionis hinc ad Sinas præcise non novi, sed probabiliter circa finem Junii. Inter res adversas, quæ nobis acciderunt, est severissima perquisitio rerum, et detentio Sacrarum et devotionis facta in uno portu, quo Angliam appulimus, volebant enim omnino comburere juxta legem antiquam Angliæ, sed ad preces Dni. Staunton reservarunt donec obtinuerit veniam Londino. Alia difficultas est circa celebrationem Missæ non ex parte Dni. Staunton, qui mittebat etiam ductorem ad quærendam Ecclesiam Catholicam in locis hæreticorum, sed sacerdotum, qui non permittebant etiam quandoque exhibitis litteris authenticis Str. Congnis. sed remittebant nos ad Episcopum loci, ad quem adire non poteramus, quia iter urgebat. Fuerunt etiam multa læta, nempe videre tot civitates et loca et sacra et pulcherrima, sed nobis jam excedentibus non sat grata fuerunt, et tamen ipsa aspicilli spectavimus. In civitate Brussellia habitum mutavimus ad formam vestitus Presbyteri Catholici. Ostenda in navem descendimus, et sic in Angliam pervenimus. In toto itinere optime tractati fuimus a Dno. Equite Staunton, et monstravit verum affectum erga nos pauperes Sinenses. Cæterum salutem plurimam dicimus omnibus et singulis Rev. Dnis. totius Comtis. et benefactoribus et amicis, et eorum orationibus nostrum iter quamplurimum commendamus.

Datus Londino 22. Maji 1792.

Humillmus Servulus Dg.
Paulus Cho cum Sacis
Colleg. S.F.J.C.

图 7 柯宗孝、李自标致那不勒斯中华书院主管信，1792 年 5 月 22 日，现藏那不勒斯东方大学，courtesy of Università degli Studi di Napoli “L’Orientale”。

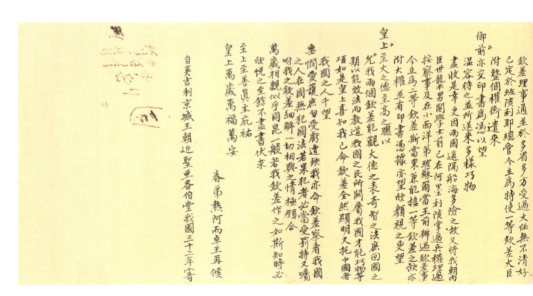

图 8　严宽仁致那不勒斯中华书院主管信，1793 年 4 月 13 日，现藏梵蒂冈传信部档案馆，SOCP, vol. 68, f. 541 © Archivium Propaganda Fide。

御前亦交印書局憑以望

欽差理事通某於多喜多万受崇好己定於班陵利即總會今立為特使一等欽差大臣咐整個權衡衙遣來

盡收乃辛更因兩國遙隔海多險之故又將我朝內臣世龍系男閣學士即已在阿里陵當過兵橷理通按察事及在小西洋陂蘇爾當王前辦過事今立為二等欽差斯當東能接過一等欽差之缺附大權並有印書憑樣亦望欣額視之更望

皇上至大之德至高之恩以尤我兩個欽差能觀大德之表奇智之法底回國之期以能效法而教道我國之民所闍屬我國才能巧妙等項如是皇上喜知我已命欽差全然顯明又托中國者欲悦之至餘不盡書伏求

我國之人千望垂憫愛護庶勿受虧待之人在國無犯國法若果犯者必當受到特又嗔咐我之欽差細解一切相與之情極相願合萬歲親視似乎同昆一般若欽差作之如斯時必

至上至善真主庇祐皇上萬歲萬福萬安

自英吉利京城王朝近聖垂各伯豐我國三十二年寄

春帝熱阿而卓王再候

图 10　使团译员翻译英国国王乔治三世致乾隆皇帝国书中译，相信为柯宗孝手抄，现藏英国国家档案馆，FO 1048/1 © The National Archives, The United Kingdom。

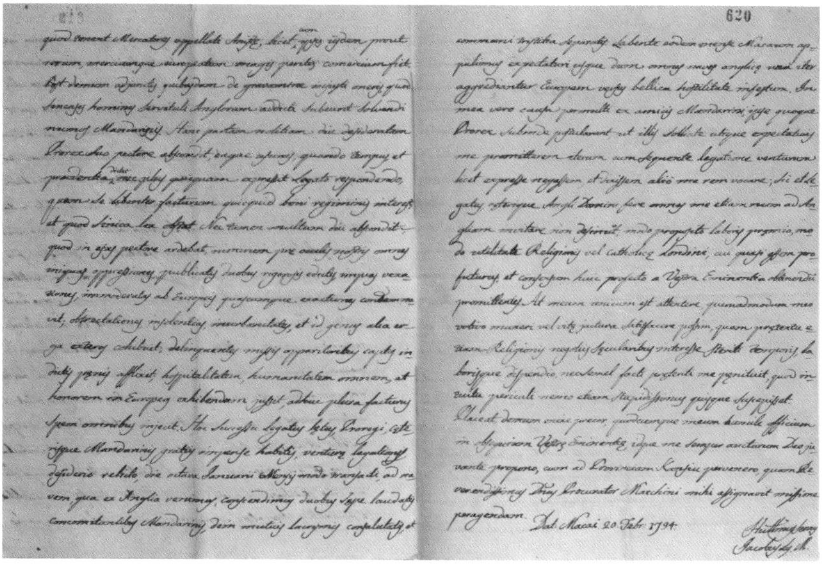

620

Dat. Macai 20 Febr. 1794.

图 9 李自标致那不勒斯中华书院主管信（部分），1794 年 2 月 20 日，现藏梵蒂冈传信部档案馆，SOCP，vol. 68，f. 620 © Archivium Propaganda Fide。

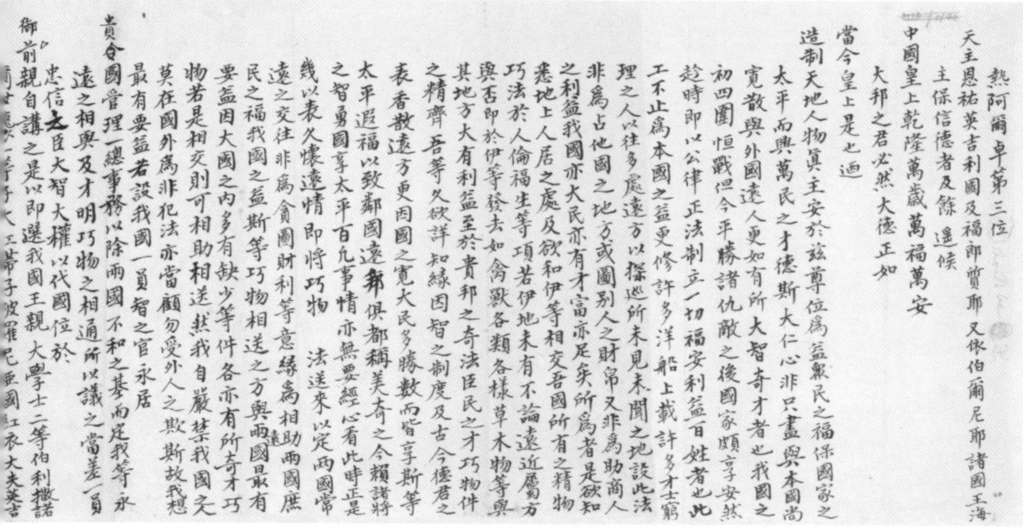

熱阿爾卓第三位
天主恩祐英吉利國及福郎質耶又依伯爾尼耶諸國王海
主保信德者及餘 遥候
中國皇上乾隆萬歲萬福萬安
大邦之君必然大德正如
當今皇上是也迺
造制天地人物眞主安於玆尊位爲益衆民之福保國家之
太平而興萬民之才德斯大仁心非只盡與本國尚
寬散與外國遠人更如有所大智奇才者也我國之
初四圍恒戰但今平勝諸仇敵之後國家頗享安然
趁時即以公律正法制立一切福安利益百姓者也此
工不止爲本國之益更修許多洋船上載許多才士窮
理之人以往多處遠方以探巡所未見未聞之地設此法
非爲占他國之地方或圖別人之財帛又非爲助商人
之利益我國亦大民亦有才富亦足矣所爲者是欲知
悉地上人居之處及欲和伊等相交吾國所有之精物
巧法於人倫福生等項若伊地未有不論遠近屬方
與否即於伊等發去如禽獸各類各樣草木物等與
其地方大有利益至於貴邦之奇法臣民之才巧物件
之精齊吾等久欲詳知緣因智之制度及古今德君之
表香散遠方更因國之寬大民多勝數而皆享斯等
太平遐福以致鄰國遠鄉俱都稱美奇之今賴諸將
之智勇國享太平百凡事情亦無要經心看此時正是
綫以表久懷遠情即將巧物　法送來以定兩國常
遠之交往非爲貪圖財利等意緣爲相助兩國庶
民之福我國之益斯等巧物相送之方與兩遠國最有
要益因大國之內多有缺少等件各亦有所奇才巧
物若是相交則可相助相送然我自嚴禁我國之
莫在國外爲非犯法亦當顧勿受外人之欺斯故我想
最有要益若設我國一員智之官永居
貴國管理一總事務以除兩國不和之基而定我等永
遠之相與及才明巧物之相通所以議之當差一員
忠信之臣大智大權以代國位於
御前親自講之是以即選我國王親大學士二等伯利撒諸
[illegible]波羅巳亞國紅衣大夫英吉

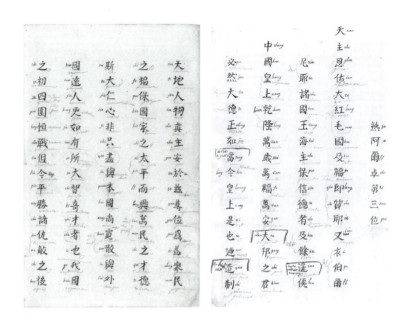

图11 孟督及手抄使团译员翻译英国国王乔治三世致乾隆皇帝国书中译（部分），现藏梵蒂冈宗座图书馆，Borg. Cin. 394 © Biblioteca Apostolica Vaticana。

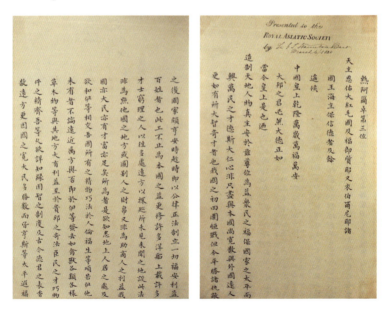

图12 小斯当东所藏使团译员翻译英国国王乔治三世致乾隆皇帝国书中译（部分），抄写人身份不明，现藏大不列颠及爱尔兰皇家亚洲学会，"George Thomas Staunton Chinese Letters and Documents," vol. 1, doc. 1, courtesy of The Royal Asiatic Society of Great Britain and Ireland。

大皇帝勿厭其物輕惟視其意重是幸
紅毛嘆咭唎國王寄來奉
中國大皇帝禮物單
　頭件禮物
壹座大架仔（西音布喇尼大利暗乃大上日月星辰及地球之全圖）
其上之地並照其分量是小小的其日月星辰全地球之
像自能行動效法天地之轉運十分相似依天文地理之
規矩歛時該遇者日失月失星辰之失俱顯現于郭上帝
有年月日期之指引及時鐘可觀斷大架因聰明天文生
年久用心推想而造歛提古迄今尚沒有如是其巧妙甚

紅毛嘆咭唎國王欲顯明他的誠心貴重及尊敬
中國大皇帝無窮之仁德自其遠邦遣歛差東朝拜叩祝
萬歲金安備如特道極貴之王親為其歛為大臣以辦理此務亦無
顧欲寄來奉
上以最好至妙之禮物方可仰望
萬歲大國明昌歛喜歛之盖思及
天朝中外一疏富有四海內地
勢產蒲被各類實藏者獻以金銀實石等項無足為奇是故
紅毛國王壽心用工蘭道歛練于本國出品之器其他能顯明
大西洋人之格物窮理及其本事令也叻如赤能與
大朝有

图 13　小斯当东所藏使团译员翻译使团礼品清单中译（部分），抄写人身份不明，现藏大不列颠及爱尔兰皇家亚洲学会，"George Thomas Staunton Chinese Letters and Documents," vol. 1, doc. 2, courtesy of The Royal Asiatic Society of Great Britain and Ireland。

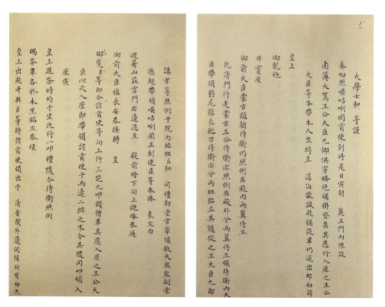

图 14　小斯当东所藏和珅奏报马戛尔尼热河觐见乾隆礼仪及礼品单（部分），抄写人身份不明，现藏大不列颠及爱尔兰皇家亚洲学会，"George Thomas Staunton Chinese Letters and Documents," vol. 1, doc. 5, courtesy of The Royal Asiatic Society of Great Britain and Ireland。

16

嘆咭唎亞國使臣歷陳來朝寔情以伸鄙意事緣嘆咭唎亞國國王
定了主意令使臣到中國所為者是要明明顯揚嘆咭唎亞國王遠來
朝賀中國
大皇帝嘆咭唎亞國王揀了使臣使臣恨喜遵命盡心這個差使願意十分
用心恭敬
大皇上更情願行中國大禮與别國使臣來中國行禮一樣如中國王大
臣行禮使臣願行中國大禮不是止為避失禮的名聲實在為令
衆人看一個大西洋很遠國王的使臣表樣令人知道普天下各國
皆知恭敬中國
大皇上至大的德行無比的威名使臣願行中國大禮實在歡心樂意

以上係來朝寔情使臣但有一件事求
大皇上格外大恩典使臣叩望准求不然使臣回國恐受大不是了若是
使臣所行的事情不明証使臣本國不是中國屬國免不了得大
不是使臣恐受不是故使臣說明白是那一件事求
大皇上的恩典就是求
大皇上命一個與使臣同品大臣穿本品衣服在中國京中使臣館內
使臣本國王喜容跟前行大禮如此使臣不得不是使臣感謝
大皇上的恩而使臣國王慕
大皇上大德念念不忘也爲此陳明

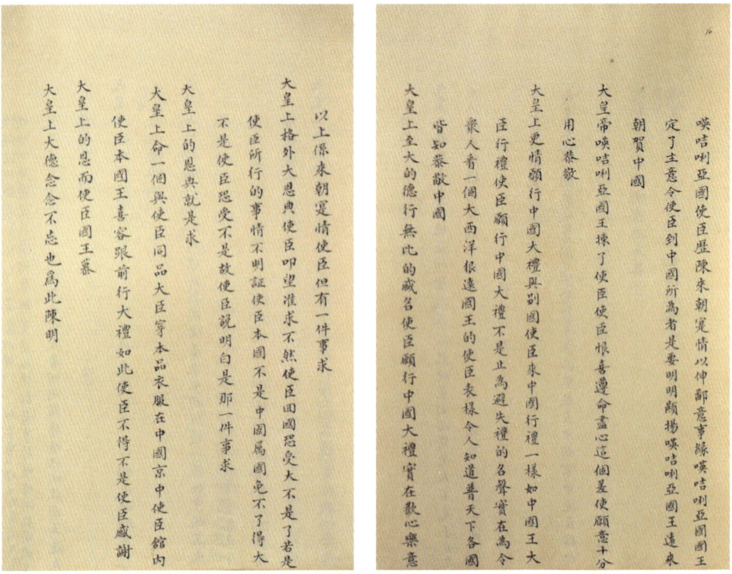

图 15 小斯当东所藏马戛尔尼致和珅信（部分），1793 年 8 月 28 日，罗广祥的中国助手与李自标合译，抄写人身份不明，现藏大不列颠及爱尔兰皇家亚洲学会，“George Thomas Staunton Chinese Letters and Documents,” vol. 2, doc. 16, courtesy of The Royal Asiatic Society of Great Britain and Ireland。

6

西洋嘆咭唎啞遠國使臣嗎嘎哝呢啞為懇祈
中堂大人轉達叩謝
皇恩洪仁厚愛種種恩寵刻瞮難忘默忖尊容至意至善戀戀不捨
又蒙重惠所遣一位大德侍臣 松大人其人可稱德倫君子仁
愛非常護送吾儕陸路款待無不體面十光且也亦承其重
愛將
皇上所允件件言傳從今以後我國商賈在于廣東居住貿易絶
不禁阻亦勿傷害並 彼授伊等照所允者要與國律相宜若
與國律相反者而嚴禁不許也況且又沾大 來新任
總督大人與前任大人大異焉其乃秉公無私所行諸事悉

體君心照顧我等 如命由此觀之則知
皇恩浩大淵深岳重我等所求之事視之非輕矣不惟如此且也
所貺之惠最貴之物然中 有勝者
皇上親手所書福字而賜賞我等此乃重愛之號恩惠之據矣使
臣偕我國王之名謝此天高地厚之恩而銘刻于五内不忘也
再有一事托付 中堂大人代我轉達使臣之意因兩國相通
不惟厚交且也彼此有利益矣何也因我國之貨物在于北京
果然相宜我等洋船亦能直至天津蓋此貨物京城何以價
高因為越省客商所買我等之貨運移北京路途盤繳水脚
課稅貴多銀兩方得至京所以價貴若我等洋船載此貨物

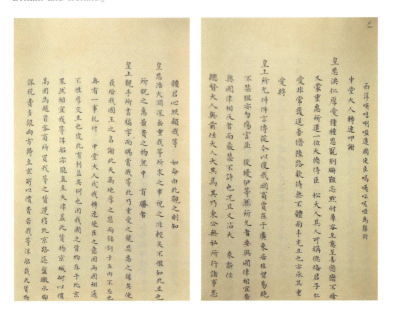

图 16 小斯当东所藏马戛尔尼致和珅信（部分），1793 年 11 月 9 日，译者不确定，抄写人身份不明，现藏大不列颠及爱尔兰皇家亚洲学会，“George Thomas Staunton Chinese Letters and Documents,” vol. 1, doc. 6, courtesy of The Royal Asiatic Society of Great Britain and Ireland。

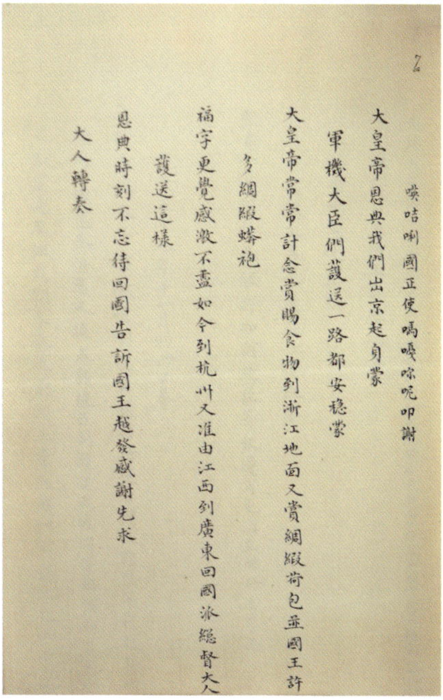

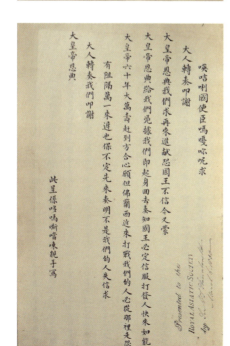

2

嘆咭唎國正使嗎嘎咊哤叩謝
大皇帝恩典我們出京起身蒙
軍機大臣們護送一路都安穩蒙
大皇帝常常計念賞賜食物到浙江地面又賞綢緞荷包並國王許
多綢緞蟒袍
福字更覺感激不盡如今到杭州又准由江西到廣東回國派總督大人
護送這樣
恩典時刻不忘待回國告訴國王越發感謝先求
大人轉奏

图 17 小斯当东所藏马戛尔尼谢恩信，1793 年 11 月 9 日，抄写人身份不明，现藏大不列颠及爱尔兰皇家亚洲学会，"George Thomas Staunton Chinese Letters and Documents," vol. 1, doc. 7, courtesy of The Royal Asiatic Society of Great Britain and Ireland。

嘆咭唎國使臣嗎嘎咊哤求
大人轉奏叩謝
大皇帝恩典我們求再來進獻恐國王不信今又蒙
大皇帝恩典給我們憑據我們即起身回去奏知國王必定信服打發人快來如能
大皇帝六十年大萬壽趕到方合心願但佛蘭西近來打戰我們的人必從那理走恐
有阻隔萬一來遲也保不定先來奏明不是我們的人失信求
大人轉奏我們叩謝
大皇帝恩典

此呈係哆嗎嘶噹陳親手寫

Presented to the
ROYAL ASIATIC SOCIETY

图 18 小斯当东所藏马戛尔尼致和珅信，未署日期，约为 1793 年 11 月初，抄写人身份不明，现藏大不列颠及爱尔兰皇家亚洲学会，"George Thomas Staunton Chinese Letters and Documents," vol. 2, doc. 1, courtesy of The Royal Asiatic Society of Great Britain and Ireland。

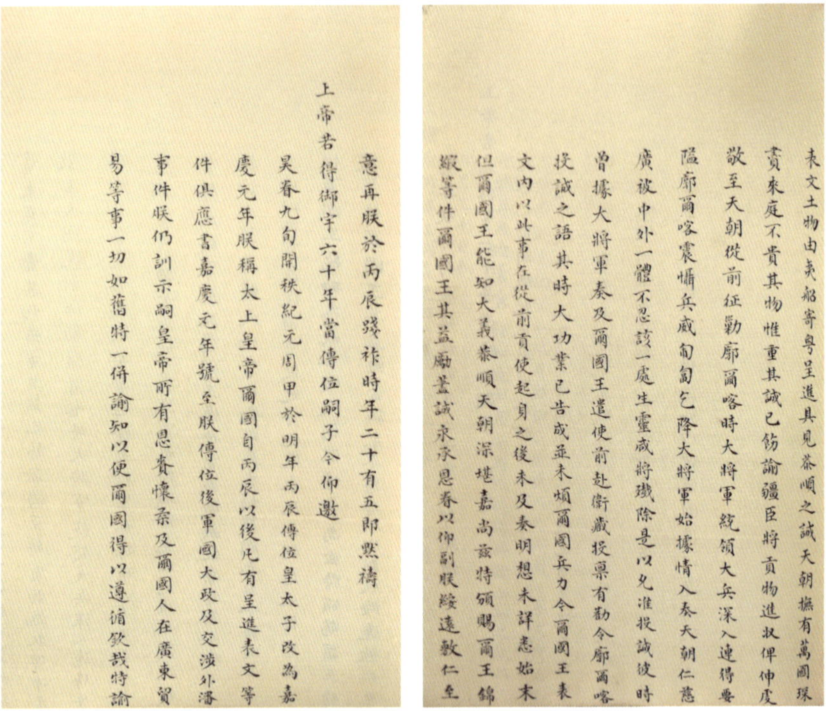

表文土物由夷船寄粤呈進具見恭順之誠天朝撫有萬國琛
賚來庭不貴其物惟重其誠已飭諭疆臣將貢物進收俾伸虔
敬至天朝從前征勦廓爾喀時大將軍統領大兵深入連得要
隘廓爾喀震懾兵威匍匐乞降大將軍始據情入奏天朝仁慈
廣被中外一體不忍該一處生靈咸將殲除是以允准投誠彼時
曾據大將軍奏及爾國王遣使前赴衛藏投稟有勸令廓爾喀
投誠之語其時大功業已告成並未煩爾國兵力今爾國王表
文內以此事在從前貢使起身之後未及奏明想未詳悉始末
但爾國王能知大義恭順天朝深堪嘉尚茲特頒賜爾王錦
緞等件爾國王其益勵藎誠永承恩眷以仰副朕綏遠敷仁至

意再朕於丙辰踐祚時年二十有五即默禱
上帝若得御宇六十年當傳位嗣子今仰邀
昊眷九旬開秩紀元周甲於明年丙辰傳位皇太子改為嘉
慶元年朕稱太上皇帝爾國自丙辰以後凡有呈進表文等
件俱應書嘉慶元年號至朕傳位後軍國大政及交涉外藩
事件朕仍訓示嗣皇帝所有恩賚懷柔及爾國人在廣東貿
易等事一切如舊特一併諭知以便爾國得以遵循欽哉特諭

图 19 小斯当东所藏乾隆颁送乔治三世第三道敕谕〔不完整〕，1796 年 2 月 3 日，抄写人身份不明，现藏大不列颠及爱尔兰皇家亚洲学会，“George Thomas Staunton Chinese Letters and Documents,” vol. 1, doc. 16, courtesy of The Royal Asiatic Society of Great Britain and Ireland。

目　录

什么？译文传递了什么讯息？清廷对经过翻译的预告有何反应？东印度公司又怎样理解清廷的反应？

简体字版序

    《龙与狮的对话：翻译与马戛尔尼访华使团》自 2022 年 6 月由香港中文大学出版社出版后，得到各方的关注以至肯定，很是高兴和鼓舞。尤其得到内地一些出版社的垂青，愿意出版简体字版，这是莫大的荣幸。

    关于《龙与狮的对话》的写作过程，在原来的自序已作交代，不再赘述一遍。在这里，我还想补充一下：在长时间的研究、写作以至出版过程中，得到很多史学界师友的支持、指导和帮忙，衷心向王汎森、章清、李雪涛、孙江、罗新、谭徐锋诸位致谢。

    在这里要特别感谢出版《龙与狮的对话》简体字版的东方出版中心。跟东方出版中心特别有缘：我的第一本翻译研究著作《重释"信达雅"：二十世纪中国翻译研究》就是由东方出版中心出版的，那是 1999 年的事，弹指间已差不多过了四分之一个世纪。这次能够"再续前缘"，得要感谢东方出版中心的副总经理朱宝元先生。从开始的联系到整个出版过程，朱先生都亲自主理，非常积极和认真，且办事效率惊人，专业性让人敬佩。朱先生以外，还要向东方出版中心的其他同寅表示谢意，特别是国际合作业务部的沈旖婷和编辑戴浴宇。在整个出版过程中，我获益良多，能够与东方出版中心合作，是让人十分享受的赏心乐事。

i

　　过去三年新冠病毒肆虐，身心受困，现在疫情大抵已过去，大家总算可以放开怀抱，迎接美好的未来。这时候，我最希望能快马加鞭，及早完成《龙与狮的对话》的姊妹篇《硝烟中的对话：翻译与第一次鸦片战争》，这将会为我带来更大的满足。

王宏志

2023 年 2 月 28 日

自　序

　　时间过得很快，从 2009 年我发表第一篇有关马戛尔尼使团的文章算起，到今天出版这本小书，转眼已过十多年了。不是什么十年磨一剑，因为曾经有一段时间我完全把这题目放下了，直到大约五年前，想整理一些旧作以出版论文集，才重看从前三篇有关使团的文章。本来以为只需稍作修补便可，但竟然是一发不可收。仔细查阅资料后，发现不但可以补充的地方很多，就是一些主要观点也需要修正，再加上四处搜寻一些较少人知道和利用的资料，结果，花上四年多的时间才算竣工。想在这里先交代一下撰写本书的背景和想法。

　　尽管我的学士学位是翻译，且从 1988 年开始便一直在香港中文大学翻译系任教，但我原来的研究领域是 20 世纪中国文学，尤其集中在 20 世纪 30 年代左翼文学运动，出版过一些有关鲁迅、左联、新月派以及文学史书写的论文和专著。20 世纪 90 年代初开始，在读过一些翻译研究文化转向的理论后，我的学术生涯出现一个重大的转变：从文学研究到翻译研究。那是因为我开始认识到翻译在人类文化和历史发展上的真正意义和价值，让我愿意把所有的学术时间和精力用在翻译研究上。当然，我并不否定文学研究的重要性和价值，谁也不能想象一个没有文学的世界会是怎样的。但文学研究在学术界一直都得到重视，已出现很多杰出的学术成果，但翻译研究呢？在过去一段很长的日子里，有关翻译的讨论大多属于原著中心，只是反复提问译文能不能表达原文的意思，读来是否通顺流畅。这是一种翻译批评式的讨论，当然不能说完全没有作用或价值，一些出色的讨论对于学习如何做翻译是会有帮助的，但这属于翻译实践和教学的范畴，不能算是严格意义的学术研究，更无法展示翻译在人类历史和文化发展上的角色和贡献。这点我在不同地方都说过，就不再浪费笔墨了。

在走上翻译研究的道路后，最初的阶段很自然地集中在文学翻译方面。借助从前在文学研究方面的训练和积累，转向文学翻译研究是较为顺利的。我第一本翻译研究论著《重释"信达雅"：二十世纪中国翻译研究》中的好几篇文章，都是环绕鲁迅、瞿秋白、梁实秋等 20 世纪翻译家和理论家开展讨论的，而且也很快走向晚清，梁启超和林纾的文学翻译成为我研究的对象，当然也离不开严复。但是，文学翻译在中国近代翻译史上其实来得最晚。在梁启超提出"译印外国小说"前，严复已翻译出版《天演论》，产生极其重大的影响，更不要说自 19 世纪 60 年代开始的洋务运动，绝大部分的翻译活动几乎完全跟文学扯不上关系。此外，即使梁启超等倡议的文学翻译，在动机上与洋务运动和《天演论》等翻译活动也有共通的地方，就是通过翻译引入西方新知识、新思想，作为国家富强的手段。所以，自 19 世纪 60 年代以来，甚至包括民国时期的种种翻译活动，政治性都非常强烈，跟国家民族的命运息息相关，更在历史发展上扮演了非比寻常的角色，成为影响中国近代史的重要元素。我在 2011 年出版的《翻译与文学之间》，虽然还是以文学翻译为主，但也收入非文学翻译方面的研究，包括广州体制的通事，同文馆，晚清翻译活动的赞助人，如林则徐、恭亲王等。

其实，自明末开始，中国历史其中一个关键性的转变就是欧洲人的到来。在中西方不同层面和领域的交往中，要达致有效沟通和交流，翻译的作用是不言而喻的。因此，除上面提到以富国自强为目标的西籍翻译外，特别值得注意的是中外交往过程中所出现的翻译活动。可以说，要准确地理解近代中外交往的历史，甚至整个中国近代史，就必须认识翻译的角色。不过，令人颇感遗憾的是：在一段很长的时间里，翻译几乎完全没有进入历史研究的视野，就好像所有的中外交往过程中都没有需要借助翻译，又或是从来没有出现过翻译似的，更不要说认真处理当中因为翻译而引起的一些问题。这固然与历史事实不符，不但隐没了翻译在历史发展中所曾发挥的重大作用，更妨碍甚至损害我们对历史正确和深入的了解。说得严重一点：不正视翻译在近代中外交往史上的功能和影响，根本不可能准确地理解近代中外交往史。

就是在这样的理解下，大约从 2003 年开始，我进入一个新的研究领域，就是翻译在近代中英外交关系中所扮演的角色，发表的第一篇论文就是与本书相关的《马戛尔尼使华的翻译问题》。作为英国第一次遣使来华，马戛尔尼使团毫无疑问是中英关系史上其中一桩影响最深远的事件，当中涉及的翻译问题很值得深入研究。马戛尔尼使团以外，我在最近十多年把研究对象扩展到中英关系史上其他重要的课题，诸如阿美士德使团、广州贸易体制、律劳卑事件等，也比较集中地探讨翻译在鸦片战争中的角色。2014 年出版的《翻译与近代中国》，收录的全是与晚清时期相关的文章，其中只有一篇是属于文学翻译方面的，其余都涉及中英交往的课题，很大程度上呈现个人向近代政治史、外交史的转变。近年重点研究对象则是鸦片战争，也发表了一些文章，探讨这场改变中国历史的战争中的译员、条约谈判的翻译活动和译本问题。至于马戛尔尼使团，继 2009 年的《马戛尔尼使华的翻译问题》后，我在 2013 年发表了两篇文章：《"张大其词以自炫其奇巧"：翻译与马戛尔尼的礼物》及《大红毛国的来信：马戛尔尼使团国书中译的几个问题》。前者是为一次有关赠送礼品的学术会议而写，后者则以英国国家档案馆外交部档案所藏、由使团自己准备和带到中国来的国书中译本为对象，探讨使团所准备的国书中译本的译者及书写问题。尽管这译本的政治作用和历史意义非比寻常，但从没有得到学者的关注和讨论。这三篇文章可以说是本书的源头，但在阅读更多原始资料后，我花上超过四年的时间重写，才完成这部 30 余万字的专著，除增补几个新部分外，还修正了从前的一些论点，希望能为马戛尔尼访华使团相关的翻译问题和现象提供较全面和准确的研究。

不过，这部探讨马戛尔尼使团翻译问题的专著不应该只限于翻译研究或所谓外语系统的读者，虽然本书好像全在讨论翻译和语文的问题，但其实处理的是一个历史个案，是中英关系史上其中一桩最重要的历史事件。本书选择以翻译作为切入点，是因为翻译在这事件中的确扮演关键角色，不容忽视；可惜的是长久以来大部分的研究对此只字不提，把翻译的角色隐去，这是对马戛尔尼使团作为历史事件的研究的严重不足。本书就是希望能够在这方面作点补白的贡献。

说来惭愧，一晃间已有六年多没有出版论著了，首先想说明的是为什么会把这本小书呈献给新加坡南洋理工大学终身名誉校长徐冠林教授。在过去的学术生涯里，个人出版过十余种的专著和论文集，这是第一次作呈献。徐校长在 2006 年把我聘请到南洋理工大学，出任人文与社会科学学院创院院长，2007 年转任文学院创院院长,让我在四年全职大学行政位置上大大地丰富了人生的阅历。知遇之恩,一直铭记在心。不过,把小书呈献给徐校长不单出于个人的感激,而是要对一位大学教育工作者表达崇高的敬意。徐校长是军事科技工程的专家,曾任新加坡国防科技局局长;此外,南洋理工大学一向以理工科驰名国际,位居世界前列。徐校长在 2003 年掌管南洋理工大学后,即马上筹办人文与社会科学学院,而在我出任院长期间,他对人文学科的大力支持和信任,更远超我的预期。在多次的交谈和讨论中,知悉他有非常明确的信念:人文学科在一个国家、民族、社会和文化的发展中扮演至关重要的角色;国家民族的兴盛与衰亡、社会文化的进步或落伍,与人文学科是否受到重视息息相关。十分有意思的是,作为工科专家,他经常说,没有人文学科修养的工科生以至科学家是没有灵魂的。这一句话可能开罪不少人,但当中的意义不是很值得深思吗?徐校长的眼光和胸襟不是让人深深敬佩吗?

个人方面,也很想借此机会对多年来提点和支持的众多师友表示谢意。首先要特别感谢的是郑树森教授。尽管他的研究领域不在翻译或中国近代史,但他渊博的学识和睿智的思辨力,让我每次跟他的交谈都是丰盛的学习机会。在过去的二三十年里,他从不间断地给我提点和指导,还有大力的支持和鼓励。无论是学术上或人生路途上,每遇到困难或疑惑,我总是最先想到向他请教求助,每次他总能提供很好的意见和解决方法。拙作今天面世之际,容我表达最衷心的谢意。张曼仪、卜立德(David Pollard)两位老师,刘绍铭和葛浩文(Howard Goldblatt)两位师长,他们长年的教诲,引领我走上学术的路,指示我人生的方向;黄克武、邹振环、沈国威、陈力卫、杨承淑、罗岗,都是近现代思想史、文化史、语言学史、跨文化研究和文学研究的专家,有幸与他们交往多年，令我获益良多，更要感谢他们长期支持我在香港中文大学翻译研究中心和翻译系所办的活动，在各方面都是很大的推动力；陈思和、王晓明、千野拓政、孔慧怡、王德威、奚密、陈子善、沈卫威、刘树森、柴明颎、陈平原、李天纲、王东风、朱志瑜、李奭学、吴伟诸位，都是认识二三十年的挚友；还有中学或大学年代就认识，一起在学术圈成长的容世诚、陈金梁、陆镜光、陈清侨、李小良、杨永安等，近年不一定能够经常聚首畅聊，但偶尔的一次碰面、简单的一句问候，总能让我享受良久的暖意，叫我烦躁急乱的心境马上平静下来。更难得是认识了不少"西方友人"：胡志德（Theodore Huters）、司马富（Richard Smith）、巴瑞特（Timothy Barrett）、傅熊（Bernhard Fuehrer）、傅佛果（Joshua Fogel）、梅谦立（Thierry Meynard）、范岱克（Paul A. Van Dyke）、费南山（Natascha Gentz）、贺麦晓（Michel Hockx）、安如峦（Roland Altenburger）、顾有信（Joachim Kurtz）、彼得·科尼基（Peter Kornicki）、苏珊·巴斯奈特（Susan Bassnett）、西奥·赫曼斯（Theo Hermans）、莫娜·贝克（Mona Baker）、朱迪斯·沃兹沃思（Judith Wordsworth），他们都是国际上中国研究和翻译研究的顶尖人物，认识很多年了，且早已不只是学术上的朋友，我从他们那里得到的当然也不限于学术知识。特别要感谢梅谦立，我在一些拉丁文和法文文献的翻译问题上曾多番叨扰，得他慷慨地协助校正。

除了这些多年的老朋友外，在近年才认识的，甚至主要是因为马戛尔尼使团这个项目才认识的，还有几位很重要的朋友。首先要向几位意大利学者表示极大的谢意。我从前没有全面开展马戛尔尼使团的研究，是因为早已知道一批有关使团译员李自标和柯宗孝的资料收藏在意大利。虽然几年前曾专诚跑到梵蒂冈宗座图书馆，希望能找到一些相关材料，但苦于外语能力的限制，面对拉丁文和意大利文的档案目录，顿时变成实实在在的"文盲"，最后只能空手而回。2013 年在香港中文大学翻译研究中心主办的一次会议中认识了罗马大学（Sapienza Università di Roma）的伯艾丽（Alessandra Brezzi）教授，再经她介绍认识了安德伟（Davor Antonucci）教授，以及那不勒斯东方大学（Università degli Studi di Napoli "L'Orientale"）樊米凯（Michele Fatica）教授和塞尔焦·穆祖帕帕（Sergio Muzzupappa）博士。本来，早在几十年前第一次到意大利旅游时便已经体验过意大利人热情好客、乐于助人的态度，但当我 2018 年到罗马和那不勒斯查找马戛尔尼使团的原始资料，他们的尽心帮忙更只能用"叫人感动"来形容。樊米凯送我好几部著作和文章；塞尔焦·穆祖帕帕直接把整理好的相关资料复制给我；安德伟除介绍我认识当时在传信部档案所在的伍尔班大学汉学研究中心（Centro Studi Cinesi，Urbaniana University）工作的埃马努埃莱·拉伊尼（Emanuele Raini）博士外，更在百忙中整天陪我在梵蒂冈传信部档案馆（Archivium Propaganda Fide）翻查档案目录——更准确地说是他翻查目录，为我找出有用的资料，怎能不令人感动？此外，伯艾丽的博士生西尔维娅·尼科（Silvia Nico）为我翻译意大利文献以及安排与雅各布·代拉帕斯夸（Jacopo Dellapasqua）合译拉丁文文献，还协助在罗马其他的档案馆找寻相关资料，占去她很多宝贵的学习时间。另外，2019 年夏天才认识在波士顿大学任教的梅欧金（Eugenio Menegon）教授，他专注于清初天主教在华活动，也是意大利人，同样热心助人，好几次为我解答有关天主教档案的疑问，甚至亲自为我翻译一篇文献，在这里也要好好向他致谢。

还有牛津大学的沈艾娣（Henrietta Harrison）教授。几年前，我已知道她在撰写马戛尔尼使团"童子"小斯当东和译员李自标的联合传记。2018 年 7 月，在读过她那篇有关马戛尔尼使团礼品的文章后，我写信向她请教，开始了这两年多来经常进行、非常有用的讨论。然而，直到今天，我们还是缘悭一面，虽然她曾经尝试安排我到牛津大学做讲座，我也邀请她来香港参加会议，但最终双方都无法成行。不过，正如她在其中一封信里所说，我们用上很多的时间去细读对方的著作，感觉上就是很熟悉的老朋友。最为难得的是她绝无同"题"如敌国的计较，毫不吝啬地与我分享研究资料，甚至把好几页的研究笔记送过来。这是一种学术上的自信和大度。当然，本书借用她的资料和观点的，我会在适当位置鸣谢，也提出了一些不同的看法。

特别要致谢的更有大不列颠及爱尔兰皇家亚洲学会（Royal Asiatic Society of Great Britain and Ireland）的埃迪·威奇（Edward Weech）博士。好几年前，我在研究第一位到达西藏拉萨的英国人万宁（Thomas Manning）时，曾到伦敦的学会档案馆查找相关资料，得到过他慷慨的帮忙。最近他知悉我在研究马戛尔尼使团后，便送来两册小斯当东收藏赠与皇家亚洲学会的中文文书抄本，没想到当中包括了几篇我过去几年一直千方百计四处寻找的资料：马戛尔尼使团自己所准备的一些中文译本，包括乔治三世给乾隆的国书、礼品清单中译本、马戛尔尼致和珅的信函等。这些资料弥足珍贵，除国书中译本外，暂时还不见于其他地方，就连中国第一历史档案馆的清宫档案里也没有。在收到这些资料时，我的兴奋和感激之情，可想而知。在这里，容我表达衷心的谢意。

必须提到的还有好几位现在已经不算年轻的"年轻人"：雷启立、倪文尖、毛尖、查明建，认识他们也很久了，当时他们都只是 20 岁左右，看着他们成长、发展，今天都独当一面，成就骄人，真叫人高兴，和他们畅谈，让我"不知老之将至"。另外，还要特别感谢台湾中兴大学的游博清，他是一位非常严谨的年轻学者，曾慷慨地提供过一些重要的研究资料。

谈到研究资料，在研究马戛尔尼使团的过程中，我从香港特别行政区研究资助局（Research Grants Council）以及香港中文大学翻译系和翻译研究中心都曾拿到一些研究经费，供聘请研究助理之用。我在这方面真的比较幸运，先后得到几位既勤快又负责任、做事认真的助理协助查找和整理资料，以及帮忙整理书稿，为我减省很多时间，在这里向陈胤全、裴凡慧、张思楠、高心云、梁凯晴、蒋之涵、魏华容、李颖欣致谢。在过去的十余年里，我在香港中文大学、复旦大学、南洋理工大学和上海外国语大学招收了30多名博士生，他们有些已经毕业，在不同的院校任教，也有才刚开始，三数年后才能拿到博士学位的。不管怎样，很高兴有这些学生，教学相长，我在指导他们写论文的过程中，是最大的得益者，而且，他们很多都在不同事务上无偿地提供协助，更不用说与他们一起总是充满欢乐。我想在这里也记下一笔，虽然不能一一提名了。

这本小书得以出版，还要衷心感谢香港中文大学翻译研究中心的同事，他们除了在日常工作上提供很多帮忙和便利外，还协助校对和出版方面的具体工作；香港中文大学出版社社长甘琦和她的团队，尤其是编辑叶敏磊和张炜轩，既专业又能干，这本小书能在这所享誉全球的出版社出版，很是荣幸和高兴。经费方面，翻译研究中心的"研究项目经费"提供了2018年到意大利的研究费用；另外本书有关广州公行和通事部分，得到香港特别行政区研究资助局的资助，是2016—2017年度"优配研究金"（General Research Fund）项目"Translation and the Canton System in Sino-

British Relations" 的部分研究成果，也在这里致谢。同样要说明的是本书部分章节曾在不同期刊上发表，谨向《"中央研究院"近代史研究所集刊》《中国文化研究所学报》《翻译史研究》《翻译史论丛》《复旦谈译录》和《外国语言与文化》的主编和全体工作人员表示衷心的感谢。

另外，本书开首所收插图，绝大部分从没有在公开出版书刊中出现过，弥足珍贵，谨向英国国家档案馆（The National Archives）、英国皇家档案馆（The Royal Archives）、大英图书馆（The British Library）、大不列颠及爱尔兰皇家亚洲学会、梵蒂冈宗座图书馆（Biblioteca Apostolica Vaticana）、梵蒂冈传信部档案馆、那不勒斯东方大学等机构致谢。

上面对于一些在各方面曾给我支持和帮助的师友、同事和学生的致谢，实在太像流水账了，无法表达我衷心的感激，更恐怕有挂一漏万的情况，在这里恳请包容和原谅。

最后，也是最重要的还有家人。我至诚地感恩，一直以来，上天赐我幸福的家庭。六十多年前来到这个世界，我得到父母特别的宠爱，让我在一个充满关爱、温暖和欢乐的家成长。在我25岁那年，妈妈猝然离开，爸爸也在 2002 年去世。劬劳未报，是终身无法救赎的罪孽，只有时刻告诫自己，一定要努力工作，正直做人，希望有一天能够做出一丁点可以让他们感到安慰的成绩。

还有在人生中一直推动我积极前行、与我一起生活超过四十年的燕珍。我常说，学者的太太最难为。虽然我们不用每天定时上班，但这只不过是说周六、日和晚上都是工作时间。对于自己时常以研究和写论文为借口，逃避家务，剥削陪伴的时间，心中是充满愧疚的。更感激的是她带给我三个儿子，费尽精力和心思，让他们在温暖舒适的家庭中长大。今天，三个孩子都已成家，各自有着尚算不错的事业，三个儿媳妇善良漂亮，阖家幸福快乐，这也是我满怀感恩的理由。这几年，最多的欢乐是来自两个小孙儿晞瑜和泽莃，只要见到他们，一切的烦恼都立刻消失，完全地浸淫在心满意足的甜蜜里，而让我倍感幸福和幸运的是刚添了小孙女儿珞曦。祝愿他们永远健康快乐。

王宏志

2021 年母亲节初拟

2021 年中秋节修订

2022 年 2 月 22 日充满爱的一天补记

第1章
背景篇

我不认为他们除了把所有使团的来访视为臣伏的表现外，还有什么有别的看法。

——托马斯·菲茨休（Thomas Fitzhugh）[1]

东印度公司特选委员会主席

使团回来了，人们问我们做了什么。我们的答案：我们不能跟他们谈话。

——登维德（James Dinwiddie，1746—1815）[2]

马戛尔尼使团机械师

---

1 Thomas Fitzhugh to Nathaniel Smith, 29 August 1787, IOR/G/12/91, p. 8, India Office Records and Private Papers, British Library.

2 William Jardine Proudfoot（1804—1887）compiled, *Biographical Memoir of James Dinwiddie: Astronomer in the British Embassy, 1792, '3, '4, Afterwards Professor of Natural Philosophy in the College of Fort William, Bengal*（Liverpool：Edward Howell, 1868；Cambridge and New York：Cambridge University Press, 2010 Reprint）, p. 87.

一

　　1792 年（乾隆五十七年），英国派遣马戛尔尼勋爵（George Lord Macartney，1737—1806）率领使团到中国，携带丰盛的礼物，以补祝乾隆（爱新觉罗·弘历，1711—1799，1735—1796 在位）八十大寿为名，尝试打开中国的大门。使团船队自 1792 年 9 月 26 日从英国朴次茅斯（Portsmouth）出发，经过 9 个月的航行，1793 年 6 月 20 日抵达澳门外海，[1] 短暂停留后便继续北上，经白河大沽口，在 1793 年 8 月 11 日抵达天津，取道通州，8 月 21 日到达北京，先住在圆明园边上的宏雅园，然后在 8 月 26 日转到内城，9 月 2 日出发前往承德，9 月 14 日（乾隆五十八年八月十日）在热河万树园觐见乾隆，呈递国书，[2] 完成中英两国第一次正式的官方高层外交接触。

　　其实，在马戛尔尼以前，英国已尝试派遣使团访华。凯思卡

---

　　1 George Macartney, *An Embassy to China: Being the Journal Kept by Lord Macartney During his Embassy to the Emperor Ch'ien-lung, 1793 - 1794*, edited by J. L. Cranmer-Byng（London：Longmans，1962），p. 61.

　　2 Ibid., pp. 121 - 122; George Staunton, *An Authentic Account of an Embassy from the King of Great Britain to the Emperor of China*（Philadelphia：Robert Campbell，1799），vol. 2, pp. 73 - 77。关于马戛尔尼向乾隆呈递国书的日期，中国第一历史档案馆原副馆长秦国经认为马戛尔尼和斯当东的记述不准确，他说实际上"进表的仪式不是在万树园，而是避暑山庄的澹泊敬诚殿"，日期为乾隆五十八年八月十三日（1793 年 9 月 17 日）。秦国经：《从清宫档案看英使马戛尔尼访华历史事实》，张芝联主编：《中英通使二百周年学术讨论会论文集》，北京：中国社会科学出版社，1996 年，第 212 页；亦见中国第一历史档案馆编：《英使马戛尔尼访华档案史料汇编》，北京：国际文化出版公司，1996 年，第 47 页。这说法已为黄一农所否定，并指出秦国经的错误是"误将原先拟定的觐见仪注和地点视为真实记录"所致。黄一农：《印象与真相——清朝中英两国的觐礼之争》，《"中央研究院"历史语言研究所集刊》第 78 本第 1 分，2007 年 3 月，第 55 页。

特（Charles Cathcart，1759—1788，又译作"加茨喀特"）使团在
1787 年初开始筹备，同年 12 月 21 日自英国港口斯庇汉
（Spithead）出发，但使团在 1788 年 6 月 10 日抵达苏门答腊附近
的邦加海峡（Straits of Banka）时，特使凯思卡特猝然病逝，使团
被迫折回。[1] 四年后，马戛尔尼使团以补祝乾隆八十寿辰的名义
成行。

其实，在东印度公司组织马戛尔尼使团前，广东官员曾向英
国提出要求，派遣代表到北京贺寿。根据东印度公司的档案，
1789 年 9 月 24 日，行商 Munqua，也就是"文官"，即万和行的蔡
世文（1734—1796），传来粤海关监督的消息，要与公司大班见
面。第二天，广州东印度公司特选委员会主席哈里森（John
Harrison，约 1721—1794）及布鲁斯（A. Bruce）就前往海关监督
官衙。[2] 双方晤面时，粤海关监督提出第二年就是乾隆八十寿辰，
希望所有在广州贸易的国家能委派两名成员，前赴北京贺寿。据
特选委员会的日志，粤海关监督特别提出，由于英国是最受尊重
的国家，因此想先听一下他们的意见，再去与其他外国人商议。
但哈里森却提出，由于北京从来没有接待过外国商人，恐怕他们
的代表在那里会被扣押，又担心要向皇帝叩头。粤海关监督向他

1 关于凯思卡特使团，原始资料见 IOR/G/12/18, pp. 109 – 152；IOR/G/
12/90；相关的讨论及部分文献，见 H. B. Morse, *The Chronicles of the East India
Company Trading to China, 1635 – 1834* (London：Oxford University Press, 1926)，
vol. 2, pp. 151 – 171；Earl H. Pritchard, *The Crucial Years of Early Anglo-Chinese
Relations, 1750 – 1800* (Washington：Pullman, 1936；New York：Octagon Books,
1970 reprint), pp. 236 – 264。二者主要以东印度公司档案为基础。中文方面，见
朱雍：《不愿打开的中国大门：18 世纪的外交与中国命运》，南昌：江西人民出版
社，1989 年，第 154—161 页，内容主要参考 Morse 和 Pritchard 的著作。
2 马士（Hosea Ballou Morse, 1855—1934）说这次商谈是在 1789 年 10 月。
Morse, *The Chronicles of the East India Company*, vol. 2, p. 177. 从东印度公司档
案所见，这是不正确的。

们保证不会扣押公司代表，且沿途会热情接待，费用由官员负责，但向皇帝叩头是必然的礼节。哈里森回应说所有体面的外国人都不会同意的，他们只肯以自己国家的礼仪来觐见皇帝。最后，由于粤海关监督要求他们明确回应，布鲁斯表示同意去北京，条件是他会得到良好的对待，不会贬低他的地位。海关监督对此很满意，并表示会向两广总督如实汇报。[1]

广州特选委员会的报告在翌年5月才送到伦敦的董事会，董事会对于广州方面的处理方式很不满，马上发出措辞相当严厉的谴责，认为他们的行为是懦弱的表现，错失让英国人直接到北京的机会。他们甚至强调，在外国宫廷行使外国礼仪，并不意味着任何屈辱；最后，他们指示特选委员会要立即回应，并预期可以很快从广州派遣代表出发。[2] 在接到指示后，哈里森联同特选委员会向伦敦解释，他们从没有正式拒绝派人到北京，只是中国官员最终没有落实计划，还告诉一些外国商人无须前往北京。[3] 就是这样，东印度公司失去了从广州派员到北京的一次机会，但由此又重燃英国政府派送使团的计划，因为他们认为这显示北京朝廷是欢迎英国派遣使团的。但从特选委员会的汇报可以见到，原来的邀请只是来自两广总督和粤海关监督，北京方面从来没有任何计划，准备接待西方人向乾隆祝寿。

---

1 Consultations and Orders of the Select Committee, 25 September 1789, IOR/G/12/96, pp. 32 – 33；相同的内容又见于特选委员会向伦敦董事局的报告。Select Committee to Court of Directors, 12 December 1789, IOR/G/12/96, pp. 111 – 112。

2 Orders and Instructions given by the Court of Directors to the Select Committee, 10 May 1790, IOR/R/10/34.

3 Select Committee to Court of Directors, 31 January 1791, IOR/G/12/98, p. 148。马士将特选委员会的解释整段收入，但放在1790年，这是不对的。Morse, *The Chronicles of the East India Company*, vol. 2, p. 182。

　　英国遣使来华的主要目的是要争取较好的商业条件，甚至希
望能在中国设立使馆，并割让或租借港口。[1] 不过，在大部分的讨
论里，这次英国政府派遣使团的外交尝试都被视为彻底失败，因
为马戛尔尼在热河觐见过乾隆，呈递国书并稍作参观后，便在
1793 年 9 月 21 日匆匆离开热河，回到北京，且不久即得到暗示，
要他们尽快离开中国。结果，使团在 10 月 7 日离开北京南下，经
过两个多月的行程，12 月 19 日抵达广州，最后在 1794 年 1 月 8
日从澳门起锚回国。在离开北京前夕，马戛尔尼正式以书面形式
提出多项要求，却全部为清政府拒绝，使团没有达到原来设定的
任何目标，更甚的是有使团成员感到遭受很大侮辱，作出这样的
描述："我们像乞丐一样进入北京，像囚犯一样留在那里，像难民
一样离开。"[2] 当然，大使马戛尔尼和副使斯当东（George Leonard
Staunton，1737—1801）并不认为使团空手而回。马戛尔尼强调使
团之行让清廷上下更好地认识英国，因为他们从没有见过这么多
英国人，且使团成员的表现一定会带来好感及尊重，清廷以后对

————————

　　1 有关东印度公司对马戛尔尼发出的指示，见 Dundas to Macartney,
Whitehall, 8 September 1792, IOR/G/12/20, pp. 36 – 55；又见 Morse, *The
Chronicles of the East India Company*, vol. 2, pp. 232 – 242。中英关系史专家普利
查德搜集到另一份给马戛尔尼的指示，讨论见下文。Earl H. Pritchard ed., "The
Instructions of the East India Company to Lord Macartney on His Embassy to China
and His Reports to the Company, 1792 – 4," *Journal of the Royal Asiatic Society of
Great Britain and Ireland* （1938）, pp. 201 – 230, 375 – 396, 493 – 509,
reproduced in Patrick Tuck（selected）, *Britain and the China Trade, 1635 – 1842*,
vol. 7, pp. 201 – 230, 375 – 396, 493 – 509；中译本见〔美〕E. H. 普利查德编
注，朱杰勤译：《英东印度公司与来华大使马卡特尼通讯录》，《中外关系史译
丛》，北京：海洋出版社，1984 年，第 196—209 页。
　　2 Æneas Anderson, *A Narrative of the British Embassy to China, in the Years
1792, 1793, and 1794; Contains The Various Circumstances of the Embassy, With
Account of Customs and Manners of the Chinese and a Description of the Country,
Towns, Cities, & c. & c.*（London：J. Debrett, 1795）, p. 181.

待英国和英国的子民会很不一样；[1] 他们特别强调在离开北京前往广州途中，先与负责陪同使团自北京南下至杭州的钦差大臣松筠（1752—1835）进行了深入的沟通，然后又与接续陪同的新任两广总督长麟（？—1811）商讨，取得不少改善广州贸易环境的承诺。[2] 另外也有学者指出，由于使团获准从陆路南下，有充裕的时间观察中国，因此，马戛尔尼使团最大的成果是获取很多有关中国的第一手资料，甚至勘察了中国沿海水域，绘制地图，建立有关中国的全新知识，对日后英国政府对华的政治决定以至军事行动起了很大的积极作用。[3] 尽管不同史家对二百多年前的马戛尔尼使团有着各种各样的评价和判断，但毫无疑问，这次访华事件

---

1 Macartney, *An Embassy to China*, pp. 213 – 214.

2 Macartney to Secret and Superintending Committee, Canton, 10 December 1793, IOR/G/12/93A, p. 488；Macartney, *An Embassy to China*, pp. 176 – 177.

3 例如 Ulrike Hillemann, *Asian Empire and British Knowledge: China and the Networks of British Imperial Expansion* (London：Palgrave Macmillan, 2009), p. 44；James L. Hevia, *Cherishing Men from Afar: Qing Guest Ritual and the Macartney Embassy of 1793* (Durham, NC：Duke University Press, 1994), pp. 204 – 205；P. J. Marshall, "Britain and China in the Late Eighteenth Century," in Robert A. Bickers (ed.), *Ritual and Diplomacy: The Macartney Mission to China 1792 – 1794* (London：The Wellsweep Press, 1993), p. 22；欧阳哲生：《古代北京与西方文明》，北京：北京大学出版社，2018 年，第 451 页。其实，马戛尔尼自己也说过类似的话。他在日志中说到使团避开广州，从天津登岸，虽然惹来朝廷不满，但因而掌握了中国北方部分海岸的地理情况，尤其是黄海地区，以前从没有欧洲船只到过。Macartney, *An Embassy to China*, p. 193。事实上，马戛尔尼使团成员英国皇军炮兵团中尉亨利·威廉·帕里什（Henry William Parish）便曾向马戛尔尼提交一份包含大量军事资料和地理勘察的报告。"Military and statistical observations upon Macao, etc., by Henry W. Parish, dated Feb. 28, 1794," *An Important Collection of Original Manuscripts, Papers, and Letters relating to Lord Macartney's Mission to Pekin and Canton, 1792 – 1794*, vol. 9, doc. 371, Charles W. Wason Collection, Cornell University, accessed through "The Earl George Macartney Collection," Archives Unbound, Gale (hereinafter abbreviated as CWCCU)。

的确是中英两国外交史上的重要里程碑，对两国历史有深远的影响。

　　长久以来，英国都很希望能够跟中国沟通，开展贸易。[1] 不过，从最早的阶段开始，英国人便面对一个难以解决的问题——语言上的障碍。伊丽莎白一世（Elizabeth I，1533—1603，1558—1603 在位）曾先后三次着人携带信函给中国皇帝，[2] 最初在 1583 年交由商人约翰·纽伯里（John Newberry）负责，但途中纽伯里被葡萄牙人拘捕，未能把信带到中国。[3] 1596 年，伊丽莎白一世第二次尝试向中国皇帝致信，甚至派遣使臣本杰明·伍德

　　1　关于中英早期（17—18 世纪）贸易关系，可参见 Earl H. Pritchard, *Anglo-Chinese Relations During the Seventeenth and Eighteenth Centuries*（Urbana, Ill：The University of Illinois, 1929；New York：Octagon Books, 1970 reprint）。

　　2　一直以来，大部分学者都根据理查德·哈克鲁特（Richard Hakluyt）的说法，以为伊丽莎白一世只发过两封信给中国皇帝。Richard Hakluyt, *The Principal Navigations Voyages Traffiques and Discoveries of the English Nation*（Glasgow：James MacLehose and Sons, 1904；Cambridge：Cambridge University Press, 2014 reprint）, vol. 5, pp. 451 - 452；ibid., vol. 11, p. 417；张轶东：《中英两国最早的接触》，《历史研究》1958 年第 5 期，1958 年 10 月，第 27—43 页；刘鉴唐、张力主编：《中英关系系年要录（公元 13 世纪—1760 年）》第一卷，成都：四川省社会科学院出版社，1989 年。马士更说伊丽莎白一世只送出一封信。Morse, *The Chronicles of the East India Company*, vol. 1, p. 6。这都是不正确的。雷恩·阿利森（Rayne Allison）指出，伊丽莎白一世前后共给中国皇帝发出过三份信函，除哈克鲁特所说的两封外，第三封现藏于英国兰开夏郡档案局（Lancashire Records Office），编号 DDSH 15/3。他还在文章中以附录形式把信函抄录出来。*Rayne Allison*, "The Virgin Queen and the Son of Heaven: Elizabeth I's letters to Wanli, Emperor of China," in Carlo M. Bajetta, Guillaume Coatalen and Jonathan Gibson（eds.）, *Elizabeth I's Foreign Correspondence: Letters, Rhetoric, and Politics*（New York, NY：Palgrave Macmillan, 2014）, pp. 209 - 228。至于另外较早的两封信的英文及拉丁文本，见 Hakluyt, *The Principal Navigations*, vol. 5, pp. 451 - 452；ibid., vol. 11, pp. 417 - 421；又见 R. Montgomery Martin, *China: Political, Commercial, and Social; in an Official Report to Her Majesty's Government*（London：James Madden, 1847）, vol. 2, pp. 1 - 2。

　　3　Hakluyt, *The Principal Navigations*, vol. 5, pp. 451 - 452.

（Benjamin Wood）乘坐罗伯特·达德利（Robert Dudley）舰队的船只，连同两名商人一起出发，但舰队也在途中遇险，先与葡萄牙船队开战，后来又在今天的缅甸海岸遭西班牙人袭击，连最后一艘船也沉没，很多船员被杀，但达德利最终得以逃脱，回到英国去。[1] 接着是在几年后的 1602 年，航海家乔治·韦茅斯（George Weymouth，约 1585—约 1612）从伦敦出发，尝试从东北方向寻找到亚洲的航线，也同时带上了伊丽莎白一世给中国皇帝的信件，但不足三个月，由于船员叛变以及风浪，韦茅斯被迫折返。[2] 换言之，尽管伊丽莎白一世先后共给中国发过三封信，但中国方面始终没有接到消息，而且，虽然英国人附有拉丁文本，甚至至少其中一封有意大利文和葡萄牙文本，[3] 但这三封信全都没有中文译本。[4] 这是在预料之内的，因为那时候英国根本不可能找到人把信件译成中文。1617 年 1 月，英国国王詹姆士一世（James I，1566—1625，1603—1625 在位）也曾经写过一封信给中国皇帝，希望能开展中英商贸，这次他们应该是想提供中译本的，但又知道当时没有中国人会协助翻译信件，因为人们认定那是会被判死刑的罪行。[5] 结果，詹姆士一世的尝试也以失败告终。

相对于欧洲其他国家，英国人来华贸易起步较晚。葡萄牙商人早在明中叶已开始到中国本土进行买卖。正德八年（1513 年），欧维士（Jorge Alvares，？—1521）自葡萄牙人所占领的满剌加

---

1 Allison, "The Virgin Queen and the Son of Heaven," p. 217.

2 Ibid., p. 210.

3 Ibid., p. 220.

4 张轶东曾将前两封信翻译成中文，见张轶东：《中英两国最早的接触》，附录一及二，第 42—43 页。

5 "Extract of a Letter from Geo. Ball & c. dated Bantam to the Company," 19 January 1617, IOR/G/12/01, p. 4；Morse, *The Chronicles of the East India Company*, vol. 1, p. 10.

（马六甲）出发，到达广州附近的 Tamão 做买卖，[1] 赚到丰厚的利润回国。[2] 1557 年，葡萄牙人更进一步，开始"赁居"澳门，[3] "筑室以交易，不逾年多至数百区"。[4] 1583 年，澳门已有 900 名葡萄牙人。[5]

英国东印度公司第一次正式与中国人进行贸易买卖，是在 1637 年由约翰·威德尔（John Weddell，1583—1642）所率领的商

1 一直以来不少人认为欧维士所登陆的 Tamão 或 Tumon，就是今天中国香港地区所称的屯门，但也有学者持不同意见。一方面，有学者指出 Tamão 即大屿山的东涌。参见金国平、吴志良：《从西方航海技术资料考 Tumon 之名实》，《东西望洋》，澳门：澳门成人教育学会，2002 年，第 259—274 页；金国平：《Tumon 杂考》，《西力东渐：中葡早期接触追昔》，澳门：澳门基金会，2000 年，第 19—42 页。另一方面，汤开建则认为"上川岛西北岸的'大澳'港，很可能是早期葡萄牙人所说的 Tamão"。汤开建：《中葡关系的起点——Tamão 新考》，《明代澳门史论稿》上卷，哈尔滨：黑龙江教育出版社，2012 年，第 1—36 页。

2 黄庆华：《中葡关系史》上册，合肥：黄山书社，2006 年，第 85 页；万明：《中葡早期关系史》，北京：社会科学文献出版社，2001 年，第 24 页；万明把 Jorge Alvares 的名字译作"若热·阿尔瓦雷斯"。

3 葡萄牙人最早入澳居住的时间有多种说法，主要为三种：1535 年、1553 年及 1557 年。这里采纳卫思韩（John E. Wills, Jr., 1936—2017）的说法。他指出，在早年居住澳门的传教士公匣勒（Gregório Gonzáles）一封未发表的信里，说到在 1557 年冬天，他们获准留在澳门过冬，且不用拆掉草屋，所以可以视为葡萄牙人"赁居"澳门的开始。参见 John E. Wills Jr., (ed.), *China and Maritime Europe, 1500‑1800: Trade, Settlement, Diplomacy, and Missions* (Cambridge and New York: Cambridge University Press, 2011), p. 38. 有关葡萄牙人入澳整体综述及分析，可参见汤开建：《澳门开埠时间考》，《明代澳门史论稿》上卷，第 197—221 页。

4 庞尚鹏：《陈末议以保海隅万世治安疏》，《百可亭摘稿》（道光十二年刻本）卷一，录自万明：《明代澳门贸易——中国与西方的海上汇合点》，《明代中外关系史论稿》，北京：中国社会科学出版社，2011 年，第 541 页。

5 臧小华：《陆海交接处：早期世界贸易体系中的澳门》，北京：社会科学文献出版社，2013 年，第 178 页。有关中葡于明代的交往，除上引《中葡关系史》及《中葡早期关系史》外，亦可参见 T'ien-Tsê Chang, *Sino-Portuguese Trade from 1514‑1644: A Synthesis of Portuguese and Chinese Sources* (Leyden: E. J. Brill, 1969)。另外，原始资料参见张海鹏编：《中葡关系史资料集》，成都：四川人民出版社，1999 年。

船队完成的。[1] 不过，这最早的交往和贸易其实毫不顺利，船队在到达澳门和广州后，几经周折，甚至要在武装冲突后，英国人才勉强购买得一些货物离开，算是完成任务。在这次所谓的"虎门事件"里，翻译问题是症结所在。

我们不在这里详细交代整个事件及当中的翻译问题。[2] 简单说

---

1 严格来说，英人这第一次来华贸易，不能算是由东印度公司完成的，因为船队是由当时敌对的科尔亭会社（Courteen Association）所指派。1637 年，英国国王查理一世向科尔亭会社颁发专利，容许他们在东印度地区内东印度公司没有设商馆的地方进行贸易，成为东印度公司在垄断亚洲贸易上最大的对手。不过，由于科尔亭会社跟东印度公司在 1657 年合并，人们也把这时候英人来华的商贸活动归入东印度公司的活动中。

2 关于东印度公司这第一次来华贸易，西方资料主要有 Sir Richard Carnac Temple（ed.），*The Travels of Peter Mundy, in Europe and Asia, 1608 – 1667*（Nendeln, Liechtenstein: Kraus Reprint Ltd., 1967），vol. III, Travels in England, India, China, Etc., 1634 – 1638; Part I, Travels in England, Western India, Achin, Macao, and the Canton River, 1634 – 1637, pp. 158 – 316。该书作者彼德·芒迪（Peter Mundy, 1600—1667）是著名旅行家，当时跟随威德尔船队一起到亚洲，并作了详尽的记录。此外，该书另一个很大的价值来自编者理查德·卡纳克·坦普尔爵士（Sir Richard Carnac Temple）。在整理及编辑该游记出版的时候，他加入大量相关的一手资料，包括存于英国国家档案局（Public Record Office）及印度事务部（India Office）的档案、威德尔自己撰写的航海日志，以及"科尔亭文件"（Courteen Papers），还有藏于里斯本的大量葡文第一手资料，且将其翻译成英文，给予研究者极大的方便。中文方面最重要的原始资料是《兵部题〈失名会同两广总督张镜心题〉残稿》，国立中央研究院历史语言研究所编：《明清史料乙编》第 8 本，上海：商务印书馆，1936 年，第 751—756 页；《明史》亦有简略记载，只是错误地把事件归在《和兰传》内。"虎门事件"研究方面，较多人知道和引用的是 Morse, *The Chronicles of the East India Company*, vol. 1, pp. 14 – 30; 但其实他的描述基本参照芒迪的游记。另外，汪宗衍：《明末中英虎门事件题稿考证》，澳门：于今书屋，1968 年，主要是对《兵部题〈失名会同两广总督张镜心题〉残稿》的考证；还有汤开建、张坤：《两广总督张镜心〈云隐堂文录〉中保存的崇祯末年澳门资料》，《澳门研究》第 35 期，2006 年 8 月，第 122—132 页；万明：《明代中英的第一次直接碰撞——来自中、英、葡三方的历史记述》，《中国社会科学院历史研究所学刊》第 3 册，北京：商务印书馆，2004 年，第 421—443 页；亦收入万明：《明代中外关系史论稿》，北京：中国社会科学出版社，

来，几乎所有的矛盾和纷争都是由于译者——一名来自广州的通事——从中拨弄所造成的。　在英文资料里，这名懂得葡语的通事叫 Pablo Noretti，但其实是中国人，即《明史·和兰传》中所记的"奸民李叶荣"。[1] 本来，他经由广州总镇海道郑觐光指派，负责向虎门外海的英国人传谕，"惕以利害"，命令他们立刻开洋归国。但李叶荣却告诉威德尔，只要他们愿意缴付税款，中国官府便容许他们进行贸易，还说官府传谕指定他来充任这次英国人来华买卖的通事及经纪，把五名英国商人连同货款带到广州去。但在回到广州后，李叶荣先把英商藏起来，然后告发他们"私带夷货入省"，又向官员汇报说英国人拒绝听命，不肯离开，让与他勾结的总兵陈谦向虎门的英国船队发动火攻，只是风向刚好转变，英国人才幸免于难。李叶荣和陈谦这等同谋财害命的计划最终在威德尔以武力救人索货后被揭穿，更高级的官员介入调查，李叶荣和陈谦被惩处，而英国人获准在广州买卖货物后离开。就是这样，东印度公司才算完成第一次直接与中国进行的贸易活动。

　　东印度公司这第一次在华贸易的不愉快经历，基本上是因为语言的障碍，令英国人无法直接与中国官员沟通。那时候，葡语是东方贸易的通用语言，[2] 因此，直至 18 世纪中叶，所有到中国贸易的欧洲商人都一定随带懂葡语的译员同行。[3] 威德尔也没有例

（接上页）2011 年，第 652—677 页。有关虎门事件中的翻译问题，见王宏志：《通事与奸民：明末中英虎门事件中的译者》，《编译论丛》第 5 卷第 1 期，2012 年 3 月，第 41—66 页。

　1　（清）张廷玉等：《明史》卷 325，第 28 册，北京：中华书局，1974 年，第 8437 页。

　2　Austin Coates, *Macao and the British, 1637 – 1842: The Prelude to Hong Kong* (London：Routledge and Kegan Paul, 1966), p. 1.

　3　Paul A. Van Dyke, *The Canton Trade: Life and Enterprise on the China Coast, 1700 – 1845* (Hong Kong：Hong Kong University Press, 2005), p. 9.

外，早已做好准备，特意招聘了一名懂葡语的商人托马斯·罗宾逊（Thomas Robinson，？—1638）随船出发。[1]但罗宾逊不懂中文，他的翻译服务只限于那些懂得葡语的人，没法跟一般的中国人直接沟通。在这种情形下，威德尔只能完全依赖这名来自中国的通事李叶荣，最终惹来这么大的麻烦。威德尔在离开时甚至曾经签过承诺书，在被扣广州的船员获释并取回货款及货物后，他们便会离开，永远不再回来。[2]最后，威德尔的确遵守这诺言，直至1642年去世前再也没有踏足中国的土地，而且在随后几十年也没有其他英国人到中国进行买卖，直至1676年英国人才在厦门设置商行，[3]1699年开始在广州买卖。但长期以来外国人在中国的贸易活动以至日常生活都受到各种各样的限制，且时常遭当地官员诸多需索压迫。英国人深感不满，试图以不同形式来打破这些规限。1757年著名的"洪任辉事件"，便是东印度公司尝试打破只能在广州通商的限制、直接派遣职员到宁波和天津进行贸易的结果。

洪任辉（James Flint）是现时已知第一位由英国东印度公司出资培养的中英译员。他在1736年已经到了广州，开始学习中文，1741年得到东印度公司货监理查德·奥利弗（Richard Oliver）资助150两，继续留在广州学中文。[4]1743年乔治·安森（George Anson，1697—1762）来到中国时，洪任辉虽然不是东印

---

1 关于这名威德尔船队的译员，迄今只能找到一篇报道，那就是芒迪游记的编辑坦普尔为该书所作的其中一篇附录。Temple（ed.），*The Travels of Peter Mundy*, vol. III, Appendix B, pp. 462 – 466。

2 Ibid., p. 264.

3 Morse, *The Chronicles of the East India Company*, vol. 1, p. 45.

4 Ibid., p. 277.

度公司的正式译员，但一直从旁提供翻译服务，赢得了赞赏。[1] 翌年，他又参加货监们与粤海关监督的会议，负责传译，同样得到好评。[2] 1746 年，东印度公司董事局正式指定他作为货监的"通事"（linguist），同时在有需要时协助公司的事务，每条船可领取 90 两的薪金。由此看来，他并非公司的正式受薪雇员，公司更不是用"译员"（translator/interpreter）的职位来聘用他的，他从事的倒更像是买办的工作，估计单在 1750 年贸易年度内，他的收入便不少于 900 两，[3] 且公司领导层好几次对洪任辉的贡献表示肯定。[4] 1753 年，东印度公司有意重开宁波的贸易，便派遣他到宁波去。然而，差不多在这个时候，粤海关监督拘捕了一名替洪任辉书写禀词的中国人。[5] 这无疑是一个警示信号，但洪任辉在第二年还是再去宁波，惹来广州方面更大的不满。乾隆二十二年（1757年），洪任辉奉东印度公司的指令乘船到天津呈诉，控告粤海关勒索，投诉广州通商环境恶劣，并要求宁波开埠，改变一口通商格局。朝廷一方面对勒索广州外商的情况展开调查，惩处粤海关总

1 George Anson, *A Voyage Round the World: In the Years MDCCXL, I, II, III, IV. By George Anson, Esq; Commander in Chief of a Squadron of His Majesty's Ships, Send Upon an Expedition to the South-Seas. Compiled from Papers and Other Materials of the Right Honourable George Lord Anson, and Published Under His Direction. By Richard Walter, M. A. Chaplain of his Majesty's Ship the Centurion, in That Expedition. The Third Edition. With Charts of the Southern Part of South America, of Part of the Pacific Ocean, and of the Track of the Centurion Round the World*, edited by Richard Walter and Benjamin Robins（London：John and Paul Knapton，1748），p. 536.

2 Ibid.

3 Morse, *The Chronicles of the East India Company*, vol. 1, p. 287.

4 Susan Reed Stifler, "The Language Students of the East India Company's Canton Factory," *Journal of the North China Branch of the Royal Asiatic Society for the Year 1938*, Volume LXIX（Shanghai：Kelly & Walsh, 1939），p. 49.

5 Ibid.

督李永标；另一方面，对于洪任辉连续两年未经批准、私自跑到宁波进行买卖的违法行为，采取强硬的手段，处死代写状文的刘亚匾，并在澳门圈禁洪任辉三年（1759 年 12 月 6 日至 1762 年 11 月），刑满逐离中国，永远不准再来。[1]

尽管洪任辉得到东印度公司的重用，但他的中文水平——尤其是书写能力是很有限的。学者指出，在替他书写禀词的中国人被拘捕后，"没有人为他誊写，洪任辉的文书不一定能够让人读懂"。[2] 洪任辉在天津所投递的一份呈折里也只承认："我只会眼前这几句官话，其余都写在呈子上了。"[3] 显然，他的投诉状词并不是由他自己写的。换言之，洪任辉也不能算是合格的译员，即便他没有被捕、圈禁或驱逐，也不一定能改善东印度公司和英国与中国官员的沟通。

在短短的几十年里，英国东印度公司成为广州外贸最大的外商。但不管在广州外贸中占多大的比重，他们始终面对着严重的

---

1 "Memoir, Intercourse with China, 1588－1832. Part I," IOR/G/12/11, pp. 103－106; "References to the Diaries from 1755," 6 December 1759, IOR/G/12/20, p. 581。关于洪任辉在天津呈递投诉的经过，见于他 1759 年 6 月 13 日至 7 月 29 日的日记，收 Morse, *The Chronicles of the East India Company*, vol. 1, pp. 301－305; 关于洪任辉被囚日期以及他的被捕经过，见同上，第 298—299 页。中文方面的原始资料见《乾隆二十四年英吉利通商案》，《史料旬刊》第 3 期，天九十一至天九十五页；第 4 期，天一百十三至天一百二十五页；第 5 期，天一百五十六至天一百六十二页；第 6 期，天一百九十八至天二百页；第 9 期，天三百零四至天三百一十页。研究方面，可参见 Edward L. Farmer, "James Flint versus the Canton Interest (1755－1760)," *Papers on China* 17 (December 1963), pp. 38－66; 陈东林、李丹慧：《乾隆限令广州一口通商政策及英商洪任辉事件论》，《历史档案》1987 年第 1 期，1987 年 2 月，第 94—101 页；朱雍：《不愿打开的中国大门》，第 64—76 页。

2 Stifler, "The Language Students of the East India Company's Canton Factory," p. 49.

3 《直隶总督方观承奏英吉利商人洪任来津投呈折》，《史料旬刊》第 4 期，天一百十四页。

语言障碍。其实，东印度公司也尝试过加强汉语人才的培训。1753 年，在洪任辉事件还没有发生前，公司曾出资派遣两名雇员托马斯·贝文（Thomas Bevan）及巴顿（Barton）到南京学习中文。[1] 巴顿的名字后来不常见于东印度公司的档案，但贝文看来一直十分活跃，例如董事局主席碧古（Frederick Pigou）在 1756 年 2 月 14 日所作的报告中曾指出，贝文学习中文进步得很快，且品行良好，在几年后会为公司提供重要的服务。[2] 1757 年，贝文曾跟随洪任辉北上天津。[3] 不过，这都是洪任辉被圈禁以前的事情。在洪任辉被囚禁后，档案中便再没有提及贝文继续做翻译或学习中文的消息，却见到他先后出任东印度公司管理会及特选委员会成员，[4] 直至 1780 年因为健康问题回国，[5] 自此再没有他的消息。从那时候开始，东印度公司就一直没有自己的译员，长达 20 年之久。[6]

---

1 "Memoir, Intercourse with China, 1588 – 1832. Part I," IOR/G/12/11, p. 102；Morse, *The Chronicles of the East India Company*, vol. 1, p. 297；vol. 2, p. 51；vol. 5, p. 27.

2 Morse, *The Chronicles of the East India Company*, vol. 5, p. 27.

3 Ibid., vol. 2, p. 51.

4 Ibid., pp. 107, 123, 130, 133, 144, 149, 165.

5 "Consultations, Observations, Orders & c. of the Select Committee, appointed by the Honorable Court of Directors, with Letter perceived, and written by the Select Committee, 19th January 1780 – 16th December 1780," IOR/G/12/70, p. 231.

6 Stifler, "The Language Students of the East India Company's Canton Factory," p. 50。第一位正式获聘为东印度公司译员的是曾以马戛尔尼侍童身份跟随使团到中国来，早已开始学习中文，并曾直接以中文与乾隆交谈的小斯当东。他在 1800 年 1 月 22 日重临广州，在公司中出任初级书记（junior writer）一职，但一开始即为公司提供翻译工作。1803 年，小斯当东向东印度公司提出申请，希望能从"书记"一职转为译员，但却遭到否决。这对他来说是不小的打击，他甚至扬言不再热衷于为公司提供有关中文方面的服务。直到 1808 年 2 月 26 日，东印度公司董事局任命他为公司的中文译员。G. T. Staunton to Sir G. L.

　　另外，自从"洪任辉事件"后，清廷加强外贸监管，明确限定广州一口通商。"广州体制"的格局逐渐形成，管理方式也从对内控制转向为对外控制。[1] 其后的规定更多是直接针对来华外国商人，他们在广州的买卖活动以至日常生活都受到严格监管。[2] 这也是东印度公司要求并愿意资助英国政府派遣使团到中国的主要原因。在各项规定中，外商最感不满的是中国官员从来不与外商（夷商）直接沟通，一切交往都是通过行商和通事进行。这种情况一直维持到 1834 年东印度公司在华贸易垄断权结束以后，英国政府所派遣的首任商务监督律劳卑（William John Napier，1786—

（接上页）Staunton, Canton, 25 January, 1800; Staunton to Lady Staunton, Canton, 24 February, 1805; Canton, 1 March, 1805; Canton, 5 November, 1805, in "George Thomas Staunton Papers, 1743 – 1885 and Undated," Rare Book, Manuscript and Special Collections Library, Duke University, Durham, North Carolina, accessed through Adam Matthew Digital, "China: Trade, Politics and Culture 1793 – 1980"; George T. Staunton, *Memoirs of the Chief Incidents of the Public Life of Sir George Thomas Staunton, Bart* (London: L. Booth, 1856), pp. 34 – 35. See also Lydia Luella Spivey, "Sir George Thomas Staunton: Agent for the British East India Company in China, 1798 – 1817" (M. A. thesis, Duke University, 1968), pp. 53 – 54; 关于小斯当东在马戛尔尼使团中的角色，见本书第 2 章《译员篇》。

　　1 王日根：《明清海疆政策与中国社会发展》，福州：福建人民出版社，2006 年，第 377—378 页。

　　2 有关广州体制的研究为数不少，最值得参考的包括梁嘉彬：《广东十三行考》，上海：商务印书馆，1936 年；章文钦：《广东十三行与早期中西关系》，广州：广东经济出版社，2009 年；Cheong Weng Eng, *The Hong Merchants of Canton: Chinese Merchants in Sino-Western Trade* (London: Curzon Press, 1997); Van Dyke, *The Canton Trade*; Paul A. Van Dyke, *Merchants of Canton and Macao: Politics and Strategies in Eighteenth-Century Chinese Trade* (Hong Kong: Hong Kong University Press, 2011); Paul A. Van Dyke, *Merchants of Canton and Macao: Success and Failure in Eighteenth-Century Chinese Trade* (Hong Kong: Hong Kong University Press, 2016); John M. Carroll, "The Canton System: Conflict and Accommodation in the Contact Zone," *Journal of the Hong Kong Branch of the Royal Asiatic Society* 50 (2010), pp. 51 – 66; John M. Carroll, *Canton Days: British Life and Death in China* (Lanham: Rowman & Littlefield, 2020).

1834）还是不能直接与广东官员接触。时任两广总督卢坤
（1772—1835）以"贸易细事，向由商人自行经理，官不与闻其
事。该夷贸易，如有更定章程等事，均应该商等会同查议。……
天朝大臣，例不准与外夷私通书信"为理由，[1] 明确规定"凡夷人
具禀事件，应一概由洋商代为据情转禀，不必自具禀词"，[2] 让律
劳卑大为不满，极力抗争，最终导致爆发冲突，律劳卑被迫离开
广州，不久即在澳门病逝，史称"律劳卑事件"或"律劳卑之
败"（Napier Fizzle）。[3]

　　本来，通事负责翻译和沟通是早已确定的。清初刊本的《香
山县志》已记有通事怎样在澳门为中国官员与洋人作传译，担当
重要的沟通桥梁：

　　　　凡文武官下澳，率坐议事亭上，彝目列坐进茶毕，有欲
　　言则通事番译传语。通事率闽粤人，或偶不在侧，则上德无
　　由宣，下情无由达。彝人违禁约，多由通事导之。[4]

1　卢坤道光十四年六月二十一日致洋商谕，英国国家档案馆（National Archives）藏英国外交部（Foreign Office）档案，FO 663/46，第 11 页；道光十四年八月初二日卢坤示，FO 663/46，第 14 页；又见〔日〕佐佐木正哉编：《鸦片战争前中英交涉文书》，東京：巖南堂書店，1967 年，第 5、10—11 页。

2《两广总督卢坤、监督中祥疏（道光十五年正月）》，（清）梁廷枏总纂，袁钟仁校注：《粤海关志（校注本）》卷二十九《夷商四》，广州：广东人民出版社，2002 年，第 563 页。

3　关于律劳卑事件，可参见 Morse, *The International Relations of the Chinese Empire* (London: Longmans, Green & Co., 1910‑18), vol. I, p. 118‑144；吴义雄：《条约口岸体制的酝酿——19 世纪 30 年代中英关系研究》，北京：中华书局，2009 年，第 451—462 页。另外，一本专门讨论律劳卑在中国的英文专著是 Priscilla Napier, *Barbarian Eye: Lord Napier in China, 1834, the Prelude to Hong Kong* (London and Washington: Brassey's, 1995)，但其学术性不强。

4　（清）申良翰修，（清）何源泽编辑：《香山县志》卷十，〔出版日期缺〕，叶 3。

另外，他们还负责文件和往来书信的翻译工作，当时有"粤东文书上下俱用通事"的说法。[1]可是，在这么长时间的中外交往过程中，究竟这些洋商或通事是否具备足够的外语能力，以胜任翻译的工作？语言能力以外，有没有其他因素导致这些所谓的翻译人员无法准确地完成翻译的工作？

先看外语能力。我们知道，在同治元年五月十五日（1862年6月11日）京师同文馆成立前，中国一直没有正式培训西方语言翻译人才的机构，广州体制下的通事要掌握外语都只能是"无师自通"。可是，当时根本没有什么中国人会愿意认真学习英语。1807年来华的第一位新教传教士，且长期为东印度公司服务的马礼逊（Robert Morrison，1782—1834），在刚到来时曾尝试与一些中国人进行语言交换教学，[2]也曾有过一两名中国商人跟他学习英文，但不久都放弃了。[3]因此，在澳门和广州负责翻译的通事其实都没有接受过正式的外语训练。当时住在广州、自己也懂中文且经常与通事一起处理商务的美国人亨特（William Hunter，1812—1891），便曾非常幽默又讽刺地描述过一些通事的情况。他说中国的通事"除了自己的语言外，别的一点也不懂"。[4]这说法算不上完全准确，因为这些广州通事其实是在不同程度上掌握一种"外语"——"广州英语"（Cantonese English）。然而，这种所谓的"英语"，"毫无疑问是中国人的一项发明"，是完全扭曲变形的广

---

1 张渠：《粤东闻见录》，广州：广东高等教育出版社，1990年，第6页。

2 LMS/CH/JO，Morrison's Journal，8 Sept 1807，录自苏精：《马礼逊和他的中文老师》，《马礼逊与中文印刷出版》，台北：学生书局，2000年，第64页。

3 参见苏精：《中国，开门！马礼逊及相关人物研究》，香港：基督教中国宗教文化研究社，2005年，第36—37页。

4 William C. Hunter, The "Fan Kwae" at Canton Before Treaty Days, 1825 - 1844 (London：Kegan Paul, Trench and Co., 1882), p. 50.

州话与英语的混合体，还掺入了葡语、印地语、马拉语，但却"没有句法，也没有逻辑联系"。[1]这样的"英语"不是一般英国人所能听懂的。[2]令问题更复杂的是：尽管这些通事能以"广州英语"在口头上与英国人作简单的沟通，但他们绝大多数都不能阅读和书写英文；"但知夷语，并不认识夷字"，[3]是当时的通事很普遍的状况，他们根本没法胜任文书翻译工作。语言能力以外，还有权力架构和社会地位的问题。本来，这些广州通事是朝廷官方所承认的，早在雍正九年（1731 年）已规定所有通事必须注册，[4]但这样的安排并不是为了确认他们具有专业的翻译能力或资格，而是要更好地规定通事的职责，从而方便管理。不过，朝廷要管理通事，重点不在通事，真正的目的是要管理来华的洋夷，因为通事的职责不只限于翻译工作。光绪年间的《重修香山县志》对通事的职务有这样的描述：

> 其役于官，传言语，译文字，丈量船只，货之出入口，点件数，秤轻重，输税上饷者曰通事。[5]

这不单涉及朝廷的税收，更触碰到广州商人和官员的直接利益。

1　William C. Hunter, *The "Fan Kwae" at Canton Before Treaty Days, 1825 – 1844* (London：Kegan Paul, Trench and Co., 1882), p. 61.

2　Basil Hall, *Voyage to Loo-Choo, and Other Places in the Eastern Seas, in the Year 1816* (Edinburgh：Archibald Constable & Co., 1826), p. 288.

3　《钦差大臣耆英等奏为咨调洋商伍敦元来苏以备差委片》，中国第一历史档案馆编：《鸦片战争档案史料》第 5 册，天津：天津古籍出版社，1992 年，第 599 页。

4　印光任、张汝霖：《澳门记略》，广州：广东高等教育出版社，1988 年，第 28 页。

5　（清）田明曜修，（清）陈澧等纂：《重修香山县志》卷二十二《附记》，第 4 册，台北：台湾学生书局，1968 年，第 1957 页。

乾隆九年（1744 年），广州府海防同知印光任（1691—1758）制定《管理番舶及寄居澳门夷人规约》七条，第一条即规定所有洋船到达澳门后便须即日"投行"，并着"行主、通事报明"；[1] 其接任人张汝霖又在乾隆十四年（1749 年）提出《澳夷善后事宜条议》，明令以后外船船税、贡银、行商及通事之手续费、出口货税及采办官用品物，都交由行商一二人负责保证；[2] 乾隆二十二年（1757 年）的"洪任辉事件"以后，负责调查洪任辉对广州粤海关监督指控的两广总督李侍尧（？—1788），在乾隆二十四年（1759 年）提呈一系列的管制措施，这就是著名的《防范外夷规条》五条；[3] 其后有两广总督百龄（1748—1816）在嘉庆十四年（1809 年）所奏准的《民夷交易章程》[4] 和道光十一年（1831 年）李鸿宾（1767—1846）的《防范夷人章程》八条，[5] 一直到道光十五年（1835 年），还有卢坤的《酌增防夷新规》八条。[6] 官员接连推出这些"防夷"方案，且一条比一条严密，一方面可以见到清廷着意加强对在华外商的监管，另一方面也加重了对通事的问责，最后由卢坤以一种所谓"层递钳制"的方法，让这种长久以来执

1 《澳门同知印光任议（乾隆九年）》，（清）梁廷枏总纂，袁钟仁校注：《粤海关志（校注本）》卷二十八《夷商三》，第 535—537 页。

2 梁嘉彬：《广东十三行考》，第 91 页。

3 《乾隆二十四年英吉利通商案·李侍尧折三》，《史料旬刊》第 9 期，三百零六至三百零九页；又见《部覆两广总督李侍尧（乾隆二十四年）》，梁廷枏总纂，袁钟仁校注：《粤海关志（校注本）》卷二十八《夷商三》，第 545—548 页。

4 《两广总督百龄、监督常显议（嘉庆十四年）》，（清）梁廷枏总纂，袁钟仁校注：《粤海关志》卷二十八《夷商三》，第 548—550 页。

5 《两广总督李鸿宾、监督中祥疏（道光十一年二月）》，同上，卷二十九《夷商四》，第 559—563 页。

6 《两广总督卢坤、监督中祥疏（道光十五年正月）》，同上，第 563—567 页。

行的控制方法进一步制度化：

> 其人夫责成夷馆买办代雇，买办责成通事保充，通事责成洋
> 商保充，层递钳制，如有勾串不法，唯代雇、保充之人是问。[1]

及至鸦片战争前夕，林则徐（1785—1850）到广州禁烟时，仍然执行着这种"逐层担保"的做法，[2] 当中最关键的地方在于：一切唯担保、保充人是问。作为这"层递钳制"的主要角色，通事往往首当其冲，受到官员的欺压。无论是在中方还是英方的资料和记录里，我们都可以见到大量的个案，记录通事们怎样被官员拘押、拷打、关禁，更严重的还有发配充军，甚至判处死刑，[3]理由是他们没有做好监管的工作，以致外商犯错误，违反制夷的规条。不过，官员其实并不一定真的要惩罚失职的行商或通事，他们的目的是要迫使外商服从他们的指令。很多时候，行商和通

---

1 《两广总督卢坤、监督中祥疏（道光十五年正月）》，（清）梁廷枏总纂，袁钟仁校注：《粤海关志》卷二十八《夷商三》，第 565 页。

2 "至各夷馆所用工人以及看门人等，均责成买办保雇，其买办责成通事保充，而通事又责成洋商选择，令其逐层担保，仍由府县查验，给牌承充。如查有营私舞弊，悉惟担保之人是问。"《两广总督林则徐等复议御史骆秉章条陈整饬洋务章程折》，中国第一历史档案馆编：《鸦片战争档案史料》第 1 册，第 796 页。

3 例如曾帮助东印度公司送信及送礼物到北京的通事李耀，便因为被视为跟英国人太接近，给广州官员带来麻烦，最终被罗织罪名，发判伊犁充军。参见王宏志：《1814 年"阿耀事件"：近代中英交往中的通事》，《中国文化研究所学报》第 59 期，2014 年 7 月，第 203—232 页。此外，在 1834 年的"律劳卑事件"中，律劳卑刻意打破一贯的沟通模式，拒绝通过行商和通事跟广州当局接触，但两广总督还是以死刑来威吓行商和通事："该商等与夷人，交易多年，声息相通，通事买卖人等，尤与夷人切近，如果详明开导，该夷自断无不遵。倘有违抗，皆系该商等办理不善，及通事人等教诱所致。定将该商等参加，通事人等立即正法。"卢坤道光十四年六月二十一日致洋商谕，FO 663/46, p. 11；又见〔日〕佐佐木正哉编：《鸦片战争前中英交涉文书》，第 5 页。

事在严刑拷打后，会被戴上枷锁，送到外商那里谈判，由通事恳求夷商就范。显然，这是官员胁迫外商的手段，通事只不过是监控外国人的工具，这点就连外商也清楚明白。[1] 结果，通事便从不敢开罪官员们，正如马士所说，"他们胆子太小，不可能译出半句官员不中听的话来"；[2] 而通事更重要的能力便是如何有效地谈判、调解，而不是要准确地理解和翻译出外商的说话和意图。[3] 另外，我们还见到对通事其他负面的描述，例如亨特报道过一宗有关一名印度水手的案件，由总通事"老汤姆"（"Old Tom"）负责口译，但老汤姆根本听不懂印度水手的话，只是任意杜撰，整个过程就是一场闹剧。[4]

在这样的情况下，作为英国政府正式派遣到北京，试图争取改善英国人在华贸易和生活状况的马戛尔尼使团，不可能借助这些广州通事来解决沟通的问题。他们得要另找使团译员，除须具备足够的语言水平外，还要对使团效忠，不受中方的胁迫，才可能做好沟通和翻译的工作。这对于使团来说是很大的挑战。

除译者以外，使团与清廷在翻译和沟通上还有别的难题。在这次马戛尔尼使团访华事件中，尽管最终双方都备有好几名翻译

---

1 Morse，*The Chronicles of the East India Company*，vol. 3，pp. 267 – 269.

2 Ibid.，p. 31.

3 Van Dyke，*The Canton Trade*，p. 78.

4 William Hunter，*Bits of Old China*（London：Kegan Paul，Trench and Co.，1885），pp. 21 – 30。中译本见〔美〕亨特著，沈正邦译，章文钦校：《旧中国杂记》，广州：广东人民出版社，1992 年，第 23—30 页。不过，有学者指出，这"只是亨特为了满足外国读者对中国的想象而创作的闹剧"。叶霭云：《广东通事"老汤姆"及其宽和通事馆考》，《翻译史研究（2016）》，上海：复旦大学出版社，2016 年，第 97—119 页。据叶霭云的考证，"老汤姆"就是蔡懋，又称蔡刚，出任通事近五十年，还提携了至少四个儿子、三个堂侄和多名助手任职通事，发家致富。她的结论是"'老汤姆'这个游走于中西之间、位居官方和半官方之间的通事，应该是成功的"。同上，第 119 页。

人员，但中英第一次正式外交接触所涉及的翻译问题极其艰巨，几乎是无法解决的。

首先是语言的问题。在下面《译员篇》的讨论里可以见到，在这次中英两国的交往里，一个令翻译任务变得复杂的因素，就是双方正式的翻译人员都不懂英语，这是因为无论使团方面怎样努力，也无法找到具备中、英双语能力的译员。另一方面，双方的译员却因为相同的宗教背景和训练而共同掌握了中英文以外的另一种语言——拉丁文，这种唯一的共同语言便成为翻译过程的中介语言。尽管这也能达到基本沟通的效果，但因为两国的沟通并不是直接通过各自的本国语言互换来进行的，而是要先把中文或英文翻译成拉丁文，然后才能翻译成对方的语言。多重转译的模式，不但增添出错的可能，而且转译过程中所引起的不便和麻烦也是可想而知的。使团的副使斯当东便曾猜想，翻译上的繁复程度是造成乾隆没有多跟马戛尔尼直接谈话的原因。[1] 换言之，由于译者语言能力的问题，马戛尔尼并不能够与乾隆很有效地沟通，可见翻译在马戛尔尼使华事件中所扮演的重要角色。

其实，不单是口头上的传译，书面上的翻译也面对相同的难题。从马戛尔尼方面发出的文书是先以英文写成的，然后必须交由使团一名成员翻译成拉丁文，才能让使团译员以这个拉丁文本为基础翻译成中文。换言之，每份文书都经过两重的翻译程序，备有三份文本。事实上，有时候这三份文本都同时送递到中国朝廷。例如在 1793 年 8 月 6 日，朝廷便收到了英文、拉丁文和中文三个文本的使团礼品清单。[2] 此外，由于当时欧洲的外交习惯是以

1　Staunton, *An Authentic Account of an Embassy*, vol. 2, p. 122.
2　"Catalogue of Presents," IOR/G/12/92, p. 155.

法文作为国际通用外交语言，因此，有些时候也见到法文本的出现。举例说，马戛尔尼曾向和珅呈递照会，提出觐见乾隆所用的仪式，便共有中、英、法和拉丁文四个文本。[1] 同样地，清廷的文件也要经过几重翻译才送到使团手上，最先由中方的翻译人员把文书翻译成拉丁文，交到使团去；虽然使团中不少成员都懂拉丁文，不一定要再翻译成英文，但我们也确实见到一些文件最终还是译出英文本。可以想象，经过重重的转译或重写后，意义上的准确性便难以保证了。

此外，翻译的难题并不止于语言的层面，令问题变得更复杂的是两国政治和文化的巨大歧异，以致一些重要的信息在表达以至诠释上很不相同，严重地影响两国相互的理解。这包括英国日盛的国力、使团自身的定位、中国奉行已久的朝贡制度，以及清廷当时对待这次英国来使的态度等。这就是说，当时中英两国的政治和文化差距，在很大程度上影响了使团的沟通和翻译。但无论是清廷最高决策人乾隆皇帝所阅读到从英方送来文书的中文文本，还是马戛尔尼收到的谕旨，还有日常口语上的沟通内容，都是通过翻译而来，并只能从这些翻译文本里得到相关的信息。因此，翻译对整个使团的影响和作用，便可想而知了。

二

关于这次中英外交史上的重要开端，有大量原始资料。阿兰·佩雷菲特（Alain Peyrefitte，1925—1999）所著的《停滞的帝

---

1 "Note for Cho-Chan-Tong, First Minister, Pekin, 28 August 1793, English original, with Latin and French translations," IOR/G/12/92, pp. 209 – 216.

国——两个世界的撞击》〔*L'Empire Immobile, ou, Le Choc Des Mondes (The Collision of Two Civilisations: The British Expedition to China in 1792–4)*〕列出西方未出版及已出版的原始资料接近 80 项，[1] 但这还不能说是完整的。英国伯明翰大学的罗伯特·斯旺森（Robert Swanson）一篇追寻马戛尔尼使团相关文书踪迹的文章，说明其实有不少资料已经散失。[2] 另外黄一农的《龙与狮对望的世界：以马戛尔尼使团访华后的出版物为例》则详细描述使团回国后所出版的相关书刊，并交代不同版本及流通情况的细节，列出不少今天很难见到的著作。[3] 不过，通过不同的资料数字化工程，我们今天可以见到与使团相关的原始资料还算充裕，为研究者提供很大的方便。

首先，不少使团成员在回国后撰写并出版回忆录。本来，马戛尔尼希望使团主要成员一起合作集体撰写一份使团汇报，但除

---

1 Alain Peyrefitte, *L'Empire Immobile, ou, Le Choc Des Mondes*（Paris：Librairie Arthéme Fayard, 1989）, pp. 489–494；Alain Peyrefitte, *The Collision of Two Civilisations: The British Expedition to China in 1792–4*, translated by Jon Rothschile,（London：Harvill, 1993）, pp. 597–602；中译本见〔法〕阿兰·佩雷菲特著，王国卿等译：《停滞的帝国：两个世界的撞击》，北京：生活·读书·新知三联书店，1993 年；后来又见在中国台湾地区以另一书名出版——〔法〕阿朗·佩雷菲特著，王国卿等译：《停滞的帝国：一次高傲的相遇，两百年世界霸权的消长》，新北：野人文化股份有限公司，2015 年。

2 Robert Swanson, "On the（Paper）Trail of Lord Macartney," *East Asian History* 40（2016）, pp. 19–25.

3 黄一农：《龙与狮对望的世界：以马戛尔尼使团访华后的出版物为例》，《故宫学术季刊》第 21 卷第 2 期，2003 年，第 265—306 页。另外，北京大学欧阳哲生也发表过《鸦片战争前英国使团的两次北京之行及其文献材料》，《国际汉学》2014 年第 1 期，2014 年 12 月，第 102—113 页；又收入欧阳哲生：《古代北京与西方文明》，第 454—467 页。不过，正如黄一农自己所言，当中的材料只是"根据理查德、让-路易·克兰默-平（John L. Cranmer-Byng）、佩雷菲特、黄一农、张国刚诸位先生引据的文献"，而他所说的"结合自己所搜寻到的材料"，就是提供一些使团成员回忆录的中译本资料。同上，第 458 页。

副使斯当东配合外，其他不少成员并不怎么理会这要求，各自撰写和出版回忆录。[1] 今天，这些二百多年前出版的回忆录，大都能在谷歌图书（Google Books）中找到，而且部分已经重印流通；另外由盖尔公司（Gale）所制作的大型资料库"十八世纪作品在线"（Eighteenth Century Collection Online）中也收有约 20 种与马戛尔尼使团相关的专书，[2] 大部分都是使团人员出版的回忆录。在众多回忆录中，最广为征引的是斯当东的《大英国王派遣至中国皇帝大使的真实报告》（*An Authentic Account of an Embassy from the King of Great Britain to the Emperor of China*），[3] 因为这算是官方出版物；[4] 另外使团总管（comptroller）巴罗（John Barrow，

---

1 黄一农：《龙与狮对望的世界》，第 270 页；Swanson，"On the（Paper）Trail of Lord Macartney," p. 23。

2 *Eighteenth Century Collection Online*，http://www.gale.com/Eighteenth Century/。参见黄一农：《印象与真相——清朝中英两国的觐礼之争》，第 41 页，注 23。

3 本书有多个版本，参见黄一农：《龙与狮对望的世界》，第 272—275 页。中译本方面，现在最流行的是斯当东著，叶笃义（1912—2004）译：《英使谒见乾隆纪实》，香港：三联书店，1994 年。本书所用为 George Staunton, *An Authentic Account of an Embassy from the King of Great Britain to the Emperor of China* (Philadelphia：Robert Campbell, 1799) 2 卷版，除另注明外，中文均由笔者翻译。

4 另外还有两本也算是以斯当东名义出版、在内容上完全相同的回忆录：《奉大英国王之命派遣至中国大使的节略报告》及《派遣至中国皇帝之大使的历史报告》。*An Abridged Account of the Embassy to the Emperor of China, Undertaken by Order of the King of Great Britain; Including the Manners and Customs of the Inhabitants; and Preceded by an Account of the Causes of the Embassy and Voyages to China, Taken Principally from the Papers of Earl Macartney, as Compiled by Sir George Staunton, Bart* (London：John Stockdale, 1797)；*An Historical Account of The Embassy to The Emperor of China, Undertaken by Order of The King of Great Britain; Including the Manners and Customs of the Inhabitants; and Preceded by An Account of the Causes of the Embassy and Voyage to China, Abridged Principally From the Papers of Earl Macartney, As Compiled By Sir George Staunton, Bart* (London：John Stockdale, 1797)。黄一农指出，这是约翰·斯托克代尔（John Stockdale）或为抢占市场而出版的。黄一农：《龙与狮对望的世界》，第 277 页。

1764—1848）[1]、机械师登维德[2]、侍卫爱尼斯·安德森（Æneas Anderson）[3] 及塞缪尔·霍姆斯（Samuel Holmes）[4] 的回忆录，还

---

1 John Barrow, *Travels in China, Containing Descriptions, Observations, and Comparisons, Made and Collected in the Course of a Short Residence at the Imperial Palace of Yuen-Min-Yuen, and on a Subsequent Journey through the Country from Pekin to Canton* （London：T. Cadell & W. Davies, 1804）。中译本见：〔英〕约翰·巴罗著，李国庆整理：《中国旅行记》，桂林：广西师范大学出版社，2011 年；〔英〕乔治·马戛尔尼、〔英〕约翰·巴罗著，何高济、何毓宁译：《马戛尔尼使团使华观感》，北京：商务印书馆，2013 年。当时清宫文献对巴罗的记录为"总管贡物吧龙"。见《赏英贡使带赴热河官役清单》，《英使马戛尔尼访华档案史料汇编》，第 135 页；《带赴热河人名数目折》，同上，第 562 页。

2 Proudfoot, *Biographical Memoir of James Dinwiddie*。在当时清宫文献中，登维德的职务为"天文生"。见《赏英贡使带赴热河官役清单》，第 135 页；《带赴热河人名数目折》，第 562 页。在英文的材料中，他是使团的机械师（machinist）。"Tableau or Sketch of an Embassy from His Majesty to the Emperor of China," *An Important Collection*, vol. 10, doc. 442, CWCCU。不过，他曾经写过信给马戛尔尼，希望不要用机械师，改用数学家（mathematician）的职衔。"Letter from J. Dinwiddle to Lord Macartney dated, July 31, 1793, requesting that his title in embassy be changed from machinist to mathematician," ibid., vol. 6, doc. 266, CWCCU。值得一提的是登维德回忆录的整理者、他的外孙威廉·贾丁·普劳德富特（William Jardine Proudfoot, 1804—1887）在 1861 年出版一本厚达 176 页的书，逐一驳斥巴罗在回忆录及自传中不少有关使团的说法。William Jardine Proudfoot, *"Barrow's Travels in China." An Investigation into the Origin and Authenticity of the "Facts and Observations" Related in a Work Entitled "Travels in China, by John Barrow, F. R. S." (Afterwards Sir J. Barrow, Bart.) Preceded by A Preliminary Inquiry into the Nature of the "Powerful Motive" of the Same Author, And Its Influence on His Duties at the Chinese Capital, as Comptroller To the British Embassy, in 1793* （London：George Philip and Son, 1861）。关于登维德在参加马戛尔尼使团前的科学活动，可参见 Linde Lunney, "The Celebrated Mr. Dinwiddie：An Eighteenth-Centruy Scientist in Ireland," *Eighteenth-Century Ireland* 3 (1988), pp. 69 – 83。

3 Anderson, *A Narrative of the British Embassy to China*；中译本见〔英〕爱尼斯·安德森著，费振东译：《英使访华录》，北京：商务印书馆，1963 年，后改题重版：《英国人眼中的大清王朝》，北京：群言出版社，2002 年。

4 Samuel Holmes, *The Journal of Mr. Samuel Holmes, Sergeant-Major of the XIth Light Dragoons, During His Attendance as One of the Guards on Lord Macartney's Embassy to China and Tartary* （London：W. Bulmer & Company, 1798）。

有另一名"听事官"惠纳（John Christian Hüttner，1766—1847）以德文写成的使团回忆录《来自英国派遣到中国及部分鞑靼地区使团的报告，1792—1794 年》（ *Nachricht von der Britischen Gesandtschaftsreisé durch China und einen Teil der Tartarei, 1792 – 94*），[1] 都是较受注意的。没有参加使团，但在 1795 年出版一本有关中国史地和思想的著作的威廉·温特波塔姆（William Winterbotham，1763—1829），在书中加入了 114 页有关马戛尔尼使团的"丰富记录"，并宣称这些是来自一名使团成员认真观察的记录。[2] 至于大使马戛尔尼自己的日志，最早经由巴罗整理，收入他在 1807 年出版的马戛尔尼传记中，[3] 然后是海伦·罗宾斯（Helen H. Robbins）在 1908 年出版的《我们的第一位访华大使：马戛尔尼爵士的一生》（ *Our First Ambassador to China: An Account of the Life of George, Earl of Macartney*）中整理的部分。[4] 但最广泛引用

---

1 Johann Christian Hüttner, *Nachricht von der Britischen Gesandtschaftsreisé durch China und einen Teil der Tartarei, 1792 – 94* （Berlin：Voss, 1797）。当时清宫文献记为听事官"伊登勒"。见《赏英贡使带赴热河官役清单》，第 135 页；《带赴热河人名数目折》，同上，第 562 页。

2 W. Winterbotham, *An Historical, Geographical, and Philosophical View of the Chinese Empire, Comprehending a Description of the Fifteen Provinces of China, Chinese Tartary, Tributary States, Natural History of China; Government, Religion, Laws, Manners and Customs, Literature, Arts, Sciences, Manufactures, & c. To which is added, A Copious Account of Lord Macartney's Embassy, Compiled from Original Communications* （London：J. Ridgway and W. Button, 1795）.

3 John Barrow, *Some Account of the Public Life and a Selection from the Unpublished Writings of The Earl of Macartney. The Latter Consisting of Extracts from an Account of the Russian Empire; A Sketch of the Political History of Ireland; and A Journal of an Embassy from the King of Great Britain to the Emperor of China* （London：T. Cadell and W. Davies in the Strand, 1807）, vol. 2, pp. 161 – 531.

4 Helen H. Robbins, *Our First Ambassador to China: An Account of the Life of George, Earl of Macartney, with Extracts from His Letters, and The Narrative of His Experiences in China, as told by Himself 1737 – 1806 From Hitherto Unpublished Correspondence and Documents* （New York：E. P. Dutton and Co., 1908）, pp. 180 – 412.

的是克兰默-宾（John L. Cranmer-Byng, 1919—1999）根据日本东
洋文库所藏日志稿本所整理，并在 1962 年出版的版本，[1] 尽管在
2004 年该书有重印版本，加入不少插图，但把 1962 年版由克兰默
-宾所写的长篇引言删掉，较少为人征引，流通量也不大。[2] 无论如
何，可以肯定的是马戛尔尼这份日志是研究使团最重要的作品。
回忆录和日志以外，当时年仅 13 岁的副使儿子小斯当东（George
Thomas Staunton, 1781—1859）所写的两册日记，颇能提供一些额
外的细节；[3] 而由他编辑及整理出版的父亲斯当东一生及家庭的回
忆录，透露不少有关斯当东的家庭资料，且收入斯当东跟马戛尔
尼在出使前后的一些通信，里面有很多与使团相关的材料，甚至
不见于东印度公司档案内。[4] 不过，斯当东父子的书信则主要收藏

1 Macartney, *An Embassy to China* (London: Longmans, 1962)。中译本方面，
较受关注的是〔英〕马戛尔尼著，秦仲龢（高伯雨，1906—1992）译：《英使谒
见乾隆纪实》，香港：大华出版社，1972 年；〔英〕马戛尔尼著，刘半农（1891—
1934）译，林延清解读：《1793 乾隆英使觐见记》，天津：天津人民出版社，2006
年。刘半农译本原由上海中华书局出版（1916 年），经考证节译自 Robbins, *Our
First Ambassador to China*，第 10—12 章。参见黄一农：《龙与狮对望的世界》，第
280 页。本书引用马戛尔尼日志时，除另行说明外，均引录自克兰默-宾所整理出
版的 1962 年版本，中文翻译由笔者提供。关于克兰默-宾所使用的版本，参见
Cranmer-Byng, "Appendix B: Note on the Transmission of the Manuscript of the
Journal," in Macartney, *An Embassy to China*, pp. 332 – 333。
2 George Macartney, *An Embassy to China: Being the Journal Kept by Lord
Macartney during his Embassy to the Emperor Ch'ien-lung, 1793 – 1794*, edited by J.
L. Cranmer-Byng (London: The Folio Society, 2004).
3 Thomas Staunton, "Journey to China 1792 – 3"; Thomas Staunton, "Journal
of a Voyage to China, Second part," Staunton Papers, Duke University。在第二册
上，小斯当东以中文写上"多玛斯当东""小书论路从英吉利国到中国"。不过，
今天所能见到小斯当东的日记是有缺页的，第二册前部分第 1—96 页已散佚，因此从
第一册终结时的 1793 年 5 月 16 日至 1793 年 8 月 29 日的日记部分是见不到的。
4 George T. Staunton, *Memoir of the Life & Family of the Late Sir George
Leonard Staunton, Bart. With an Appendix, Consisting of Illustrations and
Authorities; And a Copious Selection from his Private Correspondence* (Havant:
Havant Press, 1823).

在杜克大学（Duke University）的"乔治·托马斯·斯当东文件"（"George Thomas Staunton Papers，1743—1885 and Undated"）内，小斯当东的来华日记也是文件内的收藏品，今天整份文件都有电子版本可供参考。[1]

但回忆录或日记往往受限于个人的观察，且渗入主观的意见，不一定全面或准确。相对而言，东印度公司档案中的相关资料便较客观，其中包含当时公司内部的文书往来、指令和汇报等，都是极为重要的第一手资料。这些总称为"印度事务部档案"（India Office Records，IOR）的资料，过去收藏于印度事务部图书馆（India Office Library），[2] 1982 年转移到大英图书馆（The British Library），其中三卷（IOR/G/12/91、IOR/G/12/92 及 IOR/G/12/93，分成两册）就是与马戛尔尼使团直接相关的档案，大部分是信件，涵盖的时间段分别为 1787—1792 年、1792—1795 年及 1793—1810 年，共约有 2 200 页，另外 IOR/G/12/20、IOR/G/12/105、IOR/G/12/110、IOR/G/12/126 及 IOR/G/12/265 等档案也收有与使团相关的原始资料。

大英图书馆东印度公司原始档案以外，被视为收藏马戛尔尼使团资料最多的是康奈尔大学（Cornell University）的"查尔斯·沃森典藏"（Charles W. Wason Collection）。这些资料最初的部分是查尔斯·沃森（Charles Wason，1854—1918）在 1913 年 5 月 23

---

1 "George Thomas Staunton Papers，1743 – 1885 and Undated," Rare Book，Manuscript and Special Collections Library，Duke University，Durham，North Carolina，in "China：Trade，Politics and Cultures，1793 – 1980." Marlborough，Wiltshire：Adam Matthew Digital，2007.

2 关于印度事务部图书馆，可参见 Rajeshwari Datta，"The India Office Library：Its History，Resources，and Functions," *The Library Quarterly: Information, Community, Policy* 36，no. 2（April 1966），pp. 99 – 148。

日购自"菲利普斯典藏"（Phillips Collection），它们是托马斯·
菲利普斯爵士（Sir Thomas Phillips，1792—1872）在马戛尔尼去
世后从马戛尔尼家族购买的资料；[1]另外的部分则是沃森在 1913 年
从马戛尔尼后人 C. G. 马戛尔尼（C. G. Macartney）手上购买所
得；全部资料涵盖 1784 至 1916 年。2018 年，盖尔公司将查尔
斯·沃森典藏的马戛尔尼档案数字化，推出名为《盖尔珍稀原始
典藏档案：马戛尔尼中国使团档案》（"The Earl George Macartney
Collection — Archives Unbound Gale"）的电子资料库，共收 77
个资料集，但其实往往一个资料集内包括大量文书。举例来说，
77 个资料集中有 10 个题为《马戛尔尼爵士出使北京及广州手稿、
文件及书信珍藏原件，1792—1794 年》（"An Important Collection
of Original Manuscripts，Papers，And Letters Relating to Macartney
Mission To Pekin And Canton，1792 – 1794"），共收 448 份文件
（documents），都是与马戛尔尼使团相关的第一手资料，甚至包括
马戛尔尼日志的部分手稿，[2]其中部分不见于印度事务部档案，经
由盖尔公司整理的资料页面共 21 121 帧，[3]可见查尔斯·沃森典藏
马戛尔尼使团的原始资料是极为丰富的。

　　毫无疑问，这些东印度公司和马戛尔尼的原始资料是研究马

---

[1] 关于马戛尔尼去世后他所藏文件的拍卖及散失情况，参见 Brian Hutton,
"The Creation，Dispersion and Discovery of the Papers of George，1ˢᵗ Earl
Macartney，" *Familia* 2（1989），pp. 81 – 86；Swanson，"On the（Paper）Trail of
Lord Macartney，" p. 22。关于菲利普斯的手稿收藏，可参见 Toby Burrows,
"Manuscripts of Sir Thomas Phillips in North American Institutions，" *Manuscript
Studies* 1，no. 2（Fall 2016），pp. 308 – 327。

[2] "Journal Kept on Shipboard While in China，May 26，to Aug 3，1793，Also
Notes and Records，" *An Important Collection*，vol. 6，doc. 252，CWCCU.

[3] https：//www. gale. com/intl/featured/the-earl-george-macartney-collection。
检索日期：2019 年 10 月 7 日。

戛尔尼使团所必须参考的，其中包括在使团出发前相关人士的往来书信，详细讨论和商议使团的筹划工作，也包括使团途中的沟通和讯息传递，以及使团成员在路上及回程所作的报告和回国以后的后续讨论。以往由于这些原始资料只分存于个别的图书馆或档案馆，流通不广，使用很不方便，人们只能倚赖一些有机会接触这些资料的学者的整理或转录。比方说，曾在中国长期居住、任职晚清海关的马士（Hosea Ballou Morse，1855—1934），[1] 退职后在英国利用东印度公司的资料，编写出来的四卷本《东印度公司对华贸易编年史》（*The Chronicles of the East India Company Trading to China, 1635 – 1834*），[2] 除在论述中大量征引公司档案资料外，还经常以附录形式直接辑录一些原始文书，例如马戛尔尼访华的一章就有五个附录，都是非常重要的资料，包括东印度公司发给马戛尔尼的指示、英国国王乔治三世（George Ⅲ，George William Frederick，1738—1820，1760—1820 在位）给乾隆的使团国书、乾隆的敕谕英译等。[3] 另外，专门研究 17、18 世纪中英关系的普利查德（Earl H. Pritchard，1907—1995），除了在他两部重要的著作中广泛应用东印度公司资料以及康奈尔大学的查尔

---

1 关于马士，可参见 John K. Fairbank, Martha Henderson Coolidge and Richard Smith, *H. B. Morse, Customs Commissioner and Historian of China*（Lexington：University Press of Kentucky, 1995）；陈美玉：《清末在华洋人的个案研究：马士（H. B. Morse, 1855—1934）在中国海关的经历与成就》，《昆山科技大学人文暨社会科学学报》第 1 期，2009 年 6 月，第 235—270 页。

2 H. B. Morse, *The Chronicles of the East India Company Trading to China, 1635 – 1834*, 4 vols. 中译本见〔美〕马士著，区宗华译，林树惠校：《东印度公司对华贸易编年史》5 卷，广州：中山大学出版社，1991 年；〔美〕马士著，区宗华译，林树惠校，章文钦校注：《东印度公司对华贸易编年史（1635—1834）》5 卷，广州：广东人民出版社，2016 年。

3 Morse, *The Chronicles of the East India Company*, vol. 2, pp. 232 – 254.

斯·沃森典藏外，¹更专门整理过一些与马戛尔尼使团相关的材料。例如，他曾编辑出版《东印度公司给予马戛尔尼爵士出使中国的指令及其向公司所作的报告》（"The Instructions of the East India Company to Lord Macartney on His Embassy to China and His Reports to the Company, 1792 – 4"），²指令的部分更是来自他自己在 1931 年购买的一份材料，是直接交与马戛尔尼的指示原本，不见于东印度公司档案，也与马士所收的不同。³他也从查尔斯·沃森典藏中整理发表过一批由当时在北京的西方天主教士写给马戛尔尼的信函，⁴在一段颇长时间里为研究者所广泛应用和征引。不过，这样的选辑不可能提供全面的资料。即以普利查德《东印度公司就其出使中国给予马戛尔尼爵士的指令及其向公司所作的报告》为例，指令部分十分珍贵，在其他地方没法看到，但报告方面则明显逊色，当中只收录马戛尔尼的三份报告（1793 年 12 月 23 日、1794 年 1 月 7 日、1794 年 9 月 3 日），⁵而且都十分简短，

———————

1　Earl H. Pritchard, *Anglo-Chinese Relations During the Seventeenth and Eighteenth Centuries*; Earl H. Pritchard, *The Crucial Years of Early Anglo-Chinese Relations, 1750 – 1800*.

2　Pritchard ed., "The Instructions of the East India Company," pp. 201 – 230, 375 – 396, 493 – 509; reproduced in Patrick Tuck (selected), *Britain and the China Trade, 1635 – 1842*, vol. 7, same pagination. "Rough Draft of Proposed Instructions to Lord Macartney, dated July 29, 1792," *An Important Collection*, vol. 4, doc. 155, CWCCU; and "Sketch of Instructions for the new Commissioners to Canton relative to the Communication of the projected Embassy from His Majesty to the Emperor of China," 17 March 1792, IOR/G/12/91, pp. 167 – 169.

3　Pritchard (ed.), "The Instructions of the East India Company," p. 205.

4　Earl H. Pritchard, "Letters from Missionaries at Peking Relating to the Macartney Embassy," *T'oung Pao*, Second Series 31, no. 2/3 (1934), pp. 1 – 57.

5　Pritchard ed., "Part II: Letter to the Viceroy and First Report" and "Part III: Later Reports and a Statement of the Cost of the Embassy," "The Instructions of the East India Company," pp. 378 – 396, 493 – 497.

有价值的内容不算多。更重要的报告其实是马戛尔尼 1793 年 11 月 9 日在杭州附近写给原东印度公司监督委员会（Board of Control）主席、后升任英国政府内政大臣（Home Secretary）的邓达斯（Henry Dundas，1742—1811）的报告。这份报告长达 85 页，[1] 另有附件 20 份共 251 页，[2] 相当全面地描述了使团在华期间的活动，除交代马戛尔尼在北京与乾隆见面前后的情况外，还包括使团离开北京后南下广州，沿途与陪同他们的松筠及长麟的商谈，的确是非常有价值的资料。普利查德是知悉这份报告的，他当时只说正在尝试出版这份重要文件，[3] 可惜最终还是没有发表出来。今天通过数字化电子资源，如东印度公司以及查尔斯·沃森典藏两大来源内的马戛尔尼使华资料，还有不少已出版或没有出版的回忆录等，都可以方便地参考使用。

然而，尽管近年出现大量数字化的电子资源，但仍有不少原始材料散落在不同的图书馆或档案馆，还没有整理或发表。英国方面，英国国家档案馆（The National Archives）所藏相关的材料较少，也不算重要，直接相关的是一份约 60 页的档案，为马戛尔尼跟邓达斯与使团主舰"狮子号"（the *Lion*）船长高尔（Erasmus

---

1 Macartney to Dundas, Chekian［Zhejiang］, near Han-chou-fu［Hangzhou fu］, 9 November 1793, IOR/G/12/92, pp. 31 – 116；关于邓达斯，可参见 Michael Fry, "Dundas, Henry, First Viscount Melville（1742 – 1811）," *The Oxford Dictionary of National Biography*（Oxford：Oxford University Press, 2004）, https：//www-oxforddnb-com.easyaccess1.lib.cuhk.edu.hk/view/10.1093/ref：odnb/9780198614128.001.0001/odnb-9780198614128-e-8250？rskey = mdw7yp &result = 3, accessed 9 May 2021。

2 Macartney to Dundas, near Han-chou-fu, 9 November 1793, IOR/G/12/92, pp. 121 – 368.

3 Pritchard（ed.）, "The Instructions of the East India Company," p. 378, n. 2.

Gower，1742—1814）的一些通信；[1] 另外还有高尔的航海志。[2] 不过，档案馆外交部档案（Foreign Office Archives）中却藏有可说是所有马戛尔尼使团访华的文书中最关键、最重要的一份资料——马戛尔尼使团自己所准备的英国国王乔治三世致送乾隆国书的中译本，过去一直未被人提及。[3] 就笔者所知，除英国外交部档案以外，这份珍贵文本今天还可以在另外两处地方见到。一是大不列颠及爱尔兰皇家亚洲学会（Royal Asiatic Society of Great Britain and Ireland）档案馆的"小斯当东中文书信及文件"（"George Thomas Staunton Chinese Letters and Documents"），[4] 由小斯当东在 1830 年 3 月 6 日捐赠给学会，里面有很多与使团及其后中英交往直接相关的原始文书，十分珍贵，后文将详细介绍。该档案所收的第一份文件就是使团所准备的英国国王国书中译本，与外交部档案所收的版本大体相同，基本上只有个别手民之误。[5]

---

1 "Embassy to China," CO 77/29.

2 "Admiralty：Captains' logs," Lion（5 May 1792 – 13 October 1794），ADM 51/1154；"Admiralty：Masters' Logs," Lion（4 May 1793 – 29 April 1794），ADM 52/3163；Lion（7 May 1792 – 6 May 1793），ADM 52/3221.

3 "King George III to Emperor Ch'ien-lung, Introducing Lord Macartney as Ambassador.（dated：Sept），" FO 1048/1；笔者在 2013 年撰文首次介绍这个译本。王宏志：《大红毛国的来信：马戛尔尼使团国书中译的几个问题》，《翻译史研究（2013）》，上海：复旦大学出版社，2013 年，第 1—37 页。

4 "George Thomas Staunton Chinese Letters and Documents," 2 volumes, Royal Asiatic Society of Great Britain and Ireland.

5 例如："国家颇享安然"被抄错成"国家颇亨安时"，"非为占他国之地方"抄错为"非为点他国之地方"，"若伊地未有"抄错为"若伊他未有者"，"然皆享斯等太平"抄错为"然皆亨斯等太平"，"国享太平"抄错为"国亨太平"，"永居贵国"抄成"永居令国"，"以代国位"变成"以代位"，"遣来"错写成"遗来"，"我国三十二年记"为"我国三十二年"，等等。但也有一处值得注意的是，小斯当东所藏版本用的是"红毛国"，但外交部档案用的是"英吉利国"。

小斯当东以外，使团国书中译本又由另一位参与过国书准备工作的人珍藏，今天见藏于意大利梵蒂冈宗座图书馆（Biblioteca Apostolica Vaticana），[1] 是由曾经协助抄写国书中译本的意大利汉学家孟督及（Antonio Montucci，1762—1829）在 1828 年卖给梵蒂冈图书馆的。[2] 由于这是孟督及自己的抄本，个别字句与英国外交部所藏版本不同。

英国国家档案馆以外，大英图书馆还藏有一些其他未出版手稿，值得重视，例如使团画师 [当时职衔为绘图员（Draftsman）] 额勒桑德（今天不少出版物直译其名字为威廉·亚历山大，William Alexander，1767—1816）沿途绘制的大量画作（共约 1 000 幅，其中 870 幅现藏于大英图书馆），[3] 被描述为做了"几乎摄影般的

---

1 Borg. cin. 394，Biblioteca Apostolica Vaticana.

2 Knud Lundbæk，"The Establishment of European Sinology 1801 – 1815，" in Soren Clausen，Roy Starrs，and Anne Wedell-Wedellsborg（eds.），*Cultural Encounters: China, Japan, and the West: Essays Commemorating 25 Years of East Asian Studies at the University of Aarhus*（Aarhus：Aarhus University Press，1995），p. 23。一直以来，中文学术界都以"蒙突奇"来翻译 Antonio Montucci 的名字（也间有用"蒙图齐"的）。笔者也没有例外，在发表过的文章中都以"蒙突奇"作为他的中文名。其实，Montucci 曾在一本著作中自署中文名字：孟督及。Antonio Montucci，*Urh-Chh-Tsze-Ten-Se-Yn-Pe-Keou; Being A Parallel Drawn between the Two Intended Chinese Dictionaries; By the Rev. Robert Morrison and Antonio Montucci, LL. D.*（London：T. Cadell and W. Davis and T. Boosey，1817）。笔者过去曾查阅此书，但没有注意封面名字，后来经帅司阳提及，翻查后确认孟督及就是 Montucci 自用的中文名字。另外，潘凤娟在 2016 年一篇论文的脚注中说明了孟督及的名字。潘凤娟：《不可译之道、不可道之名：雷慕沙与〈道德经〉翻译》，《"中央大学"人文学报》第 61 期，2016 年 4 月，第 59 页。本书采用名随主人的原则，全用"孟督及"。

3 India Office Records，WD 959 – 961。在当时的清宫文献中，额勒桑德所领职衔为听事官。见《赏英贡使带赴热河官役清单》，第 135 页；《带赴热河人名数目折》，第 562 页。

记录",[1] 并在回国后整理出版至少三部相关画集外,[2] 更有一本辅以图画的日记,颇有意思。现在也有扫描电子版可供参考。[3]

不过,过去长期被忽略的是一批收藏于意大利的珍贵史料。

我们知道,马戛尔尼在使团出发前,曾派遣斯当东前往欧洲大陆找寻合适的译员,最终在意大利那不勒斯(拿波里,Napoli)的中华书院(*Collegio dei Cinesi*)聘用两名已经完成传道修业、准备回国的中国人出任使团的译员。这两名译员在使团中扮演至为关键的角色,其中一直随团到北京,待使团完成访问启程回国后才离开的李自标(1760—1828),可以说是使团中最重要的一名成员。本书《译员篇》将详细讨论这两名使团译员的背景和工作。资料方面,这两名译员在离开后继续与那不勒斯中华书院的长老保持联络,写信报告使团的事情,而那不勒斯中华书院、罗马梵蒂冈传信部(Propaganda Fide)以及澳门教区也有书信和会议记录,交代及讨论这两名译员和使团的情况。必须强调的是,来自

---

1 Aubrey Singer, *The Lion and the Dragon: The Story of the First British Embassy in the Court of Qianlong in Peking, 1792 – 1794* (London: Barrie and Jenkins, 1992), p. 6.

2 由额勒桑德本人在回国后整理出版的有:William Alexander, *Views of Headlands, Islands & c. Taken during a Voyage to, and along the Eastern Coast of China, in the Years 1792 & 1793, etc* (London: W. Alexander, 1798); William Alexander, *The Costume of China* (London: William Miller 1805); William Alexander, *Picturesque Representations of the Dress and Manners of the Chinese. Illustrated in Fifty Coloured Engravings, with Descriptions* (London: W. Bulmer and Co., 1814),最后一有有中译本。〔英〕威廉·亚历山大著,沈弘译:《1793:英国使团画家笔下的乾隆盛世——中国人的服饰和习俗图鉴》,杭州:浙江古籍出版社,2006 年。

3 William Alexander, "Journal of a Voyage to Pekin in China, on Board the 'Hindostan' E. I. M., Which Accompanied Lord Macartney on His Embassy to the Emperor," kept by William Alexander, draughtsman to the embassy. MS Add. 35174, British Library, accessed through Adam Matthew Digital.

意大利的资料在好几个重要问题上的报道，跟英国人的说法很不一样，为马戛尔尼访华事件提供不同的叙述；而且，由于这些文书原来都是教会内部交流的讯息，当中没有任何利益问题，远比英国人那些公开出版且涉及庞大商业利益以至国家荣耀的论述更为可信。这些珍贵的资料今天只能在罗马梵蒂冈传信部档案馆及那不勒斯东方大学的档案室见到。就笔者所知，迄今充分利用这些意大利档案去讨论马戛尔尼使团的，似乎只有那不勒斯东方大学的樊米凯（Michele Fatica）和牛津大学的沈艾娣（Henrietta Harrison）。

中文原始资料方面，故宫博物院图书馆掌故部于 1928 至 1929 年编辑出版《掌故丛编》十辑，其中八辑收有"英使马戛尔尼来聘案"文件共 80 份，并附影印的《英使马戛尔尼谢恩书》。[1] 1930 年故宫博物院图书馆掌故部改组为文献馆，《掌故丛编》易名为《文献丛编》，其中第 5 辑有"英吉利国交聘案"，共收文件 8 份。[2] 这是有关马戛尔尼使团访华中文原始资料的最早披露，弥足珍贵。但作为原始史料，当中有三个严重的问题：一是资料经过整理并以重排形式出版，无法让人见到文书的原貌，就连古代官场及外交文书最简单及常见的抬头书写也无法显示出来；二是重新排印

---

1 故宫博物院图书馆掌故部编：《英使马戛尔尼来聘案》，《掌故丛编》第 1、2、3、5、6、7、8、9 辑，1928—1929 年。台北国风出版社曾整理编辑重印，见《英使马戛尔尼来聘案》，《掌故丛编》，台北：国风出版社，1964 年，第 46—86 页。为方便检索，除特别注明外，本文引用《掌故丛编》时，均采用国风出版社版本。

2 故宫博物院文献馆编：《英吉利国交聘案》，《文献丛编》第 5 辑，1930 年，第 1—5 页。台北国风出版社曾整理编辑重印，见《英吉利国交聘案》，《文献丛编》上册，台北：国风出版社，1964 年，第 157—159 页。为方便检索，除特别注明外，本文引用《文献丛编》时，均取用国风出版社版本。

过程中有不少手民之误;[1] 三是这次辑录的使团资料只占清宫所藏全部相关资料的一小部分,让人们无法全面理解事件,更惹来学者的批评。沈艾娣分析《掌故丛编》的编选出版过程,强调当时资料的筛选带有政治目的,编者在清朝灭亡、中华民国成立不久的政治和文化背景下,刻意收录一些对清廷不利的文献,聚焦于礼品和礼仪问题,隐去大量乾隆在军事上的铺排,从而展现他封闭落伍的一面,并配合五四运动以来以西化为现代化的追求。[2] 这是很有意思的观点,不过《掌故丛编》所收文件是经过筛选的,而且不够齐备,的确是不能否认的事实。

中国第一历史档案馆在 1996 年出版的《英使马戛尔尼访华档案史料汇编》(以下简称《汇编》),可以说几乎完全弥补《掌故丛编》和《文献丛编》的缺点,所有文件均以影印原件形式出版,让人们可以看到文件的原貌,而且所收文件数量很大。根据该书编例,汇编收集的档案包括"内阁全宗的起居注、外交专案、移会、实录、圣训;军机处全宗的上谕档、录副奏折、随手档;宫中全宗的朱批奏折、廷寄、谕旨汇奏、高宗纯皇帝御制诗文;内务府全宗的奏案、月折档、活计档、内务府来文;外务部全宗的《觇事备查》等档册","共收录档案文献七百八十三件"。[3] 必须指出的是,这七百多件档案文献并不全是乾隆朝的内宫档案,当中还包括了 1816 年英国第二次遣使来华时嘉庆朝军机处的 25

---

1 举例来说,《六月初二日上谕》中"乾隆五十八年六月初二日"错排成"乾隆五年八月六月初二日",《掌故丛编》,第 53 页;《六月二十日廷寄》中"于七月秒八月初到涞"被错排成"于七月秒八月初到滦",同上,第 55 页。

2 Henrietta Harrison, "The Qianlong Emperor's Letter to George III and the Early-Twentieth-Century Origins of Ideas about Traditional China's Foreign Relations," *American Historical Review* 122, Issue 3 (June 2017), pp. 680 – 701.

3 《档案文献编例》,《英使马戛尔尼访华档案史料汇编》,第 1 页。

份上谕和奏折，以及该书第六部分约 20 页不属于清宫档案的"文献"，诸如《东华全录》《清史稿》，以及《乾隆五十八年英吉利入贡始末》。但总的来说，《汇编》所收文献数目十分可观，约是《掌故丛编》的 9 倍，毫无疑问是研究马戛尔尼访华使团最重要、最齐备的中文原始资料集。[1] 据中国第一历史档案馆馆长徐艺圃的说法，这包括了"中国第一历史档案馆所收藏的清朝政府接待英国使团的全部档案文件"，"以及在中国目前可能搜集到的全部文献资料"。[2] 作为清宫档案的管理者，他的说法是没有理由去怀疑的，但问题是：当时的中文原始文献是否都已经全数找到并收录入内？当然，要求完整无缺地集齐二百多年前的全部档案并不现实。事实上，即使单指来自中方的文书，我们也知道有些的确是没有被收录在内的。举例说，陪同使团南下到广州的长麟，在途中经常呈送奏折汇报使团的情况，斯当东也说过在路上长麟几乎每天都向乾隆汇报，[3] 但收录在《汇编》内的奏折只有两份，另外就是一些与松筠联名合奏的。显然，他的很多奏折没有被保留下来。

此外，让人不解的是，一些原来曾出现在《掌故丛编》的文件，却不见于这套大型的《汇编》。举例说，《汇编》收录乾隆五

---

1 还可以一提的是：佩雷菲特组织了一批学者和译者，把《英使马戛尔尼访华档案史料汇编》中的大部分档案翻译成法文出版。Alain Payrefitte（ed.），*Un choc de cultures; La vision des Chinois*［A Clash of Cultures：The Vision of the Chinese］，Pierre Henri Durand（et. al.）（tra.）（Paris：Librairie Arthéme Fayard，1992）。相关书评见 Beatrice S. Bartlett，"A New Edition of Macartney Mission Documents：Problems and Glories of Translation," *Études chinoises* 14，no. 1（1995），pp. 145 – 159。

2 "序言"，《英使马戛尔尼访华档案史料汇编》，第 8 页。

3 Staunton, *An Authentic Account of an Embassy*, vol. 2, p. 195.

十八年六月三十日当天的文件共有 9 份，[1] 但当中并没有《掌故丛编》所收的《六月三十日军机处给征瑞札》《六月三十日军机大臣上阿哥启》及《六月三十日交内务府提督衙门片》三份。[2] 另外，由小斯当东手书的"谢恩书"，[3] 也不见于《汇编》内。

同样没有收录在《汇编》内的，还有一些从朝廷送与使团的文书。一份非常重要但没有收在《汇编》内，却可以在别的地方找到的，是乾隆正式写给英国国王的第三道敕谕。在马戛尔尼回到英国后，英国又再以国王乔治三世的名义发送一封书函给乾隆，连同礼品在 1796 年初送抵广州，对乾隆款待使团表示感谢。这是马戛尔尼在离开北京后在南下途中答应长麟的。[4] 这封感谢信由小斯当东翻译，可见于《汇编》内，第 7 章《后续篇》会有详细的讨论。乾隆在收到广东巡抚兼署理两广总督朱圭（1731—1801）的呈奏后，马上赶着在退位前颁下敕谕，也赠送物品回礼。这份敕谕可以说是有关乾隆与马戛尔尼使团的最后一份重要文书，但却不见收入《汇编》，里面只有《奏为拟颁英吉利敕谕片》及《奏为拟颁英吉利赏物清单片》。[5] 不过，让人感到诧异的是《文献丛编》原来就收有这份敕谕，[6] 而且这敕谕也见于《高宗纯皇帝实录》以及《东华续录》，[7] 那么，为什么宣称已收录所有清宫档案

---

1 《档案编年索引》，《英使马戛尔尼访华档案史料汇编》，第 617—618 页。

2 《掌故丛编》，第 62 页。

3 《英使马戛尔尼谢恩书》，《掌故丛编》，第 23 页。

4 Macartney, *An Embassy to China*, pp. 184‑185.

5 《英使马戛尔尼访华档案史料汇编》，第 275 页。

6 《敕谕》，《文献丛编》上册，第 158—159 页。

7 《高宗纯皇帝实录》卷一四九三，乾隆六十年十二月下，《清实录》第 27 册，北京：中华书局，1986 年影印本，第 980—981 页；王先谦：《东华续录》，《续修四库全书·史部·编年类》第 374 册，上海：上海古籍出版社，1995 年，第 368—369 页。

的《汇编》却没有收入？而且，《汇编》在最后的"文献"部分
还辑录了《东华全录》的两份文书，其中包括乾隆给乔治三世的
第二道敕谕，但见于《东华全录》的第三道敕谕却付之阙如。从
档案收藏的角度看，这是不小的问题，究竟这是编辑上的疏忽遗
漏，还是意味着在 1928—1930 年编辑《掌故丛编》和《文献丛
编》后，上面所提到的几份清宫档案就遗失了？看来这里欠缺一
个合理的解释。对研究者而言，这问题不算太严重，因为它们已
见于《掌故丛编》和《文献丛编》。不过，要指出的是即使《文
献丛编》、《高宗纯皇帝实录》和《东华续录》所收的第三道敕谕
也并不完整，在内容上与英国档案所藏相关资料不同（详见《后
续篇》）。另外，可以确定有一些从中国方面发送与使团的文书，
的确是完全不见踪影的。例如 1793 年 3 月 25 日，马戛尔尼在还没
有抵达中国前，在巴达维亚收到广州东印度公司转来的一份来自
北京的信件，只有中文本，日期为乾隆五十七年十一月二十四日。
马戛尔尼让他的译员翻译成拉丁文，送呈邓达斯，只是中文原件
没有保留下来。[1] 此外，长麟在广州写给马戛尔尼的一封信，[2] 还有
两份有关禁止欺压外国商人的谕令，[3] 都见不到原来的文本，只能
在东印度公司档案中找到英文和拉丁文译本。

---

1 Macartney to the Chairs of the East India Company, North Island, near the Coast of Sumatra, 25 March 1793, IOR/G/12/92, pp. 15‑18；拉丁文译本见第 19—21 页。马戛尔尼这封信里只附拉丁文译本，没有英文译本；英文译本另见于 "The Emperor of China's Edict in Consequence of His Being Informed of the Intended Embassy from England, English Translation from the Chinese," *An Important Collection*, vol. 8, doc. 335, CWCCU。

2 "The Viceroy's Answer to the Representation of Grievances," Latin and English translations, IOR/G/12/92, pp. 463‑468；509‑512.

3 "The Viceroy's First Edict," Latin and English translations, IOR/G/12/92, pp. 471‑478, 513‑516；"The Viceroy's Second Edict," Latin and English translations, IOR/G/12/92, pp. 479‑486.

《汇编》、《掌故丛编》和《文献丛编》以外，还有一些中文原始材料见于一份十分特别的文献——《乾隆五十八年英吉利入贡始末》，它可以说是唯一一份由当时参与接待使团的人留下的珍贵史料。[1]

秦国经和高换婷《乾隆皇帝与马戛尔尼》一书对《乾隆五十八年英吉利入贡始末》有这样的介绍：

> 此书为乾隆五十八年时任天津镇总兵的苏宁阿所编纂。书前署名"瀛洲书屋"，实为一本以时间为顺序的日记，共上、中、下三册。目前作者仅见到上、下二册，保存于北京图书馆。[2]

我们知道，苏宁阿经由直隶总督梁肯堂（1717—1801）指派，在大沽口接待马戛尔尼使团。乾隆五十八年六月十六日（1793 年 7 月 23 日），苏宁阿连同天津道乔人杰（1740—1804）发现由马戛尔尼派遣前往探水的"豺狼号"（the *Jackal*），马上与他们接触，

---

1 在当时的政治体制下，我们不可能期望清廷一些相关当事人会留下文字，记录或表达自己对使团来华的观察和感受。直接抒发对使团的感受的，恐怕只有乾隆所写的御制诗《红毛英吉利国王差使臣马戛尔尼等奉表贡至诗以志事》。现在见到一些清人相关的著述，如梁廷枏（1796—1861）的《夷氛闻记》和萧令裕的《记英利》，都不能算作原始资料，而是使团离开半个多世纪后的作品，更不要说大都十分简单，没有什么特别珍贵难得的史料。（清）梁廷枏：《夷氛闻记》，北京：中华书局，1959 年；（清）萧令裕：《记英吉利》，（清）魏源撰，陈华等点校：《海国图志》卷五十三，长沙：岳麓书社，1998 年，第 1451—1477 页。

2 秦国经、高换婷：《乾隆皇帝与马戛尔尼》，北京：紫禁城出版社，1998 年，第 189 页。

是最早与使团人员见面的中国官员。[1] 虽然苏宁阿的名字在目前所见的资料中并不常出现，[2] 不能算是积极参与使团的接待工作，但他所编纂的《乾隆五十八年英吉利入贡始末》却提供了重要的史料。一方面，里面有几份文件跟《汇编》内所收的相同，例如在前期接待方面扮演颇为重要角色的长芦盐政征瑞（1734—1815）有关接待准备安排的奏折，[3] 足见《乾隆五十八年英吉利入贡始末》的准确性和权威性；但另一方面，《乾隆五十八年英吉利入贡始末》更大的价值是其大部分的内容都不见于《汇编》内。稍作统计，现在所见到上下册《乾隆五十八年英吉利入贡始末》共收有 18 份文件，包括"乾隆五十八年六月十一日至九月十五日接待英使日记"，其中 15 份不见于《汇编》的档案部分。因此，《汇编》以"文献"形式收录这份《乾隆五十八年英吉利入贡始末》，对研究者的确大有助益。[4]

此外，还有许地山（1893—1941）在 1931 年出版从英国牛津大学波德利安图书馆（Bodleian Library）抄写出来的《达衷集》。由于《达衷集》带有副标题"鸦片战争前中英交涉史料"，让人把注意力集中于鸦片战争前 19 世纪 30 年代的一段日子，尤其上卷主要收录有关东印度公司雇员林赛（Hugh Hamilton Lindsay，1802—1881，在航行中取中文名字"胡夏米"）在 1832 年率领船

---

1 《直隶总督梁肯堂奏报英探水船来津并仍回庙岛缘由片》，《英使马戛尔尼访华档案史料汇编》，第 342—343 页。

2 除上列奏折外，又见于《直隶总督梁肯堂覆奏遵旨办理英贡使登州起旱及陆路接送事宜折》，同上，第 346 页。

3 《长芦盐政征瑞奏为奉旨预备照料西洋贡使折》，同上，第 225—226 页；《长芦盐政征瑞奏为迎接英贡船事宜已备齐全并派人往海口打探折》，同上，第 594—595 页。

4 《乾隆五十八年英吉利入贡始末》，同上，第 592—605 页。

队在中国海岸沿海航行的资料。[1]但其实《达衷集》也收录乾隆、嘉庆年间的一些资料，其中《广州府下行商蔡世文等谕》（乾隆五十七年十一月二十八日）以及《粤督粤海关下行商蔡世文等谕》（乾隆六十年三月二十六日），都直接与马戛尔尼使团有关；[2]另外还有相关的《粤督批英商波郎所禀十一事件》，这三篇都不见于《汇编》和《掌故丛编》。[3]不过，正如许地山所说，"这书是东印度公司在广州夷馆存放的旧函件及公文底稿"，[4]因此，这些资料其实是来自东印度公司。可是，印度事务部档案所收的都是英文或其他外文（部分有拉丁文、葡萄牙文和法文）的资料，中文的并没有收入其中。东印度公司部分中文档案今天能够在英国国家档案馆的英国外交部档案里找到，FO 1048 以及 FO 233 都有与使团相关的中文原始资料，[5]虽然数量不算多，但并没有收录在

---

　　1 许地山编：《达衷集》，上海：商务印书馆，1931 年，第 1—85 页。有关这次航行，最详尽的记录来自林赛和另一位航行成员郭实猎。H. H. Lindsay & Karl F. A. Gützlaff, *Report of Proceedings of A Voyage to the Northern Ports of China in the Ship Lord Amherst*（London：B. Fellowes, 1833）；Karl F. A. Gützlaff, *Journal of Three Voyages along the Coast of China in 1831, 1832, & 1833*（London：Frederick Westley and A. H. Davis, 1834），pp. 163‒369。有关这次航行的研究不算很多，中文论文见张德昌：《胡夏米（Hugh Hamilton Lindsay）货船来华经过及其影响》，《中国近代经济史研究集刊》第 1 卷第 2 期，1931 年 11 月，又收入《清史研究资料丛编》，香港：学海出版社，出版日期缺，第 220—239 页；英文方面则有 Immanuel C. Y. Hsü, "The Secret Mission of the Lord Amherst on the China Coast, 1832," *Harvard Journal of Asiatic Studies* 17, no. 1/2（June 1954），pp. 231‒252。但二者都算不上很深入的研究。

　　2 许地山编：《达衷集》，第 156—162 页。

　　3 同上，第 163—170 页。

　　4 "弁言"，同上，第 1 页。

　　5 在英国国家档案馆外交部档案中，FO 1048 的标题为"East India Company：Select Committee of Supercargoes, Chinese Secretary's Office：Chinese-language Correspondence and Papers"，而 FO 233 的则是"Northern Department and Foreign Office：Consulates and Legation, China：Miscellaneous Papers and Reports"。

《汇编》、《掌故丛编》，以及《乾隆五十八年英吉利入贡始末》内，甚至也不见于《达衷集》。

其实，从东印度公司档案的英文资料可以知道，英方曾经送来不少中文文书，只是今天都不见于《汇编》、《掌故丛编》和《乾隆五十八年英吉利入贡始末》。由此看来，这些中文文书很可能从没有在清宫档案中保留下来，似乎是被故意删除。举例说，广州东印度公司秘密及监督委员会（Secret and Superintending Committee）曾给署理两广总督郭世勋（？—1794）就使团来华安排写过一些信函，现在已知的最少有两封，发信日期分别为1793年3月17日[1]及1793年7月15日[2]。但二者现在只见英文原信，却见不到中文译本。

更重要的是马戛尔尼在使团抵达北京后写给和珅的几封信，中文译本都是由英方准备的，但也全不见于《汇编》：

——1793年8月28日，马戛尔尼于北京致和珅书，商议觐见乾隆的仪式；[3]

——1793年9月18日，马戛尔尼于热河致和珅书，提出让"印度斯坦号"（the *Hindostan*）船长马庚多斯（William Mackintosh）先回舟山，并准许他们在舟山、宁波等地购买茶叶；[4]

——1793年10月1日，马戛尔尼于圆明园致和珅书，感谢他准许使团成员在浙江购买茶叶，并再一次提出要求批准马庚多斯马

---

1 Secret and Superintending Committee to the Fouyuen and Quangpo, Macao, 17 March 1793, IOR/G/12/93A, pp. 178 – 179.

2 Secret and Superintending Committee to Fouyuen and Quangpo, Macao, 15 July 1793, IOR/G/12/93A, pp. 242 – 245.

3 "Note for Cho-Chan-Tong, First Minister, Pekin, 28 August 1793, English original, with Latin and French translations," IOR/G/12/92, pp. 209 – 216.

4 "Note for Cho-Chan-Tong, First Minister, Gehol, 18 September 1793, English original, with Latin translation," IOR/G/12/92, pp. 217 – 224.

上出发前往舟山；[1]

——1793 年 10 月 3 日，马戛尔尼于圆明园致和珅书，向清廷正式提出六项要求；[2]

——1793 年 10 月 4 日，马戛尔尼于圆明园致和珅书，提出在得到朝廷就六项要求的书面答复后即马上启程离开北京；[3]

——1794 年 11 月 9 日，马戛尔尼的"陈递谢恩呈词"；[4]

——1794 年 11 月 9 日，马戛尔尼交松筠转致和珅书，表达对两道敕谕的不满。[5]

和珅以外，长麟的情况也一样，马戛尔尼写给他的几封信函也是见不到中文译本的，包括：

——1793 年 11 月 20 日，马戛尔尼于广州致两广总督长麟书，开列 11 条要求，改善广州贸易状况；[6]

——1793 年 11 月 23 日，马戛尔尼于广州致两广总督长麟书，感谢乾隆丰厚接待使团，并请转达请求，希望乾隆能再发信函与英国国王；[7]

---

1 "Note for Cho-Chan-Tong, First Minister, Delivered at Yuen-min Yuen, 1 October 1793, English original, with Latin translation," IOR/G/12/92, pp. 225 - 232.

2 "Note for Cho-Chan-Tong, First Minister, Pekin, 3 October 1793," IOR/G/12/92, pp. 259 - 262.

3 "Note for Cho-Chan-Tong, First Minister, Pekin, 4 October 1793," IOR/G/12/92, pp. 263 - 266.

4 《钦差松筠等奏为英贡使陈递谢恩呈词据情转奏折》，《英使马戛尔尼访华档案史料汇编》，第 478—479 页。

5 同上；"Note for Cho-chan-tong First Minister, Hang-tchou-fou, November 9th 1793," IOR/G/12/93B, pp. 187 - 193。

6 "Note to Chan Ta gin, Viceroy of Canton, 20 November 1793, English original, with Latin translation," IOR/G/12/92, pp. 411 - 420.

7 "Note to Chan Ta gin, Viceroy of Canton, 23 November 1793, English original, with Latin translation," IOR/G/12/92, pp. 421 - 426.

　　—马戛尔尼于广州致两广总督长麟书，无注明日期，但据马戛尔尼给邓达斯的报告，这封信应该完成于 1794 年 1 月 1 日，内容是陈述英国商人在广州不公平的待遇，并提出 16 项改善要求。[1]

　　另外还要指出的是：即使一些出现在《汇编》，表面看来是由使团送过来的文本，也不见得一定是英国人的原件，而是经由军机处人员在入档前作过改动的，最明显的例子就是使团送来的礼品清单（详见《礼品篇》）；[2] 另外，刚提过收藏于英国国家档案馆的外交部档案，英使团自己所准备英国国王乔治三世送予乾隆国书原来的中译本，[3] 也没有留在清宫档案里，因为《掌故丛编》和《汇编》所收录的《译出英吉利国表文》只是清廷所指令的新译，[4] 并不是英国人所准备及带到中国的官方译本。这在《国书篇》中会详细分析。

　　上面提及的一些往来文书，无论原件是英文还是中文的，过

1　"Representation to the Viceroy of the grievances under which the English and their Trade labour at Canton," IOR/G/12/92, pp. 451 - 462, 499 - 508.

2　《英贡使为奉差遣进贡请赏宽大房屋安装贡品并赏居住房屋的禀文译稿》，《英使马戛尔尼访华档案史料汇编》，第 121 页；《英国王谨进天朝大皇帝贡件清单译稿》，同上，第 121—124 页。使团礼品清单原文见 "Catalogue of Presents sent by His Britannic Majesty to the Emperor of China," IOR/G/12/92, pp. 155 - 168。拉丁文译本见同上，第 171—185 页；又见 "Catalogue of Presents sent by His Britannic Majesty to the Emperor of China, Aug. 1793, together with Latin translation," *An Important Collection*, vol. 8, doc. 350, CWCCU。

3　英国外交部档案，FO 1048/1。英国国王乔治三世致送乾隆国书原文见 "Letter from His Majesty to the Emperor of China on the occasion of deputing Lord Macartney on an Embassy," IOR/G/12/91, pp. 325 - 332；又见 "Copy of a Letter Together with Latin Translation from King George the Third to the Emperor of China, Undated," *An Important Collection*, vol. 8, doc. 330, CWCCU；Morse, *The Chronicles of the East India Company*, vol. 2, pp. 244 - 247。

4　《掌故丛编》，第 76—78 页；《英使马戛尔尼访华档案史料汇编》，第 162—164 页。

去只能在英国东印度公司档案里见到英文本、拉丁文和/或法文译本，但中文本不见收于清宫档案：一方面很可能是中方当事人如郭世勋、和珅及长麟等当时没有把这些中文文书呈交朝廷，因而没有能够抄录存档于宫内档案；另一方面也可能是和珅或乾隆指示不将文件入档。这是很可惜的，因为这些来自使团的中文文书都是极为重要的资料，它们是中国官员以至乾隆直接阅读的文本，中方对使团的认识便是通过这些英国人送来的文本得到的。

然而，在一套过去从没有被发掘和利用的中文资料里，我们终于找到由英方准备的部分中文文书。前文提到大不列颠及爱尔兰皇家亚洲学会档案馆收藏了一套中文资料集——学会档案馆称之为"小斯当东中文书信及文件"，[1] 由小斯当东在 1830 年 3 月 6 日捐赠，分为一、二两册，共收有 52 份文件。其中第二册 34 份大都是小斯当东在东印度公司广州商馆工作期间所累积和处理过的中文书信，但当中也有两篇是马戛尔尼发送给和珅的信件；而第一册 18 份文件中更有 10 份文件与使团直接相关。这 12 份文件的具体内容和分析，会在本书相应部分深入讨论，现先简要介绍如下：

1. 第一册第 1 号文件：英国国王乔治三世致乾隆国书中译本，与英国国家档案馆外交部档案所藏使团中译本基本完全相同，是使团自己所准备及带来的译本。

2. 第一册第 2 号文件：使团赠送乾隆的礼品清单。这也是使团自己所翻译和准备的译本，跟《英使马戛尔尼访华档案史料汇编》所录入档清宫档案的文本不尽相同。

1　"George Thomas Staunton Chinese Letters and Documents," Royal Asiatic Society of Great Britain and Ireland, 2 volumes.

3. 第一册第 3 号文件：署理两广总督郭世勋及粤海关监督盛住向沿海督抚传谕。在内容及行文上与《汇编》上谕档内相关上谕接近。[1]

4. 第一册第 4 号文件：署理两广总督郭世勋向粤海关监督咨送会稿公函。

5. 第一册第 5 号文件：和珅奏报马戛尔尼在热河觐见乾隆的礼仪及礼品单。此文件前半部分与苏宁阿《乾隆五十八年英吉利入贡始末》所录礼仪单相同，但后半部分开列"英吉利国恭进贡品十九件"则未见收录《乾隆五十八年英吉利入贡始末》内。[2] 值得一提的是小斯当东在列出目录时注明本文件来自 Gazette，也就是《京报》。

6. 第一册第 6 号文件：马戛尔尼致和珅信。从内容所见，此函即为马戛尔尼于 1793 年 11 月 9 日在杭州写给和珅，并在 11 月 13 日交松筠，请求转呈北京的"汉字禀纸一件"。[3]

7. 第一册第 7 号文件：马戛尔尼谢恩信。此信篇幅很短，从内容上看，应是松筠在乾隆五十八年十月初十日代呈的"谢恩呈词"，与上一文件（上册第 6 号）一并呈送。[4]

8. 第一册第 8 号文件：长麟奏折，下署日期为乾隆五十八年十一月三十日，未见收入清宫档案内，但主要内容大抵与军机处

---

1 《和珅字寄沿海督抚奉上谕英使即在天津进口着遇贡船到口即派员护送》，《英使马戛尔尼访华档案史料汇编》，第 91 页。

2 《内阁大臣和珅奏英使于热河觐见皇帝的礼仪单》，《乾隆五十八年英吉利入贡始末》，同上，第 600 页。

3 《钦差松筠等奏为英贡使陈递谢恩呈词据情转奏折》，《英使马戛尔尼访华档案史料汇编》，第 478—479 页。

4 同上。

十月二十八日上谕相同。[1]

9. 第一册第 16 号文件：乾隆致乔治三世第三道敕谕部分，虽然并不完整，但包含未见于《文献丛编》、《高宗纯皇帝实录》和《东华续录》所收第三道敕谕的最后一段。文件未署日期，应为乾隆六十年十二月二十五日（1796 年 2 月 3 日）。[2]

10. 第一册第 17 号文件：札镇海县令奉上谕英使船只回宁波湾泊赏拨口分米石，乾隆五十八年七月十四日。

11. 第二册第 1 号文件：马戛尔尼致和珅信，说明在回国后会奏呈国王，在乾隆登基 60 年时再遣使团过来，但因路途遥远，且与法国开战，恐有延误，先行说明。本信未署日期，从内容看，应是使团离开北京后，大约是在乾隆五十八年十月初至十月中期间所送，因为五十八年十月二十八日有上谕着长麟传告马戛尔尼，将来再行进贡，不必拘定年限，[3] 应是回应这封信的。

12. 第二册第 16 号文件：马戛尔尼致和珅信，表示愿意在谒见乾隆时行中国礼仪，但要求乾隆指命一个与马戛尔尼同品级大臣向英国国王画像行同样大礼。本信未署日期，从内容看，这是马戛尔尼 1793 年 8 月 28 日在北京致和珅信的中译本。[4]

1《谕军机大臣着长麟传知英使臣将来再行进贡不必拘定年限》，《英使马戛尔尼访华档案史料汇编》，第 77—78 页。

2《奏为拟颁英吉利敕谕谕片》，同上，第 275 页；《奏为拟颁英吉利赏物清单片》，同上，第 275 页。另外，东印度公司广州商会则报告说敕谕所署日期为乾隆六十年十二月二十九日，也就是乾隆退位的前一天；不过，他们并没有直接看过敕谕，只是说获告知而已。Consultation, 21 March 1796, IOR/G/12/110, p. 213。

3《谕军机大臣着长麟传知英使臣将来再行进贡不必拘定年限》，《英使马戛尔尼访华档案史料汇编》，第 77—78 页；《和珅字寄长麟奉上谕传知英贡使准其嗣后具表纳贡不必拘定年限》，同上，第 198—199 页。

4 "Note for Cho-Chan-Tong, First Minister, Pekin, 28 August 1793, English original, with Latin and French translations," IOR/G/12/92, pp. 209‑216.

除了这 12 篇外，上册的其余 8 篇及下册 2 篇，在时间上稍晚，属嘉庆年间，内容是关于英国送来礼品及书函、嘉庆颁送敕谕物品的，但很大程度上都是与马戛尔尼使团相关的，可以说是使团来访的延续：

1. 英国国王乔治三世致中国大皇帝信件，并开列附呈礼品 18 项，下署日期为 1804 年 5 月 22 日（第一册第 9 号文件）。

2. 两广总督倭什布（？—1810）、粤海关监督延丰奏折，报告行商潘致祥引见 "英吉利夷目" 多林文（James Drummond, 1767—1851），恭进英国国王信函及礼品，未署日期（第一册第 10 号文件）。

3. 两广总督倭什布、粤海关监督延丰奏折，报告有关法国人投诉英国人觊觎澳门的调查结果，并汇报因和珅及原总督已调任，已谕令退回英国送来的信件及礼品，未署日期（第一册第 11 号文件）。

4. 军机大臣字寄两广总督那彦成传谕粤海关监督延丰，指令查探英国人寄和珅信件内容，并指示所有外来护航兵船不得任意越界，嘉庆十年三月初八日（第一册第 12 号文件）。

5. 广东候补知县于潜修禀两广总督及粤海关监督，奏报已将英国贡物送抵礼部，并恭候敕书赏件，嘉庆十年九月二十七日（第一册第 13 号文件）。

6. 英吉利国大班领赏仪注，未署日期（第一册第 14 号文件）。

7. 嘉庆致英国国王敕谕，并赏礼品 20 件，嘉庆十年十一月初一日（第一册第 15 号文件）。

8. 英国国王乔治三世致中国大皇帝信件，否认法国所传，英国人觊觎澳门之说，下署日期为 1810 年 4 月 21 日（第二册第 2 号文件）。

9. 东印度公司大班多林文等禀呈两广总督，询问英国国王所送礼品达北京后可有任何指示或信函，可交回国公司船只转交（第二册第 3 号文件）。

10. 东印度公司大班多林文等禀呈两广总督、广东巡抚、粤海关部，汇报本年度公司回国船只已全部启航，要待至十一月十二月间始能将皇帝所赐敕书物件付送，预计翌年五六月间才能抵达。本信下署日期为嘉庆十一年二月二十三日（第二册第 4 号文件）。

尽管现在所见这些使团的文件并不是原件，而是小斯当东后来找中国助手重抄的（从书法字迹来看，整套中文档案誊抄由一人完成，且抄写得很工整，字体也相当秀丽），但就笔者所知，这些中文文件都没有收入《汇编》，且几乎全没有在别处见到，更未见其他学者使用，弥足珍贵，在内容上也十分重要，能为我们解答很多有关使团的重要问题。[1]

另外值得提出的还有位于伦敦温莎堡的英国皇家档案馆（The Royal Archives at Windsor），[2] 藏有至少 3 份与马戛尔尼使团相关的珍贵文物，[3] 分别是乾隆颁送乔治三世的第一道敕谕、[4] 第二道敕

1　此外，大不列颠及爱尔兰皇家亚洲学会另外还藏有关中英贸易的中文档案（Chinese Documents on Trade Regulations with the English）。档案编号 GB 891 SC1，共有 3 份文书，也是由小斯当东捐赠给该学会的，是有关 18 世纪末 19 世纪初中英贸易以及小斯当东的重要史料。不过，档案所涵盖时间为 1798—1816 年，跟马戛尔尼使团没有直接的关系。

2　有关英国皇家档案馆及其藏品，可参见 Royal Collection Trust, *The Royal Library & The Royal Archives: A Guide to Collections*（London：Royal Collection Trust, 2016）。

3　笔者是从奥布里·辛格（Aubrey Singer）的《狮与龙：英国第一个派往北京乾隆皇帝宫廷使团的故事，1792—1794》知悉英国皇家档案馆藏有乾隆颁送乔治三世的第一道敕谕的，随后与档案馆联络，得知档案馆还藏有另外两件文物，辛格没有提及。

4　RA GEO/ADD/31/21/A.

谕，[1] 以及《正赏正副贡使及官役兵丁物件》上谕。[2] 第一道敕谕及第二道敕谕在内容上与《汇编》所收录的基本并无不同，但二者均署上相同的日期——乾隆五十八年九月初三日，而且都是有汉、满及拉丁文 3 种文字。《正赏正副贡使及官役兵丁物件》所录送赠使团礼品的清单，在《汇编》中分别抄录为 8 份文件，[3] 但不包含《汇编》中另外 3 份送赠英国国王的礼品清单，[4] 并只以汉文及拉丁文书写，没有满文。

三

作为单一历史事件，马戛尔尼使团访华的原始资料可说是相当丰富，而且，由于事件对中英关系以至整个中国近代史都有深远的影响，过去不少中外史学家曾对此课题作深入研究。相对来说，西方世界在马戛尔尼使团研究方面的成果较多。

单以专著而言，佩雷菲特的《停滞的帝国》厚达 547 页（英译本更达 630 页，中译本 54.4 万字），使用大量的西方原始资料及档案，甚至包括一些个人收藏；而且，当时《汇编》还没有整

---

1 RA GEO/ADD/31/21/B.

2 RA GEO/ADD/31/21/C.

3 《酌拟赏英吉利国正使清单》，《英使马戛尔尼访华档案史料汇编》，第 101 页；《酌拟加赏英吉利国正使清单》，第 101—102 页；《酌拟赏英吉利国副使清单》，第 102—103 页；《酌拟加赏英吉利国正使清单》，第 103—104 页；《英吉利国贡使在如意洲东路等处瞻仰酌拟赏单》，第 104 页；《英吉利国贡使在含青斋西路等处瞻仰酌拟赏单》，第 104—105 页；《副贡使之子及总兵官等在如意洲瞻仰拟赏件事》，第 105 页；《副贡使之子等在含青斋西路等处瞻仰酌拟赏件清单》，第 105—106 页。

4 《拟赏英国王物件列表》，同上，第 96—98 页；《酌拟加赏英国王物件清单》，第 98—99 页；《拟随敕书赏英国王物件单》，第 99—101 页。

理出版，佩雷菲特已经能够使用中国第一历史档案馆内所藏的清宫档案。[1] 在内容上，该书涵盖面较广，使团各方面的问题都有所触及，且往往提供一些重要细节。观点方面，正如书名所显示，英使马戛尔尼访华事件代表了"两个世界的撞击"：野心勃勃、急速对外扩张的大英帝国，与大清乾隆皇帝的"停滞的帝国"在政治、文化方面作正面交锋碰撞，使团最终只能以一事无成告终。整体而言，佩雷菲特所给予使团的评价是较负面的。今天看来，这个观点算不上有什么突破性或独特之处，但作为第一本全面交代使团各方面问题和现象的专著（法文版初版于 1989 年），《停滞的帝国》毫无疑问是一本不能忽略的重要著作。

英文方面，最早以马戛尔尼使华为主题的专著，是由英国广播公司电视台前副总裁奥布里·辛格（Aubrey Singer，1927—2007）在 1993 年出版的《狮与龙：英国第一个派往北京乾隆皇帝宫廷使团的故事，1792—1794》（*The Lion and the Dragon: The Story of the First British Embassy to the Court of the Emperor Qianlong in Peking 1792 – 1794*）。辛格似乎不是以学术论著作为主要撰写目的，全书虽然录有不少引文，但从不注明出处，不符合学术著作的要求。不过，书内有两三幅插图很值得注意。第一幅是该书的第 17 幅插图：乾隆给乔治三世的第一道敕谕，藏于英国温莎堡皇家档案馆，辛格自言得到英女王伊丽莎白二世批准，在书内收录这一道敕谕。[2]

《狮与龙》另一幅有趣的插图是该书的第三幅插图（含局部放大）。辛格对它的介绍是这样的：

1　徐艺圃："序言"，《英使马戛尔尼访华档案史料汇编》，第 8 页。但也许是佩雷菲特不懂中文的缘故，实际征引的中文资料其实不算多。

2　Singer, *The Lion and the Dragon*, p. XI.

3.（上及下）1793 年 7 月 20 日，英国使团在山东省登州海面停泊。当天晚上，登州总督到"狮子号"上拜会马戛尔尼爵士，带来皇帝所颁送的两份上谕，其一颁与大使（上图），另一颁与"印度斯坦号"的马庚多斯船长。每幅上谕卷轴长约 5 英尺，纸面为橙色，有御用龙的图形压花。[1]

不过，卷轴上所写的内容与这段描述文字却完全不同：

嗗咭唎红毛国王亲大丞相、头等钦差吗嘎尔呢等为风涛所阻，泊我境界，上表备陈乏食愿买情由，并进好好物件，镇臣转为提达。且本朝囊括南海，凡诸国商艚远涉海程愿藏于市，或为风波漂泊而求安饱者，朕咸推胞与之仁，并生并有。矧卿等奉贵国王命往使天朝，途中匮乏，朕之情为何哉。特颁赐粟子叄千斛以供途程需足，安用贸易为也，并加赏贵国王亲大丞相象牙壹对、胡椒五担，用孚好意，式慰远情。钦此。特诏。

景盛元年五月初壹日

显然，不谙中文的辛格弄错了。插图的卷轴上明确写有一个日期——"景盛元年五月初壹日"，这不但不是 1793 年 7 月 20 日，更清楚地说明这谕令并非来自乾隆，因为景盛是越南大越国西山朝皇帝阮光缵（1783—1802，1792—1802 在位）的年号，"景盛元年五月初壹日"就是 1793 年 6 月 8 日。我们知道，使团是在 1793 年 5 月下旬到达越南沱囊（Tourane, Da Nang，今天的

---

1 Singer, *The Lion and the Dragon*, illustration following p. 48.

岘港）附近，受到阮光缵的款待，并获赠物品的。船队离开前还
获赠大量白米，使团把其中部分在澳门转赠东印度公司。斯当东
的回忆录颇为详细地记载使团在交趾支那王国（Kingdom of
Cochin-China）的经历，[1] 而马戛尔尼的日志也记述了交趾支那国
王给使团提供丰盛的补给品，自己也向国王回赠礼品；[2] 我们甚
至知道使团还临时翻译出一封以乔治三世名义致送交趾支那国王
的国书。[3] 辛格虽然拥有这份来自阮光缵的卷轴，[4] 但因为不懂中
文，不知道上面写的是什么，便误记为 7 月 20 日使团船只停泊于
登州庙岛洋面，登州知府蓝嘉瓒登船与马戛尔尼的见面。其实，
尽管蓝嘉瓒也向使团赠送食物，但并不是插图中卷轴所写的“粟
子叁千斛”，而更重要的是，当时根本并没有送递什么上谕。[5] 其
实，这道卷轴藏于大英图书馆，且有电子版本，在网上可以查
阅，[6] 而且，辛格所说乾隆颁与“印度斯坦号”船长马庚多斯的上
谕，也是阮光缵所发出的，同藏于大英图书馆（见本书“附
录 5”）。[7]

　　紧接在辛格《狮与龙》后一年出版的何伟亚（James Hevia）

---

1 Staunton, *An Authentic Account of an Embassy*, vol. 1, pp. 159 – 188.

2 Macartney, *An Embassy to China*, pp. 61 – 62.

3 "Credentials in Latin given by George the Third to Lord Macartney," *An Important Collection*, vol. 8, doc. 329, CWCCU.

4 Singer, *The Lion and the Dragon*, p. IX.

5 关于 1793 年 7 月 20 日使团与中国官员的接触，马戛尔尼的日志记载得很简单。Macartney, *An Embassy to China*, p. 67。但山东巡抚吉庆在上奏中做了很详细的报告。《山东巡抚吉庆奏报英贡船经泊登州庙岛并赴天津日期折》，《英使马戛尔尼访华档案史料汇编》，第 336—337 页。

6 "Emperor Canh Thinh's Scroll," Or 14817/A, British Library, http://www.bl.uk/manuscripts/FullDisplay.aspx?ref=Or_14817/A.

7 "Emperor Canh Thinh's Scroll," Or 14817/B, British Library, http://www.bl.uk/manuscripts/FullDisplay.aspx?ref=Or_14817/B.

的《怀柔远人：马嘎尔尼使华的中英礼仪冲突》，[1] 则标榜以后现代
主义眼光阅读和书写历史，尝试推翻两个文明碰撞、传统与现代
不能避免的冲突的观点，以宾礼为切入点，提出两个帝国建构
（imperial formations）碰撞的观点，[2] 得到较大的注意，同时也引起
颇大的争议；且作为史学家，何伟亚在史料的应用和阅读上的一
些问题也颇为人所诟病，但《怀柔远人》始终不失为一本在中外
学术界影响力较大的著作。[3] 事实上，何伟亚在专著出版前后也发

---

1 James L. Hevia, *Cherishing Men from Afar: Qing Guest Ritual and the Macartney Embassy of 1793* (Durham, NC: Duke University Press, 1994)；中译本见〔美〕何伟亚著，邓常春译，刘明校：《怀柔远人：马嘎尔尼使华的中英礼仪冲突》，北京：社会科学文献出版社，2002 年。不得不指出的是，这个译本非常明显地暴露了只具备双语能力而缺乏学科知识去翻译专题学术著作的问题。也许为清廷服务的传教士所自用的中文名字不一定广为人知，因而钱德明（Jean-Joseph-Marie Amiot）变成“约瑟夫－马里耶·阿米奥”，梁栋材（Jean Joseph de Grammont）变成“让－约瑟夫·德·格拉蒙”，贺清泰（Louis de Poirot）变成“路易斯·德·普瓦罗”，罗广祥（Nicholas Joesph Raux）变成“尼古拉斯·罗”，索德超（Joseph-Bernard d'Almeida）变成“约瑟夫－伯哈德·阿尔梅迪亚”，等等（第101页）。这似乎可以理解，尽管译者多次征引的《掌故丛编》里便出现过他们的中文名字。除此之外，在近代中英关系史上耳熟能详，几乎可以说是随手查到的名字，如卫三畏（Samuel Wells Williams, 1812—1884）、郭实腊（Karl Friedrich August Gützlaff, 1803—1841）、威妥玛（Thomas Wade, 1818—1895）分别被译为“S. 韦尔斯·威廉斯”（第232页）、“古茨纳夫”（第233页）和“托马斯·韦德”（第230—231页），还有广州制度下的英国商馆（English factory）被译成“英国工厂”（第211页），红毛（red-haired）被译成“红发国”（第141页），Hoppo 多次被音译为“伯和”（第115、222、223页），都是十分严重的学科知识问题。当然，把 Admiral Gower 中的 Admiral 音译为“阿德米拉”（第116页），把 Richard III Rex 中的 Rex（拉丁文的国王）音译为“瑞克斯”（第115页），所反映的又是别的问题了。

2 罗志田为中译本所写的序言对何伟亚的观点作了相当持平的评论。罗志田：“译序”，何伟亚著，邓常春译，刘明校：《怀柔远人》，第1—31页。

3 1997—1998 年间在中英文世界都出现过批评及支持何伟亚的文章。周锡瑞：《后现代式研究：望文生义，方为妥善》，《二十一世纪》第44期，1997年12月，第105—117页；〔美〕艾尔曼、〔美〕胡志德：《马嘎尔尼使团、后现代主义与近代中国史：评周锡瑞对何伟亚著作的批评》，《二十一世纪》第44期，1997

表过好几篇有关马戛尔尼使团的文章，引起学界的注意，[1] 包括一篇专门讨论叩头问题的论文，但重点不在马戛尔尼使团。[2]

　　另一本以英文写成但是在中国出版的专著是张顺洪的《英国人的中国观，一个特别的时期（1790—1820）》。[3] 该书基本上是他早年在英国伦敦大学的博士学位论文，[4] 部分内容曾以中文发表。[5] 不过，他的重点不在马戛尔尼使团本身及其在华的活动，而是分析1790—1820年间英国人对中国的评价，因此马戛尔尼使团

（接上页）年 12 月，第 118—130 页；张隆溪：《什么是"怀柔远人"？正名、考证与后现代式史学》，《二十一世纪》第 45 期，1998 年 2 月，第 56—63 页；葛剑雄：《就事论事与不就事论事：我看〈怀柔远人〉之争》，《二十一世纪》第 46 期，1998 年 4 月，第 135—149 页；罗志田：《夷夏之辨与"怀柔远人"的字义》，《二十一世纪》第 49 期，1998 年 10 月，第 138—145 页；张隆溪：《"余论"的余论》，《二十一世纪》第 65 期，2001 年 6 月，第 90—91 页。Joseph W. Esherick, "Cherishing Sources from Afar," *Modern China* 24, no. 2（April 1998），pp. 135 - 161；James Hevia, "Postpolemical Historiography：A Response to Joseph W. Esherick," *Modern China* 24, no. 3（July 1998），pp. 319 - 327；Joseph W. Esherick, "Tradutore, Traditore：A Reply to James Hevia," *Modern China* 24, no. 3（July 1998），pp. 328 - 332。

1 James Hevia, "A Multitude of Lords：Qing Court Ritual and the Macartney Embassy of 1793," *Late Imperial China* 10, no. 2（December 1989），pp. 72 - 105；何伟亚的博士论文题目为"Guest Ritual and Interdomainal Relations in the Late Qing"（Unpublished PhD dissertation, University of Chicago, 1986）；而 *Cherishing Men from Afar* 第二章的标题即为"A Multitude of Lords：The Qing Empire, Manchu Rulership, and Interdomainal Relations," *Cherishing Men from Afar*, pp. 30 - 56。

2 James L. Hevia, "'The Ultimate Gesture of Deference and Debasement'：Kowtowing in China," *Past and Present* 203：Suppl. 4（2009），pp. 212 - 234.

3 Zhang Shunhong, *British Views on China: At a Special Time（1790 - 1820）*（Beijing：China Social Sciences Press, 2011）.

4 Zhang Shunhong, "British Views on China：During the Time of the Embassies of Lord Macartney and Lord Amherst, 1790 - 1820"（Unpublished PhD dissertation, University of London, 1990）.

5 张顺洪：《马戛尔尼和阿美士德对华评价与态度的比较》，《近代史研究》1992 年第 3 期，1992 年 6 月，第 1—36 页。

（以及阿美士德使团）成员在中国期间的观察和描述便构成论文的主要部分。同样以马戛尔尼访华使团为题的博士论文还有多篇。一是 1998 年澳大利亚纽卡斯尔大学曾敬民的《马戛尔尼访华使团的科学面：17 及 18 世纪中英科学技术概念的比较研究》，论文从使团的礼品及使团成员对中国科技的评述，分析 17、18 世纪中英两国在科技概念上的差异；[1] 另一篇是 2004 年艾奥瓦州立大学的约瑟夫·克莱顿·萨姆普尔（Joseph Clayton Sample）的《激烈去中心的中国：从接触点角度注释马戛尔尼使团》，论文的焦点也是审视使团成员（主要是马戛尔尼）对中国的观察和描述，但他把"接触点"（contact zone）放置于 18 世纪欧洲殖民扩张的历史语境中，批判欧洲中心的中国论述。[2] 香港大学陈珊珊的《艺术、科学和外交：马戛尔尼来华使团的意象》，强调科学在使团积累和表述与中国相关知识以及建构中国图像过程中所扮演的角色；通过分析与使团相关的文字和图像记录，论文尝试考究艺术家和科学人员怎样理解、筛选和表述有关中国的讯息，并分析这些信息怎样以艺术作品的形式传递到英国社会去。[3] 卡拉·林赛·布拉克利（Kara Lindsay Blakley）在墨尔本大学的博士论文《从外交到流播：马戛尔尼使团及其对英国有关中国艺术、美学及文化理解上

---

1 Zeng Jingmin, "Scientific Aspects of the Macartney Embassy to China 1792 – 1794: A Comparative Study of English and Chinese Conceptions of Science and Technology in the Seventeenth and Eighteenth Centuries" (Unpublished PhD dissertation, University of Newcastle, N. S. W., 1998).

2 Joseph Clayton Sample, "Radically Decentered in the Middle Kingdom: Interpreting the Macartney Embassy to China from a Contact Zone Perspective" (Unpublished PhD dissertation, Iowa State University, 2004).

3 Chen Shanshan, "Art, Science, and Diplomacy: Imagery of the Macartney Mission to China" (Unpublished PhD dissertation, The University of Hong Kong, 2018).

的冲击，1793—1859》接近于艺术史的方向，以马戛尔尼使团访华开始，通过艺术作品的制作和流播，分析中英关系逐渐恶化的过程。[1]另外，1995 年美国华盛顿大学帕特里夏·欧文斯·奥尼尔（Patricia Owens O'Neill）的《错失的机会：18 世纪末中国与英国和荷兰的关系》，主要探究 18 世纪末中国与英国和荷兰的关系，其中一章用近 200 页的篇幅讨论马戛尔尼使团，并对比 1795 年 1 月抵达北京、由德胜（Isaac Titsingh，1745—1812）所率领的荷兰使团。[2]有趣的地方是：论文题目中所指的"错失的机会"，并不是指不少学者所说乾隆错失了与西方接轨和交流、让中国走向现代化的机会，而是指英、荷等欧洲国家因为陷入与法国拿破仑（Napoléon Bonaparte，1769—1821）的战争，失去延续使团所建立的关系，更好地与中国发展贸易关系的机会。[3]

1993 年，毕可思（Robert A. Bickers）编辑出版的《礼仪与外交：马戛尔尼访华使团，1792—1794》，[4]收录的是几位学者在

---

1 Kara Lindsay Blakley, "From Diplomacy to Diffusion: The Macartney Mission and Its Impact on the Understanding of Chinese Art, Aesthetics and Culture in Great Britain, 1793 – 1859" (Unpublished PhD dissertation, University of Melbourne, 2018).

2 关于德胜使团，最广为参考的是 J. J. L. Duyvendak (1889—1954), "The Last Dutch Embassy to the Chinese Court (1794 – 1795)," *T'oung Pao*, second series 34 1/2 (1938), pp. 1 – 137; C. R. Boxer, "Isaac Titsingh's Embassy to the Court of Ch'ien Lung (1794 – 1795)," *T'ien Hsia* 8, no. 1 (1939), pp. 9 – 33。中文方面，较值得注意的是蔡香玉：《乾隆末年荷兰使团出使缘起》，《学术研究》2016 年第 10 期，2016 年 10 月，第 127—135 页；蔡香玉：《乾隆末年荷兰使团表文重译始末》，《清史研究》2018 年第 2 期，2018 年 5 月，第 99—113 页。

3 Patricia Owens O'Neill, "Missed Opportunities: Late 18th Century Chinese Relations with England and the Netherlands" (Unpublished PhD dissertation, University of Washington, 1995).

4 Robert A. Bickers (ed.), *Ritual and Diplomacy: The Macartney Mission to China 1792 – 1794* (London: The Wellsweep Press, 1993).

1992 年 9 月 28—30 日伦敦大学亚非学院主办的英国中国研究学会
（British Association for Chinese Studies）1992 年度会议上所发表的
论文。论文集只有薄薄的 93 页，收录 5 篇论文，但其实主编毕可
思自己的文章与马戛尔尼使团几乎全无关系，他也从没有对马戛
尔尼使团做过研究。[1] 论文集中另外 4 篇文章分别为马歇尔（P. J.
Marshall）的《18 世纪末的英国与中国》、张顺洪《历史的时代错误：
清廷对马戛尔尼使团的看法和反应》、王曾才《马戛尔尼使团：二百
年后的回顾》，以及何伟亚的《中西关系史中的马戛尔尼使团》。

　　近年研究马戛尔尼使团最着力的是牛津大学的沈艾娣。
2017—2019 年间，沈艾娣共发表 3 篇论文，分别探讨乾隆给英国
国王的敕谕、[2] 中英双方所互赠的礼品，[3] 以及使团译员李自标等重
要课题，[4] 都是非常重要的研究成果。她于 2021 年 11 月面世的专
著《口译的危险：清政府与英帝国之间两位译者的非凡生活》是
一部有关马戛尔尼使团两名"译员"——李自标和当时初学汉语
的小斯当东——的联合传记，从社会史的角度入手，分析二人在

---

　　1 Robert A. Bickers，"History，Legend and Treaty Port Ideology，1925 –
1931，" *Ritual and Diplomacy: The Macartney Mission to China 1792 – 1794*
（London：The Wellsweep Press，1993），pp. 81 – 92。毕可思的研究重点在英帝国
的殖民扩张与中国关系，并曾主持有关晚清海关研究，现主持一个中国历史照片
（Historical Photographs of China）数字化项目。参见 https：//research-information.
bris. ac. uk/en/persons/robert-a-bickers。不过，在承德的纪念马戛尔尼访华 200
周年的学术会议上，他的论文在题目上是提及马戛尔尼使团的，虽然真正论及使
团的内容很少。〔英〕毕可思：《通商口岸与马戛尔尼使团》，《中英通使二百周年
学术讨论会论文集》，第 314—331 页。

　　2 Harrison，"The Qianlong Emperor's Letter to George III，" pp. 680 – 701.

　　3 Henrietta Harrison，"Chinese and British Diplomatic Gifts in the Macartney
Embassy of 1793，" *English Historical Review* 133，no. 560（February 2018），pp. 65 – 97.

　　4 Henrietta Harrison，"A Faithful Interpreter？Li Zibiao and the 1793 Macartney
Embassy to China，" *The International History Review* 41，no. 5（2019），pp. 1076 –
1091.

马戛尔尼使团中所扮演的角色，以及在使团离开中国以后二人不同的发展和经历，详细论述两名译者在中英两国第一次最高层官方交往的特定重要历史时刻所面临的困局和危机，不但增加我们对马戛尔尼使团的理解，更可以视为译者研究的专著。[1] 该书是沈艾娣多年的研究成果，利用丰富的一手档案史料，尤其是意大利方面的档案，很多迄今未见其他学者应用，在不少问题上有崭新的发现，极具参考和细读的价值，但书中个别论点和猜想颇有可商榷之处，本书在相关部分会有分析和讨论。

除了直接以马戛尔尼使团为课题的专著和论文集以外，普利查德《早期中英关系的关键岁月：1750—1800 年》虽然不以马戛尔尼使团为题，但当中 100 多页（占全书篇幅的四分之一）是与使团相关的。[2] 普利查德能够同时使用东印度公司以及查尔斯·沃森典藏的原始资料，对事件的陈述十分细致详尽，但他的表述较为传统，主要是平铺直叙，按时序交代事件的过程，并没有多作议论或分析；而他早年（1943 年）有关叩头的论文，则一直很受重视。[3] 不过，比他更早的一篇有关使团叩头问题的文章是，柔克义（William Woodville Rockhill）在 1897 年发表的《派遣到中国朝廷的使团：叩头问题》。[4] 另外，上面谈及的克兰默-宾也是较早撰写马戛尔尼使团的重要学者。他为马戛尔尼日志出版所写

1　Henrietta Harrison, *The Perils of Interpreting: The Extraordinary Lives of Two Translators between Qing China and the British Empire* (New Jersey：Princeton University Press, 2021).

2　Pritchard, *The Crucial Years*, pp. 272 – 384.

3　Earl H. Pritchard. "The Kowtow in the Macartney Embassy to China in 1793," *The Far Eastern Quarterly* 2, no. 2 (February 1943), pp. 163 – 203.

4　William Woodville Rockhill, "Diplomatic Missions to the Court of China：The Kotow Question," *The American Historical Review* 2, no. 3 (April 1897), pp. 427 – 442；2, no. 4 (July 1897), pp. 627 – 643.

长达近 60 页的序言就是一篇重要论文,[1] 而在这之前他曾根据
《掌故丛编》所收使团档案写成论文,并把部分文献翻译成英文,[2]
以及在 1981 年合写一篇有关使团礼品的论文,[3] 都很有参考的价
值;1967 年所发表一篇有关小斯当东和马礼逊作为英国早期汉
学家的文章,[4] 大体只是基本生平和活动的介绍。罗热里奥·米格
尔·普加（Rogério Miguel Puga）在 2009 年以葡萄牙文出版、
2013 年出版英文本的专著《英国人在澳门, 1653—1793》以澳门
为重心,讨论英国人的野心,怎样在 17—18 世纪一直觊觎澳门,
最后一章就集中讨论马戛尔尼使团;[5] 乌尔里克·希尔曼（Ulrike
Hillemann）在探讨 18—19 世纪英帝国如何通过东印度公司作为在
亚洲扩张的网络,取得有关中国知识的《亚洲帝国和英国知识:
中国与英帝国扩张网络》里,也用上近 10 页的篇幅去讨论马戛尔

1　Cranmer-Byng,"Introduction," in Macartney, *An Embassy to China*,
pp. 3 – 58.

2　J. L. Cranmer-Byng,"Lord Macartney's Embassy to Peking in 1793: From
Official Chinese Documents,"*Journal of Oriental Studies* 4, nos. 1 – 2（1957 –
58）, pp. 117 – 186; reprinted in Tuck（selected）, *Britain and the China Trade,
1635 – 1842*, vol. 7, same pagination; 但这个重印本却遗漏了第 118 页。

3　J. L. Cranmer-Byng and Trevor H. Levere,"A Case Study in Cultural
Collison: Scientific Apparatus in the Macartney Embassy to China, 1793,"*Annals of
Science* 38, no. 5（1981）, pp. 503 – 525.

4　J. L. Cranmer-Byng,"The First English Sinologists. Sir George Staunton and
the Reverend Robert Morrison," in *Symposium on Historical Archaeological and
Linguistic Studies on South China, South-East Asia and The Hong Kong Region:
Papers Presented at Meetings Held in September 1961 as Part of the Gold Jubilee
Congress of the University of Hong Kong*, edited by F. S. Drake（Hong Kong: Hong
Kong University Press, 1967）, pp. 247 – 260.

5　Rogério Miguel Puga, *A Presença Inglesa e as Relações Anglo-Portuguesas em
Macau, 1653 – 1793*（Lisbon: Centro de Historia de Alem-Mar, FSCH-New
University of Lisbon; Centro Cultural e Cientifico de Macau, 2009）; Rogério Miguel
Puga, *The British Presence in Macau, 1635 – 1793*, translated by Monica Andrade
（Hong Kong: Hong Kong University Press, 2013）.

尼使团。[1] 马世嘉（Matthew W. Mosca）在他研究清代边疆政策及印度问题的专著里，提出清廷知悉英国人在印度的管辖，也认定由于英国人曾牵涉进 1788—1792 年廓尔喀（今尼泊尔）入侵西藏事件内，严重影响了马戛尔尼使团成功的机会，尽管马戛尔尼在来华时对于廓尔喀之役毫不知情。这是迄今唯一有关清政府廓尔喀之役与马戛尔尼使团关系的研究。[2] 高昊在 2020 年出版的《创造鸦片战争：英国对华的帝国态度》，第一章也以马戛尔尼使团为题，重点分析使团主要人物有关使团的论述，尤其是如何辩解使团的无功而还，并向英国社会传递了有关中国的什么讯息等。[3] 卡罗琳·史蒂文森（Caroline Stevenson）的新作《英国第二个访华使团：1816 年阿美士德爵士觐见嘉庆皇帝的"秘密使命"》虽然以阿美士德使团为研究主体，但当中不少讨论涉及马戛尔尼使团，尤其是前面有关阿美士德筹组过程的讨论部分。该书运用大量一手资料，值得重视。[4]

---

1 Hillemann, *Asian Empire and British Knowledge*, pp. 34 – 45.

2 Matthew W. Mosca, *From Frontier Policy to Foreign Policy: The Question of India and the Transformation of Geopolitics in Qing China* (Stanford：Stanford University Press, 2013), pp. 135 – 158；中译本见〔美〕马世嘉著，罗盛吉译：《破译边疆与破解帝国：印度问题与清代地缘政治的转型》，台北：台湾商务印书馆，2019 年。又可参见 Matthew W. Mosca, "The Qing State and Its Awareness of Eurasian Interconnections, 1789 – 1806," *Eighteenth-Century Studies* 47, no. 2 (Winter 2014), pp. 103 – 116。

3 Hao Gao, *Creating the Opium War: British Imperial Attitude Towards China, 1792 – 1840* (Manchester：Manchester University Press, 2020)。亦可参见他在爱丁堡大学的博士论文：Hao Gao, "British-Chinese Encounters：Changing Perceptions and Attitudes from the Macartney Mission to the Opium War" (Unpublished PhD dissertation：The University of Edinburgh, 2013)。

4 Caroline M. Stevenson, *Britain's Second Embassy to China: Lord Amherst's "Special Mission" to the Jiaqing Emperor in 1816* (Canberra：Australian National University Press, 2021)。

　　除这些比较集中及相对全面地研究马戛尔尼使团的论著和论文外，也有专门探讨使团个别不同问题的文章。使团所带来的礼品就是一个较受关注的题目，上面提及克兰默-宾和沈艾娣都发表过这方面的文章，华威大学马克辛·伯格（Maxine Berg）的两篇论文虽然在题目上没有直接提及使团礼品，但其实都以使团携带的物品为核心，一篇讨论马戛尔尼选购礼品时的考虑以及与英国工商业界的关系，[1]另一篇则主要讨论使团带来的物品究竟对中国是否有用，从而反映出英国人在 18 世纪对中国的理解。[2]礼品以外，一个较受关注的问题是使团画师额勒桑德怎样通过绘画来描述中国。迄今在西方至少有两部专著、三篇论文是以额勒桑德在使团期间的画作为研究对象的，其中以原大英图书馆中文部主管吴芳思（Frances Wood）的一篇较多为人征引，[3]她后来又整理出

---

　　1 Maxine Berg, "Britain, Industry and Perceptions of China: Matthew Boulton, 'Useful Knowledge' and the Macartney Embassy to China 1792 – 94," *Journal of Global History* 1, no. 2 (July 2006), pp. 269 – 288.

　　2 Maxine Berg, "Macartney's Things. Were They Useful? Knowledge and the Trade to China in the Eighteenth Century," paper presented at "Global Conference 4," 16 – 18 September 2004, Leiden, http://www.1se.ac.uk./Economic-History/Assets/Documents/Research/GEHN/GEHNConference/conf4/Conf4-MBerg.pdf, Accessed 4 March 2018。伯格还有一篇论文，从全球史的角度，讨论 18 世纪亚洲的产品及生产技术与英国消费品市场的关系。Maxine Berg, "In Pursuit of Luxury: Global History and British Consumer Goods in the Eighteenth Century," *Past and Present* 182 (February 2004), pp. 85 – 142。

　　3 Susan Legouix, *Image of China: William Alexander* (London: Jupiter Books, 1980); Patrick Conner and Susan Legouix Sloman, *William Alexander: An English Artist in Imperial China* (Brighton: Brighton Borough Council, 1981); Mildred Archer, "From Cathay to China: The Drawings of William Alexander, 1792 – 4," *History Today* 12 (1962), pp. 864 – 871; Frances Wood, "Closely Observed China: From William Alexander's Sketches to His Published Work," *British Library Journal* 24 (1998), pp. 98 – 121; Stacey Sloboda, "Picturing China: William Alexander and the Visual Language of Chinoiserie," *The British Art Journal* 9, no. 2 (October 2008), pp. 28 – 36.

版额勒桑德的部分使团绘画。[1]

　　另外一些值得注意与使团有关的论文，包括格雷格·克林汉姆（Greg Clingham）对马戛尔尼日志本身所呈现的文化差距的分析；[2] 叶晓青的《"四海升平"：1793 年马戛尔尼使团与朝贡剧》，通过分析清廷所安排给马戛尔尼观看的大戏《四海升平》，解读乾隆对使团的态度；[3] 劳伦斯·威廉斯（Laurence Williams）的《乾隆皇帝凝视下的英国政府：讽刺、帝国主义与马戛尔尼访华使团，1792—1804》则讨论在使团出访前后英国出现的大量讽刺性作品，包括漫画、诗作、歌谣以至戏剧等，怎样颠覆当时英国社会中的精英论述，又分析使团总管巴罗的回忆录如何以非常敌对和侵略性的诠释，尝试扭转这些讽刺作品的论述，开始建立一种文化书写上的帝国主义，为 1842 年鸦片战争的武力帝国主义铺路。[4] 乔伊丝·林多夫（Joyce Lindorff）的《柏尼、马戛尔尼和乾隆皇帝：

1　刘潞、吴芳思编译：《帝国掠影：英国访华使团画笔下的清代中国》，北京：中国人民大学出版社，2006 年。该书一年后在香港出版时书名稍有改动：刘潞、吴芳思编译：《帝国掠影：英国使团画家笔下的中国》，香港：中华书局，2007 年。吴芳思早在 1994 年就曾发表过一篇与马戛尔尼使团有关的论文，那是她于 1993 年 11 月 24 日在皇家艺术学会（Royal Society of Arts）的演讲稿。Frances Wood, "Britain's First View of China: The Macartney Embassy 1792 – 1794," *The Journal of the Royal Society of Arts* 142, no. 5447（March 1994），pp. 59 – 68。

2　Greg Clingham, "Cultural Difference in George Macartney's *An Embassy to China*, 1792 – 94," *Eighteenth Century Life* 39, no. 2（April 2015），pp. 1 – 29.

3　Ye Xiaoqing, "Ascendant Peace in the Four Seas: Tributary Drama and the Macartney Mission of 1793," *Late Imperial China* 26, no. 2（December 2005），pp. 89 – 113；叶晓青的专著是 *Ascendant Peace in the Four Seas: Drama and the Qing Imperial Court*（Hong Kong: Chinese University Press, 2012）。

4　Laurence Williams, "British Government under the Qianlong Emperor's Gaze: Satire, Imperialism, and the Macartney Embassy to China, 1792 – 1804," *Lumen* 32（2013），pp. 85 – 107.

音乐在英国使华使团中的角色，1792—1794》处理的是英国作曲家及音乐史家查尔斯·柏尼（Charles Burney，1726—1814）跟马戛尔尼以及使团的关系，并以中西音乐差异入手，说明使团所面对的文化碰撞。[1] 托马斯·欧文（Thomas Irvine）在 2020 年刚出版的《聆听中国：声音与中西相遇，1770—1839》中的第四章《声音与马戛尔尼使团，1792—1794》同样讨论了柏尼的音乐和使团在到达中国后所发出和听到各种各样的声音。[2]

　　中文方面，迄今唯一的一本专著是秦国经和高换婷合著的《乾隆皇帝与马戛尔尼》。秦国经原是中国第一历史档案馆副馆长，负责整理出版《汇编》，高换婷则为中国第一历史档案馆馆员，也以责任编辑的身份参与《汇编》的出版工作。从二人的资历看，这部著作理应有一定的权威性，可是该书定位不太明确，全书没有一个正式资料脚注，不符合学术规范，但也不能说没有学术性，其中不少内容来自秦国经《从清宫档案看英使马戛尔尼访华历史事实》，[3] 而书末所附"本书所据清宫档案文献简介"更是一字不易地直接录自该文，在后面还加上"文献"一节。[4] 然而，尽管该书采用大量清宫档案，里面却出现一些十分基本的资料错误，令人难以理解，例如该书把使团所带来的译员李自标（Mr. Plum）说成为"亨利·培林先生"，"此次他任使团助理秘书"；又把两

---

1 Joyce Lindorff, "Burney, Macartney and the Qianlong Emperor: The Role of Music in the British Embassy to China, 1792 – 1794," *Early Music* 40, no. 3 (August 2012), pp. 441 – 453.

2 Thomas Irvine, *Listening to China: Sound and the Sino-Western Encounter, 1770 – 1839* (Chicago: Chicago University Press, 2020), pp. 109 – 138.

3 秦国经：《从清宫档案看英使马戛尔尼访华历史事实》，张芝联主编：《中英通使二百周年学术讨论会论文集》，第 189—243 页；亦收入《英使马戛尔尼访华档案史料汇编》，第 23—88 页。

4 秦国经、高换婷：《乾隆皇帝与马戛尔尼》，第 182—188 页。

名中国传教士译者视为一人，变成"卓保罗·李雅各布（即柏仓白），此次他任使团翻译"，[1] 这都是非常严重的资料错误。

相对来说，《中英通使二百周年学术讨论会论文集》更值得重视。从书名可见，论文集所收录的是纪念马戛尔尼使团访华 200 周年而召开的学术研讨会的论文。这次国际学术会议由时任北京大学教授张芝联和中国人民大学清史研究所名誉所长戴逸联合发起及主持，1993 年 9 月 14 日，也就是 200 年前马戛尔尼在热河万树园觐见乾隆的日子在承德召开。出席会议的 60 余位学者来自中、英、法、德、美等国，最后论文集共收录 22 篇论文，当中 8 篇是从外文翻译的，包括马歇尔、佩雷菲特、戴廷杰（Pierre-Henri Durand）、罗威廉（William Rowe）、何伟亚、罗志豪（Erhard Rosner）、达素彬（Sabine Dabringhaus）和毕可思的论文；而中文论文方面则有主要来自中国人民大学的清史专家，如戴逸、王思治、刘风云、黄兴涛等，也有中国社会科学院的许明龙、张顺洪和张晓林，以及萧致治（武汉大学）、秦国经（中国第一历史档案馆）、赵世瑜（北京师范大学）等知名历史学者，毫无疑问是汇集了当时中国主要的清史和中外交往史专家。不过，不能否认的是这些论文很大程度上受限于原始资料的匮乏。在会议举行时，《汇编》还没有出版，除秦国经、佩雷菲特和何伟亚等极少数学者外，其他学者多未能使用清宫中文档案，而且大部分中国学者在使用的外文原始资料方面颇为有限，大大影响论文的创新性。

除专门研究马戛尔尼使团的论著外，清代中外关系的研究论著大都用显著篇幅来交代马戛尔尼访华事件。颇受关注的是朱雍的《不愿打开的中国大门：18 世纪的外交与中国命运》，但有关马

1　秦国经、高换婷：《乾隆皇帝与马戛尔尼》，第 36 页。

戛尔尼使团的英文资料几乎全部都是录自前述马士及普利查德二书；论点方面，虽然修正了有关清廷"闭关自守"的说法，提出清廷实际实施"限关自守"的政策，但总结论仍然是，守旧固执的乾隆不愿意把中国大门打开，狂妄自大地拒绝使团的全部要求。[1] 王开玺《清代外交礼仪的交涉与论争》第三章第一节的标题就是"马戛尔尼使团来华后的礼仪冲突"，从礼仪争论的角度去探讨马戛尔尼使团。[2] 侯毅的《小斯当东与中英早期关系史研究》第二章用了近 60 页的篇幅去书写"小斯当东与马戛尔尼使团使华"，但除几位主要使团成员回忆录的中译本外，只用二手资料，没有什么参考的价值。[3]

有关使团的中文论文为数很多，不可能在这里一一介绍和讨论，只稍提几篇特别值得细读的文章。朱杰勤（1913—1990）在1936 年所发表的《英国第一次使臣来华记》，很可能是最早一篇研究马戛尔尼使团的中文学术论文。必须承认，那时候能够利用的材料十分有限，从参考书目看，除几个主要成员的回忆录外，他主要倚赖马士的《东印度公司对华贸易编年史》，而让人稍感意外的是他并没有利用《掌故丛编》的清宫档案。整体来说，这是一篇颇为平稳的论文，[4] 倒是另一篇他希望读者能够结合在一起阅

1　朱雍：《不愿打开的中国大门：18 世纪的外交与中国命运》。

2　王开玺：《清代外交礼仪的交涉与论争》，北京：人民出版社，2009 年，第170—211 页；另外，在 2017 年出版的《清代的外交与外交礼仪之争》大抵只作了文字上的修饰，内容几乎完全一致。王开玺：《清代的外交与外交礼仪之争》，北京：东方出版社，2017 年，第 231—274 页。

3　侯毅：《小斯当东与中英早期关系史研究》，北京：中国社会科学出版社，2020 年，第 55—113 页。

4　朱杰勤：《英国第一次使臣来华记》，《现代史学》第 3 卷第 1 期，1936 年5 月，第 1—47 页；收入《中外关系史论文集》，郑州：河南人民出版社，1984年，第 482—547 页。

读的后期作品《英国第一次使团来华的目的和要求》，虽然写于40 多年后，但却没有很多新意。[1]中国外交史专家王曾才，除在1993 年承德中英通使二百周年学术讨论会上发表的论文外，早在1978 年即发表的《马戛尔尼使团评述》，是研究使团的中文论文中最早利用英国外交部及殖民部（Colonial Office）档案的论文，尽管数量不算多，主要还是引录马士和普利查德的资料。[2]另一位台湾学者刘家驹也曾发表论文，讨论马戛尔尼觐见乾隆的礼仪问题。[3]分析使团尝试以礼品完成科学使命的，还有韩琦早年的《礼物、仪器与皇帝：马戛尔尼使团来华的科学使命及其失败》。[4]另外，江滢河探讨使团与澳门的关系、[5]欧阳哲生讨论使团的"北京经验"[6]，以及钟珍萍、葛桂录从互文和图像的角度分析使团如何建构中国形象，[7]都是很有意思的切入点，但可惜的是他们

1　朱杰勤：《英国第一次使团来华的目的和要求》，《世界历史》1980 年第 3期，1980 年 3 月，第 24—31 页，收入《中外关系史论文集》，第 548—562 页。

2　王曾才：《马戛尔尼使团评述》，《屈万里先生七秩荣庆论文集》编辑委员会编：《屈万里先生七秩荣庆论文集》，台北：联经出版事业公司，1978 年，第235—248 页；又收入王曾才：《中英外交史论集》，台北：联经出版事业公司，1979 年，第 17—40 页。

3　刘家驹：《英使马戛尔尼觐见乾隆皇帝的礼仪问题》，《近代中国初期历史研讨会论文集》上册，台北："中央研究院"近代史研究所，1989 年，第 27—49 页。

4　韩琦：《礼物、仪器与皇帝：马戛尔尼使团来华的科学使命及其失败》，《科学文化评论》第 2 卷第 5 期，2005 年 10 月，第 11—18 页。

5　江滢河：《1793 年英国马戛尔尼使团与澳门》，珠海市委宣传部、澳门基金会、中山大学近代中国研究中心主编：《珠海、澳门与近代中西文化交流》，北京：社会科学文献出版社，2010 年，第 286—307 页。

6　欧阳哲生：《英国马戛尔尼使团的"北京经验"》，《北京社会科学》2010年第 6 期，2010 年 12 月，第 4—19 页；欧阳哲生：《古代北京与西方文明》，第468—510 页。

7　钟珍萍、葛桂录：《互文・图像・数据与中国形象建构——以英国马戛尔尼使团著作为中心》，《福建师范大学学报（哲学社会科学版）》2021 年第 2 期，2021 年 3 月，第 144—154 页。

都没有能够利用东印度公司档案中大量相关的资料，论述上难免不足。

最值得重视的论文来自台湾"清华大学"的黄一农。在马戛尔尼使华使团问题上，他发表过两篇长文，都是扎实精彩的力作。《龙与狮对望的世界：以马戛尔尼使团访华后的出版物为例》非常详细地交代英使团回国后刊行的大量出版物，尤其是其在版本及传播上的细节。[1] 他在 2007 年发表的《印象与真相——清朝中英两国的觐礼之争》，运用大量的电子资源，对使团觐礼，特别是叩头问题做了详尽完整的解说，深具说服力。[2] 除自己的研究外，黄一农也指导过一篇以马戛尔尼使团科学任务为题目的硕士论文——常修铭的《马戛尔尼使节团的科学任务——以礼品展示与科学调查为中心》。[3] 这篇论文以使团礼品为主要分析对象，呈现使团怎样通过带来的礼品及其展示，传达英国乃至欧洲的科学发展及力量，同时也借机观察和讨论中国当时的科学知识，是一篇非常出色的硕士论文。另外，常修铭还发表过单篇论文《认识中国——马戛尔尼使节团的"科学调查"》。[4]

综观这些专著及论文，不论中外，主要处理的是几个关键问题。最多人讨论的是为什么英国人费这么大的力气和金钱到北京，最终却不能取得什么实质的成果，无功而还？大部分学者的焦点都放在乾隆对待使团的立场和态度上。长期以来，主流论述认为：清廷错误地把这些国家间遣使互访的正常外交活动视为蛮夷藩属

---

[1] 黄一农：《龙与狮对望的世界》，第 265—306 页。

[2] 黄一农：《印象与真相》，第 35—106 页。

[3] 常修铭：《马戛尔尼使节团的科学任务——以礼品展示与科学调查为中心》，台湾"清华大学"硕士论文，新竹，2006 年。

[4] 常修铭：《认识中国——马戛尔尼使节团的"科学调查"》，《中华文史论丛》第 94 期，2009 年 6 月，第 345—377 页。

要到中华帝国朝贡的举措，导致使团失败而回，而觐见乾隆时的
叩拜礼仪被认定为最关键的因素。不少历史学家批评乾隆坚守闭
关政策，以保护主义的姿态拒绝与西方往来，愚昧地放弃与世界
接轨、走向近代化的机会，这甚至被视为导致后来中英鸦片战争
的远因。但也有学者提出不同的意见，认为这次中英相遇是两个
具有不同文化观念的帝国的一次正面交锋和冲突，礼仪问题正是
这些交锋和冲突的具体表现。还有一些学者认为，乾隆拒绝英国
人的贸易要求，并不是出于顽固、保守或封闭的心态，而是因为
其他政治和经济方面的考虑，甚至有人强调乾隆并不是闭关自守
的君主，他拒绝马戛尔尼的要求，其实是"洞悉其奸"，看破马戛
尔尼来华的政治阴谋。[1] 另一个讨论焦点是这次马戛尔尼访华事件
怎样清楚地展示中英两国在政治、文化、经济思想等方面的分歧，
而这些严重分歧又怎样反映在两国的地位、使团的定位和性质、
使团的接待方式、叩头问题、礼品的选择和认受等问题上，以至
马戛尔尼和其他使团成员对中国的描述与批评，及使团回国后西
方国家对使团的评价等。毫无疑问，这些都是非常重要的课题，
而且相关的讨论可以扩展到整个 18 世纪以至 19 世纪上半叶的中
外关系，并不局限于一次个别的历史事件。

我们不打算在这里进一步分析或判定这次中英交锋的性质，
更不想在叩拜礼仪问题上再作纠缠，但要指出的是：在目前所见

---

[1] 赵刚：《是什么遮蔽了史家的眼睛？——18 世纪世界视野中的马戛尔尼使团来华事件》，李陀、陈燕谷主编：《视界》第 9 辑，石家庄：河北教育出版社，2003 年，第 2—28 页。Hevia, *Cherishing Men from Afar*; Harrison, "The Qianlong Emperor's Letter," pp. 680 – 701; Joanna Waley-Cohen, *The Sextants of Beijing: Global Currents in Chinese History* (New York: Norton, 1999), pp. 5 – 6, 93。以上所提各种不同的论述和观点也反映在纪念中英通使二百周年国际学术讨论会中，参见张芝联主编：《中英通使二百周年学术讨论会论文集》。

到有关马戛尔尼使团的研究中，除极少数的例外，其他研究几乎完全把一个至关重要的问题忽略了，就是在整个使团访华活动中，中英双方所遇到的语言障碍以及当中涉及的翻译问题。这是不合理的，因为上面提到众多学者所热心关注的各个问题，无论是乾隆对使团的理解和定位，还是英使团对中国的观察和解读，以至双方对待礼品的态度、政治和文化上的差距与碰撞，关键都在于使团跟清廷能否做到有效的沟通，而翻译就是双方沟通的决定性元素，更不要说当时中英两国存在巨大的语言、文化和政治差异本身就构成严重的沟通和翻译上的难题。

本来，国家间的外交活动须得倚赖翻译，这是最正常不过的事情。可是，由于中英两国在马戛尔尼使团以前从来没有过任何正式的官方外交往来，在英国人的理解里，清廷一向严格限制外国人学习中文，而中国人本身也从来没有学习外语的意愿，所以根本没法找到合格的、具备一定水平的译者，这严重地影响了使团与清廷和乾隆的有效沟通，甚至是这次使团无法取得实质成果的其中一个主要因素。事实上，在使团离开中国后不久，一些在华欧洲传教士便已经提出，使团失败的其中一个原因是他们带来的译员太年轻，缺乏经验，不熟悉中国朝廷文化。[1] 此外，译者的政治立场和文化定位，也影响翻译的效果。更重要的是，翻译在这场重大历史事件中的角色，中英双方都在有意或无意间以翻译作为交锋的战场，通过翻译传递重大的讯息。因此，深入探讨马戛尔尼使团来华期间中英双方的翻译活动，对于我们理解这次中

---

1 Letter from Louis de Poirot, Peking, 18 May 1794, BL IOR MSS EUR F 140/36, quoted from Stevenson, *Britain's Second Embassy to China*, p. 99; Hanna to Staunton, Canton, 2 March 1794, *An Important Collection*, vol. 7 doc. 292, CWCCU.

外交流史上的重要事件，会有莫大的帮助。相反来说，长期忽略翻译在使团活动中所起的作用，根本就无法全面及准确地理解整个事件。

在上面提及西方的专著和论文中，触碰翻译问题的几乎没有。佩雷菲特的《停滞的帝国》偶有提及使团译员的情况和活动，但不单零碎，而且译者和翻译显然都不是他关注的问题，无法让人更进一步理解使团的翻译问题。现在所见到直接讨论使团翻译问题的有两篇文章和一本专著，都是以使团译者为主体研究对象。这包括上文已介绍过的沈艾娣在 2018 年发表的《忠实的译者？李自标与 1793 年马戛尔尼访华使团》以及 2021 年出版的专著《口译的危险》，但最早讨论使团译员的是意大利那不勒斯东方大学的樊米凯。他在 1996 年以意大利文发表过一篇题为《那不勒斯中华书院学生、出使乾隆皇帝之马戛尔尼使团以及中国天主教徒自由崇拜的要求（1792—1793）》［ "Gli Alunni Del Collegium Sinicum di Napoli, La Missione Macartney Presso L'Imperatore Qianlong e La Richiesta di Liberta di Culto per I Cristiani Cinesi（1792 – 1793）" ］的文章，通过藏于意大利的原始资料，交代使团译员的情况，尤其是一直陪同使团抵达热河的李自标在北京时所做的一件非常重要的事——向朝廷提出要求，改善中国天主教徒的待遇。[1] 这是一篇非常重要的文章，但由于以意大利文写成，流播不广，没有得到应有的重视，十分可惜。另外，该文几乎完全没有

---

1 Michele Fatica, "Gli Alunni Del Collegium Sinicum di Napoli, La Missione Macartney Presso L'Imperatore Qianlong e La Richiesta di Liberta di Culto per I Cristiani Cinesi［1792 – 1793］," in S. M. Carletti, M. Sacchetti, P. Santangelo（eds.）, *Studi in Onore di Lionello Lanciotti*, vol. 2（Napoli：Istituto Universitario Orientale, 1996）, pp. 525 – 565.

利用东印度公司档案和中文方面的原始资料，让人感到稍有不足。不过，由于樊米凯和沈艾娣的研究重点在于译者，没有深入处理与使团相关的翻译文本，在这方面留下很大的讨论空间。

中文方面，2007 年季压西、陈伟民所撰《中国近代通事》内有一章《马戛尔尼使华（1792—1793）：中英早期交往中的语言障碍》，[1] 可说是直接处理使团的翻译问题。不过，该书在资料方面严重不足，只参考了中国大陆一些已出版的材料，除大量引用马戛尔尼和斯当东回忆录的中译本外，几乎没有运用别的材料，甚至连《汇编》也没有多加利用，令人难以接受，西方的资料更付诸阙如，在论述上和资料上都有不少缺失。接下来是王辉在 2009 年发表的《天朝话语与乔治三世致乾隆皇帝的清宫译文》，对清宫所藏英国使团国书中译本《译出英吉利国表文》进行话语分析，呈现"天朝式的翻译"面貌。[2] 同样从话语入手，对《译出英吉利国表文》作批评话语分析的，还有 2019 年廖迅乔发表的《国书与表文背后的话语权力——马戛尔尼使团国书翻译的批评话语分析》。[3] 对译文作话语分析，这自然是可取的一个角度，王辉尝试说明"表文既背叛了乔治三世，使他威风扫地，匍匐在中国大皇帝的脚下；又愚弄了乾隆皇帝，让他陶醉在万国来朝的假象中，错失了认识世界的良机"，[4] 而廖迅乔则要证明译文是"'天朝上国'话语的自我防卫和对西方话语权力的抗拒"。[5] 不过，今天我

---

1 季压西、陈伟民：《中国近代通事》，北京：学苑出版社，2007 年，第 1—48 页。

2 王辉：《天朝话语与乔治三世致乾隆皇帝的清宫译文》，《中国翻译》2009 年第 1 期，2009 年 1 月，第 27—32 页。

3 廖迅乔：《国书与表文背后的话语权力——马戛尔尼使团国书翻译的批评话语分析》，《外国语文》第 35 卷第 2 期，2019 年 3 月，第 126—132 页。

4 王辉：《天朝话语与乔治三世致乾隆皇帝的清宫译文》，第 30 页。

5 廖迅乔：《国书与表文背后的话语权力》，第 131 页。

们已明确知道使团备有自己官方的译本，而《译出英吉利国表文》则是清廷另外找人翻译的（我们始终没法完全确定译者是谁），放回当时的历史语境里，这份译文最多只能为朝廷提供一个对照参考的文本，实际上对使团、乾隆以及中英关系是不起作用的，以它作为话语分析的对象是否能让我们增加对使团的理解？当然，需要指出的是，王辉发表这篇论文时还没有人提及英国人自己所准备的译本，而廖迅乔则已通过笔者的论文明确知悉英国人自己曾带来国书中译本。

在 11 年后，王辉在 2020 年 10 月另以英文发表一篇有关英使团国书翻译的文章，[1] 仍然从话语的角度入手，所不同的是这次加入了以笔者在 2013 年发表的《大红毛国的来信：马戛尔尼使团国书中译的几个问题》所揭示使团自己带到中国来的国书中译本为分析对象，遗憾的是这篇文章出现不少错误，[2] 充分说明历史课题

---

[1] Hui Wang, "Translation between Two Imperial Discourses: Metamorphosis of King George III's Letters to the Qianlong Emperor," *Translation Studies* 13, no. 3 (2020), pp. 318 – 332.

[2] 例如，他说乔治三世给乾隆的信函是由邓达斯或他的秘书所写，而他声称所引用的资料是何伟亚的《怀柔远人》["George III's letters, though bearing his signature and seal, were written by Britain's Secretary of State Henry Dundas or his secretary (Hevia 1995, 60)"]。Wang, "Translation between Two Imperial Discourses," p. 319。可是翻查《怀柔远人》相关部分，何伟亚并没有这样说过，他只说国书中不少文句可见于马戛尔尼在 1792 年 1 月 4 日写给邓达斯的信 ("Much of the phrasing in the letter was suggested by Lord Macartney in a communication to Henry Dundas dated January 4, 1792.")。Hevia, *Cherishing Men from Afar*, p. 60, n. 6；而且，何伟亚在这里所说的只是使团带来的第一份国书，但王辉以复数（plural form）去描述乔治三世的信函，是把乔治三世的第二封信也包括在内。这是很有问题的，不单何伟亚只指第一封信，而且更重要的是乔治三世给乾隆的第二封信是在 1795 年 6 月 20 日完成的，邓达斯早在一年前（1794 年 7 月 11 日）已经不是内阁大臣（Secretary of State）。又例如王辉在文中"引用"何伟亚的说法，使团的礼品清单由北京的外国传教士"重译"，跟国书的命运一样 ["The gift list was eventually retranslated into Chinese by the missionaries

的研究需要对史料有足够的掌握。

　　重庆交通大学的刘黎在2014—2016年间连续发表了五篇与马戛尔尼使团翻译问题相关的文章，[1] 是集中研究马戛尔尼使团翻译的年轻学者，十分难得，但可惜受客观环境所限，这些文章都是

（接上页）serving in the Qing court（Hevia, 1995, 148）, anticipating the fate of George III's first letter."］。Wang, "Translation between Two Imperial Discourses", p. 325。但其实何伟亚没有说过"重译"，他只说马戛尔尼所提交的礼品清单被交由那些为朝廷服务的传教士翻译（"After the court received the list, it was translated into Chinese, probably from the Latin version, by missionaries in the emperor's service."）。Hevia, *Cherishing Men from Afar*, p. 148。但何伟亚这说法本身是错误的，详细的讨论见本书《礼品篇》。此外，还有一个问题值得提出。王辉在文中说到乾隆向乔治三世前后共写过两封信，但其实乾隆共给乔治三世发出过三道敕谕。王辉的遗漏是因为他只参考了《英使马戛尔尼访华档案史料汇编》，却不知道《文献丛编》，甚至《高宗纯皇帝实录》及《东华续录》都收有乾隆给乔治三世的第三封信。本来这不能深责，因为很多学者也都只用《英使马戛尔尼访华档案史料汇编》的材料，但让人更感奇怪的是，王辉在文章注释5中这样说："乾隆敕谕完整的英译，见庄延龄，1896年，第45—53页。"［"For full English versions of the edict(s), see Parker（1896, 45 – 53）"］ Wang, "Translation between Two Imperial Discourses," p. 330。这里关于Parker翻译敕谕的资料是准确的，Parker是汉学家庄延龄（Edward Harper Parker, 1849—1926），1896年曾把乾隆给乔治三世的信翻译出来，问题是庄延龄当年是知道第三道敕谕的，且把它翻译出来了，紧接着放在第二道敕谕译文的后面，页码为第53—55页。王辉在参考书目中所开列庄延龄的翻译的页码是第45—55页，那为什么会看不到当中已包括了第三道敕谕的译文？庄延龄在文章开头明确写出他是根据《东华续录》把敕谕翻译出来的。这就是说，如果王辉认真看过庄延龄的翻译，那就很容易查出《东华续录》的第三道敕谕。

1　刘黎：《一场瞎子和聋子的对话：重构英使马戛尔尼访华的翻译过程》，《上海翻译》2014年第3期，2014年8月，第81—85页；刘黎：《何止译者：马戛尔尼使团访华活动之译员考析》，《重庆理工大学学报（社会科学版）》第29卷第3期，2015年3月，第126—130页；刘黎：《马戛尔尼觐见乾隆皇帝礼仪照会翻译之考析》，《重庆交通大学学报（社会科学版）》第15卷第2期，2015年4月，第137—139页；刘黎：《中英首次正式外交中百灵致两广总督信件的翻译问题》，《重庆交通大学学报（社会科学版）》第16卷第2期，2016年4月，第133—138页；刘黎：《意识形态的博弈：马戛尔尼访华外交翻译中的操控与反操控》，《外国语文研究》第2卷第4期，2016年8月，第56—62页。

在严重缺乏资料的情况下，大部分仗赖二手材料写成，且不少论述过于简单，甚至出现错误。至于其他一些没有做过认真研究而写成的短文，更没有多大参考价值了。

笔者大约在 2004 年前后开始关注马戛尔尼使团的翻译问题，而第一篇相关文章《马戛尔尼使华的翻译问题》到 2009 年才出版，[1] 尝试较全面探讨使团来华所出现的翻译问题，包括使团译员、国书翻译等，但限于篇幅，且资料也不够齐全，例如当时还未发现使团自己带来的国书和礼品清单的中译本，更不要说使团译员在意大利的档案，效果未如理想，在论点上也有需要修正的地方。同样的情况也出现在第二篇论文《"张大其词以自炫其奇巧"：翻译与马戛尔尼的礼物》中，[2] 该文讨论礼品清单的翻译，阐述中英两国文化以及科技知识的差距所构成的翻译难题，而最终的译本如何影响清廷对礼品的理解，以致英国人最初精心挑选礼品、试图让乾隆留下深刻印象的愿望几乎完全落空。至于第三篇《大红毛国的来信：马戛尔尼使团国书中译的几个问题》，则主要讨论一直藏在英国国家档案馆外交部档案的一份使团国书中译本，对比过去一直为学者引用的清宫档案文本，并尝试解答译者是谁的问题。[3]

本书以上述三篇文章为基础，利用近年找到的原始资料，对马戛尔尼访华使团的翻译问题重新作出全面的检视，尝试更准确

1　王宏志：《马戛尔尼使华的翻译问题》，《"中央研究院"近代史研究所集刊》第 63 卷，2009 年 3 月，第 97—145 页。

2　王宏志：《"张大其词以自炫其奇巧"：翻译与马戛尔尼的礼物》，张上冠编：《知识之礼：再探礼物文化学术论坛论文集》，台北：台湾政治大学外国语文学院翻译中心、台湾政治大学外国语文学院跨文化研究中心，2013 年，第 77—124 页。

3　王宏志：《大红毛国的来信：马戛尔尼使团国书中译的几个问题》，《翻译史研究（2013）》，上海：复旦大学出版社，2013 年，第 1—37 页。

地展示翻译在这场中英关系的重大历史事件上所扮演的关键性角色。全书共分七篇，除本篇《背景篇》外，还有《译员篇》《预告篇》《礼品篇》《国书篇》《敕谕篇》和《后续篇》，最后是简短的《结语》。

《背景篇》主要交代英国派遣马戛尔尼使团的背景，尤其是在广州体制下中英日常沟通和翻译所出现的问题，并简略介绍有关使团的原始资料以及现有的研究状况。

《译员篇》讨论英国以及清政府双方所聘请和派遣的译员：他们是什么人？他们的语言、文化、政治背景是怎样的？他们具备什么资历？他们做了些什么？他们的活动背后有什么政治和文化的操控力量？他们最终如何影响使团的活动以至成败？

《预告篇》探究英方怎样向清廷传递派遣使团的讯息，翻译在当中扮演什么角色？焦点集中在英国东印度公司通知广东官员派遣使团的书函。书函是怎样送到中方官员手上的？谁负责翻译？有什么译本？译出来的文本有什么问题？译本造成怎样的效果？

《礼品篇》处理英国人带来赠送乾隆礼品清单的翻译问题，其中包括礼品清单译文具备什么意义？现在所见到礼品清单中译本有什么不同的版本？谁是礼品清单的译者？当中的差异在哪里？传递了什么讯息？造成怎样的效果？

《国书篇》深入研究英国国王国书中译本的几个重要问题：国书中译的过程是怎样的？中译本的译者是谁？国书中译本有多少个版本？最早的中译本是怎样的？它跟过去故宫所藏军机处上谕档中的《译出英吉利国表文》有什么分别？两个中译本跟原来的国书文本的关系是怎样的？二者所作具体的改动是怎样的？这些改动造成什么不同的效果？其中的意义又在哪里？

《敕谕篇》主要分析乾隆直接发与马戛尔尼的两道敕谕的翻

译，由于使团接收到的是满文本、汉文本和拉丁文本，英国人最终读到的文本是怎样的？乾隆原来要在敕谕中发出的讯息，跟马戛尔尼、邓达斯以至英国读者读到的信息是否相同？如果存有歧异，那又引起了什么后果？马戛尔尼对乾隆的敕谕作出了什么回应？

《后续篇》交代使团离开北京以后马戛尔尼等与中方官员如松筠和长麟等的沟通，以及一些相关文书的翻译问题，并讨论使团回国后再送来的英国国王给乾隆的信件，探讨回国后继续学习中文的小斯当东怎样独当一面地翻译这封信，以及这份译文带来的后续回应，并交代一直没怎么受到注意、乾隆在退位前向英国国王发出的最后一道敕谕。

至于最后一章《结语》，除了总结前面的观点，综合讨论翻译在马戛尔尼使团不同方面的问题外，也从这一个案突显出翻译在近代中国重大历史事件上所产生的深远影响，从而肯定翻译本来就是中国近代史重要的构成部分，也是近代史研究绝对不应该忽视的角色。

第 2 章
译员篇

我们的译员虽然是中国人，但对于自己朝廷的状况及语言是不熟悉的。

——斯当东[1]

这真是超现实的状况：使团成功的希望只系于一名满人传教士和一名英国小孩。

——佩雷菲特[2]

一

具备丰富海外扩张经验的英国人，充分理解翻译在派遣使团等外交活动中的重要角色。因此，从筹备派遣使团的最初阶段开始，他们便积极商议怎样可以找到合适的使团翻译人员。

---

1 Staunton, *An Authentic Account of an Embassy*, vol. 2, p. 125.

2 Peyrefitte, *The Collision of Two Civilisations*, p. 77；佩雷菲特这里所说的满人传教士（"Manchu priest"）是指使团译员李自标，但他不是满人，佩雷菲特有误。下详。

其实，在马戛尔尼以前，英国人所派遣的凯思卡特使团，在寻找翻译人员时便已经遇到很大的困难。尽管略懂中文的洪任辉当时已获释回到英国，但因为清廷明确指令不准再来，[1] 他不可能参加使团。1787 年 8 月 29 日，在开始筹划凯思卡特使团后，时任东印度公司广州特选委员会主席的菲茨休写信给东印度公司董事局副主席史密斯（Nathaniel Smith），商议解决使团译员的问题。[2] 他首先指出英国国王的国书必须以英文和拉丁文撰写，这样便可以让住在北京的欧洲天主教传教士来翻译成中文。这似乎在假设可以借助这些传教士来协助解决翻译的问题。不过，对于这些传教士，菲茨休似乎没有很大的信心，特意建议准备一些礼物去笼络他们；他也同时指出中国的通事是不可靠的，除了因为他们的英语水平低外，更因为他们不敢忠实地翻译一些与官员意见相左的话。[3] 因此，菲茨休认为真正能够解决问题的方法还是找一名欧洲人担任使团的译员。他想到他的副手托马斯·贝文。当 1779 年广州商馆成立特选委员会时，菲茨休是主席，贝文是其中一名成员。[4] 贝文早在 1753 年便开始学习中文，还曾经跟随洪任辉到天津去。菲茨休说他的官话说得很好，口音比广州任何外国商人都要

---

1 "Memoir, Intercourse with China, 1588 – 1832. Part I," IOR/G/12/11, pp. 103 – 106; "References to the Diaries from 1755," 6 December 1759, IOR/G/12/20, p. 581.

2 Fitzhugh to Smith, 29 August 1787, IOR/G/12//91, p. 9.

3 关于广州制度下通事的问题，可参见 Van Dyke, *The Canton Trade*, pp. 77 – 94；王宏志:《"叛逆"的译者:中国近代翻译史上所见统治者对翻译的焦虑》,《翻译学研究集刊》第 13 辑，2010 年 11 月，第 1—55 页；Lawrence Wang-chi Wong, "Translators or Traitors? — The *Tongshi* in 18th and 19th Century China," *East Journal of Translation*, Special Issue of 2014（May 2014）, pp. 24 – 37。

4 Morse, *The Chronicles of the East India Company*, vol. 2, p. 39.

好，1779 年还出任过广州商馆主席，[1] 但他不可能参加使团，菲茨休用"我们可怜的朋友"（"our poor friend"）来形容他，大概指他身体很不好，东印度公司档案记录他在 1780 年因为健康问题要求回国。[2] 接着菲茨休又提议一名叫加尔贝（Galbert）的法国人，他几个月前还在苏格兰，曾在中国住过好几年，也能说不错的官话。[3] 但其实在这之前，菲茨休已向凯思卡特建议过招聘加尔贝为使团译员。

1787 年 6 月 20 日，凯思卡特向时任东印度公司监督委员会主席的邓达斯写了一封很长的信，提出有关使团安排的初步建议，可以预想，当中必然包括如何解决语言障碍的意见。首先，凯思卡特提出要找东印度公司的雇员阿格纽（Captain Agnew）来做他的私人秘书（private secretary），原因是他懂得波斯语和摩尔语（Moorish language），但这无助于克服使团在中国的沟通困难。[4] 接着，凯思卡特就提到经由东印度公司广州主管的介绍，使团可以聘请一名现居于苏格兰北部的法国人为译员。不过，凯思卡特在这第一封信中并没有说出加尔贝的名字，只提供一些基本资料，而且看来凯思卡特最初并不赞同聘用加尔贝，原因是他认为不应该由法国人来出任英国使团的译员，只是在知悉除加尔贝外，无论在中国或欧洲再也找不到任何会说"中国宫廷的语言"的人后，

1 "Consultations, Observations, Orders & c. of the Select Committee, Appointed by the Honorable Court of Directors, with Letter Perceived, and Written by the Select Committee, 3rd October 1879 – 17th January 1780," IOR/G/12/66, p. 3.

2 "Consultations, Observations, Orders & c. of the Select Committee, Appointed by the Honorable Court of Directors, with Letter Perceived, and Written by the Select Committee, 19th January 1780 – 16th December 1780," IOR/G/12/70, pp. 231 – 232.

3 Fitzhugh to Smith, 29 August 1787, IOR/G/12/91, p. 9.

4 Charles Cathcart to Henry Dundas, 20 June 1787, IOR/G/12/90, p. 4。但阿格纽最终并不是使团的秘书，该职位由杨格（Lieutenant Young）担任，同上。

便只能接受这安排。[1]

加尔贝全名为让-夏尔-弗朗西斯·加尔贝（Jean-Charles-François Galbert），1757年出生，1765年2月1日年仅8岁便跟随父亲在法国西部的洛里昂（Lorient）登上维尔沃（the *Villevault*）号，出发到广州，老加尔贝早在1752年第一次到中国，这次是出任维尔沃号的货监，带上加尔贝的目的就是要他作为语童（*Enfant de langue*）从小学习中文。[2]他们在9月30日抵达广州后，加尔贝便开始学习中文。1774年，加尔贝开始在法国广州使馆出任译员及书记，被当时在广州的外国人视为"法国国王的译员"（"the king's interpreter"）。[3]加尔贝更曾一度被委任为"事务大臣"（chancellor），但只做了两个半月便请辞，原因是这项工作涉及不少法律方面的问题，但他较熟悉的是商贸方面的事务。他在中国一直住到1785年，人们认为他无论在品性还是语文能力方面都跟中国读书人相差无几，[4]而在华期间参与过最重要的翻译任务是在1784—1785年"休斯夫人号"（the *Lady Hughes*）鸣放礼炮误杀两名中国官员的案件中从事翻译工作。[5]菲茨

1 Charles Cathcart to Henry Dundas, 20 June 1787, IOR/G/12/90, p. 5.

2 有关 *Enfant de langue* 的说明，参见 Susan E. Schopp, *Sino-French Trade at Canton, 1698 - 1842*（Hong Kong：Hong Kong University Press, 2020），p. 99, n. 11。

3 Samuel Shaw, "Memorial to the French Consul," 30 November 1784, in *The Journals of Major Samuel Shaw, The First American Consul at Canton*（Boston：W. M. Crosby and H. P. Nichols, 1847），p. 193.

4 以上有关加尔贝的资料，来自 Schopp, *Sino-French Trade at Canton*, p. 121。

5 Pritchard, *The Crucial Years*, p. 239 and p. 247。关于"休斯夫人号"事件，可参见 Li Chen, "Law, Empire, and Historiography of Modern Sino-Western Relations：A Case Study of the 'Lady Hughes' Controversy in 1784," *Law and History Review* 27, no. 1（Spring 2009），pp. 1 - 53。另外，他的专著也用上大量篇幅讨论"休斯夫人号"事件，但很可惜该书没有片言只字谈及案件审判期间的翻译问题，加尔贝的名字也没有在书中出现。Li Chen, *Chinese Law in Imperial Eyes: Sovereignty, Justice, and Transcultural Politics*（New York：Columbia University Press, 2016）。

休早在 1780 年在广州便认识他，和他有过交往。[1] 经过菲茨休的引荐后，加尔贝便加入凯思卡特使团当译员，而且，看来凯思卡特很快便认识到加尔贝的重要性。他在写给东印度公司正副主席的信中说，聘得加尔贝为译员后，使团也许可以避开广州，直接前往中国东部或东北部海岸。[2] 此外，由于加尔贝本来是住在法国阿维尼翁（Avignon），为了参加使团已在伦敦住上几个月，凯思卡特向东印度公司要求支付加尔贝从阿维尼翁到伦敦的路费以及在伦敦的生活费，并提出要向加尔贝保证，在使团回国后会根据凯思卡特的报告来支付适当的报酬。[3] 对于这些要求，东印度公司董事局的回复是颇为正面的。他们愿意支付加尔贝的路费以及在伦敦居住三个月的生活费，但在回国后给予报酬的问题上，公司主席指出这是由董事局决定的，但他强调公司对于有贡献的人一向十分慷慨。[4] 此外，凯思卡特又写信给邓达斯，提出如果加尔贝能令人满意地完成任务，英国政府应给予他终身长俸（pension），原因在于他为了参加英国的使团而放弃自己的国家（"renounces his Country"），且他的情况也跟其他使团成员不一样，因为其他专业人士将来的事业会得益于参加过使团的经历。[5] 东印度公司档案里没有见到对于这个要求的回复，不过，这问题也着实不需要处理，因为加尔贝在使团回程途中去世了。[6] 这样，他也就不可能

---

1 Morse, *The Chronicles of the East India Company*, vol. 2, p. 60.

2 Cathcart to Chairman and Deputy Chairman of the East India Company, 1 November 1787, IOR/G/12/90, p. 25.

3 Ibid., p. 27.

4 Chairman and Deputy Chairman to Cathcart, East India House, 8 November 1787, IOR/G/12/90, p. 31.

5 Cathcart to Dundas, Charles Street, 1 November 1787, IOR/G/12/90, p. 105.

6 Pritchard, *The Crucial Years*, p. 262.

出任马戛尔尼使团的译员。

马戛尔尼很清楚地意识到解决翻译问题的重要性。1792 年 1 月 4 日，在还没有正式被委任为大使前，马戛尔尼写了一封长信给邓达斯，分析了决定使团成功的要素，其中一个就是要为使团找到合适的译员。他认为在中国这样一个多疑善妒的国度，北京的传教士也许不会过于依附朝廷，但也不要预期能在北京或广州找到可以信赖的译员，并以为他们真的能忠实准确地提供优良的翻译服务。因此，最好还是在欧洲找到好的中文译员，这样才可以正确传递使团的讯息和指令。马戛尔尼还特别指出，在欧洲找译员有另一个好处，就是在漫长的航海旅程中，译员能跟使团成员培养紧密的关系，让他对自己的工作有更大的热情和忠诚，同时使团成员也可以从中观察译员的感情和真实的性格，从而判定他是否可靠、是否值得信任，而且，他还可以负责核正北京传教士的翻译。不过，马戛尔尼说这样的译员不可能在英国找到，必须到欧洲大陆去，才有机会找到一些既能完成工作，又不大清楚使团真正任务的译员。[1] 显然，马戛尔尼想得很周全，他深明选择外交译员的条件不仅在于译者的语言能力，更重要的是译员对使团是否忠诚可靠。

接着，在三天后的 1 月 7 日，马戛尔尼又写信给邓达斯，谈论使团的编制。他说虽然他心目中有一些合适人选，但在没有得到正式的同意前，不会提出名单来。但马戛尔尼所谓已经找到的合适人选并不包括译员，因为他特别强调"第一个目标是要找好的译员"，更要求邓达斯尽快给他明确的答复，是否可以到欧洲大

---

1 Macartney to Dundas, Curzon Street, 4 January 1792, IOR/G/12/91, pp. 47 – 48.

陆去寻找中文译员。值得指出的是，他在信后所附的使团人员编制表里，两名译员的位置放在第四位，仅次于大使、事务官（Secretary）和事务次官（Undersecretary），还在总管（comptroller）、医师以及机械师之前，报酬更高达 150 镑，[1] 足见他对译员的重视。邓达斯在收到这封信后，便马上在第二天（1 月 8 日）向马戛尔尼发出指示，要求尽快寻找合适的译者，[2] 马戛尔尼也就立刻委派斯当东到欧洲大陆去。

在译员的问题上，斯当东有相同的看法。他也认同在所有英国的属地都找不到合适人选，而对于这么重要的外交任务来说，广州一般的通事是不可能胜任的。[3] 他曾经仔细分析过广州通事不适合出任使团译员的原因：一、他们只能在商贸买卖方面提供简单的沟通服务，在别的话题上是没有能力进行翻译的；二、北京的官员和皇帝听不懂他们所说的方言；三、长期以来东印度公司对这些广州通事所做的翻译是否忠实准确抱有很大的怀疑。[4] 另

1 "Tableau or Sketch of an Embassy from His Majesty to the Emperor of China," in Macartney to Dundas, Curzon Street, 7 January 1792, IOR/G/12/91, p. 61；不过，这份编制表并没有开列各职位人员，也没有注明各人的薪酬，关于使团成员名单及他们的薪酬，见 "Tableau or Sketch of an Embassy from His Majesty to the Emperor of China," *An Important Collection*, vol. 10, doc. 442, CWCCU；又可参见 Pritchard, *The Crucial Years*, p. 305。

2 Dundas to Macartney, Somerset Place, 8 January 1792, *An Important Collection*, vol. 3, doc. 30, CWCCU.

3 George Staunton, *An Historical Account of the Embassy to the Emperor of China, Undertaken by Order of the King of Great Britain; Including the Manners and Customs of the Inhabitants; and Preceded by an Account of the Causes of the Embassy and Voyage to China, Abridged Principally from the Papers of Earl Macartney, as Compiled By Sir George Staunton, Bart. Secretary of Embassy to the Emperor of China, and Minister Plenipotentiary in the Absence of the Ambassador* (London: John Stockdale, 1797), p. 24.

4 Staunton, *An Authentic Account of an Embassy*, vol. 1, p. 20.

一方面，斯当东深信在英国境内没有任何人适合担任译员的工作。[1] 因此，他就按照马戛尔尼的指示到欧洲大陆去寻找译员，因为他们相信在欧洲大陆有可能会找到一些曾经在中国居住过的西方人，又或是一些懂得欧洲语言的中国人。斯当东特别提到罗马梵蒂冈从前聘请过一些中国人，协助管理中文书籍及手稿。此外，他也提到那不勒斯有一所专门培养年轻中国传教士的学院。[2] 其实，马戛尔尼在 1792 年 1 月 23 日写给邓达斯的一封信中也说到时常有中国人到那不勒斯的中文学院和巴黎接受教育。[3]

---

1 Staunton, *An Authentic Account of an Embassy*, vol. 1, p. 20.

2 同上。早在顺治年间，西方传教士已开始把一些中国人带到欧洲去接受传教的训练。现在知道最早的一位是在顺治七年（1650 年）跟随意大利传教士卫匡国（P. Martino Martini, 1614—1661）到欧洲的郑玛诺（又名维信，西文名字为 Emmanuel de Sequeira, ？—1673）。他在罗马公学学习，1671 年（康熙十年）与闵明我（Philippus Maria Grimaldi, 1639—1712）、恩理格（Christian Herdtricht, 1624—1684）等人回到北京，康熙十二年（1673 年）逝世。此外，1707 年（康熙四十六年），山西平阳人樊守义（1682—1753）曾跟随传教士艾若瑟（Antonio Francesco Giuseppe Provana, 1662—1720）到欧洲，晋见教宗克莱芒十一世（Clemens PP. XI, Giovanni Francesco Albani, 1649—1721），并留在意大利学习，至康熙五十九年（1720 年）回国，曾谒见康熙，且在北京等地传教，乾隆十八年（1753 年）病逝。他著有《身见录》，是中国人撰写的第一部欧洲游记。据统计，同治以前赴欧洲留学的中国学生共有 114 人。参见方豪：《同治前欧洲留学史略》，《方豪六十自定稿》，台北：学生书局，1969 年，第 379—402 页。另外，关于樊守义和他的《身见录》，可参见方豪：《樊守义著中文第一部欧洲游记》，《中西交通史》卷 4，台北：中华文化出版事业委员会，1954 年，第 186—195 页；Paul Rule, "Louis Fan Shou-i: A Missing Link in the Chinese Rites Controversy," in Edward Malatesta et al. (eds.), *Échanges culturels et religieux entre la Chine et l'Occident* (San Franciso: Ricci Institute for Chinese-Western Cultural History, 1995), pp. 277 – 294; Thierry Meynard, "Fan Shouyi, A Bridge between China and the West under the Rite Controversy," *Annales Missiologici Posnanienses* 22 (2017), pp. 21 – 31。

3 Macartney to Dundas, Curzon Street, 23 January 1792, IOR/G/12/91, p. 76.

　　不过，当时是否必须去欧洲大陆才能找到懂中文的人？长久以来，我们都忽略了其实这时候有一名中国人住在苏格兰，他的英语非常好，完全可以充任使团的译员。

　　2019 年，退休的业余历史学家巴克利·普莱斯（Barclay Price）出版《中国人在英国》（*The Chinese in Britain: A History of Visitors and Settlers*）。该书开首便简单交代最早到过英国的几名中国人，包括在 1687 年到伦敦，成为第一位到英国的中国人沈福宗（Michal Alphonsius Shen Fu Tsung, 1658—1691）、1756 年的林奇官（Loum Kiqua）以及 1769 年的谭其华（Tan Chitqua，约 1728—1796），还有 1770 年的黄亚东（Wang-y-Tong, 1753— ?，活跃于 1770—1784）。[1] 由于前三位曾分别得到英国国王詹姆士二世（James II, 1633—1701，1685—1688 在位）、乔治二世（George II, 1683—1760，1727—1760 在位）及乔治三世的接见，而黄亚东也曾有机会与不少名人交往，所以较为人知悉。[2] 但最值得注意的其实是被普莱斯称为"英国第一位华人绅士"（"Britain's first Chinese gentleman"）的 William Macao（1753—1831），[3] 因为他并不是短暂到访，而是在英国住了 50 多年，且时间上正好与马戛尔尼使团重合。

---

1 Barclay Price, *The Chinese in Britain: A History of Visitors and Settlers* (Gloucester: Amberley Publishing, 2019), pp. 11 – 16.

2 有关这三位早期到过英国的中国人，可参见 David Clarke, "Chinese Visitors to 18th Century Britain and their Contribution to its Cultural and Intellectual Life," *Curtis Botanical Magazine* 34, no. 4 (December 2017), pp. 498 – 521; Peter J. Kitson, "'The Kindness of my Friends in England': Chinese Visitors to Britain in the Late Eighteenth and Early Nineteenth Centuries and Discourses of Friendship and Estrangement," *European Romantic Review* 27, no. 1 (2016), pp. 55 – 70。

3 普莱斯是最早也是迄今唯一研究 William Macao 的人。现在在互联网上所能查到有关 William Macao 的信息都跟普莱斯有关。下文有关 William Macao 的讨论，全部来自《中国人在英国》。不过，让人颇感遗憾的是全书没有一条脚注，也没有任何参考书目。Price, *The Chinese in Britain*, pp. 17 – 28。

没有人知道 William Macao 原来的中文名字是什么，只能从他
的名字猜想他很可能来自澳门，相信他最晚在 1775 年便到达英
国，最初是以仆人的身份，由孟加拉国东印度公司医生戴维·厄
克特（David Urquhart，1745?—?）带到苏格兰，在布雷兰韦尔
（Braelangwell）住下来，并成为虔诚的基督徒，最晚在 1778 年已
受洗，相信是第一名在英国受洗的中国人。接着，他获苏格兰税
务长托马斯·洛克哈特（Thomas Lockhart）聘为侍从，至 1780 年
12 月洛克哈特去世，但得到洛克哈特遗孀亨丽埃塔（Henrietta）
的安排，在爱丁堡工作。1782 年，Macao 转到苏格兰税务局，
1786 年获擢升为助理文员，生活条件大为改善，自己聘用了一名
仆人，并继续得到升迁。1793 年，Macao 跟海伦·罗斯（Helen
Ross）结婚，生了三个孩子，但在第四个孩子出世时，太太难产
去世，Macao 没有再结婚，在一名仆人的帮忙下独力抚育三个孩
子。另外，他的事业继续良好发展，1805 年升任税务局船队财务
主任，处理税务局反走私瞒税船只的财务。在这个职位被取消后，
Macao 转任初级总会计司，完全融入爱丁堡专业人士的圈子。从
1818 年到 1822 年 5 月，Macao 一直尝试争取成为英国公民，曾获
胜诉，成为归化苏格兰人（"a naturalized Scotsman"），因此，他
被视为"第一位华裔苏格兰人"（"the first Chinese Scotsman"）。[1]
但这身份只维持了 20 个月，苏格兰高等民事法院（Scottish Court
of Session）颁定只有国会才有授予归化的权力，Macao 被取消苏
格兰公民身份，即使上诉到上议院还是被驳回。但这没有对
Macao 的事业构成影响，他不久即升任为退任基金会计司，一直

---

[1] "New Research Uncovers the Story of the First Chinese Scotsman," *History Scotland*, 16 February 2018, https://www.historyscotland.com/history/new-research-uncovers-the-story-of-the-first-chinese-scotsman/, accessed 21 April 2020.

至 1826 年 73 岁才退休，1831 年 10 月 31 日去世，终年 78 岁，下葬于苏格兰圣卡斯伯特（St. Cuthbert）教堂坟场。

从上面有关 William Macao 一生的简单描述，我们可以确定在马戛尔尼使团准备出发到中国前，有一名中国人在英国本土已经居住了差不多 20 年，英语能力很高，完全能够融入英国人社会。但总部设在伦敦的东印度公司对此全不知情，结果要派遣斯当东跑到欧洲大陆去，为使团寻找译员。

斯当东在回忆录中说自己在 1792 年 1 月出发，[1] 更具体的日期由与他同行的儿子小斯当东提供：1792 年 1 月 15 日星期日。[2] 他们先去巴黎，在一所传道院（Maison des Missions Etrangeres）中找到一名到过中国的传教士，但由于他在差不多 20 年前已回到欧洲，几乎已经完全忘掉汉语，不可能充当译员，且更明确地说不管使团提供什么条件，也不愿意再到中国去。斯当东只得转到意大利。他到达罗马后才发现一些原来在梵蒂冈工作的中国人已经离开。不过，他在那里取得枢机主教的推荐信，一方面让他在到达北京后与在那里居住的意大利传教士联络，另一方面推荐他到那不勒斯的一所中文书院（"Chinese college"）去。[3] 于是，斯当东与儿子马上赶到那不勒斯。小斯当东后来回忆说，在那不勒斯见到的中国传教士，是他人生中第一次见到的中国人。[4]

在绝大部分的中文论著和文章里，斯当东回忆录中所说的那

---

1 Staunton, *An Authentic Account of an Embassy*, vol. 1, p. 21.

2 Thomas Staunton, "Journey to China, 1792 – 3, First Part," 15 January 1792, p. 1, Staunton Papers, Duke University.

3 Staunton, *An Authentic Account of an Embassy*, vol. 1, p. 21.

4 Staunton, *Memoirs of the Chief Incidents*, pp. 10 – 11.

不勒斯这所"Chinese college"都写作"中国学院"，[1] 不过，这所正式名字叫 *Collegio dei Cinesi* 的修道院，今天所用的官方中文名称是"中华书院"。[2] 中华书院是意大利传教士马国贤（Matteo Ripa，1682—1746）在 1732 年在那不勒斯创立的，最初叫耶稣基督圣家书院（*Sacra Famiglia di Gesù Cristo*），坐落于"中国斜坡"（*Salita dei Cinesi*），后来经历多次变化，先后更名为东方学院（*Istituto Orientale*）及皇家亚洲学院（*Real Collegio Asiatico*），最终成为今天的那不勒斯东方大学。

1682 年 3 月 29 日在那不勒斯南部小镇埃波里（Eboli）出生的马国贤，1705 年 5 月 21 日获授圣职后决志到中国传教，1707 年 10 月 13 日从罗马出发，1710 年 1 月 3 日到达澳门，1711 年 2 月以画师身份抵达北京，共住上 13 年，颇得康熙（爱新觉罗·玄烨，1654—1722，1661—1722 在位）信任，其中最著名的作品是《避暑山庄三十六景》铜版画。但马国贤在北京的生活并不愉快，且跟其他传教士，尤其是法国耶稣会的传教士时有龃龉，在经历礼仪之争和清廷禁教后，马国贤要求返回意大利。[3] 1723 年 11 月

---

1 例如：万明：《意大利传教士马国贤传略》，《传统文化与现代化》1999 年第 2 期，1999 年 4 月，第 83—95 页；夏泉、冯翠：《传教士本土化的尝试：试论意大利传教士马国贤与清中叶中国学院的创办》，《世界宗教研究》2010 年第 3 期，2010 年 6 月，第 77—85 页。

2 参见 Michele Fatica, *Sedi e Palazzi dell'Università degli Studi di Napoli "L'Orientale"*（《那不勒斯东方大学校址及教学楼》）（Napoli：Università degli Studi di Napoli "L'Orientale"，2008）；Michele Fatica, *Matteo Ripa e il Collegio dei Cinesi de Napoli (1682‑1869)*（Napoli：Università degli Studi di Napoli "L'Orientale"，2006）。

3 "Views of Jehol, the Seat of the Summer Palace of the Emperors of China, 1725"。有关马国贤和《避暑山庄三十六景》铜版画及礼仪之争，可参见 Michele Fatica and Yue Zhuang, "Copperplates Controversy：Matteo Ripa's *Thirty-Six Views of Jehol* and the Chinese Rites Controversy," in Yue Zhuang and Andrea M. Riemenschnitter（eds.）, *Entangled Landscapes：Early Modern China and Europe*（Singapore：NUS Press，2017），pp. 144‑186。

15 日，马国贤离开北京，1724 年 1 月 24 日从广州出发回国，同年 11 月 20 日返抵那不勒斯，带着"一个鲜明的使命"——"为年轻的中国神父的启蒙立一个神学院"，[1] 同行的还有四名中国学生和一位教师。[2] 然而，他的计划最初没有得到认同，他向罗马传信部提交一份详细的计划书，列举出八个应该在那不勒斯开办一所中国书院的理由，最终得到教宗本笃十三世（Pope Benedict XIII，1649—1730）的亲自批准。但马国贤还要经历很多挫折，几经艰苦解决各方面的难题，最终才能在 1732 年 7 月 5 日正式成立中华书院，招收中国传教士学员，由传信部负责考试及审批授予圣职的资格。最早从书院获晋司铎的是跟随马国贤从中国到意大利的谷文耀（若翰，Giovanni Battista Ku，1701—1763）及殷若望（G. E. In，1705—1735）。他们成绩优异，得到许多赞誉，在 1734 年 9 月 10 日离开那不勒斯，启程回国。[3]

斯当东的回忆录曾简略地报告过他们在那不勒斯聘请两名译

1 "Sedi e Palazzi dell'Università degli Studi di Napoli 'L'Orientale'," Sedi e Palazzi dell'Università degli Studi di Napoli "L'Orientale", p. 8.

2 这四名学生名字为谷文耀、殷若望、黄巴桐（Philippus Hoam，1712—1776）及吴露爵（Lucius Vu，1713—1763）；教师的名字叫王雅敬（Gioacchino Wang）。参见方豪：《同治前欧洲留学史略》，第 380、390 页；Michele Fatica, Archivio Storico del Collegio dei cinesi (Sezioni di Napoli, Roma E Venezia) (Naples, 2004), p. 2。

3 上文两段有关马国贤及中华书院的描述，主要参考 Matteo Ripa, Memoirs of Father Ripa, during Thirteen Years' Residence of the Court of Peking in the Service of the Emperor of China: With an Account of the Foundation of the College for the Education of Young Chinese at Naples, Selected and Translated from the Italian by Fortunato Prandi (London: J. Murray, 1844)；中译本见〔意〕马国贤著，李天纲译：《清廷十三年：马国贤在华回忆录》，上海：上海古籍出版社，2004 年；John Emanuel, "Matteo Ripa and the Founding of the Chinese College at Naples," Neue Zeilschrift für Missionswissenchaft 37 (1981), pp. 131 - 140；Francesco D'Arelli, "The Chinese College in Eighteenth-Century Naples," East and West 58, no. 1 (December 2008), pp. 283 - 312。

员的经过。在那不勒斯跟这两名传教士见面后，斯当东马上确定他们完全能够进行中文与拉丁语或意大利语的翻译，且二人举止温雅，正直诚恳。[1] 不过，招聘过程看来算不上顺利，这跟传教士的语言能力无关，因为他们长期在意大利接受传教训练，拉丁文和意大利文都没有问题，而且他们原来就是要回到中国传教的，因此也没有完全弃用汉语。斯当东说最大的障碍来自修道院的长老，他们十分担心这些传教士会因为接受使团的聘任而放弃原来传道的工作，最后通过当时英国派驻那不勒斯公使汉密尔顿爵士（William Hamilton，1730—1803）（斯当东说，汉密尔顿曾帮助过修道院）和一位受人敬重且得到修道院信任的那不勒斯人唐·加埃塔诺·安科拉（Don Gaetano d'Ancora）的协助，成功聘得两名传教士作使团译员。[2] 此外，斯当东和马戛尔尼的回忆录都记载，有另外两名已完成训练的中国传教士也一并离开，得到英国人同意，乘坐使团的便船回中国。[3]

长期以来，人们就是根据斯当东这段记述去理解他这次招聘译员的意大利之行的经过，此外就只有马戛尔尼日志上十分简单的记录。不过，必须指出的是，二人把一些重要细节略去了，而证诸一些原始史料，尤其是那不勒斯中华书院以及罗马梵蒂冈传信部的档案，甚至可以看出英国人的叙述有不太准确的地方。

首先，尽管马戛尔尼在 1792 年 1 月的信件中已经提到那不勒斯的中华书院，[4] 但显然他们最初对它并不怎么重视，因为斯当东

---

1 Staunton, *An Authentic Account of an Embassy*, vol. 1, p. 21.

2 Ibid.

3 Ibid., vol. 1, p. 191；Macartney, *An Embassy to China*, p. 64.

4 Macartney to Dundas, Curzon Street, 23 January 1792, IOR/G/12/91, p. 76.

出发到欧洲大陆找寻译者时首先前往的是巴黎,然后是罗马。大力推动斯当东到那不勒斯的原来就是汉密尔顿爵士。在现存斯当东所藏书信中,有一封汉密尔顿爵士在 1792 年 2 月 21 日自那不勒斯写给斯当东的信,内容便是有关找寻使团译员的。汉密尔顿在信里说,他跟那不勒斯传道会的长老熟稔,知道当时在中华书院里有四名已修学完毕的中国人正要准备回国,他们的汉语和拉丁语都不错(“well conversant in their own and Latin language”),也许其中一二人会被“您那非常优厚的条件所吸引”,愿意为使团提供翻译服务;但他又指出,这些传教士回国一般都是会到澳门去的,如果跟随使团直接到北京,他们可能会感到忧虑,甚至害怕会被处死,特别是他们最近收到从中国方面送来的一些信件,知悉清廷对天主教的约束越来越严厉。因此,汉密尔顿要求斯当东尽快到来,直接跟这些中国教士商谈,除确定他们的能力外,也希望可以说服其中一二人加入使团。[1] 我们今天可以见到一封由 Michael Ly 署名,在 1786 年 10 月 4 日自马尼拉寄到那不勒斯中华书院的信,明确谈到清廷严厉执行禁教,一些长期在广州和北京的传教士都被迫离开,跑到马尼拉去躲避。[2] 不过,汉密尔顿在 4 月 3 日又给马戛尔尼写信,告诉他在斯当东还没有来到那不勒斯前,已代为确定两名中国传教士担任使团的译员,而且这两名译

---

1 Hamilton to Staunton, Naples, 21 February 1792, Staunton Papers, Duke University.

2 Archivio della Curia Generalizia dell'Ordine dei Fratri Minori (hereinafter abbreviated as ACGOFM), Roma, Raccolta di lettere degli alunni Cinesi dalla Cina 1753－1883, Missioni, 53, ff. 117－119。查证那不勒斯中华书院档案,Michael Ly 的中文名字叫李汝林(1754—1802),直隶涿州人,与使团译员柯宗孝、李自标等一行八人在 1773 年 10 月一起抵达那不勒斯学习传道,1783 年 9 月 12 日离开。Fatica, *Archivio Storico del Collegio dei cinesi*, pp. 2－3。在这封信开始的时候,李汝林便向柯宗孝、王英、李自标及严宽仁问好。

员是最聪颖的，一定能符合马戛尔尼的要求。[1] 不过，这封信是在斯当东已经完成招聘任务，在 1792 年 3 月 19 日离开那不勒斯后才写的。[2]

其次，招聘过程以外，还可以补充一些关于这些中国传教士的资料。人们过去根据斯当东和马戛尔尼的回忆录去了解这四名中国传教士的情况，从中得到的讯息其实是很少的，甚至连他们原来的中文名字也不知道，中文学术界相关的讨论大部分都只是自行直接采用音译的方法来翻译他们的名字，例如两名正式译员在英国人的回忆录里作 Paolo Cho 及 Jacobus Li，就被音译成"周保罗"（或"卓保罗"）及"李雅各"，[3] 但显然都不是他们原来的名字。我们曾经通过方豪的《同治前欧洲留学史略》知道这两名译员的中文名字。其实，方豪的文章没有只字提及马戛尔尼使团，但里面的"留学生略历表"记录了四名一起在 1793 年回国的人，让我们确定他们就是使团的两名译员以及两名乘坐使团便船回国的传教士。其中 Paulo Cho 的中文名字是柯宗孝（1758—1825），根本不是姓周；Jacobus Li（在不同地方又叫作 Jacob Ly、Plumb 先生[4]）的中文名字是李自标。二人都是在 1773 年（乾隆三十八年）离开中国，到那不勒斯学习修道的。那次同行出国的共有八人，当中包括跟随使团同船回国，在马戛尔尼日志中被称为 Padre Vang 的"王神父"王英（1759—1843）。至于在使团成

1 Hamilton to Macartney, Naples, 3 April 1792, *An Important Collection*, vol. 4, doc. 107, CWCCU.

2 Naples, 17 March 1792, SC Collegi Vari, vol. 12, f. 132.

3 例如：季压西、陈伟民：《中国近代通事》，第 1—48 页；〔法〕佩雷菲特著，王国卿等译：《停滞的帝国》，第 490—491 页。

4 Mr. Plumb 是 Mr. Plum 的转化，因为这位翻译是姓李的。参见 Macartney, *An Embassy to China*, p. 320。

员回忆录中姓氏拼写为 Nyan,[1] 因而过去曾被称为"安神父"的
第四名传教士,[2] 中文名字叫严宽仁,福建龙溪人,1777 年(乾隆
四十二年)20 岁时出国到意大利去,也在 1792 年一起回国,但在
两年后便去世了。[3] 方豪这篇文章无疑为我们提供了这四名回国传
教士的一些基本讯息,很值得重视,但毕竟不是专门探研马戛尔
尼使团或其译员身份的文章,不可能提供更多的相关资料。更多
更重要的资料,来自那不勒斯中华书院以及罗马梵蒂冈传信部的
档案。

一封 1773 年 8 月 3 日从罗马发出的信,说到他们一行八人在
埃米利亚诺·帕拉迪尼(Emiliano Palladini)的带领下,已在 7 月
15 日抵达毛里求斯的路易港(Port Louis),目的地是那不勒斯的
中华书院。在这封信里,柯宗孝的名字写成 Paolo Ke,李自标是
Giacomo Li,而王英则是 Pietro Vam。[4] 但我们不知道他们是什么
时候出发,从哪里出发的。不过,小斯当东的使团日记提供了一
条资料。在使团离开北京,南下广州,又转到澳门后,小斯当东
在 1794 年 1 月 18 日参观圣约瑟教堂所拥有的一所房子时,他说
李自标在 1773 年曾在那里住了 11 个月,[5] 这说明很可能他们出发

---

1 在马戛尔尼使团主要成员的记载里,严宽仁的名字没有出现过,就连斯当
东的回忆录中也没有提及他的名字,只有马戛尔尼日志中用"Nyan and Vang"
来指称严宽仁和王英。Macartney, *An Embassy to China*, p. 64。

2 例如戴廷杰:《兼听则明——马戛尔尼使华再探》,《英使马戛尔尼访华档
案史料汇编》,第 131 页。

3 方豪:《同治前欧洲留学史略》,第 383 页。

4 Giuseppe Castelli to Gennaro Fatigati, Rome, 3 August 1773, Archivio Storico
dell'Università degli Studi di Napoli l'Orientale, Fondo Collegio dei Cinesi, Busta n.
4, fascicolo 1.

5 Thomas Staunton, "Journal of a Voyage to China, Second Part," 18 January
1794, p. 258, Staunton Papers, Duke University.

前是在澳门集合和等候的。接着在 1773 年 8 月 30 日（乾隆三十八年七月十三日），众人已到达巴黎，参观巴黎王家图书馆，并以中文留下题词，其中一人"以汉字签全体名字"，柯宗孝用的是"柯保禄"，李自标是"李雅各"，而王英则是"王伯多禄"。[1] 众人最终在 1773 年 10 月 18 日到达那不勒斯，从 11 月 14 日开始在中华书院学道。[2]

那不勒斯中华书院的档案里藏有由中华书院长老真纳罗·法蒂加蒂（Gennaro Fatigati）所写的对于这些中国学生的记录和评价。其中一份写于 1776 年，也就是他们在那不勒斯住了两至三年的时候，里面对柯宗孝有几句简单的评语："18 岁半，来自北京海淀，他很好，有一点固执，有时候让我伤心。"没有怎么谈及他的学习。对于李自标，这份记录说他来自甘肃的连城府（Lian Cenfu），16 岁半，学习拉丁文的成绩较好，很谦逊、服从，"他在一些事务上给我帮忙，参加圣礼，在学习拉丁文"，看来对他的评价较柯宗孝正面。这份报告中还有王英的部分，说他十分虔诚，喜欢学习，但才智有限，也在学习拉丁文。[3] 1776 年外，还有 1778 年的报告，关于柯宗孝，报告说他"学习不积极，坚持自己的见解。过去曾因为过于固执，而且没有才华"，让长老们很不快，虽然他的态度已有所改善，很是虔诚，但看来整体对他的评价不高。另一方面，李自标继续得到很好的评价，说他有很高的才华，品格高尚、谨慎、虔诚，非常优秀，在学习上超越每一个人。很明

1 方豪：《同治前欧洲留学史略》，第 393 页。

2 Cf., Michele Fatica, *Archivio Storico del Collegio dei cinesi (Sezioni di Napoli, Roma E Venezia)* (Naples, 2004), pp. 2, 4.

3 "Nota degl'Alunni esistenti nel Collegio della S. Famiglia di Gesù Cristo a' 30 novembre 1776," SC Collegi Vari, vol. 10, ff. 442r – 442v.

显在这两年间李自标进步神速。至于王英，报告说他礼仪很好，但因为他不信奉宗教，也不服从，曾一度让长老们很伤心；但现在变好了，让他们很安慰，只可惜其才华有限。此外，在这一年的报告中还首次出现严宽仁的名字（在学院档案中名字拼写为 Vicenzio Nien 或 Vicentius Jen），但记载十分简单，只说这名来自福建、20 岁的年轻人才来了几个月，服从性颇高，也很虔诚，在学习拉丁文。[1] 此外，就在这一年的 3 月 19 日，李自标合格通过书院初步的考验和观察，在书院的几位长老见证下宣誓，承诺献身宗教。[2]

经过十多年的训练后，柯宗孝等获授神父的职位——最早是柯宗孝，在 1784 年 3 月 7 日连同比他迟四年才到中华书院的严宽仁一起获授圣职；而李自标则是 1784 年 11 月 14 日；最晚是王英，1785 年 5 月 17 日。[3] 1790 年，他们四人准备接受回国前的结业考试，原已得到教宗的批准，在 1790 年 3 月 30 日或 31 日到梵蒂冈，[4] 但不知什么缘故，这次行程被推迟九个多月，直至 12 月 18 日他们一行四人才到罗马，并在 27 日获教宗庇护六世（Pope Pius VI, 1717—1799）接见，而考试则安排在翌年（1791 年）1 月 9 日才举行，[5] 且全部考得最优等的成绩，得到教宗的赞许。[6] 这样，

1 "Nota d'Alunni Cinesi 1778," SC Collegi Vari, vol. 10, ff. 514r – 515r.

2 ACGOFM, Missioni, 53, ff. 248r – 250r; 有关李自标在那不勒斯中华书院学习的情况，可参见 Harrison, "A Faithful Interpreter," pp. 1080 – 1081；Harrison, *The Perils of Interpreting*, pp. 37 – 49。

3 Fatica, *Archivio Storico del Collegio dei cinesi*, pp. 2, 4.

4 Leonardo Antonelli to Francesco Massei, Rome, 8 March 1790, Archivio Storico dell'Università degli Studi di Napoli l'Orientale, Fondo Collegio dei Cinesi, Busta n. 5, fascicolo 2.

5 Leonardo Antonelli to Francesco Massei, Rome, 28 December 1790, ibid.

6 Harrison, *The Perils of Interpreting*, p. 48.

这四名跟随英国使团回国的传教士，都在斯当东到来前便已经在那不勒斯中华书院完成学习，正好准备回国服务。应该说，这些学习完毕、已获授予神父职位的中国传教士是很渴望回国的。梵蒂冈传信部档案中有一封信谈及王英和严宽仁回国的经费。虽然斯当东愿意让他们跟随使团从英国乘坐便船回国，但从那不勒斯到奥斯坦德（Ostend）一段航程的船费则是要由教会支付的，共220那不勒斯金币（*ducati*）。对修道院来说，这数目不小，但教会的说法是"为了不要让这些学生在那不勒斯无所事事和感到不愉快"［"*per non far restare qui più oziosi e scontenti gl'Alunni*"（"not to have students idle and discontented"）］，也为了帮助传教，他们愿意承担高昂的费用。[1] 此外，斯当东同意让这两名传教士乘便船返回中国，不是要协助推动天主教在中国的宣教工作，而纯粹是因为这是柯宗孝和李自标提出的要求。[2] 这可以看出斯当东对二人的重视。

这四名传教士并不是一起从那不勒斯启程的。柯宗孝和李自标在1792年3月19日离开那不勒斯，原来预计4月中抵达英国，[3] 但计划拖延了。1792年4月4日，二人还在意大利，并从北部的里米尼（Rimini）写信回罗马，向枢机主教安东内利（Leonardo Antonelli，1730—1811）报告，他们跟随使团到中国所乘坐的船只要到7月中以后才起航，这样，王英和严宽仁会有足够的时间赶到英国，一同出发。[4] 而安东内利4月3日的一封信则

---

1 Naples, 27 March 1792, SC Collegi Vari, vol. 12, ff. 133 – 134.

2 Harrison, *The Perils of Interpreting*, p. 68.

3 Naples, 17 March 1792, SC Collegi Vari, vol. 12, f. 132.

4 Leonardo Antonelli to Francesco Massei, Rome, 10 April 1792, Archivio Storico dell'Università degli Studi di Napoli l'Orientale（abbreviated as ASUNIOR），Busta 5, fascicolo 2.

说王英和严宽仁已经乘坐了一艘英国船离开，将会随同英国使团回到中国，[1] 信中没有提及柯宗孝和李自标。更准确地说，王英和严宽仁是 1792 年 3 月 26 日晚上 10 时左右才从那不勒斯登上英国船，第二天早上启航，前往奥斯坦德，再转到英国去，[2] 然后在 7 月初才抵达伦敦。[3] 但他们没有马上加入使团，只是在使团即将出发前往中国的一刻才与李自标等人在朴次茅斯会合。小斯当东在 1792 年 9 月 16 日星期日的日记里写道："在这里，我们的中国人与他们的朋友（另外的中国人）王先生和严先生会合。"[4] 柯宗孝和李自标在 1792 年 3 月 19 日从那不勒斯出发后，途经罗马，取道里米尼、威尼斯，然后进入奥地利，经斯图加特（Stuttgart）、法兰克福，再转布鲁塞尔到奥斯坦德，用上两个多月的时间离开欧洲大陆，在 1792 年 5 月 19 日抵达伦敦，[5] 且一直住在斯当东家里。[6] 9 月 15 日，二人与斯当东父子以及小斯当东的老师惠纳一起从伦敦动身，当天抵达朴次茅斯，而王英与严宽仁在第二天才到达会合。使团全体成员一直在朴次茅斯等待较好的天气，至 9 月 26 日星期三才正式启航。[7] 柯宗孝和李自标与马戛尔尼和斯当东一起乘坐

---

1 Leonardo Antonelli to Francesco Massei, Rome, 3 April 1792, ASUNIOR, Busta 5, fascicolo 2.

2 Naples, 27 March 1792, SC Collegi Vari, vol. 12, f. 134.

3 Harrison, *The Perils of Interpreting*, p. 67.

4 "Sunday, the 16th... here our chinese met their friends, (the other chinese) Mr. Wang and Nien." Thomas Staunton, "Journey to China 1792 – 3, First Part," 16 September 1792, p. 3, Staunton Papers, Duke University.

5 Cho and Ly to Massei, 22 May 1792。关于柯宗孝及李自标从那不勒斯到伦敦的行程，参见 Fatica, "Gli Alunni Del Collegium Sinicum di Napoli," pp. 539 – 542。

6 Paulus Cho and Jacobus Ly to Massei, London, 22 May 1792, ASUNIOR, Busta 16, fascicolo 1/16.

7 Thomas Staunton, "Journey to China 1792 – 3, First Part," 26 September 1792, pp. 1 – 12, Staunton Papers, Duke University.

"狮子号"，而另外两名传教士严宽仁和王英则乘坐另一条船"印度斯坦号"。经过九个月的航行，包括在爪哇停留了近两个月，使团船队在 1793 年 6 月 20 日抵达澳门外海。[1]

在这四名跟随使团回到中国的传教士中，三人在澳门登岸离开——除王英和严宽仁外，还有在英国人回忆录中被指原先答允出任使团译员的柯宗孝。根据马戛尔尼和斯当东的说法，柯宗孝因为害怕自己擅自离国，且为外国人工作，会遭清廷严厉惩处，坚持要离开。[2]对于柯宗孝离开使团，虽然马戛尔尼和斯当东好像没有多加责怪或批评，但明显认为责任在柯宗孝，是他在回到澳门后因"无法抗拒恐惧"（"could not resist the fear"），[3]"突然害怕起来"（"suddenly took fright"）[4]而要求离团的。也就是说，柯宗孝临阵退缩，没有实践原来的承诺，肩负使团译者的任务。由于极具权威性的马戛尔尼和斯当东都这样说，因此人们长期以来就接受了这种说法。[5]但事实是不是这样？

1792 年 3 月 17 日，也就是柯宗孝和李自标还没有离开那不勒斯的时候，中华书院主管弗朗切斯科·马塞伊（Francesco Massei）写了一封信给安东内利枢机，报告斯当东到来寻找使团译员的事情。他指出，首先是汉密尔顿向他提出请求，同时还让斯当东来

1 Macartney, *An Embassy to China*, p. 61.

2 Ibid., p. 64；Staunton, *An Authentic Account of an Embassy*, vol. 1, p. 192.

3 Macartney to Dundas, near Han-chou-fu, 9 November 1793, IOR/G/12/92, p. 35.

4 Macartney, *An Embassy to China*, p. 64.

5 Patricia Owens O'Neill 更在她的论文中添加一些想象，说"英国人把他们的行为视为破坏合约"（"The British saw this as a breach of contract"）。O'Neill, "Missed Opportunities," p. 242；在这篇论文中有关使团译员和李自标的描述方面，尽管作者所下注释说明资料来自斯当东的回忆录，但其实有很多的错误。例如，从那不勒斯回来的四名传教士都受聘为使团的译员，而李自标是满洲人，但样子看来不像一般的蒙古人。同上，第 242 页。

找他，请他批准让两名中国学员跟随使团到中国去。不过，英国人的请求究竟是什么？马塞伊说：

> 马戛尔尼爵士经由英格兰国王委派为出使中国的使者。他特别希望能与我们其中两名中国学生同行，直至他到达澳门，好能学习一些有关中国的习俗和语言。[1]

原来，马戛尔尼最初的要求只是让这些中国传教士陪同前往澳门，让英国人在途中增加对中国的理解，同时学习一下汉语，但却不是要他们以译员的身份，全程陪同使团前往北京。马塞伊在该信的另一段说得更明确：

> 我当初是感到为难的。当我得到承诺离船的地点是澳门而不是广州，离船后这些学生便不会跟大使在一起时，我就同意这请求了。这对我们的书院，尤其对我们在中国的传教活动会有裨益。我们的传教需要神职人员，尤其是中国自己方面的。因此，最为优秀的柯宗孝和李自标会在下周一 19 日跟随斯当东爵士离开这里。[2]

除马塞伊外，在这个问题上，提供最多信息的是澳门传信部教务总长基安巴提斯塔·马尔克尼（Giovanni Battista Marchini，1757—1823）在 1793 年 11 月 3 日所写的一封信。这封信前半部分以不少的篇幅来报道他们在澳门得到有关马戛尔尼使团访华的消

---

1 Francesco Massei to Leonardo Antonelli, Naples, 17 March 1792, SC College Vari, vol. 12, f. 131.

2 Ibid.

息，包括乾隆对使团极为重视，指示官员隆重接待，并开始惩处广州的官员，防止他们剥削和欺压外商等。接着，他提到他把一些信件交与斯当东带往北京，其中一封是李自标所写的。关于李自标，马尔克尼这样说：

> 根据书院主管的命令，他〔李自标〕必须在澳门离船，但因为一些情况，他要跟随大使前往北京，不过不是以译员的身份陪同大使和他的朋友，而是作为大使所尊敬和信任的人。[1]

马尔克尼还继续说，李自标留在使团，本来是很不方便和不安全的，因为假如使团的任务失败，英国与北京朝廷的关系便会起变化，如果中国官员一旦发现他原来是中国人，更有神父身份，这将对教会活动非常不利。然而，马尔克尼又说，李自标的同伴告诉他，即使李自标希望离团，也不可能如愿。因此，他没有指示李自标在澳门离团登岸，因为这是没用和不对的。他特别提到李自标等跟英国人的紧密关系以及对于英国人的感激。最后，他只能向李自标作出提示，注意在中国的言行，避免引来任何的麻烦。[2]

马塞伊和马尔克尼的信件确认了一个事实：那不勒斯中华书院并不认为李自标和柯宗孝会跟随使团到北京去，更不要说同意或批准了。他们原来给柯宗孝和李自标的指示就是要二人在澳门

---

1 Giambattista Marchini, Macao, 3 November 1793, Archivio storico della Sacra Congregazione de Propaganda Fide, Scritture originali riferite nei confressi particolari di India e Cina, hereinafter abbreviated as APF SOCP, b. 68, f. 486v.

2 Ibid., f. 487r.

离开使团，因为斯当东跟马塞伊所达成的协议是让四名一起回国的传教士在澳门离船，遵从澳门教区总务长分派的宣教任务，否则马塞伊是不会批准他们跟随英国人离开的。事实上，上引马尔克尼的信里还谈及安排柯宗孝和王英等人回国后的工作。[1] 在这情形下，我们可以推翻马戛尔尼和斯当东所说柯宗孝在澳门离团的原因。柯宗孝跟王英和严宽仁一起在澳门离开使团，并不是突然改变主意、临阵退缩，实际上他已完成所承诺的任务，按照原来的协议在澳门离开。1793 年 9 月 30 日，在使团到达北京，觐见过乾隆，且快要离开时，柯宗孝曾乘往北京探亲之便，到圆明园跟马戛尔尼等见面，并给使团带来东印度公司委员在 7 月 2 日所写的一封信，[2] 小斯当东更说他是与李自标的哥哥李自昌一起从广东过来的，[3] 可见柯宗孝并没有刻意与使团划清界限。当然，这并不是说柯宗孝等并不害怕受清廷惩处，即便李自标也说过离船的三人是因为害怕而离开的。[4] 但这应该理解为他们因为害怕而从一开始便决定不跟随使团到北京，事实上，就连那不勒斯中华书院方面也有同样的恐惧，所以他们批准柯宗孝等在澳门离开。由此可见，柯宗孝没有随团到北京，继续出任译员，并不是在到达澳门后才突然感到害怕而临时做出的决定。

但为什么会这样？这看来并不合理，马戛尔尼派遣斯当东到欧洲大陆的目的，本来就是要找寻合适的使团译员到北京去，并

---

1 Giambattista Marchini, Macao, 3 November 1793, Archivio storico della Sacra Congregazione de Propaganda Fide, Scritture originali riferite nei confressi particolari di India e Cina, hereinafter abbreviated as APF SOCP, b. 68, f. 487r.

2 Macartney to Dundas, near Han-chou-fu, 9 November 1793, IOR/G/12/92, p. 94.

3 Thomas Staunton, "Journal of a Voyage to China, Second Part," 26 September 1793, p. 115, Staunton Papers, Duke University.

4 Jacobus Ly, Canton, 25 December 1793, APF SOCP, b. 68, ff. 609r.

在访华期间负责翻译的工作，在他们所有的相关讨论里，都从来没有说过只是找人陪同到澳门。毕竟只在旅途中了解一点中国的情况，尤其是从已经离开国家十多年的传教士那里，显然是没有太大功用的，更不要说让使团成员在旅途中学会中文，这更不切实际。

其实，无论是汉密尔顿在 1792 年 2 月 21 日在那不勒斯写给斯当东的信，又或是斯当东本人的回忆录，都已经清楚说明当时中华书院是反对他们的传教士到北京去的，长老们既担心这些传教士的安全，也害怕他们会放弃传道事业。可是，经过在巴黎和罗马寻觅不果后，斯当东相信不可能再在别的地方找到合适的译员，那不勒斯是他唯一的希望，因此，他愿意用尽办法在那里招聘译员，更何况他在那不勒斯见到柯宗孝和李自标后，很是满意。汉密尔顿在给斯当东的信中有一句颇为微妙的话："我已说明他们要回澳门的愿望，但我也毫不怀疑，假如您的船只不去那里，您是能够成功解决问题的。"[1] 这似乎在暗示使团船只大可绕过澳门，不让传教士离团，直接把他们带到北京去。马戛尔尼及斯当东最终没有这样做，李自标的确自愿随团到北京去，那是因为马戛尔尼和斯当东在旅途中成功说服了他。但是，中华书院的长老在那不勒斯跟斯当东商谈的安排，并不是要让柯宗孝和李自标到北京去的，因此才有上引几封信的内容。必须承认，相较于马戛尔尼和斯当东的说法，这些信件的内容更为可信，毕竟我们实在想不出那不勒斯方面有任何理由要虚构事件；相反，斯当东却很可能为了说服长老，同意让李自标等马上成行，从而完成招聘译员的

---

1 Hamilton to Staunton, Naples, 21 February 1792, Staunton Papers, Duke University.

任务，而临时提出在澳门离团的说法。在这情形下，我们可以推论，斯当东在那不勒斯时故意欺骗或误导了中华书院的长老，让他们以为李自标等人会在澳门离船，不会跟随使团到北京。由此可见，柯宗孝在澳门离开使团，并没有丝毫责任，而且，看来马戛尔尼等也不太喜欢柯宗孝，认为他脾气暴躁、不够灵活变通，在伦敦生活时已出现问题，[1]因此后来选定李自标来担任使团的译员。

在使团出发前和来华旅程途中，这四名中国传教士已经参与不少翻译工作，包括柯宗孝和李自标在伦敦翻译完成使团国书和礼品清单的中译本。除翻译工作外，柯宗孝和李自标还协助准备使团赠送乾隆的礼品。[2]他们也按照斯当东原来在那不勒斯所提的要求，教导使团成员学习汉语。由于他们在伦敦期间一直住在斯当东家里，最先跟随他们学习汉语的自然就是小斯当东，他大概在使团正式出发前便已经开始学习中文了。这些中文授课应该是相当认真的，因为小斯当东的来华日记一开始便记载了他在旅程还没有开始前的一个早上就先上中文课。[3]从日记的记述方式来看，这不可能是第一次上课，而是很常规的，因为小斯当东的另一则日记还记录在一个上午共上了两小时中文课。[4]另外，斯当东和巴罗也曾在旅途中跟随柯宗孝和李自标学习中文——斯当东自言仍然没法听懂中国官员的一句话，中国官员也不知道他在说什么；[5]但巴罗则多次说自己在北京的时候已能掌握一点汉语，可以

1 Harrison, *The Perils of Interpreting*, p. 68.

2 Staunton, *An Authentic Account of an Embassy*, vol. 1, p. 25.

3 Thomas Staunton, "Journey to China, 1792 – 3, First Part," 17 September 1792, p. 6, Staunton Papers, Duke University.

4 Ibid., 13 January 1793, p. 116.

5 Staunton, *An Authentic Account of an Embassy*, vol. 1, p. 242.

外出交谈。[1]

在旅途中，似乎严宽仁做得很多，因为斯当东在回忆录中曾特别感谢严宽仁的帮忙，说他非常擅长书写中文，在旅途中为使团翻译了不少文书。[2] 那么，究竟严宽仁为使团翻译了什么，让斯当东这样感谢他？从现有资料所见，严宽仁为使团翻译的一份十分重要的文件，就是英国国王乔治三世交与马戛尔尼送递交趾支那国王（King of Cochin-China）的国书。这份国书现在可以见到拉丁文版，英文本只是一个译本，找不到中文译本，但在拉丁文本背后有这样的一句："国王致交趾支那国王信函中文译本由严神父完成，1793 年 6 月 18 日。"（"Chinese Translation of the King's letter to the King of Cochin-China—done by Padre Nyan，June 18，1793."）[3] 由此可见，严宽仁的确负责了这项重要的翻译工作。事实上，使团画师威廉·额勒桑德在回忆录中除记下严宽仁翻译过英国国王致交趾支那国王的信函外，[4] 也说明严宽仁负责使团在交趾支那主要的传译工作。虽然实际上他们言语不通，但因为都能使用汉字，所以当时主要由严宽仁通过书写来进行沟通。[5] 很可惜现在见不到中译本，无法借此探究严宽仁的中文和翻译水平。但必须指出，这时候柯宗孝和李自标都一直是同行的，为什么马戛尔尼不让他们翻译，而另外再找严宽仁来翻译？沈艾娣说那是因

1 Barrow, *Travels in China*, pp. 105 – 106; John Barrow, *An Auto-Biographical Memoir of Sir John Barrow, Bart., Late of the Admiralty; Including Reflections, Observations, and Reminiscences at Home and Abroad, from Early Life to Advanced Life* (London：John Murray, 1847), p. 76.

2 Staunton, *An Authentic Account of an Embassy*, vol. 1, p. 191.

3 "Credentials in Latin given by George the Third to Lord Macartney," *An Important Collection*, vol. 8, doc. 329, CWCCU.

4 Alexander, "Journal of a Voyage to Pekin in China," 4 June 1793.

5 Ibid., 28 May 1793.

为李自标生病了（坏血病），而柯宗孝脾气暴躁，没有人认为他适合做使团译员，所以需要严宽仁帮忙。[1] 但又是否可能因为使团对严宽仁的中文水平较有信心，却对自己的译员柯宗孝和李自标的能力有所保留？

对于严宽仁的服务，马戛尔尼曾提出给予报酬。尽管罗马方面所给予的补助非常微薄，但严宽仁却怎么也不肯接受任何金钱或礼物作为报酬。据斯当东说，严宽仁认为这些翻译工作是应该做的，不仅因为他们能够免费乘船回国，更因为他们在整个航程中得到非常文明友善的对待；斯当东还说，严宽仁对英国心怀感激及尊敬。[2] 这说法是准确的。严宽仁在 1793 年 4 月 13 日使团滞留爪哇期间曾写信回那不勒斯，说到他和王英自出发以来，无论航行于海上还是停留在陆地上，都得到所有人很好的对待；他还说，一直以来，他们所过的生活卑微得像叫花子一样。[3] 这样看来，严宽仁感谢英国人，愿意为他们做事，也是很合理的了。此外，严宽仁在几名传教士中应该是最出色的，除能够在很短的时间内获授神父职衔，澳门教区总务长马尔克尼也说过他认为严宽仁是其中最好的一位。[4] 据说，斯当东曾考虑招聘严宽仁为使团译员，但因为在四人中他在中华书院的年资最浅，书院以当时在那不勒斯居住时间作决定因素，没有选上他；另外，斯当东也担心来自福建漳州的严宽仁不懂北方的方言，所以最终还是选定柯宗孝和李自标做使团译员；[5] 但看来严宽仁自始至终都

---

1 Harrison, *The Perils of Interpreting*, p. 87.

2 Staunton, *An Authentic Account of an Embassy*, vol. 1, p. 191.

3 Vicenzio Nien, Java, 13 April 1793, APF SOCP, b. 68, f. 541.

4 Giambattista Marchini, Macao, 3 November 1793, APF SOCP, b. 68, f. 487r.

5 沈艾娣 2018 年 7 月 19 日给笔者的信。

对使团保持忠诚，因为他在使团抵达北京后还曾经把一些信件转送过来。[1]

无论如何，可以确定的是：三名传教士在澳门离船后，李自标独自跟随使团到北京去完全是出于自愿的，而澳门教务总长马尔克尼也同意和批准他这样做，上引马尔克尼的信已确认这点了。为什么会这样？

我们一直以为柯宗孝和李自标早已答应到北京，因而只关注为什么柯宗孝会突然感到害怕，而同在意大利学习传教、一起回国的李自标却毫不担心。我们从前只见到斯当东的说法，认为李自标作为少数民族成员，样貌不像汉人，所以风险较低。这说法大抵是正确的，下文会再详细讨论。但问题是：假如李自标原来就不需要陪同使团到北京，那就不存在任何风险，更没有所谓汉人和少数民族外貌不同的问题。因此，首先要回答的是为什么李自标甘冒风险，愿意跟随使团到北京去。

上文指出过，在斯当东四处找寻译员的时候，汉密尔顿曾写信给他，说到也许那不勒斯中华书院其中一两名学员会被使团"非常优厚的条件所吸引"。[2] 此外，马戛尔尼也在预算中拨出共300镑，作为使团两名译员的报酬。[3] 这应该可以说是很不错的条件。不过，从现有资料来看，李自标愿意充当使团译员，跟随使团到北京，绝对不是为了金钱上的报酬。

---

1 Thomas Staunton, "Journal of a Voyage to China, Second Part," 26 September 1793, p. 115, Staunton Papers, Duke University.

2 Hamilton to Staunton, Naples, 21 February 1792, Staunton Papers, Duke University.

3 "Tableau or Sketch of an Embassy from His Majesty to the Emperor of China," *An Important Collection*, vol. 10, doc. 442, CWCCU.

1794 年 3 月 2 日，在使团已经离开中国后，马尔克尼又写了一封信，对李自标为英国使团的服务作出很高的评价和赞誉，但值得特别注意的是马尔克尼在信中多次谈到李自标参加使团的目的，信件开首已经非常明确地说："他参加到北京的行程只有宗教上的原因。"[1] 事实上，李自标自己也说过，出于"宗教上的动机"［"*motivo religionis*"（religious motive）］，他在柯宗孝等人离开后仍继续旅程。[2] 这是很重要的提示，但具体是什么"宗教上的动机""宗教上的原因"？李自标没有说明，马尔克尼也没有说清楚，只说李自标最终没有在行程中得到他所要的，而且，虽然他表现异常出色，英国人很感激他，但他最后没有从英国人那里取得什么，只是请求斯当东向东印度公司指示继续支持他们的传教活动。[3] 由此可见，李自标愿意冒险去北京的"宗教原因"也跟传教有关。至于他在跟随使团到北京期间在宗教方面做了些什么、对使团有什么影响，下文再作交代。

无论如何，柯宗孝、王英和严宽仁在澳门离团后，使团的翻译工作便几乎完全落在李自标一人身上，但其实不同人士在不同时候都曾经尝试为使团寻找译员。早在使团还没有出发前，邓达斯便提醒过马戛尔尼，即使从那不勒斯聘得两名中国传教士当译员，但如果在途中遇上一些葡萄牙、西班牙或意大利的传教士，只要是对英国或使团没有偏见的，也可以考虑聘来为使团服务。[4] 因此，斯当东在澳门时曾向马尔克尼提出要求，希望能聘用另一

---

1 Giambattista Marchini, Macao, 2 March 1794, APF SOCP, b. 68, f. 635.

2 Jacobus Ly, Canton, 25 December 1793, APF SOCP, b. 68, ff. 609r.

3 Giambattista Marchini, Macao, 2 March 1794, APF SOCP, b. 68, f. 635.

4 Dundas to Macartney, Whitehall, 8 September 1792, IOR/G/12/91, p. 354; also in IOR/G/12/20, p. 40.

名也是在那不勒斯中华书院学习后回国的传教士 Ignarzio Tai 作为使团译员，但他们没有答应，因为 Ignarzio Tai 要留在澳门当译员。[1] 查证中华书院的档案，马戛尔尼使团来华前曾在书院修读的戴姓学员有兄弟二人，哥哥叫戴金冠（则明，1735—?），弟弟叫戴德冠（则仁，1737—1785）。在中华书院的档案里，前者的名字作 Joan Tai，后者 Cassius Tai，广东惠来人，同在 1756 年 8 月 21 日赴那不勒斯学习，但戴金冠没有完成修道训练，1761 年 9 月便回国；戴德冠在 1763 年 12 月 21 日获授圣职，1764 年 8 月启程回国，曾在广东及直隶传道，[2] 大概懂得官话。但档案记录他于 1785 年 12 月 25 日在广东去世，[3] 那便不可能是马尔克尼在 1793 年信中所说的 Ignarzio Tai，除非档案所记的去世日期有误。但无论如何，斯当东并没有能够把这名译员带上，跟随使团到北京去。

此外，广州的官员曾找来两名行商，指派他们跟随使团同行，并兼负翻译工作，但东印度公司拒绝了这个建议，对此下文将有详细讨论。东印度公司也在广州找到一名能说西班牙语及汉语的中国人，送到使团去协助翻译的工作。[4] 这也是应斯当东的要求，因为斯当东在 1793 年 6 月 21 日在澳门与东印度公司派往广州的专员们见面时，告诉他们柯宗孝已经在澳门离开，使团翻译人手不足，请求广州方面协助。他们为使团找来一名中国人，是在澳

---

1 Giambattista Marchini, Macao, 3 November 1793, APF SOCP, b. 68, f. 485v.

2 Fatica, *Archivio Storico del Collegio dei cinesi*, pp. 2 – 3.

3 同上，第 3 页。方豪亦有相同的说法，但相信他的资料源也是来自那不勒斯中华书院档案。方豪：《同治前欧洲留学史略》，第 381 页。

4 Staunton, *An Authentic Account of an Embassy*, vol. 1, p. 222.

门教导公司职员中文的一名通事的弟弟。[1] 这名年轻人原来已在 5
月 31 日随同父亲到广州，表示愿意"假扮为欧洲人"（"in an
European disguise"），在东印度公司的"尝试号"（the
Endeavour）上为普罗克特上尉（Lieutenant Procter）担任翻译工
作。[2] "尝试号"不是使团的船只，只是由于使团到达中国的时间
比预期晚，秘密及监督委员会专员以为使团不会到澳门，于是
指派"尝试号"在 6 月 1 日北上至浙江沿海舟山水域，等候使
团船只的到来，交付文件。[3] 为更好取得信息，同时避免因为"尝
试号"的突然出现会让一些错误的讯息送到北京，专员认为普罗
克特必须带同一名译员同行，便找来这名年轻人。[4] 因此，这名年
轻人原来只打算短暂为东印度公司工作，而不是直接为使团服
务的，专员们在收到斯当东的要求后才想到要转派他加入使团，
并告诉马戛尔尼这名年轻人的个性、热情和能力都足以胜任，
能够协助克服团的困难。[5] 专员还说，虽然这名年轻人最初以为
只是在"尝试号"上工作，但他曾表示希望能认识特使，且很想
去北京，因此他们认为只要使团向他提出新任务，他一定会答应

---

1 "At a Secret Committee," Macao, 21 June 1793, IOR/G/12/93A, p. 220；
"At a Secret Committee," Macao, 1 June 1793, IOR/G/12/93A, p. 204。沈艾娣说
这名中国人 Antonio 是东印度公司一位中文老师的儿子，Harrison, *The Perils of
Interpreting*, p. 91，实误。在上引东印度公司的档案里都可以见到 Antonio 是东印
度公司中文老师的弟弟。另外，使团画师曾说过他们的父亲是广州的一名行商。
Alexander, "Journal of a Voyage to Pekin in China," 22 July 1793。

2 "At a Secret Committee," Macao, 1 June 1793, IOR/G/12/93A, p. 204.

3 Secret Committee to Lieutenant John Procter, Macao, 1 June 1793, IOR/G/
12/93A, pp. 211 – 212.

4 "At a Secret Committee," Macao, 1 June 1793, IOR/G/12/93A, p. 204.

5 "At a Secret Committee," Macao, 21 June 1793, IOR/G/12/93A, p. 220；
"Consultations, 21 June 1793," IOR/G/12/265, pp. 47 – 48.

加入使团作译员。[1]

在英国人的档案文件里，这名年轻人的英文名字叫 Antonio，[2] 但没有任何资料显示他原来的中文名字，只知道他当时仅有 14 岁。[3] 尽管他能说流利的葡萄牙语和西班牙语，[4] 但专员们对他的判断错了，Antonio 最终并没有完成任务。7 月 21 日晚上，"尝试号"终于在登州海面遇上使团船队。[5] 据斯当东说，他们曾把这名年轻人招来协助翻译，但他在中国官员面前显得非常害怕不安，只会扮演最低下的角色，更以极其谦卑的言辞来翻译英国人的话。这对英国人来说是很不妥当的。他甚至连使团为他提供制服也不肯接受，怕被人认出来，[6] 最后更宁愿放弃高薪和到京城的机会，要求离开使团，跟随普罗克特回澳门去。[7] 另一方面，这名年轻人的父亲也很不放心儿子跟随使团，这是很容易理解的，毕竟在英国船上工作跟到北京去确实很不同。年轻人的父亲请求专员协助，专员为此写信给马戛尔尼，提出如果使团不需要这位年轻人的服

---

1 Secret and Superintending Committee to Macartney, Macao, 22 June 1793, IOR/G/12/93A, p. 228; "To His Excellency George Viscount Macartney KB His Britannic Majesty's Ambassador Extraordinary and Plenipotentiary to the Court of Pekin, Signed by Henry Brown, Irwin, Jackson, 22 June 1793," IOR/G/12/265, pp. 55 – 56.

2 就笔者所见，Antonio 的名字并不见于马戛尔尼和斯当东的回忆录，唯一能见到的是 "At a Secret Committee," Canton, 22 October 1793, IOR/G/12/93A, p. 360。

3 "Narrative of Events of July 21, to July 29, 1793," *An Important Collection*, vol. 6, doc. 265, CWCCU.

4 Alexander, "Journal of a Voyage to Pekin in China," 14 July 1793.

5 Macartney, *An Embassy to China*, p. 68; Holmes, *The Journal of Mr. Samuel Holmes*, p. 107.

6 Macartney to Secret and Superintending Committee, Tiensing Road, on board the Lion, 6 August 1793, IOR/G/12/93A, pp. 347 – 348.

7 Ibid., p. 348; Staunton, *An Authentic Account of an Embassy*, vol. 1, p. 263.

务，请准许他马上离开；但如果马戛尔尼认为必须把他留下来担任译员，他父亲还是会同意的，只是必须在使团任务完成后把他送到澳门，避免他跟使团人员一起在广州出现。[1]最后，Antonio 没有跟随使团去北京，但继续在"尝试号"上提供服务，10 月 10 日返抵澳门，[2]且得到很不错的评价，东印度公司秘密及监督委员会还认为他值得鼓励以及给予应有的保护，[3]就是只跟他短暂相处的额勒桑德也说他是一个讨人喜欢的年轻人。[4]在清廷的档案里，这名年轻人以"安顿"的名字出现过一次，那是在时任浙江巡抚长麟在乾隆五十八年五月二十日（1793 年 6 月 27 日）送呈的奏折里，奏报定海镇总兵马瑀在五月十四日（6 月 21 日）在定海洋面见到一只夷船，上有"管兵官名全波罗答带有通事一名安顿"，这二人分别就是普罗克特和 Antonio。显然，"安顿"并不是Antonio 真正的中文名字，不过，他没有"假扮为欧洲人"，而是告诉马瑀他是吕宋国人。[5]这无疑是较聪明的对应办法，他大概知道自己看起来不像欧洲人，而吕宋有华裔国民是很合理的。但无论如何，看来安顿这次为马瑀跟普罗克特晤面进行的翻译是

1　Secret and Superintending Committee to Macartney, Canton, 28 September 1793, IOR/G/12/93A, pp. 306 – 307.

2　Procter to Browne, Macao, 10 October 1793, IOR/G/12/93A, pp. 340 – 341.

3　"At a Secret Committee," Canton, 22 October 1793, Secret Consultations, Secret and Superintending Committee, IOR/G/12/93A, pp. 360 – 361.

4　Alexander, "Journal of a Voyage to Pekin in China," 22 July 1793.

5　《浙江巡抚长麟奏为英遣官过浙探听该国贡使曾否抵京折》，《英使马戛尔尼访华档案史料汇编》，第 309—310 页。沈艾娣说 Antonio 曾在马尼拉生活，见 Harrison, *The Perils of Interpreting*, p. 91。我们不能完全排除这可能性，因为 Antonio 掌握的外语是西班牙语。但在沈艾娣书中的注释中所列各条资料均不能佐证这一观点。唯一的可能就是长麟在奏折中说安顿自称为吕宋人，但这似乎只是安顿杜撰出来欺骗长麟的。

成功的，根据长麟的奏折，这次晤面沟通没有什么问题，中国官员知道普罗克特到来的原因，还给他们送了食物，[1] 只是使团画师额勒桑德在日志中记下当时他们想通过译员购买一些日用品，但中国官员却误会了，变得很愤怒，且威胁要把他们扣押。虽然后来他们没有这样做，但已吓怕了安顿，因为那些官员特别提到他是中国人，结果，安顿不愿意再担任使团的译员。[2]

可以顺带一提，安顿那位在澳门教授东印度公司成员中文的通事哥哥，其实也间接为使团服务过。由于 8 月初东印度公司专员在广州得到消息，知道法国已正式向英国宣战，他们认为有必要马上通知马戛尔尼。为了与使团联络，他们特意在广州购买一条船，易名为"伊菲革涅亚女神号"（the *Iphigenia*），由因弗拉里蒂船长（Captain David Inveracity）主管，准备北上找寻使团。但由于他们必须在舟山附近聘请引水员，引领他们到天津附近水域，东印度公司便在澳门找了一名通事给他们当译员，还在发给因弗拉里蒂船长的指令中称赞这名通事的性格和行为良好，可以信赖。[3] 从专员写给马戛尔尼的信中可以知道，这名通事就是安顿的哥哥。安顿的哥哥是秘密及监督委员会在广州找来的一位中文教员，原先也是一位通事，为方便向东印度公司职员教授中文，搬往澳门居住，但不肯入住公司的房子，宁可住在附近。同时，他也不肯直接收取费用，委员会决定负责他在澳门的一切开支，另

---

1 《浙江巡抚长麟奏为英遣官过浙探听该国贡使曾否抵京折》，《英使马戛尔尼访华档案史料汇编》，第 309—310 页。

2 Alexander, "Journal of a Voyage to Pekin in China," 22 July 1793.

3 Secret Committee, "Orders and Instructions to Captain David Inveracity Commanding the *Snow Iphigenia*," Canton, 29 September 1793, IOR/G/12/93A, pp. 317－318.

外在广州向他父亲支付酬劳。[1] 为应付这突然出现的需要，东印度公司的专员们好不容易才说服他的父亲同意让他在"伊菲革涅亚女神号"上当译员，但条件是必须让他坐这条船回来。换言之，他的父亲不希望他这次也像安顿一样，临时被派遣为使团工作。[2]"伊菲革涅亚女神号"在 10 月 5 日从澳门出发，[3] 但由于风向及天气恶劣，被迫折返，没有见到使团。11 月 17 日回到澳门后，这名通事便把原来携带的文件送回秘密及监督委员会。[4] 正因为这缘故，清廷档案里完全没有任何与这名广州通事相关的记载。[5]

　　值得多作交代的是一名在使团到达澳门后才招聘且真正为使团工作过的译员。他名叫 Lorenzo de Silva，并不见于马戛尔尼的日志或斯当东的回忆录。斯当东在回忆录中抄录马戛尔尼写给

---

1 "At a Secret Committee," Canton, 29 September 1793, IOR/G/12/93A, p. 315; Morse, *The Chronicles of the East India Company*, vol. 2, p. 209.

2 Secret and Superintending Committee to Macartney, Canton, 28 September 1793, IOR/G/12/93A, p. 307.

3 "At a Secret Committee," Canton, 13 October 1793, IOR/G/12/93A, p. 327.

4 "At a Secret Committee," Canton, 9 November 1793, IOR/G/12/93A, pp. 441–443.

5 不过，清廷对于此事并不是完全不知情。东印度公司在购买"伊菲革涅亚女神号"时，曾与原船主议定，办事完毕后再以折扣价卖回船主。参见 "At a Secret Committee," Macao, 11 September 1793, IOR/G/12/93A, p. 264。不过，香山县丞在知悉事件后，要求缴纳税项，因为"查澳夷买船顶额，向有成规，自应循例禀请查丈输钞"，但澳门葡萄牙方面最初回应是"该二船即系英吉利国带信前来之船，非有澳夷买受"，更编造谎言说"贡使之说开行，即欲随同回国"，但此说法不为香山县丞所接受，要求委黎多"照依事理，即便查明前项英吉利国随贡来船二只，是何名号，是否系澳夷买受？如果恃蛮不肯输钞，立即驱逐开行回国，毋许停留澳内，滋生事端"。《署香山县丞丁为查原英国随贡来船二只是否澳蕃买受事行理事官》，刘芳辑，章文钦校：《葡萄牙东波塔档案馆藏清代澳门中文档案汇编》下册，澳门：澳门基金会，1999 年，第 735 页。

"狮子号"船长高尔的一封信时曾提及这名译员，却没有把名字征引出来。[1] 马戛尔尼这封信写于 1793 年 7 月 27 日，原是要指派高尔带领"狮子号"到日本去，信中说出这名译员的名字叫 Lorenzo。[2] 在中文档案里，他的名字主要作"锡拉巴"，[3] 也有叫他作"嘤哩吧"的，[4] 这就是 Silva 的音译。原来，英国这次派遣使团，除了要去北京外，还希望同时开拓其他国家地区，马戛尔尼因而还带备了好几份国书，包括写给日本国王的一份。[5] 当船队到达天津海面后，由于马戛尔尼预计使团会在北京逗留一段颇长的时间，便指示高尔代表使团到日本去。不过，虽然早在使团还没有从英国出发前，马戛尔尼便已提出必须尽快找到日语译员，[6] 而且曾经请求英国驻圣彼得堡大使协助，找寻一名可能充任译员的日本人，但没有成功，[7] 马戛尔尼只好让锡拉巴为高尔当翻译。因

1 Staunton, *An Authentic Account of an Embassy*, vol. 1, p. 251.

2 Macartney to Gower, Tien Sing Road, 27 July 1793, IOR/G/12/92, pp. 140 – 141.

3 《英使马戛尔尼访华档案史料汇编》，第 22、78、165、576、579、772 页。

4 同上，第 594 页。

5 关于在日本开拓商贸机会，邓达斯曾给予马戛尔尼明确的指示，这会对中国构成竞争，有助于英国争取较有利的货品价格，甚至对使团在北京的谈判有帮助。Dundas to Macartney, Whitehall, 8 September 1792, IOR/G/12/91, pp. 370 – 371; also in IOR/G/12/20, p. 53。此外，克兰默-宾指出，英国这次派遣使团到中国及日本，也跟英国与俄国这一时期在远东利益问题上的矛盾有关，马戛尔尼自己也非常关注俄国的扩张。J. L. Cranmer-Byng, "Russian and British Interests in the Far East, 1791 – 1793," *Canadian Slavonic Papers* 10, no. 3 (Autumn 1968), pp. 357 – 375；又可参见 Hillemann, *Asian Empire and British Knowledge*, p. 36。

6 "Memorandum," Macartney to Dundas, Curzon Street, 10 February 1792, IOR/G/12/91, p. 125.

7 Cranmer-Byng, "Russian and British Interests in the Far East, 1791 – 1793," pp. 359 – 360.

此，锡拉巴最终没有随团到北京去。

在给高尔爵士的信里，马戛尔尼把锡拉巴称作"servant"，并说他能讲中文、法文、拉丁文和葡萄牙文。[1] 但这"servant"的说法不是来自马戛尔尼，而是来自澳门的法国天主教澳门区总务长克洛德·勒顿达尔（Claude François Letondal，1753—1812）。由于柯宗孝的离团，斯当东在澳门寻求协助，勒顿达尔给他推荐了自己的"servant"，条件是使团到了北京后能尽量帮助那里的法国传教士。[2] 锡拉巴很可能是混血儿，在澳门学习传道。[3]

根据在东印度公司档案中所见到马戛尔尼的简单描述，锡拉巴似乎是一名不可多得的译员，而且，马戛尔尼是颇为不情愿地让锡拉巴离开使团的。他这样说过：

> 由于没有译员为他〔高尔爵士〕服务，他说服我把锡拉巴让给他。虽然锡拉巴离开会给我带来非常严重的不便（老实说，没有他，我根本不知可以怎样做），但为了公众的利益以及高尔爵士的请求，我只好作出这样的牺牲。[4]

从这报告看来，好像是高尔主动提出要求，最终才说服马戛尔尼把锡拉巴让与他；但从马戛尔尼给高尔的信看，却是马戛尔尼主动提出让锡拉巴陪高尔去日本的。不管怎样，看来锡拉巴的确很

---

[1] Macartney to Gower, Tien Sing Road, 27 July 1793, IOR/G/12/92, pp. 140 - 141.

[2] Giambattista Marchini, Macao, 3 November 1793, APF SOCP, b. 68, f. 485v.

[3] Harrison, *The Perils of Interpreting*, p. 92.

[4] Macartney to Secret Committee, on board the *Lion*, 6 August 1793, IOR/G/12/93A, p. 347.

有能力，让马戛尔尼认定他是称职的译员，甚至说让高尔把他带走是自己的牺牲；而高尔当时也马上回信给马戛尔尼说"锡拉巴会是非常有用的"，[1] 且在几个月后的另一封信里，更报告说锡拉巴"很好，如果没有他，我们便会陷入无数的困难"，又说"如果没有这样的助手，我们不可能完成我们所要做的"。[2] 不过，学者从这封信中读出一个不太正面的意思：马戛尔尼对锡拉巴感到不信任，担心他会为澳门的葡萄牙人探听使团的消息，所以打消原来要把锡拉巴一直带到北京的念头，[3] 改派他去为高尔工作，离开使团。[4] 这大概是因为高尔在信中说到锡拉巴"很容易〔处理〕，我们前往澳门或任何地方，他都没有提出什么问题"。[5] 然而，这究竟具体是什么意思？高尔没有再提供其他讯息，但由于锡拉巴跟随高尔离开，没有陪同马戛尔尼到北京，也就不能为使团作出更多贡献；而且，因为高尔后来没有去日本，最终锡拉巴根本不能发挥很大的作用。最可惜的是：马戛尔尼或斯当东都没有交代过锡拉巴在离开使团前曾担负过什么翻译任务，又或是他有什么特别能力或出色表现，从而让我们更好地理解为什么使团人员认为他是这么重要。

其实，由于锡拉巴是在使团 6 月 21 日到达澳门后才获聘用的，然后在 8 月 7 日便跟随高尔离开，那么，他为马戛尔尼服务的时间大概只有一个半月，而且在这段时间里，使团船队大部分

1 Gower to Macartney, off of Tien-Sing, 27 July 1793, IOR/G/12/92, p. 153.

2 Gower to Macartney, Chusan, 16 September 1793, *An Important Collection*, vol. 6, doc. 271, CWCCU.

3 据沈艾娣查阅的牛津大学斯当东档案，斯当东所草拟最后随团前往北京的成员名单原来是有锡拉巴的名字的。Harrison, *The Perils of Interpreting*, p. 99。

4 Ibid.

5 Gower to Macartney, Chusan, 16 September 1793, *An Important Collection*, vol. 6, doc. 271, CWCCU.

时间都是在大海里航行，直至 7 月 23 日才由探船"豺狼号"第一
次与中国官员接触和沟通，这点将于下文马上讨论。但在这之前，
如果说锡拉巴在使团里曾帮忙做翻译工作，那就只能限于文书方
面，而不涉及与中国官员的口语传译。不过，在这短短的几十天
内，使团并没有多少文书上的翻译工作，而且，究竟锡拉巴会不
会写中文？这也是没有什么可靠的资料证明的。

至于与中国官员沟通的口译工作，在《汇编》所收清廷档案
里倒是有所记载，锡拉巴的名字在书中出现的次数不算少，共有
九次，但这并不是说档案记录了他参加过九项活动，因为实际所
涉及的事件只有两宗。其一是在使团船队到达天津外海庙岛附近
地区时，马戛尔尼派遣"豺狼号"船长坎贝尔上尉（Lieutenant
Campbell）及使团成员惠纳带领"豺狼号"先行探水，由锡拉巴
在船上担任译员。据负责接待使团的直隶总督梁肯堂在乾隆五十
八年六月二十一日（1793 年 7 月 28 日）的奏折，天津镇苏宁阿、
天津道乔人杰及长芦盐政征瑞于六月十六日（7 月 23 日）登上探
船查看，取得一些有关使团的讯息，诸如船队于前一年八月出发，
共有五艘船，官役水手七百余人等，又与他们商议船队起旱前赴
北京的路线。在整个过程中，一切的沟通都是通过"通事锡拉巴"
进行的，看来他担当了重要的沟通角色，因为在这份奏折中，"锡
拉巴"的名字出现了两次，而坎贝尔上尉及惠纳（分别译为"根
门"及"希尔纳"）只是在最初介绍探船的情况时被稍为提及。[1]

1《直隶总督梁肯堂奏报英探水船来津并仍回庙岛缘由片》，《英使马戛尔尼
访华档案史料汇编》，第 342—343 页。除了梁肯堂这份奏片外，《英使马戛尔尼
访华档案史料汇编》另外收有七份文档，都与这次锡拉巴负责的翻译活动相关。
同上，第 22、37、117、348、372、596、602 页；也有些文件只提到有通事一名，
没有点出名字，但肯定也是指锡拉巴，同上，第 338 页。

"豺狼号"是在六月十八日（7 月 25 日）离开的，[1] 换言之，使团第一次与中国官员正面沟通前后有两天，就是由锡拉巴负责翻译工作的。[2]

清宫档案记录锡拉巴的第二项活动，就是在高尔及其"狮子号"离开使团后不久即在黄海与中国官员相遇，锡拉巴向中国官员简略解释：因为特使在天津登岸后，其他船只不愿在洋面停泊，当时是准备开往定海；另外又交出一封写给马戛尔尼的信，请求中国官员代为转达。[3] 看来锡拉巴这趟翻译任务比较简单。当然，他们不会告诉中方，高尔其实是准备代表马戛尔尼率领使团到日本去的。

然而，使团在抵达北京前与中国官员还有一次十分重要的见面，锡拉巴却很可能没有参加。那就是天津道台乔人杰和副将王文雄（1749—1800）在 1793 年 7 月 31 日登上"狮子号"与马戛尔尼的见面。尽管乔人杰和王文雄并不是最高级的接待官员，但主要安排事务的工作都是由他们二人负责；而且，这次是马戛尔尼本人第一次与中国官员见面，更讨论过一些重要问题，包括决定使团登岸的安排、礼品和行李的运送等；另外，马戛尔尼还明确告诉中方不会在见到乾隆前交出国书，但答应马上提供礼品清单等。[4] 在这第一场重要的晤面中，由于参加的人较多，使团感到翻译人手不足，临时把小斯当东拉过来充当译员。尽管他们后来

---

1 Macartney, *An Embassy to China*, p. 68.

2 马戛尔尼的日志有较多的细节，记录"豺狼号"在遇上中国官员后，先有几名较低级中国官员登船，然后他们请船员登岸，跟两名重要官员见面。Macartney, *An Embassy to China*, pp. 68 - 69。

3《山东巡抚吉庆奏为英贡船三只先回庙岛拟赴定海停泊现经妥为照料折》，《英使马戛尔尼访华档案史料汇编》，第 372—373 页。

4 Macartney, *An Embassy to China*, pp. 71 - 72.

认为小斯当东的表现不错，颇能胜任，[1]但其实当时小斯当东学习中文才一年左右，也要被迫上场；他们甚至还尝试过让斯当东协助翻译，因为斯当东也跟小斯当东一起学中文，但却完全无能为力。[2]由此可见，当时缺乏译员的情况是多么严重。但让人很疑惑的是：虽然翻译人手不足，但所有使团成员都没有提及锡拉巴在这次重要晤面中协助过什么工作，相关记述中连他的名字也没有出现。究竟他有没有协助翻译工作？我们知道，马戛尔尼是在 8 月 7 日才离开"狮子号"，让高尔启程去日本的。[3]这样，即使锡拉巴不一定在"狮子号"上，也应该在附近的船只上，没有理由不参与翻译工作。不过，在这之前，马戛尔尼已经决定让锡拉巴跟随高尔离开。也许因为这个缘故，锡拉巴没有参与马戛尔尼跟中国官员的第一次晤面和商讨。

不管怎样，虽然锡拉巴可能的确很有能力，但在 8 月初跟随高尔爵士离开后，便未能为马戛尔尼在北京服务，使团最后便只有一名正式译员李自标。

上文讨论过李自标自愿跟随使团到北京的宗教原因，但他真的不用担心人身安全问题吗？斯当东的回忆录说李自标自己提出过两个解释：一是他相信假如发生事故，大使一定会尽力营救他；二是他自觉样貌跟一般汉人不太相像，因此他特意改换英国军装，佩戴军刀，改用英国名字。[4]显然，在这两个理由中，后者才是关

<hr>

1 Staunton, *An Authentic Account of an Embassy*, vol. 1, p. 242.

2 Ibid., pp. 241 – 242.

3 Erasmus Gower, *A Journal of the Proceedings of His Majesty's Ship Lion, Commanded by Sir Erasmus Gower, Knt., Commencing in the Yellow Sea on the 5th of August 1793 and Ending at Whampoa in the River Canton the 9th January 1794*, p. 3; Macartney to Dundas, near Han-chou-fu, 9 November 1793, IOR/G/12/92, p. 42.

4 Staunton, *An Authentic Account of an Embassy*, vol. 1, pp. 241 – 242.

键所在，因为如果柯宗孝在担任使团译员期间出现什么问题，马戛尔尼肯定也会同样保护他。那么，为什么李自标会说自己不像中国人？斯当东回忆录里说过李自标"来自被中国吞并的鞑靼地区"（"He was a native of a part of Tartary annexed to China"）。[1] 在当时西方人的论述里，鞑靼（Tartary）的含义很广泛，简单而言是指长城以外所有的地方，[2] 蒙古和满洲等都包括在内。马戛尔尼和斯当东在回忆录里都经常以"Tartar"来描述满洲人，以"Chinese"来指称汉人，但其实他们对满洲鞑靼和蒙古鞑靼又是有所区分的。马戛尔尼便说有西面的鞑靼，那是蒙古鞑靼（"the western or Mongol Tartars"），而满洲则是北方的鞑靼（"the northern or Manchu Tartars"）。[3]

原来，斯当东所说李自标来自的"被中国吞并的鞑靼地区"是指甘肃，这点早在 1776 年中华书院长老真纳罗·法蒂加蒂所写对于这些中国学院的记录中已经指出了：李自标来自甘肃的连城府（Lian Cenfu）；[4] 而现有中华书院的官方记录则注明李自标籍贯为甘肃凉州。[5] 因为李自标祖籍宁夏，明末时家族迁入凉州，即甘肃武威，属少数民族，但到底是什么民族，我们没有足够的资料确定，不过显然不是佩雷菲特指称的满洲人。[6] 樊米凯说他很可能是回族

1　Staunton, *An Authentic Account of an Embassy*, vol. 1, pp. 241 - 242.

2　Henrietta Harrison, *The Missionary's Curse and Other Tales from a Chinese Catholic Village*（Berkeley, Los Angeles and London: University of California Press, 2013）, p. 58.

3　Macartney, *An Embassy to China*, p. 222.

4　"Nota degl'Alunni esistenti nel Collegio della S. Famiglia di Gesù Cristo a' 30 novembre 1776," SC Collegi Vari, vol. 10, ff. 442r - 442v.

5　Fatica, *Archivio Storico del Collegio dei cinesi*, p. 4.

6　Peyrefitte, *The Collision of Two Civilisations*, p. 48.

人，不过也没有提供明确证据。[1] 但无论如何，从斯当东的回忆录
看，非汉族的李自标的确认为自己样貌跟一般汉人不相像，也许
可以让人以为他是西方人，担任使团译员的风险较低。[2] 我们今天
在大英图书馆可以找到当时使团画师额勒桑德所绘严宽仁的图
像，[3] 却没有李自标的，这是因为在来华航行途中严宽仁与画师坐同
一条船"印度斯坦号"，而李自标则与马戛尔尼和斯当东乘坐"狮
子号"。图像所见严宽仁身穿白色的英国军装，可以想象李自标也
会穿着这样的服装。事实上，李自标就说过在决定担任使团译员、
陪同使团到北京后，便换上了英国军队的制服；[4] 而且，前文提过使
团也曾为安顿提供制服，只是他不肯接受，怕被人认出而已。[5] 十分
有意思的是：严宽仁说不用担心李自标的安危，他聪明灵活，"能
够像演员一样变成另一个人"。[6]

　　样貌以外，还有他的名字。在李自标还没有回国，甚至在斯当东还
没有到来前，李自标在那不勒斯收到一封署名 Camillus Ciao 的信。[7]

　　1 Fatica，"Gli Alunni Del Collegium Sinicum di Napoli，" p. 534.

　　2 Staunton，*An Authentic Account of an Embassy*，vol. 1，pp. 241‑242.

　　3 William Alexander，"Dominus Nean：Illustration 1792‑1794，" accessed through Adam Matthew Digital，"China：Trade，Politics and Culture，1793‑1980".

　　4 Staunton，*An Authentic Account of an Embassy*，vol. 1，p. 192.

　　5 Macartney to Secret and Superintending Committee，Tiensing Road，on board the *Lion*，6 August 1793，IOR/G/12/93A，pp. 347‑348.

　　6 Harrison，*The Perils of Interpreting*，p. 89.

　　7 我们不能完全确定 Camillus Ciao 的名字和身份。查那不勒斯中华书院的学生档案，并无完全相同拼写方式的名字，较为接近的是 Cajetanus Siu，中文名字叫徐格达（1748—1801），与柯宗孝、李自标等一行八人在 1773 年 10 月抵达那不勒斯，1778 年 9 月回国。他祖籍甘肃甘州，与李自标的祖籍甘肃凉州相距不算太远，因此有可能知道李自标家中的消息。不过，这推测也不一定准确，因为在中华书院的旧生档案里，Ciao 拼写的是"赵"，如早年的赵多明（Dominicus Ciao，1717—1754）、赵西满（Simon Ciao，1722—1778），只是在这段时间里，档案中没有赵姓的中国学生。Fatica，*Archivio Storico del Collegio dei cinesi*，pp. 2‑3.

Camillus Ciao 在信里告诉李自标家中遭官府迫害，财物受到严重损失，且有一至二名成员被永远流放伊犁。他告诫李自标，将来回到广州后必须躲藏起来，或是把姓名改掉，以免官员知悉他的天主教徒身份，对家人造成进一步伤害。[1] 斯当东回忆录里说，译员的名字会让人知道他的中国身份，因此也改了一个"在意义上相同的英文名字"，[2] 把"李"译成"Plum"。这出现在小斯当东的日记里，有时候甚至再转化为"Mr Plumb"。[3] 而李自标自己则曾在一封信中署名"Plume"。[4] 显然，这就是使团用来向朝廷汇报使团译员的名字。在清廷的档案中，我们见不到李自标这样的名字，出现在中国官方文献中最多的是"娄门"，[5] 又或是松筠所用的"楼门"，[6] 这就是"Plum"的音译。

但不管怎样，李自标的设想似乎并不奏效。李自标在使团离开北京到达广州后所写的两封信，都清楚说到自己的中国人身份

1 Camillus Ciao to Jacob Ly, undated, ACGOFM, Missioni, 53, f. 75。这封信没有注明日期，但在信中 Camillus Ciao 提及李自标曾在 11 月 23 日写信给他，报告他们全部人已取得圣职的消息，这时候预计王英也应该可以通过。那这封信便应该是在 1785 年上半年写的，因为李自标是在 1784 年 11 月 14 日获委任为神父，而王英则是在 1785 年 5 月 17 日获授圣职的。

2 Staunton, *An Authentic Account of an Embassy*, vol. 1, p. 192.

3 Thomas Staunton, "Journal of a Voyage to China, Second Part," 16 September 1793, p. 103, Staunton Papers, Duke University.

4 Plume [Li Zibiao] to Macartney, Siganfu, Shansi, 10 October 1795.

5《赏英贡使带赴热河官役清单》，《英使马戛尔尼访华档案史料汇编》，第135 页；《拟赏总兵官等人清单》，同上，第 150 页；《直隶总督梁肯堂等奏报接见使臣情形折》，同上，第 360 页；《长芦盐政征瑞奏报贡使学习跪拜礼节片》，同上，第 374 页。

6《钦差松筠奏报恭宣谕旨贡使感激情形及现在行走安静情形折》，同上，第405 页；《钦差松筠奏报传示恩旨英贡使忻感情形及严词拒绝在沿途买物折》，同上，第 414 页；《钦差松筠奏报行至武城贡使至舟中面谢并禀述各情及当面开导情形折》，同上，第 437 页。

早已被识破；[1] 更严重的消息来自澳门教区总务长马尔克尼。他在使团已离开北京，但李自标还身在广州的时候写信到罗马，说要待李自标抵达澳门后他才会稍感放心，因为他曾接到过北京的来信，告诉他朝廷肯定知道李自标的中国人身份，只是不想跟英国人有太大的矛盾才故意不提，但广东总督有一天曾对李自标说："你是我们的人，你要付出代价的；你的家人也在我手上，他们会为你付出代价。"["*Tu sei dei nostri. Tu la pagherai. I tuoi parenti da me dipendono, ed essi la pagheranno per Te.*" （"You are ours. You will pay for it. Your relatives depend on me, and they will pay for you.")][2] 这封来自北京的信应该是由北京的天主教士所写的，而这位"广东总督"就是两广总督福康安（1754—1796）。福康安对使团很不友善，马戛尔尼在热河时曾邀请他检阅自己带来的卫队以及新式的武器，但福康安的反应非常冷淡，态度傲慢，甚至说这些兵器没有什么新颖的地方。[3] 此外，在使团刚到达通州的时候，接待官员便向马戛尔尼问及英国是否曾出兵协助"西藏的叛军"。马戛尔尼很意外，也极力否认。[4] 这消息来源很可能就是福康安，因为就是他负责平定廓尔喀对西藏的入侵。[5] 此外，李自

---

1 Jacobus Ly, Guangzhou, 25 December 1793, APF SOCP, b. 68, f. 610r; Jacobus Ly, Macao, 20 February 1794, APF SOCP, b. 68, f. 617v.

2 Giambattista Marchini, Macao, 17 October 1793, APF SOCP, b. 68, f. 484r.

3 Macartney, *An Embassy to China*, p. 128.

4 Ibid., pp. 86 – 87。所谓"西藏的叛军"是指入侵西藏的廓尔喀军队，相关的讨论详见《后续篇》。

5 沈艾娣认为：乔人杰和王文雄很可能是通过李自标知悉英国人在印度的扩张。她提出的理由是：李自标是唯一懂汉语的人，经常与乔人杰和王文雄谈话，而李自标与英国人相处已有一年半；他关心政治，不可能不知道英国人占领印度的情况，甚至可能担心英国对中国构成威胁；因此，乔人杰和王文雄很可能通过与李自标的接触取得有关英国的消息。Harrison, *The Perils of Interpreting*, pp. 107 – 108。不过，该书并没有提出任何实质性的证据，并明言这只是出于猜

标的哥哥李自昌（？—1795）[1] 是绿营守备，在金川打过仗，还属于福康安部下，[2]《清实录》中记有他在乾隆四十一年（1776 年）二月以宁夏千总身份获赏戴蓝翎，[3] 然后又在乾隆五十二年（1787年）平定台湾林爽文起义时"打仗出力"，赏戴花翎。[4] 应该指出，对于李自昌在朝廷的升迁，李自标在那不勒斯的时候也是知道的，因为前引 Camillus Ciao 在 1785 年初写给李自标的信，除告诉李自标他家人因为宗教问题而受压迫外，也专门谈到李自昌的情况，说他到北京后获升为守备，后更擢升为千总，派驻广东省潮州府（Sciao-Ceu-Fu）。[5] 显然，李自昌也很想跟这位离开中国近 20 年的弟弟见面，在李自标到达北京后，他在 1793 年 9 月 26 日专程从广

（接上页）想。然而，当中颇有疑点，最大的问题是当时李自标跟乔人杰、王文雄只算是初相识，见面次数不多，有没有可能建立一种关系，让李自标愿意跟他们谈论英国人在印度的情况？乔人杰和王文雄第一次与马戛尔尼见面是在 7 月 31日，而他们向马戛尔尼询问西藏的情况是在 8 月 16 日，相识才不过半个月，更不要说他们有什么机会可以单独谈话。而且，这时候的李自标对使团的忠诚是毫无疑问的，离开中国十多年、以在中国传教为己任的李自标，会马上跟两位刚认识不久的清朝官员推心置腹地细谈英国人侵略外国的情况吗？此外，我们见到李自标在几天后的 8 月 24 日还跟中方争论究竟英国人带来的是礼品还是贡品，而沈艾娣也指出，使团在到达北京后曾因为住宿问题与接待官员争论，李自标更明言不愿意与乔人杰、王文雄商讨。同上，第 110—111 页。最重要的是，马戛尔尼日志很清楚地说明朝廷怀疑的原因，是福康安在平定廓尔喀时遇到很大的抵抗，让朝廷怀疑有欧洲人协助廓尔喀。这消息显然是来自战场的。Macartney, *An Embassy to China*, pp. 70, 87, 97.

　　1 1795 年 10 月 10 日，李自标写信给马戛尔尼，说自己在广州的哥哥最近去世了。Plume［Li Zibiao］to Macartney, Siganfu, Shansi, 10 October 1795。

　　2 Harrison, "A Faithful Interpreter," p. 1080.

　　3《清高宗纯皇帝实录》卷 1003，第 21 册，第 448 页。

　　4《钦定平定台湾纪略（下）》卷四十二，台北：台湾银行经济研究室，1961 年，第 22 页。

　　5 Camillus Ciao to Jacob Ly, undated, ACGOFM, Missioni, 53, f. 75.

东赶来相叙，且跟柯宗孝同行。[1] 这样看来，李自标的中国人身份
被福康安及其他人识破是很有可能的。

马尔克尼信里的说法以及马戛尔尼和斯当东的记述，给人的
感觉都是李自标出任使团译员会有很大的危险。这是可以理解的。
当想到 30 多年前帮助洪任辉书写状词的刘亚匾被乾隆以奸民的罪
名处死，[2] 便可以明白李自标的处境着实危险。但另一方面，长期
住在海外、以外国使节或译员身份回到中国的情况，在中国历史
上也很常见。[3] 一个较为人熟知的例子是明末跟随葡萄牙皮莱资
（Tomé Pires, 1465?—1524?）使团来华的通事火者亚三，史家认
为这就是"以华人充任大使"的个案。[4] 虽然亚三最终被处死，但

1　Thomas Staunton, "Journal of a Voyage to China, Second Part," 26
September 1793, p. 117, Staunton Papers, Duke University.

2　本来，刘亚匾所犯的"与夷人勾结"罪，"按律应发边远充军"，但负责
审理案件的两广总督李侍尧（？—1788）却要求"从重立毙杖下"。然而，乾隆
对此仍不满意，下旨实行更重的惩处："刘亚匾为外夷商谋砌款，情罪确凿，即
当明正刑典，不得以杖毙完结。"《高宗纯皇帝圣训》卷一百九十九《严法纪》七，
《大清十朝圣训》第 7 册，台北：文海出版社，1965 年，第 4 页，总第 2629 页。

3　参见陈学霖：《记明代外番入贡中国之华籍使事》，《大陆杂志》第 24 卷第
4 期，1962 年 2 月，第 16—21 页；陈学霖：《"华人夷官"：明代外蕃华籍贡使考
述》，《中国文化研究所学报》第 54 期，2012 年 1 月，第 29—68 页；陈尚胜：
《"夷官"与"逃民"：明朝对海外国家华人使节的反应》，《中国传统对外关系研
究》，北京：中华书局，2015 年，第 120—137 页。

4　金国平、吴志良：《一个以华人充任大使的葡萄牙使团——皮来资和火者
亚三新考》，《行政》第 60 期，2003 年，第 465—483 页。关于皮莱资使团，可
参见张维华：《葡萄牙第一次来华使臣事迹考》，《史学年报》第 1 卷第 5 期，
1933 年，第 103—112 页；T'ien-Tsê Chang, "Malacca and the Failure of the First
Portuguese Embassy to Peking," *Journal of Southeast Asian History* 3, no. 2
（September 1962）, pp. 45‑64。从前一般认为，使团被遣返是因为葡萄牙侵占
满剌加，满剌加向北京求救，并揭发使团冒认满剌加来使，因而被逐。但此说已
遭否定，广东当局和礼部早知使团来自佛郎机，处死通事火者亚三是因为他"诈
称满剌加国使臣"。金国平、吴志良：《一个以华人充任大使的葡萄牙使团》，第
465—483 页。

那并不是因为他是华人的缘故。[1]事实上，我们可以确定，尽管中国官员清楚地知道李自标中国人的身份，但李自标为英国人作使团译员，最终并没有为他带来什么麻烦，恰恰相反，李自标跟不少中国官员关系很不错。事实上，作为使团的正式译员，李自标在清政府官方接待的场合享有较高的位置，一直被视为使团的第三号人物，也是使团中的一位领导人物，李自标对此颇感自豪。[2]在使团离开后，李自标一直留在中国，在山西地区传教，除经常写信到罗马及那不勒斯外，更一直与使团保持联系。由此看来，尽管他的中国人身份早已暴露，却没有带来什么麻烦。

严格来说，李自标出任英国使团译员的资格是颇成疑问的，最大的问题是他不懂英语。李自标长期在意大利接受传教训练，掌握的外语是意大利文和拉丁文，无法直接作中、英文对译，每

---

1 关于通事火者亚三被诛事，《明史》记："亚三侍帝骄甚。从驾入都，居会同馆。见提督主事梁焯，不屈膝。焯怒，挞之。〔江〕彬大诟曰：'彼尝与天子嬉戏，肯跪汝小官邪？'明年，武宗崩，亚三下吏。自言本华人，为番人所使，乃伏法。绝其朝贡。"（清）张廷玉等：《明史》卷三百二十五，第28册，北京：中华书局，1974年，第8431页。又见《明世宗肃皇帝实录》卷一百〇六，《明实录》第76册，台北："中央研究院"历史语言研究所，1966年，第2507页。至于火者亚三的身份，上引《明史》记其"自言本华人"；负责接待使团的广东佥事署海道使顾应祥在《静虚斋惜阴录》中更说他是"江西浮梁人"，录自万明：《中葡早期关系史》，第29页。张维华据《元史》"火者其官称也"，指称："火者既为回人之官称，则火者亚三似当为一回回人。"又说："葡人初入中国时，其舌人或系回人充当，今自'火者'二字之音义，及上举各家所言观之，火者亚三似为葡使舌人之回回人名。"张维华：《明史佛郎机吕宋和兰意大里亚四传注释》，北平：哈佛燕京学社，1934年，第14—15页。另外，伯希和也持相同的看法，并将火者亚三的名字还原为Hōja Assan（Khoja Hassan），参见 Paul Pelliot, "Le Hōja et le Sayyid Husain de l'Historie des Ming," *T'oung Pao*, Second Series 38, livr. 2/5 (1948), pp. 81 – 292。但也有人把他名字还原为 Khoja Hussain，见 Geoff Wade, "The Portuguese as Represented in Some Chinese Sources of the Ming Dynasty," *Ming Qing yanjiu* 9 (2000), pp. 89 – 148。

2 Jacobus Ly, Macao, 20 February 1794, APF SOCP, b. 68, f. 612v.

次翻译都要经由使团内懂拉丁语的团员先把英语译成拉丁语，然后李自标才能据此翻译成中文。这当然是不理想的。不过，从斯当东跑到那不勒斯寻找译员开始，英国人对此早已知道和接受，因此他们不会有什么不满或投诉，毕竟马戛尔尼及斯当东都是懂拉丁语的。可是，英国人这样的安排却让乾隆感到不耐烦，在接见马戛尔尼期间向使团提出有没有谁能说中文。[1]此外，斯当东还说翻译上的繁复程序是造成乾隆没有多跟马戛尔尼直接谈话的原因。他说，乾隆在圆明园观赏马戛尔尼送来的礼品时，对一艘军舰模型很感兴趣，提出不少问题，但由于翻译人员水平太差，许多技术上的名词译不出来，乾隆最终便减少提问。斯当东由此推断，乾隆跟马戛尔尼直接谈话的次数不多，不是由于礼节上的限制，也不是因为他不关心欧洲事务，而"完全是因为翻译上的麻烦，无法更好地谈话"。[2]这说法不无道理，反映出问题的严重性，也清楚地说明，翻译过程不流畅，双方难以有效沟通。不过，在这问题上，我们不能完全诿过于使团，因为即使清廷找来的译员也同样只懂拉丁语，不懂英语。

除不懂英语，无法直接翻译外，李自标还有别的不足之处。斯当东在回忆录中两次明确地指出，李自标无论在中文的书写能力上还是对中国官场文化的理解上都有问题。其一是在使团到达北京后，马戛尔尼要向中方说明觐见乾隆时所用的仪式。由于这问题至关重要，他慎重地要求以书面形式表达，并必须最准确地翻译成中文。不过，他们显然对李自标的中文能力有所怀疑。马戛尔尼在写给邓达斯的报告中说："使团译员虽然是中国人，但对

---

1 Staunton, *An Authentic Account of an Embassy*, vol. 2, p. 78.

2 Ibid., p. 122.

于朝廷惯用的文书风格全然不识，而且，由于长时间住在那不勒斯，写的是意大利文和拉丁文，已很久没有书写复杂的中国文字的习惯了。"[1] 而日志里虽然没有直接评论李自标的翻译能力，但说到自己好不容易才说服一名在京法国传教士罗广祥神父（Nicholas Joesph Raux，1754—1801）去协助翻译，并答应他的条件，信函里不会出现罗广祥以至他助手的字迹，也就是要另外找人抄写。[2] 由此可见，马戛尔尼其实也对李自标的中文水平没有信心，认为他没有足够的能力来翻译这封重要的书函。[3]

斯当东回忆录中第二次对李自标的能力表示怀疑，是在马戛尔尼已经跟乾隆见面后。当时清廷希望使团尽早离开，只是和珅说得十分委婉得体，好像欢迎使团继续留下来。不过，具备丰富外交及政治经验的马戛尔尼和斯当东很轻易地便明白和珅的真正意思，只有李自标还误以为和珅真的让使团随意留下，愿意再逗留多久都可以。对此，斯当东的评语是："我们的译员虽然是中国人，但对于自己朝廷的状况及语言是不熟悉的。"[4]

不过，必须强调的是，尽管斯当东等对李自标书写中文的能力抱有怀疑，但并不是说他们对李自标心存不满。对于使团来说，李自标作为译员有一个优点是至为可贵的，就是对使团的忠诚。

1 Macartney to Dundas, near Han-chou-fu, 9 November 1793, IOR/G/12/92, p. 57; Staunton, *An Authentic Account of an Embassy*, vol. 2, pp. 28 – 29.

2 Macartney, *An Embassy to China*, p. 99.

3 沈艾娣在其著作中也征引了马戛尔尼给邓达斯的报告，但上引那一段来自马戛尔尼的话却变成"李自标肯定地说他'完全不熟悉'"（"Li said firmly that he 'was utterly unacquainted with …'"）。Harrison, *The Perils of Interpreting*, p. 112。这传递出一个完全不符合马戛尔尼原来报告的讯息，变成是李自标对自己的中文能力没有信心。虽然我们不能否定这也是有可能的，但马戛尔尼在报告中所说的是他自己对李自标的中文能力没有信心。

4 Staunton, *An Authentic Account of an Embassy*, vol. 2, p. 125.

从各成员的回忆录看，他们自始至终没有怀疑或担心李自标的中国人身份会影响他对英国使团的忠诚；刚好相反，在他们的描述里，李自标一直竭诚尽心地为使团服务，在中国官员面前不但没有感到为难或退缩，且更紧守岗位，处处维护使团的利益。其中一个最突出的例子是关于叩头仪式。负责接待使团的王文雄及乔人杰要求马戛尔尼练习跪叩，在遭拒绝后，他们指令李自标示范，但李自标说他只听命于马戛尔尼一人——马戛尔尼当然不会让李自标作这叩头礼的示范。[1] 此外，尽管早已知道在路上会遇到困难，别的人也不肯去，他还是自告奋勇去为马戛尔尼送信给和珅，结果也的确吃了点苦头，被一些民众骚扰侮辱，但他却丝毫没有抱怨。[2]

更值得一谈的是，他主动地跟中国官员争拗究竟马戛尔尼带来送给清廷的是"礼物"还是"贡品"。8 月 24 日，李自标阻止一批中国工匠拆卸使团带来的一些非常精巧的物品，他的理由是在还没有正式呈送皇帝前，礼物仍归英国人管理，但负责接待使团的长芦盐政征瑞则认为这是呈献皇帝的贡物，不再属于英国人。李自标为此跟征瑞争论起来，他坚持表示那些是礼物，不是贡品。根据马戛尔尼的说法，这次争论最后要由内阁大学士来平息，确定称为"礼物"也没有什么问题。[3] 不过，这件事其实触及一个敏感的核心问题，就是英使团的定位——它究竟是不是来朝贡的？

1 Macartney, *An Embassy to China*, p. 90.

2 Ibid., p. 141；Staunton, *An Authentic Account of an Embassy*, vol. 2, pp. 87–88.

3 Macartney, *An Embassy to China*, p. 97。关于使团礼品被称为"贡品"的问题，巴罗曾这样解释："贡"字分成两个部分，上面的"工"代表艺术、工艺的意思，下面的"贝"字是稀少、珍贵的意思。因此"贡"并不是 tribute 的意思，那是从前一些传教士错误传递的讯息。Barrow, *An Auto-Biographical Memoir of Sir John Barrow*, p. 66。

而由此引申出的是英国与清廷的关系，也就是说，中英两国是否以平等地位交往？这对于一直抱着传统天朝思想的大清朝廷，以及正在积极向海外扩张、建立帝国的英政府来说，都是一个既敏感又重要的问题。李自标在这个问题上积极争辩，说明他要极力维护使团以至英国的国家利益；而且，他的态度看来甚至比马戛尔尼更强硬，因为在早些时候，马戛尔尼已知悉他们的船车队伍被插上"英吉利国贡舡"和"英吉利国贡物"的旗子。[1] 这显然也是李自标告诉他的，可见李自标对这问题十分敏感，只是马戛尔尼决定暂时不去争论。[2] 对于马戛尔尼和斯当东来说，李自标对使团的忠诚是至为重要的，因为他们无须担心自己的想法会被错误传达。不过，上文已指出，李自标参加使团的动机是宗教方面的，这就跟使团的目的有着根本性的差异。我们将会交代他怎样因为宗教原因而做出可能有损使团利益的事情，而且李自标在后期其实对马戛尔尼是有所不满的。换言之，李自标对于使团的所谓忠诚，并不是绝对的。

工作方面，李自标首先要负责的是使团成员与中国官员一般见面时的沟通。从使团成员的回忆录中可以看到，作为使团唯一的译员，几乎所有的口头传译工作都由他担负，更要负责联络及

---

1 参见黄一农：《印象与真相》，第43页。根据马戛尔尼1783年8月16日的日志所记，他是理解旗子所写的意思的，只是他决定暂时不去处理。Macartney, *An Embassy to China*, p. 88。不过，阿美士德在筹划第二次访华使团时曾引录马戛尔尼的日志，说马戛尔尼不知道旗帜上中文字的真正意思。Amherst, "Notes on Policy to Be Pursued by the British Embassy to China," BL IOR MSS EUR F 140/36, quoted from Stevenson, *Britain's Second Embassy to China*, p. 97.

2 Macartney, *An Embassy to China*, p. 88；Staunton, *An Authentic Account of an Embassy*, vol. 2, p. 26.

安排行程住宿,[1] 协助使团机械师在颐和园指导装嵌礼品的工作,[2] 甚至曾经为使团医师作翻译,为和珅把脉治诊等。[3] 不过,在各个传译场合中,最重要的是马戛尔尼与乾隆的见面。尽管清廷也派来了西洋传教士协助翻译,但几经讨论后,中英双方还是决定在马戛尔尼面觐皇帝时由李自标负责传译,斯当东说这是因为"他讲的话是中国味,终究比欧洲人讲中国话更好听些",[4] 李自标更说这是由和珅决定的。[5] 这固然可以进一步确定李自标的中国人身份早为清廷官员所知悉,而且也证明这并没有带来什么大问题。不过,从英国人的角度看来,他们在最重要的场合里得到一个完全可以信赖的译员协助沟通,这是十分理想的安排,不用担心自己的话在翻译过程中被扭曲。

除口头传译以外,作为使团唯一的译员,李自标也必须负责笔译工作。尽管马戛尔尼不让他翻译那封有关觐见仪式的书函,但使团在华期间还呈递过好几份中文文书,包括名义上写给和珅、回应乾隆两道敕谕的重要书函,还有写给松筠和长麟的信,都很可能是李自标翻译的,因为当时使团没有其他懂中文的人,而且由于使团已离开北京,无法得到西方传教士帮忙。就连早在使团抵达中国前已准备好的礼品清单中文译本,因为后来在澳门及舟山加购礼品,最终的文本很可能也是由李自标负责整理及翻译的,原因是柯宗孝、王英和严宽仁等都已经离团。

在某程度上,小斯当东也算得上是使团的译员。

---

1 Macartney, *An Embassy to China*, p. 94.

2 Ibid., pp. 121, 144.

3 "Gillan on Medicine," ibid., p. 283.

4 Staunton, *An Authentic Account of an Embassy*, vol. 2, p. 30.

5 Jacobus Ly, Canton, 25 December 1793, APF SOCP, b. 68, ff. 609r.

　　小斯当东全名叫乔治·托马斯·斯当东，是使团副使斯当东的儿子。他16岁前并没有正式入学，一直跟随惠纳学习,[1] 因为这缘故，斯当东推荐惠纳参加使团，职衔为"听事官",[2] 而他的另一位家庭老师巴罗也同样得以参加使团。斯当东获委任为使团副使后，让小斯当东以马戛尔尼见习童子的身份随团到中国。此外，在与父亲前往那不勒斯寻得译员柯宗孝及李自标后，小斯当东在伦敦已开始跟随他们学习中文。具备很高语言天分的小斯当东——他当时已学会了六种语言[3]——在很短的时间里便已取得成绩。从马戛尔尼以及斯当东的记述中，可以知道小斯当东在这次出使中国的行程中扮演了颇为重要的角色，甚至曾经正式为使团提供过翻译。1793年7月31日，当使团第一次跟北京派来迎接的官员乔人杰及王文雄会面时，由于人数众多，翻译人手不足，小斯当东便试着去做翻译工作，效果很不错；就是斯当东在回忆录中也禁不住称赞自己的儿子虽然学习上不够勤快，但由于他"感觉敏锐，器官灵活，这次证明他是颇能胜任的译员"。[4] 尽管他没有点出小斯当东的名字，但显然是为儿子的表现感到骄傲的。[5] 不过，除这次与中国官员晤面做过口译外，我们再也见不到有人提及小斯当东在其他场合充当译员，尤其是参与笔译工作。毕竟，只学习中文约一年光景的小斯当东是没有足够能力做笔译的；但另一方面，他却在重要的时刻担负别的任务，就是协

1 Staunton, *Memoirs of the Chief Incidents*, p. 5.

2 在中文档案里，惠纳的名字为伊登勒。《带赴热河人名数目折》,《英使马戛尔尼访华档案史料汇编》，第562页。

3 Anderson, *A Narrative of the British Embassy to China*, p. 148.

4 Staunton, *An Authentic Account of an Embassy*, vol. 1, p. 242.

5 在回忆录里，斯当东说自从那不勒斯回来后，便有两人一起跟随两名中国传教士学习中文，但在到达中国后，当需要更多译员时，其中一人完全没法明白中国方面派过来的人员说的话。这人其实就是斯当东自己。同上。

助誊写中文文件，其中有两项是非常重要的：一是刚提及的礼物清单，就是誊抄修改后的一份，[1] 另一则是他誊写了马戛尔尼有关觐见乾隆时的仪式的公函。虽然公函的中文本由北京的外国传教士协助翻译，但没有中国人或朝廷派来的西洋人愿意誊写，害怕被人认出笔迹，马戛尔尼认为小斯当东能够写出工整的中文，就让小斯当东负责誊写。[2] 除这两份重要的文书外，斯当东的回忆录又说小斯当东在热河时也曾誊写过一封由马戛尔尼口述、一名中国人翻译的写给和珅的信件。[3] 从他所描述信件的内容看，这应该是指马戛尔尼在 10 月 1 日写给和珅的信，一方面感谢朝廷准许使团成员在浙江购买茶叶，另一方面仍然提出要求批准"印度斯坦号"船长马庚多斯马上出发前往舟山，又请求准许代转信函。[4] 不过，必须强调的是：小斯当东并没有抄写过乔治三世给乾隆的国书。[5]

---

1 Macaratney, *An Embassy to China*, p. 100.

2 Ibid., p. 99; Staunton, *An Authentic Account of an Embassy*, vol. 2, p. 32.

3 Staunton, *An Authentic Account of an Embassy*, vol. 2, p. 87.

4 "Note to the First Minister Cho-Chan-Tong, from the British Embassador, Delivered at Yuen-min Yuen, 1 October 1793, with Latin translation," IOR/G/12/92, pp. 225 – 232; Macartney, *An Embassy to China*, p. 146.

5 沈艾娣提出小斯当东抄写过乔治三世给乾隆的国书。她还说，斯当东在 1793 年 9 月 8 日跟和珅见面的时候，把国书中译本交给和珅，在会议结束时，他们还要求小斯当东在国书中译本后签名，确认是他所写的。Harrison, *The Perils of Interpreting*, pp. 115 – 116。这有严重的错误。第一，她在注释中所列列的几条资料，其实并无只字提及小斯当东抄写国书中译本，包括小斯当东的日记，全都只记录了当天（9 月 8 日）斯当东与和珅的一次见面情况。同上，第 295 页，注 6。第二，她所列出马戛尔尼日志的相关页码，清楚记下当天见面时并没有把国书中译本交与和珅，而是斯当东在回来后告诉他，和珅希望知道国书的内容，于是马戛尔尼说答应会送给他［"On Sir George's return I found that the Minister's objects were to know the contents of the King's letter to the Emperor (of which a copy was accordingly promised to be given to him), and to ..."］；甚至在 9 月 11 日与和珅见面时，马戛尔尼还只是说期待尽快把国书呈递与乾隆。Macartney, *An Embassy*

最广为传颂的是小斯当东曾经跟乾隆直接以汉语交谈。使团在热河获得乾隆的接见时，由于李自标不懂英语，谈话要经过几回的转译，乾隆很不耐烦，询问使团中有没有能够直接讲中国话的人，马戛尔尼便引见小斯当东。我们并不知道谈话的具体内容，但据斯当东回忆，"也许因为他的讲话，又或是他的外表和仪态得体，让皇帝感到很满意"，从腰带上解下一个槟榔荷包赐给小斯当东。[1] 对此，斯当东有这样的评论：

> 荷包是中国皇帝经常赐赠和奖赏子民的礼物。根据东方国家的观念，皇帝赐赠自己的荷包是非常特殊的恩典，尤其是皇帝身上的物件，更比别的礼物来得珍贵。一个小孩这样幸运，惹来在场所有的中国官员的注意和羡慕，有些人甚至还会妒忌起来。[2]

根据斯当东的记述，除直接谈话外，乾隆还因为见过小斯当东的中文字写得不错而着他绘画。虽然小斯当东一向不擅于绘画，但也很用心地去画，摹仿乾隆所赠荷包上的图案画出一些花叶。

（接上页）*to China*, pp. 118, 120。沈艾娣在这问题上出错的原因，在于她误认国书中译本是在使团出发后、在来华旅途中翻译出来的，因此需要找人誊抄，但国书中译本其实早在使团出发前便在伦敦完成，且已找人誊抄妥当。详见《国书篇》。在9月8日的晤面中，和珅的确接受了一份由小斯当东抄写的文书，那就是上文刚说到的马戛尔尼所写，并由传教士安排翻译，有关觐见乾隆时仪式的信函。这封信早前曾交与征瑞，但征瑞把信退回来，斯当东在这次晤面时才直接交与和珅。相关的讨论亦见《国书篇》。

1 Staunton, *An Authentic Account of an Embassy*, vol. 2, p. 78.

2 Ibid.

乾隆很是高兴，又加赠礼物。[1] 此外，小斯当东在参观万树园及其他地方时都得到乾隆的奖赏，包括布匹、茶叶、瓷器及荷包等。[2] 后来，在使团快要离开中国前，小斯当东还亲手写了一封感谢信给乾隆。笔迹虽看起来明显很稚嫩，但对于一个年仅 13 岁、初学中文不久的外国孩童来说，已算写得很不错了。[3] 马戛尔尼曾在使团快要离开中国时的日志中说，小斯当东很快就学会讲和写中文，在好几个场合对使团有莫大帮助，并以此推断学习中文其实不困难。[4]

我们知道，这位因为能说中国话而得到乾隆额外赏赐的小斯当东，回到英国后继续学习中文，后来加入东印度公司做书记，并再次来华，让东印度公司第一次拥有懂中文的正式雇员，更一度获委任为公司的译员，并逐渐升迁为大班及特选委员会主席，长期在广州与中国官员往来交涉。[5] 更有意思的是：他不让父亲专

---

1 Staunton, *An Authentic Account of an Embassy*, vol. 2, pp. 93 – 94；中文档案中也有"副使之子绘画呈览，赏大荷包一对"的记载，《副贡使之子及总兵官等在含青斋西路等处瞻仰酌拟赏件清单》，《英使马戛尔尼访华档案史料汇编》，第 106 页。

2 《拟于万树园赏副贡使之子多马斯当东》，同上，第 150 页；《副贡使之子等在含青斋等处瞻仰酌拟赏清单》，同上，第 105 页。

3 这封感谢信并没有收在《英使马戛尔尼访华档案史料汇编》内，影印件见《英使马戛尔尼谢恩书》，《掌故丛编》，第 23 页。斯当东回忆录中译本《英使谒见乾隆纪实》重刊这份影印件，见斯当东著，叶笃义译：《英使谒见乾隆纪实》，上海：上海书店出版社，2005 年，第 392 页。令人大惑不解的是该书对信件影印件所作的题注竟然是"由副使斯当东亲笔书写的致皇帝感谢信"，这明显是错误的：一来副使斯当东不懂中文；二来信中清楚写着"此呈系哆吗嘶哆哧亲手写"，"哆吗嘶哆哧"就是小斯当东。关于这封感恩信的来龙去脉，详见《后续篇》。

4 Macartney, *An Embassy to China*, p. 210.

5 参见王宏志：《斯当东与广州体制中英贸易的翻译：兼论 1814 年东印度公司与广州官员一次涉及翻译问题的会议》，《翻译学研究集刊》第 17 期，2014 年 8 月，第 55—86 页。

美，1816 年（嘉庆二十一年）同样以副使身份随同阿美士德（William Lord Amherst，1773—1857）使团再次到北京。[1] 此外，他也被公认为英国最早的一位汉学家，曾经翻译出版《大清律例》，[2] 并与亨利·托马斯·科尔布鲁克（Henry Thomas Colebrooke，1765—1837）共同创立大不列颠及爱尔兰皇家亚洲学会。毫无疑问，他是中英文化交流史上的一个重要人物，更不要说在政治上以最资深的"中国通"身份发挥了巨大影响。值得强调的是，他的汉语及对中国的理解，都是最初跟随父亲和马戛尔尼出使中国时开始学习和掌握的。[3]

关于使团的译者，不能不提的还有另一人——惠纳。惠纳原

---

1 George Thomas Staunton, *Notes of Proceedings and Occurrences, during the British Embassy to Pekin in 1816* (1824, for private circulation), reprinted in Patrick Tuck (selected), *Britain and the China Trade 1635 – 1842* (London and New York: Routledge, 2000), vol. 10。不过，其实小斯当东在 1810 年时原以为自己会被委派为大使，但结果没有成功，让他很失望。参见 Staunton, *Memoirs of the Chief Incidents*, pp. 42 – 44。

2 George T. Staunton, *Ta Tsing Leu Lee, Being the Fundamental Laws, and a Selection from the Supplementary Statutes, of the Penal Code of China* (London: T. Cadell and W. Davis, 1810)。有关小斯当东翻译《大清律例》的讨论，可参见 James St. André, "'But Do They Have a Notion of Justice?' Staunton's 1810 Translation of the Penal Code," *The Translator* 10, no. 1 (April 2004), pp. 1 – 32; S. P. Ong, "Jurisdiction Politics in Canton and the First English translation of the Qing Penal Code," *Journal of the Royal Asiatic Society*, Series 3, 20, no. 2 (April 2010), pp. 141 – 165。

3 关于小斯当东的生平，除他的自传外，亦可参见 Spivey, "Sir George Thomas Staunton: Agent for the British East India Company in China, 1798 – 1817"; 游博清：《小斯当东（George Thomas Staunton，1781—1859）——19 世纪的英国茶商、使者与中国通》，台湾"清华大学"历史研究所硕士论文，新竹，2004 年; Jodi Rhea Bartley Eastberg, "West Meets East: British Perception of China Through the Life and Works of Sir George Thomas Staunton, 1781 – 1859" (Unpublished PhD dissertation, Marquette University, 2009); Harrison, *The Perils of Interpreting*。

是小斯当东的家庭教师，他获斯当东推荐参加使团，其中一个任务是在使团中负责翻译工作。这是因为李自标不懂英语，只懂拉丁语，使团得要找人先做英文和拉丁文的翻译，好让李自标能从拉丁文本翻译中文，使团这第一轮的翻译任务便落在精通拉丁语的惠纳身上。例如使团的礼品清单便是先由惠纳把马戛尔尼所拟定的英文清单翻译成拉丁文，然后才翻译成中文。[1] 此外，使团的好几份重要文书的拉丁文本，也是由惠纳翻译的，[2] 当中最重要的是英国国王乔治三世致乾隆的国书，斯当东说过拉丁文本就是由惠纳翻译出来的。[3] 由此可见，在讨论马戛尔尼使团的翻译问题时，惠纳的重要性是不容忽视的，而他以德文写成的使团回忆录《来自英国派遣到中国及部分鞑靼地区使团的报告，1792—1794 年》早在 1797 年就已出版。[4] 虽然这本小册子只有 190 页，且因为他原来根本无意公开出版，只是为自己的一些朋友写成，所以印量很少，[5] 但在 1799 年已被译成荷兰文及法文出版，而法文版更于第二年即再版。[6] 使团回国后，惠纳曾一度转到英国外交部担任翻译员，[7] 从 1796 年开始大量为德国的报章杂志撰稿，推广英国文化，对魏玛文化（Weimar）以至歌德（Johann Wolfgang von

---

1 Staunton, *An Authentic Account of an Embassy*, vol. 1, p. 246.

2 Ibid., vol. 2, p. 30.

3 Ibid., vol. 1, p. 246.

4 Hüttner, *Nachricht von der Britischen Gesandtschaftsreisé durch China und einen Teil der Tartarei, 1792 – 94*.

5 〔德〕达素彬（Sabine Dabringhaus）撰，鞠方安译：《第三者的观点：赫脱南关于马戛尔尼使团的描述》，张芝联、成崇德主编：《中英通使二百周年学术讨论会论文集》，第 333 页。

6 参见宫宏宇：《中西音乐交流研究中的误读、疏漏与夸大——以民歌〈茉莉花〉在海外的研究为例》，《音乐研究》2013 年第 1 期，2013 年 1 月，第 87 页。该文亦讨论了惠纳在中西音乐交流史上的贡献。

7 Staunton, *Memoirs of the Chief Incidents*, p. 5.

Goethe，1749—1832）有很大的影响。[1]

此外，在马戛尔尼使团的译员问题上，还可以讨论的是两名在使团到达中国后加入的传教士。他们是法国遣使会传教士，全名分别叫韩纳庆（Robert Hanna，1762—1797）及南弥德（Louis-François-Marie Lamiot，1767—1831），佩雷菲特所开列参与使团礼品清单和国书翻译工作的译员名单中便有这二人的名字。[2]但事实是不是这样？

其实，这两名传教士早已来到澳门——韩纳庆在 1788 年来华，南弥德则在 1791 年到来。他们一直期待到北京工作，于是利用使团来华的机会，从澳门登船，希望能随团北上，以数学家和天文学家的身份申请留在北京为朝廷工作。[3]1793 年 9 月 18 日，马戛尔尼在热河曾写信给和珅，报告这两名传教士乘坐使团的便船从澳门到达天津，但因为没有得到接待，已先回舟山，如果他们获准进京，便马上从舟山赶过来。[4]马戛尔尼在日志里对这样的安排作过解释：如果这两名传教士跟随他们一起去北京，便会被视为使团的成员，在使团回去时，他们也得要离开北京，但这不是他们原来的意愿，因此宁可让他们先去舟山。[5]

从和珅接到马戛尔尼的信件开始，韩纳庆和南弥德便分别以

1 Catherine W. Proescholdt, "Johann Christian Hüttner（1766 – 1847）: A Link between Weimar and London," in Nicholas Boyle and John Guthrie（eds.），*Goethe and the English-Speaking World: Essays from the Cambridge Symposium for His 250th Anniversary*（Rochester, NY: Camden House, 2002），pp. 99 – 109.

2 Peyrefitte, *The Collision of Two Civilisations*, p. 76.

3 Marcartney, *An Embassy to China*, p. 64.

4 Macartney to Cho-Chan-Tong［He Shen］, Gehol, 18 September 1793, IOR/G/12/92, p. 218.

5 Marcartney, *An Embassy to China*, pp. 77 – 78.

"安纳"和"拉弥额特"的名字出现在相关的上谕和奏折里。从马戛尔尼把他们送回舟山，不让他们一起去北京的安排来看，说明马戛尔尼把他们视为使团以外的人，甚至可以说是跟他们划清界限，避免惹来朝廷的怀疑。然而，讽刺的是，马戛尔尼没有料到他给和珅的信反而让清廷对二人起了戒心，立刻把他们看成使团的人。这是因为英使团国书中曾提出在北京派驻人员管理商务的要求，虽然马上遭到拒绝，[1]但当朝廷同时又从马戛尔尼的信中得知有两名传教士想留在北京时，便联想到这可能是英国使团的计划，两名传教士就是英国要派到北京长驻的人员。因此，虽然朝廷表面上以十分包容的态度说"自可准行"，但又明确地说安纳等人进京"不必用该国人带领"，要求二人回浙江或广东申请办理；[2]更严重的是，朝廷马上在内部进行调查，先向在京法国传教士罗广祥查询，然后下谕候任两广总督长麟"确切查访"，"安纳、拉弥额特二名是否真系佛兰西人，抑英吉利国人假托混入"；[3]更一直追查到澳门，由澳门同知韦协中向澳门葡萄牙人首领委黎多查问，"安纳、拉弥额特二人究系何国人氏，于何年月日到澳，现在住居何处"。[4]本来，葡萄牙人也马上提供了资料："安纳系生于红毛国人氏，年三十岁，长成学习于弗郎西国，来住澳门五年。又查得拉弥额特年二十六岁，系弗郎西国人氏，来澳门一年有

---

1 《大清皇帝给英吉利国王敕谕》，《英使马戛尔尼访华档案史料汇编》，第165 页。

2 《奏为英贡使复求请准马庚多斯回船拟先行回京再驳议》，同上，第153 页。

3 《和珅字寄松筠奉上谕夷船尚在定海告知贡使由浙上船并妥办购物事宜》，同上，第182 页。

4 《澳门同知韦协中为饬查安纳及拉弥额特系何国人氏事下理事官谕》，刘芳辑，章文钦校：《葡萄牙东波塔档案馆藏清代澳门中文档案汇编》下册，第535 页。

余。"但他们"因系外国人氏，今不知何往"的说法即遭到训斥，"事关具奏，未便含糊，合再谕查"，更进一步提问："红毛是否即系英吉利，抑系红毛所属之别国人？"[1] 对此，澳门同知韦协中很快又再发出两份谕令，即在短短的二十天内就这事发送四份谕令，都是要求委黎多"逐一详确切即日禀复"。[2] 经过多番周折，英使团已经启程回国，朝廷在澳门当局确定韩纳庆和南弥德"系英吉利国未经进贡以前即在澳门居住，并无与英吉利贡使交通情事"后，才在 1794 年 3 月 4 日批准二人从广州到北京去。[3] 1794 年 3 月 1 日及 5 日，韩纳庆在广州写了两封信给斯当东，除告知斯当东他们会在两个星期左右后便出发去北京外，也转述了一些有关使团的报告和评论。[4]

那么，究竟这两名传教士是否像佩雷菲特所说，参加过使团国书和礼品清单的翻译工作？要指出的是，佩雷菲特并没有提出任何佐证，以支持自己的说法；相反，在现在所能见到的资料里，并没有任何有关这两名传教士参加过使团翻译工作的记录。既然韩纳庆和南弥德是在 1793 年 6 月下旬使团到达澳门后才加入的，

---

1 《澳门同知韦协中为饬查安纳及拉弥额特在澳住址事下理事官谕》，刘芳辑，章文钦校：《葡萄牙东波塔档案馆藏清代澳门中文档案汇编》下册，第535 页。

2 《澳门同知韦协中为饬催确查安纳及拉弥额特事下理事官谕》，同上，第536 页；《澳门同知韦协中为饬再确查安纳及拉弥额特事下理事官谕》，同上。

3 《澳门同知韦协中为饬查安纳及拉弥额特进京事行理事官牌》，同上，第536—537 页。韩纳庆进京后，供职于钦天监，嘉庆元年（1796 年）年底在北京去世；南弥德曾先充当翻译差使，嘉庆十七年（1812 年）接任北堂会长，嘉庆二十四年（1819 年）被驱逐出京下澳门，道光二十一年（1831 年）卒于澳门，葬于圣若瑟教堂。参见同上，第535 页，注 1。

4 Hanna to Staunton, Canton, 2 March 1794, *An Important Collection*, vol. 7 doc. 292, CWCCU；Hanna to Staunton, Canton, 5 March 1794, ibid., vol. 7, doc. 293, CWCCU.

然后在 8 月 9 日被迫离开，[1] 那么实际与使团一起的日子大概只有一个半月，这跟锡拉巴的情况是相同的；但锡拉巴参与翻译工作的报道不但见于马戛尔尼自己的记述，也出现在中方的档案里，却从没有看到有什么人在什么地方提及韩纳庆和南弥德曾经帮忙过任何翻译工作。事实上，更准确的说法是根本没有人说过他们做过些什么，每次提及二人时都只是有关他们前往天津的安排，与使团全无关系。此外，韩纳庆和南弥德的中文水平究竟怎样？是否能书写和翻译中文？我们没有这方面具体的资料，但罗广祥在 1794 年 10 月 21 日所写的一封信便提到韩纳庆和南弥德在到达北京后，非常用功地学习中文，[2] 很有可能说明他们即使不是完全不懂中文，但水平也很有限。[3] 因此，我们实在无法认同佩雷菲特认为韩纳庆和南弥德参与翻译使团国书和礼品清单的说法。

二

英国遣使来华，清廷方面有没有派出人员负责翻译的工作？

其实，严格来说，在马戛尔尼使团访华事件中，最早正式出现在中英双方晤面沟通场合的译员是来自中方的，那就是东印度公司专员在广州当面向中国官员通报英国将会遣使来华的消息的

---

1 Macartney, *An Embassy to China*, pp. 77–78, 142.

2 "Letter from Father Raux Written from Pekin," *An Important Collection*, vol. 7, doc. 310, CWCCU.

3 可以一提的是，韩纳庆在 3 月 1 日的一封信里曾提及为特使"服务"，但所指的不是翻译工作，而是他在使团离开后为使团在广州通报消息及联系。Hanna to Staunton, Canton, 1 March 1794, ibid., vol. 7, doc. 292, CWCCU。

第一次会议。尽管斯当东早在 1792 年 5 月已从意大利把李自标、柯宗孝等使团译员带到英国，并已经开展实质的翻译工作，但那只是远在伦敦单方面进行的，中英双方还没有在遣使问题上有任何沟通。一直到东印度公司的三名专员在 1792 年 10 月 10 日与署理两广总督郭世勋及粤海关监督盛住晤面时，[1] 才出现第一次中英双方跟使团访华相关的翻译场合。由于当时东印度公司广州商馆没有自己的译员，这次晤面的翻译工作便只能由来自广州的行商和通事负责。

关于这次会议的具体翻译情况和效果，下一章《预告篇》会有详细讨论。这里先交代一下译员的情况。

在郭世勋上奏朝廷的奏折里，陪同英国专员前来通报的是"洋商蔡世文等"；[2] 在英文资料中，一起出席会议的有两名中国商人 Munqua 和 Puan Khequa，[3] 前者即"文官"，就是万和行文官蔡世文（1734—1796），而后者则是"潘启官"潘有度（1755—1820），二人都不是通事，而是当时的行商领袖。蔡世文"自乾隆三十年左右已设行承商，中间凡两易行名"，先为逢源行，后改为万和行，行商长达三十余年，1792 年至 1795 年（乾隆五十七年至六十年）"系居于总理洋行事务之总商地位"。[4] 潘有度原名致祥，为同文行创办人潘文岩（振承，1714—1788）第四子。潘文岩为

---

1 Secret Consultations, Diary and Observations of Secret and Superintending Committee, 11 October 1792, IOR/G/12/93A, pp. 32 - 34.

2 《署理两广总督印务广东巡抚郭世勋等奏为英吉利遣使进贡折》，《英使马戛尔尼访华档案史料汇编》，第 217、279 页。

3 "Copy of a Letter from the Secret and Superintending Committee to The Honorable Chairman and Deputy Chairman of the Honorable Court of Directors dated 25th November 1792," IOR/G/12/93A, p. 5.

4 梁嘉彬：《广东十三行考》，第 276—278 页。

公行领袖，去世前在广州外贸中占最重要位置。[1] 潘有度虽然继承同文行，但不肯接任行商领袖，蔡世文被指派出任。[2] 从东印度公司专员所写的详细报告来看，会面时英国人与中国官员的谈话应该就是由蔡世文和潘有度负责翻译的；三名专员认为，蔡世文和潘有度是懂一点英语的。[3]

除这两名行商外，这次中英就马戛尔尼使团访华的会议还有通事参与其中，主要负责文书的翻译工作，只是无论在中方还是英方的资料里都没有注明通事的名字。当时，东印度公司的三名专员带来东印度公司董事局主席百灵（Francis Baring，1740—1810）的信函，送呈两广总督，报告英国派遣使团的消息，并提出要求，不在广州入境，而是从海路到天津后再进京。[4] 由于该信

1　关于潘文岩的商业活动，参见 Paul A. Van Dyke, *Merchants of Canton and Macao: Success and Failure in Eighteenth-Century Chinese Trade*（Hong Kong：Hong Kong University Press, 2016），pp. 61‑96；潘刚儿、黄启臣、陈国栋：《广州十三行之一：潘同文（孚）行》，广州：华南理工大学出版社，2006 年，第 1—90 页。潘文岩的英文商名为 Poankeequa（有不同拼写方式，如 Puan Khequa）。由于其后继人也沿用这个英文商名，因此他往往被称为 Poankeequa I，而潘有度则被称为 Poankeequa II。有关潘有度，亦可参见《广州十三行之一：潘同文（孚）行》，第 91—189 页。

2　Morse, *The Chronicles of the East India Company*, vol. 2, p. 153。蔡世文早在 1778 年便曾因为承担另一行商广顺行陈科官（Tan Coqua）的债务而开始出现经济危机，1779 年更欠下英国商人大笔债务，但翌年即提出还款方案，分三年以年息五厘去清还债务。同上，第 34、45、55 页。不过，蔡世文最终还是生意失败，1796 年自杀死亡。关于蔡世文的商业活动和债务，可参见 Van Dyke, *Merchants of Canton and Macao*, pp. 43‑57。

3　"At a Secret Committee," 11 October 1792, Secret Consultations, Diary and Observations of Secret and Superintending Committee, IOR/G/12/93A, p. 32.

4　"Letter from the Chairman to the Viceroy of Canton," 27 April 1792, IOR/G/12/91, pp. 333‑337; also as "Letter from the Chairman of the East India Company to the Viceroy, 27th April 1792," in Pritchard ed., "The Instructions of the East India Company," pp. 375‑377.

函只有英文原信及拉丁文译本，必须翻译成中文，郭世勋在奏折里说"随令通事及认识夷字之人译出"，[1] 一方面说得十分简单，另一方面又说出除通事翻译禀文外，还另外有不是通事、但"认识夷字之人"一起翻译。这说法有点奇怪，他所指的不应是蔡世文等洋商，因为前面已提及过他们的名字了，没有必要在此刻意回避，以这样累赘的方式表达。其实，这里所说的"认识夷字之人"，很可能是指到来通报消息的东印度公司专员，因为这些专员向公司董事局汇报这次见面时也谈到翻译百灵信函的情况：

> 在他〔巡抚，即署理两广总督郭世勋〕的同意下，委员会主席〔波郎〕从秘书手上拿了信件，走到他面前，把信递到他手上。他见到信件附有拉丁文译本，便交给了海关监督，海关监督叫来一名懂拉丁文的中国人去作翻译。巡抚还把原信交还给行商，让我们帮忙翻译成中文。[2]

从这段报告可以看到，百灵信函的两个不同文本是交由两批不同的人士翻译的。负责翻译拉丁文本的应该是一名广州通事，[3]

---

1 《署理两广总督印务广东巡抚郭世勋等奏为英吉利遣使进贡折》，《英使马戛尔尼访华档案史料汇编》，第 217、279 页。

2 "At a Secret Committee," 11 October 1792, Secret Consultations, Diary and Observations of Secret and Superintending Committee, IOR/G/12/93A, p. 37.

3 沈艾娣说，百灵信函的拉丁文本被送往澳门葡萄牙人所设立的官方翻译机构去翻译。Harrison, *The Perils of Interpreting*, p. 90. 她所征引的是李长森的《近代澳门翻译史稿》及东印度公司档案，但这说法颇有问题。李长森所讨论的是澳门议事会在 1627 年所制定的《本城通官通事暨番书规例》，并从中发展出来澳门当局的官方翻译队伍，当中无疑有一些懂葡萄牙文的中国人充任通事，但该书没有只字提及马戛尔尼使团或百灵的信函。李长森：《近代澳门翻译史稿》，北京：社会科学文献出版社，2016 年，第 69—83 页。此外，东印度公司档案只说粤海关监督叫来一名懂拉丁文的中国人把信函翻译出来（"gave it to the Hoppo,

而英文本则由东印度公司专员联同行商蔡世文等翻译出来；此外，专员的报告还明确地说从拉丁文翻译的文本能比较准确地把信件内容传达出来。这便透露了一个重要讯息，就是广州的中国官员身边有懂拉丁文的通事，能够很快找过来，当场把信函翻译出来，且看来水平不低。 这些翻译拉丁文的通事不一定是广东人，但都是天主教徒，甚至可能接受过传教士训练，跟随外国传教士学会拉丁文，辗转来到广州当通事。这样的通事当时在广州是可以找到的，例如几年后第一位来华的新教传教士马礼逊，他在广州找到的中文老师严本明（Abel Yên Jén Ming），[1] 便懂官话及拉丁文，是山西太原人、天主教徒；[2] 另外，陪同第一个到达西藏拉萨的英国人万宁（Thomas Manning，1772—1840）的赵金秀，也同样是太原人，在北京跟随传教士读书，并学会拉丁文，1807 年跑到广州当通事。[3] 此外，澳门一直也有不少学过拉丁文的中国人，包括

（接上页）who called for a Chinese acquainted with the language, to translate it"），没有提到葡萄牙人的翻译机构。事实上，根据专员们的报告，译文在当场很快便译出来，一个小时后郭世勋等人便跟他们讨论信函的内容。"At a Secret Committee," 11 October 1792, Secret Consultations, Diary and Observations of Secret and Superintending Committee, IOR/G/12/93A, p. 37。

1 过去人们不能确定他的中文名字，一直沿用苏精音译的"云官明"，但苏精说过："本文作者检视过的马礼逊文献中，未发现任何中文教师的中文姓名，为便于行文讨论，各教师中文姓名均为音译。"苏精：《马礼逊和他的中文教师》，《马礼逊与中文印刷出版》，第 57 页。大不列颠及爱尔兰皇家亚洲学会的"万宁档案"（Manning Archive）中藏有一封他写给万宁的信，从中可以确定他的名字叫严本明。参见 Abel Yen to Manning, undated, Papers of Thomas Manning, Chinese Scholar, First English Visitor to Lhasa, Tibet, Royal Asiatic Society of Great Britain and Ireland, GB 891 TM/5/13。

2 关于马礼逊跟随严本明学习中文的情况，参见苏精：《马礼逊与中文印刷出版》，第 66—68 页。

3 关于赵金秀以及他跟万宁的交往，参见王宏志：《从西藏拉萨到〈大英百科全书〉：万宁（Thomas Manning，1772—1840）与 18—19 世纪中英关系》，《国际汉学》第 16 期，2018 年 9 月，第 122—147 页。

上面提过的为澳门教区总务长马尔克尼提供翻译和服务的戴德冠和锡拉巴。

此外，尽管英国人自1715年即在广州建立商馆，每年都进行贸易买卖，东印度公司专员这次要把百灵的英文原信翻译出来却遇上很大的困难，负责的竟然不是正式的通事，而是两名公行领袖，以及刚从英国过来的东印度公司专员。这实在很不合理。可以想象，整个翻译过程让这些专员很难受。他们在报告里说费了很大的力气才勉强让蔡世文等弄清楚信件的内容。对于这种很不理想的状况，他们更忍不住深深感慨：

> 也许从没有像这次一样，让我们更强烈地感到东印度公司是多么需要一名称职的译员，需要大力鼓励他们的年轻雇员在重重困难下去学习中文。虽然通过拉丁文本的中译——那明显比从原信直接译出来的中文本优胜——能够让巡抚及他的官员明白信件的精神，但我们不能不感到可惜的是：由于没有自己国家的翻译人员，我们错失了在这次前所未有及非常重要的晤面谈话中所可能得到的好处。[1]

东印度公司没有培养自己的译员，固然足以让刚到中国的专员感到不满和无奈，以致他们后来写信给马戛尔尼，请他向清廷提出要求，准许中国人公开教导公司成员中文，[2] 但其实整个翻译过程也正反映出广州当局自身的翻译资源是多么缺乏，问题是多

---

1 "At a Secret Committee," 11 October 1792, Secret Consultations, Diary and Observations of Secret and Superintending Committee, IOR/G/12/93A, pp. 38 - 39.

2 "To His Excellency George Viscount Macartney K. B., signed by the Committee, 28th September 1793," IOR/G/12/265, pp. 131 - 132.

么严重。这次会议的重要性是毫无疑问的，会议一方是广东最高级的官员署理两广总督和粤海关监督，英方出席的也是东印度公司在广州最高级的管理人员，而涉及的议题足以影响或改变广州对外贸易局面以至整个中英外交关系，更不要说乾隆和朝廷肯定对此非常重视，但广州当局竟然无法找到足够水平的译员，实在令人难以置信；而更严重的是：长期以来广州官员似乎没有觉得这种状况有什么不妥。

但上文曾提过，东印度公司婉拒了广州当局派来的两名行商作为使团译员。这究竟是怎么一回事？这两名本来有可能成为使团译员的行商又是谁？他们会是称职的译员吗？

原来，乾隆在接到郭世勋的奏报，知悉英国要派遣使团后，便在 1792 年 12 月 3 日（乾隆五十七年十月二十日）和 1793 年 2 月 28 日（乾隆五十八年正月十八日）连下两道谕旨要求沿海各省总督及巡抚等做好准备，迎接及护送英使进京。[1] 可以想见，地方官吏对此非常紧张，尤其是广东地区的官员，他们特别害怕英国使团访京的目的是跟洪任辉一样，要投诉广州的对外贸易，因此很着意地派人跟使团尽早联络。他们最初希望英使团能改变计划，先到广州，而不是直接去天津；在遭到拒绝后，他们又尝试委派译员陪同使团进京。另一方面，朝廷则担心使团会像其他朝贡使节一样沿途买卖货物，恐言语不通而无法进行议价交易，因此下谕福建、浙江及江南三省督抚行文广东，令郭世勋拣选行商及通事数人作准备；如使团进行贸易，则速调通事

1《谕军机大臣着传谕各督抚如遇英贡船到口即速护送进京》及《谕军机大臣着传谕沿海督抚妥善办理迎接英贡使事宜》，《英使马戛尔尼访华档案史料汇编》，第 27—28 页。

等前往帮忙。[1]

根据马戛尔尼和斯当东的记述，广东的官员曾经通知东印度公司专员，已经安排好两名广东商人随时候命，待接到使团抵达的消息后，即赶赴口岸迎接，并担任使团的翻译。[2]但专员又告诉马戛尔尼，他们已代为婉拒这安排，一方面他们不相信这些行商是称职的译员；另一方面，这两名行商一直跟东印度公司有贸易往来，当时已收了一大笔货款，如果跟随使团北上，便很可能无法完成该年的买卖，会对广州的英商造成很大的经济损失。更严重的问题是东印度公司害怕这两名行商会破坏使团的计划，因为行商本来就是广州贸易制度的一部分，而使团访华的主要目的就是要试图改善和改变广州贸易的条件与状况，行商的利益很可能因此受到影响。在这情形下，这两名广东商人是不可能忠诚地为使团服务的。

这是我们知道最早从中国方面派出的翻译人员。不过，上文已指出，这两名广东商人最终并没有跟随使团北上，除因为东印度公司拒绝这项安排外，他们在广州的商务利益很大，既不想离开，也害怕卷入中英的外交瓜葛，尤其担心英国使团会在北京投诉广州的通商情况，恐怕会被视为同谋。因此，他们极不情愿出任使团的翻译，最后是通过贿赂官员才得以免役。[3]不过，这并不是说这两名行商从没有出现，因为其中一人其实就是蔡世文。1793年5月14日，蔡世文来到澳门，与公司专员见面，诉说被指派与另一名洋商一起前往使团登岸港口为使团服务，另外还带两

---

1 《和珅字寄沿海各督抚奉上谕着妥办接待英贡使及贸易诸事宜》，《英使马戛尔尼访华档案史料汇编》，第 93 页。

2 Staunton, *An Authentic Account of an Embassy*, vol. 1, pp. 194 – 195.

3 Ibid., p. 195.

名通事同行。蔡世文还说，广州不少行商都向粤海关监督送礼，寻求避免入选，但由于蔡世文是行商领袖，不能豁免。对于这项任命，蔡世文显得非常不安和苦恼，所以专程跑到澳门与专员见面，寻求他们的意见及帮助。[1] 专员为此写了一封给马戛尔尼的信，交给蔡世文，让他在真的北上时可以转交马戛尔尼，请求马戛尔尼让蔡世文返回广东。[2] 此外，他们又直接写信给马戛尔尼，表达他们认为蔡世文留在广州对英国贸易会有好处的看法，但也说最终请马戛尔尼作决定。[3] 这事情静止了一阵子，专员还以为问题已得到解决；但在 7 月 14 日，他们收到蔡世文及另一位行商乔官（Geowqua），即源顺行的伍国钊（1734—1802）[4] 的来信，说总督及粤海关监督要求他们二人立刻赶往浙江，协助商贸及翻译。[5] 这也见于清宫档案。郭世勋这时候确曾上奏朝廷，奏报他和盛住已经"选派行商蔡世文、伍国钊，并晓谕夷语之通事林杰、李振等数名"，准备北上。[6] 为此，专员们三人又联名写信给郭世勋及盛住，以使团船只除盛载礼品外，并无其他货品，使团无意在出使

---

1 "At a Secret Committee," 15 May 1793, Secret Consultations, Diary and Observations of Secret and Superintending Committee, IOR/G/12/93A, pp. 188 – 190; Secret Committee to Court of Directors, 26 May 1793, IOR/G/12/93A, pp. 198 – 199.

2 Secret Committee to Macartney, Macao, 15 May 1793, IOR/G/12/93A, pp. 191 – 193.

3 Secret Committee to Macartney, Macao, 1 June 1793, IOR/G/12/93A, pp. 208 – 209.

4 关于伍国钊，可参见 Van Dyke, *Merchants of Canton and Macao*, pp. 108 – 116。

5 "At a Secret Committee," 15 May 1793, Secret Consultations, Diary and Observations of Secret and Superintending Committee, IOR/G/12/93A, pp. 240 – 242.

6 《署理两广总督事务广东巡抚郭世勋奏报英贡船经澳门外大洋赴津入京折》，《英使马戛尔尼访华档案史料汇编》，第 308 页。

期间作商贸活动为由，提出无须行商陪同，另外就是这两名行商领袖在该年度贸易中至为重要，不适宜离开广州。[1] 除东印度公司专员外，蔡世文还找过一些荷兰人帮忙。尽管这时候蔡世文跟荷兰东印度公司已经没有生意往来，但这些荷兰商人还是愿意提供帮助，用法文写了两封信给总督及粤海关，请求准许蔡世文和伍国钊留在广州，负责与荷兰人的买卖活动。[2] 结果，蔡世文等得以免役，无须与使团一起到北京去。[3] 不过，蔡世文和潘有度仍继续在广州为东印度公司专员与中国官员联系，也负责协助翻译的工作。[4]

不过，当使团的船队到达舟山的时候，一些官员来到船上探看情况，仍带来一名当地商人作为翻译。这名翻译原来是在舟山还允许与外国通商时，通过跟东印度公司人员的往来而学会英文的。据记载，他"还记得几句英文"，甚至记得从前东印度公司派来做买卖的大班的名字。使团成员也能从这名商人口中得到一些资讯，包括舟山的经商条件远比广州优胜，只是广州官员从外贸中获取巨大利益，因而游说朝廷停止舟山的外贸活动。[5] 然而，尽管这名商人似乎颇能有效地与英国人沟通，但在使团离开舟山后，

<hr />

1 Secret and Superintending Committee to Fouyuen and Quangpo, Macao, 15 July 1793, IOR/G/12/93A, pp. 242 – 245.

2 Van Dyke, *Merchants of Canton and Macao*, p. 54.

3 "At a Secret Committee," 8 August 1793, Secret Consultations, Diary and Observations of Secret and Superintending Committee, IOR/G/12/93A, pp. 246 – 247.

4 "At a Secret Committee," Canton, 13 October 1793, ibid., IOR/G/12/93A, pp. 331 – 334; "At a Secret Committee," Canton, 15 October 1793, ibid., IOR/G/12/93A, pp. 334 – 337.

5 Staunton, *An Authentic Account of an Embassy*, vol. 1, pp. 205 – 206.

便没有再见到他出现，就连名字也没有被提及；[1]而他大概就是地方官员所能找到最好的翻译人员了。

但使团到达天津和北京后的情况便很不一样，相对来说，朝廷在外语资源上便丰富得多。

三

本来，清初沿袭明朝旧制，设有会同馆及四译馆，分别主理朝贡及翻译事宜，[2]但由于大部分的朝贡国如朝鲜、琉球、安南等

---

1 沈艾娣说这名商人的名字叫郭极观。Harrison, *The Perils of Interpreting*, p. 94。但这是错误的，她所据的资料是《汇编》，第 396、65 页。不过，此两处并没有说郭极观就是被马瑮带来做翻译的商人。第 396 页，长麟的奏折只是说："臣查从前该国夷人曾经屡来贸易，彼时原有浙江人郭姓，能通夷语，为之交通引进，作为夷人经纪。此时郭姓已经病故，是经纪已属无人。虽尚有伊子郭极观，亦能略习夷语，臣已密嘱地方官员将其严行管住，不能与各夷交通。"第 65 页，上谕则指示："虽现无勾串情弊，然此人留于浙江，究不可信，着即派妥员伴送，由别路进京备询。"此外，《汇编》还有吉庆的一份奏折，引录郭极观（应为郭杰官）的供词，虽然"幼时曾听见我父亲学说话，我也跟着学了几句，不过如吃烟吃茶等话，此外言语我并不能通晓"。又说："我父亲前在广东做买卖时，我年纪尚小，不知详细。到乾隆十九年英吉利夷人来到宁波，我年止十二岁，并未出门，也从不曾见过英吉利夷人，无从认识。"对此，吉庆曾经"反复严切诘问，郭杰官知供如一"，最后吉庆也确定"郭杰官只系训蒙穷苦乡愚，所供尚无狡饰"，请准"将郭杰官仍交原解官带回，交地方官省释"。《奏为询明宁波民人郭端之子郭杰官并无与夷人交通事拟交地方官省释》，同上，第 200—201 页。从这份奏折看来，郭杰官不可能就是马瑮带来为使团做翻译的商人。

2 永乐五年（1407 年），明成祖下旨成立四夷馆，设通事等职位，负责翻译。会同馆原属设于京师的驿馆，是"专以止宿各处夷使及王府公差、内外官员"的接待机构，亦设有通事，负责译审、伴送外国和少数民族使臣。关于四夷馆，可参见任萍：《明代四夷馆研究》，北京：北京师范大学出版社，2015 年；李云泉：《朝贡制度史论：中国古代对外关系体制研究》，北京：新华出版社，2004 年，第 112—120 页；Norman Wild, "Materials for the Study of the Ssu I Kuan," *Bulletin of the School of Oriental and African Studies* 11（1945），pp. 617 - 640。

"本用汉字，无须翻译"，因而"该馆并无承办事务"，1748年（乾隆十三年）四译馆归并于会同馆，称会同四译馆。[1]不过，当外交活动涉及的是西方国家时，情况便很不一样，翻译工作不可能由四译馆的通事负责，而协助清廷外交翻译的便是一些西方人——明末以来来华留京的天主教传教士。[2]这些传教士大都通晓多种欧洲语言，且对欧洲国家的情况十分熟悉，因此便成为朝廷与西方国家交往时的重要桥梁，不单担任翻译，且往往起着外事顾问的作用。例如汤若望（Johann Adam Schall von Bell，1591—1666）便曾在1655年（顺治十二年）荷兰使团访京活动中担任翻译，更向朝廷提出意见，把荷兰人拒诸门外；南怀仁（Ferdinand Verbiest，1623—1688）在1676年（康熙十五年）处理俄国使者尼古拉·斯帕法里（Nicolas Spafary）的到访，以及在1686年（康熙二十五年）荷兰的另一次使团来访活动中担任翻译，都得到很高的评价。[3]耶稣会士在清初外交史上最重要的一次贡献，是葡萄牙籍的徐日升（Thomas Pereira，1645—1708）和法国籍的张诚（Jean Francois Gerbillon，1654—1707）作为中国谈判使团的成员，在1689年（康熙二十八年）参加与俄国的谈判并签订《尼布楚条约》。康熙便曾对耶稣会士说过："朕知由于尔等之才干与努力而和约

1 《礼部·朝贡·象译》及《礼部·朝贡·馆舍》，《清会典事例》第6册，卷514，北京：中华书局，1991年，第955页。

2 由于跟俄国的接触较多，清廷早在1683年（康熙二十二年）便开设俄罗斯文馆来培训俄语翻译人才，且一直在运作，但似乎成绩不理想，至1862年（同治元年）俄罗斯文馆遭废除，翌年在京师同文馆内增设俄文馆。《同治二年三月十九日总理各国事务奕䜣等奏》，（清）文庆、（清）贾桢、（清）宝鋆等纂辑：《筹办夷务始末（同治朝）》第6册，卷15，上海：上海古籍出版社，2008年，第155—156页。关于俄罗斯文馆，可参见蔡鸿生：《俄罗斯馆纪（增订本）》，北京：中华书局，2006年。

3 参见余三乐：《早期西方传教士与北京》，北京：北京出版社，2001年，第14、173—174页。

得以缔结，尔等为此事曾竭尽全力。"[1] 另外，中国使团的首席代表索额图（1636—1703）也说："非张诚之智谋，则议和不成，必至兵连祸结，而失其和好矣。"[2] 不过，一场"礼仪之争"导致康熙在 1721 年 1 月 18 日（康熙五十九年十二月二十一日）下旨禁教，[3] 而 1723 年登基的雍正（爱新觉罗·胤禛，1679—1735，1723—1735 在位）更是厉行禁止传教。尽管如此，在一段颇长的时间里，清廷还是本着"重其学，不重其教"的态度，继续任命耶稣会士在朝廷工作，即使是乾隆也愿意承认"北京西士功绩甚伟，有益于国"。[4]

---

1 约瑟夫·塞比斯（Joseph Sebes）著，王立人译：《耶稣会士徐日升关于中俄尼布楚谈判的日记》，北京：商务印书馆，1973 年，第 213 页。

2 樊国梁：《燕京开教略》，辅仁大学天主教史料研究中心编：《中国天主教史籍汇编》，台北：辅仁大学出版社，2003 年，第 371 页。关于这次谈判，可参见 Joseph Sebes, *The Jesuits and the Sino-Russian Treaty of Nerchinshk（1689）: The Diary of Thomas Pereira*（Rome：Institutum Historicum, 1961）；〔法〕张诚：《张诚日记》，北京：商务印书馆，1973 年。关于中国与俄罗斯历史上的外交关系，可参见 Mark Mancall, *Russia and China: Their Diplomatic Relations to 1728*（Cambridge, MA：Harvard University Press, 1971）。

3 关于这场中国与梵蒂冈教廷间的礼仪之争，可参见 D. E. Mungello（ed.）, *The Chinese Rites Controversy: Its History and Meaning*（Nettetal：Steyler Verlag, 1994）；George Minamiki, *The Chinese Rites Controversy from Its Beginnings to Modern Times*（Chicago：Loyola University Press, 1985）；Nicolas Standaert, *Chinese Voices in the Rites Controversy: Travelling Books, Community Networks, Intercultural Arguments*（Rome：Institutum Historicum Societatis Iesu, 2012）。中译本见〔比〕钟鸣旦著，陈妍蓉译：《礼仪之争中的中国声音》，上海：上海人民出版社，2021 年；李天纲：《中国礼仪之争：历史·文献和意义》，上海：上海古籍出版社，1998 年；〔美〕苏尔（Donald St. Sure）、〔美〕诺尔（Ray Robert Noll）编，沈保义等译：《中国礼仪之争：西文文献一百篇（1645—1941）》，上海：上海古籍出版社，2001）。

4 录自〔法〕费赖之（Louis Pfister, 1833—1891）著，冯承钧译：《在华耶稣会士列传及书目》，北京：中华书局，1995 年，第 783 页。关于耶稣会士在清廷的工作，可参见 Benjamin A. Elman, "The Jesuit Role as 'Experts' in High Qing Cartography and Technology," *Taiwan University History Bulletin* 31（June 2003），pp. 223 – 250。

在马戛尔尼访华使团来华的时候，还有为数不少的传教士在北京为乾隆工作，当时一直专门负责翻译西方语言的是法国耶稣会教士钱德明神父（Jean-Joseph-Marie Amiot，1718—1793）。他是一位数学家、物理学家，法国科学院与英国皇家学会的通讯院士，且精通音乐，早在 1750 年便来到中国，被视为北京传教士的精神领袖。[1]毫无疑问，钱德明对使团是极为支持和友善的，但在马戛尔尼来华时，他已身患重病，不能前来探访使团成员，只在 8 月 29 日写来一封信，表示愿意提供资讯及协助；[2]不过，钱德明实际上的确给予使团不少帮助。根据马戛尔尼所说，钱德明几次为使团提供重要的情报，包括最早传达乾隆已准备好给英国国王敕谕的消息；[3]而当中最重要的是在 10 月 3 日给使团传来讯息和提供的建议。那时候，马戛尔尼已在热河觐见过乾隆，并回到北京，但由于所提的要求没有得到清廷的回应，他原想再争取继续留在北京，等候回复，但钱德明向使团分析形势：一方面是清廷一直只以朝贡的理念来处理所有外国使团，过去欧洲国家派遣的所有使团也从不例外，且逗留的时间有限，就是最为礼待的葡萄牙使团也只能停留 39 天；另一方面，英国人要在短期内改善贸易条件并不可行，只会惹来更大的反感，甚至更严厉的监管。他建议使团不要再继续留在北京，先行回国，宁可由英国国王在广州和澳门派驻一名代表，能够跟两广总督经常接触，在合适的时间提出改善贸易状况，又或在将来有可能获邀到北京参加其他庆典时再提

---

1 Peyrefitte, *The Collision of Two Civilisations*, p. 555 。关于钱德明，可参见龙云：《钱德明：18 世纪中法间的文化使者》，北京：北京大学出版社，2015 年。

2 Macartney, *An Embassy to China*, p. 100.

3 Ibid., p. 151.

出，也许能够达到较理想的效果。[1] 对于钱德明的意见，马戛尔尼十分感激，并完全接受，便在第二天向和珅提出离开北京。[2] 由此我们可以明白，为什么马戛尔尼明确地说钱德明是使团的"朋友"。[3] 不过，钱德明在使团离开北京两天后便病逝了。清廷派来参加这次接待使团的传教士有索德超（Joseph-Bernard d'Almeida，1728—1805）、安国宁（Andre Rodriguez，1729—1796）、贺清泰（Louis de Poirot，1735—1814）、潘廷璋（Joseph Panzi，1733—1821）、巴茂正（Joseph Charles Pairs，1738—1804）和德天赐（Adéodato di Sant' Agostino，1760—1822）、罗广祥等；不过，最早和马戛尔尼接触的在京传教士是一位没有出现在与马戛尔尼访华有关的清廷档案中的法国传教士梁栋材（Jean Joseph de Grammont，1736—1812）。

相对于上列当时几位在京传教士，梁栋材的知名度较低。[4] 他是法国耶稣会教士，1750 年 3 月入初修院，1768 年 9 月 26 日以数学家和音乐学家的身份被派往北京，在北京学习满文，亦教导拉丁

---

1 Macartney, *An Embassy to China*, p. 151；Macartney to Dundas, near Han-chou-fu, 9 November 1793, IOR/G/12/92, pp. 91 – 94；何伟亚说钱德明在 4 月 10 日晚上与马戛尔尼见面，实误。Hevia, *Cherishing Men from Afar*, p. 112。

2 Ibid., pp. 95 – 96.

3 Ibid., p. 91.

4 事实上，好些有关马戛尔尼使团的论文或专书都没有弄清楚梁栋材所用的中文名字。例如，有人把他的名字写成"格拉蒙特"，这包括专门研究中英关系的朱雍和袁墨香。朱雍：《不愿打开的中国大门》，第 219 页；袁墨香：《天主教传教士与马戛尔尼使团》，《枣庄学院学报》第 23 卷第 1 期，2006 年 2 月，第 71—76 页。另外，把佩雷菲特的重要著作 *L'Empire Immobile ou Le Choc des Mondes* 翻成中文的译者，也把梁栋材译成"约瑟夫·格拉蒙"。参见〔法〕佩雷菲特著，王国卿等译：《停滞的帝国》，第 134 页。何伟亚的 *Cherishing Men From Afar* 的中译本也把梁栋材的名字音译成"让-约瑟夫·德·格拉蒙"。〔美〕何伟亚著，邓常春译：《怀柔远人》，第 101 页。

文，1785 年因为健康问题获准到广州居住，1787 年曾在法国海军军官昂特斯特骑士（Chevalier d'Entrecasteaux, Antoine Raymond joseph de Bruni d'Entrecasteaux, 1737—1793）与中国官员的谈判中担任翻译，[1] 被认为是能够促进中法交往的桥梁，但在这次事件中梁栋材曾作出一些针对在华英国人的行为，下文对此再作交代。1791 年梁栋材回到北京，在马戛尔尼使团到来时似乎在朝廷没有担任什么重要职务。[2] 不过，他在还没有去广州前已跟英国东印度公司广州商馆的人员联络，尤其跟 1774 年开始便担任广州商馆管理会成员并在 1777 年担任主席的白立把（Matthew Raper, 1741/1742—1826）熟稔。白立把在 1780 年初回国后在 1788 年把梁栋材所翻译的《道德经》送给皇家协会。[3]

根据专门研究早期英中关系的普利查德的说法，白立把早在 1780 年 1 月便向公司转送两封来自北京传教士的信。虽然这两封信没有署名，但普利查德说"几乎肯定是来自梁栋材"。[4] 第一封信写于 1779 年前，内容主要讨论怎样改善在华欧洲人的状况，提出所有欧洲人联手向北京派送使团；假如这计划不能实现，则与葡萄牙人商议，把所有商贸业务移到澳门进行。写于 1779 年的第二封信则反对由北京传教士来传递不满的信息，因为这只会让中国官员敌视这些传教士，但该信作者仍然说在华的所有欧洲人应该联合起来，协力争取共同的利益。接着，当东印度公司监督委

---

1 Macartney, *An Embassy to China*, n. 6, p. 357.

2〔法〕荣振华（Joseph Dehergne, 1903—1990）著，耿升译：《在华耶稣会士列传及书目补编》，北京：中华书局，1995 年，第 287—288 页。

3〔美〕孔佩特（Patrick Conner）撰，江滢河译：《外销画中的中国乐器图》，广东省博物馆编：《异趣同辉：广东省博物馆藏清代外销艺术精品集》，广州：岭南美术出版社，2013 年，第 32 页。

4 Pritchard, *The Crucial Years*, p. 208.

员会主席邓达斯在 1791 年 6 月获委任为英国政府内政大臣，英国
又积极考虑派遣使团到中国去的时候，白立把又在 1791 年 12 月
20 日转来一封由北京传教士写来的信，表示那时候并不是派遣使
团的最好时机，原因是乾隆的八十寿辰已过，最好是等待新皇帝
登位，才以祝贺为名派遣使团。[1] 这封信写于 1790 年 11 月 12 日，
没有署名，以意大利文写成，[2] 普利查德猜想可能由梁栋材或贺清
泰所写；[3] 但在另一处地方，他又说写信人很可能是德天赐。[4] 不
过，既然信件用意大利文写成，看来由贺清泰或德天赐写的可能
性较高。

　　不管这几封信的作者是谁，在英国决定派遣使团访华以后，
梁栋材便真的直接写信给马戛尔尼了。在马戛尔尼到达天津前的
三个月，梁栋材在 1793 年 5 月 7 日便已经写好第一封信，然后在
使团到达前的几天，即 1793 年 8 月 6 日写了另外一封信，两封信
辗转在 8 月 11 日同一天送到马戛尔尼手上。[5] 根据马戛尔尼写给邓
达斯的报告所说，梁栋材这两封信是通过马戛尔尼的一名仆人
（servant）转来的。[6] 但斯当东对这两封信怎样被送过来却有很不
同的说法。他说在忙过那天的活动后，马戛尔尼获悉一名年轻的
中国人一直等着见他，见面时知道他是一名虔诚的新进天主教徒，

---

1 Pritchard, "Letters from Missionaries at Peking," p. 5; Pritchard, *The Crucial Years*, p. 274.

2 Unsigned, Peking, 12 November 1790, *An Important Collection*, vol. 2, doc. 14, CWCCU.

3 Pritchard, *The Crucial Years*, p. 274.

4 Pritchard, "Letters from Missionaries," p. 4.

5 Macartney, *An Embassy to China*, p. 80.

6 Macartney to Dundas, near Han-chou-fu, 9 November 1793, IOR/G/12/92, pp. 48 – 49.

是传教士的学徒（student-disciple），冒着极大的风险给马戛尔尼送信。[1] 换言之，他其实是梁栋材派过来的，而不是马戛尔尼的仆人。但无论如何，在整个使团访华期间，梁栋材共给马戛尔尼写了五封信。在第一封信里，梁栋材表示出极大的热情，说早已答应尽力为东印度公司及英国服务，现在更是愿意为使团出力；他还说自己在使团未到来前便在北京广为宣传，为使团争取更好的接待。他甚至提出使团应该准备一份清单，开列所有带来的物品，交给他去为使团办理住宿。在这第一封信里，他没有谈及翻译的问题，只提到朝廷已按惯例派遣一名传教士来照顾使团。[2]

从第二封信开始，梁栋材便经常谈到使团的翻译工作。在这封信里，他告诉马戛尔尼，朝廷已决定委派一名葡萄牙籍的传教士索德超担任使团的翻译，并负责使团在中国的仪式问题（"Director of Ceremonials and usages of this Country"）。不过，根据梁栋材的说法，索德超对英国非常不友善，说过一些对英国政府很不利的话，如果朝廷让他来出任译员，对使团会造成损害。梁栋材更毛遂自荐，请马戛尔尼向负责接待的官员提出请求，委派自己随团到热河担任翻译，还说这是唯一可以抗衡这名葡萄牙传教士破坏行为的方法。[3] 在随后的几封信里，梁栋材还一直提出

---

1 Staunton, *An Authentic Account of an Embassy*, vol. 1, p. 274.

2 Grammont to Macartney, Peking, 7 May 1793, IOR/G/12/92, pp. 187 – 190, 并附英文译本，第 193—197 页；又见 *An Important Collection*, vol. 6, doc. 251, CWCCU；Pritchard, "Letters from Missionaries," pp. 8 – 10, 但其中只收录拉丁文原本。

3 Grammont to Macartney, Peking, 6 August 1793, IOR/G/12/92, pp. 201 – 204；英文译本见第 205—208 页；*An Important Collection*, vol. 5, doc. 216, CWCCU；also in Pritchard, "Letters from Missionaries," pp. 11 – 12。

相同的要求，[1] 又建议马戛尔尼不要把自己的译员带到热河，避免被索德超利用。[2] 在使团已到达热河，等待觐见乾隆的前三天，梁栋材还写信给马戛尔尼，请他直接向乾隆要求以自己作第二译员，并赐蓝翎顶戴。[3] 这要求就令马戛尔尼格外谨慎，因为这充分显示梁栋材出于私利。事实上，马戛尔尼对梁栋材是不大信任的，他在日志里虽然认同梁栋材很聪明，且熟悉中国的情况，但仍然说要对他有所防范。[4] 不过，马戛尔尼在一封写给梁栋材的信里还是说他的意见很宝贵，且希望他能继续提供消息，又说自己曾经尝试让清廷准许他一起去热河觐见乾隆。[5] 这只不过是虚假的客套说辞，因为马戛尔尼在自己的报告及日志中都完全没有说过曾经这样做，最终只是采纳了梁栋材的一些建议，例如采购大量礼品，按照他所开列的权贵名单送礼等，[6] 还送了一只金表给他作礼物。[7]

　　毫无疑问，马戛尔尼访华使团的翻译问题亦涉及欧洲的政治和宗教，而参与其中的就是那些在北京不同国籍的传教士。这一点马戛尔尼是早已知悉及有所准备的，因为东印度公司在发给他的指令中已经提醒过他，必须注意及报告"北京的传教士对于他

---

1 Grammont to Macartney, Peking, 16 August 1793, *An Important Collection*, vol. 5, doc. 217, CWCCU; also in Pritchard, "Letters from Missionaries," pp. 13 – 14.

2 Grammont to Macartney, Peking, 30 August 1793, ibid., vol. 5, doc. 214, CWCCU.

3 Grammont to Macartney, 11 September 1793, ibid., vol. 5, doc. 215, CWCCU, also in Pritchard, "Letters from Missionaries," pp. 23 – 24.

4 Macartney, *An Embassy to China*, p. 104.

5 "Note sent to Father Joseph Grammont at Peking, August, 28, 1793," *An Important Collection*, vol. 5, doc. 213, CWCCU; also in Pritchard, "Letters from Missionaries," pp. 15 – 16.

6 Pritchard, *The Crucial Years*, pp. 335 – 336.

7 Macartney, *An Embassy to China*, p. 355, n. 1.

们所属国家是否有帮助，对于我们是否有害"；[1] 斯当东在回忆录里也明确记载：这些不同国籍的传教士，每当"遇到一些涉及自己原来国家利益的事情时，都会在一定程度上充当国家的代理人"，而且，尽管在面对中国人的时候，他们往往因为共同的利益和文化上的接近而较为团结，但也见到不同国家地区的传教士彼此间存有嫌隙。[2]

本来，从欧洲的政治传统来说，英国和法国长时间存在矛盾，而葡萄牙和英国则是盟友。不过，当时在北京的法国传教士对于法国国内政治的发展是不满意的。斯当东说，没有人会比这些传教士更厌恶 1789 年的法国大革命以及随之而来的混乱状态，更不要说新建立的平民政府停止给驻外传教士汇款。[3] 因此，当时北京的法国传教士并不见得会支持法国政府。另一方面，欧洲诸国在海外的扩张，特别是在亚洲地区，葡、英长期是竞争的对手。葡萄牙人早在 1553 年（明朝嘉靖三十二年）就在澳门"借居"，开埠经营，但当 1637 年威德尔的船队在澳门尝试跟中国贸易而遭遇诸多波折时，英国人把责任推诿于澳门的葡萄牙人，认为他们害怕英国商人会争夺贸易利益，于是从中作梗，阻挠中国人跟英国人进行贸易。[4] 英葡这种敌对情况在后来一直没有改变。当使团刚到达澳门外海时，马戛尔尼曾根据斯当东的汇报说，澳门的葡萄

1 "Instructions from Mr. Dundas, Secretary of State for the Home department, to Viscount Macartney, on the General Objects of His Lordship's Mission to China," IOR/G/12/91, pp. 341 – 376; also in "The East Indian Company's Instructions to Lord Macartney, 8th September, 1792," in Pritchard ed., "The Instructions of the East India Company," p. 226.

2 Staunton, *An Authentic Account of an Embassy*, vol. 2, p. 41.

3 Ibid., vol. 1, p. 196.

4 Temple (ed.), *The Travels of Peter Mundy*, Part I, pp. 158 – 316.

牙人对使团的到来充满恐惧和嫉妒。[1] 斯当东在他的回忆录中也说出当时的情况:

> 长期以来,英国人和葡萄牙人都和睦亲善,大使本来希望这次访问能够得到这里的葡萄牙人协助。但据可靠的消息,葡萄牙人从前要把其他外国人全部排挤出中国,这想法到今天一直还没有稍减。使团要顺利完成任务,只有依靠大使自己及全体成员的言行表现,改变中国方面的观感,克服工作中的种种困难。[2]

他还说过"欧洲其他各国的商行对使团心存妒忌",[3] 这种理解是准确的。在马戛尔尼使团还在航行途中,没有抵达澳门的时候,葡萄牙澳门总督花露(Vasco Lufs)在1792年12月22日向里斯本宫廷报告:

> 英国人再次向中国派遣使节,据说已任命梅卡丁〔马戛尔尼〕勋爵乘军舰直接去北京,并有两艘巡洋舰护航。不久前刚派遣一支常规舰队去广东,那里已有十七艘舰只,其中一艘船上有三位专员来此常驻,负责有关使团的政治事务,解决这方面的问题。要求允许英国人在广东定居是该使团的目的,一旦得逞(对此我毫不怀疑,因为在那个宫廷内我们没有人能阻止这项计划),澳门这个邻居将不可小觑,我们必

---

1 Macartney, *An Embassy to China*, p. 63.
2 Staunton, *An Authentic Account of an Embassy*, vol. 1, p. 196.
3 Ibid., p. 194.

须未雨绸缪。[1]

信中对英国舰只的活动作详细报告，清楚显示出葡萄牙人的忧虑。除葡萄牙人外，其他欧洲人对英国派遣使团也同样感到受威胁。瑞典的广州领事也曾尝试写信回国，报告英国派遣使团到中国将严重损害其他各国在华贸易利益，建议派遣船只到广州与中国官员接触，游说中国人抵制使团，[2] 但这封信可能最终没有送抵瑞典，而且也见不到瑞典方面有任何抵制的行动。[3]

此外，还有宗教派系的矛盾。一直以来，为了教权的问题以及要争取清廷的任用，不同国籍的在华传教士都在明争暗斗，相互排斥，特别是葡、法两国的摩擦尤其严重。[4] 1700 年，在华法国耶稣会传教区取得教廷认可，打破以往仅有一个葡萄牙传教区的局面；1773 年 7 月 21 日，罗马教宗克莱芒十四世（Clemens PP. XIV，1705—1774；教宗任期 1769—1774）颁布"吾主救世主"（*Dominus ac Redemptor*）诏书，宣布取缔耶稣会，在东方的传教活动由法国遣使会接手。这对在华葡萄牙传

---

1 〔葡〕阿布雷沃：《北京主教汤士选与马戛尔尼勋爵使团（1793）》，《文化杂志》第 32 期，1997 年 9 月，第 126 页。

2 "Letter from Evan Nepean to Lord Macartney, dated Sept. 13, 1792 Together with Original Wrapper, Enclosing Copy of a Letter, Dated July 26, 1792 Containing Plans for a Swedish Embassy to Thwart the English Embassy," *An Important Collection*, vol. 5, doc. 234, CWCCU.

3 Pritchard, *The Crucial Years*, p. 298.

4 可参见阎宗临：《清初葡法西士之内讧》，《中西交通史》，桂林：广西师范大学出版社，2007 年，第 137—141 页。

教士的地位造成沉重打击。[1] 但另一方面，葡萄牙籍传教士却在一段很长的时间里垄断钦天监的职位，[2] 受到朝廷的重用，相对来说，法国传教士颇受冷落。大体而言，葡萄牙的传教士自成一派，而其他国籍的教士则结成另一集团，相互间存在着严重的矛盾。

马戛尔尼来华期间，法国籍的梁栋材虽也在清廷服务，但除私底下写过几封信给马戛尔尼，并能够在 8 月 31 日跟马戛尔尼短暂会面外，[3] 他在整个过程中没有发挥更积极的作用。事实上，从清廷的角度看，梁栋材根本没有参与过这次使团活动，因为在中国方面有关使团的所有文书中，他的名字从没有出现，更不要说指派他为使团服务。其实，从使团的利益而言，这很可能是理想的安排，因为一直不为人知的是梁栋材过去曾经是法国在广州抗衡英国发展势力的主要人物。根据一篇研究广州法国商馆的文章，[4] 1787 年，法国昂特斯特骑士经由海军部长指示，以确认在澳

1　关于罗马教宗取缔耶稣会的"主及教赎主"诏书对中国天主教的影响，可参见 Joseph Krahl, *China Missions in Crisis: Bishop Laimbeckhoven and His Times, 1738 - 1787* (Rome: Gregorian University Press, 1964), pp. 127 - 137；吕颖：《从传教士的来往书信看耶稣会被取缔后的北京法国传教团》，《清史研究》2016 年第 2 期，2016 年 5 月，第 88—99 页。

2　他们包括傅作霖（Félix da Rocha, 1713—1781, 钦天监任期 1774—1781）、高慎思（José de Espinha, 1722—1788, 钦天监任期 1781—1788）、安国宁（André Rodrigues, 钦天监任期？—1796）、索德超（钦天监任期 1796—1805）、汤士选（Alexandre de Gouveia, 1751—1808, 钦天监任期 1787—1808）、李拱辰（José Ribeiro Nunes, 1767—1826, 钦天监任期不详）、福多明我（钦天监任期 1808—1823）、毕学源（Gaetano Pires-Pereira, 1763—1838, 钦天监任期 1823—1838），历时 60 多年。参见余三乐：《早期西方传教士与北京》，第 223—224 页。

3　Macartney, *An Embassy to China*, p. 103.

4　解江红：《清代广州贸易中的法国商馆》，《清史研究》2017 年第 2 期，2017 年 5 月，第 99—112 页。

门的法国人是否能够跟其他西方人一样自由出入为理由来中国，
但真正意图是要向清廷传递英国人觊觎中国的讯息。在出发前，
他给北京的法国传教士写了这样的一封信：

> 为了国王及传教事业，也为了中国人，请阁下向北京朝
> 廷申请允许梁栋材（Jean Joseph de Grammont）在广州居住。
> 没有这位传教士的帮助，我不能顺利地完成所肩负的责任，
> 我还有一项任务没有完成，需要他继续予以协助。我已经向
> 海军部长极力陈情并得到他的同意，希望你们能够帮忙促成
> 此事。梁栋材性格谨慎，才思敏捷，与英国人在领土以及亚
> 洲海域进行交涉时发挥了极大的作用。故而我们可以预见，
> 他居留广州必定会维护中国人的利益，也会促进我国与中国
> 共建联盟，甚至在我们与英国在印度和亚洲市场的竞争都大
> 有裨益。中国政府对外国人不了解，有些事情会对他们的国
> 家安全造成威胁，但其惘然不知；英国人企图垄断在中国的
> 贸易，在大幅增加前往中国进行贸易的船只的同时，想将威
> 胁他们野心的其他国家驱赶离开。从我指挥船只进入珠江口
> 时看到的情形来判断，他们已探查了中国所有海岸，尤其是
> 北直隶海湾。那么一旦形势有变，他们就可以长驱直入，攻
> 占北京。梁栋材神父居住在广州，一则并没违反〔中国〕皇
> 帝禁止外国人进入的命令，二则他会设法将英国人沿着中国
> 海岸建造房屋的真实意图上报〔中国〕皇帝……[1]

---

1 Henri Cordier, *La France en Chine au XVIII siècle*, vol. 2, pp. 122 – 124,
引录自解江红：《清代广州贸易中的法国商馆》，《清史研究》2017 年第 2 期，
2017 年 5 月，第 109 页。

更严重的是梁栋材确实去了广州，且在 1787 年 2 月 15 日写信给北京朝廷的钟表师汪达洪（Jean-Mathieu de Ventavon，1737—1787），报告英国人的意图，请他在适当时机向朝廷上报。[1]从这条资料看，梁栋材不可能是英国人的真正朋友。必须强调，英国政府正是在这一年筹划及派遣凯思卡特使团到中国的。

不过，也应该指出，当马戛尔尼使团在六年后来到中国时，情况已有变化。1789 年法国大革命后，留在中国的法国传教士对于新政府极为不满，这点斯当东在他的回忆录里也有报告，[2]因此，梁栋材和其他法国传教士应该不会再为法国政府做出针对使团的事。事实上，在使团成员的描述里，北京的法国传教士对使团是友善的，当中以钱德明为最，梁栋材也没有任何破坏的行为，只是他并没有帮上什么忙，且最后直言使团完全失败，并对使团作出非常负面的评价，认定英国人得到非常不好的接待，而其中的一个原因是使团成员对中国的理解肤浅，不熟悉朝廷的礼仪和习惯，而找来的译员同样无知。[3]总而言之，一直希望被朝廷委派为使团译员的梁栋材，最后对使团是有诸多批评的。

梁栋材以外的其他传教士又怎样？以北京的传教士作为外交译员是清廷长期固有的做法，这次英使来华又是否这样？马戛尔尼在离开北京前往广州的途中，在杭州附近曾经给邓达斯写过一封长信，其中报告说清廷在知悉欧洲因为法国大革命而引起动荡

1 Henri Cordier, *La France en Chine au XVIII siècle*, vol. 2, pp. 122 – 124, 引录自解江红：《清代广州贸易中的法国商馆》，《清史研究》2017 年第 2 期，2017 年 5 月，第 109 页。

2 Staunton, *An Authentic Account of an Embassy*, vol. 1, p. 196.

3 Hanna to Staunton, Canton, 2 March 1794, *An Important Collection*, vol. 7, doc. 292, CWCCU.

后，加强对在华西方传教士的监控，所有来自欧洲的信件都被扣查；而且，马戛尔尼还说这次使团并没有像从前其他欧洲使团一样，获安排与欧洲传教士见面，更不要说派遣他们来当翻译；[1]但马戛尔尼认为自己的译员李自标的中文书写能力不足，而且时常生病，因此在到达中国后便向官员提出要求，准许欧洲传教士来探访他，并希望其中一些人能协助翻译工作。[2]这就是说，北京本来并没有计划派遣西方传教士跟马戛尔尼见面。这是否属实？首先，马戛尔尼自己的日志便有不同的说法。在日志里，马戛尔尼仍然说他曾经向中国官员提出请求，让西方传教士过来，因为朝廷派来的官员一直没有提及这个问题。可是，有关的请求是出现在8月11日的日志里，即是在收到梁栋材寄来的两封信的当日，而且，马戛尔尼还刻意记下：在向官员提出请求时，他没有表现出知道朝廷派来索德超的安排。[3]显然，这样的描述便跟他写给邓达斯的报告不同，因为日志不单记录了朝廷是有所安排的，而且马戛尔尼也是在知悉朝廷的安排后才提出要求的。应该指出，虽然清廷档案中指令索德超前往热河帮忙照料的上谕是在乾隆五十八年七月十三日（1793年8月19日）才发出的，[4]但梁栋材早在5月7日写给马戛尔尼的第一封信中便说朝廷已按照惯例选派一名传教士过来与使团见面，[5]然后在8月6日的第二封信中更提及索

---

1 Macartney to Dundas, near Han-chou-fu, 9 November 1793, IOR/G/12/92, p. 34.

2 Ibid., p. 59.

3 Macartney, *An Embassy to China*, p. 80.

4《上谕英使远来着令监副索德超前来热河照料》，《英使马戛尔尼访华档案史料汇编》，第10页。

5 Grammont to Macartney, Peking, 7 May 1793, IOR/G/12/92, p. 196; also in *An Important Collection*, vol. 6, doc. 251, CWCCU; Pritchard, "Letters from Missionaries at Peking," p. 9.

德超的名字。[1] 由此可知，朝廷是在这日期前已经做好安排，而不是在接到征瑞等转来马戛尔尼 8 月 11 日的要求后才临时征调索德超为通事带领的。不过，清廷档案里确实存有长芦盐政征瑞代奏马戛尔尼的请求"大皇帝在京师西洋人内会说英吉利国之话的赏派一二人帮作通事"，日期为乾隆五十八年七月十二日（1793 年 8 月 18 日）。[2]

　　无论如何，清廷的确派来欧洲传教士跟马戛尔尼见面，而且如梁栋材所说，派来的就是索德超。索德超是葡萄牙籍传教士，早在 1759 年便来到中国，一直留在北京，1793 年马戛尔尼使团来华任钦天监监副，获委为这次使团访华期间的"通事带领"，也就是今天所谓的"首席翻译员"，并赏三品顶戴。[3] 但马戛尔尼的确很不喜欢索德超。他在天津接到梁栋材的第一封来信后，便已经对索德超起了戒心；8 月 23 日跟他第一次见面后，马戛尔尼在日志中说他虚伪狡猾，没有什么学问；[4] 而在后来向东印度公司的汇报中更说他品性卑劣，且对所有欧洲人都非常嫉妒，对英国人尤其不友善。马戛尔尼说，他不知道索德超获派是因为他治好了和珅的脚疾，受到和珅赏识，还是因为朝廷要让使团失败，所以特意找来一名敌视英国的传教士作译员。最后，马戛尔尼故意以英语和法语跟索德超交谈，让他在中国官员面前无法完成翻译工作，甚至通过法籍传教士当面告诉他，由于他不懂英

---

1 Grammont to Macartney, Peking, 6 August 1793, IOR/G/12/92, p. 205；also in *An Important Collection*, vol. 5, doc. 216, CWCCU；Pritchard，"Letters from Missionaries at Peking，" pp. 11 - 12.

2《长芦盐政征瑞奏报贡使学习跪拜礼节片》，《英使马戛尔尼访华档案史料汇编》，第 374 页。

3《上谕英使远来着令监副索德超前来热河照料》，同上，第 10 页。

4 Macartney, *An Embassy to China*, p. 103.

语，所以不能让他协助使团的翻译。[1]这样的借口明显是有问题的，因为使团自己带来的翻译员李自标其实也不懂英语和法语，更不要说使团成员没有理由不能用拉丁文与索德超直接沟通。但令马戛尔尼感到意外的是，这个不可以使用拉丁语的指令，[2]在使团内部惹来不满。机械师登维德不无抱怨地说，欧洲所有国家的有识之士，不管是在科学方面还是文学方面的，对拉丁语都非常娴熟；如果说英国使团成员不懂拉丁语，实在有损尊严，更不要说与事实不符了；他还说巴罗就完全不理会这禁止使用拉丁语的指令，[3]而这禁令也在马戛尔尼出发去热河时取消。[4]

同样地，索德超看来也不喜欢马戛尔尼，甚至按捺不住，当场以拉丁语向身旁的意大利传教士谈论英国人的缺点。马戛尔尼对此很不满，在日志中说索德超不知道自己懂拉丁语，所以有此失仪行为。[5]但其实，索德超很可能是故意这样做的，他没有理由会以为这位地位显赫、曾经多次出使外国的英国贵族不懂拉丁语。此外，他更在第一次晤面中公开反对马戛尔尼提出从宏雅园搬到北京城内的要求，似乎的确有意给使团制造麻烦。[6]不过，看来马戛尔尼自有一套应对的办法，他一直保持冷静，在索德超离开前委托一名法国神父转告他，因为自己不懂葡萄牙语，无法得到他

---

1 Macartney to Dundas, near Han-chou-fu, 9 November 1793, IOR/G/12/92, p. 59; Macartney, *An Embassy to China*, pp. 93 – 94.

2 登维德说严格禁止使用拉丁语的规定是由斯当东发出的。Proudfoot, *Biographical Memoir of James Dinwiddie, LL. D.*, p. 45; Proudfoot, "Barrow's Travels in China," p. 26。

3 Proudfoot, *Biographical Memoir of James Dinwiddie, LL. D.*, pp. 45 – 46.

4 Proudfoot, "Barrow's Travels in China," p. 26.

5 Macartney, *An Embassy to China*, p. 94.

6 Staunton, *An Authentic Account of an Embassy*, vol. 2, pp. 29 – 30.

出色的翻译服务，很是遗憾。根据马戛尔尼的说法，这方法似乎奏效，因为索德超不久便再跑过来，态度明显地软化了，还答应尽力为使团提供服务和帮忙。不过，马戛尔尼对他始终抱有怀疑，认为绝不可以完全相信和依赖他，虽然如果能拉拢和利用一下，那还是有好处的。[1] 然而，索德超跟马戛尔尼始终无法建立友谊，一名意大利籍传教士告诉马戛尔尼，所有来跟他见面的传教士都是使团的好朋友，就只有葡萄牙的传教士是例外，[2] 而在葡萄牙传教士中，索德超当然是最重要的。

　　不过，与使团关系非常好的法国传教士贺清泰，在使团离开中国后曾写信给马戛尔尼，请求他不要相信梁栋材对索德超的攻击。贺清泰指出，梁栋材想象力过于丰富，在外面有任务时，经常为其他传教士带来危险，他很希望能跟随索德超一起为使团做翻译，但索德超十分清楚他的为人，所以不肯向朝廷建议加入梁栋材。[3] 其实，马戛尔尼在日志中也说过类似的话，他说梁栋材为人聪敏，对中国很熟悉，但很不稳定，且有太多古怪新奇的想法，让人觉得对他要时加提防。[4] 贺清泰还说，梁栋材刻意传播一个讯息，让人以为索德超要破坏使团，让使团失败而回，但其实索德超为人很怕事，对使团没有做过什么负面的事，正好相反，贺清泰说自己在热河时亲眼见到索德超赞赏马戛尔尼。[5] 我们无法判定

1　Macartney, *An Embassy to China*, p. 94.

2　Ibid., p. 103; Macartney to Dundas, near Han-chou-fu, 9 November 1793, IOR/G/12/92, pp. 59 – 60.

3　"Letter from Louis de Poirot to Lord Macartney, Dated Pekin, September 29, 1794, Together with Translation," *An Important Collection*, vol. 7, doc. 308, CWCCU.

4　Macartney, *An Embassy to China*, pp. 103 – 104.

5　"Letter from Louis de Poirot to Lord Macartney, Dated Pekin, September 29, 1794, Together with Translation."

贺清泰的说法是否属实，[1] 因为索德超后来确实做了不利于英国人的事，但可以确定的是：马戛尔尼很不喜欢索德超，不愿意让他帮忙翻译。

客观来说，索德超跟使团成员关系不融洽，的确不适宜担任这次外交活动的翻译；可是，他却显然受到乾隆的器重——应该说，索德超是得到乾隆最宠信的和珅的器重，理由就是他曾经治好和珅的脚疾——钱德明不无讽刺地说过："通过行医，外科医生为我们神圣的宗教取得的保护，比其他所有传教士全部智慧加在一起所能争取到的还要多。"[2] 和珅当时身为内阁大学士、领班军机大臣，兼管理藩院，是清廷参与这次英使来华活动中最高级别的官员，除多次直接跟马戛尔尼见面外，还具体负责策划及安排活动，经常向乾隆汇报，有关这次使团的上谕不少就是经由和珅发出。因为这个缘故，尽管马戛尔尼反对，而负责接待的大臣也确曾代奏，请求"大皇帝在京师西洋人内会说英吉利国之话的赏派一二人帮作通事"，甚至乾隆曾作朱批"此自然"，[3] 但索德超的地位并没有动摇。毕竟，当时根本没有任何英国人住在北京，而在京的传教士中也没有人懂得英语。[4] 结果，当马戛尔尼在热河跟乾隆见面时，索德超仍然被派往那里担任翻译，甚至负责带领马戛尔尼及其他成员等候乾隆的接见；[5] 而且，由于获委任为这次使

---

1 贺清泰这样写很可能是另有苦衷的。关于贺清泰写这封信给马戛尔尼的原因及背景，详见《敕谕篇》。

2 Amiot to Bertin, 20 September 1774, quoted from Peyrefitte, *The Collision of Two Civilisations*, p. 305.

3 《长芦盐政征瑞奏报贡使学习跪拜礼节片》，《英使马戛尔尼访华档案史料汇编》，第374页。

4 《奏报传集在京西洋人翻译英国原禀情形》，同上，第91页。

5 根据和珅的奏折，"臣和珅同礼部堂官率钦天监监副索德超带领英吉利国正副使臣等恭逢"，《内阁大臣和珅奏英使于热河觐见皇帝的礼仪单》，同上，第600页。

团的"通事带领",索德超获赏三品顶戴,[1] 而其他人都只获赏六品顶戴,因此他在派来的一众传教士中享有较高的地位,神气十足。根据斯当东的观察,其他传教士在索德超面前显得"非常小心谨慎"。[2]

除在热河带领马戛尔尼觐见乾隆外,索德超的名字还好几次出现在清廷的档案里,包括直接参与翻译的工作,例如乾隆五十八年十月十七日(1793 年 11 月 20 日),军机处档案记有马戛尔尼的信函已交由索德超负责翻译;[3] 他还负责查核其他人的翻译是否准确,当中包括马戛尔尼于乾隆五十八年十二月二十四日(1794年 1 月 25 日)送来的呈词,[4] 以及乾隆写给英国国王敕谕的翻译,[5] 也专责察看马戛尔尼赠送的仪器的运作情况。[6] 这些都是重要的任务,可见他的确受到清廷重用。

不过,索德超只是负责朝廷方面的工作,很少跟马戛尔尼等人直接接触。根据马戛尔尼的说法,除 1793 年 8 月 30 日第一次见面外,索德超便再没有走近。更准确的说法是,8 月 30 日是索德

---

1 除索德超外,同时获赐三品顶戴的还有同是葡萄牙籍的钦天监监正安国宁,而其他的如贺清泰只获赐六品顶戴。《上谕英使远来着令监副索德超前来热河照料》,《英使马戛尔尼访华档案史料汇编》,第 10 页。

2 Staunton, *An Authentic Account of an Embassy*, vol. 2, p. 29.

3 《奏为英贡使所递西洋字禀已交索德超译出呈览》,《英使马戛尔尼访华档案史料汇编》,第 198 页。

4 《奏报将英使呈词交索德超阅看谕英法交恶皇帝无分厚薄洋人钦佩情形》,同上,第 203 页。

5 乾隆五十八年七月二十六日(1793 年 9 月 1 日)奏折记"臣等将译出西洋字颁给英吉利国王敕谕交索德超等阅看,据称所译字样均属相符,谨一并恭呈御览",《奏为颁给英国王敕谕译文已交索德超等阅过无误事》,同上,第 145 页。

6 《为奉旨传谕选派学习安装天文地理表并已领会修理方法者来热河的启文》,同上,第 146 页。

超跟马戛尔尼唯一一次正面接触。[1] 在马戛尔尼要求朝廷委派一名懂得欧洲语言的传教士来充任翻译员后，朝廷便派来法国籍的遣使会教士、法国传教会会长罗广祥，负责照顾使团的需要。在马戛尔尼和斯当东的笔下，罗广祥是一位和蔼可亲的谦谦君子，健谈开朗。除法语和拉丁文外，罗广祥在 1785 年（乾隆五十年）来到北京后便很快学会汉语和满语；此外，他也很适应和喜欢在北京生活，且消息灵通，马戛尔尼从他那里知道很多有关朝廷和乾隆的情况。[2] 显然，罗广祥跟使团的关系是非常好的，马戛尔尼甚至说在北京等候觐见皇帝期间，由于不能到外面活动，好像坐牢一样，但罗广祥来访的几天是很愉快的。[3] 不过，罗广祥与马戛尔尼及斯当东的交谈，还有他所能帮忙的翻译工作，也只能是通过拉丁语。这无可避免地招来登维德的嘲讽。[4]

翻译方面，罗广祥曾经参与过翻译一份很重要的文件——马戛尔尼所写有关在热河觐见乾隆所用仪式的一封信。关于这封信函的译者和翻译过程，会在《国书篇》中详细交代。不过，值得提出的是翻译工作完成后，这份书函最终交由小斯当东誊写，以免被人认出笔迹来；而且，斯当东还进一步说，当小斯当东誊写完毕，经核对正确后，原来的译稿便当场销毁。[5] 由此可见，为朝廷服务的西洋传教士其实是步步为营，小心翼翼的。这是可以理解的。葡萄牙籍的北京主教汤士选（Alexandre de Gouveia, 1751—

---

1 Macartney, *An Embassy to China*, p. 103.

2 Ibid., pp. 101 – 103.

3 Macartney to Dundas, near Han-chou-fu, 9 November 1793, IOR/G/12/92, p. 62.

4 Proudfoot compiled, *Biographical Memoir of James Dinwiddie, LL. D.*, p. 46.

5 Ibid., p. 32.

1808）曾在 1786 年 11 月 3 日写信回国，向部长兼国务秘书马提尼奥·德梅洛·卡斯特罗（Martinho de Melo e Castro，1716—1795）这样报告："那些借为帝国在数学、绘画与钟表方面效力的名义而被这里接受的欧洲传教士，经常由于中国人无端怀疑他们有某种布道意图而处于被驱逐的危险之中。"[1] 就是在这次英使团来华事件中，贺清泰也清楚地告诉马戛尔尼，当使团在北京的时候，朝廷便曾找人对英使送来的文书另行翻译核证，这让他们在翻译时承受压力，不敢轻易做改动。[2]

此外，罗广祥等传教士还负责把朝廷所送出的中文文书翻译给使团，其中最重要的是在马戛尔尼要离开北京的时候，乾隆五十八年八月三十日（1793 年 10 月 4 日）所写给英国国王的第二份敕谕。[3] 这份敕谕主要回应 10 月 3 日马戛尔尼在圆明园致函和珅所提出的要求，[4] 但负责翻译敕谕的罗广祥以及贺清泰还是在翻译过程中刻意对敕谕作了一些改动，"在敕谕中加入对英国国王尊重的说法"。[5] 二人还专诚为敕谕的翻译写了一封信给马戛尔尼，交代当中的一些问题。[6]《敕谕篇》对此会再作讨论。

索德超和罗广祥以外，一并在圆明园跟马戛尔尼见面的其他

---

1 录自〔葡〕阿布雷沃：《北京主教汤士选与马戛尔尼勋爵使团（1793）》，第 128 页。

2 "Letter from Louis de Poirot to Lord Macartney, Dated Pekin, September 29, 1794, Together with Translation."

3《大清帝国为开口贸易事给英国王的敕谕》，《英使马戛尔尼访华档案史料汇编》，第 172—175 页。

4 "Note for Cho-Chan-Tong, First Minister, from the British Embassador, Delivered at Yuen-min Yuen, 3 October 1793," IOR/G/12/92, pp. 259 – 262; Macartney, *An Embassy to China*, p. 150.

5 "Letter from Louis de Poirot to Lord Macartney, Dated Pekin, September 29, 1794, Together with Translation."

6 Ibid.

传教士也在不同程度上参与翻译工作，主要任务是学习安装英国人带来的机械礼品，并兼任翻译。对于使团的实际运作，他们并没有什么直接的影响。使团机械师登维德曾说，这些到圆明园帮忙的传教士译员在最初阶段确实做得很不错，但不久却似乎显得厌弃这份工作。[1] 佩雷菲特说这是因为朝廷不准传教士与英国人见面的缘故。[2] 诚然，清廷后来的确不准在京传教士与使团人员联络，这除了在佩雷菲特所征引的遣使会档案中罗广祥在 1793 年 10 月 28 日写给韩纳庆和南弥德的一封信被提到外，[3] 其实梁栋材也有相同的说法，[4] 更重要的是马戛尔尼自己也早已记下这情况：他在 10 月 1 日的日志里便说过他们从热河回到北京后，只有科西尔斯基（Kosielski）神父一人可以来见他们。[5] 不过，禁止传教士与使团人

---

1 Proudfoot compiled, *Biographical Memoir of James Dinwiddie, LL. D.*, p. 51.

2 Peyrefitte, *The Collision of Two Civilisations*, p. 271.

3 Father Raux to Fathers Hanna and Lamiot, 28 October 1793, Archives of the Lazarists, ibid., p. 582, n. 14。这封信的内容也经由韩纳庆转给斯当东，只是他强调不能说出写信人的名字；而且，他写信给斯当东时，使团已离开中国了。Hanna to Staunton, Canton, 5 March 1794, *An Important Collection*, vol. 7 doc. 293, CWCCU。

4 Hanna to Staunton, Canton, 1 March 1794, *An Important Collection*, vol. 7, doc. 292, CWCCU。此外，东印度公司广州商馆管理会前主席雪珀也收到贺清泰在 1794 年 5 月 18 日所写的一封信，说到朝廷突然完全禁止他们与使团有任何联络。A Jesuit at Peking to Mr Raper enclosing a letter written by the Missionary Louis de Poirot dated 18 May 1794 on the Ceremony at Macartney's Reception, in BL IOR MSS EUR F 140/36, quoted from Stevenson, *Britain's Second Embassy to China*, p. 99。

5 Macartney, *An Embassy to China*, p. 146；科西尔斯基神父（Father Kosielski）全名叫 Romoaldo Kosielski，波兰人，天文学家，1783 年开始为清廷服务。Helen H. Robbins, *Our First Ambassador to China*, p. 328, n. 1。但令人奇怪的是：这里是整个使团唯一提及科西尔斯基的地方，马戛尔尼在其他地方谈及在京传教士与他们见面时，都没有提过这人的名字，而这次见面的目的是什么，也不得而知。

员见面跟安装器械无关，而主要是因为朝廷在读到马戛尔尼所携来的国书后，变得特别警惕，所以不准在京传教士与使团往来。但是，一直以来我们都见到一些上谕指示传教士去协助安装仪器，最能直接说明的是乾隆五十八年七月二十二日（1793 年 8 月 26日）的上谕：

> 又据和珅奏钦天监监正安国宁、副汤士选及四堂西洋人罗广祥等十名恳准赴园，于该国匠役安装贡品时一同观看学习等语。此亦甚好，多一人即多一人之心思。安国宁等既情愿前往，自应听其随同观看学习，尤可尽得其装卸收拾方法，庶将来该国匠役回国后可以拆动那〔挪〕移，随时修理，更为妥善。[1]

这说法很有道理，为了将来的装卸修理，朝廷实在没有理由不让西洋传教士去学习处理器械的方法。负责监督礼品安装工作的吏部尚书金简（？—1794）在乾隆五十八年八月十四日（1793 年 9月 18 日）的一份奏折里也提及，英国匠役自七月二十三日至八月十二日一直在安装机械，而"派出习学安装之西洋人及首领太监匠役等金称连日留心"。[2] 换言之，至少在 9 月中以前，北京的传教士还是在跟随英国技师学习安装器械。更重要的是，上面刚提及马戛尔尼 10 月 1 日的日志就说到因为安装天文仪器的关系，他们使团的技师又回到圆明园与中国的技师和传教士见面，重新开

1《谕留京贡品着一并在正大光明殿安设并准西洋人观看学习安装方法》，《英使马戛尔尼访华档案史料汇编》，第 47 页。
2《吏部尚书金简等奏报贡品均已安竣派出学习工匠役太监等均能领会片》，同上，第 566 页。

181

始联络。[1] 由此可见，安装器械的工作跟朝廷禁止传教士与使团接触无关。

这里还有另外一个问题。即使暂且不论他们的语言能力或翻译技巧，我们仍然不禁怀疑：究竟这些来自欧洲，但长期为清廷服务的传教士，在这次英国使团来华事件中被朝廷指派做翻译员，会全心全意地为中国服务吗？还是更愿意为同样来自欧洲的使团提供协助？显然，我们可以见到部分传教士更倾向于协助来自欧洲的使团。也许我们不能把那位私下多次联络马戛尔尼，并提出很多意见的梁栋材包括在内，毕竟他没有受到朝廷的正式委派，但罗广祥的情况便很明显了。尽管他长期居住于北京，而且由清廷正式委派出任译员，但他一直以来都为使团提出很多意见，还教导马戛尔尼等怎样回应朝廷的要求，甚至愿意协助翻译一些明知会惹来麻烦的文书，宁可把译文交由其他人抄写出来。更有意思的是，罗广祥和贺清泰在翻译乾隆发给英国国王的敕谕时刻意做出改动，删改一些他们认为过于不合欧洲外交礼仪、对英国过于屈辱的字句。[2] 对马戛尔尼使团来说，这无疑有助维护英国人的国家尊严，但从中国的角度看，却把清廷原要明确传达的天朝大国思想抹除，甚至尝试把两个国家放置于平等的位置，这是极其严重、不可宽恕的罪行，既损害国家的利益，亦犯上所谓的欺君之罪。由此可见，中国朝廷找来的一些翻译人员，根本就算不上是忠实客观的译者，更不要说忠诚地为清廷尽心服务了。

那么，那位被任命为通事带领的索德超又怎样？毫无疑问，

---

1 Macartney, *An Embassy to China*, pp. 145 - 146.

2 "Letter from Louis de Poirot to Lord Macartney, Dated Pekin, September 29, 1794, Together with Translation."

他是站在马戛尔尼对立面的。当然，这也可能是因为索德超与马戛尔尼一开始便很不投契，甚至相互排斥的缘故，然而，更大的问题仍然是在国家利益方面。我们没有任何证据证明索德超在使团来访期间直接破坏马戛尔尼的访华行程，唯一比较确定的使团成员对索德超行径不满意的一次，是所有传教士都认为使团移至北京，比住在近郊的宏雅园较方便，他却力排众议，多方阻挠，但毕竟他并没有成功，[1] 而且这也只不过是一桩比较琐碎的小事；在重大事情上，恐怕他也无法直接影响乾隆的决定。马戛尔尼对这问题有一个颇为准确的看法：中国一向对外国人抱有不信任甚至猜忌的态度，外国传教士不可能对中国政治有什么直接和重大的影响；因此，他认为在出发前的很多猜测，担心西方传教士会从中作梗是过于夸张了。[2]

但因为索德超跟和珅关系密切，而和珅又最为乾隆所宠信，那么索德超并不是没有机会向和珅表达对马戛尔尼使团及英国人的不满，而和珅对于使团的态度自始至终都不能算得上友善。我们至少可以找到两条资料，足以让人更了解索德超等人对英使团访华所起的负面作用。

首先，当马戛尔尼和斯当东等在热河觐见乾隆时，他们所带来的机械礼品都留在圆明园里安装，同时和珅也委派钦天监监正安国宁、副监正汤士选及其他西洋传教士共十人前往协助及学习。[3] 据在葡萄牙新里斯本大学的阿布雷沃（António Graça de Abreu）说，在

1　Staunton, *An Authentic Account of an Embassy*, vol. 2, pp. 29 – 30.

2　Macartney to Dundas, near Han-chou-fu, 9 November 1793, IOR/G/12/92, pp. 33 – 34.

3　《谕留京贡品着一并在正大光明殿安装并准西洋人观看学习安装方法》，《英使马戛尔尼访华档案史料汇编》，第 46—47 页。

马戛尔尼等离开中国两年后，荷兰驻广州代办范罢览（Van Braam）[1] 得悉，这些传教士在安装礼品时发现严重的问题：

> 传教士们（安国宁、汤士选等人）发现宏大的天象仪上有多个机件已经磨损，零件上的铭文是德文。他们把这些情况报告给中堂（和珅），与英使团在多方面发生冲突的和珅又上奏皇帝，告英国人奸诈狡猾。愤怒的皇帝下令让英国使团在 24 小时内离开北京。[2]

阿布雷沃所引用的资料来自佩雷菲特的《停滞的帝国》，[3] 但佩雷菲特自己在该书中却否定范罢览的说法。佩雷菲特指出，军机处的档案里根本没有这份报告，而且乾隆早已决定遣走使团的时间，跟这些礼品是否损毁没有任何关系；也就是说，所谓礼品损毁、和珅上奏皇帝等，都只是一些谣言。佩雷菲特的说法很有道理，

---

1 范罢览全名为 Andreas Everardus van Braam Houckgeest（1739—1801），阿布雷沃论文中译本作范·勃朗，这明显是译者自己的音译。〔葡〕阿布雷沃：《北京主教汤士选与马戛尔尼勋爵使团（1793）》，第 128 页。范罢览 1758 年第一次来到中国，加入荷兰东印度公司，八年后离开；1790 年重回广州，出任荷兰商馆代办；1794 年致函巴达维亚荷兰东印度公司总督提出在乾隆登基 60 周年时派遣使团，为德胜所率领的荷兰使团主力成员，1795 年 1 月抵达北京。关于范罢览这次使团行程，见 Andre Everard Van Braam, *An Authentic Account of the Embassy of the Dutch East-India Company, to the Court of the Emperor of China, in the Years 1794 and 1795; (Subsequent to that of the Earl of Macartney.) Containing a Description of Several Parts of the Chinese Empire, Unknown to Europeans; Taken from the Journal of Andre Everard Van Braam, Chief of the Direction of that Company, and Second in the Embassy. Translated from the Original of M. L. E. Moreau de Saint-Méry* (London: R. Phillips, 1798)。

2 〔葡〕阿布雷沃：《北京主教汤士选与马戛尔尼勋爵使团（1793）》，第 128 页。

3 Peyrefitte, *The Collision of Two Civilisations*, p. 272.

然而，这正是问题的症结所在：范罢览是从葡萄牙传教士那边听到这些谣言的，证明他们在使团离开北京后仍然一直在散布谣言，除礼品损毁外，还有使团被逐的说法，可见他们力图破坏英国人的声誉，刻意地大力打击英使团。

但更严重的是索德超、汤士选等葡萄牙传教士的确曾直接向朝廷攻击英国及英国使团。

嘉庆七年八月一日（1802 年 8 月 28 日），也就是马戛尔尼离开北京整整九年以后，索德超和汤士选等曾联合署名上书给内务府大臣工部侍郎苏楞额（1742—1827）。事件的起因是英国的一支舰队驶至澳门对开海面，澳门议事厅认为对葡萄牙侨民构成威胁，请求在北京的葡萄牙神父帮忙。索德超和汤士选等便写呈文报告英吉利调派兵船到澳门，至五月中"更逼近澳门停泊，占据一岛，往来上岸，目可历睹，澳门人人危惧"，但中国官员似乎没有戒备之意，因此他们只好直接上书朝廷。在这份呈文中，索德超等还特别强调英国人积极扩张和侵略的野心：

> 外洋到广交易诸国中，有嘆咭唎者，其在西洋素号谲诈。近数十年来常怀蚕食之志，往往外假经商之名，遂其私计。……嘆咭唎之凶狡，在西无人不知，伊前于小西洋假买卖为由，已曾图灭一大国，名曰蒙告尔，初亦借一小地存驻，后渐人众船多，于嘉庆三年竟将此国吞噬。[1]

---

[1]《西洋人索德超汤士选等呈》，国立故宫博物院辑：《清代外交史料（嘉庆朝）》第一辑，北平：故宫博物院，1932 年，第 11 页。相近的一段引文也见于阿布雷沃《北京主教汤士选与马戛尔尼勋爵使团（1793）》一文，但字句不完全相同，那是因为该文译者并未找到原作而自己译成中文之故。参见〔葡〕阿布雷沃：《北京主教汤士选与马戛尔尼勋爵使团（1793）》，第 129 页。

最有意思的是，他们刻意重提九年前马戛尔尼出使访问中国之事。一方面明确指摘该使团来华其实是要侵占中国领土；另一方面又把这次英舰在澳门水域的出现，说成是要达到马戛尔尼侵占中国领土的目的：

> 前于乾隆五十八年曾遣巨舶进贡，多所求假，不惟便其通商，且求海屿一所作久留计。幸蒙高宗纯皇帝洞其隐曲，未遂其私，怅怅而去。渠因未得所求之故，终不撒手，每有窥伺之意。……今嘆咭唎于其所占小西洋地方特发六大战船，劲兵数千，满载兵械炮具，藉（借）辞称预防佛啷哂来抢澳门，其实乃窃窥澳门，欲得高宗纯皇帝所不允之事。[1]

这的确是很有力的证据，证明索德超、汤士选等葡萄牙传教士蓄意对马戛尔尼使团进行破坏：既然九年后索德超等仍然继续攻击英国，且以马戛尔尼使团作为例证，向清廷指控英国人对中国存在野心，那么我们实在无法不怀疑索德超在使团访问期间也有过煽动中国人对英国不满情绪的行为，以防葡萄牙的利益受到损害。不过，单从这次呈文的事件来看，索德超的攻击是不奏效的。在接到苏楞额的奏折后，军机处马上指示两广总督吉庆（？—1802）深入查探，[2] 得到的回报是英国护兵船确曾来过澳门外湾，停泊于零丁洋海面，离澳门甚近，但当他饬令离开后，"英吉利夷人当知畏法，不敢滋事"，并经查明"英吉利各兵船已于四

---

1 《西洋人索德超汤士选等呈》，《清代外交史料（嘉庆朝）》，第34—35页。

2 《军机处寄两广总督吉庆等查询英船来澳情形迅速奏闻上谕》，同上，第36页。

月十一至六月初五等日均已陆续开行护货回国"，即使在澳门外湾停泊时亦"并无滋事"。[1] 可以肯定，两广总督等中国官员并不是要刻意袒护英国人，但关键是他们绝对不会承认自己对英国人的军事行动懵然不知，而朝廷也不会相信如果在广东发生这样严重的挑衅行为，需要由一两名远在北京的外国传教士来通报。结果，索德超和汤士选这次对英国人的攻击可说是无功而还，甚至有报道说他们被押送户部严加斥责，并吓以死罪，不准他再干预朝政。[2] 这大概是索德超始料不及的。不过，也许最令索德超感到沮丧的，应该是他所奏报的其实全是真确的。由于法国在 1801 年联同西班牙进攻葡萄牙，英国人以保护澳门、免受法国攻击为名，派遣兵船到来。1802 年 3 月，英国共有六艘全副武装的船只抵达澳门外洋，而且获得指示，在取得澳门葡萄牙总督的同意后即在澳门登陆；只是因为葡萄牙总督一直没有正面回应，他们才按兵不动；不久后就接到英法已经议和的消息，兵船才撤走。[3] 这并不

---

1 《两广总督吉庆奏英船业经开行回国并无滋事片》，《清代外交史料（嘉庆朝）》，第 37 页。

2 这说法来自马戛尔尼使团总管巴罗。他对整个事件有详细报道，说索德超被送刑部后，跪在地上接受申斥，恳求恕罪；他所犯的罪足以判处死刑，最后经警告不得再干预中国内政后才获释。据巴罗说，这消息是来自 1803 年的《京报》（Peking Gazette）。Barrow, *Travels in China*, p. 20. 不过，《清代外交史料（嘉庆朝）》所收资料并没有这样的说法，军机处在嘉庆七年九月十一日（1802 年 10 月 7 日）所发上谕只说："所有索德超等具呈之语系属讹传，着苏楞额即传谕索德超等知悉，并将吉庆原奏抄寄阅看。"《军机处寄内务府大臣工部侍郎苏楞额传谕西洋人索德超等英来澳据吉庆查访该国兵船因护货到澳已陆续回国前所呈之语系属讹传上谕》，《清代外交史料（嘉庆朝）》，第 13 页。

3 Morse, *The Chronicles of the East India Company*, vol. 2, pp. 369 – 371；关于这次英国兵船来澳门事件的英国海军部及东印度公司往来书函，见同上，附录 N，第 373—387 页。另外，克兰默-宾曾分析过在这次行动中，英方倚赖了马戛尔尼使团成员英国皇军炮兵团中尉亨利·威廉·帕里什（Henry William Parish）在 1794 年使团抵达澳门时所绘澳门地图和有关的报告。J. L. Cranmer-Byng, "The Defences of Macao in 1794: A British Assessment," *Journal of Southeast*

是如吉庆所说的英国人"当知畏法，不敢滋事"。[1] 最为讽刺的是，马戛尔尼使团总管巴罗在详细报道这事件时加上自己的评语："经过这事件后，广州当局对英国人大有好感，因为官员们一向都不喜欢葡萄牙人，又惧怕法国人。"巴罗认为，这是取代葡萄牙人在澳门的位置最好的时机。[2] 由此可见，英国人的确一直觊觎澳门，索德超等的顾虑和投诉不是毫无根据。但关键是既然他在马戛尔尼使团来华期间被委任为通事带领，却大力抗拒和排斥他原来要服务的对象，这便产生严重的问题。事实上，即使从清廷的角度看，索德超的表现也是不合格的，因为他所关心的其实是葡萄牙而不是中国朝廷的利益。如果我们认同一些历史学家的说法——乾隆没有以开放的态度来接待英国使团，因而失去了一次与世界接轨、走向国际化和现代化的机会，那么作为清廷首席翻译的索德超便应该负上很大的责任，因为他不但没有为双方的沟通做好工作，相反，他很可能提供了一些负面信息，进一步加强乾隆对英国人的戒心。

（接上页）*Asian History* 5，no. 2（September 1967），pp. 133 – 149；帕里什的报告见 "Military and "Military and statistical observations upon Macao, etc., by Henry W. Parish, dated Feb. 28, 1794," *An Important Collection*，vol. 9，doc. 371，CWCCU。亦可参见 Puga, *The British Presence in Macau, 1635 – 1793*, pp. 126 – 127；Shantha Hariharan，"Relations Between Macao and Britain During the Napoleonic Wars：Attempt to Land British Troops in Macao, 1802," *South Asia Research* 30, no. 2（July 2010），pp. 185 – 196；施晔、李亦婷：《嘉庆朝英军入侵澳门事件再考察——以新见斯当东档案为中心》，《史林》2021 年第 3 期，2021 年 6 月，第 67—73 页。

1 《两广总督吉庆奏英船业经开行回国并无滋事片》，第 37 页。

2 Barrow, *Travels in China*, p. 20.

四

在上面有关使团译者的讨论里，可以见到一个很有趣的现象：中英双方其实都没有任用自己国家的人来充任翻译，相反，他们都聘用对方的人——英国使团用的译员是中国人，清廷用的却是欧洲人。这涉及译者其中一项最基本的道德操守，就是对所属组织的忠诚，尤其在外交翻译方面，译者是否忠诚足以影响国家的重大利益。显然，清廷所用的翻译人员并没有达到忠诚的要求。尽管这些西洋传教士不少在中国已住上几十年，被认为能说流利的汉语，以致有学者把他们描述为"已转化为中国人的欧洲人"（"Europeans turned Chinese"），[1] 但他们在骨子里始终还是欧洲人。马戛尔尼的日记便记载了这些传教士怎样享用上等的法国面包和甜肉，甚至在当地酿制红酒，[2] 尽可能在中国土地上过着欧洲的生活。因此，他们以自己国家的利益为前提，不能忠诚地为清廷服务或充分完成清廷交给的任务，也是在预期之内了。不过，相对而言，这些在京传教士在整个马戛尔尼使团访华事件中所扮演的角色十分有限，不致造成什么重要的影响。但英国使团所带来的译员李自标又怎样？

佩雷菲特说马戛尔尼在开始时并不怎么喜欢李自标以及柯宗孝，固然因为他们"不单是中国人，还有天主教士和那不勒斯人的特点"，作为一名爱尔兰的新教徒，马戛尔尼对此是颇

---

1 Peyrefitte, *The Collision of Two Civilisations*, p. 157.
2 Macartney, *An Embassy to China*, p. 101.

为难以忍受的；此外，李自标因为抽烟，牙齿都坏了，更时常离不开那长烟袋，而柯宗孝则最爱嗑瓜子。[1] 言下之意，马戛尔尼作为英国绅士贵族，对于他所认为的这两名带有中国传统文化和礼仪标记的译员颇有微词〔尤其是该书这一章的题目是"中国的气味"（"A Whiff of China"）〕。不过，佩雷菲特在这里并没有提供任何佐证或资料来源。不过，尽管沈艾娣也说李自标抽烟、柯宗孝嗑瓜子，却描绘出完全不同的图像：在来华的长途海上旅程中，马戛尔尼很喜欢晚上在甲板来回散步，且时常与抽着烟、嗑着瓜子的李自标和柯宗孝闲聊长谈，加上时常一起喝酒，大大增进使团成员的感情，让他们更为团结起来。[2]

其实，在现在所见马戛尔尼以及他周边的人所写的文字中，都没有见到像佩雷菲特所作非常形象化的负面描写。正好相反，绝大部分使团成员都对李自标有很高的评价。斯当东最早在那不勒斯找到这些译员时便已经有很不错的印象，说柯宗孝和李自标"举止温雅，正直诚恳"。[3] 接着，他还说李自标愿意跟随使团去北京，是因为意志坚定，认定自己已接受任务，便得全力完成。[4] 这都是十分正面的评价。除公开出版的回忆录外，梵蒂冈传信部在1795年2月16日所召开的一次枢机特别会议记录中，征引了一段由斯当东所写的文字，高度赞扬李自标，说他品德高尚，对宗教非常虔诚，在使团的表现赢得每一个人的尊重，甚至连中国人对

1 Peyrefitte, *The Collision of Two Civilisations*, p. 35.
2 Harrison, *The Perils of Interpreting*, p. 78. 不过，她在注释中征引佩雷菲特的说法时也明确说自己找不到他的资料来源。同上，第289页，n. 18。
3 Staunton, *An Authentic Account of an Embassy*, vol. 1, p. 21.
4 Ibid., p. 192.

他都非常崇敬。[1]

除斯当东外，马戛尔尼也说李自标"诚实和能干",[2] 是"一个十分理智的人，意志坚定，具有良好的个性";[3] 非常正面的评价还来自使团总管巴罗，"对于我们的译员李的行为，我能提出的任何赞誉都远远不足以说明他的优点。尽管他完全明白自己所处的境地十分危险，但却从没有丝毫退缩",[4] 又说他"有用和聪明"。[5] 就是在使团访华后 30 多年，小斯当东在有关他父亲的回忆录中提及当年到那不勒斯寻找译员的经历时，对李自标还是作出高度的评价："非常聪颖，和蔼可亲，具有很好的判断力，正直诚信，一直忠诚和热情地为使团服务，提供最重要的服务。"[6] 可以肯定，使团最主要的成员对李自标的评价都很高。

使团成员中唯一对李自标的服务不满意的是使团机械师登维德。他曾用非常贬损的字眼去描述李自标：

> 无知而迂腐的神父，身上找不到一粒科学的原子，没有好奇心、态度毫不开放；不知是出于无知还是偏见，很多时候他所翻译出来的跟人家原来提出的问题很不同。我们穿越

---

1 "Congregatio Particularis de Popaganda Fide super rebus Indiarum Orientalium habitu die 16 februarii 1795," ACTA Congregationis Particularis super rebus Sinarum et Indiarum Orientalium, Archivio storico della Sacra Congregazione de Propaganda Fide, hereinafter abbreviated as ACTA CP, vol. 17, f. 380.

2 Macartney, An Embassy to China, p. 221.

3 Macartney to Dundas, near Han-chou-fu, 9 November 1793, IOR/G/12/92, p. 35.

4 Barrow, Travels in China, p. 604.

5 Barrow, An Auto-Biographical Memoir of Sir John Barrow, p. 50。但巴罗对柯宗孝的评价却十分负面，说他是一个"笨拙、沉闷和固执的人，对使团没有用处，相信传教的工作也一样"，同上。

6 Staunton, Memoir of the Life & Family, pp. 49 – 50.

> 整个国家，就像很多哑巴一样，没有机会就一些最普通的事物提问或接收资讯。[1]

这的确是非常负面的评价。但要指出的是，细读登维德的日记，似乎整个使团旅程里没有什么人或事物是可以让他感到满意的。关于对李自标的指摘，登维德大概不知道，中国方言繁多，根本不可能有一名译员能够让他们全无语言障碍地穿越整个国家。此外，登维德说在李自标"身上找不到一粒科学的原子"，这也是不能确定的，因为梵蒂冈传信部档案提到李自标在他的同伴眼中很聪明，娴熟于科学。[2]

无论怎样，至少在英国人眼中，李自标对于使团的忠诚是无可置疑的。那么，我们不禁要问，为什么身为中国人的李自标会对英国使团忠诚？严格来说，这其实是等同于背叛清廷，为什么会这样？

首先，我们应该同意，使团成员——特别是斯当东——对于李自标以至其他同船回到中国的几名传教士是非常礼遇的。前面说过，严宽仁在航行途中为使团做了不少文书及翻译工作，但怎样也不肯接受马戛尔尼的报酬和礼物，除因为已经能免费坐船回国外，更因为他感到在航程中得到英国人文明友善的对待，让他对英国人心怀感激及尊敬。[3]如果一名短暂坐便船的乘客也能得到礼待，因而产生要向英国人回报的心态，那么，作为使团正式译员的李自标，得到的对待和尊重应该会更好，对英国人的感激也

---

1 Proudfoot compiled, *Biographical Memoir of James Dinwiddie, LL. D.*, p. 71.

2 Giambattista Marchini, Macao, 3 November 1793, APF SOCP, b. 68, f. 487r.

3 Staunton, *An Authentic Account of an Embassy*, vol. 1, p. 191.

会更深。使团非常重视解决语言的障碍，从一开始便派遣斯当东踏遍欧洲大陆寻找译员，并提出连英国派驻意大利那不勒斯公使汉密尔顿也认为是十分优厚的条件，这一切都能说明使团对译员是非常尊重的。相反，清廷一向轻视甚至敌视译员，一名总督甚至要求李自标跪在地上为他翻译。[1] 这样，李自标忠诚于英国使团，也是很合理的。此外，一个更重要的原因就是使团成员之间的紧密关系。正如沈艾娣所分析的，除在伦敦得到很好的接待外，他们在整整一年的漫长海上航行里，朝夕相处，更一起经历恶劣天气和惊涛骇浪，还一起吃饭和喝茶，李自标跟马戛尔尼、斯当东，以至其他使团成员自然而然地建立起团结和相互信任的关系。[2]

然而，从一些长期未被充分利用的资料却可以见到，李自标对于使团的忠诚并不是绝对的。这是因为李自标参加使团也有自己明确的动机及日程，以致使团的利益有时会退居次要的位置；而且，李自标对于马戛尔尼的一些行为颇为不满，却跟很多中国官员关系良好，甚至和珅对他也非常友善。这是否可能影响他对使团的忠诚？

梵蒂冈传信部档案里藏有两封由李自标以拉丁文写的信，都是写于使团离开北京以后的：第一封写于广州，日期是 1793 年 12 月 25 日，那时马戛尔尼等还没有离开中国；而第二封则写于 1794 年 2 月 20 日，使团已启程回国，李自标当时身在澳门。在第一封篇幅较短的信里，李自标主要谈到使团到达北京后以及在热河的情况，强调马戛尔尼一直以来得到很体面的接待。尽管他坚决拒

---

1 Macartney to Dundas, near Han-chou-fu, 9 November 1793, IOR/G/12/92, p. 97.

2 Harrison, *The Perils of Interpreting*, pp. 63, 72, 84.

绝向皇帝叩首，导致接待的官员被降级，甚至几乎把事情弄僵，可能无法觐见皇帝，但最终还是得到同意，在热河不用叩头与皇帝见面，除得到设筵款待外，所有人都获赠礼品。不过，在离开热河回到北京后，李自标认为马戛尔尼大概是因为得到特别的礼遇，态度变得傲慢。但李自标在信中说得很简单，没有解释为什么他有这种想法，也没有指出马戛尔尼有什么不礼貌或傲慢的地方。[1]

李自标对马戛尔尼的批评在第二封信里变得更严厉，且说出一些具体问题。根据李自标的说法，在见到中方以很体面的方式接待使团后，马戛尔尼就觉得自己可以像大皇帝一样主宰一切。在刚抵达北京后不久，他就要求与在北京所有的天主教教士见面，从中挑选译员。由于他心目中希望以法国的梁栋材来充任使团翻译，就非常决绝地否定朝廷已选定的索德超；而且，在这些天主教教士逐一被带来与他见面时，他就板起脸像审问他们一样。这让接待的中国官员很不快，但马戛尔尼却沉醉于自己崇高的地位，全不把那些官员放在眼里，对很多事情作出投诉。[2] 这看来是应验了乾隆在使团刚抵达中国时对接待官员所下的提醒："恐该贡使以天朝多派大员照料伊等，礼节优隆，益足以长其矜傲。"[3] 在这封信里，李自标谈及其中一件很不愉快的事，就是马戛尔尼及斯当东都提及过的住宿问题。他们不满意被安排住在北京城外的宏雅

---

1 Jacobus Ly, Canton, 25 December 1793, APF SOCP, b. 68, f. 610v.

2 Jacobus Ly, Macao, 20 February 1794, APF SOCP, b. 68, ff. 611r－620r.

3《谕军机大臣着梁肯堂筵宴后仍回河工并饬知委员不得称贡使为钦差》，《英使马戛尔尼访华档案史料汇编》，第39页。同样的说法又见于三天后的另一道上谕："该贡使见多派大员护送，益足以长其矜傲。"《谕军机大臣梁肯堂办理接见贡使甚好着询明贡品安装事宜速奏候旨》，同上，第41页。

园,[1] 中方的接待官员实在没有办法，只好请求李自标协助，最后才把问题解决。接着，李自标又说马戛尔尼坚持不肯向大皇帝行跪叩礼，激怒和珅，和珅在热河时对使团很不客气，幸好乾隆对使团倒是十分礼待。不过，李自标又说，马戛尔尼很不喜欢中国人办事的方式，对接待的官员没有展示半点的友善，甚至以恶劣的态度对待他们，因此，这些官员在皇帝面前说了很多坏话，以致皇帝拒绝使团的所有要求，并请他们早日离开。这就好像说使团的失败与马戛尔尼的态度有关，是他咎由自取。[2]

　　李自标对马戛尔尼的批评是否过于严苛，又或是否是真实的？这不容易确定，一方面他所列举的两件事——从欧洲天主教教士中挑选译员以及不肯入住宏雅园，都是确有其事，只是无法肯定当时的情况多恶劣；但李自标说马戛尔尼一心要任用梁栋材为译员，却是不准确的；另外，那些负责接待的官员以至和珅对使团有所不满也是很可能的，毕竟两国的外交及政治文化很不同，且相互的理解也很少。但另一方面，从其他已知的史料看，至少在表面上见不到双方有什么严重的矛盾，李自标所说的问题，不管是在挑选译员还是住宿方面，看来都能轻易解决；更重要的是，乾隆拒绝英国人的要求，也不应该跟马戛尔尼的态度扯上什么关系，除涉及"天朝体制"外，很大程度上是因为乾隆看到英国人扩张的野心。那么，李自标对马戛尔尼所作的批评，便有可能是出于他个人的观察和感受，实际情况并不一定是这样恶劣。然而，即使这真的只是李自标的个人想法，情况也很不理想。作为使团

---

1 Staunton, *An Authentic Account of an Embassy*, vol. 2, pp. 29 – 30.

2 Jacobus Ly, Macao, 20 February 1794, APF SOCP, b. 68, ff. 611r – 620r.

所信赖和倚重的译员，原来对大使心存不满，那所谓的忠诚便很成疑问了，尤其是马戛尔尼和斯当东都非常信任他，除了中文能力外，对他没有半点怀疑。

此外，同样是在这两封信里，李自标还自言中国官员跟他也建立了良好的关系。在第一封信里，他谈到使团在离开热河后，乾隆对使团很不满，除拒绝他们所有的请求外，还要求他们尽快离开中国。在这种情况下，李自标所处的境地是很危险的，因为他要跟每一个人沟通，且负责处理一切事务，但李自标接着说：

> 但不知道是什么原因，所有的中国官员（包括阁老），虽然知道我是中国人，但对我所做的事全都十分赞赏；就是大皇帝也一样，除了给我比使团其他人更多的礼物外，还亲手送我一个荷包。和中堂〔和珅〕见到我有时候看来不很愉快，也通过他的助手对我多加鼓励，嘱我放开怀抱，我还到过他家里去接受他送的礼物。[1]

在第二封信里，李自标再一次说他得到中国官员以至皇帝的赏识，还特别提到大皇帝亲手赐他荷包时，所有官员都面面相觑，羡慕不已。这次李自标除提到和珅的名字外，还有陪同他们从天津到广州的两名大官，这就是松筠和长麟。李自标说，这些最高级的官员一直对他都非常信任，赞赏有加。[2]

同样地，我们不能确定李自标这些有关自己的说法是否有不

---

1 Jacobus Ly, Canton, 25 December 1793, APF SOCP, b. 68, ff. 610v–610r.
2 Jacobus Ly, Macao, 20 February 1794, APF SOCP, b. 68, ff. 617v.

真实或夸张的成分，一方面，在现在所能见到的中英双方的材料中，并没有任何记录能确定乾隆亲手赠送荷包给李自标，又或是他到过和珅家里接受礼物，但另一方面，就是斯当东也的确说过中国人对他十分尊敬。[1] 诚然，我们不应任意推断李自标为与中国官员建立良好的关系而牺牲使团的利益，但在这两封信的其他部分，我们却发现李自标的确做了一件很可能严重伤害使团的事——以使团的名义向朝廷提出宗教方面的要求。

关于李自标向朝廷提出有关宗教方面的要求，详细的讨论会留在《敕谕篇》中开展。简而言之，李自标在北京的时候，曾在马戛尔尼和斯当东毫不知情的情况下，私自以使团的名义向和珅提出请求，希望朝廷善待天主教徒。对于这个要求，乾隆在敕谕中断然拒绝，强调："华夷之辨甚严。今尔国使臣之意，欲任听夷人传教，尤属不可。"[2] 马戛尔尼在收到敕谕后，大惑不解，马上向陪同使团离京南下的阁老松筠呼冤，表示自己从没有提出过传教的要求。[3]

平心而论，李自标在使团成员全不知情的情况下，私自以使团名义向朝廷提出有关改善中国天主教徒状况的要求，严重来说是背叛了英国使团，很可能进一步把使团推向失败。从这角度来看，李自标的译员工作是不合格的，甚至应该受到严厉的谴责。

但问题是，英国人可有履行他们对李自标的承诺？难道英国

---

1 "Congregatio Particularis de Popaganda Fide super rebus Indiarum Orientalium habitu die 16 februarii 1795," ACTA CP, vol. 17, f. 380.

2 《大清帝国为开口贸易事给英国王的敕谕》，《英使马戛尔尼访华档案史料汇编》，第 174 页。

3 Macartney, *An Embassy to China*, pp. 166 – 167；Macartney to Dundas, near Han-chou-fu, 9 November 1793, IOR/G/12/92, pp. 102 – 103.

人没有背叛李自标吗？上面已分析过，从那不勒斯中华书院以及梵蒂冈传信部的档案可以确定，李自标最初并不是要跟随使团到北京去的，只是在来华行程期间被说服，违反那不勒斯中华书院长老的指令，跟使团一起去北京，其中的条件是英国人答应协助争取改善中国天主教徒的待遇。不过，从马戛尔尼的日志及斯当东的回忆录看来，英国人不但没有尝试向乾隆提出这要求，甚至连任何有关天主教的其他问题也没有触碰，这何尝不是违反他们对李自标的承诺，背叛李自标对他们的信任？

其实，问题的核心在于李自标与使团有着不同的目标。英国派遣使团谒见乾隆，完全出于商业的考虑，希望能改善在华贸易环境，争取更大的经济利益。正如马戛尔尼自己所说，宗教并不在他们的日程之内。[1] 另一方面，在海外接受过19年漫长的传道训练，刚获授圣职不久，准备回到中国推动教务的李自标，心中就只有宗教的诉求。对他来说，能够到北京谒见皇帝以及其他高级官员，是一个普通中国人千载难逢的机会。他必须紧抓这个难得的机会去尝试为天主教徒争取较好的待遇。这就是他愿意担任译员，跟随使团到北京，然后以使团名义提出宗教上的请求的原因。他不是要妨碍使团争取商贸利益，而是更关心他有没有机会达到自己的宗教目的。

然而，在乾隆第二道敕谕拒绝传教的要求后，李自标没有取得他想要的东西，而且，他最后可能真的像澳门教区总务长马尔克尼所说，没有拿取英国人什么，甚至连原来预算的150英镑工资也没有拿。英国新教牧师莫斯理（William Willis Moseley）与

---

1 Macartney, *An Embassy to China*, pp. 166 – 167; Macartney to Dundas, near Han-chou-fu, 9 November 1793, IOR/G/12/92, pp. 102 – 103.

曾协助准备英国国王国书中文本的意大利汉学家孟督及很熟稔，且十分关注使团国书中译问题，他便曾经说过李自标和柯宗孝没有收取任何报酬，所得的只不过是免费回国而已。[1] 此外，在东印度公司的档案中有一份"中国使团支出费用表"（"Disbursements on account of current expenses for China Embassy，1792—1793"），当中只有一项提及为李自标支付的费用，"Paid for buttons for Mr. Plumb the Interpreter"，价值只是 6 镑。[2] 在使团快从广州回国前，英国人曾建议李自标跟随使团到英国，他们可以安排政府给他一份俸金，并让他留在英国担当天主教的职务。李自标自言对于在英国宣扬天主教的建议确曾有点动心，但最终还是婉拒了，[3] 他只向斯当东提出，请求指示东印度公司在华成员继续支持他们的传教活动，另外就是让斯当东支付两名年轻中国人到那不勒斯中华书院的旅费。[4] 根据中华书院所藏学生档案，这两名年轻人是广东乐昌人潘路加（1772—？）及福建漳州人严甘霖（1774—1832），

1 William W. Moseley, *The Origin of the First Protestant Mission to China, and History of the Events Which Included the Attempt, and Succeeded in the Accomplishment of a Translation of the Holy Scriptures into the Chinese Language* (London：Simpkin and Marshall，1842)，pp. 15, 108 – 109, n. 22.

2 "Disbursements on Account of Current Expenses for China Embassy，1792 – 1793," *An Important Collection*, vol. 10, doc. 411, CWCCU.

3 Jacobus Ly, Macao, 20 February 1794, APF SOCP, b. 68, f. 620r.

4 Giambattista Marchini, Macao, 2 March 1794, APF SOCP, b. 68, f. 636。那不勒斯修道院在一封写于 1795 年 2 月 2 日给梵蒂冈主教的信里也提到这两名中国学生，名字分别为 Luca Pan 及 Domenico Nien。修道院说，早在一年前（1794年）的 2 月 22 日李自标便写信回来，汇报二人已乘坐英国船只启程，但整整一年后还没有消息，所以请求主教写信给斯当东询问一下情况。从这封信我们还知道，斯当东答应的只是支付这两名中国人从广州到伦敦的费用，伦敦到那不勒斯的则须由中华书院负责。Naples, 2 February 1795, SC Collegi Vari, vol. 12, f. 154r。我们不知道主教后来有没有写信给斯当东，但二人最终到达那不勒斯。另外，据知严甘霖与严宽仁有亲属关系。Harrison, *The Perils of Interpreting*, p. 141。

他们都是 1795 年 7 月 23 日才抵达那不勒斯的，大概在十年后的
1806 年获授圣职；但二人留在那不勒斯的时间比较长，前者待
到 1817 年离开，而后者更于 1823 年才回国。不过看来潘路加在
其后并没有执行神父职务，严甘霖则在山西及湖广传教。[1]至于
李自标，在离开使团到达澳门后写给那不勒斯中华书院长老的信
中有以下陈述，可以视为他对自己参与使团的总结以及未来的
规划：

> 我自己唯一的目标，就是要明白即使面对人生的逆境，
> 怎样可以满足我所宣誓要完成的使命；也要明白因为这样宗
> 教上的原因，我不用去管自己参与了多少的世俗事务，即使
> 不必要地耗去时间和力量。对于过去的活动，我没有一刻感
> 到后悔，尽管这些活动就是最愚笨的人也不会冒险尝试。最
> 后，我诚心祷告，我愿意接受您诸位所安排的任何任务，蒙
> 上主恩宠，我希望能遵从马尔克尼总务长的指示，以传教士
> 的身份前往甘肃省，我会更努力工作，做出更多的成
> 绩来。[2]

最后，这位马戛尔尼使团最重要的译员在完成使团的任务，且取
得使团成员的肯定后，便在 1794 年 5 月底离开澳门，按照教会的
安排，改变回到甘肃的计划，9 月初到达山西传教，终其一生为
当地的教务作贡献，坚守着传教的初心。[3]另外，正如巴罗所说，

---

1 Fatica, *Archivio Storico del Collegio dei cinesi*, pp. 4–5.
2 Jacobus Ly, Macao, 20 February 1794, APF SOCP, b. 68, f. 620r.
3 Plume［Li Zibiao］to Macartney, Siganfu, Shansi, 10 October 1795.

在其后一段颇长的时间里，李自标还跟马戛尔尼和斯当东保持通信，[1] 延续着这个中英第一次最高层次官方外交活动的传奇故事。[2]

1 Barrow, *Travels in China*, p. 604.

2 李自标离开使团后在中国传教的情况，见 Harrison, *The Perils of Interpreting*, pp. 141－151, 223－232。

第3章

预告篇

我们要求您能把这信息转达到北京，相信朝廷会发出命令及指示，当大英国国王的船只和船上的大使及随行人员在天津或附近水域出现时，尽快以合适的方式接待。

——东印度公司董事会主席百灵致两广总督，

1792 年 4 月 27 日[1]

阅其情词极为恭顺恳挚，自应准其所请，以遂其航海向化之诚。

——上谕，乾隆五十七年十月二十日（1792 年 12 月 3 日）[2]

一

当英国决定派遣马戛尔尼使团访华，且准备工作及相关安排也差不多完成的时候，接下来要做的就是通知清政府，

---

1 "Letter from the Chairman to the Viceroy of Canton," 27 April 1792, IOR/G/12/91, pp. 335 – 336.

2 《谕军机大臣着传谕各督抚如遇英贡船到口即速护送进京》，《英使马戛尔尼访华档案史料汇编》，第 27 页。

预告使团的到来。对于马戛尔尼来说，通报的方式十分重要。他认为必须充分说明出使的原因，如果找不到一个冠冕堂皇的说法，会让人以为英国人要来申诉，那只会惹来猜疑和厌恶。[1]

现存清宫档案中有关东印度公司向中国官员通报英国派遣使团来华的资料很少，直接相关的就只有署理两广总督郭世勋联同粤海关监督盛住在乾隆五十七年九月初七（1792 年 10 月 22 日）的一份奏折。郭世勋报告在九月初三（10 月 18 日）接到洋商蔡世文来禀，"有嘆咭唎国夷人啵嘲哑哩唴唝咟等"具禀求见，当天马上接见及译出他们所呈"该国事字禀二纸"后，知悉英国以两年前未及祝贺乾隆八十万寿，遣使过来"进贡"。由于他们要求由天津进京，"该国王又无副表贡单照会"，而递呈禀文的又只不过是"该国管理买卖头目"，且经过郭世勋等再三查询"表文贡物及果否已经起程"等问题后，还是"不得确切真情"，唯有立即奏明朝廷，"并将该头目原禀及译出底稿一并进呈御览"。[2] 现在见到军机处档案中有《译出英吉利国字样原禀》及《译出英吉利国西洋字样原禀》两份译文，[3] 而所谓的"原禀"也一直藏于宫中。[4]

另一方面，东印度公司档案所存相关资料较多，让我们更清楚知道通报的整体情况，甚至能够证明郭世勋的奏折有不准确的

1 Macartney to Dundas, 4 January 1792, IOR/G/12/91, pp. 37 – 38.

2 《署理两广总督印务广东巡抚郭世勋等奏为英吉利遣使进贡折》，《英使马戛尔尼访华档案史料汇编》，第 217—218、279—280 页。

3 《译出英吉利国字样原禀》，同上，第 216 页；《译出英吉利国西洋字样原禀》，同上，第 217 页。

4 《掌故丛编》收有"巴灵原文一"及"巴灵原文二"的图片。《掌故丛编》，第 51—52 页。

地方。

　　郭世勋奏折中所说的"嘆咭唎夷人啵嘲哑哩唍㖠呢",其实是三个人的名字:"啵嘲"是 Henry Browne,"哑哩唍"是 Eyles Irwin,而"㖠呢"则是 William Jackson,他们都是东印度公司秘密及监督委员会的成员。这个委员会由伦敦东印度公司董事局成立,权力在广州商馆的特选委员会之上,目的是改革广州商馆的管理,监督商馆业务及开支委员会,同时也协助筹划这次使团访华事宜。[1] 他们作为公司派往广州的专员,从伦敦出发后,1792 年 9 月 20 日到达广州。[2] 在与使团相关的文献里,包括马戛尔尼跟公司董事局的往来书信,以及马戛尔尼、斯当东等人的出使日志和回忆录,不断出现的"专员"("Commissioners"),就是指这三人。公司董事局就访华使团发送给这些专员的政治指令,原来就是由马戛尔尼草拟的,[3] 收在他 1792 年 3 月 17 日写给邓达斯的信中,[4] 同时收录的还有一份由公司董事呈送两广总督书函的草稿,

　　1 Board of Directors to Dundas, 10 February 1792, IOR/G/12/91, pp. 103 - 114;"At a superintending Committee," Canton, 24 September 1792, IOR/G/12/264, pp. 1 - 2。有关伦敦东印度公司董事局要成立秘密及监督委员会,改革广州商馆管理和监督商馆业务的决定及实施,可参见 Pritchard, *The Crucial Years*, pp. 284 - 286; Morse, *The Chronicles of the East India Company*, vol. 2, pp. 192 - 204; Hoh-cheung Mui and L. H. Mui, *The Management of Monopoly: A Study of the English East India Company's Conduct of Its Tea Trade, 1784 - 1833* (Vancouver: University of British Columbia Press, 1984), note 56, p. 164。

　　2 The Secret and Superintending Committee to the Court of Directors, Canton, 25 November 1792, IOR/G/12/93A, p. 5.

　　3 "Sketch of Instructions for the New Commissioners to Canton Relative to the Communication of the Projected Embassy from His Majesty to the Emperor of China," IOR/G/12/91, pp. 167 - 169.

　　4 Macartney to Dundas, Curzon Street, 17 March 1792, IOR/G/12/91, pp. 155 - 163.

也是马戛尔尼写的。[1] 这两份文件经过一些讨论和修改后，在 4 月 24 日得到邓达斯的正式批准。由于百灵在 4 月 11 日已获委任为公司董事局主席，呈送两广总督的书函便由他署名签发。4 月 19 日，马戛尔尼与百灵见面，提出这封书函应备有拉丁文本；[2] 在第二天，百灵就写信给邓达斯，告诉他马戛尔尼的要求，并同时转给一位金（King）先生，让他交到政府相关部门找人翻译。[3] 大约在一个星期后的 4 月 27 日，拉丁译文也完成，[4] 一并由这三名专员带到广州来。上文提到郭世勋报告朝廷的奏折中附有"该国事字禀二纸"，其实是内容相同的一份文件，也就是这封由马戛尔尼草拟、以百灵名义写给两广总督信函的英文及拉丁文两个文本。[5]

根据秘密及监督委员会三名成员的报告，他们到达广州后便马上与行商领袖蔡世文及潘有度见面，日期是 9 月 24 日；当时这些行商并没有显得特别惊讶，因为他们早已听到英国派遣使团的传言，甚至连一些官员也有所耳闻；但当专员把百灵的信拿出来时，他们变得十分兴奋，表示愿意积极帮忙，也相信广州的官员

---

1 "Draft of the Letter Proposed to be written by the Chairman of the East India Company to the Tson-tock or Viceroy of Guantong and Kiang-si," IOR/G/12/91, pp. 171 – 172.

2 Pritchard, *The Crucial Years*, p. 289.

3 Baring to Dundas, Devonshire Square, 20 April 1792, IOR/G/12/91, pp. 233 – 234.

4 Pritchard, *The Crucial Years*, p. 289.

5 英文原信见 "Letter from the Chairman to the Viceroy of Canton," 27 April 1792, IOR/G/12/91, pp. 333 – 337; also as "Letter from the Chairman of the East India Company to the Viceroy, 27th April 1792," in Pritchard ed., "The Instructions of the East India Company to Lord Macartney on his Embassy to China and his Reports to the Company, 1792 – 4. Part II: Letter to the Viceroy and First Report," in Tuck (selected), *Britain and the China Trade, 1635 – 1842*, vol. 7, pp. 375 – 377。

会乐于协助。[1]通过他们的安排，三名专员在 10 月 10 日与署理两广总督及粤海关监督见面。关于这次会面过程，专员们写了一份颇为详细的报告，[2]但他们所汇报的会面日期跟郭世勋上奏朝廷的说法——乾隆五十七年九月初三，即 1792 年 10 月 18 日——不一样，前后相差八天，大概是因为郭世勋的奏折是在 10 月 22 日才写成，他不愿让朝廷认为他延误上报，所以故意把晤面日期往后写八天。

这次会议的过程算不上顺利，因为这些广东官员害怕英国派遣使团的目的是要向北京作出投诉，因而以各种各样的理由去推搪阻挠，包括质疑公司专员以至百灵都不是政府官员，"只不过是公司的代表"，更以此为理由，不准专员们在晤面时坐着谈话。[3]在广州官员中，郭世勋的态度是较为正面的，接待专员时友善平和，但粤海关监督盛住"与抚院完全相反"，立场格外强硬，态度负面，经常批评东印度公司的做法与其他使团不同，既无法提供贡品清单，又要求让使团直接取道天津到北京，盛住对此很不满意。专员们认为，他最不愿意见到外国人与朝廷有联系，因此诸多刁难，千方百计要阻碍使团的进程。[4]

但总的来说，东印度公司的专员对于晤面的结果以及随后的

---

1 "At a Secret Committee," Canton, 24 September 1792, IOR/G/12/93A, pp. 26 - 28.

2 "At a Secret Committee," Canton, 11 October 1792, IOR/G/12/93A, pp. 29 - 48.

3 Ibid., pp. 32 - 34.

4 Secret and Superintending Committee to Court of Directors, 25 November 1792, IOR/G/12/93A, p. 8; "At a Secret Committee," Canton, 11 October 1792, IOR/G/12/93A, p. 43.

发展，看来是颇为满意的。虽然他们往往不能回答官员的问题，有时候甚至刻意回避，"以对事件一无所知来应付中国人的不断追问"。[1]事实上，他们的确既无法提供使团所带礼品的资料，也不能准确地回答使团出发的日期和抵达天津的时间，[2]以致一度让会议的气氛变得十分尴尬。[3]粤海关监督甚至要在10月14日另外派遣一名下属官员，连同蔡世文及潘有度向公司秘密委员会查询，但始终得不到具体的答复。[4]最后，郭世勋等只好把专员所提出的要求全部向朝廷呈奏，包括使团请求直接前往天津，无须停留广州。专员们的报告说，潘有度曾经看过郭世勋在10月20日上呈的奏折，准确及充分地把使团来访的讯息呈报朝廷，奏折还同时附呈百灵原来的信函。[5]更重要的是，专员们很快便从行商那边听到朝廷的反应很积极，他们一直向伦敦董事局以及马戛尔尼汇报说乾隆对于英国遣使来华非常高兴，下旨以高规格接待；专员们甚至说，尽管朝廷正式的谕旨还没有下达，但由于使团即将到访，广州官员对英国商人的态度已跟从前不同，停止征收不少无理的税金。[6]3月12日，专员们向董事会汇报刚收到蔡世文转来的确切消息，朝廷上谕已送抵署理两广总督，批准使团可以在任何港口

---

1 Special Committee to Macartney, Canton, 6 January 1793, IOR/G/12/93A, pp. 121 – 122.

2 "At a Secret Committee," Canton, 11 October 1792, IOR/G/12/93A, pp. 40 – 41.

3 Ibid., pp. 43 – 44.

4 "At a Secret Committee," Canton, 14 October 1792, IOR/G/12/93A, pp. 49 – 50.

5 Secret and Superintending Committee to Court of Directors, Canton, 25 November 1792, IOR/G/12/93A, p. 16.

6 Secret and Superintending Committee to Macartney, Canton, 13 January 1793, IOR/G/12/93A, pp. 129 – 130; Macartney to Dundas, near Han-chou-fu, 9 November 1793, IOR/G/12/92, pp. 31 – 32.

登岸，并安排 300 人的卫队，护送使团到北京；[1] 最后，在乾隆的谕旨正式到来时，专员们更认为这次使团来访预告十分成功，取得清廷最正面的回应。[2]

然而，实际的情况是怎样的？他们的理解准确吗？对于这三名不懂中文、初到中国不久的东印度公司专员，他们的消息来源是什么？他们是通过什么渠道去理解朝廷回应的？

应该指出，乾隆在接到郭世勋等的奏折，知悉英国派遣使团到来时，最初的反应的确是正面的，也就是说，专员们在这方面的理解大抵是准确的。简单来说，百灵在信件中所提出有关使团的安排，乾隆全都批准；其中最关键的、也是英国人一直最担心的就是使团能否绕过广州，直接取道天津到北京去。从清廷过往接待外国使团的情况来看，这原是不大可能的，因为他们早有按照使团国家的地理位置来规定不同的入境及进京路线，即所谓的"贡道"。《大清会典》规定自"康熙六年议准：西洋贡道由广东"，[3] 甚至早从顺治十三年（1656 年）即已确定"贡道由广东"。[4] 此外，在英国派遣使团过来前，其他欧洲国家的使团都毫无例外地先从广州入境，例如乾隆十八年（1753 年）到访的葡萄牙巴哲格（Francisco de Assis Pacheco e Sampaio Melo）使团，便

---

1 Secret and Superintending Committee to Court of Directors, Canton, 12 March 1793, IOR/G/12/93A, pp. 157 – 159.

2 "At a Secret Committee," Canton, 13 January 1793, IOR/G/12/93A, pp. 145 – 147.

3 《礼部·朝贡·敕封·贡期·贡道》，《清会典事例》第 6 册，卷 502，北京：中华书局，1991 年，第 817 页。

4 同上。

是从广州北上的。[1] 但英国人从一开始便决定要避开广州，免受当地官员的干扰。早在马戛尔尼以前的凯思卡特使团已经计划这样做，[2] 凯思卡特在最初构思使团时已提出要尽可能直接北上。[3] 从东印度公司专员的报告可以看到，他们这次甚至不惜欺骗郭世勋等说使团从伦敦出发后便无法再联络，因此不能要求他们改变计划，先来广州。这在广州官员看来是一个很合理的解释，郭世勋在奏折中也以此作为向朝廷申请恩准的理由："此时已由洋海径赴天津，夷人等无从查探。"[4] 不过，身在广州的专员有时候其实是能够跟使团互通讯息的，其中十分重要的一次是把大量材料等送往巴达维亚（Batavia），包括朝廷就使团来访的谕令，[5] 而且，马戛尔尼早前也曾经要求专员为他们寻找引水人员，送到巴达维亚去；更重要的是使团船只在 6 月 21 日到达澳门外海，[6] 斯当东还在6月22日下午登岸，跟几位专员见面，[7] 并作了很长时间的

1 关于巴哲格使团，清廷史料见《史料旬刊》第 14 期，第 510 页；第 22 期，第 5 页。巴哲格的报告中译，见金国平译：《巴哲格大使敬呈唐·若泽一世国王报告 1752 年出使京廷记》，《中葡关系史地考证》，澳门：澳门基金会，2000 年，第 212—240 页。

2 "To the Honorable Lieutenant Colonel Cathcart," 30 November 1787, IOR/G/12/90, p. 113.

3 "Paper Addressed to the Right Honorable Henry Dundas by Lieutenant Colonel Cathcart," 20 June 1787, IOR/G/12/90, p. 5.

4 《署理两广总督印务广东巡抚郭世勋等奏为英吉利遣使进贡折》，《英使马戛尔尼访华档案史料汇编》，第 218 页。

5 Secret Committee to Macartney, Canton, 6 January 1793, IOR/G/12/93A, pp. 118‑144.

6 Secret and Superintending Committee to Council of Directors, 22 December 1793, IOR/G/12/93A, p. 525.

7 "Consultations, Orders, & c. of the Select Committee of Resident Supra Cargoes Appointed by the Honorable the Court of Directors of the United East India Company for Managing Their Affairs in China, Together with All Letters Recorded and Written by the Said Committee, 22nd June 1793 to 30th June 1793," IOR/G/12/105, p. 16.

交谈,[1] 除取得有关广州方面最新的消息外，更购置一台望远镜，讨论有关账目的安排,[2] 然后在 23 日离开。[3] 因此，当时的情况绝对不是因为使团"由洋海径赴天津，夷人等无从查探"。然而，使团到达澳门的消息后来还是传到广州当局，粤海关监督曾指派一名官员专程赶去澳门，在 6 月 25 日与秘密及监督委员会成员见面，查问使团到来的情况。[4] 原来，使团到达澳门的消息是由当地一名叫布兆龙的引水人在斯当东到来的第二天向澳门当局报告的，禀称"本〔五〕月十四日〔6 月 21 日〕，有暎咭唎国夷人自驾三板，由外海埋澳，购买食物"，并经询问"伊国大班"，知悉"有贡船二只，在老万山洋外寄泊，今放三板埋澳，买些食物，十五日开行往天津"。澳门同知和香山县丞两度下谕指令澳门"夷目唛嚛哆"查明此事。[5] 难怪广州的粤海关监督也听到消息，但最终粤海关监督还是迟来一步，使团已经离开澳门了。

无论如何，在使团希望打破清廷的规定、直接从天津进港的问题上，乾隆的确是宽大处理的。乾隆五十七年十月二十日（1792 年 12 月 3 日）的上谕批示，对于英国人"由海道至天津赴

---

1 "At a Secret Committee," Macao, 21 June 1793, IOR/G/12/93A, pp. 213, 230.

2 "Consultations, 21 June 1793," IOR/G/12/265, pp. 46 – 47.

3 "Consultations, Orders, & c of the Select Committee of Resident Supra Cargoes Appointed by the Honorable the Court of Directors of the United East India Company for Managing Their Affairs in China, Together with All Letters Recorded and Written by the Said Committee, 22nd June 1793 to 30th June 1793," IOR/G/12/105, p. 17.

4 "At a Secret Committee," Macao, 26 June 1793, IOR/G/12/93A, p. 233.

5 《澳门同知韦协中为饬查英人三板至澳是否贡船购买食物事行理事官牌》，刘芳辑，章文钦校：《葡萄牙东波塔档案馆藏清代澳门中文档案汇编》第 734—735 页；《香山县丞朱鸣和为饬查英人三板至澳事下理事官谕》，同上，第 735 页。

京"的要求，"准其所请"，甚至考虑到"海洋风帆无定，或于浙、闽、江苏、山东等处近海口岸收泊亦未可知"，要求各督抚注意，如遇上使团船只，务必"派委妥员迅速护送进京"；[1] 而且，乾隆要求的不是简单的护送，而是要"派委大员，多带员弁兵丁列营站队，务须旗帜鲜明，甲仗精淬"，"办理务须经理得宜，固不可意存苟简，草率从事，亦不可迹涉张皇"。[2] 事实上，当使团抵达天津后，乾隆甚至曾多次批评负责接待的盐政大臣征瑞"自居尊大，与远人斤斤计量"，"殊非怀柔远人之道"。[3] 为什么会这样？客观来说，乾隆五十八年六月十七日（1793 年 7 月 24 日）上谕中说使团"航海远来，初次观光上国，非缅甸、安南等处频年入贡者可比"是合理的，作为英国第一次来华使团，马戛尔尼使团得到乾隆的重视是可以理解的。[4] 但另一方面，其他同样"航海远来"，派遣使团访华的欧洲国家可有得到这样的优待？对比之下，英国在乾隆心中的地位看来的确跟欧洲其他国家不同，毕竟那时候英国人早已在广州外贸中占主导位置，而 35 年前的洪任辉事件也许让乾隆对英国人留有深刻的印象。不过，最关键的还是乾隆怎样看待使团的性质。

关于使团的性质，以乾隆当时的世界观来说，他无可避免地会把马戛尔尼使团定位为从远方前来朝贡的使团，就跟其他从欧洲前来的使团一样。因此，上谕中不断出现"进贡""贡使""贡

1《和珅字寄沿海督抚奉上谕英使即在天津进口着遇贡船到口即派员护送》，《英使马戛尔尼访华档案史料汇编》，第 91 页。

2《和珅字寄沿海各督抚奉上谕遇英贡船进口着派员整队迎接并认真稽察》，同上，第 92—93 页。

3《谕军机大臣接见英使礼节不必拘泥着梁肯堂等先行筵宴贡物送热河》，同上，第 38 页。

4《和珅字寄梁肯堂奉上谕接待贡使礼节丰俭适中将贡使及随从名单奏闻》，同上，第 111 页。

品""贡船"等词句，是在预期之内的。但除乾隆自身的世界观外，可还有别的外在因素影响乾隆对待英国使团的态度，确立他对英国使团的定位？其实，应该关注的是乾隆究竟接收了什么讯息。因为即使乾隆主观上会把所有外国使节都看成远方来朝的贡使，但如果对方明确否定，又或是乾隆接收到不同的讯息，也许他的态度便会不一样，甚至可能拒绝批准使团进来。但显然，马戛尔尼使团的情况并不是这样。在这最初的预告阶段，扮演着关键角色的是百灵的书函，也就是郭世勋所说的"该国事字禀二纸"。这份文件的重要性在于：从乾隆的角度而言，这是朝廷收到有关使团来访的第一份正式文书，而且，这份文书是直接来自英国方面的。因此，乾隆会很自然地把文书的内容视作英国人所要表达的讯息。

不过，乾隆所读到的只能是中文译本，因此，问题的核心就在中文译本的翻译上。不过，必须强调的是英国人送过来百灵的信件只有原件英文本以及一份拉丁文译本，并没有提供中文译本。在《译员篇》里我们提到，东印度公司专员在与郭世勋及盛住见面的过程中，粤海关监督临时找来通事把拉丁文本译成中文，然后公司这三名不懂中文的专员又与仅略懂英文的行商蔡世文及潘有度合力根据英文原本译出另一个中文本。因此，严格来说，这两份中文译本都是由中方人员负责翻译出来的，也就是说，乾隆从这所谓的"该国事字禀二纸"读到的讯息，并不是由英国人所直接提供的，而是通过中方人员翻译出来的文本取得。那么，这译本是否准确可靠？是否能够正确地传达英国人的原意？要理解乾隆在最初阶段对待使团的态度，便有必要仔细分析百灵信函的中文译本，检视译本所提供的主要讯息，然后对照英国人原来书函的讯息，察看二者的分别，从而确立中文译本有没有误导乾隆的地方，以及怎样影响乾隆对使团性质的理解。

<h1 style="text-align:center">二</h1>

根据东印度公司专员的报告，在广州翻译百灵信函的两个文本中，译自拉丁文的远胜译自英文的。[1] 不过，对于这几名完全不懂中文的专员来说，他们怎么能够判定两个译本的优劣？他们的标准是什么？他们在向东印度公司董事局的报告里没有做进一步解释，也没有说明究竟他们对从英文原信翻译出来的版本有什么不满意的地方。

其实，现存于清宫档案内百灵这封信函的中译本共有三份，除上述两份外，第三个译本是朝廷在收到郭世勋的奏折以及所附的"该国事字禀二纸"后，另找"在京西洋人"，即《译员篇》中讨论过的留京欧洲传教士翻译出来的。据军机处的一份奏折，这些"在京西洋人"对"西洋字一件""俱能认识"，但"英咭唎字禀一件，伊等不能认识"，所以最终只能根据拉丁文本翻译出一个中文本来。此外，从这份奏折里又可以见到朝廷这次在北京另外再找人翻译的原因，是要"核对郭世勋等奏到译出原禀"。[2] 这是很重要的，让我们知道朝廷以至乾隆本人对英国人来函的处理非常慎重，更看出他们并不是没有怀疑广州送来的译本有出错的可能，所以要在北京找来他们较为信任的人去另作翻译，经核对确定与郭世勋所提供的译本"大概相同"后才放心接受。[3] 不过，

---

1 "At a Secret Committee," Canton, 11 October 1792, IOR/G/12/93A, p. 39.

2 《奏报传集在京西洋人翻译英国原禀情形》，《英使马戛尔尼访华档案史料汇编》，第 91 页。

3 同上。

他们没有考虑到的是，尽管几篇译文出自不同译者之手，但无论是广州的通事或洋商，还是在北京的欧洲传教士，在翻译英国书函时所处的位置，以至所采取的立场其实是相同的，就是从中国方面出发，为朝廷服务，所以，这几篇译文"大概相同"的结论是在预料之内的。可是，这样的译文真的能准确地传递英国人原来信函的信息吗？

尽管奏折说在京传教士翻译出来的版本跟广州通事所翻译的"大概相同"，但三个中文译本其实详略不一，篇幅也大不相同。最长的是《译出英吉利国字样原禀》，即由蔡世文与专员等合作从英文原信译出的一份，有 308 字；最简短的是在京欧洲传教士所翻译的版本，只有 162 字，篇幅几乎减半；而由广州通事根据拉丁文本翻译的《译出英吉利国西洋字样原禀》则有 259 字。[1] 应该同意，百灵函件有关使团来访的基本讯息在每一个译本中都翻译出来了，包括英国长期在广州与中国有贸易往来，这次派遣使团过来是为了补祝乾隆八十寿辰，使团带备大量礼品；而且，由于礼品贵重，经广州从陆路运送到北京会造成损坏，所以请求准许从天津海口入港等。不过，信函中较为隐晦含蓄、但实际上更重要的一些讯息，诸如使团的性质以及中英两国的地位等，三篇译文是怎样处理的？与英文原函是否相同？

可以先从原信入手。这封写给两广总督的信虽然由百灵署名，

1　下文有关百灵信函三个中译本的讨论，除特别原因须另行注明外，均录自《译出英吉利国字样原禀》，《英使马戛尔尼访华档案史料汇编》，第 216 页；《译出英吉利国西洋字样原禀》，同上，第 217 页；《英国总头目官百灵为派马戛尔尼进贡请赏收的禀文译稿》，同上，第 92 页。

但是由马戛尔尼草拟。[1] 总体而言，马戛尔尼在来到中国后的态度可以说是比较平和的，至少在表面上对于朝廷以及一些中国官员采取一种合作的态度，且愿意迁就甚至让步。这点下文会进一步讨论。但这封在出发前即已经草拟好的第一封信函又是否这样？有学者认为，这封公函积极尝试作出最好的平衡，一方面不要在中国皇帝面前显得太谦卑，另一方面也同时展示足够的尊重。[2] 不过，这评价不太准确，因为马戛尔尼在信中其实清楚地表达出英国处于非常优越的位置。英国人刻意告诉中方，他们是世界上的强国。在信的开首，马戛尔尼是这样介绍和描述国王乔治三世的：

> 我们最高贵的国王，统治大英、法兰西、爱尔兰等等最至尊无上的乔治三世，威名远播全世界的每一个角落……
>
> Our most Gracious Sovereign, His most excellent Majesty George the Third, King of Great Britain, France, and Ireland, & ca. & ca. whose fame extends to all parts of the World ...[3]

这里所用的全是最高级描述形式的形容词（superlative form of adjectives），这不能说是"平衡"的表述方式；而且，这样的表述方式不单出现在对英国国王的描述上，就是有关马戛尔尼的描述也出现一连串的"最"（"the most"）：

---

1 "Draft of the Letter Proposed to be Written by the Chairman of the East India Company to the Tson-tock or Viceroy of Guantong and Kiang-si," IOR/G/12/91, pp. 171－172.

2 Cranmer-Byng, "Lord Macartney's Embassy to Peking in 1793," p. 119.

3 "Letter from the Chairman to the Viceroy of Canton," 27 April 1792, IOR/G/12/91, p. 333, also in Pritchard ed., "The Instructions of the East India Company," p. 375.

　　〔英国国王〕决定派遣他亲爱的表兄弟和尊贵的参事乔治·马戛尔尼勋爵，作为他的特定全权大使拜访中国大皇帝。马戛尔尼爵士是利森诺尔男爵、爱尔兰枢密院最尊贵的成员、最尊贵的巴斯勋章骑士、最古老的皇家白鹰勋章骑士，具备崇高品德、智慧、能力和官阶的贵族，曾为国家担负多个重要职务及工作。

　　... resolved to send his well-beloved Cousin and Counsellor the Right Honorable George Lord Macartney, Baron of Lissanoure, one of his most honorable Privy Council of Ireland and Knight of the most honorable Order of the Bath, and of the most ancient and royal Order of the White Eagle, a nobleman of high rank, and quality, of great virtue, wisdom and ability, who has already filled many important offices and employments in the State, as his Ambassador Extraordinary and Plenipotentiary to the Emperor of China ...[1]

　　关于马戛尔尼作为英国特使的条件和职衔，《国书篇》会有更详细的讨论。简单来说，当时英国人认为要让清廷重视这次使团的到访，必须谨慎选择"职位高及经验丰富"的特使，才能胜任英国国王的代表。[2] 因此，写给两广总督的信件对马戛尔尼详加介绍是理所当然的，而且这种夸张的描述也是西方外交文书上一种颇为惯常的修辞模式。总而言之，我们没有在原信中看到任何

1 "Letter from the Chairman to the Viceroy of Canton," 27 April 1792, IOR/G/12/91, p. 334, also in Pritchard ed., "The Instructions of the East India Company," p. 376.
2 Dundas to Macartney, Whitehall, 8 September 1792, IOR/G/12/20, p. 41.

"谦卑"的痕迹，而更关键的是：原信又怎样去描述中国、中国官员，以至乾隆？百灵信函中所用的都是一些十分普通、平铺直叙的中性字眼："中华帝国"（"the Chinese Empire"）、"北京朝廷"（"the Court of Pekin"）、"皇帝"（"the Emperor"）、"中国皇帝"（"the Emperor of China"），没有加上任何比较正面的形容，甚至客套恭维的说法也不多见。如果说夸张表述是西方外交惯常修辞模式，那对中国的描述不单没有符合这模式，甚至跟有关英国国王乔治三世和马戛尔尼的夸张描述造成异常强烈的对比，在整体效果上就把中国置于英国之下。

平心而论，英国人或马戛尔尼看来又不至于要把中国放置在英国之下。除人物的称谓和描述体现出比较强烈的对比外，其他部分的确是较为平等的。百灵信函中谈到使团此行的目的是要"开展跟中国皇帝的友谊，加强伦敦与北京朝廷间的联系、密切沟通和往来，促进两国子民间的商贸"（"being desirous of cultivating the Friendship of the Emperor of China, and of improving the connection, intercourse and good correspondence between the Courts of London and Pekin, and of increasing and extending the Commerce between their respective subjects"），期望最终能够"提高大英和中国两国的利益，并为两国建立永久的和谐关系及联系"（"to promote the advantage and interest of the two Nations of Great Britain and China, and to establish a perpetual harmony and alliance between them"）。[1]应该同意，这是一种双向互利的立场，没有刻意营造高低上下的位置。基于这种立场，百灵以非常直接、正式甚至略带官方的口

---

[1] "Letter from the Chairman to the Viceroy of Canton," 27 April 1792, IOR/G/12/91, p. 334; also in Pritchard ed., "The Instructions of the East India Company," p. 376.

吻，要求两广总督向北京汇报使团到访的消息，并提出英方的计划，相信朝廷能够配合，还作出指示，当使团船只在天津或附近海域出现时，"尽快"得到"恰当的接待"（"We request therefore that you will please to convey this information to the court of Pekin, trusting that the Imperial Orders and Directions will be issued for the proper reception of the King of Great Britain's Ships, with his Ambassador and his Attendants on board them, as soon as they shall appear at Tien-sing, or on the neighbouring Coasts"）。[1] 可以说，整个表述的背后有一个明确的政治立场：中英两国处于平等的位置，并没有高低之分，这次遣使只是一项正常对等的外交活动；从中引申出来的，就是中国并不是什么天朝大国。

我们无意评价这种两国对等的理念本身是对还是错，只想强调这就是马戛尔尼所草拟的百灵预告使团来华的信函所要传递的重要讯息。不过，同样要强调的是：这种视不同国家具有独立主权、地位平等的思想，并以商业和外交为两国平等交往的活动，以期互惠互利的观念，以至在这种观念下运作的对等遣使外交模式，在当时只通行于西方国家，甚至在西方也只是处于形成阶段，[2] 对于

1　"Letter from the Chairman to the Viceroy of Canton," 27 April 1792, IOR/G/12/91, pp. 335 – 336; also in Pritchard ed., "The Instructions of the East India Company," pp. 376 – 377.

2　西方史学界普遍认为，这种主权国家享有平等独立地位的外交理念，来自"三十年战争"（The Thirty Years War）结束后在 1648 年所签订的《威斯特伐利亚和约》（*Peace of Westphalia*）发展而来的威斯特伐利亚体系（Westphalia System）。参见史蒂文森（Stevenson）所引 Timothy Hampton, *Fictions of Embassy* (Ithaca, NY: Cornell University Press, 2009)；又可参见 Steven Patton, "The Peace of Westphalia and It Affects on International Relations, Diplomacy and Foreign Policy," *The Histories* 10, no. 1 (2019), pp. 91 – 99。史蒂文森以此外交观念开展有关阿美士德使团访华的讨论。Stevenson, *Britain's Second Embassy to China*, pp. 22 – 23。另外，罗志田指出，据英国外交家和外交学家尼科尔森（Harold

18 世纪末的中国来说是没有意义的。长久以来，清廷对于与外国通商及交往有自己的一套理念，那就是人们所熟知的朝贡制度，[1] 也是乾隆后来颁与英使团的敕谕中再三强调的"天朝体制"，[2] 它跟当时英国及西方的理念和制度迥然不同。在人们惯于指摘乾隆以自己的天朝思想观照天下，接待马戛尔尼使团，没有理会西方世界的外交思想、理念和模式的同时，我们又是否看到英国人其实同样没有把中国思想和模式考虑在内，只以自己的方式行事，单

（接上页）Nicolson）的研究，"直到马戛尔尼使华后的 1796 年，与马戛尔尼同属'文学俱乐部'的思想家柏克才成为英国第一个用'外交'（diplomacy）这一词汇来指谓'管理或处理国际关系'事宜之人"。Harold Nicolson, *Diplomacy*（New York: Oxford University Press, 1963）, pp. 11 – 12；罗志田："译序"，《怀柔远人：马嘎尔尼使华的中英礼仪冲突》，第 25 页。

1 什么叫作朝贡制度？中国朝贡制度什么时候开始建立？朝贡制度的模式是什么？清初以来是否执行着朝贡制度？这些都是很复杂和争议性很大的课题，我们不打算在这里详细讨论。这里只采用一种最广义的、一般的说法，就是周边国家或部族向清廷遣使携礼入贡。关于朝贡制度，英语学术圈中最早及最具代表性的研究成果是 John K. Fairbank（ed.）, *The Chinese World Order: Traditional China's Foreign Relations*（Cambridge, MA: Harvard University Press, 1968）；中译本见〔美〕费正清编，杜继东译：《中国的世界秩序：传统中国的对外关系》，北京：中国社会科学出版社，2010 年。但这是一部五十多年前的旧作，近期在这一课题上较值得注意的研究成果有 Richard J. Smith, "Mapping China and the Question of a China-Centered Tributary System," *The Asia-Pacific*, Journal 11, no. 3（January 2013）, pp. 1 – 18；Richard J. Smith, *Mapping China and Managing the World: Culture, Cartography and Cosmology in Late Imperial Times*（Abingdon, Oxon; New York: Routledge, 2013）；Zhijun Rewen, "Tributary System, Global Capitalism and the Meaning of Asia in Late Qing China"（MA thesis, University of Ottawa, 2012）。中文方面有李云泉：《朝贡制度史论：中国古代对外关系体制研究》；李云泉：《万邦来朝：朝贡制度史论（修订版）》，北京：新华出版社，2014 年；何新华：《威仪天下：清代外交礼仪及其变革》，上海：上海社会科学院出版社，2011 年；何新华：《最后的天朝：清代朝贡制度研究》，北京：人民出版社，2012 年；陈尚胜编：《中国传统对外关系的思想与政策》，济南：山东大学出版社，2007 年。

2《大清皇帝给英吉利国王敕谕》，《英使马戛尔尼访华档案史料汇编》，第 165—167 页。

方面提出方便自己行事的各种要求，把自己的外交模式加诸中国？从这个角度看，那又可是真正的平等？还是何伟亚所指的"自然化了霸权话语"（"a naturalized hegemonic discourse"）？[1]

无论如何，这就是百灵原文信函所传达的信息。那么，乾隆所看到的几个中译本有没有把这讯息保留下来？

毫无疑问，三篇译文都是站在中国的立场来书写的，这显然跟英文原信不一致，当中最明确的讯息是中国作为天朝大国，高高在上；英国是远方蛮夷小国，这次特意派遣使团朝贡。

第一，三篇译文全以百灵向两广总督"禀"或"呈"的形式来书写：两篇从拉丁文译出的都是用"百灵谨禀"，而从英文本译出的则用"百灵谨呈"，这就把英国人置于下属的位置。这是原信完全没有的意思，甚至是英国人最不愿意见到的情况。必须指出，当后来更多英国人学会中文，尤其东印度公司在华贸易垄断权结束、英国派来商务监督处理在中国的商贸活动的时候，这"呈""禀"的问题就成为中英外交其中一个反复纠缠的问题。先后出任英国驻华商务监督处译员的马礼逊父子都曾说过"禀"是下级人员向上级人员请求或汇报所用的；[2] 而在 1834 年的"律劳卑事件"

---

1 Hevia, *Cherishing Men from Afar*, p. 27.

2 马礼逊在他所编的《字典》（*Dictionary of the Chinese Language*）有"禀"字的条文："PIN, ... Now read Pin, and commonly used to denote A clear statement of any affair made to a superior. Pin, is to state to a superior, whether verbally or by writing; whether *petitioning* something, or to give *information* of; whether from the people to an officer of government, or *from* an inferior officer to a superior several degrees higher." Robert Morrison, *A Dictionary of the Chinese Language, in Three Parts*（Macao：The Honorable East India Company's Press, 1822）, vol. 2, part 1, p. 791。至于马儒翰则是应义律的要求以备忘录的形式去解释"禀"的意义，但基本只引录马礼逊《字典》的条文。"Memorandum by Mr. Morrison," Macao, 13 January 1837, FO 17/19, p. 57；also in *Correspondence Relating to China, Presented to both Houses of Parliament, by Command of Her Majesty*（London：T. R. Harrison, 1840）, p. 148。

中，中英双方在"禀""呈"的问题上各不退让，最终导致封舱停止买卖；直至两年多后，义律（Charles Elliot, 1801—1875）在道光十六年十一月二十一日（1836 年 12 月 28 日）接任商务监督，为了重建沟通，即以"禀"的形式向两广总督邓廷桢（1776—1846）发出公函，说明他接任的消息。[1]不过，英国外交大臣巴麦尊（Henry John Temple, Lord Palmerston, 1784—1865）知悉事件后，立刻训斥义律，并下达指令，禁止商务监督使用"呈""禀"等字眼来跟中国官员沟通。[2]这足以证明百灵致两广总督书函的中译本以"禀"或"呈"的形式来书写，其实是违背了英国要与中国建立平等外交的意愿。但清廷从来都坚持"夷人"以至"夷目"必须以呈禀的形式与中国官员沟通。这不单出现在 1834 年的"律劳卑事件"中，就在马戛尔尼访华前不久，香山县令即曾在这个问题上向澳门西洋人"夷目唛嚟哆"颁谕，可以见到中国官员并没有特别针对英国使团：

> 至于该夷目凡有陈情事件，向来俱用呈禀，其词句亦皆恭顺。迩日番书不谙事务，措词多未妥协，或且混用书启，体制攸关，不容轻忽。该夷目更宜申饬番书，嗣后小心检点，毋致错谬。[3]

不能否认，无论从事实还是从广东官员的角度看，这几名东印度

---

1 义律致邓廷桢，道光十六年十一月二十一日（1836 年 12 月 28 日），FO 633/46，第 50 页；又见《鸦片戰争前中英交涉文书》，第 86 页。

2 Palmerston to Elliot, Foreign Office, 12 June 1837, FO 17/18, pp. 22–25; also in *Correspondence Relating to China*, p. 149.

3《香山知县许敦元为蕃书混用书启有违体制等事下理事官谕》，《葡萄牙东波塔档案馆藏清代澳门中文档案汇编》下册，第 357 页。

公司专员以至百灵都确实"只不过是公司的代表"，[1] 没有官方身份，两广总督和粤海关监督在这方面的理解是准确的。以平民身份写信给两广总督，用"禀"或"呈"之类的用语，本来就是理所当然的，因此，由中方处理百灵信函的翻译，以"呈"和"禀"写出来，便是在预期之内了。但另一方面，初到中国的东印度公司专员根本不知道当中的意思，不理解这在中国官员眼中原来是一个"体制攸关"的严重问题。不过，他们是否理解并不重要，他们不懂中文，根本不可能知道自己送来的公函是以"禀"和"呈"的形式写出来的，也不知道其中的政治意义，因而不会有任何不妥或不满的感觉。

第二，译文出现的称谓方式与原信完全不同。有关中国的称呼，全都冠以"天朝"、"天朝大人"（两广总督）、"天朝大皇帝"、"天朝国人"，而英国方面则只自称为"本国""我国王""嘆咭唎国人"。乔治三世被译作"本国王"或"我国王"（最多简略地加上"兼管三处地方"），相对于乾隆的"天朝大皇帝"或"大皇帝"，可说是高下立见；马戛尔尼被介绍为"辅国大臣""亲信大臣"或"宰相"，虽然也看得出是一名重要官员（尽管很大程度上与事实不符），但原信中各种各样的头衔和所有夸张的描述都不见了。当然，原信中复杂的头衔和描述，以当时两国的政治文化差距，要准确流畅地以中文翻译出来，的确很不容易，但中译本不单没有尝试把英国放置在较高的位置，正好相反，其中的一个译本（北京传教士据拉丁文译出的文本）还实实在在地自称"小国"；而更严重的是广州通事从拉丁文译出的版本中以

1　"At a Secret Committee," Canton, 11 October 1792, IOR/G/12/93A, pp. 32 – 34.

"远夷"来指称英国：先说"向有夷商来广贸易"，又说"大皇帝恩施远夷"，"中国百姓与外国远夷同沾乐利"。我们知道，清廷把西方人称为"夷"，后来成为中外关系上一个棘手的难题。英国人对此极为不满，1814年曾正式向中国官员提出抗议，而主导其事的就是当年13岁以侍童身份参加马戛尔尼使团的小斯当东。[1]此后，这问题继续纠缠多年，最终要在差不多半个世纪后的1858年第二次鸦片战争后所签订的《天津条约》才作出明文规定："嗣后各式公文，无论京外，内叙大英国官民，自不得提书夷字。"[2]由此可以确定，英国人是不可能接受这"远夷"的称谓出现在自己

---

1 1814年10月，东印度公司广州商馆特选委员会下令，所有英国船只不得进入广州，在广州的全部英国人必须离开。我们不在这里详细交代广州商馆下令封舱的原因以及经过，简而言之，这既涉及广州官员拘捕一名与英商关系十分密切的通事李怀远（又名李耀，阿耀），又跟当时英美战争、双方兵船商船互相攻击及扣查对方船只有关，更因为1813年广州粤海关监督奏准朝廷，整顿广州行商制度，设立洋行总商，以致英人贸易利益大受损害，不得不采取应急的措施。1814年10月下旬，小斯当东代表东印度公司特选委员会与广东的官员召开会议，最终取得英人十分满意的结果，包括中国官兵进入商馆前先行通知、商馆可以照常雇用挑夫等人、已领牌的货船不可阻止等，为东印度公司以后在华贸易活动提供了较大的方便。在会议过程中，小斯当东批评中方官员在"谕内用弯〔蛮〕夷等轻慢之词，欺负远人哉。此因恳求示下各地方官，断不可用此非礼之词也"。小斯当东禀文，1814年11月19日，FO 1048/14/96。这次会议在中英近代交往史上是至为重要的，笔者曾就当中的一些问题写过两篇文章。参见王宏志：《1814年的"阿耀事件"：近代中英交往中的通事》，第203—232页；王宏志：《斯当东与广州体制中英贸易的翻译》，第55—86页。又可参看吴义雄：《国际战争、商业秩序与"通夷"事件——通事阿耀案的透视》，《史学月刊》2018年第3期，2018年3月，第66—78页。

2 王铁崖编：《中外旧约章汇编》第1册，北京：生活·读书·新知三联书店，1957年，第102页。最早认真讨论"夷"字在近代中英关系上所出现的问题，且引起广泛注意的是刘禾。她认为，在18—19世纪中国的论述里，当"夷"字用于来华的外国人身上时，本来并不带有任何贬损的含义，在中外交往上也不构成难题，因为在中英双方的共同理解里，夷人只不过是远人的意思。"夷"与"蛮"跟"barbarian"挂钩，是英国人后来（1834年以后）所制造的一个"超级符号"（"a Super-sign"），目的是要在中国争取更大利益，也是英帝国主义者在

所发出的文书里的。

第三，各译文中的遣词用句以至通篇的语调，都把英国置于谦逊卑下的位置。除"天朝皇帝"以及"天朝大人"全以提行抬头格（三抬或双抬）来书写，以表示最高的尊敬外，在谈及英国派遣使团时，还有很多谦卑的措辞，例如从英文版本翻译出来的译本里便有"我国王说称恳想请求天朝大皇帝施恩通好""倘邀天朝大皇帝赏见此人""总求大人先代我国王奏明天朝大皇帝施恩"等字句。[1]而从拉丁文翻译出来的文本，情况就更严重，说到从前未能在天朝大皇帝八旬万寿时遣使"进京叩祝"，"我国王心中惶恐不安"，所以这次派遣马戛尔尼过来，"带有贵重贡物进呈天朝大皇帝，以表其恭顺之心，惟愿大皇帝恩施远夷"，"恳祈"大皇帝"恩准"使团从天津进港。[2]就是相对来说最为温和的"在

（接上页）殖民扩张时惯用的伎俩。Lydia H. Liu, *The Clash of Empires: The Invention of China in Modern World Making* (Cambridge, MA and London: Harvard University Press, 2004), in particular Chapters 3 and 4, pp. 31 – 107；该书的中文译本见〔美〕刘禾著，杨立华译：《帝国的话语政治：从近代中西冲突看现代世界秩序的形成》，北京：生活·读书·新知三联书店，2009年。笔者不能同意她的见解，详见王宏志：《说"夷"：十八至十九世纪中英交往中的政治话语》，《文学》2016年春/夏，2017年3月，第209—307页；Lawrence Wang-chi Wong, "Barbarians or Not Barbarians: Translating *Yi* in the Context of Sino-British Relations in the 18th and 19th Century," in Lawrence Wang-chi Wong (ed.), *Towards a History of Translating: In Celebration of the Fortieth Anniversary of the Research Centre for Translation* (Hong Kong: Research Centre for Translation, The Chinese University of Hong Kong, 2013), vol. 3, pp. 293 – 388；另外，陈松全在其专著中也用一章来讨论在1828及1832—1833年出现在《广州纪事报》(*Canton Register*) 上有关"夷"字的翻译问题。Chen Song-chuan, *Merchants of War and Peace: British Knowledge of China in the Making of the Opium War* (Hong Kong: Hong Kong University Press, 2017), pp. 82 – 102。

1《译出英吉利国字样原禀》，《英使马戛尔尼访华档案史料汇编》，第216页。

2《译出英吉利国西洋字样原禀》，同上，第217页。

京西洋人"译本，在结尾处也有"求转奏大皇帝恩准赏收，俯鉴微忱，准令永远通好，加恩保护小国贸易人等，感激不尽矣"[1]。通过这样的书写，英国在三个译本中都变成恭顺弱小的国家，遣使过来是要乞求恩惠和赐福，丝毫没有对等外交的意思。

然而，最关键而且是最敏感的还是朝贡的问题。毫无疑问，英国人绝对不会把自己视为要来朝贡的附庸小国，因此，百灵的原信不可能有带备贡品、遣使朝贡的讯息。在原信里，马戛尔尼是以乔治三世的"特定全权大使"身份被派遣去见中国皇帝（"his Ambassador Extraordinary and Plenipotentiary to the Emperor of China"）。有关马戛尔尼头衔的翻译，我们留待《礼品篇》详细讨论，马戛尔尼在礼品清单中所使用的头衔惹得乾隆很不满并下旨更正。但在这里须先指出的是，在百灵书函的三个中译本中，从广州送过来的两篇都出现了"进贡""贡物"等字词，其中由拉丁文本翻译出的一份更直接把马戛尔尼称为"贡使"，这就是明确地把马戛尔尼使团定位为远方到来朝贡的使团；唯一例外的是由北京西洋传教士翻译出来的文本，里面不见有"进贡"或"贡物"等用语，只说派遣马戛尔尼"恭赍礼物进京"。[2]

在这里，我们大概已经可以见到，相对而言，北京的欧洲天主教士在翻译上较为谨慎，语调比较温和，也故意回避"朝贡""贡物"等字眼，较愿意照顾英国人的面子，这跟我们在《译员篇》中所讨论这些在京欧洲天主教教士的情况复杂、处境微妙有关。但另一方面，从广州送呈到朝廷的译本全都明确地把使团定

1《英国总头目官百灵为派马戛尔尼进贡请准赏收的禀文译稿》，《英使马戛尔尼访华档案史料汇编》，第 92 页。

2 同上。

位为朝贡使团,包括专员们认为翻译得较好、以拉丁文为原文翻译的版本。当然,这样的定位不能说完全来自通事或行商,更重要的是广州当局的官员,我们甚至不能确定这两篇译文在送往北京前有没有经过广州官员的修改和润饰。署理两广总督郭世勋等在上奏朝廷的奏折里便清楚地确立使团的朝贡定位,除说这是英吉利国王"遣使臣吗嘎尔呢进贡",还有"贡单""贡物""贡品"等说法,并把"英吉利国王"放置于"边塞夷王酋长"之列,在"外夷各国凡逢进贡俱由例准进口省分先将副表贡单呈明督抚"的规例下讨论使团的行程。[1]

从郭世勋的政治立场和知识体系看,他把马戛尔尼使团视作朝贡使团是合理的,因为在乾隆时期成书的《大清会典》里,"西洋"是其中一个"四夷朝贡之国",[2] 而在乾隆朝的《职贡图》里,"英吉利国"就属西洋的范畴。[3] 尽管英国在这之前并没有派遣使团到中国来,但其他被统称为"西洋"的欧洲国家确是有以朝贡形式派遣使团过来的。其中,顺治十三年(1656 年)荷兰东印度公司的使团以三跪九叩礼觐见顺治,学者认为其"最大成果"是清廷自此将荷兰纳入中国传统朝贡体制中;[4] 而在康熙朝期间,荷兰及葡萄牙几次遣使来华,结果都一样,毫无例外地被视作朝

---

1 《署理两广总督印务广东巡抚郭世勋等奏为英吉利遣使进贡折》,《英使马戛尔尼访华档案史料汇编》,第 218 页。

2 "凡四夷朝贡之国,东曰朝鲜,东南曰琉球、苏禄,南曰安南、暹罗,西南曰西洋、缅甸、南掌,西北番夷见理藩院,皆遣陪臣为使,奉表纳贡来朝。"《大清会典》卷五十六,第 1 页,《四库全书》第 619 册,上海:上海古籍出版社,1987 年,第 499 页。

3 关于乾隆朝《职贡图》中的"西洋",可参见赖毓芝:《图像帝国:乾隆朝〈职贡图〉的制作与帝都呈现》,《"中央研究院"近代史研究所集刊》第 75 期,2012 年 3 月,第 1—76 页;尤其是第 32—76 页。

4 何新华:《最后的天朝》,第 401—402 页。

贡使节。[1] 因此，郭世勋以至整个清廷上下都把马戛尔尼使团视为另一个来自西洋的朝贡使团是很可以理解的，这是当时中国外交思想实际情况的反映。

不管怎样，百灵来函中译本所传递的信息的确是这样：马戛尔尼使团是从一个谦卑恭顺的远夷小国来到天朝贺寿朝贡，希望从中得到一些好处的使团。这就是乾隆从郭世勋等的奏折和附件中所读到的讯息。尽管我们见到乾隆对于英使团始终抱着审慎的态度，谕旨中经常提到要小心提防，但对于信函所传递的讯息，乾隆是乐于接受的，因为那很符合他的世界观和朝贡思想，也能接上从前其他"西洋"诸国来朝的经验。这样我们就能明白为什么乾隆在收到百灵的来信后会有"阅其情词，极为恭顺恳挚"的感觉。[2] 正是由于这个缘故，他马上发出上谕，"俯允所请，以遂其航海向化之忱"，具体指示沿海督抚怎样去护送"贡使"和"贡物"进京，[3] 既特别恩准使团直接由海道至天津，无须经过广州，还处处为使团设想，避免他们在路上过于劳累，包括安排"所有正副贡使品级较大酌与肩舆，其随从员役止须与车乘"，[4] 又提出在款待上虽然不应"踵事增华"，但也"不可过于简略，致

1 John E. Wills, *Embassies and Illusions: Dutch and Portuguese Envoys to K'ang-hsi, 1667 – 1687* (Cambridge, MA.: Council on East Asia Studies, Harvard University, 1984).

2 《上谕英使马戛尔尼进贡着各沿海督抚派大员列队弹压稽察以昭体制》，《英使马戛尔尼访华档案史料汇编》，第 5 页。

3 《和珅字寄沿海各督抚奉上谕遇英贡船进口着派员整队迎接并认真稽察》，同上，第 92—93 页。

4 《谕军机大臣英贡船天津不能泊岸可于登州起旱着吉庆办理接待护送》，同上，第 34 页。

为远人所轻"。[1] 他甚至曾多次批评负责接待的征瑞"自居尊大，
与远人斤斤计量"，"殊非怀柔远人之道"，毕竟"该使臣航海远
来，至一年之久始抵天津，亦当格外加之体恤"。[2] 总而言之，乾
隆在最初阶段对于使团是十分宽大的，"大皇帝念尔等航海远来，
情殷祝嘏，是以曲加体恤"，[3] 这都是因为他从东印度公司百灵的
来信译文里读出了这位从英国远道而来的贡使有"航海向化之
诚"，[4] 所以愿意以怀柔的态度来接待。事实上，从一段上谕可以
看到，乾隆在最初阶段愿意特别善待马戛尔尼，原因就在于他把
英使团看成是具表纳贡的使节，跟洪任辉那些私自到中国"滋事"
的西方人不一样：

> 外洋各国如至海口滋事，私自遣人潜来窥伺，即应挐究。
> 今嘆咭唎国差人进京，具表纳贡，系属好事。[5]

不过，在对比过原信和译文后，我们便可以确定这些所谓
"情词恭顺恳挚"的纳贡表文，只不过是出自中国方面的洋商、通
事以及长期在北京居住的西洋传教士之手；他们从中国的角度出
发去重写百灵的信函，除一些资料性的基本内容外，传递的讯息

1《谕军机大臣着征瑞梁肯堂妥为照料英贡使不可过于简略并开具名单》，
《英使马戛尔尼访华档案史料汇编》，第 32 页。
2《谕军机大臣接见英使礼节不必拘泥着梁肯堂等先行筵宴贡物送热河》，同
上，第 38 页。
3《谕军机大臣着应接英贡使时务宜留心不卑不亢以符体制而示怀柔》，同
上，第 36 页。
4《谕军机大臣着传谕各督抚如遇英贡船到口即速护送进京》，同上，第
27 页。
5《和珅字寄沿海督抚奉上谕长麟奏参马瑀过当照前旨办理英探贡船事宜》，
同上，第 107 页。

其实与英国人原来的相差很远。

然而，百灵这封信函在当时其实还有第四个译本，那就是收入在《乾隆五十八年英吉利入贡始末》内的《译出弗兰西巴灵来禀》。[1]

《背景篇》指出过，《乾隆五十八年英吉利入贡始末》是天津镇总兵苏宁阿所编纂的，当中收录了一些没有藏于清宫档案内的原始资料，百灵来信的第四个译本《译出弗兰西巴灵来禀》就不见于《汇编》正文，也就是说，它现在不见于清宫档案内；而且，它跟郭世勋所提交的两个译本和北京传教士所译的译本很不同，因此有深入讨论的必要。[2]

这个译本主要以口语写成，但语言运用毫不地道，表述古怪，例如"我百姓在中国生理数载"，"我红毛国同中国，大家相信相好，买卖愈做愈大"，"有些贡物到来，系我国王一点的心事"，"今见皇上有甜言甜语说，心亦极甜"，实在有点不伦不类。不过，撇开这技术性的语言运用问题，第四个译本却有它"忠实"的地方，就是清晰地把两国地位平等的讯息表达出来。首先，这封信在开头说到写信给两广总督时，用的是"我写此字告诉尔知"，这样，即便百灵不比郭世勋高级，那也至少是地位平等，更不要说什么"禀""呈"等；其次，译本马上确认英国国王是"三处之王，名声通天下"，而在谈到英国国王与乾隆的关系时，它用的是一种平等的态度，"大皇帝"并不是高不可攀的孤家寡人，信里直

---

1 《译出弗兰西巴灵来禀》，《乾隆五十八年英吉利入贡始末》，《英使马戛尔尼访华档案史料汇编》，第592—593页。

2 很可惜的是这译本一直没有受到注意，就是一篇专门讨论百灵给两广总督信件翻译问题的论文都没有提及这译本。刘黎：《中英首次正式外交中百灵致两广总督信件的翻译问题》，第133—138页。

接说"我国王极爱同中国大皇帝做朋友","皇上喜欢,即两国之好朋友"。这跟乾隆所看到三个版本的译文都很不一样。此外,使团的定位也很值得注意。这份译文用"贡物"和"进贡之物"来形容马戛尔尼带来的物品,就似乎说这是前来朝贡的使团。不过,对于马戛尔尼的职衔,却见不到"贡差""贡使"这样的说法,而是连续用上三个"钦差"。关于"钦差",《礼品篇》会有详细的讨论,但简单来说,钦差就不是贡差,传达的是与中国地位平等的讯息,乾隆对这个词十分敏感,从礼品清单中见到英国人使用"钦差",马上连续批评,要求改正。[1] 由此可见,这第四个译本所提供的内容,就跟另外两个译本很不相同了。另一个颇为有趣的地方是他们对于使团礼品的描述,这个译本用"贵重奇巧"来形容礼品。这是很值得注意的,我们在《礼品篇》将会见到百灵这封信的中译本有关礼品的描述怎样影响朝廷对使团的期待。在这方面,这第四个译本比其余三个更为夸张,那三个译本用的是"贵重物件"[2]"贵重贡物"和"贡物极大极好"[3],但这第四个译本还加上"奇巧",这是原文所没有的;而要特别指出的是,乾隆后来在看到正式的礼品清单时,马上下谕批评"贡使张大其词,以自炫其奇巧"。[4] 乾隆上谕和这第四个译本都出现"奇巧",看来只属巧合,只是这巧合有点不幸——百灵信函中译的"奇巧"是正面的赞扬,但乾隆上谕却是严厉的批评。

1 《和珅字寄梁肯堂奉上谕着筵宴后仍回河工并饬称英使为贡使及赏其米石》,《英使马戛尔尼访华档案史料汇编》,第 120 页。

2 《英国总头目官百灵为派马戛尔尼进贡请准赏收的禀文译稿》,同上,第 92 页;《译出英吉利国字样原禀》,同上,第 216 页;《奏报传集在京西洋人翻译英国原禀情形》,同上,第 91 页。

3 《译出英吉利国西洋字样原禀》,同上,第 217 页。

4 《和珅字寄梁肯堂等奉上谕着征瑞询明大件贡物安装情形具奏候旨遵行》,同上,第 125 页。

　　然而，我们并不知道这第四个译本的背景和来历。本来，百灵这封信是在广州送与署理两广总督郭世勋的，为什么在天津的苏宁阿会拿到一个中文译本？较合理的解释是他在天津外海接待使团的时候从使团那边取得的。我们知道，百灵这份呈送两广总督的书函是由马戛尔尼草拟的，[1] 因此，他手上很可能持有原信，而这个译文就应该是使团内部翻译出来的；也由于这个原因，它跟在广州翻译的版本很不一样。我们无法确定这份译本的译者是谁，从译本中文水平所见，不应该出自曾经翻译过英国国王国书的柯宗孝和李自标之手，因为由他们翻译出来的国书中译本文理通顺，用的是简易文言，跟现在所见的口语译本完全不同。一个可能的译者是锡拉巴。《译员篇》曾指出，锡拉巴在澳门加入使团，在使团船队到达天津外海时，他被派往负责探水的"豺狼号"上充当翻译，并在乾隆五十八年六月十六日（1793 年 7 月 23 日）遇上苏宁阿，[2] 很可能就是锡拉巴把百灵的信件翻译出来，交与苏宁阿；只是我们没有资料来确定锡拉巴是否会写中文，而在现在所见到的苏宁阿编纂的《乾隆五十八年英吉利入贡始末》中，包括他给梁肯堂的几封汇报中，并没有任何有关百灵这封信的记录，也没有说他在什么时候接收了这封信。[3] 但无论如何，百灵来函的第四个译本肯定没有送到朝廷去，一方面梁肯堂以及征瑞等人的奏折里都没有提及这个译本，但另一方面更明确的原因在于里面

----

1 "Draft of the Letter Proposed to be Written by the Chairman of the East India Company to the Tson-tock or Viceroy of Guantong and Kiang-si," IOR/G/12/91, pp. 171 - 172.

2 《直隶总督梁肯堂奏报英探水船来津并仍回庙岛缘由片》，第 342—343 页。

3 不过，现在能见到的《乾隆五十八年英吉利入贡始末》并不完整，原来有上、中、下三册，但现存只有上、下册，因此我们不能确定苏宁阿是否真的从来没有提及这译本。参见秦国经、高换婷：《乾隆皇帝与马戛尔尼》，第 189 页。

所出现的"钦差"一词，既然是乾隆所不能接受的，那么，如果这份译文早让乾隆看到，他肯定会马上指出，不会等待收到礼品清单后才下谕更正。

三

　　在广州进行的"预告"过程中还有其他相关的文书，包括公司秘密及监督委员会在 1793 年 3 月 17 日及 7 月 15 日写给两广总督的信函，内容方面，前者是向郭世勋回复，使团大约在 1792 年 8 月从英国出发，无法准确知道他们的路线和位置，只能估计他们在台湾以东水域北上，大概很快会到达浙江一带；[1] 后者主要是要求免除行商蔡世文充任使团翻译的工作，并强调使团没有带来任何货品，无须通事协助买卖工作。[2] 这两封信的英文本可以在东印度公司的档案中见到，但中文本却不知所踪，无法知悉当中翻译的情况，无从判断是否能够忠实传达委员会的意思。同样不见于《汇编》，但收录在《乾隆五十八年英吉利入贡始末》的还有一封没有注明日期的信，汇报秘密及监督委员会三位成员"禀称"他们在"本年五月初五日"自英国启程，八月二十日到广东，带来"总头目官弗兰西氏百灵"的信，交代英国国王因为在"天朝大皇帝八旬万寿本国未有入京叩祝，心中不安"，所以特派辅国大臣马戛尔尼求见，并带来贡物，唯恐有损坏，所以会直接从天津进京，预计翌年二三月可到达；最后又说明由于"英吉利国字法

1　Secret and Superintending Committee to the Fouyuen of Quangtong (Guangdong), Macao, 17 March 1793, IOR/G/12/93A, pp. 178–179.

2　Secret and Superintending Committee to Fouyuen and Quangop, Macao, 15 July 1793, IOR/G/12/93A, pp. 243–245.

有两样，内地少有认识"，因而准备了两份"呈禀"，"一写嘆咭唎字，一写西洋字，以便认识"。[1] 表面看来，这封信似是以秘密及监督委员会三位成员名义写的，预告使团的到来，以致《汇编》编者为它加上的标题是《英国波朗亚里〔免〕质臣禀报》，但其实不然，这封信是以第三人称写成的，开首"嘆咭唎国洋人波朗哑哩唲哂呢禀称"，最后一句"以便认识等语"，都是由别人转述他们三人的话。[2] 从东印度公司档案，我们知道这份禀文原来是潘有度写的，日期是 1792 年 10 月 11 日，也就是他们跟两广总督见面的隔天，郭世勋等要求更多的资料，潘有度就草拟了这份回复。[3] 因此，《乾隆五十八年英吉利入贡始末》所见到的中文本是原文，东印度公司档案内的英文本才是译文，大概是公司委员经由潘有度解说后把内容用英文写出来，向公司董事汇报，所以有些地方颇为简化，而当中那些"禀称""贡物""叩祝"等语句也不会出现。不过，从郭世勋等向朝廷的汇报看，潘有度所写的这篇禀文似乎没有呈送到北京去。

这样，使团的"预告"只能通过郭世勋的奏折和传教士的百灵来信译本来完成。但我们已指出，这三个译本很大程度上是一种改写。在这情形下，究竟东印度公司这次有关使团来访的预告是否真的能达到原来的目的？最终他们究竟算是成功还是失败？

负责向广州当局通报使团来访消息的三名东印度公司专员，都毫无保留地认为这次预报工作是成功的。他们认为这次通报取得朝廷方面积极的回应，准许使团绕过广州，直接从天津登岸，

---

1 《英国波朗亚里〔免〕质臣禀报》，《乾隆五十八年英吉利入贡始末》，《英使马戛尔尼访华档案史料汇编》，第 592 页。

2 同上。

3 "At a Secret Committee," Canton, 11 October 1792, IOR/G/12/93A, p. 45.

使团更将得到很好的接待。不过，这些专员有所不知的是，清廷这些正面的回应，是以他们原来想要传达的讯息遭到严重扭曲为代价所换来的；而最为讽刺的是，他们认为翻译得较好的一个文本：广州通事根据拉丁文本翻译的，其实在内容上最为扭曲，行文措辞最为谦卑，但这是他们完全无从知道，因而也没法判断的。

那么，专员们又怎么知道朝廷会对使团多加礼待？显然，这也是来自广州的行商，也就是蔡世文和潘有度。在郭世勋等上奏朝廷后不久，东印度公司的专员便不断从洋商那里听到好消息，预计使团会得到朝廷的礼待，但一直要待到 1793 年 1 月 13 日才收到官员送过来的正式谕令。根据公司秘密及监督委员会的会议记录，1 月 13 日，蔡世文及潘有度陪同南海县宪把谕令送到东印度公司广州商馆，虽然这份谕令是由郭世勋及盛住指令布政使司交由广州府，并以其名义发出，但在形式上谕令是通过行商交给委员会成员的，所以先由行商读出谕令内容，然后再作传译，最后把谕令交与委员会主席。[1]

毫无疑问，郭世勋等这份谕令是至为重要的，因为这是中方第一次就使团来访对英方做出正式的、官方的回应。但可惜的是，迄今为止，我们从没有见到任何相关的介绍或讨论；究其原因，那是因为过去我们从不知道这份谕令可以在哪里找到。由于这份谕令是由广州地方官员发送与英国东印度公司广州专员的，很可能从没有送到北京去，因而不见收藏在故宫档案内，以致《掌故丛编》和《汇编》也没有能够收录，一直没有人知道它的存在或下落。不过，其实英国外交部档案所藏有关东印度公司的中文文

1　"At a Secret Committee," Canton，13 January 1793，IOR／G／12／93A，p. 145.

书里就有这谕令的完整抄本，[1] 而东印度公司档案秘密及监督委员会的记录里面则附有谕令的英译。[2] 原谕令和译文的存在，有助于我们理解当时中英双方怎样通过翻译来进行沟通。不过，在对比谕令的原文和译文后，我们再一次见到中英双方在讯息上的错误传递。

这份谕令所署日期为乾隆五十七年十一月二十八日，即 1793年 1 月 10 日，换言之，广州地方官员是在谕令发出三天后才送交东印度公司专员。谕令前半部分的内容都是重复乾隆五十七年十月二十日（1792 年 12 月 3 日）军机处发送给沿海督抚的上谕，[3] 表面看来没有什么特别的地方。不过，不难想象，郭世勋这份发给东印度公司专员的谕令就像军机处上谕一样，明确地把使团定位为前来朝贡的使团，里面有英国国王"遣使臣吗嘎咻呢进贡""谕旨准令嘆咕唎国进贡"，还有"贡使""贡物""贡船"，以至"阅其情词，极为恭顺恳挚"等字句。换言之，从一开始他们就已经通过这份谕令清楚地告诉英国人，朝廷是把英国使团视作从远方前来朝贡的使团。

可是，这重要的内容并没有准确地传达给英国人。在秘密及监督委员会会议记录中所收的译文里并没有朝贡的讯息，关于英国国王"遣使臣吗嘎咻呢进贡，由天津赴京"一句，译文变成"派遣吗嘎咻呢爵士带同礼物，从水路取道天津到北京"（"sent

---

1 "Order from Canton prefect to Select Committee communicating imperial approval for Lord Macartney's tribute mission," FO 233/189/26.

2 "Translation of the Chop," in "At a Secret Committee," Canton, 13 January 1793, IOR/G/12/93A, pp. 147 – 151.

3 《和珅字寄沿海督抚奉上谕英使即在天津进口着遇贡船到口即派员护送》，《英使马戛尔尼访华档案史料汇编》，第 91 页。

Lord Macartney with Presents, by Sea to Tiensing on his way to
Pekin"）；原谕令中说到乾隆认为英国人来禀"情词极为恭顺恳
挚，自应准其所请，以遂其航海向化之诚，即在天津进口赴京"
的一整句全给删掉了，变成"皇帝看过他们的信件的译文，认可
其内容，批准使团前往天津和北京"（"The Emperor having seen
the translation of their letter, had approved its Contents, and granted
his permission for the Ambassador's proceeding to Tiensing and
Pekin."）。当然，里面也没有"贡使""贡物""贡船"的说法，
都变成"使臣"（Ambassador）、"礼物"（Presents）和"船只"
（Boats），更不要说什么"恭顺恳挚"了。[1]由此可以见到，郭世
勋这份谕令的译文，在很大程度上跟百灵信的中译情况是相同的，
就是只把基本的内容翻译出来，确定朝廷批准使团的要求，但其
实所传递的关键信息并不一样，涉及中英两国地位的使团定位问
题，并没有忠实地交代出来。换言之，一些重要的内容被改动或
删除了。

那么，这谕令英文本是由谁翻译的？会议记录没有说明，但
由于他们没有提及有别的通事出席，从当时在场人士来看，谕令
也应该是由蔡世文、潘有度联同东印度公司专员翻译的。但当时
的洋商和通事一般"但知夷语，并不认识夷字"，[2]根本没有能力
独自完成书面翻译。合理的猜想是两名洋商以广州英语把谕令内
容口述出来，然后由专员以通顺的英文写出来。事实上，现在所
见谕令英文本是以流畅和标准的英语翻译出来的，这是当时一般

1 "Translation of the Chop," IOR/G/12/93A, p. 148.
2《钦差大臣耆英等奏为咨调洋商伍敦元来苏以备差委片》，中国第一历史档
案馆编：《鸦片战争档案史料》第 5 册，天津：天津古籍出版社，1992 年，第
599 页。

的广州通事不可能做到的。至于谕令内容的删改，相信是由洋商所做的，一来他们早已习惯于调和中国官员与英国商人的矛盾，二来是在秘密及监督委员会的整份会议记录里，我们找不到片言只字显示或暗示谕令中有朝贡的讯息，又或是在整个沟通过程中有什么地方让在场的秘密及监督委员会成员感到不满，出现过什么争论；相反，专员们"表达了完全的满意"，还兴高采烈地告诉东印度公司董事局，他们的预告十分成功，使团会得到良好的接待。[1] 总而言之，英国人从这译文中得到的讯息是完全正面的。[2]

此外，值得特别提出的是：东印度公司专员也知道乾隆愿意以高规格接待英国使团，是跟他们写给两广总督的信件有关的。在一封写给伦敦董事会主席及副主席的信里，他们明确地说中国皇帝以喜悦的心情接收英国使团来访的消息，因为"他认可主席写给广州总督书函的风格"。[3] 应该同意，这理解是准确的，但也深具讽刺性，因为这些专员根本不知道乾隆所认可的并不是他们自己原信中所展现的风格，而是呈现在给乾隆的书函中译本中那"极其恭顺恳挚"的风格。

无论是郭世勋在广东找来的通事，还是在北京的西洋传教士译者，他们都毫无疑问是为清廷服务的。从这个角度看，对于这次百灵来信中译上出现的误差，中方应负上较大的责任，因为是他们找来的翻译人员歪曲了英国人的原意，对英国人的信件作大规模的改写。但另一方面，东印度公司其实早已知悉广州贸易所

---

1 "At a Secret Committee," Canton, 13 January 1793, IOR/G/12/93A, p. 145.

2 《上谕英使马戛尔尼进贡着各沿海督抚派大员列队弹压稽察以昭体制》，《英使马戛尔尼访华档案史料汇编》，第 5 页。

3 Secret and Superintendent Committee to Chairman and Deputy Chairman of Board of Directors, Canton, 29 December 1792, IOR/G/12/93A, p. 66.

运用的文书往来和翻译模式，而长期以来他们对于当地的通事所提供的翻译是很不满意的，但这次却仍然只提供英文和拉丁文的版本，那就等同于默许广东的官员去找不合格的通事来翻译这封信。从这个角度看，对于原信内容被扭曲，英方本身也应该负上一定的责任，至少他们要做好准备，面对这种翻译模式所可能引起的后果。当然，以当时实际的情况看来，英国人也只能无可奈何地接受，因为专员们从伦敦出发时，马戛尔尼还没有找来李自标等使团译员，伦敦没有人能够进行中文翻译，所以只能拿着英文本和拉丁文本过来，只是在广州又没有找到可堪信赖的译者，更不要说自己阵营内完全没有懂中文的人。

对于全权负责在广州统筹使团事务的秘密及监督委员会成员来说，这种无可奈何以至忍耐究竟可以达到什么程度？在《译员篇》里，我们看过他们在第一次与署理两广总督等中国官员见面后有很多感慨，对于自己的阵营缺乏合格译员的状况感到不满，因而在写给董事局的报告里要求公司将来尽量鼓励职员去学习中文。[1] 不过，这只是他们刚到广州不久、跟郭世勋见面后的直接感受，过了半年后又怎样？看来他们对蔡世文等行商通事的信心明显比从前增加了。就在郭世勋将谕令送过来的 1793 年 1 月 13 日，委员会成员在接过谕令后，觉得礼貌上要写一封回信，感谢一众官员的帮忙，这事就交给蔡世文和潘有度处理。过了不久，这两名洋商带来一些簿帖，上面的内容已经用中文写好了，三名专员只须按照洋商的指示在各簿帖上签名，他们根本不知道内容写了什么。可是，在他们自己的会议记录里，没有显示他们在整个过

1　"To His Excellency George Viscount Macartney K. B., Signed by the Committee, 28th September 1793," IOR/G/12/265, pp. 131‒132.

程中表现出半点犹豫、怀疑或不满，就连在签署的时候也没有，甚至从没有要求蔡世文等给他们说明和翻译，就好像一切都是理所当然的。[1]但我们可以想象，这封感谢信一定写得十分谦逊甚至卑屈。只可惜今天没法找到这些簿帖，不然便可以更进一步确定，即使在最初阶段，而且远在广州，马戛尔尼使团在与中国官员沟通上便出现严重的问题，所涉及的更是核心的、关乎使团的性质以及中英两国的地位等问题。而且，这问题将在使团来华期间反复出现，自始至终都是双方沟通的重大障碍。

---

1 "At a Secret Committee," Canton, 13 January 1793, IOR/G/12/93A, pp. 146 – 147.

第 4 章
礼品篇

英国人对于自己的科学知识一定很是自豪，带了这么多精美的机械到中国来展示。

——登维德[1]

又阅译出单内所载物件，俱不免张大其词，此盖由夷性见小，自为独得之秘，以夸炫其制造之精奇。

——上谕，乾隆五十八年六月三十日（1793 年 8 月 6 日）[2]

一

在筹备派遣使团的过程中，英国人非常着意选择带什么礼品到中国来，在东印度公司的档案里，我们见到当时有过很多的讨论，且涉及东印度公司以至英国以外的人。不过，这并不是因为他们特别重视乾隆的诞辰，希望能带来合适的祝贺礼品，而是另有目的，要让带来的物品展示英国的实力和先进的一面，从而提

---

1 Proudfoot compiled, *Biographical Memoir of James Dinwiddie*, p. 46.
2 《和珅字寄梁肯堂奉上谕着筵宴后仍回河工并饬称英使为贡使及赏其米石》，《英使马戛尔尼访华档案史料汇编》，第 120 页。

升国家的形象，甚至可以抬高谈判的本钱。这跟派遣使团的目的相配合，邓达斯在写给马戛尔尼的指示中便说过：使团必须让中国皇帝对"英国国王的智慧和仁政"（"the wisdom and justice of the King"）以及"英国的财富和力量"（"the wealth and power of Britain"）留下深刻的印象。[1]

这也正是马戛尔尼本人的意思。1792 年 1 月 4 日，马戛尔尼在还没有被正式委任为大使时，便在写给邓达斯的一封信里提出，使团携带的礼品要能够引起中国人的注意，增加他们对英国人的尊重，因此，他建议带去最新发明的物品，例如改良过的蒸汽机、棉花机等。在这封信里，马戛尔尼还提出一个很特别而重要的观点：携带的物品不应重在价钱，而应以新奇为主，尤其是从前未曾带到中国做商品贩卖的（"attention ought to be paid to fix upon such articles of curiosity rather than of cost, as have not been hitherto sent to China for the purposes of sale"）。[2] 几天后，他在另一封信里又一次谈到这问题，重申必须携带"最新最奇特"（"the newest and most curious"）的东西，并较为详细地列出应该选备的礼物，蒸汽机和棉花机以外，还有链泵、气球、望远镜、野战炮等新式枪械、弹射火器，以及油画、版画等；[3] 又过大约三个星期，他在 1 月 28 日的信里开列更多的礼品，其中包括三辆马车，两辆较精美的送给乾隆，一辆是马戛尔尼自用。[4] 我们知道，当使团到达中国后，负责接待使团的征瑞在 8 月 15 日的晤面中，问及马戛尔尼

1 Dundas to Macartney, Whitehall, 8 September 1792, IOR/G/12/20, p. 50.

2 Macartney to Dundas, Curzon Street, 4 January 1792, IOR/G/12/91, p. 46.

3 Macartney to Dundas, Curzon Street, 7 January 1792, IOR/G/12/91, p. 61.

4 Macartney to Dundas, Curzon Street, 28 January 1792, IOR/G/12/91, p. 90.

个人有没有带备礼物呈送皇帝，虽然马戛尔尼还没有作这样的准备，但马上提出要送马车给乾隆，这就是马戛尔尼原拟自用的一辆；他还说这辆马车虽然价值不如英国国王所赠的两辆，但却颇不相同，十分优雅。[1] 不过，最终这辆马车并没有送出去，马戛尔尼只以使团的名义送呈原来准备的两辆。

　　然而，马戛尔尼等刻意搜罗选购的物品，最终并没有能够让乾隆感到满意，更不要说对"英国国王的智慧和仁政，以及英国的财富和力量"留下什么深刻的印象。这并不是说乾隆不在意使团带来的礼品，正好相反，他对礼品非常关注，只是反应不正面。[2] 在使团抵达天津不久，乾隆看到使团送来的礼品清单后，上谕便连续出现"所载物件，俱不免张大其词，此盖由夷性见小，自为独得之秘，以夸炫其制造之精奇"，[3] "贡使张大其词，以自炫其奇巧"的说法，[4] 显然不觉得礼品有什么值得炫耀的地方。接着，在见过部分礼品，使团快要离开北京时，乾隆向使团颁下敕谕，说"天朝抚有四海，惟励精图治，办理政务，奇珍异宝，并不贵重。尔国王此次赍进各物，念其诚心远献，特谕该管衙门收纳"，[5] 更是没有半点珍视感激的意思。为什么会这样？这固然可

---

1 Macartney, *An Embassy to China*, p. 85.

2 贺清泰在使团离开北京时，曾对使团的礼品作出批评，认为赠送贵重的机械是不合适的，他认为英国人应事先征询一些北京传教士的意见，购买更合适的礼品。A Jesuit at Peking to Mr Raper enclosing a letter written by the Missionary Louis de Poirot dated 18 May 1794 on the Ceremony at Macartney's Reception, in BL IOR MSS EUR F 140/36, quoted from Stevenson, *Britain's Second Embassy to China*, p. 100。

3 《谕军机大臣着梁肯堂筵宴后仍回河工并饬知委员不得称贡使为钦差》，《英使马戛尔尼访华档案史料汇编》，第 39—40 页。

4 《和珅字寄梁肯堂等奉上谕着征瑞询明大件贡物安装情形具奏候旨遵行》，同上，第 125 页。

5 《大清皇帝给英吉利国王敕谕》，同上，第 166 页。

能是乾隆故意贬损或打击使团，维持天朝崇高的地位，也很可能是像过去一些中外历史学家所说，这是因为乾隆和清廷的愚昧无知，没有认识到礼品的功用和含义，但也有人认为清廷自康熙年间以来所搜集到的西方器物也的确不比马戛尔尼带来的物品逊色，甚至有过之而无不及，难怪乾隆不觉得珍贵。这都是很可能的理由。不过，一直被忽略的是礼品清单的翻译问题，但这是非常重要的，因为乾隆在阅读过礼品清单后，对待使团的态度明显改变，由开始时非常热切的期待变成后来明显的冷待。在礼品的评价上，这可以说是一个转捩点，也就是说，礼品清单的译文扮演了重要的角色，因为乾隆这时候还没有看到礼品实物。必须强调的是，这次译文是由英方译员负责翻译和提供的，也是英方直接送来的第一份重要中文文本。这跟署理两广总督郭世勋上奏朝廷时所附呈由广州当局安排翻译百灵信函的中译不同。

长期以来，学界讨论的使团礼品清单中译本就是中国第一历史档案馆整理军机处档案上谕档内的《红毛英吉利国王谨进天朝大皇帝贡件清单》，[1] 但那只是经由军机处人员在入档时重新抄写的一份。必须强调的是，在抄写和入档过程中，中方作出了一些关键性的改动。但使团自己所准备的礼品清单中译本，由于只见藏于小斯当东后来捐赠与英国亚洲学会的中文资料集内，[2] 长期没有被发现和利用。这是十分可惜的，也是马戛尔尼使团研究方面一个较大的缺失。因为通过认真分析使团清单的英文原本以及使

---

1 《红毛英吉利国王谨进天朝大皇帝贡件清单》，《英使马戛尔尼访华档案史料汇编》，第 121—124 页。

2 "George Thomas Staunton Chinese Letters and Documents," vol. 1, doc. 2, Royal Asiatic Society of Great Britain and Ireland.

团礼品清单的中文本，除能够显示马戛尔尼怎样尝试通过礼品来展示英国的国力，还可以确定中译本能否传达相同的讯息——这是非常重要的，能让我们知道乾隆究竟接收到什么讯息，以致对使团的态度立刻产生变化。不过，更有意思的可能是认真对比中方在入档时对清单所做的改动，这不单可说明清廷对清单有不满意的地方，更可显示他们对使团礼品以至整个遣使活动的关注所在。确定他们认为不妥当的地方，对于全面理解马戛尔尼使团访华的历史意义会有很大的帮助。

二

从一开始，清政府对马戛尔尼带来的"贡品"便十分关注，甚至可以说是有所期待的。最先在广州方面，当波郎等东印度公司专员在 1792 年 10 月 10 日向郭世勋报告使团来访的消息时，中方便马上提出要检视礼品清单，这是符合清廷的惯常做法的；他们也清楚地告诉专员，如果没有礼品清单，他们便无法向朝廷汇报使团来访的消息。[1] 但由于专员们在离开伦敦时使团的礼物还没有准备好，因而无法提供一份礼物清单，粤海关监督对此深感不快，郭世勋也强调使团来访时先把贡品清单交与总督，是必须遵从、不可改变的规则，[2] 并表示没有贡单便无法上奏朝廷。[3] 这不能说是空言恫吓，因为后来郭世勋在奏折里的确说到"该国王又无

---

1 "At a Secret Committee," Canton, 11 October 1792, IOR/G/12/93, vol. 1, p. 40.

2 Ibid., p. 43.

3 Staunton, *An Authentic Account of an Embassy*, vol. 1, pp. 195 – 196.

副表贡单"，以致他们"未便冒昧遽行具奏"。[1]最后在 15 日晚行商又一次传来中国官员的讯息，要求尽可能提供一些资料后，专员们才透露礼品中包括了一座天体仪（"a Planetarium"）及一辆马车，[2]但始终没有提供完整的清单。[3]

北京方面，在 1793 年 6 月 19 日（乾隆五十七年五月十二日），即马戛尔尼的船队还没有到达中国水域时，军机处便已经开始讨论贡品的问题，强调"嘆咭唎国系初次进贡，且贡物甚多，非缅甸之常年入贡土仪者可比"，[4]更按照一直以来"薄来厚往"的原则，立刻拟定长长的清单，开列赏赐给英吉利国王、贡使及使团其他成员的礼物。[5]值得注意的是：由于同时到来祝贺乾隆寿辰的还有缅甸使臣，所得赏的礼品不如英国人，军机处特别指示在"颁赏时两国陪臣彼此各不相见"，避免有所比较，[6]显然，清廷对待两个使团的态度很不相同。不过，在这个阶段清廷对英使团礼品的关注，其实很大程度上与翻译有关，那就是《预告篇》

---

1 《署理两广总督印务广东巡抚郭世勋等奏为英吉利遣使进贡折》，《英使马戛尔尼访华档案史料汇编》，第 218 页。

2 "At a Secret Committee," Canton, 16 October 1792, IOR/G/12/93, vol. 1, p. 52.

3 佩雷菲特说专员们创作一份初步但大部分内容是虚构的礼物清单。Peyrefitte, *The Collison of Two Civilisations*, p. 47. 这说法是不正确的，因为郭世勋在上奏朝廷时并没有附上任何礼品清单，连天体仪和马车也没有只字提及。

4 《奏为谨拟颁赏英贡使物件清单呈览事》，《英使马戛尔尼访华档案史料汇编》，第 95 页。

5 《拟赏英国国王物件清单》《酌拟加赏英国国王物件清单》《拟随敕书赏英国王物件清单》《酌拟赏英吉利国正使清单》《酌拟加赏英吉利国正使清单》《酌拟赏英吉利国副使清单》《酌拟加赏英吉利国副使清单》《英吉利国贡使在如意洲东路等处瞻仰酌拟赏单》《英吉利国贡使在含青斋西路等处瞻仰酌拟赏单》《副贡使之子及总兵官等在如意洲瞻仰酌拟赏件事》《副贡使之子等在含青斋西路等处瞻仰酌拟赏件清单》，同上，第 96—106 页。

6 《奏为谨拟颁赏英贡使物件清单呈览事》，同上，第 95 页。

讨论过的东印度公司董事百灵写给两广总督通报使团来访信函的中译。

百灵的原信确实提到使团会带来礼物,那是他们以陆路运送礼物困难为理由,要求准许绕过广州,从海路北上,直接从天津登岸。但我们知道,使团在还没有出发前便商议并决定使团必须绕过广州,在北部地区登岸,以避免广州官员给使团带来麻烦,因此,礼品笨重并不是绕过广州进京的真正理由。但另一方面,英方以此为由要求从水路北上看来也不牵强,因为他们带来的物品确实不适合以陆路运送——使团后来从天津登岸改走陆路后,朝廷要调动近 90 驾马车、40 辆手推车、200 匹马,以及差不多 3 000 名工人来搬运礼品。[1]

大体而言,百灵的原信对于使团礼物的描述还算是比较平实的,没有夸张的口吻:"我们为英国国王带给中国皇帝几件礼物,因为它们的体积、机械的精细以及价值,不能冒着严重损坏的风险,从广州经内陆运送至北京这么远的距离。"[2] 先说礼物的体积大小,然后是机械,最后才是价值,而且在价值方面没有加上夸大的形容,只是平铺直叙的描述,没有半点刻意吹嘘的感觉。但经过翻译后又怎样?除《预告篇》提到使团礼品被译为"贡品"外,在具体描述上,三篇译文的效果并不一样。在广州从英文原信翻译过来的版本,以及北京传教士翻译的版本,都用"贵重"来形容"贡物",虽然有点空泛,仍能展示礼

---

1 Staunton, *An Authentic Account of an Embassy*, vol. 2, p. 17.

2 "Letter from the Chairman to the Viceroy of Canton," 27 April 1792, IOR/G/12/91, p. 335; also in Pritchard ed., "The Instructions of the East India Company," pp. 376 – 377.

品的价值;[1] 但在广州从拉丁文译本译出的一篇却译成"贡物极大极好",[2] 这便可能让人觉得礼品非常名贵。相对来说，倒是署理两广总督郭世勋自己的奏折更平实，只说"贡品繁重，由广东水陆路程到京纡远，恐有损坏"。[3] 这种简单直接的描述是可以理解的，郭世勋作为中方大员，不可能对英国人的"贡品"过度夸奖，尤其他一直苦恼于未能见到礼品清单。假若最终送来的礼品并不贵重，对他来说后果会很严重。但无论怎样，由于几个中文译本都在不同程度上强调英国人的礼品很贵重，这就让朝廷有所期待，而自此清廷的文书中便不断提到英国人的贡品"甚大又极细巧",[4] 但其实在这时候中国官员还没有看到礼品清单，更不要说见到这些礼品了。马戛尔尼在刚到达天津时便马上明白，中国人对他们所携带的礼品有很高的期望，且这期望也的确跟他们通报中国政府时提到礼品有关,[5] 只是他不知道朝廷接到的通报是经过中方通事的夸大修饰。

关于礼品的价值，马戛尔尼说已尽力减省开支，但看来却不

---

1 《英国总头目官百灵为派马戛尔尼进贡请准赏收的禀文译稿》,《英使马戛尔尼访华档案史料汇编》，第 92 页;《译出英吉利国字样原禀》，同上，第 216 页。

2 《译出英吉利国西洋字样原禀》，同上，第 217 页。

3 《署理两广总督印务广东巡抚郭世勋等奏为英吉利遣使进贡折》，同上，第 218 页。

4 《和珅字寄梁肯堂奉上谕英船天津不能收泊拟庙岛起早着吉庆亲往照料》，同上，第 112 页;《和珅等为请将贡品尺寸开单寄送热河军机处给吉庆的启文》，同上，第 113 页;《军机大臣为传谕征瑞与英贡使面商贡品运输事宜给梁肯堂征瑞的札》，同上，第 114 页。

5 Macartney, *An Embassy to China*, p. 69; Macartney to Dundas, near Han-chou-fu, 9 November 1793, IOR/G/12/92, p. 44.

怎么成功，¹ 使团最终所携带的礼品总价值为 15 610 英镑。² 一个过去几乎没有人注意到的事实是：在马戛尔尼使团以前，英国人尝试派遣的凯思卡特使团在多番商议后，认为什么礼物也不会为乾隆所珍视，所以决定不向皇帝赠送礼物，只以一个装饰富丽的金盒子来放置国书，但那只是用以显示他们的尊敬和隆重，并不能视之为礼物。为此，他们更修改原来已拟写好的国书，³ 只准备 4 000 镑的预算来购买礼品，赠送给中国官员及相关人士，⁴ 最后他们在洪任辉的协助下买了共值 4 045.10 镑的礼物，准备送与官员。⁵ 但马戛尔尼使团从一开始便决定购买大量礼品赠送给乾隆，最后礼品的总价值是凯思卡特使团的四倍，而且在到达中国以后还担心礼品不够丰盛，临时又增购物品，包括在澳门从东印度公司秘密及监督委员会成员波郎那里购买一台望远镜，⁶ 以及在天津外海从"印度斯坦号"船长马庚多斯手上买来大透镜。⁷ 这固然跟他们原来以补祝乾隆八十岁寿辰为遣使的借口有关，不过从他们在准备礼品时的讨论以及后来所带的礼品看来，自始至终，马戛尔尼都希望能通过赠送一些足以代表当时英国以至欧洲科技最新成果的物品，以配合他们遣使的真正动机，向清廷展示英国的国

---

1 Macartney to the Chairs of EIC, Portsmouth, 13 September 1792, IOR/G/12/92, pp. 2 – 3.

2 Pritchard, *The Crucial Years*, p. 306.

3 现在所见到凯思卡特携带的国书是只字不提礼品的。"His Majesty to the Emperor of China," IOR/G/12/90, pp. 125 – 127。

4 Cathcart to Dundas, 31 August 1787, IOR/G/12/90, p. 19.

5 "List of presents carried by Colonel Cathcart to the Emperor of China, 1787-undated," *An Important Collection*, vol. 8, doc. 343, CWCCU。普利查德则说这次购买礼品花费 4 050 镑。Pritchard, *The Crucial Years*, pp. 243 – 247。

6 "At a Secret Committee," Macao, 21 June 1793, IOR/G/12/93, vol. 1, p. 219.

7 Macartney, *An Embassy to China*, p. 69.

家实力及其商品的优越。在好几封写给邓达斯的信中，马戛尔尼
都谈及选购礼品的问题，例如在 1792 年 1 月 28 日的一封信里，除
开列一些他认为应该准备的礼品外，还特别提到与皇家学会
（Royal Society）主席讨论过"一些最新和最精巧的发明"。[1] 尽管
有学者认为由于各种各样的原因，使团最终所带来的礼品其实并
未能完全呈现当时英国最新的科技成果，也不能代表最高的生产
水平，[2] 也有学者认为使团重视礼品的新奇性和美观性，高于其科
学性，[3] 但这起码是他们本来的目的，且更反映在马戛尔尼精心撰
写的礼品清单上。我们不打算在这里详细讨论马戛尔尼怎样搜购
礼品，也不会逐一深入分析礼品的价值，[4] 只把焦点放在礼品清单
的翻译上，看看清单译文跟原文的差异怎样造成不同的效果，带
给乾隆什么讯息。

根据马戛尔尼的日志，在使团快要抵达天津时，长芦盐政征
瑞委派天津道乔人杰及通州副将王文雄在 1793 年 7 月 31 日（乾
隆五十八年六月二十四日）登上马戛尔尼所乘坐的"狮子号"，

---

[1] Macartney to Dundas, Curzon Street, 28 January 1792, IOR/G/12/91, p. 90。
关于马戛尔尼使团在选购礼品时的考虑，可参见 Cranmer-Byng and Levere, "A
Case Study of Cultural Collision," pp. 503 – 525；关于当时西方国家如何相信科
技力量代表了国家实力，可参见 Michael Adas, *Machines as the Measure of Men:
Science, Technology, and Ideologies of Western Dominance* (Ithaca, N. Y.: Cornell
University Press, 1989)。

[2] Berg, "Britain, Industry and Perception of China," pp. 269 – 288.

[3] 常修铭:《马戛尔尼使节团的科学任务》，第 67 页。

[4] 关于使团在购置礼品上所花费的价钱，见 "List of the scientific apparatus
purchased by the East India Company for the Macartney embassy," *An Important
Collection*, vol. 5, doc. 225, CWCCU。有关礼品的描述和讨论，可参见 Cranmer-
Byng & Levere, "A Case Study of Cultural Collision," pp. 503 – 525; Harrison,
"Chinese and British Diplomatic Gifts," pp. 65 – 97。最完整和深入的分析来自常
修铭:《马戛尔尼使节团的科学任务》。

要求使团提供礼物清单，马戛尔尼当场答应。[1] 但是，清廷档案中有上谕记载征瑞在乾隆五十八年"六月二十三日（7月30日）亲赴英吉利贡船内查看表文贡单"。[2] 这是错误的，因为征瑞只不过在六月二十二日（7月29日）上奏"与夷人说明于二十三日亲赴该船查看表文贡单"，[3] 朝廷便假定他在二十三日登船。其实最终他并没有在二十三日登上"狮子号"，而是在六月二十四日（7月31日）差遣乔人杰和王文雄登船，要求查看"表文贡单"。然后，马戛尔尼在三天后的六月二十六日（8月2日），在"狮子号"上把礼品清单交与二人，当时一并交出的是三个版本的礼物清单——除英文原本外，还有拉丁文以及中文译本。[4]

在讨论礼品清单的译本前，可以先简单讨论一下清单的原文。一直以来，较容易看到和较多人征引的所谓"礼物清单"都是斯当东在回忆录中引录的内容。[5] 不过，斯当东并没有以清单的形式把各项礼品逐条开列，他的说法是"部分物品以下面的方式描述出来"（"Some of the articles were described in the following manner."）。[6] 这不是完整的礼物清单，更不可能是马戛尔尼呈送清廷的文本。

斯当东的回忆录以外，曾经整理并注释出版马戛尔尼出使日志的历史学者克兰默-宾在1981年与科学史专家特雷弗 H. 莱弗里

1　Macartney, *An Embassy to China*, p. 72.

2　《和珅字寄梁肯堂等奉上谕着奏接见英贡使行礼情形并定赴热河日期》，《英使马戛尔尼访华档案史料汇编》，第118页。

3　《长芦盐政征瑞奏报英贡船仍来天津外洋现已妥办停泊折》，同上，第344页。

4　"Catalogue of Presents," IOR/G/12/92, p. 155.

5　Staunton, *An Authentic Account of an Embassy*, vol. 1, pp. 243–246.

6　Ibid., p. 243.

（Trevor H. Levere）发表过一篇有关使团礼品的文章，[1] 后面有两个附录，附录 A 是《东印度公司为马戛尔尼使团购买科学仪器清单》（List of the Scientific Apparatus Purchased by the East India Company for the Macartney Embassy），[2] 而附录 B 则是《英国国王赠送中国皇帝礼品目录》（Catalogue of Presents Sent by His Britannic Majesty to the Emperor of China）。[3] 根据该文的备注，这附录 B 的礼品清单是来自康奈尔大学图书馆所藏的 Wason Collection on China and the Chinese，即《背景篇》所说的"查尔斯·沃森典藏"，并注明是第 8 卷第 350 号文档（Volume 8, Document 350）。[4] 但这里有严重的问题，因为附录 B 这份所谓的《英国国王赠送中国皇帝礼品目录》并不完整，只开列第 1 至第 9 件礼品，但原来"查尔斯·沃森典藏"中的礼品目录并不是这样的。克兰默–宾和莱弗里所说的第 8 卷，指的是"查尔斯·沃森典藏"里标题为《马戛尔尼爵士出使北京及广州手稿、文件及书信珍藏原件，1792—1794 年》（*An Important Collection of Original Manuscripts, Papers, and Letters relating to Lord Macartney's Mission to Pekin and Canton 1792 – 1794*）中的第 8 卷，"查尔斯·沃森典藏"中在这个标题下的资料集共有 10 卷，共收文档 448 份，当中第 350 号文件题目是《英王赠送中国皇帝礼品目录，1793 年 8 月，以及拉丁文译本》（"Catalogue of Presents Sent by

---

1 Cranmer-Byng and Levere, "A Case Study of Cultural Collision," pp. 503 – 525；关于莱弗里的学术履历，可参见 http://acshist.scs.illinois.edu/awards/Edelstein%20Papers/LevereEdelsteinBioJJB.pdf。

2 Cranmer-Byng and Levere, "A Case Study of Cultural Collision," pp. 520 – 523.

3 Ibid., pp. 523 – 525.

4 Ibid., p. 525.

His Britannic Majesty to the Emperor of China, Aug. 1793, Together with Latin Translation"）。[1] 严格而言，该文档有两部分，前面是礼品清单的英文本，后面是拉丁文译本。克兰默-宾和莱弗里没有把拉丁文本附录列出，这没有什么问题，问题是他所提供的英文礼品清单，与第 350 号文档的英文本清单不一样。原清单在第 9 件礼品后面还有颇长的部分，总共开列出 60 件礼品；换言之，克兰默-宾和莱弗里在文章里抄录出来的礼品清单并不完整，只是原来清单前面的部分，没有列出后面的礼品，但他没有注明只录出部分目录，容易让人以为这就是全份清单。

至于该文附录 A《东印度公司为马戛尔尼使团购买科学仪器清单》，克兰默-宾和莱弗里注明来自"查尔斯·沃森典藏"的《马戛尔尼爵士出使北京及广州手稿、文件及书信珍藏原件，1792—1794 年》的第 5 卷第 225 号文档，但这次他们注明有所删减，删去的是对科技器材的详细描述及不属于科技器材的部分。因此，附录 A 只是一份科学仪器的清单。[2] 其实，"查尔斯·沃森典藏"的《马戛尔尼爵士出使北京及广州手稿、文件及书信珍藏原件，1792—1794 年》第 5 卷第 225 号文档原来的题目是"交与马戛尔尼爵士处理的礼品清单，日期 1792 年 9 月 8 日"（"List of presents, etc. consigned to the care of His Excellency Lord Macartney, dated Sept. 8, 1792"）。[3] 这就是使团在英国出发时所准备好的礼

---

1 "Catalogue of Presents Sent by His Britannic Majesty to the Emperor of China, Aug. 1793, Together with Latin Translation," *An Important Collection*, vol. 8, doc. 350, CWCCU.

2 Cranmer-Byng and Levere, "A Case Study of Cultural Collision," pp. 520 - 523.

3 "List of presents, etc. consigned to the care of His Excellency Lord Macartney, dated Sept. 8, 1792," *An Important Collection*, vol. 5, doc. 225, CWCCU.

品的清单，清单的署名人是东印度公司的百灵，里面并不只开列
科学仪器，而是全部的礼品；而且，清单除开列礼品名称外，还
有对部分礼品的一些描述，但跟马戛尔尼所写的清单里的礼品描
述不同，更附有购买礼品的价钱——可见这也不是马戛尔尼提供
给清廷的礼品清单，而是在较早时准备好的一份属于英国人内部
的清单。通过对比二者，可以见到马戛尔尼后来增添了什么礼品
送给乾隆。

毫无疑问，"查尔斯·沃森典藏"《马戛尔尼爵士出使北京及
广州手稿、文件及书信珍藏原件，1792—1794 年》所藏的这两份
礼品清单都是真确的原始资料。事实上，该档案中还另外藏有八
份与马戛尔尼使团礼品相关的文档，包括送到热河的礼品清单，
以及留在圆明园的礼品清单等；也就是说，"查尔斯·沃森典藏"
中的几份清单分别开列了不同场合所用的礼品。[1] 其中，我们最关
注的是马戛尔尼交与乔人杰呈递到朝廷去的一份。

其实，东印度公司的档案就收藏有一份由马戛尔尼自己向英
国政府汇报提交的礼品清单。1793 年 11 月 11 日，马戛尔尼在离

1　"List of Articles Bought by Lord Macartney, undated," *An Important Collection*, vol. 8, doc. 345; "List of Presents, undated," ibid., doc 346, CWCCU; "List of Presents and Accounts, undated," ibid., doc. 347; "List of Presents for China, undated," ibid., doc. 348, CWCCU; "List of Presents Delivered by Lord Macartney, undated," doc. 349, CWCCU; "Catalogue of Presents Sent by His Britannic Majesty to the Emperor of China, Aug. 1793, together with Latin Translation," ibid., doc. 350, CWCCU; "List of Such Presents as were Carried to Gehol, Aug. 29, 1793 and were presented to the Emperor September 14, 1793," ibid., doc. 351, CWCCU; "Catalogue of Presents presented to the Emperor on Sept. 14, 1793," ibid., doc 352, CWCCU; "Two copies of the Catalogue of presents to be presented to Emperor at Yun Min Yuen, Sept. 30, 1793," ibid., doc. 353, CWCCU; "Account of the Articles Consigned to the Care of Lord Macartney with an Account of the Manner in Which They Have Been Disposed of by Him, undated," ibid., doc. 354, CWCCU.

开北京、到达杭州附近时曾写过一封长信给邓达斯，详细报告使
团的情况，并附有 20 份相关文书及资料，其中就包括"礼物清
单"（"Catalogue of Presents"），注明日期为 1793 年 8 月 2 日，[1]
也就是马戛尔尼把礼品清单交与中国官员乔人杰的那一天。显然，
这就是马戛尔尼所写并呈递清廷的礼物清单。在文字和内容上，
"查尔斯·沃森典藏"《马戛尔尼爵士出使北京及广州手稿、文件
及书信珍藏原件，1792—1794 年》第 8 卷第 350 号文档与东印度
公司档案中这份礼物清单是完全相同的，这说明"查尔斯·沃森
典藏"的文档是从马戛尔尼的报告抄录出来的。另外，斯当东回
忆录所提供的在内容上与这两份文档是接近的，描述的礼品数目
也一样，但文字上并不完全相同。在下文的讨论里，我们会直接
征引东印度公司档案中的礼物清单。

在现在所能见到的资料里，包括马戛尔尼及斯当东的回忆录
和书信，都没有提及使团是在什么时候开始准备、什么时候完成
这份礼品清单的。如果说马戛尔尼是在 1793 年 7 月 31 日答应乔
人杰和王文雄的要求后才开始准备清单的，那就意味着在三天内
完成英文、拉丁文和中文三个版本，虽然这不是完全没有可能，
但也未免过于匆忙。不过，新发现使团所准备礼品清单中译本能
够解答很多疑问，包括准备译本的时间。在对比使团最后呈送的
英文清单后，可以见到在这译本中有两件礼品没有被列出：马戛
尔尼到达澳门后从东印度公司秘密及监督委员会成员波郎那里购
买的一台望远镜，以及 7 月 25 日在天津外海从"印度斯坦号"船
长马庚多斯手上买来的大透镜。[2] 有关马戛尔尼临时购入这两件礼

---

1 "Catalogue of Presents," IOR/G/12/92, pp. 155–186.
2 Macartney, *An Embassy to China*, p. 69.

品的问题，下文再作交代，但这两件礼品都确实被送赠到朝廷去。
这可以说明两点：第一，这份中译本并不是最终呈送清廷的文本；
第二，使团在还没有购买望远镜和大透镜前便已准备好礼品清单
和译本，那就是在使团到达澳门之前。不过，由于在澳门和天津
外海增购了礼品，马戛尔尼需要修改清单，最终定稿是在 7 月 25
日以后，才有可能把大透镜也收入在清单里。

译本方面，东印度公司所藏马戛尔尼写给邓达斯的汇报中附
有一份拉丁文本，[1] 这也就是"查尔斯·沃森典藏"第 8 卷第 350
号文档的后半部分，[2] 那是由小斯当东的老师惠纳翻译出来的。[3] 这
点没有疑问，因为使团拉丁文翻译的工作，一直以来主要都是由
惠纳负责的。但中文译本的译者又是谁？何伟亚这样说：

> 朝廷收到清单后，由为朝廷服务的传教士，大概从拉丁
> 文本把它翻译成中文。
>
> After the court received the list, it was translated into
> Chinese, probably from the Latin version, by missionaries in the
> emperor's service (ZGCB, 22a – 24b). [4]

他所注明的资料来源"ZGCB, 22a – 24b"，就是《掌故丛编》叶
22a 至 24b，但这几页的《掌故丛编》只是军机处所抄录的清单中
译本，当中没有片言只字提及该译本是"由为朝廷服务的传教士，

---

1 "Latin Translation," IOR/G/12/92, pp. 171 – 186.

2 "Catalogue of Presents Sent by His Britannic Majesty to the Emperor of China, Aug. 1793, Together with Translation," *An Important Collection*, vol. 8, doc. 350, CWCCU.

3 Staunton, *An Authentic Account of an Embassy*, vol. 1, p. 246.

4 Hevia, *Cherishing Men from Afar*, p. 148.

大概从拉丁文本把它翻译成中文"。不知道何伟亚的说法从何而
来,但这明显是错误的。既然礼品清单的三个文本都是由马戛尔
尼在同一时间直接交给征瑞的,那么,这中文版本就只可能是由
使团而不会是"为朝廷服务的传教士"翻译的。而且,斯当东曾
经非常明确地说他们自己提供中译本,同时为了让北京的传教士
可以校正中译本,所以也提供拉丁文译本。[1]更为关键的是,我们
也可以肯定乾隆读到的就是英国人送呈的中译本,因为马戛尔尼
是在乾隆五十八年六月二十六日(1793 年 8 月 2 日)才在天津口
外海交出清单译本,而直隶总督梁肯堂则是在六月二十八日(8
月 4 日)把礼物清单呈奏朝廷的,更明确说明经由征瑞要求该贡
使"将贡单译出汉字",又说这份译文"字迹又不能完整",因此
"未敢照缮清单,特将该贡使自写原单三纸恭呈御览"。[2]此外,在
六月二十九日(8 月 5 日)的上谕中还有指示征瑞"至该国贡单
译出汉文后即迅速先行具奏",[3]也就是说在 8 月 5 日当天乾隆还没
有看到礼品清单,要到第二天(六月三十日,8 月 6 日),军机处
随手档才见有朱批梁肯堂为马戛尔尼礼品清单中译本所写的奏折:
"英吉利贡单已经贡使译出汉字先行进呈。"[4]这是最明确的讯息:
礼品清单在 8 月 6 日才送抵乾隆手上,而且所进呈的就是"贡使
译出汉字"版本;而就在同一天,朝廷已发出上谕讨论清单的内
容,[5]当中根本不可能有足够时间安排在京西洋传教士另行翻译,

1 Staunton, *An Authentic Account of an Embassy*, vol. 1, p. 246.
2《直隶总督梁肯堂等奏为英贡单已译出汉字先呈览折》,《英使马戛尔尼访华档案史料汇编》,第 356 页。
3《和珅字寄梁肯堂奉上谕接见英使不必拘泥遵前旨先行筵宴贡物送热河》,同上,第 119 页。
4《朱批梁肯堂奏为英贡单经贡使译出汉字先行进呈折》,同上,第 255 页。
5《谕军机大臣着梁肯堂筵宴后仍回河工并饬之委员不得称贡使为钦差》,同上,第 120—121 页。

乾隆当时读到的"贡单"，就是由使团提供的中译本，不可能是何伟亚所说由在京西方传教士所译。[1]

此外，佩雷菲特则明确指出清单的中译本是由使团翻译和提供的。他这样说：

> Zhou 神父、An 神父及 Wang 神父，以及 Hanna 和 Lamiot 两位神父，以至小斯当东，都很努力地把原来的礼品清单和国书翻译出来。[2]

在这里，佩雷菲特不只谈论礼品清单的翻译，还有国书的翻译，因此他实际上开列了使团内大部分有能力进行中文翻译的人的名字。应该同意，这里所提及的人，部分的确曾在不同阶段协助过使团的翻译工作，但如果具体地指国书和礼品清单的翻译，那便很有问题。在他所开列的译员中，只有一人是肯定参与过国书和礼品清单翻译的，那就是佩雷菲特所说的"Zhou 神父"柯宗孝。其余的都没有参与，为什么呢？因为我们非常肯定国书是在使团还没有出发前便在伦敦完成全部准备工作，包括翻译和抄写，这点在《国书篇》会有详细交代。至于礼品清单，虽然我们没有明确的证据，确定是在什么时候完成，但上文刚指出，那应是在使团到达澳门以前便完成的。按常理说，礼品清单应该是与国书

---

1 应该指出，犯这错误的不只何伟亚一人，一篇讨论负责拉丁文翻译的使团成员惠纳的文章，也说"正是他〔惠纳〕把英国国王进奉乾隆皇帝的各种礼物的繁杂名目译成拉丁文，再由那些耶稣会士译成汉文"。〔德〕达素彬（Sabine Dabringhaus）：《第三者的观点：赫脱南关于马戛尔尼使团的描述》，张芝联主编：《中英通使二百周年学术讨论会论文集》，第 344 页；另外还有沈艾娣，Harrison, "Chinese and British Diplomatic Gifts," p. 82。

2 Peyrefitte, *The Collision of Two Civilisations*, p. 76.

一起，在使团出发前便准备妥当，尤其使团对礼品这么重视，不
可能不提早做好准备。事实上，从国书和礼品清单中译本的行文
来看，二者有极其相似的特点，应该是出于相同译者之手，那就
是从一开始在那不勒斯招聘来的柯宗孝和李自标。至于在使团出
发前一刻才在朴次茅斯加入使团的"An 神父"严宽仁和"Wang
神父"王英，虽然肯定在航程中提供过不少帮助（尤其是严宽
仁），但一定没有参加过国书和礼品清单的翻译。至于佩雷菲特所
说的 Hanna（Robert Hanna，韩纳庆）和 Lamiot（Louis-François-
Marie Lamiot，南弥德）两位神父，更完全没有可能，因为他们是
在澳门才登船，希望能跟随使团北上，留在北京为朝廷工作；[1] 况
且，我们已指出，从没有人提及这两名传教士曾经帮忙任何翻译
工作，甚至根本没有人说他们做过些什么，每次提及二人都只是
关于他们前往天津的安排，基本上与使团全无关系。

　　小斯当东也参与了使团准备礼品清单中译本的工作，但他并
不是像佩雷菲特所说直接负责翻译工作；学习中文才一年左右的
小斯当东，不可能参与文书的翻译任务。根据马戛尔尼的说法，
小斯当东负责誊抄清单，[2] 这是准确的。虽然使团从伦敦出发前便
应该完成所有文书的准备工作，但由于他们在澳门临时添加物品，
便得修改礼品清单，也就有重新誊抄的必要，这任务就交由小斯
当东负责了。

　　但佩雷菲特没有提及两名正式受聘的使团译员。可以肯定，
马戛尔尼重用而且在信函中强调对使团很重要的锡拉巴，[3] 同样不

---

1 Macartney, *An Embassy to China*, p. 64.

2 Macartney, *An Embassy to China*, p. 100.

3 Macartney to Secret Committee, on board the *Lion*, 6 August 1793, IOR/G/12/93, vol. 1, p. 347.

可能参加礼品清单的翻译工作，因为他是在使团在 6 月 21 日到达澳门后才聘任的，然后在 8 月 7 日跟随高尔船长离开。但李自标呢？作为斯当东在那不勒斯招聘的正式译员，李自标的表现可以说几乎得到所有使团成员的一致赞誉，即使同伴柯宗孝在澳门离团，他仍然坚持下去，一直跟随着马戛尔尼和斯当东，负责使团大部分的翻译工作，直至使团离开中国。那么，在伦敦他与柯宗孝一起住在斯当东家里，等候使团出发前，怎么可能不参加翻译及其他工作？我们相信，礼品清单中译本就是由柯宗孝和李自标翻译的，而李自标更可能是马戛尔尼加购两份礼品、改写清单后中译本的最终定稿者。

除译者问题以外，更重要的是文本。克兰默－宾说英文本对于那些礼品的描述读来很滑稽（"comic"）。[1] 为什么会这样？这肯定不是因为马戛尔尼书写英文的能力有问题，而是另有原因。根据斯当东解释，马戛尔尼在撰写礼品清单时，自认为要特别迎合以至迁就清廷和乾隆。他明确指出，为了让中国人能够接受这份清单，马戛尔尼不打算只开列礼品的名称，而是要逐一描述各件礼品的性质，且要以"东方的风格"（"the Oriental style"）书写出来。[2] 克兰默－宾认为，这所谓"东方的风格"就是这份英文清单让西方人读来感到滑稽的原因。[3] 不过，这点也许不重要，因为毕竟清单本来就不是给今天的西方读者阅读的。但这所谓"东方的风格"究竟是怎样的？这种风格以及滑稽的效果又是否体现在中译本里？

---

1 Macartney to Secret Committee, on board the *Lion*, 6 August 1793, IOR/G/12/93, vol. 1, p. 361, n. 12.

2 Staunton, *An Authentic Account of an Embassy*, vol. 1, p. 243.

3 Macartney, *An Embassy to China*, p. 361, n. 12.

马戛尔尼在写给邓达斯的报告里，曾解释过为什么要在清单中特别交代部分礼品的细节：

> 一份只开列出物品名称的普通清单，并不能提供足够的讯息来说明它们的内在价值，无论怎样去翻译也不可能让人明白。因此，我们另行向中国官员提供一份清单，就是附件五的一份，尝试把几件物品的性质描述出来，以它们的实用性来衡量其价值，甚至把那些显示礼品的精致细节略去。[1]

这段文字中没有提到什么"东方的风格"。不过，斯当东回忆录中有关礼品清单的论述，其实就是来自马戛尔尼这份报告，上引文字几乎一字不漏地出现在斯当东的回忆录里，只是斯当东在后面马上加上要以"东方的风格"书写礼品清单。我们无法肯定这是斯当东自创的，还是从马戛尔尼那边借用过来的。因为马戛尔尼在报告本身没有提及"东方的风格"，但在别的地方确实曾经说过，只要有合适的机会，他便一定会留心"东方的习俗和思想"。[2]

诚然，相对于英国当时绝大部分的外交官员来说，马戛尔尼也许确实是较为熟悉"东方"的——他曾经出使俄国，在圣彼得堡住过三年（1764—1767）；另外，还在 1780 年又被委任为印度马特拉斯（Madras）的总督，任期长达五年之久。[3] 在出发以前，

---

1 Macartney to Dundas, near Han-chou-fou, 9 November 1793, IOR/G/12/92, p. 45.

2 Macartney, *An Embassy to China*, p. 122.

3 关于马戛尔尼的生平及公职，可参见 John Barrow, *Some Account of the Public Life and a Selection from the Unpublished Writings of the Earl of Macartney*, 2 vols。

他曾大量阅读有关中国的著述，以致学者们认为他是出使中国最合适的人选。[1] 然而，无论俄国还是印度，其实都跟中国很不一样，而他和使团其他成员来到中国后，大都认为早期传教士们对中国的书写及描述不太准确，倒是东印度公司成员詹姆斯·科布（James Cobb）在 1792 年所撰写的《略述中国及过去之遣华使团》（"Sketches Respecting China and the Embassies Sent Thither"）最为相关。[2] 那么，马戛尔尼对"东方"的认知是从何而来？当中的理解可有问题？另一方面，如果我们从他的日志后面所附的"有关中国的观察"看，他的不少观察颇为准确，但那些都是在他来过中国后才写成的。作为一位学识渊博、经验丰富的外交家，他在华期间能够敏锐地作出不少准确的观察，这是很有可能的；然而礼品清单是在较早前他还没有踏上中国土地时写成的，那时他对中国的理解还是来自西方世界，所谓的"东方的风格"或"东方的习俗和思想"，也很可能是有问题的。

何伟亚曾对马戛尔尼当时的"东方的习俗和思想"有过这样的解说：

> 这种看法是基于一种普遍的信念，即亚洲朝廷和"东方的酒色之徒"（康德的离奇用语）喜爱华丽、壮观和熬费苦心的炫耀，以及中国的东方朝廷正是基于"外在的"表象来判断人们的。[3]

1 Cranmer-Byng, "Introduction," in Macartney, *An Embassy to China*, p. 21.

2 "Sketches respecting China and the Embassies Sent Thither, Drawn up by Mr. Cobb of the East India House, Secretary's Officer 1792," IOR/G/12/20, pp. 75–185.

3 〔美〕何伟亚：《从东方的习俗与观念的角度看：英国首次赴华使团的计划与执行》，张芝联主编：《中英通使二百周年学术讨论会论文集》，第 85 页。

他还以马戛尔尼在热河觐见乾隆时刻意打扮的衣饰，以及礼品中最昂贵的天体仪的精心装饰，来说明这种炫耀外在表象的思想。[1] 这论点是准确的，因为马戛尔尼的确很注重外在表象的炫耀。无论是马戛尔尼自己还是斯当东，他们都曾经在回忆录里详细描述在觐见乾隆时怎样悉心考虑服饰，更把服饰细节一一记下，例如马戛尔尼不单记下自己当天穿了天鹅绒官服，外面罩上缀有钻石宝星及徽章的巴思骑士外衣，还记录了副使斯当东也穿上天鹅绒服，外加丝质的牛津大学法学博士袍，并在日志里解释要详细记录服饰的原因——那是因为他要显示他时常留心"东方的风俗和思想"。[2] 同样地，斯当东在回忆录里也细致地描写他们二人在觐见乾隆时所穿的服饰，而且也提出相近的理由。他明确地指出，由于中国是一个讲求外表的国度，这思想充分反映在服饰衣着上，因此，"关注中国的思想和仪态，让我们审慎地选择衣着"。[3] 应该同意，重视外表服饰也的确符合古代"中国的思想"，汉代贾谊（前 200—前 168）即有"贵贱有级，服位有等……天下见其服而知贵贱"的说法。[4] 值得一提的是：在使团离开北京后，贺清泰曾向英国人提出，这次使团成员服饰太朴素，让中国人对英国留下不好的印象，因为在中国人眼里，朴素的衣服代表贫穷或不尊重。不过，贺清泰所指的大概是使团成员平日的服饰，因为贺清泰并没有到热河参与马戛尔尼觐见乾隆的仪式，不知道马戛尔尼与斯当东在这场合刻意穿

1　〔美〕何伟亚：《从东方的习俗与观念的角度看：英国首次赴华使团的计划与执行》，张芝联主编：《中英通使二百周年学术讨论会论文集》，第 85 页。

2　Macartney, *An Embassy to China*, p. 122.

3　Staunton, *An Authentic Account of an Embassy*, vol. 2, p. 76.

4　（汉）贾谊：《新书》卷一《服疑》，上海：中华书局，1936 年，第 14 页。

上了隆重的服饰。[1]

不过，注重外表修饰，与向别人炫耀送出的礼品大不相同。佩雷菲特正确地指出，在中国人的送礼文化里，送礼者在谈到自己的礼品时，必须以谦逊的态度去贬低礼品的价值，以免受礼人感到尴尬甚至羞辱。但马戛尔尼的做法刚好相反，他用上一种"自吹自擂"的手法。[2] 佩雷菲特的说法有一定道理。马戛尔尼特别提出不能只开列礼品的名称，要仔细详尽地逐项介绍礼品，以为这样才可以显示礼品的真正价值，这背后的理念就跟他注重外表、刻意打扮一样，造成一种夸张以至炫耀的效果。但跟炫耀衣饰不一样，马戛尔尼夸耀送出的礼品，在中国人眼中就显得傲慢不逊，仿佛在刻意炫耀财富，不但并非真诚地送礼贺寿，甚至是要羞辱朝廷。从这个角度看来，马戛尔尼所做的正好与真正的"东方的风格"相反，是不理解中国送礼文化的表现。相反，尽管清朝一向以"薄来厚往"的原则对待前来朝贡的使团，但对于回赠礼品的描述却极其简略。对这次马戛尔尼使团也没有例外，长长的赏礼清单对物品没有加上片言只字的描述。[3] 二者相比之下，便更显得马戛尔尼的做法是多么不同，甚至很不恰当，很可能会

---

1 A Jesuit at Peking to Mr Raper enclosing a letter written by the Missionary Louis de Poirot dated 18 May 1794 on the Ceremony at Macartney's Reception, in BL IOR MSS EUR F 140/36, quoted from Stevenson, *Britain's Second Embassy to China*, p. 100.

2 Peyrefitte, *The Collision of Two Civilisations*, p. 73.

3 《拟赏英国王物件清单》《酌拟加赏英国王物件清单》《拟随敕书赏英国王物件单》《酌拟赏英吉利国正使清单》《酌拟加赏英吉利国正使清单》《酌拟赏英吉利国副使清单》《酌拟加赏英吉利国副使清单》等，《英使马戛尔尼访华档案史料汇编》，第96—105页。当然，这比较也不一定恰当，因为这些赏赐清单是供清廷内部使用的，并不是要向使团说明什么内容，因此没有需要作任何解说。

刺痛高傲的乾隆。

但英国人原来又的确希望通过这些礼品来向清廷及乾隆展现英国的实力和地位。马戛尔尼在清单上对各礼品逐一进行详细描述，目的就是要更好地说明这些物品的功能和价值，从而展示英国的实力，毫无疑问包含刻意炫耀的成分。换言之，礼品清单里炫耀的效果，正是马戛尔尼所追求和刻意营造的，跟是不是"东方的风格"没有什么关系，甚至跟他们对中国送礼文化有多少理解也没有很大的关系，因为即使他们知道中国人不喜欢别人炫耀送赠的礼品，也不一定多加理会，否则他们便无法达到原来的目的。事实上，使团成员对于中国的送礼文化不能说是全不知晓，最少他们是关注的。例如，斯当东在回忆录中便向读者解释过，在中国上下级官员之间是会互送礼品的，但上级送下级的礼物是属于"赐予"（donations），下级官员送礼品给上级则会叫作"呈献"（offerings）；他也清楚地知道当时中国是以上级给下级赐送礼物的方式来跟其他国家往来的。[1]

上文已指出，清廷通过百灵来信的中译本，认定英国人已表明这次送呈的"贡物极大极好"，[2] 以致对他们的礼品抱有很高的期待。不过，这并没有马上造成严重的问题，因为那时候朝廷还没有见到礼品或礼品清单，不可能有什么判断。事实上，乾隆最初是十分愿意配合甚至迁就的，除准许他们从天津登岸外，即使在使团抵达天津后仍然发出上谕，指示天津盐政征瑞"自应顺其所请"，[3] 又

---

1 Staunton, *An Authentic Account of an Embassy*, vol. 2, p. 80.
2《译出英吉利国字样原禀》，《英使马戛尔尼访华档案史料汇编》，第217页。
3《和珅等字寄梁肯堂等奉上谕指示接待英贡使机宜》，同上，第117页。

责成款待远人之道，要加倍留心，不亢不卑。[1] 不过，就在发出这样的一道上谕后的第二天（1793 年 8 月 6 日，乾隆五十八年六月三十日），乾隆接到征瑞送来"英吉利贡单"后，态度完全改变，并马上向直隶总督梁肯堂及征瑞发出新的上谕，对英国人作出措辞相当强硬的批评：

> 又阅译出单内所载物件，俱不免张大其词，此盖由夷性见小，自为独得之秘，以夸炫其制造之精奇。[2]

上谕更指令梁肯堂等在闲谈中向使团表示所贡物品"天朝原亦有之"，好让他们"不致居奇自炫"。[3] 三天后，乾隆又发上谕，再一次说"贡使张大其词，以自炫其奇巧"。[4] 这可以说是马戛尔尼使团访华事件的转捩点，马戛尔尼所呈上的礼品清单正是关键所在，因为乾隆就是在读到礼品清单后才产生很大的不满。然而，讽刺的是，马戛尔尼并不知道这份礼品清单已经开罪乾隆，相反，不知道他是从哪里得来错误的讯息，还是自己一厢情愿的想象，甚至故意伪造，他在向邓达斯提交报告时，竟然说这份清单给皇帝"留下我们所能期望最满意的印象"。[5] 这是绝对不准确的。

不过，与其说马戛尔尼的礼品清单触怒乾隆，不如更准确地

---

1 《和珅字寄梁肯堂等奉上谕着奏接见英贡使行礼情形并定赴热河日期》，同上，第 118 页。

2 《和珅字寄梁肯堂奉上谕着筵宴后仍回河工并饬称英使为贡使及赏其米石》，同上，第 120 页。

3 同上。

4 《和珅字寄梁肯堂等奉上谕着征瑞询明大件贡物安装情形具奏候旨遵行》，同上，第 125 页。

5 Macartney to Dundas, near Han-chou-fu, 9 November 1793, IOR/G/12/92, p. 45.

说是清单的中译本触怒了他，因为他所读到的毫无疑问只能是清单的中译本，马戛尔尼自己所撰的礼品清单，乾隆是不可能阅读的。那么，究竟清单中译本的描述出了什么问题，惹来乾隆的不满，认为英国人"张大其词"？这是来自翻译的问题，还是原清单就是这样，翻译只不过准确地把这些讯息传递出来？要回答这个问题，我们就要对清单的英文原本和中文译本做仔细的文本阅读和对比。

三

从内容上看，使团原来的礼品清单由三个部分构成，前面是引言，接着是各项礼品的介绍，最后是提出要求，希望朝廷能提供足够的运输器材及场地。不过，在《汇编》所见清宫档案的译文中，马戛尔尼原来的礼品清单被分拆成为两份文书，前面的引言和后面提出要求的部分被合并成为一道独立的禀文，[1] 罗列各件礼品的清单的正文部分，另外以《清单译稿》为题入档。[2] 这分拆是出自中方官员之手，因为无论拉丁文译本还是使团原来的中译本都没有这样处理，而是完全依照英文本，由三部分组成。为什么中国官员要这样处理？从效果来说，把前言和要求部分以独立禀文的形式处理，能让人觉得使团处于较低下的位置，从下呈上，谦逊地向朝廷提出请求，希望得到恩赐批准，提供一些额外的好处。但在原来的译本里，使团的要求紧接在对礼品的描述之后，

---

[1]《英贡使为奉差遣进贡请赏宽大房屋安装贡品并赏居住房屋的禀文译稿》，《英使马戛尔尼访华档案史料汇编》，第 121 页。

[2]《红毛英吉利国王谨进天朝大皇帝贡件清单》，《英使马戛尔尼访华档案史料汇编》，第 121—124 页。

显示了截然不同的态度：我们送来这许多贵重的礼品，你们要好好重视和珍惜，提供足够的地方，做好接待的工作。由此可见，中国官员的改动呈现出一种政治的态度和讯息。事实上，在入档的清单中译本里还有其他关键性的改动，着意改变原来使团的定位及原文所表达的两国高下位置，具有非常重大的政治意义。

应该说，马戛尔尼原来的英文礼品清单写得很有技巧：一方面对乾隆及中国推崇备至；另一方面又没有自贬身份，更经常在字里行间流露出大英帝国尊崇的优越感。

先看引言部分。马戛尔尼在原来的清单上先来一段十分客套的开场白，表明这次英国特意挑选最出色的使者，远道到中国来，是因为英国国王要对中国皇帝表达崇高的敬意及尊重（"to testify his high esteem and veneration for His Imperial Majesty of China"）。至于这位使者所带来的礼物，他一方面说那是一些可以让一名睿智及独具慧眼的帝王感到值得接受的礼物〔(the presents) "should be worthy the acceptance of such a wise and discerning Monarch"〕，另一方面又说在拥有无数财富珍宝的皇帝面前，这些礼品无论在数量及价值方面都显得微不足道（"Neither their Number nor their cost could be of any consideration before the Imperial Throne abounding with wealth and Treasures of every kind"）。[1] 这的确写得客气而得体，对乾隆的赞誉大概会让乾隆感到高兴，但同时又能清楚地说明礼品很有分量，配得上乾隆崇高的地位。即使从中国传统的送礼文化来看，也不应该会触怒乾隆。不过，在谈到选择礼品时，马戛尔尼却带出另外的一个问题：

---

1 "Catalogue of Presents," IOR/G/12/92, p. 155.

因此，英国国王谨慎地选择一些足以表明欧洲在科学以及艺术上的发展，能够向尊贵的中国皇帝提供一些信息的礼品，又或是一些实际有用的东西；我们的用心，而不是礼品本身，才是君主之间〔交往〕的价值所在。[1]

His Britannic Majesty has been therefore careful to select only such articles as may denote the progress of Science and of the Arts in Europe and which may convey some kind of information to the exalted mind of His Imperial Majesty or such others as may be practically useful. The intent not the presents themselves is of value between Sovereigns. [2]

从英文写作的角度看来，这段文字风格堂皇，展露出居高临下的优越感。虽然不能排除这是国书体裁特有的风格，但如果直接传递到中文译本去，以乾隆的世界观和政治文化观来说，肯定是无法接受的。更敏感的是这段文字的潜台词，强烈地暗示乾隆不知晓欧洲国家在科学和艺术上的发展，需要由英国人通过赠送礼物把新的资讯传达给他。另外，最后的"君主之间"（between Sovereigns）的问题可能更大，因为这就是把英国国

---

1 这是笔者的翻译。较多人读到的中译本来自叶笃义翻译的斯当东《英使谒见乾隆纪实》中所征引的部分："英国国王陛下为了向中国皇帝陛下表达其崇高的敬意，特从他的最优秀卓异的臣属中遴选出一位特使万里迢迢前来觐见。礼品的选择自不能不力求郑重以使其适应于这样一个崇高的使命。贵国地大物博，无所不有，任何贵重礼品在贵国看来自都不足称为珍奇。一切华而不实的奇巧物品更不应拿来充当这样隆重使命的礼物。英国国王陛下经过慎重考虑之后，只精选一些能够代表欧洲现代科学技术进展情况及确有实用价值的物品作为向中国皇帝呈献的礼物。两个国家皇帝之间的交往，礼物所代表的意义远比礼物本身更足珍贵。"〔英〕斯当东著，叶笃义译：《英使谒见乾隆纪实》，第 210—211 页。这译文比较"通顺"，但意义上的歧异很大。

2 "Catalogue of Presents," IOR/G/12/92, pp. 155 - 156.

王跟乾隆皇帝置于平等交往的位置，而这点是乾隆完全无法接受的。

那么，使团准备的中译本有没有准确传递相同的讯息？这段开场白是译成这样的：

> 红毛嗌咭唎国王欲显明他的诚心贵重及尊敬
> 中国大皇帝无穷之仁德，自其远邦遣钦差来朝拜叩祝
> 万岁金安，犹如特选极贵之王亲为其钦差大臣以办理此务，
>   亦然愿欲寄来奉
> 上以最好至妙之礼物，方可仰望
> 万岁大国明君欢喜收之。盖思及 天朝中外一统，富有四海，内地物产蒲被各类宝藏，若献以金银宝石等项无足为奇，是故红毛国王专心用工简〔拣〕选数样于本国出名之器具，其能显明大西洋人之格物穷理及其本事今也何如，亦能与 天朝有用处并有利益也。王奉献此礼者虔祈
> 大皇帝勿厌其物轻，惟视其意重是幸。[1]

客观来说，如果我们先撇开当中乾隆所不能接受的两个词语——"钦差"和"礼物"，整段文字算是写得十分客套，甚至近于谦卑，"天朝""大皇帝""万岁"，以至"无穷之仁德""中外一统，富有四海"等称谓和用语，都应该可以让乾隆感到满意，而"诚心贵重及尊敬""朝拜叩祝""仰望""奉上""奉献""祈

1 "George Thomas Staunton Chinese Letters and Documents," vol. 1, doc. 2, Royal Asiatic Society of Great Britain and Ireland.

虐"等就是把自己置于下方，原文所要表达的平等地位也消失了，中英两国地位明显有所区别。就是上文提过敏感的部分——可能暗示乾隆对西方科学及文艺发展全不知晓——这里也轻轻带过，只说这些礼品可以"显明大西洋人之格物穷理及其本事今也何如"，并可能对天朝有些用处（"亦能与天朝有用处并有利益也"），却没有直接指向"大皇帝"。译文中也有稍为自夸的说法，例如"极贵之王亲""最好至妙之礼物""显明大西洋人之格物穷理及其本事"等，但不算很过分或突兀。整体而言，乾隆应该是可以接受这段文字的。因此，现在所见清宫档案中的修改本很大程度上只作文字上的修饰，没有什么严重的改动。不过，从马戛尔尼的角度来看，这样的译文便很有问题，因为它既不能展现中英地位平等的理念，也无法让英使团炫耀他们带来的礼品是何等优越。

更关键的是在这份礼品清单中所见到的"钦差"和"礼物"。在上引使团清单中译本的一段开场白里，我们见到"钦差"和"钦差大臣"，也有"礼物"和"礼"。

上文说过，乾隆接到征瑞送来"英吉利贡单"后，当天（乾隆五十八年六月三十日）即马上向梁肯堂及征瑞发出上谕，批评英国人"自炫其奇巧"。不过，在这份礼物清单里，乾隆还看出另一个问题，在同一份上谕中提出并要求更正：

> 又阅单内有遣钦差来朝等语。该国遣使入贡，安得谓之钦差，此不过该通事仿效天朝称呼，自尊其使臣之词，原不必与之计较，但恐照料委员人等识见卑鄙，不知轻重，亦称该使为钦差，此大不可。着征瑞预为饬知，无论该国正副使

271

臣总称为贡使，以符体制。[1]

这里透露一个重要讯息：原来使团送过来的礼品清单中有"钦差"的说法，乾隆对此非常不满，明确指令更改；[2] 因此，在清宫档案中的使团禀文和礼品清单中都不见有"钦差"一词，就是因为乾隆正式下旨，明令要把马戛尔尼及斯当东称为"贡使"。然而，在小斯当东所藏使团自己提供的礼品清单中文本里，"钦差"一词不只出现在开场白，通篇共出现十次，但在清宫档案里被改为"贡差"或"贡使"，前者出现八次，后者出现一次，另外一处被删掉。征瑞的另一道奏折已明确承认他们对礼品清单进行修改：

再该贡使自海口进来，内地官民无不指为红毛贡使，并无称为钦差者，其贡单抄存底稿亦俱改正，外间并未流传。[3]

这里是说礼品清单中译本的底稿也改了，就是要彻底地删除"钦差"，难怪现在只能在一份较早的奏折中见到转引原来礼品清单有"钦差"的说法，[4] 清宫档案的其他地方都再没有出现。

对于乾隆来说，这改动是重要和必须的。在发出上引上谕的同一天，军机处又发上谕，除重申必须把"钦差"改为"贡使"外，更清楚地解释其中的原因：

1 《和珅字寄梁肯堂奉上谕着筵宴后仍回河工并饬称英使为贡使及赏其米石》，《英使马戛尔尼访华档案史料汇编》，第120页。
2 另外，"随手档"中的《札征瑞一件》也有指示："该国贡单内记有钦差字样，俱改为贡差敬差等由。"同上，第256页。
3 《长芦盐政征瑞覆奏遵旨询明英贡使各件缘由折》，同上，第368页。
4 《奏为查英使并非王亲实为该国亲信之臣并贡物拟水路运通州再行起旱》，同上，第124页。该奏折有"查英吉利国通事译出贡单内称自其远邦遣钦差来朝，犹如特选极贵之王亲为其钦差大臣"等语。

　　此项贡单称使臣为钦差，自系该国通事或雇觅指引海道人等，见中国所派出差大臣俱称钦差，因而仿效称谓。此时原不值与之计较，但流传日久，几以嘆咭唎与天朝均敌，于体制殊有关系，征瑞等不可不知也。[1]

在这两道上谕中，乾隆强调的是体制问题。在乾隆所认知的体制里，英国不可以"与天朝均敌"，就是不能让英国人以平等地位跟中国建立外交关系。乾隆要确立和维持的就是中国作为天朝大国，高于其他国家的地位，中国皇帝特命去外地办事的大臣可以称为"钦差"，其他国家不可以。我们不在这里讨论这种思想是否"正确"，但这已充分显示乾隆具备非常敏锐的政治触角，他采取的态度有重大的政治意义，要求严防英国人达到"与天朝均敌"的目的。[2]

　　我们不能确定负责翻译礼品清单的使团译员怎样去理解"钦差"一词。对于两名在十余岁便离开中国，一直在意大利学习天主教宣道的传教士来说，"钦差"是否隐含两国地位平等的意思，这也许是太复杂了。但"钦差"的确是这次英国使团所送来的中文文书中的表述方式。在另一份重要的文书——英国国王乔治三世致乾隆国书英方带来的中译本，马戛尔尼的身份是"一等钦

　　1《六月三十日军机处给征瑞札》，《掌故丛编》，第 62 页。
　　2 沈艾娣说，乾隆清楚地认定马戛尔尼是贡使，但当他见到使团没有用这说法时，认为是译者的责任，决定不加追究（"chose not to make an issue of it."）。Harrison, *The Perils of Interpreting*, p. 106。这明显是错误的。乾隆的确认为这是出于通事的翻译（"不过该通事仿效天朝称呼，自尊其使臣之词"），不过，他接着说的是"原不必与之计较"，也就是要与之计较，而且也马上明确下旨全面禁止使团使用"钦差"，"该国正副使臣总称为贡使"。《和珅字寄梁肯堂奉上谕着筵宴后仍回河工并饬称英使为贡使及赏其米石》，《英使马戛尔尼访华档案史料汇编》，第 120 页。

差"，而副使斯当东就是"二等钦差"，且附上尊贵的描述："我
国王亲大学士二等伯、利撒诺尔世袭一等子、大红带子玻罗尼亚
国红衣大夫、英吉利国丞相、依伯而尼亚国丞相、特授一等钦差
马该尔尼德"和"我朝内臣，世袭男阁学士，前已在阿墨利陝掌
过兵权、理过按察事，及在小西洋第玻苏尔当王前办过钦差事，
今立为二等钦差斯当东。"[1] 此外，收入天津镇总兵苏宁阿所编纂
《乾隆五十八年英吉利入贡始末》的一道《英使臣道谢名帖》也
是以"钦差"和"副钦差"来指称马戛尔尼及斯当东的。[2] 不过，
尽管我们无法肯定使团译员柯宗孝和李自标远在伦敦翻译国书时
会否像乾隆那样，认定使用"钦差"就足以"与天朝均敌"，但
英国这次遣使来华本来就是要以平等的地位来建立两国的外交关
系，这在使团国书里表现得最为清楚明确。因此，乾隆要求把礼
品清单里的"钦差"删除，就是要及早遏止英国人的行动。

　　同样指向这目标的还有把原来清单中的"礼物"改为"贡
物"。在上谕中，乾隆提出"该国遣使入贡，安得谓之钦差"的
说法，这除了禁止马戛尔尼使用"钦差"的身份外，更确定了他
们的性质为朝贡使团。这问题也出现在礼品清单的翻译上。对英
国人来说，这次所带来送与乾隆的都是"礼物"（presents），因此
在英国人所准备的清单中译本自然而然用的就是"礼物"，而且出
现次数频繁，共 24 次，但在军机处入档的两份文书中，大部分的
"礼物"都被删除，只保留了两处，而其余两处改为"贡物"或
"贡件"。

　　然而，即使我们说使团译员使用"钦差"一词，也许不一定

---

1 FO 1048/1。详细的讨论见《国书篇》。

2 《英使臣道谢名帖》，《乾隆五十八年英吉利入贡始末》，《英使马戛尔尼访
华档案史料汇编》，第 597 页。

理解当中的政治意义，但"礼物"的情况便很不一样，使团译员是清楚知道使用"贡物"的政治意义，且刻意回避的。马戛尔尼的日志里记有，李自标主动地跟中国官员争拗究竟马戛尔尼带来送给清廷的是"礼品"还是"贡品"的事件。1793 年 8 月 24 日，李自标阻止中国工匠拆卸使团带来的一些非常精巧的物品，他的理由是在还没有正式呈送皇帝前，礼品仍归英国人管理，但负责接待使团的长芦盐政征瑞则认为这是呈献皇帝的贡物，不再属于英国人。李自标为此跟征瑞争论起来，他坚持那些是礼物，不是贡品。[1] 此外，马戛尔尼和斯当东都知道所有载运使团人员和货品的船只和礼物上都插上了写着"嘆咭唎国贡舡"和"嘆咭唎国贡物"的旗子。[2] 显然，这消息的来源一定是译员李自标，因为他们二人都不懂中文。李自标能够跟中国官员争论，且着意告诉马戛尔尼，足以显示他对朝贡的意义是理解的，且在意识上是要回避与朝贡相关的字词。这样，使团送来的礼品清单中译本用"礼物"而不用"贡物"，就是刻意地告诉清廷，英国使团不是来朝贡的；而中国官员所作的删改，便有很强的针对性了。

从这个角度去入手，我们可以看到乾隆对英国人的批评的另一层意义。在乾隆眼里，"红毛英吉利"只不过是一个远方蕞尔小国，这次派遣使臣过来朝贡贺寿，却在礼品清单里出言不逊，以"钦差"自称，并避用"朝贡""贡品"等说法，就是尝试要"与天朝均敌"，那不就是"夷性见小""张大其词"的一种表现吗？

1　Macartney, *An Embassy to China*, p. 97.

2　Ibid., Staunton, *An Authentic Account of an Embassy*, vol. 2, pp. 25–26.

四

　　除了"钦差"和"礼品"这两个关键词外，两份礼品清单的中译本又有什么其他不同？原来中译本的其他部分又怎样惹来乾隆的不满，让他觉得英国人"张大其词"？

　　首先，一个很容易注意到的现象，是礼品清单中英文本开列的礼品数目并不相同。在东印度公司档案礼品清单的英文本中，使团准备好送呈共60件礼品，可是，使团中文礼品清单最后一项是"第拾玖样的礼物"，数目看来相差很远，译文似乎很不完整。为什么会这样？是删减了礼品吗？什么被删掉了？其实，译文并没有做大刀阔斧的删减，而是把一些礼品组合起来，以致只列出19件礼品，例如译本"第拾玖样的礼物"的介绍是"包含一总杂货，红毛本国之物产及各样手工，就是哆啰呢羽纱及别样毛货、各等细洋布及样样钢铁器具，共献于大皇帝尽收"，所指的并不是一件物品。这样的组合方法不能说很不妥当，因为原来英文版的礼品清单，有时候也会把好几种礼品归纳在一起介绍。事实上，仔细点算，中译本的所谓19件礼品，其实是能够跟英文本的组合对应起来的，因为马戛尔尼在介绍礼品时也把它们分成19组。换言之，译文并没有删减礼品的数目，只是把19组的礼品写成19件。不过，在整体效果方面，二者就有很大的差别。最重要的分别是英文清单虽然也作组合，但在把礼品组合在一起时，它还是说明了礼品的数目，例如其中的一组是第19至39项人物及风景画像，而最后一条则是第49至60项；也就是说，尽管原来的清单也没有对60件礼品逐一介绍，甚至没有把全部礼品的名称逐一开列出来，但明确说明使团共带来60件礼品，数目不算很少。这样的表述方式也见于拉丁文本，同样表明使团带来 60 份礼品。但中文译本却把原来的一组礼品翻译成为一件礼品，例如：原清单中第 19 至 39 项共 21 件礼品，被译成"第十件杂样印画图像"；而译文最后的一项列作"第十九件"，本来是要对应原清单的第 49 至 60 项共 12 件礼品，中译本却让人以为只有一件。译者试图加入额外的讯息，在一些组合数目后加上"等"，例如"第五样等礼物""第九件等礼物""第十等礼物"，除显得很生硬外，最主要的问题是没有说明礼品的总数。结果，虽然英国人原来带来 60 件礼品，但乾隆看来便只有 19 件。这样的改动效果很不理想，让中译本的礼品清单显得十分寒酸，这显然是使团译者思虑不周的地方。相比之下，清宫档案版本的问题更严重：在抄写过程中，"等"字全部被删掉，就变成英国人只送来 19 件礼品，虽然里面的描述仍显示所谓一件礼品实际包含多件礼品。[1] 此外，在一份以和珅名义奏报马戛尔尼在热河觐见乾隆的礼仪单里，也同样写着"英吉利国恭进贡品十九件"，[2] 就是确定使团只带来 19 件礼品而已。[3]

　　既然数目不多，为什么乾隆觉得英国人在张大其词？问题主要出在有关这 19 件礼品的描述方面。上文多次强调，马戛尔尼在挑选礼品时一个明确的考虑因素是要借助礼品来展示英国的实力，好让乾隆留下深刻的印象；那么，礼品清单便不可避免地包含了

<hr>

1 《红毛英吉利国王谨进天朝大皇帝贡件清单》，《英使马戛尔尼访华档案史料汇编》，第 121—124 页。

2 "George Thomas Staunton Chinese Letters and Documents," Royal Asiatic Society of Great Britain and Ireland, vol. 1, doc. 5.

3 不过，收在清宫"外务部档案"的"觐事备查"中却有《乾隆五十八年英遣使马戛尔尼入贡计二十九种》，数目与中英文礼品清单都不同。《英使马戛尔尼访华档案史料汇编》，第 579 页。

刻意炫耀的成分，甚至更准确地说，马戛尔尼的目的就是要通过对部分礼品的详细描述，强调它们的优点和功用，从而炫耀英国的国力。

在众多领域中，马戛尔尼最急切地想要炫耀的是西方的科学知识，尤以天文学为甚。这是不难理解的，自明末天主教传教士来华以后，人们普遍认同西方的天文学水平高于中国。马戛尔尼在日志后面所附的《对中国的观察》中的《艺术与科学》一节里，便斩钉截铁地说"在科学方面，中国人肯定远远落后于欧洲"，更说中国天文方面的知识极其有限，他们观测星象只不过是为了安排祭祀仪式的日期，祈求国泰民安，但实际上连月食的日期也不懂得测算。此外，他又清楚地知道自明末以来，西方天主传教教士一直凭借天文知识为朝廷所用，甚至垄断钦天监的职位，只是今天担任这些职位的葡萄牙传教士并不高明，中国朝廷的天文知识就更显落后。[1] 就是在这样的理解下，马戛尔尼特别挑选贵重的天文物品，并在礼品清单上详加描述，专门以独立的段落明确提出关注天文学科的重要性：

> 由于天文研究不只对完善地理及航海的准确性至为有用，且跟一些重大的事物相关，因此它能提升心智，值得各国君主深入思考，也一直为中国皇帝所关注。

As the Study of Astronomy is not only essentially useful towards the perfection of Geography and Navigation, but from the greatness of the objects to which it relates, it elevates the mind and thus is worthy of the contemplation of Sovereigns, and has

---

1 Macartney, *An Embassy to China*, pp. 264 – 266.

always attracted the notice of His Imperial Majesty. [1]

马戛尔尼在这里轻轻地带出中国皇帝也关注天文学，但整体而言，这段文字写得很直率，带着指导的口气来解说天文知识的重要性，且强调其他国家君主的重视。这也很可能引起乾隆的不满。不过，这整段文字在现存两份礼品清单中译本里都是不存在的。很可能是马戛尔尼在使团出发后、购入望远镜时临时加进去的，但后来在整理中译时没有补译，这样，马戛尔尼刻意向乾隆阐述天文知识重要性的一片苦心便完全白费。

礼品清单中译本所共开列的 19 件礼品中，6 件与天文有关，[2] 每件的描述详略不一。对马戛尔尼来说，最重要的是礼品清单上的第一件礼品"Planetarium"，拉丁文本作"Plantarum"，今天一般的中译名是"天体仪"或"天体运行仪"，在马戛尔尼所呈送的礼物中，这座天体仪是最为贵重的。据考证，使团所携带的天体仪，是由符腾堡（Württemberg）著名仪器工匠菲利普·马特乌斯·哈恩（Philipp Matthäus Hahn, 1739—1790）花了 30 年时间制造的，又被称为"哈氏天体仪"（the Hahn Weltmaschine），[3] 东印度公司以 600 英镑购下，然后再交英国钟表匠弗朗索瓦·贾斯汀·武利亚米（François-Justin Vulliamy）加上华丽的装饰，单是这加工费用便高达 656.13 英镑，另外又从亨利·拉巴特（Henry

---

1 "Catalogue of Presents," IOR/G/12/92, p. 159.

2 具体数目是超过 6 件的，因为清宫档案的礼品清单在描述完第一件礼品之后，还有另一"同此单相连别的一样稀见架子，名曰来复来柯督尔"，一座反射式望远镜；另外，第五件实为十一件用作"测定时候及指引月色之变，可先知将来天气如何"的十一盒"杂样器具"。

3 参见 Cranmer-Byng and Levere, "A Case Study of Cultural Collision," p. 511；常修铭：《马戛尔尼使节团的科学任务》，第 36 页。

Labbart）处购入价值 6.06 镑的新旋盘（"a new dial"），使这件礼品总值增至 1 262.19 英镑。[1] 这的确是一个很高的价钱，甚至比盛载英国国王国书的镶钻石金盒子贵一倍。[2] 因此，马戛尔尼对这件礼品极为重视，在清单中以超过 350 字来作介绍，另外再加上一段约 150 字的注脚，颇为详细地说明天体仪的构造和功能，还更刻意地补入一些科学知识，例如以精密的数学计算标明地球在天际的几个运行位置、月球以非正圆和不规则的轨迹环绕地球运行，甚至还有木星由四个卫星环绕、土星有一个光环和五个卫星等讯息。必须强调，这样的描写应该是马戛尔尼自己加进去的，因为在东印度公司原来的物品清单中有关这个天体仪的说明都没有这些天文知识；而且，如果从一般介绍礼品的角度来说，这些具体的天文知识是没有必要的。

至于天体仪本身，马戛尔尼更用上非常夸张的言语来加以描述，说那是"欧洲从未有过的天文科学及机械艺术的最高结合"（"the utmost effort of astronomical science and mechanic art combined together, that was ever made in Europe"），又说在整个欧洲再也找不到这样的器械（"No such Machine remains behind in Europe"），这的确难免让人有"夸大其辞"的感觉。不过，里面也有对乾隆

---

1 "List of Presents, etc., Consigned to the Care of His Excellency Lord Macartney, Dated September 8, 1792," *An Important Collection*, vol. 5, doc. 225, CWCCU。克兰默-宾和莱弗里其总价值为 1 256.13 英镑，是没有把新旋盘的价值算在内。Cranmer-Byng and Levere, "A Case Study of Cultural Collision," p. 512. 另外，还有一说法指该天体仪总共用去 1 438 英镑。Pritchard, *The Crucial Years*, p. 306。

2 金盒子由 113 盎司、共值 461.10 英镑的黄金制成，镶有 374 颗共 22 克拉（carat）的钻石，价值 184.18 英镑，加上 196 英镑的制作费及其他杂项，整个金盒子的价值为 885.2 英镑。"List of Presents Carried by Colonel Charles Cathcart to the Emperor of China, 1787," *An Important Collection*, vol. 8, doc. 343, CWCCU。

奉承的说法："在今后的一千多年里，它将是标志大皇帝德行远照世界最偏远地区的一座纪念碑。"（"for above a thousand years it will be a monument of the respect in which the virtues of His Imperial Majesty are held in the remotest parts of the World."）[1] 说来颇为得体。

然而，礼品清单中译本对这件他们标为"头件礼物"的天文器材，是怎样描述的？

> 壹座大架仔，西音布蜡尼大利翁，乃天上日月星宿及地裘〔球〕之全图，其上之地裘〔球〕照其分量是小小的，其日月星辰同地裘〔球〕之像自能行动，效法天地之转运十分相似。依天文地理之规矩几时该遇着日失、月失及星辰之失，俱显现于架上，亦有年月日期之指引及时钟可观。[2]

首先在译名方面已出现严重的问题。"大架仔"是什么意思？会让人觉得这是一件有价值的礼品吗？从这名字看，就连它是一座天文器材的最基本讯息也未能传递出来；接着配以拉丁文的音译"布蜡尼大利翁"，更让人摸不着头脑，乾隆和中国官员只能通过后面一些描述才能大约理解这件礼品与天文有关，但最多只会理解为一种刻画星体位置的天文星宿图或仪架，而它本来最可能引起关注的功能——显示日食、月食，却被写成"日失、月失及星辰之失"，便变得不容易理解，也让人怀疑其真实性。此外，整段描述都没有展示什么天文知识和科学思想，原文里的月球、土星、

1 "Catalogue of Presents," IOR/G/12/92, pp. 156–157.

2 "George Thomas Staunton Chinese Letters and Documents," Royal Asiatic Society of Great Britain and Ireland, vol. 1, doc. 2.

木星全不见了，简化为"日月星辰同地球"；整段描述中的赞美语句："斯大架因聪明天文生年久用心推想而造成，从古迄今尚没有如是，其巧妙甚大，其利益甚多，故于普大西洋为上顶贵器，理应献于大皇帝收用。"写得颇为夸张，但整个描述显得空泛和浮夸，未能具体或明确地说出它的好处在哪里，究竟它是怎样巧妙，又能带来什么利益？虽然当中仍然表达了向乾隆送呈好东西的意思，但略去原文有关大皇帝德行的奉承言辞，重点还是在夸耀西方的优点，惹来乾隆的不满也是很可能了。

军机处的改写首先便把"大架仔"删掉，以西洋语"布蜡尼大利翁"的音译作为礼品的名称，这当然是不理想的，但最少不会让人觉得这是一件毫无价值的"大架仔"；接着是把"日失、月失及星辰之失"改为"何时应遇日食、月食及星辰之愆，俱显著于架上"，它的功能便较清晰了。不过，其余部分也只能从文字上稍作修饰，"聪明天文生"改为"通晓天文生"、"从古迄今尚没有如是"改为"从古迄今所未有"、"巧妙甚大"改为"巧妙独绝"、"上顶贵器"改为"上等器物"等，但整段解说仍然内容空洞，未能展示什么天文知识和科学思想。这是因为送过来的清单本身的讯息太少，根本无从补充。[1]

作为礼品清单上开列的第一件物品，布蜡尼大利翁肯定会引起乾隆的注意，尤其是在其后的奏折中不断地出现怎样去装配这庞大而复杂的仪器的讨论，更让它成为焦点，但礼品清单中文本

---

[1] 常修铭说从礼品清单的描述可知"天体仪主要是用来阐释牛顿学说中的宇宙运动方式，并可利用机械力自行运转的科学仪"。这应该是以今天的天文知识去理解清单中的描述，认为这部天体仪可用来阐释牛顿学说，但乾隆本人以至朝廷上下实在难以通过礼品清单中译本的描述就能明白天体仪的运作原理，更不要说理解牛顿学说。常修铭：《马戛尔尼使节团的科学任务》，第 36 页。

对这项最重要礼品所作的描述只会造成负面的效果。有一点值得
注意：在其后的相关文书档案里（除了乾隆以略带戏谑的语调将
这古怪名字入诗外，下详），我们再见不到"大架仔"或"布蜡
尼大利翁"的名称，取而代之的是"天文地理音乐表"[1]、"天文
地理音乐大表"[2]、"天文地理表"[3]或"天文地理大表"[4]。佩雷
菲特说这是清廷内天主教士所作的改动，[5]这说法并不正确，理由
是把布蜡尼大利翁大架改称为"天文地理音乐表"，几乎是在朝廷
接到礼品清单后便马上出现的。我们知道，马戛尔尼是在1793
年8月2日（乾隆五十八年六月二十六日）在天津外洋"狮子号"
上把清单交给征瑞的，而直隶总督梁肯堂更是在8月4日（六月
二十八日）才把礼物清单呈奏，[6]但"天文地理音乐表"一词在
第二天的8月5日（六月二十九日）的上谕里便已经出现——
这是现在所见到清廷在收到礼品清单后发出的第一道上谕。在
这短短的一两天时间里，天主教士不可能核正清单，更不要说
在那几天所有的奏折或上谕里都不见有提及天主教士的地方。
相反，该份上谕特别提到"又据征瑞奏该国贡物内询有见方一
丈多者名为天文地理音乐表"。[7]由此可见，"天文地理音乐表"
是征瑞在上奏时所用的名称，很可能是他在见到清单上有名叫

1《和珅字寄梁肯堂等奉上谕着征瑞询明大件贡物安装情形具奏候旨遵行》，
《英使马戛尔尼访华档案史料汇编》，第125页。

2《乾隆五十八年英遣使马戛尔尼入贡计二十九种》，同上，第579页。

3《和珅为给英国使臣观看解马技艺选择上好数项遣来即可给北京的信函》，
同上，第131页。

4《奏为查明征瑞接奉传谕安装贡表谕旨及覆奏时间》，同上，第139页。

5 Peyrefitte, *The Collision of Two Civilisations*, p. 76.

6《直隶总督梁肯堂等奏为英贡单已译出汉字先呈览折》，《英使马戛尔尼访
华档案史料汇编》，第356页。

7《和珅字寄梁肯堂等奉上谕着奏接见英贡使不必拘泥遵前旨先行筵宴贡物
送热河》，同上，第119页。

"布蜡尼大利翁大架"的物品，难以理解，经查询后在上奏时作出改动的。

相较于布蜡尼大利翁大架，中国官员的奏折上这些新的名字应该比较好懂，但同样很有问题。虽然这天体仪确实能奏出音乐，[1]但马戛尔尼的整段描述中都没有提及音乐，因为这明显跟他所要强调的天文知识没有关系，"天文地理音乐表"甚至可能让人误以为是玩乐的器具，即所谓的"音乐钟表"（sing-song），反而贬低它的价值。即使后来改用"天文地理表"，其实也是极其空泛、不知所指的。但无论如何，对于"布蜡尼大利翁大架"这样的译法，我们不应对译者过于苛责，因为这样的仪器的确从没有在中国出现过，在翻译时没有可供参照的对象，只能用一种非常简单化（"大架仔"）以及音译（"布蜡尼大利翁"）的手法处理。然而，即使责任不在译者，但从效果上说，这件本来是英使团最贵重，且寄予厚望，以为一定可以打动乾隆的礼品，却因为翻译的问题而无法有效地传达重要讯息，从马戛尔尼的角度看来，这是很不理想的。

不过，这件天体仪在当时也确实引起了朝廷特别的注意。使团总管巴罗在他们刚抵达圆明园，还没有把器材安装起来时便清楚地说到它在中国惹来很多声音。[2]那是不足为奇的，因为英国人在全部有关礼品的往来书函里都特别强调这座天体仪，自然会引起中国人的好奇心。不过，由于礼品清单的中译本未能说清这件物品的真正价值及作用，因此乾隆一直都在追问，后来更派遣时任吏部尚书、曾任工部尚书兼内务府主事的金简到圆明园亲自查

---

1 常修铭：《马戛尔尼使节团的科学任务》，第 37 页。
2 Barrow, *Travels in China*, p. 110.

察、做出报告，可惜的是金简的报告只着重外表，功能方面的描述却是很简单的：

> 此项大表内共分四件，均安于地平木板之上，地平系前圆后方形式，似类楸木成做，地平上中间安设一件，长方形，上安大表盘三堂，系验候年月日时节气分数仪器，左右并列各一件，圆形，系分看日月星辰度数仪器；前面一件圆形系天球仪器。四件内惟中间长方一件，计高九尺八寸，其余各高四五尺不等，地平上四件所占地方周围不过数尺，若连地平一并计算，通高不及一丈，进深面宽亦不过一丈有余，并不甚显高大。[1]

整体来说，相较于礼品清单中译本，金简的报告的确比较详细清晰。不过，当他把描述集中在礼品的外形及大小的时候（金简有他的理由，因为英国人一直强调这件礼品体积很大，要求有足够的空间来安装及展放），它的功能和价值便没有被具体地表述出来；而且，由于乾隆很早便认定马戛尔尼是"张大其词，以自炫其奇巧"，金简也只能顺从主上的意思，多次说"该国使臣自诩奇巧，矜大其词"，"所言原不足信"，后来更说"连日留心，看得大表内轮齿枢纽动转之法并无奇巧，与京师现有钟表做法相同，均早已领会"，[2] 连用词也与上谕一致。这无疑进一步加强乾隆对英使团礼品的看法，以为这座天体运行仪没有什么特别之处，以

---

1 《吏部尚书金简等钦奉谕旨覆奏英贡使进贡物品安装情况折》，《英使马戛尔尼访华档案史料汇编》，第 559—560 页。

2 《吏部尚书金简等奏报大表轮齿收拾完竣派出学匠役太监均能领会片》，同上，第 566—567 页。

致它的价值和效用得不到重视，英国人耗费不菲、花尽心思来购置的第一件物品便完全白费了。

同样地，礼品清单上的第二件物品，译者也未能准确译出它的名称，但这反映的是另外的问题。清单原文中，马戛尔尼本来就没有点出礼品的名字，只说是"另一件有特别用途的天文器械"（"another Astronomical instrument of peculiar use"），[1] 让人难以理解，因为在他出发前，东印度公司交与他处理的物品清单中，明确把这件礼品开列出来：Orrery，William Fraser〔威廉·弗雷泽〕所制造，以 52.10 英镑售与东印度公司，再加以修饰，总共花费 94.14 英镑。[2] 不知为什么马戛尔尼不把名字照录，尤其他在日志中是有提及 orrery 的，[3] 但无论如何，这增加了翻译的困难。使团清单中译本把这件礼品写成"壹座中架"，从名字上不能提供任何提示，而且，相较于第一件礼品"大架仔"，这"中架"显然较小或者价值较低。至于后面的简略描述——"亦是天文理之器具也，以斯架容异〔易〕显明解说清白及指引如何地裹与天上日月星宿一起运动，为学习天文地理者甚有要益矣"，[4] 虽然让我们知道它与天文地理有关，但具体的功能是什么？这段文字是没有说明的。军机处版本把它改写为"坐钟一架"，[5] 也有严重的问题，大概中国官员以为使团把"钟"字错写成"中"字，但改成"坐钟一

---

1 "Catalogue of Presents," IOR/G/12/92, p. 159.

2 "List of Presents, etc. Consigned to the Care of His Excellency Lord Macartney, Dated Sept. 8, 1792," *An Important Collection*, vol. 5, doc. 225, CWCCU.

3 Macartney, *An Embassy to China*, p. 144.

4 "George Thomas Staunton Chinese Letters and Documents," Royal Asiatic Society of Great Britain and Ireland, vol. 1, doc. 2.

5 《红毛英吉利国王谨进天朝大皇帝贡件清单》，《英使马戛尔尼访华档案史料汇编》，第 122 页。

座"后，很容易让人以为它只是一座普通的定时器，不但无法知道它的功能和价值，甚至跟马戛尔尼所要炫耀的天文知识扯不上关系。因此，尽管这"坐钟"在礼品中排列第二，却没有受到注意，几乎没有引起什么评论。

可是，跟 planetarium 不同，清廷其实早在乾隆朝初期便已经藏有 orrery。乾隆十七年十一月十二日（1752 年 12 月 17 日）记有收录西洋物品如下：

> 罗镜三件、西洋银油灯一分（计三件）、显微镜一分、砂漏子八件、天体仪一件、浑天仪一件、表仪一件、西洋蜡三盘、西洋蜡十支、交食仪一件、七政仪一件。[1]

此外，由允禄（1695—1767）等奉旨编纂，乾隆三十一年（1766 年）武英殿刻本出版的《皇朝礼器图式》便记录朝廷藏有两座 orrery，它们当时所采用的正式中文名称分别为"浑天合七政仪"及"七政仪"。《皇朝礼器图式》除有手绘图式外，还各有二百余字按语，讲解结构及功能。[2] 所谓"七政"，其实是指太阳系中金、木、水、火、土、地球、太阳七星；而更关键的一点是：七政仪把太阳置于中心，与康熙朝南怀仁所制浑天仪将地球放在

---

[1]《交西洋器传旨交水法殿着郎世宁看将应用的留用无用的交进》，中国第一历史档案馆编：《清中前期西洋天主教在华活动档案史料》下编，第 4 册第 207 号，北京：中华书局，2003 年，第 184 页。
[2]《皇朝礼器图式》卷三，王云五主编：《四库全书珍本六集》，台北：台湾商务印书馆，1976 年，第 32—35 页。另外，这两座七政仪的照片，见刘潞主编：《清宫西洋仪器》，香港：商务印书馆，1998 年，第 11—13 页。参见常修铭：《马戛尔尼使节团的科学任务》，第 39 页。关于乾隆朝所藏七政仪，可参见刘炳森、马玉良、薄树人、刘金沂：《略谈故宫博物院所藏"七政仪"和"浑天合七政仪"》，《文物》1973 年第 9 期，1973 年 9 月，第 40—44 页。

仪器中心截然不同，是哥白尼（Nicolaus Copernicus，1473—1543）"日心说"理论传入中国的明证，也说明当时中国对西方天文学的理解。[1] 显然，礼品清单的译者并不知道马戛尔尼在清单中所描述的物品就是七政仪，只能根据马戛尔尼对该物品的描述，含混地说"地球与天上日月星宿一起运动"，更不要说采用当时清廷的译法，把这件重要的天文器械译成"七政仪"，最后只写成"坐钟一架"，使团就无法借助这件礼品来展现西方天文学的水准。

不能否认，使团的礼品清单译者的确是缺乏足够的天文知识，以致无法准确详细地解说七政仪的功能，然而，从斯当东千辛万苦才能从意大利找来译员的过程看来，译员不具备天文知识，大概也是不能深责的。可是，清廷对此同样没有弄清楚，未能在登记礼品时将"坐钟一架"更正为"七政仪"，却改成"地理转运全架"，[2] 这显示他们虽然看出"坐钟"的翻译不妥当，但这所谓"地理转运全架"也不能说明物品的真正功能和价值，更把"天文"器材变为"地理"机械，令问题变得更复杂、更难以理解。不过，这并不是说清廷上下全不认识这件物品，因为金简在见到使团带来的七政仪后，便向乾隆报告景福宫藏有相同的器材，甚至比使团带来的更胜一筹，只是他没有用上它的正确名字，用的就是"地理运转架"。[3] 这其实没有道理，因为金简在1750年（乾隆十五年）已出任内务府主事，翌年更升为内务府员外郎，实在

---

1 哥白尼的日心说最早是由天主教传教士蒋友仁（Michel Benoist，1715—1774）在乾隆五十大寿庆典上向乾隆介绍的。参见 Nathan Sivin, "Copernicus in China," *Studia Copernicana* 6 (1973), pp. 63 – 122。

2 《乾隆五十八年英遣使马戛尔尼入贡计二十九种》，《英使马戛尔尼访华档案史料汇编》，第 579 页；而在另一处记录中则写成"地理运转全架"，《英吉利国恭进贡物安设地点》，同上，第 204 页。

3 《吏部尚书金简等钦奉谕旨覆奏英贡使进贡物品安装情况折》，同上，第 559—560 页。

不应该不熟悉《皇朝礼器图式》的内容，以致在见到七政仪实物后只能认出物件，却不记得它的名字。然而，假如乾隆更早知道这件礼品叫七政仪，又同时知道宫内早就收藏有两座七政仪，他又是否会珍而重之，还是更觉使团贡品平平无奇、毫不珍贵？

除这两件贵重的天文仪器外，马戛尔尼还带来一个天球仪和一个地球仪，分别列为清单第三及第四件礼品。应该说，在东印度公司心目中，这两件科学物品是颇为贵重的，因为它们在公司原来的礼品单中排名第二，仅在天体仪之后，总价值为 970.16 英镑，是七政仪的十倍，且以一对组合的形式介绍。[1] 但似乎马戛尔尼本人却不十分珍重，把它们分拆成两件礼品。第三件是天球仪，马戛尔尼强调的是它作为天文器材对于星体位置能作全面准确的描述。他大概认为七政仪作为天文仪器理应更具吸引力，所以不以购置物品的价格为考虑因素，把天球仪排在七政仪的后面。不过，如果说马戛尔尼原清单对天球仪的介绍不能充分体现它昂贵的价格，那么中文译本更是连它的天文价值也不能显现出来：

> 壹个天裘全图，效法空中之蓝色，各定星画在于本所有金银做的星辰，颜色及大小不同，犹如我等仰天视之一般，更有银丝分别天上各处。[2]

重点放在颜色和金银丝上，看来更像一件艺术品。当然，马戛尔

1　"List of presents, etc. consigned to the care of His Excellency Lord Macartney, dated Sept. 8, 1792," *An Important Collection*, vol. 5, doc. 225, CWCCU.

2　"George Thomas Staunton Chinese Letters and Documents," Royal Asiatic Society of Great Britain and Ireland, vol. 1, doc. 2.

尼也说到天球仪是欧洲当代科学和艺术最完美的结合，但要借助这段中译本的描述来炫耀英国人的天文知识，看来是无法达到目的了。

至于地球仪，那描述就更简单了：

> 壹个地袤全图，天下万国四州、洋海山河及各海岛都画在其所，亦有记上行过船之路程及画出许多红毛船之样。[1]

一方面，这段描述过于简单，只说明球上画下四州山川海岛，对乾隆来说，会有什么吸引力？作为远道而来、大肆渲染的礼品，怎能不让乾隆感到失望，更不要说得到重视了。另一方面，马戛尔尼在这里刻意加入的一句，隐约卖弄了英国的航海实力，却没有被翻译出来：

> 〔地球仪上〕展示由英国国王陛下指令到世界不同角落进行探索的航海旅程所获得的最新的发现，同时还有不同船只在这些旅程上行走的路线。

> [It] comprehends all the Discoveries in different parts of the World made in the Voyages undertaken for that purpose by order of His Britannic Majesty, together with the Routes of the different Ships sent on those Expeditions.[2]

马戛尔尼在这里强调英国国王陛下明确下达指令，派遣船只

---

1 "George Thomas Staunton Chinese Letters and Documents," Royal Asiatic Society of Great Britain and Ireland, vol. 1, doc. 2.

2 "Catalogue of Presents," IOR/G/12/92, pp. 160 – 161.

到世界各地探索，跟他马上要介绍使团带来的英国战船模型，借此颂扬英国作为海上王国、远征世界各地的地位和成就是互相配应的。然而，中译本没有把这部分翻译出来，只说地球仪上"画出许多红毛船之样"，变成一种平面的叙述，未能把英国人那种派遣船队远航探索、纵横四海的气势翻译出来。这样一个画有四州山川海岛和红毛船只的地球仪，对乾隆来说会有什么吸引力？更不要说得到重视了。军机处在抄录清单入档时，对天球仪和地球仪也只作最简单的文字修饰，说明一方面原来的清单没有提供足够的讯息来引起他们的特别重视，另一方面也可见中方的确没有关注过这两件礼品。其实，使团带来的这四件天文器材都是价格不菲的贵重礼品，但由于经过翻译的礼品清单无法具体地描绘出它们的价值或功能，结果只显得平淡无奇，加上清单中又见到英国人用力夸赞，更形成很大的落差，尤其是这些夸赞本身也译得很空泛，最终就落得"夷性见小""张大其词"的观感。这在"第五样等礼物"的描述中更容易看得到：

> 拾壹盒杂样的器具，为看定时候及天气变换之期，其一分为指引月亮之变，其二为先知将来之天气何如。斯等器俱由精通匠人用心作成，故各甚是好工夫也。[1]

合并为一件礼品的 11 项"杂样的器具"能有什么价值，却要由"精通匠人"用心制作？什么是"指引月亮之变"，怎样可以"先知将来之天气何如"，都没有半点说明，甚至显得玄幻，而最后的

---

[1] "George Thomas Staunton Chinese Letters and Documents," Royal Asiatic Society of Great Britain and Ireland, vol. 1, doc. 2.

夸赞更有点不伦不类——军机处在入档时就索性把这句"故各甚是好工夫也"删掉。

不过，假如说在礼品清单中译本中要充分展示英国人的天文水平很不容易，那要说明西方最新的科学成果便更困难了。清单中第七、八件物品都是崭新的科学产品，但对物品的描述根本无法让人认识它们的科学价值，甚至有点像玩戏法的道具或玩具：

第七件礼物

　　壹个巧益之架子，为显现何能相助及加增人之力量。

第捌样礼物

　　壹对奇巧椅子，使人坐在其上，自能随意转动并能为出其本力量之行为也。[1]

除文字累赘生硬让人难以明白这两件物品的功能或作用外，更因为当中没有说明怎样可以做到"加增人之力量"或"随意转动并能为出其本力量"，这本来就不是介绍科学产品的合适方法。军机处在入档时进一步删减其中一些不通顺的句子或表述方式，有关礼品内容的介绍就变得更少，更难说明它们的功能和价值。另外，值得注意的是在这里出现的一个形容词"奇巧"，这就是乾隆对礼品批评的关键词，"贡使张大其词，以自炫其奇巧"，[2] 那是否有可能就是来自这"第捌样礼物"的描述？

科学礼品中特别有意思的是在清宫档案的清单中所开列的第

---

1 "George Thomas Staunton Chinese Letters and Documents," Royal Asiatic Society of Great Britain and Ireland, vol. 1, doc. 2.

2 《和珅字寄梁肯堂等奉上谕着征瑞询明大件贡物安装情形具奏候旨遵行》，《英使马戛尔尼访华档案史料汇编》，第 125 页。

九件:

> ……又有火具,能烧玻璃磁器,猛烈无比,是一块大玻璃用大工大造成的火镜,紧对日光不但能烧草木,并能焚金眼〔银〕铜铁及一样白金,名曰跛剌的纳,世上无火可能烧炼,惟此火能显功效。[1]

很明显,译者在这里刻意尝试表现这物品很不寻常,但整段文字究竟描述的是什么东西?最明确的描写是它是一种"火具",但又说是"火镜","功效"是它"不但能烧草木",且能燃烧各种金属,特别是一种叫"跛剌的纳"的金属。但这对中国或乾隆有什么意义,有什么"火具"不能烧草木?"跛剌的纳"是什么?能"烧炼"又怎样?最终它的价值是什么?乾隆能理解或被它吸引吗?

其实,这第九件礼品就是马戛尔尼在 1793 年 7 月 25 日天津外海才从"印度斯坦号"船长马庚多斯手上买来的大透镜。由于这个缘故,使团在出发前便预备好的礼品清单里便没有这"火具","第九件等礼物"只是"许多家用器具之样模",上引有关大透镜的描述,是临时加进去的,负责翻译的很可能就是李自标一人,因为当时使团中也没有多少懂中文的人了。对于这块大透镜,马戛尔尼给予很高的评价,说它是一件很有价值、很不寻常的物品 ("so valuable and so uncommon an article"),原是马庚多斯从英国制造商威廉·帕克父子公司 (William Parker & Son) 购

1《红毛英吉利国王谨进天朝大皇帝贡件清单》,《英使马戛尔尼访华档案史料汇编》,第 123 页。

置带到中国来，准备在访华期间卖出去图利的。马戛尔尼认为，如果大透镜被卖给广州的商人，辗转送到朝廷，会把他们带来的礼物比下去，对使团带来很不好的影响，所以在最后阶段把它购买下来，作为送呈乾隆的礼物。[1]至于它的功能，马戛尔尼在原来的礼品清单中指出，由于透镜能产生很高的热力，足以熔化或切割任何金属或石块之类的物品，因此会对艺术品生产有很大帮助。不过，姑且不要说乾隆对于具备这样功能的物品是否会感兴趣，更重要的是中译本礼品清单的描述根本未能让人感到透镜具备什么功能。即使最终见到实物，甚至做过演示后，中国人对它仍然丝毫不感兴趣，更不要说认识它的价值。据报，乾隆看了不足两分钟，[2]和珅更只用它来燃点手上的烟筒。[3]但话说回来，原来和珅在参观后也提出过一些问题，且看来不是没有道理："怎样利用火镜去烧毁敌人的城市？""阴天怎样使用火镜？"[4]

除科学知识外，马戛尔尼在礼品清单中颇为着意去炫耀的是英国的军事力量。无疑，英国这次派遣使团来华，当中没有包含任何军事任务，这点在英国政府以及东印度公司给使团发出的指令中得以证明，所有的议题都只是围绕商业活动的。[5]事实上，无论在华英商还是英国方面的舆论，一直以来都从没有提及要对清廷采取任何军事行动。不过，由于英国正值积极向海外扩张的时期，正如英国国王乔治三世致乾隆的国书中所言，他们大量制造

---

1 Macartney, *An Embassy to China*, p. 69。沈艾娣指出，由于马戛尔尼禁止使团成员在中国买卖货物，马庚多斯船长很不满，因为他来华的目的就是希望能进行贸易盈利。为了平息他的不满，马戛尔尼以高价买下透镜，作为使团的礼物。Harrison, *The Perils of Interpreting*, p. 98。

2 Proudfoot, *Biographical Memoir of James Dinwiddie, LL. D.*, p. 53.

3 Ibid.; Barrow, *Travels in China*, p. 342.

4 Proudfoot, *Biographical Memoir of James Dinwiddie, LL. D.*, p. 53.

5 Pritchard ed., "The Instructions of the East India Company," pp. 201－509.

船只，把最有学问的英国人送到世界各地，开发偏远未知的世界
（"We have taken various opportunities of fitting out Ships and sending
in them some of the most wise and learned of Our Own People, for the
discovery of distant and unknown regions."），[1] 马戛尔尼实在难以
抗拒向中国炫耀自己国家军事实力的诱惑，尤其是他在途中看到
清兵的模样，对中国的军事力量作出十分负面的评价，说到清兵
没有配备枪械，只用弓箭和刀剑，又说中国的城墙抵挡不了炮弹
的轰击。[2] 虽然表面上是客观陈述，但实际上明确地质疑中国的军
力。让人感到十分讽刺的是，乾隆其实曾经多番下谕沿海督抚，
"务先期派委大员，多带员弁兵丁，列营站队，务须旗帜鲜明，甲
仗精淬"。[3]

马戛尔尼在他带来的礼品中包括不少军械，诸如铜炮（brass
ordinance）、榴弹炮（howitzer mortars）、毛瑟枪（muskets）、连
珠枪（pistols）以及刀剑（sword blades）等；而在清单介绍中，
他也颇费心神地强调这些军械不单有漂亮的装饰，且具备强大的
威力，诸如一些枪械能准绳发射，铜炮以弧型发射炮弹，杀伤敌
人等，足以代表军事装备的最新发展，让乾隆了解欧洲战争科学
的状况。在使团准备的清单中译本里，译者也尝试作一点交代，
例如"第十六样礼物"就是要供"大皇帝万岁私用"，"长短自来
火枪、刀剑等"几支军器，"实是上等好的"，那些刀剑还能"劂
断铜铁而无受伤"。对于这段文字，军机处入档时就把"实是上等

---

1 "Letter from His Majesty to the Emperor of China on the occasion of deputing
Lord Macartney on an Embassy," IOR/G/12/91, p. 326.

2 " Lord Macartney's Observations on China," *An Embassy to China*,
pp. 251 – 256.

3《谕军机大臣着传谕沿海督抚妥善办理迎接英贡使来华事宜》,《英使马戛
尔尼访华档案史料汇编》, 第 28 页。

好的"几个字删去，显示他们很不喜欢这种吹嘘的说法。同样不能为清廷接受的是清单把马戛尔尼所带来的"body guards"译成"保驾兵"。虽然"保驾""护驾"等可以作一般用途，泛指护卫、保护的意思，但更多用于描述古时对皇帝的保护。在"钦差"也不准使用的时候，以"保驾兵"来指称马戛尔尼的亲兵，被删掉是在意料之中的。此外，礼品清单原来也提到这些"若是天朝大皇帝喜欢看大西洋烧炮之方法"，这些"保驾兵""亦能显之于御前"。事实上，使团后来也安排一次演练，以展示他们礼品中的小铜炮连环发射的威力，但清朝官员的反应令使团成员很失望，因为他们满不在乎地说中国军队里也有这样的武器，[1] 这当然不可能是事实，因为马戛尔尼这次带来的不少军械确是英国人当时较新颖厉害的武器。不过，应该注意的倒是朝廷在将礼品入档时却颇为详细地描述了使团带来的武器，除清单中译本上也有的"西瓜炮""铜炮"外，还另外开列出"大小枪红毛刀共七箱""无柄红毛刀""自来火新法金镶枪""自来火新法银镶枪""新法自来火小枪""成对相联火枪"，以及"小火枪""大火枪"等。[2] 这让人很奇怪，因为它们都不见于英方所提送的礼品清单中译本内。

然而，如果马戛尔尼懂得中文，并亲自读到清单中译本，也许令他最失望的会是清单对英国战船模型的描述。显然，对于当时的英国人来说，他们最感到骄傲的是纵横四海、雄霸全球的海军舰艇，邓达斯甚至在给马戛尔尼的指示中说到英国海军可能为中国提供帮助，双方借此建立更好的关系，[3] 还特别调配英国皇家

1 Staunton, *An Authentic Account of an Embassy*, vol. 2, p. 33.
2 《英吉利国恭进贡物安设地点》，《英使马戛尔尼访华档案史料汇编》，第205 页。
3 Dundas to Macartney, Whitehall, 8 September 1792, IOR/G/12/20, p. 50.

海军"狮子号"供马戛尔尼乘坐，以赢得最大的尊重（"to give the greatest dignity"）。[1]"狮子号"是一艘装备 64 门大炮的战船，1777 年 9 月下水，属于英国皇家海军的第三级舰艇，在实用性及威力上被视为当时最理想级别的战船。[2] 另外随行的还有一艘重达 1 248 吨的东印度公司商船"印度斯坦号"。毫无疑问，这两艘舰艇是远胜于中国当时的船只的，足以展示英国人庞大的海军和船队力量，但马戛尔尼还是觉得不够。在选择礼品的时候，他特别带来一艘更巨型的英国战船"皇家君主号"（the Royal Sovereign）的模型。"皇家君主号"是一艘装备 110 门大口径大炮，耗资 67 458 英镑建成，在 1786 年 9 月才下水的第一级巨型军舰，重 2 175 吨，长达 56 米，是当时全世界最大型的舰只，后来在 1805 年的特拉法尔加战役（Battle of Trafalgar）中发挥很大的作用。关于这礼品的描述，马戛尔尼在原来的清单中只简单地说了两句："它是英国最大型的战船，装有 100 门巨型铜炮，这模型把战船装备的各个细节都复制出来。"不过，关键在于他继续解释为什么要把这模型带来赠送给中国。马戛尔尼说，由于黄海水域较浅，且英国船员又不太熟悉水道环境，所以只能派遣较小型的"狮子号"到来，然而这并不足以展示英国海军的强大实力，因此有必要送来英国最大战舰的模型。接着，马戛尔尼还十分巧妙地插入一段自我吹捧的话：

---

1 Dundas to Macartney, Whitehall, 8 September 1792, IOR/G/12/20, p. 43.

2 英国皇室舰艇的分类规格最早从 1620 年代开始，第三级舰艇装备的大炮为 60 门以上，而第二及第一级则分别为 90~98 及 100 门以上。参见 Rif Winfield, *British Warships in the Age of Sail, 1714 - 1792: Design, Construction, Careers and Fates*（Barnsley：Seaforth Publishing, 2007）。尽管第三级舰艇在大小及威力上比不上第二级和第一级，但在速度及灵活性上则较为优胜。

英国在欧洲被公认为第一海军强国，是真正的海上之王。为了显示他对贵国皇帝的重视，英国国王这次遣使原想派遣最大的船只到来。

His Britannic Majesty who is confessed by the rest of Europe to be the first Maritime Power, and is truly Sovereign of the Seas wished as a particular mark of attention to His Imperial Majesty to send some of his Largest Ships with the present Embassy.[1]

这里要传递的讯息是最清楚不过的：英国是世界上第一海军强国，是海上霸主；而且，这句话写在这礼品介绍的开首，重点十分明确。这一讯息在中译本也被传递出来："红毛国王，洋海之王者，有大船甚多。"可以预期，这一定会被删除。现在所见清宫档案的文本变成"红毛国在西洋国中为最大，有大船甚多"。此外，中译本在解说为什么不能派遣更大的船只到来时，也似乎要把责任推给中方：

> 原欲选更大之船以送钦差来贵朝，但因黄海水浅，大船难以进口，故发来中等暨小船，以便进口赴京。[2]

虽然马戛尔尼原来也说到黄海水浅，但也承认欧洲人不熟悉水道情况，而中译本没有把后面的部分译出来，效果便很不一样了。但无论如何，中国官员对这战船模型并不留心，在登录"皇家君

---

1 "Catalogue of Presents," IOR/G/12/92, pp. 166 - 167.

2 "George Thomas Staunton Chinese Letters and Documents," Royal Asiatic Society of Great Britain and Ireland, vol. 1, doc. 2.

主号"模型时只极其轻描淡写地记下"西洋船样一只",[1]马戛尔尼的一番心血可说是完全白费了。不过,据说倒是乾隆本人对于这战船模型似乎颇感兴趣,在参观时专门提出问题。[2]这本来应该会让马戛尔尼感到高兴,因为模型确能引起乾隆的注意,但其实也反映出礼品清单的翻译问题。假如清单中译本能对战船模型作出更详细准确的描述,乾隆的关注可能会更大。

其实,马戛尔尼除带来有关科学知识和军事力量等礼品,强调它们的实用性外,还非常重视礼品的艺术性。在他原来的礼品清单中,与艺术相关的字眼(如 art, arts, artist 等)共出现 10 次,并多次强调实用性与艺术性的结合,例如他指出天体仪是"天文科学及机械艺术的最高结合"(the utmost effort of Astronomical Science and Mechanic Art combined together),[3]天球仪是"科学与艺术的完美结合"(as perfect as Science and Art in Europe could render it),[4]各种军械枪炮有着"非常漂亮的装饰等"(ornamented)。[5]这跟马戛尔尼所肩负的商业任务有关。学者指出,"马戛尔尼与英格兰北部新兴工业家们过从甚密,导致他在人员安排以及礼品选择上皆以这些工业家的利益为前提",结果,使团"偏重于人员在实用的工艺技术方面的才华"。[6]这是原来礼品清单非常强调礼品具备艺术性的主要原因。

然而,礼品清单中译本同样未能把礼品的工艺性展示出来。

---

1 《乾隆五十八年英遣使马戛尔尼入贡计二十九种》,《英使马戛尔尼访华档案史料汇编》,第 579 页;《英吉利国恭进贡物安设地点》,同上,第 204 页。

2 Staunton, *An Authentic Account of an Embassy*, vol. 2, p. 122.

3 "Catalogue of Presents," IOR/G/12/92, p. 156.

4 Ibid., p. 160.

5 Ibid., p. 166.

6 常修铭:《马戛尔尼使节团的科学任务》,第 27 页。

上文提及原清单中好几处说到礼品是"科学与艺术完美结合"的
地方，在译本里全都给删去了，军械枪炮的描述也只字不提它们
的装饰。这种翻译方式更是明确体现在一对马鞍和马车的描述上。
毕竟，马鞍和马车的实用性，本来就没有必要向善骑的满洲人多
作介绍。因此，马戛尔尼在原来的清单中强调"由于这〔马鞍〕
是供大皇帝使用的，因此，工匠们得到的指示要造一对超越所有
已制成的马鞍来，主要以黄色皮革制成，并以贵重金属来作装饰"
（"These being intended for the personal use of His Imperial Majesty,
the Artificers had strict directions to surpass whatever had been
prepared before. They are chiefly of Yellow Leather ornamented with
the precious Metals."）。[1] 其实，马戛尔尼对于英国人所用的马具
是很自豪的，在日志中曾刻意记下英国人的马具所展现的华丽气
派和精巧手工，一定能让清朝官员感到意外，相信有些官员会学
习模仿。[2] 但译文把这部分删除，只译成"壹对齐全马鞍由头等匠
人用心做成，特为大皇帝万岁私用，故其鞍之颜色是金黄的，其
装致〔装置〕十分合晢〔适〕"，[3] 大大削弱礼品的贵重性。不过，
这删改的严重性还不及有关马车的部分。在礼品清单中文本里，
使团送来的两辆马车只有十数字的简略描述："车二辆敬送大皇帝
御座，一辆为热天使用，一辆为冷天使用。"真的是再简单不过
了，但原文可是这样的：

第 45 件礼品：两辆马车供贵国皇帝使用，其中一辆设计

---

1 "Catalogue of Presents," IOR/G/12/92, p. 165.

2 Macartney, *An Embassy to China*, p. 225.

3 "George Thomas Staunton Chinese Letters and Documents," Royal Asiatic
Society of Great Britain and Ireland, vol. 1, doc. 2.

为夏天需要凉快时使用，另一辆则为冬天使用，较为温暖。两辆马车主要使用贵国御用的黄色，镶嵌的饰物超过英国国王自己所用的马车。

Article 45. Consists of two chariots or light Carriages for His Imperial Majesty, one constructed for the purpose of being most conveniently used in the Summer when Coolness is desired, the other for warmth in the Winter. The main Color of those Carriages with the Harness is Yellow or Imperial and the Ornaments such as exceed what His Britannic Majesty had ordered for his own use.[1]

中文本的解说只简单交代最基本的资料，就是两辆马车可分别供夏天和冬天使用，但有关马车的修饰却没有翻译出来。也许马车所用的黄色是御用的颜色，这点对中国人来说不算什么重要或新奇的讯息，删掉也没有什么问题，但当译文删掉马戛尔尼所说上面镶嵌的饰物比英国国王的马车还要多的时候，那便失去一个取悦乾隆的机会，因为这原来可以让乾隆感觉自己比英国国王更尊贵，地位更高。不过，应该指出，马戛尔尼原来的描述也忽略对这两辆马车的特别价值的介绍，就是附有悬浮弹簧设计，可减低路上的颠簸，[2] 这在礼品清单中英文本中都没有说明，但斯当东在回忆录中却三番五次强调英国的马车在这方面的优越性，[3] 甚至说乾隆的马车一定会被比下去——他把乾隆的马车形容为“没

1　"Catalogue of Presents," IOR/G/12/92, p. 165.

2　常修铭：《马戛尔尼使节团的科学任务》，第 42 页。

3　Staunton, *An Authentic Account of an Embassy*, vol. 1, p. 294; vol. 2, p. 17; vol. 2, p. 43; vol. 2, p. 45.

有弹簧、简陋的两轮马车"，又说中国人的偏见也不能抗拒使团带来的马车的舒适和方便，英国马车很可能会成为进口的货品。[1] 但由于马戛尔尼过于重视礼品的外表装饰，在礼品清单的描述中没有说明它的实用价值，而更不理想的是，中译本连原来有关外表装饰的描述也没有翻译出来。在这情形下，马戛尔尼从一开始便要求带来的马车，在清廷受到冷落便在预期之内了。不过，从政治文化的角度考虑，马戛尔尼选择以英国的马车来献给乾隆其实还犯了一个很大的错误，充分反映出当时英国人对中国的情况以至中国文化的理解都很不足。当时一名大太监在看过马车后，轻描淡写、自然而然地作出反应，便一语道破所有问题的症结所在：英国人是否认为大皇帝竟会让其他人坐得比他还要高，且以背向着他？（"if I supposed the *Ta-whang-tee* would suffer any man to fit higher than himself, and to turn his back towards him?"）[2] 显然，这问题是英国人从来没有考虑过的，也正好说明了中英政治文化的巨大鸿沟，以及英国人对中国宫廷文化的隔阂——他们后来便吸取了教训，1816 年派遣阿美士德使团时，巴罗便特别强调不要向中国皇帝赠送马车。[3] 然而，马戛尔尼使团花费 4 412.32 英镑购买的两辆马车，[4] 就一直被闲置在圆明园内，从来没有使用过，直到

---

1 Staunton, *An Authentic Account of an Embassy*, vol. 2, p. 121.

2 Barrow, *Travels in China*, p. 113；Barrow, *An Auto-Biographical Memoir of Sir John Barrow*, pp. 79–80。相同的记载也见于斯当东的回忆录，不过他说这是一些官员的反应，不是来自大太监的说法。Staunton, *An Authentic Account of an Embassy*, vol. 2, p. 43。

3 "Minute of Conference Between the Chairs, & Mr. Barrow Respecting Presents for China," IOR/G/12/196, p. 47.

4 夏天所用马车价值 2 233.15 英镑，冬天用马车价值 2 179.17 英镑。"List of the scientific apparatus purchased by the East India Company for the Macartney embassy," *An Important Collection*, vol. 5, doc. 225, CWCCU。

第二次鸦片战争英法联军攻入北京，占领圆明园的时候，马车还是簇新地放在那里。[1]

五

除礼品本身的描述外，礼品清单中还有两点惹来乾隆的不满，让他感到"夷性见小""夸大其词"：第一是马戛尔尼要求房舍安置使团成员及礼品；第二是有关礼品组装问题。

上文说过，在礼品清单里，马戛尔尼在对各样礼品逐一描述后，加上一个要求，请清廷拨出地方以便重新装嵌礼品，另外又提出在北京要为使团成员提供足够住所。也许从西方的角度，这种直截了当地提出要求的做法颇为普遍和合理，但对于已有惯常方式接待来访贡使的天朝来说，这要求明显不合礼仪，有违体制。事实上，清单的整体表述也确实造成英国人自尊自大的感觉，例如这要求是以"恳大皇帝令备一座宽大高房以便安置好各品礼物"开始的，虽然是说"恳大皇帝"，但要求备好一座宽大高房，便像处于高上的位置，向下属传达指示，乾隆一定无法接受，难怪军机处入档时把它改写为"敬恳大皇帝另赏一座宽大房屋"。同样地，有关使团成员住宿的问题，尽管译文也有"伏祈大皇帝宽赐""则感天恩无穷矣"的说法，但当中说到使团成员时的"自红毛本国随钦差来天朝者文武官员体面同伴及其家人共有一百余人"，也显得自抬身价，"体面同伴"难逃删改的命运，被改成"工匠

---

1 Robert Swinhoe, *Narrative of the North China Campaign of 1860: Containing Personal Experiences of Chinese Character, and of the Moral and Social Condition of the Country; together with a Description of the Interior of Pekin* (London：Smith, Elder and CO., 1861), p. 331.

跟役"，相差实在很远。这些改动可以说明他们的要求方式被视为不合中国传统礼仪；另外，还如上文所说，中国官员把这些要求从礼品清单分拆出来，另以禀文形式提出，也就是要回到传统的朝贡框架，不能因为送来贡品就可以妄自提出要求。

另一个问题是有关礼品的安装。可以理解，为方便运送，部分体积较大的物品是拆散包装，待到达北京后才重新整合安装的。由于其中一些器材在当时来说算是十分精密的，安装涉及专门技能，所以使团也带来机械师和专门的工匠，负责重新装嵌工作。对马戛尔尼来说，这代表英国人对礼品的重视，也显示这些物件的确具备很高的科学水平，因此，他在礼品清单中便强调重新装嵌的问题。例如"大架仔""布蜡尼大利翁大架"，马戛尔尼便特别谈到运送和安装的问题，例如怎样由一些娴熟科学知识的人员把它拆开，以 16 个由木和铅制成的双层箱子盛载运送，然后这些人员也跟随使团前来重新组合，估计需要较多时间。清单中译本这样表述：

> 缘此天地图架甚宽大，洋船不能上载整个，故此拆散分开，庄〔装〕入十五箱而发之，[1] 又令其原匠跟随钦差进京，以复措起安排置好如前，并嘱咐伊等慢慢小心修拾其架，勿因急惶错手损坏之。是故求望大皇帝容于其匠人多费一点时

---

[1] 礼品清单原文是说把天体仪分装成 16 箱，但中译本却说 15 箱。为什么会这样？原来，这第 16 箱就是马戛尔尼在广州向东印度公司秘密及监督委员会成员波郎购买的一台望远镜。马戛尔尼在购入这望远镜后修改礼品清单，在第一件天体仪的介绍后面加上一段附录说明，并把 15 箱改为 16 箱。但现在所见到使团自己准备的中译本是在出发前完成，因此既没有附录说明的文字，又只见到原来的 15 箱。不过，清宫入档的中译本则加入了这段附录文字，证明使团在正式提送清单前曾作补译，但却没有把 15 箱改回 16 箱。

候，以便置好，自然无错。[1]

"布蜡尼大利翁大架"以外，第二件礼品七政仪也有"为能更便益载来，其原匠亦跟随钦差进京，以复安排之"，第十五件礼品两辆马车则有"其两大车如今分散十六包，但有精通车匠跟随钦差进京，以复安排之"，都强调要派遣专门的工匠随团过来。乾隆在读到清单和征瑞的汇报后，反应很大，认为是浮夸不可相信，就"布蜡尼大利翁大架"的安装发送上谕：

> 至该使臣向征瑞告称贡品内天文地理音乐表〔天体运行仪〕极为细巧，带来工匠必须一月之久方能安装完整等语。此必系该贡使张大其词，以自炫其奇巧。安装尚须一月，则制造岂不更需年岁？[2]

客观来说，制造这样复杂的天文仪器，在当时"更需年岁"是毫不出奇的——上文已指出过，这座天体仪是由德国仪器工匠菲利普·马特乌斯·哈恩（Philipp Matthäus Hahn）花 30 年才制成的，但乾隆显然不相信，上谕在这里批评英国人"张大其词"，就直接地指向礼品清单有关安装时间的说法。其实，对于中国官员来说，还有一个现实的问题：如果安装时间太长，那便的确会如上谕所说"早过万寿之期"。[3]梁肯堂等人在收到这样的上谕后，就只能

---

1 "George Thomas Staunton Chinese Letters and Documents," Royal Asiatic Society of Great Britain and Ireland, vol. 1, doc. 2.

2 《和珅字寄梁肯堂等奉上谕着征瑞询明大件贡物安装情形具奏候旨遵行》，《英使马戛尔尼访华档案史料汇编》，第 125 页。

3 同上。

要求使团加快安装，他们甚至表示不明白为什么不能很快地完成礼品安装，因为他们可以加派大量人手来帮忙。[1]

除装置需时外，乾隆在另一份上谕中又驳斥英使指天文地理表"安装后即不能复行拆卸"的说法，认为"其言实不足信"，因为"该国制造此件大表时，制毕之后自必装饰成件，转旋如法，方可以之入贡。若装成后即不能拆卸，何又零星分装箱内，载入海船？"他的结论是："所有安装不能拆卸之说，朕意必无其事。"[2]这进一步说明乾隆不相信英国人的话，认为他们夸张失实，是"夷性见小"的表现。为此，乾隆指令工部尚书兼内务府主事金简"带同在京通晓天文地理之西洋人及修理钟表之好手，首领太监匠役等"，除在使团匠师安装天体仪时留心学习体会，"尽得其装卸收拾方法"，以备将来之需外，[3]还有另外的目的：

> 今贡使见天朝亦有通晓天文地理及修理钟表之人在旁帮同装设，不能自矜独得之秘，其从前夸大语言想已逐渐收敛。[4]

这很有意思，因为即使乾隆知道宫内没有使团这次带来的天体运行仪，但也要从技术上打破英国人"自矜独得之秘"。金简后来的报告说"连日留心，看得大表内轮齿枢纽动转之法并无奇巧，

---

1 Macartney, *An Embassy to China*, pp. 145－146.

2 《和珅字寄金简等奉上谕着征瑞等带西洋人及京内修表之好手学习安装》，《英使马戛尔尼访华档案史料汇编》，第137—138页。

3 《和珅字寄金简等奉上谕着征瑞等带西洋人及京内修表之好手学习安装》，同上，第138页。

4 《和珅字寄金简等奉上谕》，同上，第140页。

与京师现有钟表做法相同",[1] 大概能让乾隆舒一口气,因为这也可以视为"天朝原亦有之"的体现。事实上,斯当东和马戛尔尼也确曾谈及"两名普通的中国人"怎样在完全没有指导或帮忙的情况下,在不足半小时内把一对由好几千块零件组装成的大玻璃灯拆下,移到另一处地方重新安装;另外,天体运行仪的一小片玻璃在运送过程中破了,使团技师尝试以金刚石来切割另一块玻璃来填补,却不成功,束手无策,但一名中国工匠"以粗糙的工具"直接从一块弯曲的玻璃板割下一小块来修补,准确无误,更让他们佩服和惊讶;[2] 就是一直以非常负面尖酸的笔触来描写中国人和中国科技成就的机械师登维德,也忍不住对此事记下一笔,说这是显示中国人能力的一宗怪事。[3] 可惜这事件看来没有上报朝廷,不然乾隆一定会十分高兴,以此证明天朝的优胜,从而进一步批评英国人不要以为自己有什么"独得之秘",可以自矜夸耀了。

1《吏部尚书金简等奏报大表轮齿收拾完竣派出学习匠役太监均能领会片》,《英使马戛尔尼访华档案史料汇编》,第 566—567 页。

2 Staunton, *An Authentic Account of an Embassy*, vol. 2, pp. 104 – 105; Macartney, *An Embassy to China*, p. 264.

3 Proudfoot compiled, *Biographical Memoir of James Dinwiddie*, p. 51。英国人对中国工匠修复玻璃的技巧感到惊讶,是因为他们以为中国没有玻璃工业。据常修铭的论文分析:"清宫自康熙设蒙养斋算学馆、如意馆、蚕池口玻璃工坊以来,也颇培养了一些技艺人才。内务府的工艺水平代表了当时中国工艺的最高水平,英国人显然忽略与低估了内务府工匠的能力。此外说中国'没有制造玻璃工业'也不十分正确,事实上在康熙三十五年(1696 年)时曾命传教士纪理安(Kilian Stumpf, 1655—1720)在蚕池口设立了玻璃作坊,且隶属于内务府,这里的玻璃生产一直持续至乾隆二十三年(1758 年)纪理安逝世才逐渐衰退。在这个玻璃作坊经历了六十年左右的运作后,内务府工匠中有人继续保有玻璃制作与修复的技术是完全有可能的。"常修铭:《马戛尔尼使节团的科学任务》,第 50 页。

六

乾隆的确认为使团所带来的礼品没有什么珍奇稀见。上文说过，在收到礼品清单当天，乾隆即发下上谕，批评英国人"夷性见小""张大其词"。这段上谕很重要，因为这是乾隆在看到清单后马上所作的反应：

> 着征瑞即先传知该贡使等于无意之中向彼闲谈，以大皇帝因尔等航海来朝涉万里之遥，阅一年之久，情殷祝嘏，是以加恩体恤，准尔进献。至尔国所贡之物天朝无不具备原亦有之，且大皇帝不宝异物，即使尔国所进对象十分精巧，亦无足珍贵。如此明白谕知，庶该使臣等不敢致居奇自炫，是亦驾驭远人之一道。[1]

乾隆以朱笔所删去"即使尔国所进对象十分精巧"，其实很有意思，正好说明他根本就不认为或不愿意承认英国人所带来的物品精巧。此外，这道上谕还提出另一重要观点，就是英国人带来的礼品，天朝早已拥有，没有什么值得大惊小怪。

不过，可以确定的是，英国人花费最多金钱来购置的天体运行仪，清廷确实从没拥有过，"天朝原亦有之"的说法并不成立。但天体运行仪以外，其他礼品又是否真的"天朝原亦有之"？第二件礼品七政仪便是一个例子，因为自乾隆朝中期宫内已至少拥有

---

1 《和珅字寄梁肯堂奉上谕着筵宴后仍回河工并饬称英使为贡使及赏给米石》，《英使马戛尔尼访华档案史料汇编》，第120页。删除线标出的是乾隆用朱笔删去的内容，下同。

两座七政仪，且记在《皇朝礼器图式》中。不过，由于马戛尔尼原清单中没有把仪器的名字 orrery 写出来，中译本只能空泛地说"壹座中架"，乾隆没有觉察自己已拥有此类的物品，因而没有特别提问。不过，清单上紧接在七政仪后面出现的天球仪和地球仪，乾隆便十分熟悉了，因为内务府曾在乾隆朝数次奉旨制造天球仪、地球仪，其中一次是在 1760 年（乾隆二十五年）蒋友仁绘制完成新坤舆全图后，乾隆下旨根据新图制造天球仪和地球仪，据称是"当时世界上最完备的地球仪"；[1] 另外又分别在 1777 年（乾隆三十六年）及 1778 年（乾隆三十七年）下旨两次制造天球仪和地球仪，可见乾隆的偏爱和对仪器的熟悉，甚至不只限于玩赏之用，更从中取得天文地理资料及知识。[2] 因此，乾隆在看到礼品清单中有天球仪和地球仪后，不但特别注意，更直接提出要与宫内藏品相比较：

> 再贡品内天球、地球二种，现在乾清宫、宁寿宫、奉三无私等处俱有，陈设之天球、地球较该国所进作法是否相仿，抑或有高低不同之处。[3]

对于这样的提问，金简给乾隆提供的答案是"与宁寿宫、乐寿堂现安之天地球无别"；[4] 而且，善于揣摩上意的金简也就顺势报告其他贡品的情况，包括原清单中文本第二件只写作"座钟"的七

1 常修铭：《马戛尔尼使节团的科学任务》，第 53 页。
2 同上，第 53—54 页。
3 《和珅字寄金简奉上谕为征瑞办理贡船事胡涂并未会衔具奏传旨申饬》，《英使马戛尔尼访华档案史料汇编》，第 143 页。
4 《吏部尚书金简等钦奉谕旨覆奏英贡使进贡物品安装情况折》，同上，第 560 页。

政仪，虽然他不能准确地说出礼品的名称，只把它称为"地理运转架"，但也马上报告说"天朝原亦有之"，且比马戛尔尼的贡品优胜：

> 地理运转架一件，圆形连架座高四尺六寸，径二尺五寸，与景福宫现安之仪器相同，而座架上装饰花文，尚不及景福宫仪器精好。[1]

还有清单上第十一件可以"挂在殿上光明照耀"的"玻璃镶金彩灯一对"，这其实也是很名贵的礼物，使团以 840 英镑从制造商威廉·帕克父子公司直接购买过来，[2] 马戛尔尼也十分重视，在原来礼品清单中花费大量笔墨介绍，只是像其他物品一样，中译本的描述不足以显示它的特点，但又以很夸张的说法来赞颂，难以令人信服。结果，在入档的时候，后面整段的夸赞之词被删去，变成十分简短的"玻璃镶金彩灯一对，此灯挂在殿上，光明照耀"。[3] 金简在乾隆没有指定查询的情况下汇报说"又玻璃灯二件，各高六尺五寸四分，径四尺，与长春园水法殿内现悬之鹅项玻璃灯无异"，[4] 无疑会令乾隆很满意，可以让他进一步确定英国人的

---

1 《吏部尚书金简等钦奉谕旨覆奏英贡使进贡物品安装情况折》，《英使马戛尔尼访华档案史料汇编》，第 560 页。

2 "List of the scientific apparatus purchased by the East India Company for the Macartney embassy," *An Important Collection*, vol. 5, doc. 225, CWCCU.

3 使团原来中译本的介绍是这样的："壹对玻璃相〔镶〕金的彩灯，折〔拆〕散收在十四盒内。此灯挂在大厅中照耀，满堂甚妙，虽然于大西洋玻璃彩灯之样无数，但此彩灯乃新样，其光亮胜数，其工夫无比，故特选之。" "George Thomas Staunton Chinese Letters and Documents," vol. 1, doc. 2, Royal Asiatic Society of Great Britain and Ireland.

4 《吏部尚书金简等钦奉谕旨覆奏英贡使进贡物品安装情况折》，《英使马戛尔尼访华档案史料汇编》，第 560 页。

礼品没有什么特别奇巧，不值得"张大其词"。

必须强调，乾隆这些评论和问题都是在他亲身见到部分礼品前所提出的，也就是说，评论提问的基础就是礼品清单中译本。这清楚地说明翻译在这次英国使团来华中所起的关键性作用。那么，在见过部分礼品后，乾隆的看法有没有改变？这也是重要的，因为如果乾隆在态度上起了很大的变化，那便很可能说明清单译文提供了错误的讯息，让他以为礼品平平无奇，不值得炫耀，而实际上却是很具特色，真的值得英国人自豪的物品。

乾隆在 1793 年 9 月 30 日（乾隆五十八年八月二十六日）及 10 月 3 日（八月二十九日）两次在圆明园正大光明殿观赏了使团带来的部分礼品。第一次主要参观安置在那里的几件大型物品，包括天文地理大表（天体运行仪）、地理运转全架（七政仪）、天球仪、地球仪、指引月光盈亏及测看天气阴晴各一件，另外还有玻璃灯二件；[1] 而第二次主要去观看气泵等在 9 月 30 日那天还没有完全安装妥当的物品以及一些实验示范。必须指出，在这两次观赏活动以后，乾隆颁给大臣的上谕中再也见不到讨论礼品的地方。不过，更广为后人所注意的是乾隆发给使团的敕谕，其中一段谈及使团带来的礼品：

> 天朝抚有四海，惟励精图治，办理政务，奇珍异宝，并不贵重。尔国王此次赍进各物，念其诚心远献，特谕该管衙门收纳。其实天朝德威远被，万国来王，种种贵重之物，梯航毕集，无所不有，尔之正使等所亲见，然从不贵奇巧，并

1《正大光明殿安设天文地理表等件尺寸数目》，《英使马戛尔尼访华档案史料汇编》，第 563 页。

无更需尔国制办物件。[1]

作为写给英国国王的敕谕，不能排除乾隆文辞中有夸张的成分，以期达到震慑的效果，这也就是他曾在上谕中所说"庶该使臣等不致居奇自炫，是亦驾驭远人之一道"。[2]但显然，这段敕谕与乾隆在收到礼品清单后所发给征瑞的上谕很相似，其核心思想是一致的，就是英使带来的礼品并不怎么珍贵，天朝"无所不有"，只是"张大其词""夷性见小，自为独得之秘以夸炫其制造之精奇"等批评性较强的句子不见了，但其实"并无更需尔国制办物件"的语气也是很重的。此外，即使不是在正式的官方场合，情况也一样。乾隆在同年（1793年）曾写志记马戛尔尼"奉表贡至"的一首诗，里面自撰按语便提到使团带来的礼品中最名贵的天体运行仪：

> 此次使臣称，该国通晓天文者多年推想所成测量天文地图形象之器，其至大者名布蜡尼大喇翁一座，效法天地转运测量日月星辰度数，在西洋为上等器物，要亦不过张大其词而已。[3]

在这段文字里，乾隆不但用了"布蜡尼大喇翁"，不像在正式上谕里用"天文地理音乐表"，而且更直接引用礼品清单中译本里的字

1《大清皇帝给英吉利国王敕谕》，《英使马戛尔尼访华档案史料汇编》，第166页。
2《和珅字寄梁肯堂奉上谕着筵宴后仍回河工并饬称英使为贡使及赏给米石》，同上，第120页。
3《红毛英吉利国王差使臣马戛尔尼等奉表贡至诗以志事》，同上，第555页。在后面的一段按语里，乾隆重复了这个看法："远夷自夸精巧，所见者小，亦无足怪。"

句，例如"通晓天文生多年用心推想而成""西洋各国为上等器物"等，[1] 都是出现在原来礼物清单中译本内的，可见乾隆是非常仔细地阅读过这份译本的。不过，乾隆在诗中所表现的态度，与他还没有见过礼品前所持的是一致的，他始终坚持英使只不过是"张大其词"而已。他接着还解释说"内府所制仪器精巧高大者尽有此类"，所以"其所称奇异之物，只觉视等平常耳"，这就跟他写给英国国王的敕谕是相同的。

由此看来，乾隆在看完部分礼品后并没有改变他原来的态度，也就是说，他从礼品清单读到的讯息，跟他实际看到礼品后的感受是相同的。有学者认为"经由金简报告以及亲身观察的结果，他对于使团礼品的态度与评价乃急转直下"，[2] 这不正确，因为乾隆在看过礼品清单后，虽然还没有见到礼品，也没有指示金简去检视前，便已经认定英国人"张大其词"，并多次作出批示，不要让英人居奇自炫。应该说，乾隆是在见到礼品清单中译本后就对使团礼品的态度急转直下，在读到金简的报告和看到礼品后只是进一步确认他的看法。这很有意思，说明对乾隆来说，礼品清单中译本提供的讯息是准确的，也就是英国人带来的礼品并不怎样名贵，只是"夷性见小"，夸大炫耀而已。

毫无疑问，马戛尔尼在选择礼品时的确很希望能准备代表英国以至欧洲科学和工艺最新发展的物品，但由于要平衡商业利益，

1《红毛英吉利国王谨进天朝大皇帝贡件清单》，《英使马戛尔尼访华档案史料汇编》，第 122 页。

2 常修铭：《马戛尔尼使节团的科学任务》，第 59 页。事实上，常修铭在其论文另一处地方也说乾隆在看过礼品清单当天（乾隆五十八年六月三十日，1793年 8 月 6 日）就发出了谕旨，"就是说在礼仪之争或贡品问题等等冲突争端发生之前，乾隆帝心中早已写下'天朝抚有四海……奇珍异宝，并不贵重……从不贵奇巧，并无更需尔国制办物件'这些话的初稿了"。同上，第 67 页。

最终并没有能够带来真正最先进的科技产品。[1] 此外，使团在选择
礼品时，虽然也说过不要带来清廷已拥有的东西，但显然他们的
认知不足，以为乾隆所拥有的只不过是一些音乐钟表之类的玩乐
物品，根本不知道清廷其实在天文等方面也有很多先进的产品。
以马戛尔尼到达澳门后从东印度公司秘密及监督委员会成员波郎
手上购买的望远镜为例，他在日志里记下买到这台望远镜及大透
镜（火镜）后，很满意地说："我们在北京将不会遇上任何对手，
不会有什么相近的器材出现。"[2] 但真的是这样？虽然乾隆在读完
礼品清单后没有对望远镜提出什么问题，金简在其后的报告中也
没有说到宫内藏有相似的物品，但事实上，在使团到来的 20 年前
（1773 年，乾隆三十八年），天主教传教士潘廷璋与李俊贤
（Hubert de Mericourt，1729—1774）曾向朝廷进献望远镜，负责引
见的蒋友仁称之为"新法远镜"。据考证，蒋友仁献给乾隆，并作
示范及解说的望远镜应为法国科学家洛朗·卡塞格兰（Laurent
Cassegrain，1629—1693）所制造的反射式望远镜（Cassegrain
reflector），与使团带来的是同一类型，且在当时确实引起乾隆的
注意，乾隆还曾与蒋友仁讨论过反射望远镜的原理。[3] 因此，马戛
尔尼说他带来的望远镜在北京没有对手显然是错误的，反映出英
国人对清廷收藏品的情况毫不了解。虽然马戛尔尼说自己从早期
传教士的记述中知道清廷对一些西洋物品的兴趣，所以决定带来

---

1 Berg, "Britain, Industry and Perception of China," pp. 269‒288.

2 Macartney, *An Embassy to China*, p. 69; "To His Excellency George Viscount Macartney K. B, signed by the Committee," 28th September 1793, IOR/G/12/265, p. 174.

3 《西洋人李俊贤潘廷璋所进贡物清单》，中国第一历史档案馆编：《清中前期西洋天主教在华活动档案史料》下编，第 4 册，第 438 号，第 355—356 页；参见常修铭：《马戛尔尼使节团的科学任务》，第 55—56 页。

昂贵的科技器材，[1] 但他从一开始就认定中国的科技在元代发展到高峰之后就停滞不前，尤其是在清代的 150 年里更见退步，以致科学知识严重落后于蒸蒸日上的西方，[2] 因而以为自己带来的物品一定远胜清廷的藏品。在这问题上，斯当东的想法似乎不完全相同，他在回忆录开首谈到他们这些官方送呈的礼物，无论在工艺还是在价值上，要超越民间渠道运送到中国的物品都是枉费力气的；他只能希望民间送呈那些竞尚新奇的物品太多，会让乾隆失去新鲜感，而更欣赏在科学与艺术方面有真正实用意义的礼品。[3] 不过，必须注意的是斯当东的回忆录是在使团结束回国后才写成的，很可能是在他见到清廷的藏品后才产生这样的想法。

相反，乾隆在这问题上的理解其实更为准确。上文已指出，在读过礼品清单后，他已马上指示征瑞等人在闲谈中告诉马戛尔尼，他们早已拥有使团带来的物品；而且，我们也已确认除天体运行仪外，清廷的确早已藏有使团所带来的主要天文和科技物品，包括七政仪、天地球仪、望远镜、气泵、玻璃灯等。乾隆对于自己的藏品很自信，刻意安排马戛尔尼在参观热河时看见清廷部分的藏品，这就是乾隆在给乔治三世敕谕中所说"尔之正使等所亲见"的意思。[4] 马戛尔尼在日志里诚实地记下见到这些物品后的感想：

这些〔宫殿和庭阁〕全都以最豪华的方式来装饰……有

1　Macartney, *An Embassy to China*, p. 266.

2　Ibid., p. 222.

3　Staunton, *An Authentic Account of an Embassy*, vol. 1, p. 22.

4　《大清皇帝给英吉利国王敕谕》，《英使马戛尔尼访华档案史料汇编》，第 166 页。

着各种各样欧洲的玩意和器材，球仪、七政仪、钟表和音乐
自动仪器，工艺是这样精巧，数量是这么多，我们的礼物马
上会被比下去，面目无光了。

These [palaces and pavilions] are all furnished in the richest
manner, ... and with every kind of European toys and sing-songs；
with spheres, orreries, clocks and musical automations of such
exquisite workmanship, and in such profusion, that our presents
must shrink from the comparison and "hide their diminished
heads".[1]

在另一处地方马戛尔尼又说：他相信乾隆最少拥有价值二百万英
镑的"各色玩具、珠宝、玻璃制品、八音盒，不同种类的器材，
显微镜、钟表等，全部都是在伦敦制造的"。[2]斯当东甚至说在热
河有一个"考克斯博物馆"（"Cox Museum"）——指的是清廷
所收藏英国著名钟表匠詹姆斯·考克斯（James Cox, 1723？—
1800）及其家族所制造的大量名贵钟表。[3]在这情形下，我们也很
难期望乾隆在参观使团礼品时表现出很大兴趣。登维德的回忆录说
乾隆在观看气泵等礼品时，把它们说成"只配供儿童玩乐之用"，[4]

---

1 Macartney, *An Embassy to China*, p. 125；"hide their diminished heads" 来自
约翰·弥尔顿（John Milton, 1608—1674）在 1667 年出版的《失乐园》
（*Paradise Lost*）："at whose sight all the stars/Hide their diminished heads." John
Milton, *Paradise Lost* (London: John Bumpus, Holborn-Bars, 1821), Book 4,
p. 100。

2 Macartney, *An Embassy to China*, p. 261.

3 Staunton, *An Authentic Account of an Embassy*, vol. 2, p. 84；有关清廷所藏
英国钟表情况，可参见 Catherine Pagani, *"Eastern Magnificence and European
Ingenuity": Clocks of Late Imperial China* (Ann Arbor: The University of Michigan
Press, 2001)。

4 Proudfoot compiled, *Biographical Memoir of James Dinwiddie*, p. 53.

这确是会让使团的人感到气馁甚至愤怒。巴罗在看到和珅以他们所带来极为珍视的大透镜燃点烟枪后愤愤不平地说："他们〔中国人〕完全没有能力欣赏艺术和科学上任何伟大或最好的东西。"[1] 不过，乾隆其实并不是说全部礼品都只配供儿童玩乐之用，因为登维德也不过说乾隆所指的只是"气泵等"物件，[2] 其他人更明确地指出乾隆谈及的只是其中一些礼品，例如画师额勒桑德从德天赐那里转述乾隆的说法："一些物品只配供儿童玩乐。"[3]

但斯当东却力排众议，非常明确地说乾隆在观看使团的礼品时表现出很大的兴趣。他首先强调乾隆从热河返回北京时并没有马上回紫禁城，而是直接跑去圆明园观看礼品，接着又说乾隆看得十分仔细，且对大部分的物品都很满意，尤其认真观看一些仪器的示范。[4] 这的确跟其他人的说法不同。他还提出一个很有意思的具体事例，就是乾隆对使团所带来的英国战船"皇家君主号"的模型很感兴趣，向在场的使团人员具体地询问战船的不同部分，也问到英国航海事业的一般情况。虽然斯当东说受译员的水平所限，很多技术方面的问题无法翻译出来，让乾隆不愿意再多提问，[5] 但值得思考的是：为什么使团带来这许多价值不菲的礼品都

---

1 "They are totally incapable of appreciating anything great or excellent in the arts and the sciences." Barrow, *Travels in China*, p. 343.

2 常修铭说"在登维德的语气脉络中乾隆所言指的是'所有'礼品"。常修铭：《马戛尔尼使节团的科学任务》，第 59 页。这是可商榷的，登维德的原文是"When viewing the air-pump, & c., he said, *These things are good enough to amuse children*"，说的是乾隆在观看气泵等礼品时作的评论，而不是指全部礼品；因为乾隆在第一天已经看了主要的礼品，如天体仪等，第二天看气泵时才作出这样的评论。

3 Alexander, "Journal of a voyage to Pekin in China, on board the 'Hindostan' E. I. M.," p. 27.

4 Staunton, *An Authentic Account of an Embassy*, vol. 2, p. 122.

5 Ibid.

不为乾隆所重视，倒是一条战船的模型却得到很大的关注？当然，并不是说战船模型没有价值，正好相反，使团带来模型的用意是很清晰的，虽然他们不是要以武力威吓中国，但确实想炫耀英国的海军实力，展示海上霸主的地位。从斯当东的记载看来，他们可以说是达到了目的，因为这战船模型成功吸引了乾隆的注意，让乾隆知道英国的海上力量。这也正好显示出乾隆的敏锐，能从礼品中读出重要的讯息来。不过，这是否一定能为英国带来正面的效果？英国人也许过于天真，想得过于理想，以为乾隆在看到英国人先进的军事设施和工业力量后会产生尊敬之情，从而认同英国地位崇高。我们没有任何资料来确定乾隆在看过战船模型后的反应和想法，但值得注意的是乾隆在使团离开北京、南下广州时下谕陪同使团大臣：

> 前因嘆咭唎表文内恳求留人在京居住，未准所请，恐其有勾结煽惑之事，且虑及该使臣等，回抵澳门，捏辞煽惑别国夷商，垄断谋利，谕令粤省督抚等，禁止勾串，严密稽查。昨又据该使臣等向军机大臣呈禀，欲于直隶、天津、浙江、宁波等处海口贸易，并恳赏给附近珠山小海岛一处，及附近广东省城地方一处，居住夷商，收存货物。种种越例干渎，断不可行。已发给敕谕，逐条指驳，饬令使臣等，迅速回国矣。外夷贪狡好利，心性无常，嘆咭唎在西洋诸国中，较为强悍。今既未遂所欲，或致稍滋事端。[1]

---

1 《谕军机大臣着沿海督抚严查海疆防范夷船擅行贸易及汉奸勾结洋人》，《英使马戛尔尼访华档案史料汇编》，第62—63页。

毫无疑问，乾隆在后期对英国人起了很大的戒心，这是因为
细读使团带来的国书，加上马戛尔尼在离开北京前通过和珅向清
廷提出一连串的要求，诸如在北京派驻人员、要求赏给小岛等，
令乾隆看出使团真正的意图，因此两度颁发敕谕，断然拒绝全部
要求，[1]并指令官员对他心目中最为强悍的英国人提高警觉，这是
很可以理解的。不过，既然斯当东报告乾隆在参观礼品时特别关
注战船模型，我们便不能排除这也是引起乾隆戒心的部分原因。
值得注意的是，乾隆在上谕中特别提到英国人"谙悉水道，善于
驾驶"，而在指示方面，也具体地说"各省海疆，最关紧要"，
"海疆一带营汛，不特整饬军容，并宜豫筹防备"。[2]我们不能确定
这是否跟使团所带来的战船模型有直接关系，毕竟乾隆对于英
国的海上实力应该早有所闻，但既然斯当东说乾隆特别关注战
船模型，这道上谕就显得重要。然而，斯当东说由于译员水平
不足，以致乾隆不愿意多提问，便正好进一步说明翻译在马戛
尔尼使团访华的重要性。没有称职的译员，双方的沟通受到严
重的限制。

七

平心而论，马戛尔尼使团这次带来的礼品不可谓不丰厚；上
文指出过，使团最终所携带的礼品总价值为 15 610 英镑，但最终
落得"夷性见小""张大其词"的评价，实在有欠公允；而且，

1《大清皇帝给英吉利国王敕谕》，《英使马戛尔尼访华档案史料汇编》，第
165—166 页；《大清皇帝为开口贸易事给英国王的敕谕》，同上，第 172—174 页。
2《谕军机大臣着沿海督抚严查海疆防范夷船擅行贸易及汉奸勾结洋人》，同
上，第 63 页。

其实乾隆并非完全不知道英国人带来礼品的价值，因为在英使团离去回国后不久，荷兰派遣德胜使团访京后，清廷便比较过二者所送的礼物：

> 遵将此次荷兰国呈进贡单与上次暎咭唎国所进单开各件详细比较，查暎咭唎国所进大仪器共有六件，此次荷兰国止有乐钟一对、金表四对，其余羽缎大呢等项为数均不及暎咭唎国所进十之一二。至荷兰国贡单内所开檀香油、丁香油等物，并非贵重之物，亦并以凑数呈进，较之暎咭唎国所进物件，实属悬殊。[1]

因此，问题的核心不在数量，甚至不在于价值，而是在于怎样做出更准确和更有效的沟通。然而，当时有关礼品的沟通的确存在问题。

首先，由于最早的沟通完全由中国官员主导，让乾隆对使团礼品形成了一种不太准确的理解和过高的期待。这指的是东印度公司主席百灵送到广州通报英国派遣使团的信件。《预告篇》曾指出，原信对礼品的描述颇为简单直接，并没有刻意夸大它们的价值，不应该造成自我吹嘘的效果，但经过广州通事的翻译后，这封信的中译本却呈现不同的状况，变成英国人带来"贵重物品"，甚至有"贡物极大极好"的说法，[2]让人觉得礼品非常名贵。自此，清廷的文书中便不断地提到英国人的贡品"甚

---

1 《奏为将荷兰呈进贡单与英进单对比实属悬殊事》，《英使马戛尔尼访华档案史料汇编》，第 202 页。

2 《译出英吉利国字样原禀》，同上，第 217 页。

大又极细巧"，[1] 朝廷上下对使团所携带的礼品抱有很高的期望，特别是英国过去从没有派遣使团来，更让人浮想联翩。这就是军机处上谕所说"英吉利国系初次进贡，且贡物甚多，非缅甸之常年入贡土仪者可比"的原因。[2] 但当乾隆读到使团送来的一份平平无奇的礼品清单，只罗列十九件礼品，且其中不少是"杂货""家用器具""杂样印画图像"等，不可能觉得当中有什么宝贵的价值，对礼品的理解出现严重的落差，自然会认为原来的说法过于夸张。

但另一方面，马戛尔尼自始至终都是要通过送呈礼品来展示甚至炫耀英国在国力、科技以至艺术方面的高超成就，从而提升英国在乾隆心目中的地位，争取较佳的在华贸易条件和待遇。此外，他也清楚地说过要着意撰写礼品清单，详细开列一些细节，才能展示礼品的价值和送礼的用心。事实上，礼品清单的原文确有夸张炫耀的地方，甚至有不少可能会让乾隆感到不快的表述，尤其一些政治上敏感的表述，诸如对英国海军力量、英国势力普及全球的赞扬，以至对西方天文、科学和军事知识的宣扬和颂赞。这样，如果译文要准确传递马戛尔尼的意思，便不可能是谦逊平实的文本。但问题是：译者既受制于中英文化的差异，而语文能力也严重影响其表达，最后便不一定能够把马戛尔尼要传达的讯息准确地翻译过来。

《译员篇》曾分析过使团两名译员柯宗孝和李自标，都是从小

---

1 《和珅字寄梁肯堂奉上谕英船天津不能收泊拟庙岛起着吉庆亲往照料》，《英使马戛尔尼访华档案史料汇编》，第 112 页；《和珅等为请将贡品尺寸开单寄送热河军机处给吉庆的启文》，同上，第 113 页；《军机大臣为传谕瑞与英贡使面商贡品运输事宜给梁肯堂征瑞的札》，同上，第 114 页。

2 《奏为谨拟颁赏英贡使物件清单呈览事》，同上，第 95 页。

离开中国，在那不勒斯接受传道训练，他们的中文水平不高，现在所见的翻译文本时常出现词不达意、晦涩生硬，以至口语化的情况，他们无法掌握或重现马戛尔尼清单原文那种既夸张又含蓄的文体和风格。中文水平以外，还有专业知识的问题，究竟使团译员对于西方科技知识理解多少？从译文看来，他们对于西方科技及工业发展的知识十分匮乏，对天文仪器、科技或工业产品也很陌生。机械师登维德曾批评李自标，"在他的身上找不到一粒科学的原子"；[1] 但梵蒂冈传信部档案却说李自标"娴熟于科学"，[2] 即使真的是这样，这些译员的科学知识也显然是在意大利那不勒斯中华书院学来的，不可能知道先进的西方科技产品的中文翻译和表述方式。此外，由于马戛尔尼带来的部分礼品涉及西方最新的科技和工艺，汉语本来就没有合适的名称或表述。在这情形下，译者既无法译出正确的名称，也不能准确地解说，最终往往只能以简单化的方式来进行翻译，删减一些他无法理解或表达的细节，结果就隐没了这些礼品的价值和功能。当使团所费不菲的第一件礼品被翻译成"壹座大架仔，西音布蜡尼大利翁"、七政仪被翻成"中架"，还有什么"巧益之架子""奇巧椅子"的时候，清单的内容便变得很单薄，礼品的价值及功能都无法呈现，相反，却保留一些空洞的、夸张的赞美语句，乾隆读下来，怎能不产生"张大其词"的感觉？

---

1 Proudfoot, *Biographical Memoir of James Dinwiddie*, *LL. D.*, p. 71.

2 Giambattista Marchini, Macao, 3 November 1793, APF SOCP, vol. 68, f. 487r.

第5章

国书篇

我们认为最起码要待到大使到达首都后才把英国国王陛下的信函呈递出去，这样会较为郑重而得体。因此，我们回答说，信件原文以及其译文都锁在一个金盒子里，将会直接呈递到皇帝的手中。

——斯当东[1]

朕披阅表文，词意肫恳，具见尔国王恭顺之诚，深为嘉许。
——敕谕，乾隆五十八年八月二十日（1793年9月24日）[2]

一

在呈送过礼品清单后，马戛尔尼使团一行1793年8月5日在大沽登岸，正式踏上中国的土地，向北京进发，但同时又开始着手处理一个十分棘手的问题：大使觐见乾隆时的仪式。在这问题上，马戛尔尼写给和珅的一封信扮演了重要的角色，而信函的翻

---

1 Staunton, *An Authentic Account of an Embassy*, vol. 1, p. 242.
2 《大清皇帝给英吉利国王敕谕》，《英使马戛尔尼访华档案史料汇编》，第165页。

译更触碰非常敏感的政治问题。

从清廷的角度看，前来朝贡贺寿的外国使节，理所当然地应该向乾隆行三跪九叩大礼，西洋诸国也不例外，在马戛尔尼之前的俄国、荷兰、葡萄牙等国的使团大使，都向清朝大皇帝行叩拜礼。对于英国使团，清廷有着相同的期望，是完全可以理解的。乾隆曾经传谕负责接待使团的梁肯堂和征瑞："当于无意闲谈时婉词告知，以各处藩封到天朝进贡觐光者，不特陪臣俱行三跪九叩首之礼，即国王亲自来朝者，亦同此礼。今尔国王遣尔等前来祝嘏，自应遵天朝法度。"[1]马戛尔尼方面，出发前得到的指示是为避免谈判失败，他可以遵行中国的礼节和仪式，"只要不损害英国国王的荣誉或你自己的尊严"。[2]这有点含糊，究竟怎样才算不损害英国国王的荣誉和大使的尊严？看来只能让马戛尔尼自己判断。

我们不在这里讨论马戛尔尼最终有没有向乾隆行叩礼，[3]只集中分析马戛尔尼在热河觐见乾隆，呈递国书前，所写给和珅的一封信的翻译问题。这封信是马戛尔尼1793年8月28日在北京写给和珅的，提出解决叩拜礼仪问题的方案。有关这封信的内容，由于马戛尔尼的日志和斯当东的回忆录都有记载，[4]后者甚至把信

---

1 《和珅字寄梁肯堂奉上谕大件贡品留京其余送热河晓谕贡使觐见行跪叩礼》，《英使马戛尔尼访华档案史料汇编》，第129页。

2 "Instruction to Lord Macartney, Sept. 8, 1792," in Morse, *The Chronicles of the East India Company*, vol. 2, p. 236.

3 《背景篇》已列出一些相关的论文，其中以黄一农的《印象与真相》最为人信服。

4 Macartney, *An Embassy to China*, p. 100; Staunton, *An Authentic Account of an Embassy*, vol. 2, p. 32.

函的主要内容抄录下来，而整封信函亦见于东印度公司的档案，[1]
因此，马戛尔尼所提的方案较为人知，但一直不为人知道的是：
送到中方手上的信函中译本怎样表述其中的讯息？这才是最关键
的问题，因为清廷官员能看到的就只有这份译本，一切讯息也由
此文本而来。

根据马戛尔尼的日志，他在 8 月 28 日完成草拟信函，第二天
由法国遣使会教士罗广祥协助翻译出来。但信函不是罗广祥自己
翻译的。马戛尔尼在日志里说罗广祥很不情愿参与这项翻译工作，
原因是他不想牵涉进这个至关重要和敏感的国事问题上，几经马
戛尔尼的劝说才肯把文书翻译出来，并以适当的外交形式表述
（"I had a good deal of difficulty in persuading Father Raux to get it
translated into Chinese and to put it into the proper diplomatic
form"）。[2]但马戛尔尼这里的说法很含糊，只说罗广祥最终提供
中译本，不能由此确定是否由罗广祥自己翻译。日志以外，马戛
尔尼在写给邓达斯的报告里说罗广祥"提供一位我需要的译者"，[3]
那就是指由另一位译者负责翻译。另一方面，斯当东的说法又不
完全相同：罗广祥为他们找来一位经常为他做翻译的中国教徒来
帮忙，但中间经过一个很繁复的翻译过程——先由使团成员惠纳
把英文原稿译成拉丁文，然后交由李自标以汉语口述内容，最终
由这名中国教徒把内容按照中国官方文书的格式写成中文。[4]这样

1 "Note for Cho-Chan-Tong, First Minister, Pekin, 28 August 1793, English
original, with Latin and French translations," IOR/G/12/92, pp. 209 - 216.

2 Macartney, *An Embassy to China*, p. 99.

3 Macartney to Dundas, near Han-chou-fu, 9 November 1793, IOR/G/12/92,
p. 62.

4 Staunton, *An Authentic Account of an Embassy*, vol. 2, pp. 31 - 32.

看来，这名译员似乎不懂拉丁文，只负责笔录，实际上是由使团自己的译员李自标做口述翻译的工作。本来，弄清楚谁是这封书函的译者是关键的，因为译文出现一个非常敏感和重要的问题，只可惜马戛尔尼和斯当东不同的说法让我们无法确定谁是信函的译者。

马戛尔尼的原信写得很圆滑得体。他首先强调英国派遣使团是要以最明确的方式向中国大皇帝表示特别的尊重和崇敬，[1] 然后表明他自己是愿意在觐见乾隆时遵行任何的仪式的，原因不是害怕打破旧例，而是自己作为世界上其中一个最伟大，而且距离最遥远的国度的代表，遵行中国的觐见仪式，是对普世认同的中国大皇帝的尊严和德行致以最高的敬意，自己对此毫无犹豫或困难。这都说得十分冠冕堂皇，应该可以让乾隆感到满意。可是，马戛尔尼马上笔锋一转，提出请求大皇帝答应一个条件，要求让一名职阶与他相若的官员，向英国国王的画像奉行自己在北京觐见中国大皇帝时所用的仪式。这内容在日志里都记录了，目的也非常明显，就是要表明中英两国地位平等。不过，马戛尔尼在信函中还解释提出这要求的原因：那是为了避免自己因为向乾隆行中国礼仪而在回国后受到严厉的惩罚。为什么会受到惩处？马戛尔尼用上一种迹近造作的委婉表述方式：

> 假如大使在这场合的行为，被视为不符合其代表的国王在世界其他独立君主中所享有的伟大而尊贵的地位，使臣肯定将受重罚。

---

1 "Note for Cho-Chan-Tong, First Minister, Pekin, 28 August 1793," IOR/G/12/92, p. 209.

The Embassador should certainly Suffer heavily, if his
conduct on this occasion could be construed as in any wise
unbecoming the great and exalted Rank, which his master, whom
he represents, holds among the Independent Sovereigns of the
World.[1]

这里不但传递出英国是独立主权国家的讯息，更强调英国国王在世界上独立自主国家中享有崇高的地位。必须注意的是，虽然马戛尔尼在这里没有特别点明英国与中国的关系，他的意思却非常清晰：大使向乾隆行跪叩仪式，有损英国国王作为独立自主主权国君主的尊贵地位和身份，因此清廷必须派遣职阶相同的官员向英国国王奉行相同的仪式，两国的地位才算相等。这样的要求其实是要朝廷承认中英两国地位平等，都是独立自主的国家。

但是，假如行跪叩仪式有损英国人的地位，那么，要求中国官员向英国国王画像叩拜，清政府的地位和身份就不受损害吗？很明显，马戛尔尼提出这样的条件，只是一种以退为进的策略，因为他预想清廷肯定不会同意，这样，中国官员便不可能再来要求他行跪叩礼。[2]

1 "Note for Cho-Chan-Tong, First Minister, Pekin, 28 August 1793," IOR/G/12/92, p. 210.

2 希尔曼（Hillemann）指出，马戛尔尼提出这样的要求，是借助俄国的经验。俄国的彼得一世（Peter I, Pyotr Alekseyevich, 1672—1725, 1682—1725 在位）在 1719—1721 年派遣伊兹玛伊洛夫（Lev Vasilevich Izmailov）到北京，最初伊兹玛伊洛夫拒绝行叩拜礼，但后来终于向康熙叩首，原因是他得到承诺：中国官员到俄国时会向沙皇遵行相同的叩首仪式。John Bell（1691—1780）, *Travels from St. Petersburg in Russia, to Diverse Parts of Asia*（Glasgow: R. and A. Foulis, 1763）, vol. 2, pp. 3 – 4; Hillemann, *Asian Empire and British Knowledge*, p. 42。有关伊兹玛伊洛夫使团，可参见 Mancall, *Russia and China*, pp. 217 – 224。

那么，使团所提供的中译本是怎样表达这敏感的讯息的？由于马戛尔尼这封信函中译本只见于大不列颠及爱尔兰皇家亚洲学会档案馆的"斯当东中文书信及文件"，[1]一直没有学者提及，其实，上引相关一句的译文是至关紧要的：

> 使臣回国恐受大不是了，若是使臣所行的事情不明证使臣本国不是中国属国，免不了得大不是。[2]

撇开行文的口语化表述跟马戛尔尼的行文风格迥异外，译文其实还作了严重的改写，最突兀的地方是明确地针对英国与中国的关系，不是委婉地说出英国在世界其他国家中的位置，而是直接提出英国不是中国的属国，更要求朝廷通过接受马戛尔尼的条件来确定。这有点匪夷所思，比马戛尔尼原信强硬得多，因为这次的潜台词不只是叩首有损国家地位或尊严，而且是会被视为属国。我们能想象和珅或乾隆会答应马戛尔尼这样深具政治意义的条件，让自己的官员向英国国王图像叩首，使中国成为英国的属国吗？

马戛尔尼大概不知道中译本以"中国属国"来表达叩首的严重政治意义，因为拉丁文和法文译本都没有这样的说法，因此，这改动就只能是来自中文本的译者。尽管我们无法确定这份译本是由李自标口述翻译还是由罗广祥的中国助手自己翻译的，但中译本最终稿出自中国人之手，那是毫无疑问的，而在二人之间，似乎罗广祥的中国助手扮演的角色更重要，因为即使是经由李自

---

1 "George Thomas Staunton Chinese Letters and Documents," vol. 2, doc. 16, Royal Asiatic Society of Great Britain and Ireland.

2 Ibid.

标口述，但由于他们认为李自标不熟悉中国官场文化和表述，所以让这名中国助手过来，借用斯当东的说法，"把内容转为官方文书惯用的风格"，[1] 这样看来，最终的书写的确是由这名中国助手完成。由于没有这名中国助手的任何资料，除了知道他是天主教信徒外，我们对于他的文化和政治背景一无所知，因而无从确定究竟改动译文的原因以至动机是什么。但从整篇译文看来，这样的改动不像是出于政治性的考虑，而是出于简化的翻译策略，直截了当地用最简单的话来翻译，对于语文能力不强的译者来说，是最便捷和容易的方法，尤其面对马戛尔尼那种花巧婉转以至卖弄的风格，信函译者看来是无法充分掌握和应对的，在好几处地方都出现简略化的情况。毕竟，一个临时召唤来帮忙的译者不应有什么涉及中英关系的政治动机；而且，从整篇翻译的行文判断，这位中国教徒的中文书写能力的确不见得高明。

然而，不管动机怎样，后果却是严重的。根据马戛尔尼日志的记载，征瑞在使团到达热河后的 9 月 8 日把信函交回马戛尔尼，他的说法是：如果马戛尔尼自己交给和珅，应该会得到他的回复。[2] 斯当东的回忆录更强调了一个重要的讯息：马戛尔尼的信函原来是密封的，但送回来时已开过了，而且，征瑞还告诉他们，信函一直留在自己身边，没有送出去。[3] 斯当东接着说，本来征瑞认为马戛尔尼的要求是可以接受的，但他们突然改变主意，很可能是因为刚从西藏来到热河的福康安——这人是众所周知的"英国的敌人"（"a declared enemy of the English"）——提出负面的

1　Staunton, *An Authentic Account of an Embassy*, vol. 2, pp. 31 - 32.

2　Macartney, *An Embassy to China*, p. 117.

3　Staunton, *An Authentic Account of an Embassy*, vol. 2, p. 65.

意见，以致令和珅改变主意。¹ 但这猜想是不准确的。既然信函一直留在征瑞手上，那不应该对觐见仪式有过什么讨论。尽管马戛尔尼说征瑞在把信函还给他前曾把信交给和珅审阅，² 但事实是征瑞在读过信函后，不敢向上呈递，因为就是斯当东自己也说过，在他跟和珅见面并把信函拿出来时，和珅表现得全不知情。³ 正如黄一农所分析，在 1793 年 9 月 8 日（乾隆五十八年八月初四日）当天，军机处还奏进"英国瞻觐仪注二单"，"若清廷早已见马戛尔尼有关觐见仪礼的说帖，当知此事相当棘手，应不至在双方还未谈妥之前，即订下呈递国书的时间和仪注"。⁴ 但更值得注意的是朝廷对使团的态度在 9 月 9 日出现一个至为重要的转变。在 9 日及 10 日两天内，上谕、和珅和军机处连续颁下指令，因为英使"于礼节多未谙悉"，以致皇帝"心深为不惬"，因此，使团回程所经沿途地方官员在款接时只需"照例预备，不可过于丰厚"，⁵ 甚至有供应"再为减半"的指示，⁶ 而沿途兵弁更要"一律严肃，以壮观瞻而昭威重"，⁷ "贡使等经过各省地方，各该督抚只须派令道将护送，不必亲自接见"，⁸ 而且措辞非常严厉，

---

1 Staunton, *An Authentic Account of an Embassy*, vol. 2, p. 65.

2 但这只是他自己的猜想。Macartney, *An Embassy to China*, p. 117。

3 Staunton, *An Authentic Account of an Embassy*, vol. 2, p. 67.

4 黄一农：《印象与真相——清朝中英两国的觐礼之争》，第 46 页，注 43。

5 《谕军机大臣英使不谙礼节着谕沿途接待不可过于优厚》，《英使马戛尔尼访华档案史料汇编》，第 50 页；相类的指令还见于同上，第 147、148、261、533 页等。

6 《和珅字寄沿途督抚上谕英贡使经过只须令道将护送不必亲自接见》，同上，第 535 页。

7 《上谕军机大臣英使不谙礼节着于回程时沿途兵弁一律严肃以壮观瞻》，同上，第 13 页。

8 《和珅字寄沿途督抚上谕英贡使经过只须令道将护送不必亲自接见》，第 535 页。

有"此等无知外夷""妄自骄矜""不值加以优礼"等，更指令军机处在传见使团时，军机大臣"不必起立，止须预备机凳，令其旁坐"。[1]为什么有这么重大的转变？关键就在马戛尔尼这封信函。

根据马戛尔尼的日志，乔人杰和王文雄在 9 月 8 日前来解释和珅不来相见的原因，一是使团的处所较小，二是和珅弄伤膝盖，不便过来，转而邀请马戛尔尼前往面见。这很可能只是借口，更主要的还是体制问题，和珅不愿意自己首先过访。不过，马戛尔尼也从体制的角度考虑，婉拒邀请，提出副使斯当东可作代表。当天下午，斯当东应邀面见和珅，回来向马戛尔尼汇报，除与和珅谈及国书的内容外，还讨论觐见的仪式，试图找出中方无须向英国国王回叩礼的方法，更重要的是，斯当东正式把马戛尔尼原来的信函交与和珅。[2]当然，这次讨论让和珅知道马戛尔尼不肯轻易就范，向乾隆行跪叩礼，会议的气氛看来十分紧张，小斯当东和李自标都特别提到和珅态度不友善。[3]然而，最核心的还是信函的内容，因为第二天和珅即字寄留京王大臣等，痛斥使团，里面就直接谈及这封信：

> 昨令军机大臣传见来使，该正使捏病不到，止令副使前来，并呈出字一纸，语涉无知，当经和珅等面加驳斥，词严

1《和珅字寄留京王大臣奉上谕英使不知礼节回京传旨赏物后即照料回国》，《英使马戛尔尼访华档案史料汇编》，第 534 页。

2 Macartney, *An Embassy to China*, p. 118.

3 Thomas Staunton, "Journal of a Voyage to China, Second Part," 8 September, 1793, p. 103, Staunton Papers, Duke University；Jacobus Ly, Macao, 20 February 1793, APF SOCP, b. 68, f. 613v.

义正，深得大臣之体。[1]

和珅这段重要的文字，直接涉及一封信函，但一直没有得到重视，究其原因，是由于人们没有看到这书函的文本，不知道当中有什么地方"语涉无知"，又怎样激怒乾隆。但当我们见到马戛尔尼信函中译本原来赫然出现英国"不是中国属国"的说法，就能明白个中原因，只是这种清廷无法接受的观念，很大程度上是来自译员自己的表述。

二

在与马戛尔尼使团相关的大量文书中，最重要的毫无疑问是马戛尔尼所带来的英国国王乔治三世写给乾隆的国书。这除了因为国书在使团活动中本来就具有高度的政治意义外，还因为在马戛尔尼使团这特别的个案中，国书的角色和作用更为关键。这不仅是中英两国第一次正式的官方交往，而且由于两国政府在18世纪末初次接触的时候，在政治、文化、思想和语言上都存有巨大的差异，英国惯常的国书书写模式是否能够有效地传达英国人的政治要求？而另一方面，一向奉行朝贡制度的清廷，又怎样去理解和接受这份来自西方国家的国书的内容和精神？这都是使团成败的关键。对于乾隆来说，英国国王国书是从英国最高层传送过来最直接的资讯，也是他获取有关英国方面讯息最重要的来源。

在现在所见到有关马戛尔尼使团的原始资料里，直接交代国

1《和珅字寄留京王大臣奉上谕英使不知礼节回京传旨赏物后即照料回国》，《英使马戛尔尼访华档案史料汇编》，第534页。

书准备情况的地方很少，我们甚至不知道国书是由谁拟写、什么时候写成的。东印度公司档案里藏有这份国书的英文原版以及拉丁文译本，[1] 但并不见中文译本。值得一提的是，原来这份国书还有"后备版本"。马戛尔尼在使团最初的筹备阶段曾写信给邓达斯，提出要制订国书后备版本。他认为使团必须考虑乾隆已届高龄，万一在使团赴华途中突然去世，他们也不应取消行程，但必须呈递另外的国书，因此要准备另外一个版本，把皇帝名字处预留为空白。[2] 这看来是十分周详的考虑。不过，马戛尔尼之前的凯思卡特早已提出过相同的问题。他也曾经写信给邓达斯，要求准备一封预留空白位置的国书，如使团在抵达中国前老皇帝去世，便可以填上新皇帝的名字。[3] 当时东印度公司似乎没有回应，而这次马戛尔尼的建议则马上得到公司董事局的批准。[4] 后备国书并不见于东印度公司的档案，幸而马戛尔尼所担心的情况没有出现，因为如果真的要改用另一份国书，使团要在途中临时完成翻译以至抄写，将会遇上莫大的困难。我们在下文将会见到，抄写国书中文本其实也是极具挑战性的工作。

国书原英文文本除见于东印度公司的档案外，更容易见到，且时常被征引的是马士以附录形式收录在其《东印度公司对华贸

1 "Letter from His Majesty to the Emperor of China on the Occasion of Deputing Lord Macartney on an Embassy," IOR/G/12/91, pp. 325 – 332; "Copy of a Letter Together with Latin Translation from King George the Third to the Emperor of China, Undated," *An Important Collection*, vol. 8, doc. 330, CWCCU; Morse, *The Chronicles of the East India Company*, vol. 2, pp. 244 – 247.

2 Macartney to Dundas, Curzon Street, 4 January 1792, IOR/G/12/91, p. 49.

3 Cathcart to Dundas, 19 July 1787, IOR/G/12/90, pp. 7 – 8.

4 Dundas to Macartney, Whitehall, 8 September 1792, IOR/G/12/91, p. 370; also in IOR/G/12/20, p. 52.

易编年史》第二卷内的一份。[1] 另一方面，1928 年故宫博物院所编辑的《掌故丛编》中的《英使马戛尔尼来聘案》，收录了《译出英吉利国表文》；[2] 相同的文本后来也收入 1999 年中国第一历史档案馆所编辑的《汇编》。[3] 一直以来，我们认定这就是乔治三世国书的中文译本。这样看来，国书的中英文本问题似乎早已得到解决，要阅读和参考都没有多大困难。

我们暂且把文本的问题搁下，先行讨论另一个重要问题：乔治三世给乾隆的国书是谁翻译成中文的？

在《译员篇》里，我们讨论过当时中英双方直接或间接为使团服务过的翻译人员，前后总共有十余人，毫无疑问，国书中译本的译者就在他们之中。但在这十数名涉及使团翻译活动的人员中，究竟是哪一位或哪几位译者负责翻译国书的？对于这一重要问题，学者有不同的说法。秦国经在两处不同地方这样说过：

> 英国王向乾隆帝遣使祝寿的表文，由索德超全文译出后，于乾隆五十八年八月十九日（一七九三年九月二十三日）进呈乾隆帝阅览。[4]

> 当英使团离开热河之后，八月十九日，乾隆皇帝接到了由钦天监监副索德超翻译的英国国王表文。[5]

秦国经曾任中国第一历史档案馆副馆长，专责整理故宫有关马戛

---

1 Morse, *The Chronicles of the East India Company*, vol. 2, pp. 244 – 247.

2 《译出英吉利国表文》，《掌故丛编》，第 76—78 页。

3 《译出英吉利国表文》，《英使马戛尔尼访华档案史料汇编》，第 162—164 页。

4 秦国经：《从清宫档案，看英使马戛尔尼访华的历史事实》，同上，第 75 页。

5 秦国经、高换婷：《乾隆皇帝与马戛尔尼》，第 142 页。

尔尼使团来华的档案资料，主编《汇编》，他的说法自有其权威性。不过，尽管秦国经说得很确凿，但其实在这两处他都没有提出任何佐证或添加注释，说明资料的来源，不能满足严谨的学术要求。此外，英国国王国书由索德超翻译的说法，除秦国经外，未见其他人提出过。[1]事实上，在我们所能见到的原始资料里，包括整部《汇编》，都没有述及索德超翻译英国国书的事；另一方面，英国方面的原始资料却充分证明，英国人在呈递国书前，自己便早已准备好中文译本。换言之，国书并不是在使团抵达北京以后才由一直住在那里的索德超把它翻译出来的。

根据马戛尔尼和斯当东的日志和回忆录，从使团刚抵中国开始，派来迎接他们的中国官员乔人杰和王文雄便再三要求拿取国书，却一直遭马戛尔尼拒绝，坚持要直接把国书呈交皇帝。[2]斯当东的回忆录这样说：

> 我们认为最起码要待到大使到达首都后才把英国国王陛下的信函呈递出去，这样会较为郑重而得体。因此，我们回答说，信件原文和译文都锁在一个金盒子里，将会直接呈递到皇帝的手中。
>
> It was, however, thought more prudent, and perhaps more decent, to reserve the communication of his Majesty's letter, at least until the arrival of the Embassador at the capital; and therefore an answer was given, that the original, with the

---

1 沈艾娣也用上这说法，所指的是藏于故宫的《译出英吉利国表文》。不过，她同样也没有说明资料来源，相信是借用秦国经的说法。Harrison, *The Perils of Interpreting*, p. 116。

2 Macartney, *An Embassy to China*, p. 120.

translations of it, were locked up together to a golden box, to be delivered into the Emperor's hands.[1]

这里说得非常明白，使团自己早就准备好国书的中文译本，一直放在金盒子里。此外，斯当东在说到"译文"时是以复数形式（plural form）来表达的，也就是说盒子内放有不止一份译文。这说法是准确的，因为他们还同时准备了国书的拉丁文译本，一并放在金盒子里。证诸清宫档案，征瑞在乾隆五十八年六月二十七日（1793 年 8 月 3 日）上奏，曾派遣乔人杰和王文雄出海"查看表文贡单"，但结果英方只答应译出贡单，"表文未经呈出"，征瑞这样回报：

> 该贡使坚称并无副表，本国王亲自封锁匣内，必须面呈大皇帝，方见其诚，此时不敢擅开。[2]

这里虽然没有直接提及译文的问题，但内容与斯当东的记述是相同的。不过，斯当东在回忆录较后的部分又说，1793 年 9 月 8 日（乾隆五十八年八月初四日）第一次与和珅见面时，和珅询问使团来访的目的，斯当东以英国国王的国书内容作答，并立即把中文本的国书交给和珅，和珅看过后还显得相当满意。[3] 这一方面与他自己之前的说法不同，另一方面也跟马戛尔尼的说法有分歧。据马戛尔尼说，他是在 9 月 14 日（八月初十日）觐见乾隆时亲自把

---

1 Staunton, *An Authentic Account of an Embassy*, vol. 1, p. 242.
2 《长芦盐政征瑞奏报在海口办理接待英贡使情形折》，《英使马戛尔尼访华档案史料汇编》，第 351—352 页。
3 Staunton, *An Authentic Account of an Embassy*, vol. 2, p. 67.

放在一个镶有钻石的黄金盒子里的国书直接送到乾隆手上的。[1] 至
于 9 月 8 日（八月初四日），马戛尔尼在当天的日志里记下，斯当
东回来后向他报告和珅很想知道信件的内容，因此答应送给他一
个副本；[2] 两天后，马戛尔尼与和珅见面时还说期待能够尽快把英
国国王的信直接交给乾隆。[3] 换言之，自始至终使团都没有把国书
交给和珅。事实上，在现在所能见到的清宫档案中，确实没有见
到任何记载和珅在马戛尔尼觐见乾隆前已收到国书中文本的记录。
但无论如何，正副使的描述都足以说明，国书的中文版本是早已
由使团准备好的。

那么，英国国王国书究竟是经由英使团里什么人翻译出来的？
戴廷杰曾作过这样的推想：

> 这篇译文可能出自安神甫之手，他是与英国人同舟来华
> 的四位中国人之一；译文大概完成于航行途中。"特善写汉
> 字"的安神甫，为翻译大使抵华所需文件提供了帮助后，在
> 澳门离船上岸。[4]

戴廷杰这里所说安神甫"特善写汉字"，其实是来自斯当东的回忆
录。斯当东在回忆录中提到有四名中国人随团回到中国，除使团
聘用的两名译员外，还有译员的两位朋友。斯当东没有点出这二
人的姓名，但提到其中一位特别擅长于书写汉字（"uncommonly

---

1 Macartney, *An Embassy to China*, p. 122.

2 Ibid., p. 118.

3 Ibid., p. 120.

4 戴廷杰：《兼听则明——马戛尔尼使华再探》，《英使马戛尔尼访华档案史
料汇编》，第 131 页。

expert in writing the Chinese characters"），且在旅途中经常协助使团的翻译工作。[1]《译员篇》已交代过这四名随团回国的传教士大致的情况，这位所谓"特善写汉字"的"安神甫"就是严宽仁。关于严宽仁翻译国书的说法，戴廷杰没有提出任何证据，且从行文来看，他也只不过是从"特善写汉字"这一线索去猜想，既说"可能"，又说"大概"。除了戴廷杰外，沈艾娣也多次说到乔治三世给乾隆的国书是由严宽仁翻译成中文的。[2] 同样地，她也是出于猜想，她的说法是"几乎可以肯定，在英国档案保留下来马戛尔尼的国书中译的草稿，是由严宽仁完成的"（"It was almost certainly Yan who produced a draft Chinese translation of Macartney's letter of credentials that survives in the British archives."）。[3] 然而，这猜想是错误的，我们很难想象使团没有完成最重要的准备工作便仓促出发，然后在航海途中才把国书匆忙翻译出来。事实上，我们掌握确切的证据，足以证明英国国王乔治三世写给乾隆的国书中译本并不是在旅途中才开始翻译的，而是早在使团还没有出发前在英国便已经翻译出来了，主要负责这任务的就是斯当东专门从意大利那不勒斯聘来的两位使团译者柯宗孝和李自标。《译员篇》已指出，严宽仁是在使团即将从朴次茅斯出发时才加入的，不可能在伦敦参与国书的翻译；不过，他的确翻译过以乔治三世名义发出的另一封信——送递交趾支那国王的一封国书，[4] 那是在航行途中翻译出来的。

---

1 Staunton, *An Authentic Account of an Embassy*, vol. 1, p. 191.

2 Harrison, *The Perils of Interpreting*, pp. 86, 115 – 116.

3 Ibid., p. 86.

4 "Credentials in Latin given by George the Third to Lord Macartney," *An Important Collection*, vol. 8, doc. 329, CWCCU.

　　提供明确线索，让我们知道使团所携乔治三世致乾隆国书中译本是由柯宗孝和李自标翻译的，是直接参与过国书中译本准备工作的意大利籍汉学家孟督及。

　　现在所见到最早公开谈到国书译者身份的，是英国新教牧师莫斯理，时间是 1798 年，距离马戛尔尼使团访华才不过五年。在一本 1842 年伦敦出版的有关新教在华传教的简史《新教来华传道源流》里，莫斯理在开首即全文抄录自己在 1798 年所写的一封"通告"（"circular"），说明他当时已经开始在英国组织人手，希望能把《圣经》翻译成中文，莫斯理认为这份通告是新教中译《圣经》的源头。在通告里，他谈到当时很多人认为学习中文太困难，且缺乏资金和人才去把《圣经》翻译成中文，但他接着便援引马戛尔尼使团国书的翻译来说明把英文材料翻译成中文是很有可能的。他这样说：

　　　　英国国王陛下写给中国皇帝的谕旨，就是孟督及博士在斯当东爵士从那不勒斯传道会延聘来做使团译员的中国罗马天主教士协助下，在这个国家翻译成中文的。

　　　　The memorial of his Britannic Majesty to the Emperor of China was translated into the Chinese Language in this country, by Dr. Montucci, assisted by native Roman Catholic Priests, who had been engaged by Sir George Staunton at the Propaganda Fide, in Naples, to accompany the embassy as interpreters.[1]

在该书的另一处，他再一次提到孟督及，只是这次并不是说他把

1　Moseley, *The Origin of the First Protestant Mission to China*, pp. 14 - 15.

国书翻译出来，而是说他曾经协助英国国王国书的翻译工作。[1] 尽管二者说法不完全相同，但莫斯理明确地说过孟督及便是英国国王国书的中译者，至少是曾经积极参与过国书的翻译任务。然而，这说法准确吗？莫斯理的权威性在哪里？

莫斯理是来自英国北安普顿郡的一位公理会牧师，曾经编写过一本有关拉丁文发音的字典。[2] 从上面提到的那本《新教来华传道源流》看，我们知道他的确很早就积极推动基督教来华，且作出过一些具体的贡献。首先，他在 1798 年把这封"通告"寄送给一些热心的基督徒，然后又辗转传发出去，引起广泛的注意，收到大量来信。尽管有些意见较消极负面——包括来自东印度公司董事查尔斯·格兰特（Charles Grant，1746—1823），但莫斯理并没有放弃，继续四处向人借阅书籍来认识中国及学习中文，更获介绍认识一些略懂中文的欧洲人，其中一人便是孟督及。他又提到，在整个学习中文的过程中，他经常拜访孟督及。[3] 此外，他又在大英博物馆里找到一本《新约》的中文节译本。我们知道，这份名为《四史攸编耶稣基利斯督福音之会编》的译本，最早是在 1737 年由一名任职东印度公司的英国人约翰·霍奇森（John Hodgson，1672—1755）在广州发现的，他找人誊抄一份后带回英国，然后在 1739 年 9 月赠送给英国皇家学会（The Royal Society）会长汉斯·斯隆爵士（Sir Hans Sloane，1660—1753），译稿后来连同斯隆的其他手稿一并收入在大英博物馆的"斯隆典藏手稿"

---

1 Moseley, *The Origin of the First Protestant Mission to China*, p. 24.

2 William W. Moseley, *A Dictionary of Latin Quantities: Or Prosodian's Guide to the Different Quantities of Every Syllable in the Latin Language, Alphabetically Arranged* (London: Blackwood, 1827).

3 Moseley, *The Origin of the First Protestant Mission to China*, p. 24.

（*Sloane Manuscripts*）里。[1]关于这份译稿的译者，经学者考据后，今天普遍认同的看法是法国巴黎外方教会（Missions Etrangères de Paris）传教士白日升（Jean Basset M. E. P., 1662—1707）。他在 1689 年到达广州，然后辗转经过广西，从 1702 年开始在四川传教，《四史攸编耶稣基利斯督福音之会编》就是他在四川的时候翻译出来的。因此，这份藏于大英博物馆的《新约》中文节译稿本，一般称为白日升译本。[2]该译本一直放在大英博物馆里，然后在 1800 年由莫斯理重新发现。他在同年写了一篇题为《译印中文〈圣经〉之重要性与可行性研究》（*A Memoir on the Importance and Practicability of Translating and Printing the Holy Scriptures in the Chinese Language；and of Circulating Them in That Vast Empire*）的报告，[3]向英国的宗教人士寻求帮助，要求印制该

---

1 Moseley, *The Origin of the First Protestant Mission to China*, pp. 41 - 42。关于汉斯·斯隆和大英博物馆，可参见 James Delbourgo, *Collecting the World: The Life and Curiosity of Hans Sloane*（London：Penguin, 2017）；James Delbourgo, *Collecting the World: Hans Sloane and the Origins of the British Museum*（Cambridge, MA：Belknap Press, 2019）；G. R. de Beer（1899 - 1972）, "Sir Hans Sloane and the British Museum," *The British Museum Quarterly* 18, no. 1（March 1953）, pp. 2 - 4。

2 最早提出这一说法的是伯恩沃德 H. 威勒克（Bernward H. Willeke）, 参见 Bernward H. Willeke, "The Chinese Bible Manuscript in the British Museum," *Catholic Biblical Quarterly* 7, no. 4（October 1945）, pp. 450 - 453。关于白日升和他的《圣经》译本，可参见曾阳晴：《白日升"四史攸编耶稣基利斯督福音之合编"之编辑原则研究》,《成大宗教与文化学报》第 11 期，2008 年 12 月，第 156—188 页；〔日〕内田庆市：《白日昇漢譯聖經攷》,《東アジア文化交涉研究》第 5 號，2012 年，第 191—198 页。

3 William W. Moseley, *A Memoir on the Importance and Practicability of Translating and Printing the Holy Scriptures in the Chinese Language；and of Circulating Them in That Vast Empire*（London：N. Merridew, 1800）。根据苏精的说法，这最早的版本已亡佚。参见苏精：《来华之路：伦敦传教会的决定与马礼逊的准备》,《中国，开门！马礼逊及相关人物研究》, 第 8 页，注 15。另外，从孟督及的一篇文章里，我们知道在 1801 年，莫斯理这本小册子已重印了第二版。

译本，送到中国去。尽管最终这计划被否决（而后来决定性的意见就是来自马戛尔尼使团的童子小斯当东，他认为该中文译本存在问题），[1] 但这最早的《新约》中译本后来成为英国新教第一位来华传教士马礼逊翻译《圣经》的蓝本。此外，马礼逊出发前曾在伦敦学习中文，他的中文老师容三德（Yong Sam-tak）[2] 也是莫斯理找来的，马礼逊跟容三德的第一次见面更是经由莫斯理引荐的。

（接上页）Antonio Montucci, "An Account of an Evangelical Chinese Manuscript in the British Museum, together with a specimen of it, and Some Hints on the Proper Mode of Publishing it in London," *Gentleman's Magazine*, Oct-Nov 1801, p. 883, n. b。《译印中文〈圣经〉之重要性与可行性研究》后来以附录形式收入 *The Origin of the First Protestant Mission to China*, pp. 95 – 116。另外，由于莫斯理没有具体说出发现白日升稿本的日期，以致有学者认为莫斯理是在 1801 年发现手稿的。见赵晓阳：《二马圣经本与白日升圣经译本关系考辨》，《近代史研究》2009 年第 4 期，2009 年 7 月，第 43 页。但这是错误的，因为上文刚提过那篇在 1800 年出版的报告，莫斯理已经明确提到在大英博物馆找到一份《圣经》中译稿，且在 1800 年 11 月 12 日他已经收到一些就这份报告的内容引起的讨论。Moseley, *A Memoir on the Importance and Practicability*, pp. 109, 26。而另外一封由戴维·博格牧师（Rev. David Bogue）在 1800 年 12 月 2 日写给莫斯理的信里提到，莫斯理的报告留在伦敦好几个月才辗转送到他手上。同上，第 30 页。由此看来，莫斯理最迟在 1800 年 10 月以前，甚至 8、9 月间已经发现这份手稿。

1 Moseley, *The Origin of the First Protestant Mission to China*, pp. 61 – 63.

2 苏精：《马礼逊和他的中文教师》，《马礼逊与中文印刷出版》，第 57 页。莫斯理则把他的名字拼写为 Saam Tack。Moseley, *The Origin of the First Protestant Mission to China*, pp. 83 – 87。一直以来，人们都不知道这位教导马礼逊中文的中国人的名字，只根据其英文名字 Yong Sam Tak 写法音译为"容三德"，这音译出自苏精："本文作者检视过的马礼逊文献中，未发现任何中文教师的中文姓名，为便于行文讨论，各教师中文姓名均为音译。""容三德"很快便变成定译，人们直接把"容三德"看成是 Yong Sam Tak 原来的中文名字。另外，张西平据净雨《清代印刷史小纪》所记，Yong Sam Tak 的中文名字为"杨善达"。净雨：《清代印刷史小纪》，张静庐辑注：《中国近代出版史料二编》，北京：中华书局，1957 年，第 353 页；张西平：《明清之际〈圣经〉中译溯源研究》，陈春声编：《海陆交通与世界文明》，北京：商务印书馆，2013 年，第 341 页。苏精告诉笔者，这"杨善达"也只是净雨自己音译出来的。因此，我们始终无法确定 Yong Sam Tak 的中文名字。这里仍采用较流行的译法"容三德"。

根据莫斯理的说法，他最先是在《每月杂志》（*Monthly Magazine*）上读到一条讯息，知道一名年轻的中国人在伦敦，征求教导英文和科学知识。莫斯理没有详细交代《每月杂志》这条讯息的具体情况，其实这是由一位署名"长期读者"（*A Constant Reader*）的人写给杂志的一封信，发表于 1805 年 3 月 1 日的《每月杂志》上，大致内容说威尔逊船长（Captain Henry Wilson）把一名希望学习欧洲文化的中国青年带到伦敦。这名中国人的名字叫 Young Saam Tak，年约 25 岁，和善有礼，熟悉中国习俗，穿着中国服饰，非常乐意回答人们有关中国的提问；当时他正在伦敦南部克拉珀姆（Clapham）的塞拉利昂学校（Sierra Leone School）学习英文，但由于没有双语字典，也没有懂汉语的英文老师，进度很缓慢。最后，这位"长期读者"提出有没有人能够提供什么较为有效的方法，又或是有没有什么书籍，能让这名中国青年可以更好地学习英文。[1]莫斯理在读到这份报道后，马上赶去伦敦，然后在第二或第三天偶然在路上碰到一名老迈的中国人，这位年老的中国人说自己是应容三德的要求，安排他乘坐威尔逊船长的船来到伦敦的。接着，莫斯理和这位老人吃了一顿晚饭，第二天便向伦敦传道会的司库约瑟夫·哈德卡斯尔（Joseph Hardcastle）及约瑟夫·雷纳（Joseph Reyner）报告，他们要求莫斯理尽快去探望容三德，并同时告诉莫斯理有一位叫马礼逊的人正准备践行翻译《圣经》的使命，更请求莫斯理带上马礼逊。就这样，第二天马礼逊便在莫斯理的带领下去克拉珀姆跟容三德见面，他们还把见面的情况向传道会报告，传道会马上安排，让马礼

---

1 A Constant Reader, "To the Editor of the *Monthly Magazine*," *Monthly Magazine or British Register* 19, no. 2（1 March 1805），p. 139.

逊跟容三德住在一起，学习中文，并在容三德协助下抄写大英博物馆的《圣经》译本，把它带到中国去。[1] 马礼逊后来在中国将这抄本略加修正，以木刻印刷出版，改名为《耶稣救世使徒传真本》。[2]

从上面的简单描述，我们可以见到从 1790 年代开始，莫斯理便积极推动和参与《圣经》中译的工作。他与当时在英国极少数懂中文的欧洲人时有往来，尤其是他多次提到孟督及愿意协助抄写和刻版印制大英博物馆的《新约》译本。[3] 由此可见，他的确与孟督及相熟。那么，上文引述莫斯理所说英国国王国书是由孟督及译成中文的说法，便有可能是来自孟督及本人，这好像可以增加它的可信性。不过，既然他的消息可能来自孟督及，我们便应该看看孟督及自己的说法。

孟督及出生于意大利锡耶纳（Sienna），精通多种语言，1785 年在曼奇尼大学〔College Mancini，今天的锡耶纳大学（University

---

1 Moseley, *The Origin of the First Protestant Mission to China*, pp. 83 – 87。关于马礼逊怎样跟随容三德学习中文，亦可参见苏精：《马礼逊和他的中文教师》，《马礼逊与中文印刷出版》，第 57—64 页。根据伦敦传道会的档案（London Missionary Society Archive），苏精指出容三德是由威尔逊船长带到英国来的，到达伦敦后获安置于非洲青年学校住宿和学习英文，伦敦传道会知悉后，即引介和安排马礼逊跟容三德见面。

2 苏精：《百万新约送中国：十九世纪的一项出版大计划》，《上帝的人马：十九世纪在华传教士的作为》，香港：基督教中国宗教文化研究社，2002 年，第 208 页。关于马礼逊与这《圣经》译本的关系，可参见赵晓阳：《二马圣经本与白日升圣经译本关系考辨》，第 41—59 页。该文除考察马礼逊的译本外，亦讨论了马士曼（Joshua Marshman，1768—1837）在印度塞兰坡（Serampore）的《圣经》译本。

3 莫斯理曾提到有人愿意负责抄写该译本，但没有说出这人的名字。Moseley, *The Origin of the First Protestant Mission to China*, p. 109, n. 2。不过，收录在该书里小斯当东一封写给莫斯理的信中，便提到莫斯理要求小斯当东评定孟督及在抄写以及印制大英博物馆《新约》中译本方面的能力。同上，第 68—69 页。

of Siena）〕取得法律博士学位，同年开始在托洛梅伊大学
（Tolomei College）任英文教授，并在 1789 年 2 月离开意大利到英
国前曾短暂担任新任英国大使哈维勋爵（Lord Harvey）的私人秘
书。[1] 接着，他受聘到伦敦为瓷器商韦奇伍德（Wedgwood）家庭
担任意大利文老师。根据他自己的说法，他在 1791 年在伦敦的一
次拍卖活动中买到一本中文字典。这字典收有 11 100 个中文字，
以葡萄牙语标音；孟督及还特别说到，使团译员柯宗孝告诉他，
这是在欧洲唯一的藏本。[2] 从那时候开始，中文便成为他喜爱学习
的语言。[3] 1801 年，他便自称是一名中国文学的"狂热和积极的爱
好者"，[4] 并发表了一篇有关大英博物馆所藏《新约》节译本的文
章。[5] 上文已指出，在大英博物馆找到这译本手稿的是莫斯理，他
请孟督及帮忙，孟督及非常愿意协助抄写、重印译本；[6] 而也就差
不多从这个时候开始，他以汉学家身份为大众所知，原因在于他

---

1 Henry McAnally，"Antonio Montucci," *Modern Language Quarterly* 7，no. 1
（1946），p. 65.

2 Antonio Montucci，*The Title-page Reviewed, The Characteristic Merits of the
Chinese Language, Illustrated by an Investigation of its Singular Mechanism and
Peculiar Properties; Containing Analytical Strictures on Dr. Hager's Explanation of
the Elementary Characters of the Chinese*（London：W. and C. Spilsbury，1801），
p. 8.

3 Ibid., p. 2。上引亨利·麦卡纳利（Henry McAnally）的文章提到孟督及早
在曼奇尼大学念书时就已对"活语言"非常重视，但不能确定这时候他是否已开
始学中文。McAnally，"Antonio Montucci,"p. 67。

4 Antonio Montucci，*Urh-Chh-Tsze-Ten-Se-Yn-Pe-Keou; Being A Parallel
Drawn Between the Two Intended Chinese Dictionaries; By the Rev. Robert Morrison
and Antonio Montucci, LL. D.*（London：T. Cadell and W. Davis and T. Boosey，
1817），p. 5.

5 Montucci，"An Account of an Evangelical Chinese Manuscript," pp. 882 –
887.

6 关于孟督及与这《圣经》中译本的关系，可参见王宏志：《蒙突奇与白日
升圣经译本》，《东方翻译》第 25 期，2013 年 10 月，第 36—42 页。

发表了一份编写中文字典的计划。[1] 众所周知，历史上第一本汉英字典是由马礼逊在 1823 年出版的《华英字典》（*A Dictionary of the Chinese Language*）。[2] 不过，早在 1801 年，也就是马礼逊还没有出发去中国前，孟督及已经在非常认真地思考和讨论怎样去编写一本汉英字典，甚至指出最少需耗费多少金钱和时间才可能把这字典编印出来。[3] 这些想法大概跟他在伦敦买到的第一本中文书就是一本字典有关。[4] 从此，出版汉英字典就成为孟督及的终身事业。为筹集研究和出版经费，他不断写信给欧洲的皇室贵族和学院寻求资助，更走遍欧洲，最后靠教授英文和意大利文来维持生计。很有意思的是，尽管这部字典始终没有出版，但他对于构思字典的概念已感到十分自豪。他甚至在马礼逊《华英字典》只出版了第一册时，便马上写了一篇长长的文章《二帙字典西译比较》，把两本还没有出版、被他称为"两部构思中的中文字典"（"two intended Chinese dictionaries"）作比较，甚至把二人编写中文字典视为一种"文学竞赛"（"literary contest"），更邀请小斯当东作评判，又把这本小册子献给小斯当东。[5] 当然，我们知道马礼逊很轻易地成为胜利者，因为孟督及终其一生也没有能够把他的汉英字典编纂出来，而马礼逊则在短短两三年间便完成出版字典第二、三卷的工作，且在多年后就孟督及对字典的批评

1　McAnally, "Antonio Montucci," p. 67.

2　Robert Morrison, *A Dictionary of the Chinese Language, in Three Parts* (Macao: The Honorable East India Company's Press, 1815), vol. 1, part 1, p. 201. Robert Morrison, *A Dictionary of the Chinese Language, in Three Parts* (Macao: The Honorable East India Company's Press, 1819), vol. 1, part 2, p. 1047.

3　Montucci, *The Title-Page Reviewed*, p. 9.

4　McAnally, "Antonio Montucci," p. 67.

5　Montucci, *Urh-Chh-Tsze-Ten-Se-Yn-Pe-Keou*.

作了回应。[1]

不过,在这次单方面提出与马礼逊作所谓的"文学竞赛"十多年前,孟督及便已卷入一场十分激烈的论争里,而编写及出版中文字典也是其中一条导火线。孟督及这次的对手是德裔汉学家哈盖尔(Joseph Hager,1757—1819)。1801 年 2 月,哈盖尔在伦敦出版《基础汉字解说及中国古代符号和图形文字分析》(*An Explanation of the Elementary Characters of Chinese; with an Analysis of their Ancient Symbols and Hieroglyphics*),里面提及自己正在准备编写一部中文字典。[2] 同年 8 月,孟督及专门出版一本小册子,批评哈盖尔的中文能力及其著作中的错误,[3] 掀起了一场持续几年、后来被称为"东方的争论"("oriental dispute")的笔战,[4] 且把一些杂志也牵连在内。我们不在这里详细介绍这场论争,[5] 但

1 Robert Morrison, "To the Editor of the *Asiatic Journal*," *The Asiatic Journal and Monthly Register for British India and Its Dependencies* 15, no. 89 (May 1823), pp. 459 – 461.

2 Joseph Hager, *An Explanation of the Elementary Characters of Chinese; with an Analysis of their Ancient Symbols and Hieroglyphics* (London:Richard Phillips, 1801)。除这部作品外,哈盖尔在 1806 年又以法文出版了一本有关中国与古希腊宗教信仰比较的著作。Joseph Hager, *Pathèon Chinois, ou parallele entre le culte religieux des Grecs et celui des Chinois* (Paris:De L'Imprimerie de P. Didot L'ainé, 1806)。

3 Montucci, *The Title-Page Reviewed*.

4 McAnally, "Antonio Montucci," p. 71.

5 除 *The Title-Page Reviewed* 外,孟督及还写了一系列文章,发表在 *The Universal Magazine* 上,稍后还辑录出版。Antonio Montucci, *Letters to the Editor of The Universal Magazine, on Chinese Literature; Including Strictures on Dr. Hager's two Works and the Reviewers' Opinions Concerning Them* (London:Knight and Compton, 1804)。哈盖尔反驳的文章有 J. Hager, "P. S. in Answer to Mr. Montucci's Last Publication," in "For the *Monthly Magazine*. Observations on the Name and Origin of the Pyramids of Egypt," *Monthly Magazine* 12, no. 1 (1 August 1801), p. 6;"Reply to Dr. Montucci," *The Critical Review, Or, Annals of Literature* 34 (February 1802), pp. 206 – 217。

这事件却间接地提供了有关马戛尔尼使团国书翻译的资料。在这
本小册子里，孟督及为展示自己的中文能力和作为汉学家的资历，
详细交代自己学习中文的经过。小册子以一封信开始，下署日期
为 1801 年 6 月 24 日，里面有这样的说法：

> 1792 年，我很荣幸地得到今已离世的斯当东爵士的委任，
> 作为英国国王陛下写给中国皇帝中文文书的誊抄员；今天我
> 仍拥有这文书的正本和副本。
>
> In 1792, I had the honour of being appointed by the late Sir
> George Staunton, as *Transcriber* of the Chinese Address of his
> Britannic Majesty to the Emperor of China; the original and a
> copy of which are still in my possession.[1]

此外，在小册子的后面，他又自编一份年表，开列他接触中文的
经历，其中 1792 年的一项是这样写的：

> 1792-John Reeves, Esq. Cecil-Street, Strand, introduced
> Dr. Montucci to the late SIR GEORGE STAUNTON and the
> Chinese Missionaries. — Dr. Montucci became acquainted with
> *Paul-Ko*. — Introduced to the British Museum by the same
> Missionaries, who proposed him as Transcriber of this *Majesty's
> Address* to the Emperor of China. — The Rev. Mr. Harper grants
> him free admittance to the Reading Room.[2]

---

1 Montucci, *The Title-Page Reviewed*, p. 2。斜体为原信所有，下同。
2 Ibid., p. 8.

这里透露好几个重要讯息：第一，孟督及在 1792 年经由李富士
（John Reeves，1774—1856）介绍，认识马戛尔尼使团的副使斯当
东及使团的两位传教士译者；第二，两位译者把孟督及介绍到大
英博物馆；第三，两位译者推荐孟督及负责誊抄英国国王给乾
隆的信；第四，在两位译者中，孟督及特别提及柯宗孝的名字。
综合上引来自孟督及编写的小册子的这两段文字，我们可以确
定孟督及就是在 1792 年经由斯当东正式委任负责誊抄国书的中
译本。

　　关于孟督及与使团译员的相识，魏汉茂（Hartmut Walravens）
在一本有关孟督及和哈盖尔的著作中有所描述。他说，孟督及在
1792 年在伦敦住下来后，听说有四名懂拉丁文的中国传教士学员
从那不勒斯被带到伦敦，准备在马戛尔尼使团中担任译员；孟督
及用中文写信给他们，联络上后，他曾为他们"提供一些服务"
（"ihnen einige Dienste zu erweisen"），这些中国人则赠送《正字
通》给他，孟督及通过跟他们经常交谈来练习官话口语。[1] 魏汉茂
这本约 100 页的作品中收有一些十分重要的材料，包括一份孟督
及的著作表，[2] 他所写的 28 封信，[3] 还有孟督及自撰的一份所藏汉
籍和手稿目录。[4] 不过，在上引孟督及与柯宗孝等相识过程的问题
上，魏汉茂没有提供讯息的来源，结论与我们所见到的资料颇为不

---

1 Hartmut Walravens, *Antonio Montucci（1762 - 1829）Lektor der italienischen Sprache, Jurist und gelehrter Sinologe; Joseph Hager（1757 - 1819）Orientalist und Chinakundiger*（Belin：C. Bell Verlag, 1992），p. 1.

2 "Veröffentlichungen von Antonio Montucci," ibid., pp. 8 - 16.

3 "Der bisher ermittelte Briefwechsel Montuccis," ibid., pp. 18 - 48.

4 "Catalogue des manuscrits et livre chinois," ibid., pp. 49 - 68.

同。[1]孟督及在 1792 年认识斯当东及两名中国传教士，这是毋庸置疑的。不过，在上引孟督及自拟年表中，他说自己是经由李富士介绍，与斯当东和中国传教士认识的。事实上，今天在斯当东所藏信件中，也的确找到李富士写给斯当东的一封介绍信，日期是 1792 年 7 月 4 日。在东印度公司在华贸易史中，李富士也算得上是重要的人物。他自 1812 年来华后便在公司任助理茶叶检查员，随后又任茶叶检查员（tea instructor，又称茶师[2]），长达 19 年，直至 1831 年才回国；此外，他也积极搜集中国动植物的资料，经常向英国皇家学会及其主席班克斯（Joseph Banks，1743—1820）汇报，[3]逐渐被视为

---

1 龙伯格（Knud Lundbæk，1912—1995）在一篇讨论欧洲汉学源流的文章中采取相同的说法："1792 年，他〔孟督及〕听到有四名中国传教士从那不勒斯获聘参加马戛尔尼使团。他用中文给他们写了一封信，后来和他们变得十分友好，他们送了一本《正字通》给他。自此，他对中文的热情从没有消减。" Knud Lundbæk, "The Establishment of European Sinology 1801－1815," p. 23。虽然龙伯格在这里没有明确地提供资料的来源，但几乎可以肯定是来自魏汉茂，因为他在后文紧接着谈到孟督及的藏书目录时便注明资料是来自魏汉茂。不过，龙伯格在另一条注释中说那不勒斯这四名传教士最终没有回到中国，在果阿弃船逃走（"They never arrived in China, deserting the ships in Goa."）。同上，第 52 页，注 11。这说法不是来自魏汉茂，而且明显是错误的。

2 游博清：《经营管理与商业竞争力：1786—1816 年间英国东印度公司对华贸易》，台北：元华文创股份有限公司，2017 年，第 53 页。

3 班克斯是英国历史上其中一位最具影响力的博物学家及植物学家。从 1778 年年仅 35 岁开始，他便一直担任皇家学会主席，长达 41 年，就科学发展方面向英国皇室提供意见。他积极派遣科研人员到世界各地采集动植物标本，又向乔治三世提议建造皇家植物园（Royal Botanic Gardens, Kew），大量栽种从世界各处殖民地搜集回来的植物，还大力倡议并推动英国的殖民地扩展。尤其是澳洲新南威尔士的殖民，班克斯更是主推者。关于班克斯，可参见 Edward Smith, *The Life of Sir Joseph Banks: President of the Royal Society, With Some Notices of His Friends and Contemporaries* (London: John Lane, 1911)。有关班克斯与英帝国海外扩张的知识领域，可参见 John Gascoigne, *Joseph Banks and the English Enlightenment: Useful Knowledge and Polite Culture* (Cambridge: Cambridge University Press, 1994); John Gascoigne, *Science in the Service of Empire: Joseph Banks, the British State and the Uses of Science in the Age of Revolution* (Cambridge:

重要的自然学家。[1]1793 年，虽然他还没有去中国，但显然已跟斯当东认识，可以充当介绍人。在给斯当东的信里，李富士开宗明义地说他把一名"意大利人孟督及博士"的名片留在斯当东那里，这名片是写给当时与斯当东一起的两名中国人的。信中提出孟督及极为热爱中国文化，希望能有机会与这两名中国人见面，但因为当天造访不遇，孟督及会在第二天直接写信给斯当东。[2]由此可见，孟督及最早在 7 月 5 日见到斯当东，而且也应该马上认识了柯宗孝和李自标，因为当时他们就住在斯当东家里。[3]不过，孟督及在小册子中自言有长达六个月的时间每天跟这些中国传教士谈话却是夸大了，[4]他只是想借此提高自己汉学家的地位，毕竟那时候欧洲的汉学家只能通过书本来自学中文，直接与中国人交流的

（接上页）Cambridge University Press, 1998）；Patricia Fara, *Sex, Botany and Empire: The Story of Carl Linnaeus and Joseph Banks* （Cambridge：Icon Books, 2003）。不过，与本书更相关的是班克斯其实间接地参与了马戛尔尼使团，因为使团成员中两名植物学家便是由他推荐指派的，更清楚地指示应该为皇家植物园采集什么植物。他也跟马戛尔尼及副使斯当东早已认识，斯当东回国后出版使团回忆录时，班克斯还负责审定插图，并积极协助出版。专门研究班克斯与马戛尔尼使团的学者是乔丹·古德曼（Jordan Goodman），2014 年 3 月 5 日在英国伦敦大学院科技研究系（Department of Science and Technology Studies, University College of London）作过一场报告，题目为"Science and Diplomacy：Joseph Banks and the Macartney Embassy to China, 1792 – 1794"，https：//www.ucl.ac.uk/sts/sts-publication-events/calendar_archive/2014_03_05_Seminar，检索日期：2015 年 7 月 20 日。又可参见其有关班克斯的专著：Jordan Goodman, *Planting the World: Botany, Adventures and Enlightenment Across the Globe with Joseph Banks* （New York：HarperCollins Publishers, 2019）。

1 关于李富士在华的科学活动，参见 Fa-ti Fan, *British Naturalists in Qing China: Science, Empire, and Cultural Encounter* （Cambridge, MA：Harvard University Press, 2004）, pp. 43 – 45。

2 John Reeves to Sir George Staunton, London, 4 July 1792, Staunton Papers, Duke University.

3 Paulus Cho and Jacobus Ly to Massei, London, 22 May 1792.

4 Montucci, *The Title-Page Reviewed*, p. 2.

机会很难得，是汉学家资历的重要元素，因此，孟督及在这里对柯宗孝和李自标还特别加上"博学"（"the learned Missionaries"）的形容。[1]不过，斯当东、柯宗孝一行在9月15日便离开伦敦，距离最初的见面实际不足两个半月，孟督及不可能有超过六个月的时间每天跟中国传教士谈话。至于传教士赠送《正字通》，孟督及自己也有记述此事。在他自编的年表里，这套16卷的辞典是由东印度公司特选委员会前主席托马斯·菲茨休在1792年送给柯宗孝的，柯宗孝转赠予孟督及。[2]

把孟督及这份自编年表跟莫斯理的说法对照后，我们可以见到有一处很明显但却非常关键的差异，那就是孟督及只自称负责抄写国书的中译本，并没有表明参与翻译的工作。相对于莫斯理，作为当事人的孟督及的说法，应该是较可信的；而且，假如孟督及真的翻译过国书，实在没有理由不在这场汉学家地位争夺战中大书特书的。毕竟，尽管孟督及对于自己抄写员的身份十分自豪，在小册子封面上的自我介绍中也特别注明这段经历："曾担任英国国王陛下及东印度公司的中文誊抄员"（"Occasional Chinese transcriber to His Majesty and to the Honourable the East India Company"），[3]但誊抄者地位始终不如翻译者，这点也曾遭对手嘲讽。[4]但无论怎样，由此而产生的问题是：为什么要有这抄写的过程？

除这份自编年表外，孟督及还于1809年在德国柏林出版《小德金中国之旅的语言学笔记》（*Remarques Philologiques sur les*

---

1 Montucci, *The Title-Page Reviewed*, p. 2.

2 Ibid, p. 8.

3 Ibid.

4 Hager, "P. S. in Answer to Mr. Montucci's Last Publication," p. 6.

voyages en Chine de M. de Guignes）。[1] 他在该书开首征引《伦敦先驱晨报》（*London Morning Herald*）1802 年 9 月 17 日的一则有关英使团的报道，可以见到有关抄写国书问题更清楚的说法和解释：由于中国的法律不容许国人牵涉进中国与欧洲的任何政治事务，违反者会被处死，因此，两名陪同使团到中国去的华人传教士不敢自己抄写译文，以免在呈献给皇帝时被认出字迹而惹来麻烦。这给使团带来难题，后来才有解决方法，就是找来"居住在这个城市的语言学家孟督及博士"来帮忙，他"熟悉汉字的结构和组合"，最后把国书中译本清晰地誊抄出来。这就清楚地解释了为什么有孟督及抄写国书中译本的安排。不过，这脚注最重要而明确的讯息是"原来的信件是由传教士们所书写的"（"the original letter, which had been previously composed by the Missionaries"），[2] 这就完全解决了国书中译者身份之谜：英国国王给乾隆国书的中

1　小德金（Chrétien-Louis-Joseph de Guignes, 1759—1845，又作小德经），法国汉学家，最先师从其东方学家父亲德经（Joseph de Guignes, 1721—1800）学习中文，1783 年去中国，住了 17 年。1794 年，以译员的身份加入荷兰德胜使团到北京，后来出版游记式的回忆录。Chrétien-Louis-Joseph de Guignes, *Voyage à Péking, Manille et L'Île de France, Dans l'intervalle des années 1784 à 1801*（Paris：L'Imprimerie Impérial, 1808）。小德金在 1813 年出版的中文、法文、拉丁文字典，被孟督及及另一位法国汉学家雷慕沙（Jean-Pierre Abel-Rémusat, 1788—1832）猛烈批评，前者指出其中的大量谬误，后者则批评他抄袭叶尊孝（Basilio Brollo, 1648—1704，又名叶宗贤）一部中文拉丁文字典（*Dictionarium Sinico-Latinum*）。关于叶尊孝的字典，可参见 Isabelle Landry-Deron, "Le Dictionnaire chinois, français et latin de 1813," *T'oung Pao* 101, Fasc 4‑5（2015）, pp. 407‑440；关于早期欧洲汉学，尤其上面提及几名汉学家的相互攻讦，参见 Lundbæk, "The Establishment of European Sinology 1801‑1815," pp. 15‑54。

2　Sinologus Berolinensis［Antonio Montucci］, *Remarques Philologiques sur les voyages en Chine de M. de Guignes*（Berlin：Aux Frais De L'Auteur, 1809）, p. 1, note；关于孟督及在这里所用"柏林汉学家"（Sinologus Berolinensis）的笔名，可参见 Georg Lehner, "From Enlightenment to Sinology：Early European Suggestions

译本是由柯宗孝和李自标所翻译出来的。

其实，即使没有孟督及作为当事人的解说，客观来看，英国国王乔治三世致乾隆的国书也不可能由孟督及翻译。从上面有关孟督及生平的简要介绍中，我们见到他自述是在 1789 年 2 月到达英国以后才开始对学习中文产生兴趣的，但我们知道，使团在 1792 年 9 月便正式出发，而国书的中译本是在出发前就完成的，那么，在短短的两三年里，尤其是在没有合格的老师和教材的情况下，孟督及就学会中文，以至能够翻译一份这样重要、这样困难的文本吗？这是不可能的。此外，既然孟督及最早要在 1792 年 7 月 5 日才跟斯当东初次见面，斯当东会在刚认识他时便会把这样重要的任务交给他吗？而且，斯当东在 1792 年 5 月便和两名中国传教士回到伦敦，他为何不马上把翻译工作交给他们，让这两名专门作使团翻译的中国译者开展工作，却要待到孟督及突然出现时才找他来翻译？这完全不合理。还有语言能力的问题，即使在十多年以后，孟督及能否胜任翻译，也还是可疑的。上文说过，莫斯理曾建议重印大英博物馆所藏《新约》节译本，伦敦教会方面邀请小斯当东作为评审，确定这文本的准确性以及重印的可行性。小斯当东在 1804 年 5 月 5 日给莫斯理的回信里，一方面确认孟督及在刻印汉字方面的能力突出，甚至比同时期在欧洲所见到的刻印还要优胜，因此，如果只是按照原来译本重新印制，孟督及负责誊抄，他是胜任的；但另一方面，对于孟督及是否可以对该译本作出修正，小斯当东便说得十分含糊，表示很难确定，又

（接上页）on How to Learn Chinese, 1770 – 1840," in Phillip F. Williams ed., *Asian Literary Voices: From Marginal to Mainstream* (Amsterdam: Amsterdam University Press, 2010), p. 84。

说在努力和专注程度上，孟督及是没有问题的，而在碰到翻译上的困难时，他大可以向其他人请教。[1] 虽然说得委婉，但显然是对孟督及的中文能力有所保留，不认为他有能力修订原有的译本。在这情形下，孟督及又怎可能在十多年前、刚开始学中文后不久便能够自行翻译英国国王国书？从小斯当东的评说来看，就是在1804 年，孟督及最多也只能够做抄写译文的工作，没有能力做正式的翻译。但话说回来，孟督及自己也从没有提及在国书翻译过程中扮演过什么角色，自始至终都只说自己是誊抄人。

此外，孟督及在谈到国书中译时，大部分时间都以"中国人传教士"（"the Chinese missionaries"）来指称国书译者，那么，另外两名从那不勒斯一起回到中国的传教士严宽仁和王英可曾参与国书的翻译工作？答案是否定的，《译员篇》已指出，严宽仁和王英并不是跟随柯宗孝和李自标一起离开那不勒斯的，而是在柯宗孝等出发后七天才启程；而且，在离开意大利后，他们也没有马上跟随斯当东去伦敦，而是在使团出发前往中国的前一刻，才赶到朴次茅斯加入的。1792 年 9 月 16 日星期日，也就是使团已到了朴次茅斯的第二天，小斯当东在日记上记下："在这里，我们的中国人与他们的朋友（另外的中国人）王先生和严先生会合。"[2] 既然国书中译本早在使团出发前已翻译妥当，且经由孟督及誊抄好，王英和严宽仁便不可能参与翻译了。

那么，在柯宗孝和李自标二人中，翻译的工作究竟主要是谁

---

1 "Letter from Sir George Staunton, Bart., in Reply to the Rev. W. Moseley's Inquiries, on the Subject of Dr. Montucci's Chinese Attainments," in Moseley, *The Origin of the First Protestant Mission to China*, pp. 68 – 69.

2 "Sunday, the 16th... here our chinese met their friends, (the other chinese) Mr. Wang and Nien." Thomas Staunton, "Journey to China 1792," p. 3.

负责的？从现有资料看，应该是柯宗孝的角色较重要，其中最主要的原因是柯宗孝的中文水平比李自标高。应该同意，他们的中文水平不能跟当时中国一般读书人相比：二人很年轻时便离开中国，且由于他们都信奉天主教，一心要去意大利学习修道和传教，在出国前所接受的传统中国教育便不一定足够；更不要说二人在意大利居住生活 20 年，尽管那不勒斯的中华书院继续提供中文的训练，但显然水平不会很高。[1] 在二人中，看来李自标的问题较严重。《译员篇》已指出，斯当东曾在回忆录中两次批评李自标的中文有问题，[2] 连说话一向得体含蓄的马戛尔尼也忍不住说李自标算不上是一位那么合格的读书人（"not so complete a scholar"），[3] 而且这评语是在评论柯宗孝离团的问题时说出的，当中显然隐含柯宗孝在这方面较为优胜的意思。其实，这也是在预料之内的。二人在 1774 年离开中国时，柯宗孝已有 16 岁，李自标还不足 14 岁，更不要说李自标不是汉族人，而是在偏远的甘肃武威长大的少数民族；他所接受的传统中文训练，肯定不如在京城长大的柯宗孝。[4]

我们还有另一条重要线索，足以证明柯宗孝在翻译国书的过程中的确是占主导的位置。这线索也同样来自孟督及，而且就在他那本 1801 年出版的批评哈盖尔汉语能力的小册子里。这小册子的封面上刻印了孟督及所写的一些汉字，这些字词跟书本内容无关，并没有什么特别的含义，例如被指从钱德明回忆录中抄录过

---

1 现在知道他们当时用的中文读本是林云铭编的《古文析义》及吕芸庄编的《考卷精锐》。Harrison, *The Perils of Interpreting*, p. 284, n. 17。

2 Staunton, *An Authentic Account of an Embassy*, vol. 2, p. 29 and p. 125.

3 Macartney, *An Embassy to China*, p. 62.

4 马戛尔尼 1793 年 10 月 2 日的日志记有柯宗孝回到北京与家人团聚的消息。Ibid., p. 148。

来的《周易·系辞》的"书不尽言，言不尽意"，[1] 放在封面上只不过是为了炫耀自己书写汉字的能力。不过，小册子封面左右两边却写有相同的文字——"热阿尔卓第三位大红毛国王"。为什么会出现两句相同的句子？孟督及告诉我们：左边的一句是从柯宗孝所写的原稿中刻印出来，而右边的则是他自己所写的。他还特别强调柯宗孝所写的原底本还在他手上，并颇为自豪地说没有用透明纸或铅笔去摹印，目的也同样是炫耀自己书写中文的能力。[2] 我们在这里不评论它的效果，[3] 要指出的是现在所见到柯宗孝他们所翻译的国书中文本，也同样以"热亚尔卓第三位"来翻译"George the Third"，虽然英国外交部档案中所见到的版本没有"大红毛国王"的说法，但经由孟督及所抄写保留的一份，当中便用上"大红毛国王"。由此看来，负责写出中译本、供孟督及誊抄的便是柯宗孝而不是李自标。而且，在现在所见到孟督及的文字中，谈到马戛尔尼使团的译员时，虽然也确定不止一人，但却从没有直接提到李自标的名字；相反，柯宗孝的名字就经常出现，除一口气在 1801 年的小册子里出现三次外，[4] 孟督及在 1804 年写信给《每月杂志》的编辑，谈及《百家姓》的问题时，也特别在脚注中提到"我的中国朋友柯宗孝"（"My Chinese

---

1 哈盖尔说孟督及是从钱德明的 *Memoirs of the Missionaries of Peking* 第一卷抄过来的。Hager, "P. S. in Answer to Mr. Montucci's Last Publication," p. 6。这里所指的应该是 *Mémoires concernant l'Histoire, les Sciences, les Arts, les Mœurs, les Usages, & c. Des Chinois Par les Missionnaires de Pekin*, Tome premier（Paris: Nyon, 1776), p. 323。

2 Montucci, *The Title-Page Reviewed*, p. 6.

3 孟督及的对手便对此大加挞伐，认为孟督及自己所写的远远不及原来柯宗孝的文字：柯宗孝的字是"轻松和流畅的"，而孟督及的则是"菱曲和变形的"。"The Title-Pager Reviewed," *The Critical Review* 34 (January 1802), p. 211.

4 Ibid., pp. 6, 8.

friend，Paul-ko")。[1] 这大概也能说明在柯宗孝和李自标二人中，较为主导的应该是柯宗孝了。

那么，柯、李二人合作译出的国书是怎样的？下面就要回到译文文本的问题。

三

在一段很长的时间里，我们所见到有关马戛尔尼使团国书中文本的讨论，几乎毫无例外地依据《掌故丛编》以及《汇编》内的《译出英吉利国表文》，二者是同一个文本，来源是清廷军机处上谕档。[2] 但事实上，这《译出英吉利国表文》并不是柯宗孝和李自标所翻译的文本，也就是说，这并不是英国人自己提供的、"远道带来"的文本。

只要粗略一看，就会注意到《译出英吉利国表文》所使用的是十分突兀的文体，那是一种非常浅易俚俗的白话文，甚至出现不少口语化的表述。例如一开始时说他们"知道中国地方甚大，管的百姓甚多"，大皇帝"都照管他们，叫他们尽心出力，又能长进"，又有"别国的好处，我们能得着；我们的好处，别国也能得着"，"从前本国的许多人到中国海口来做买卖，两下的人都能得好处"，"要得一个妥当明白的人，又有才学，又有权柄，又要得到大皇帝跟前对答上来的"等等，都是粗俗的日常口语，跟当时惯用的文言书面语有很大的差异。此外，问题不单在使用白话文

---

1 Antonio Montucci, "To the Editor of the *Monthly Magazine*, 12 March 1804," *Monthly Magazine* 17, no. 3（1 April 1804），p. 211.

2 《译出英吉利国表文》，《掌故丛编》，第 76—78 页；又见《英使马戛尔尼访华档案史料汇编》，第 162—164 页。

还是文言文，因为译文也不见得是纯粹和合格的白话文。很多时候，译文生吞活剥地加插一些浅白的文言，甚至朝廷公文常见的滥调套语，造成半文不白、古怪生硬的语句，例如"如今本国与各处全都平安了"，"越发想念着来向化输诚"等，通篇文理不通，不妥当的地方很多。再举一些例子：

> 恐各处地方我们有知道不全的，也有全不知道的，从前的想头要知道，如今蒙天主的恩可办成了，要把各处的禽兽、草木、土物各件都要知道，要把四方十界的物件，各国互相交易，大家都得便宜。[1]
>
> 至所差的人，如大皇帝用他的学问巧思，要他办些事，做些精巧技艺，只管委他。或在内地办不出来，还好寄信来，在大西洋各地方采办得出来的。[2]

简而言之，从文体来说，《译出英吉利国表文》是一篇文笔拙劣、半文不白的译文，可见译者的中文书写水平很低，就是一般的书写规范也不能掌握，更不要说朝廷公文惯常的书写用语。难怪有论者认为这样的文字让那些"娴于笔墨、深谙官场之道的大员们，忍俊不禁而又惊诧不已"，[3] 很难想象是一份放在镶有钻石的黄金盒子里，要呈送给乾隆的国书。

更严重的是内容的表述，究竟这样一封文笔拙劣的国书向乾隆传递了什么讯息？从内容上来看，那是一份由下邦呈送天朝、极其卑躬屈膝、地地道道的贡书。

---

1 《译出英吉利国表文》，《英使马戛尔尼访华档案史料汇编》，第 163 页。

2 同上，第 164 页。

3 戴廷杰：《兼听则明——马戛尔尼使华再探》，同上，第 131 页。

首先是事件两位中心人物——乾隆和英国国王的称谓和描述。《译出英吉利国表文》是这样开始的：

> 暎咭唎国王热沃尔日敬奏
> 中国
> 大皇帝万万岁。热沃尔日第三世，蒙天主恩暎咭唎国大红毛
> 及佛郎西依拜尔呢雅国王海主，恭惟
> 大皇帝万万岁，应该坐殿万万年。[1]

乔治三世是一名"国王海主"，这只是一个简单而普通的中性描述，并非什么至高无上、伟大权威的领袖；相反，中国的却是"大皇帝"，这跟"国王"是很不一样的，更不要说"海主"了，这就是承认中国的政治地位高于英国。可以见到，整份国书都十分敬畏地以"大皇帝"称呼乾隆，前后共出现18次，自己只自称"我"或"我们"，相较于乾隆在后来颁给英国国王的敕谕里自称"朕"，直接称呼对方为"尔"，[2]高下立见。此外，这位"大皇帝"是"万万岁"的。在上引译文短短的一段50余字里，"大皇帝"出现了2次，"万万岁（年）"和"万万岁年"共出现了3次，完全是一种君临天下的姿态；而面对这位大皇帝，英国君主只好"敬奏"，要"恭惟"，变成臣伏的状态了。

但原来乔治三世的信是怎样写的？

His Most Sacred Majesty George the Third, by the Grace of

---

1 《译出英吉利国表文》，《英使马戛尔尼访华档案史料汇编》，第162页。
2 《大清皇帝给英吉利国王敕谕》，同上，第165—166页；《大清皇帝为开口贸易事给国王的敕谕》，同上，第172—175页。

God King of Great Britain, France and Ireland, Sovereign of the Seas, Defender of the Faith and so forth, To the Supreme Emperor of China Kian-long worthy to live tens of thousands and tens of thousands thousand Years, sendeth Greeting.[1]

这里共征引了 51 个字，但其中直接关于乔治三世的描述就占去 30 个字，他以极为尊贵的言辞自称，是最神圣的陛下，除身为大不列颠、爱尔兰和法兰西的统治者外，更是海上的霸主、基督思想的守护者。正如论者所说，"在形式上竭力模仿皇帝治下'成千上万'的臣民的口气"。[2]另外，他只是把乾隆描述为"中国至高无上的乾隆皇帝，万岁万万岁"，没有什么特别的地方，当中刻意传达的，就是他的地位与乾隆是平等的，甚至比乾隆更高。

皇帝以外，对于使臣马戛尔尼的描述情况又怎样？应该同意，马戛尔尼作为英国大使的资历是出色的。早在 1764 年，他 27 岁时即以特使（envoy-extraordinary）身份被派往圣彼得堡，并在出发前即获授骑士衔；两年后，他婉拒出任俄国大使，回到英国；[3]1768 年，获选为爱尔兰议会议员，担任爱尔兰首席大臣（Chief Secretary for Ireland）。1774 年，马戛尔尼从苏格兰选区选入不列颠国会，不久更被任命为格林纳达总督（Governor of Grenada），赐爱尔兰利森诺尔勋男爵衔（Baron Macartney of Lissanoure）；1780 至 1785 年间出任马德拉斯维圣乔治总督（President of Fort

---

1 "Letter from His Majesty to the Emperor of China on the Occasion of Deputing Lord Macartney on an Embassy," p. 325.

2 Hevia, *Cherishing Men from Afar*, p. 60.

3 关于马戛尔尼在俄国的情况，可参见 F. W. Reddaway. "Macartney in Russia, 1765 - 1767," *Cambridge Historical Journal* 3（1931），pp. 260 - 294。

St. George），而在获任命出使中国时，更在 1792 年 6 月 28 日获授子爵衔（Viscount Macartney of Dervock）。[1] 作为使团国书，内文详细交代大使马戛尔尼的资历是很合理的。不过，原文的描述很特别，用上一整段接近 170 个字的长句子来大加书写，并且夸大其词，出现的形容词都是最高级形式的（superlative adjectival form），目的是要让乾隆感觉得到他的地位重要，愿意接受他的要求：

> We have fixed upon Our right trusty and well-beloved Cousin and Counsellor, the Right Honorable George Lord Viscount Macartney, Baron of Lissanoure and one of Our most honorable Privy Council of Our Kingdom of Great Britain, Knight of the most honorable order of the Bath and of the most ancient and royal order of the White Eagle, and Fellow of Our Royal Society of London for the promotion of natural knowledge, a Nobleman of high rank and quality, of great virtue, wisdom and ability, who has filled many important offices in the State of trust and honor, has already worthily represented Our Person in an Embassy to the Court of Russia, and has governed with mildness, justice and success, several of Our most considerable possessions in the Eastern and Western Parts of the World, and appointed to the Government General of Bengal, to be Our Embassador Extraordinary and Plenipotentiary to Your Imperial Majesty with

---

1 Morse, *The Chronicle of the East India Company*, vol. 2, p. 213; Cranmer-Byng, "Introduction," in Macartney, *An Embassy to China*, pp. 17 – 23.

credentials under Our Great Seal of Our Kingdoms and Our Sign
Manual，…[1]

这段文字一部分曾在东印度公司主席百灵写给署理两广总督郭世
勋的信中出现过，只是现在写得更详细、更夸张，就是西方的学
者也认同这是非常花巧华丽、过于恭维的写法（"in much more
flowery and complimentary language"）。[2] 诚然，要把这样极其冗
长、复杂、浓艳、浮夸的句子直接准确地用中文翻译出来很不容
易，实在不能期待当时的译者能译出所谓准确流畅的译文；而且，
即使译者把那些国家、地方以至职衔和组织全都翻译出来，乾隆
和他的大臣们又真的能理解吗？这当中包含巨大的政治体制和文
化上的差异，在翻译或理解上都很困难。但无论如何，原文以单
一句子作这样铺天盖地的罗列，的确能够造成一种气势磅礴的效
果，让人感到使者的威武，很符合国书应有的庄严性质。但《译
出英吉利国表文》又怎样？一方面，它把一大串隆重而夸张的描
述全部删除，另一方面又以十分软弱的语调来表述马戛尔尼的经
历。这显然很有问题，令马戛尔尼变得地位低微，根本就不是什
么值得重视和尊敬的重要人物：

> 本国王的亲戚，忠信良善，议国事的大臣，身上带的两
> 个恩典的凭据，从许多博学人里挑出来一个大博学的人。他
> 从前办过多少大事，又到俄罗斯国出过差，又管过多少地方

1　"Letter from His Majesty to the Emperor of China on the Occasion of Deputing
Lord Macartney on an Embassy," pp. 328 – 329.

2　Pritchard, *The Crucial Years*, p. 301.

办事，又到过小西洋本噶拉等处属国地方料理过事情。[1]

除赞扬他博学这点也许会稍微能赢得中国人的一点尊重外，其他所有关于他的活动经历，如"办事""出差""料理过事情"等，都是非常普通的描述，把马戛尔尼写成一个只供四处差遣、处理杂务的跑腿角色，而绝对不像一位处理过国际外交大事、地位显赫的重要人物。

类似的情况也出现在副使斯当东的描述上。原信同样以相当的篇幅和夸张的手法来介绍斯当东的资历：

> We have appointed Our trusty and well beloved Sir George Staunton, Bart., honorary doctor of Laws of Our University of Oxford, and Fellow of Our Royal Society of London for the promotion of natural knowledge, whom We have appointed Our Secretary of Embassy under the direction of Our Embassador as a Gentleman of wisdom and knowledge who hath already served us with fidelity and zeal as a Member of Our Dominions in the West Indies, and appointed by Us Our Attorney General in the same, and hath since exercised with abilty and success the Office of Commissioner for treating and making Peace with Tippoo Sultaun, one of the most considerable Princes of Hindostan, to be also Minister Plenipotentiary to Your August Person, ...[2]

---

1 《译出英吉利国表文》，《英使马戛尔尼访华档案史料汇编》，第 163—164 页。

2 "Letter from His Majesty to the Emperor of China on the Occasion of Deputing Lord Macartney on an Embassy," p. 330.

但《译出英吉利国表文》的表述也同样把这些重要资历删除，让人觉得他只不过是稍具办事能力，能够做些杂事的人：

> 他的博学、会办事与正贡使一样的，故此从前派他在海岛平服过许多的事情，又到小西洋痕都斯坦国，与那第博苏渥尔咹王讲和过事。因他能办这些事能出力，故此派他同去预备着好替正贡使办事。[1]

什么"平服过许多的事情"、"讲和"、办事"能出力"，所以派他"预备"去"替正贡使办事"，都把斯当东描写成无关紧要、只是打理杂事的小人物。就是这样，英国使团正副使的资历和地位都被大大贬低，以致使团的价值也被削弱，跟原来国书的讯息有很大的分别。

人物描写以外，还有一个可以说是核心的问题——朝贡问题。毫无疑问，原来的国书丝毫没有英国要遣使到中国来朝贡的意思，而是两国之间平等交往的正常外交行为。因此，原文中马戛尔尼正式的职衔是"我国派往贵国的特命全权大使"（"Our Embassador Extraordinary and Plenipotentiary to Your Imperial Majesty"），而斯当东则是"全权公使"（"Minister Plenipotentiary"）。但《译出英吉利国表文》却将"Embassador"全译成"贡使"，"正贡使"或"贡使"在全文共出现了六次，还有"副贡使"出现，更有这样一句：

> 如今本国与各处全平安了，所以趁此时候，得与中国大

---

1 《译出英吉利国表文》，《英使马戛尔尼访华档案史料汇编》，第164页。

皇帝进献表贡，盼望得些好处。[1]

这就是明确地把他们定位为前来进贡的使团，跟原信有很大的歧义。原文其实是这样写的：

> We have the happiness of being at peace with all the World, no time can be so propitious for extending the bounds of friendship and benevolence, and for proposing to communicate and receive those benefits which must result from an unreserved and amicable intercourse, between such great and civilized Nations as China and Great Britain. [2]

原信得体地解释为什么这时是遣使的最合适时机，并没有进献表贡、求取好处的意思，遣使是为了扩展友情和仁爱的疆域，最后的部分——"像中国和大英国这样伟大和文明的国家之间友好的交往"——更明确地传达了中英两国地位平等、同样是伟大文明的国家的讯息。但中译本却明显不同，不但删去原文所表达两国地位平等的部分，更完全把使团的到访纳入朝贡制度的框架内，以一种极其谦顺卑屈的笔调写成，好几次出现了英国国王"求"大皇帝的地方："求与中国永远平安和好""如今求大皇帝见他""再求大皇帝也与正贡使一样恩待他"。这无疑就是把英国置于藩属附庸的位置，违背原来国书的内容和精神。英国国王国书中结

---

1 《译出英吉利国表文》，《英使马戛尔尼访华档案史料汇编》，第 163 页。

2 "Letter from His Majesty to the Emperor of China on the Occasion of Deputing Lord Macartney on an Embassy," p. 327.

尾的一段是很重要的：

… and it will give Us the utmost satisfaction to learn that Our
wishes in that respect have been amply complied with and that We
are Brethren in Sovereignty，so may a Brotherly affection ever
subsist between Us.[1]

在这里，乔治三世清楚地跟乾隆以兄弟相称，是"各有主权的兄
弟"，并祝愿兄弟之间的爱能够长存。诚然，这是当时欧洲国家君
主间惯常的做法，[2] 当中的意义是明确的，就是各个君主之间地位
平等，无分高低。乔治三世以这样的方式来跟乾隆确立关系，不
单从西方那种列国平等的概念出发，而且更重要的是要表明中国
与英国地位相同。《译出英吉利国表文》没有把这重要讯息翻译出
来，却换上一段阿谀奉承的话作结：

> 贡使起身，已详细嘱咐他在大皇帝前小心敬慎，方显得
> 一片诚心，能得大皇帝喜欢，下怀亦得喜欢。[3]

类似的奉承语句更是充斥全篇译文，说"中国地方甚大，管的百
姓甚多"，中国大皇帝"圣功威德，公正仁爱"，保护着"中国地
方连外国地方"，因此，这些地方的人民得到大皇帝的恩典，都

1 "Letter from His Majesty to the Emperor of China on the Occasion of Deputing
Lord Macartney on an Embassy，" p. 332.
2 戴廷杰：《兼听则明——马戛尔尼使华再探》，《英使马戛尔尼访华档案史
料汇编》，第 131 页。
3 《译出英吉利国表文》，同上，第 164 页。

"心里悦服，内外安宁"；大皇帝管治的地方"一切风俗礼法比别处更高，至精至妙，实在是头一处，各处也都赞美心服"，所以英国人"早有心要差人来"，甚至派遣使臣来中国也是为了能够"在北京城切近观光，沐浴教化，以便回国时奉扬德政，化道本国众人"。另外，还有"与中国大皇帝进献表贡""向化输诚""将表文呈进""求大皇帝加恩""常受大皇帝恩典"等字句，除文辞稍嫌拙劣别扭外，这些都是典型的朝贡表文惯用的语言，但却不是乔治三世原来国书的内容。我们不是说原信没有颂赞乾隆的地方，里面也出现"a great and benevolent Sovereign such as is Your Imperial Majesty"（"像陛下这样一位伟大仁爱的国君"）、"Your Majesty's populous and extensive Empire"（"陛下人口众多、幅员广阔的帝国"）、"Your Imperial Majesty's wisdom and Justice and general benevolence"（"陛下的智慧、公正和仁慈"）一类的字句，但这些客套的官方外交用语并不能掩饰国书中"高傲的语调、傲慢的要求"[1]，然而，英国人的高傲却在《译出英吉利国表文》中被消解得无影无踪，最后使团国书只落得成为一篇附庸小国向化来朝的恭顺贡文了。《预告篇》讨论过由东印度公司董事局主席百灵署名的一封有关英国遣使消息的信件，经广州的行商通事翻译后被扭曲成情词恭顺恳挚的纳贡表文。这次国书的翻译，更可以说是有过之而无不及了。

应该强调，这已经不是译者的语言表达能力或国书文体的问题，而是国书书写的定位问题：究竟译者从什么位置和立场出发，以什么态度去表述国书的内容？从上面的文本分析可以见到，《译出英吉利国表文》绝对不是从英国政府的立场出发，尝试准确地

---

1 Morse, *The Chronicles of the East India Company*, vol. 2, p. 219.

传递英国人原来想要表达的讯息。译者丝毫没有考虑英国国家的
利益或荣耀，轻易地把英国放置在附庸小国的位置，一切荣耀都
归于天朝大国的大皇帝乾隆。很明显，这不可能是英国人自己带
来的译本。

四

　　长久以来，人们都忽略了另一份马戛尔尼使团国书中译本的
存在，它一直藏在英国外交部档案里，属于东印度公司所有的中
文资料。[1] 毫无疑问，这是与马戛尔尼使团相关的重要文件，弥足
珍贵。不过，英国国家档案馆所藏的并不是现存的唯一藏本。上
文引述过孟督及在 1801 年的说法：他当时拥有使团国书中译本的
原本和副本；[2] 然后，他在 1828 年把自己的藏书、手稿，连同
27 000 个刻制汉字，以 1 000 金币的价格卖给梵蒂冈，[3] 当中就包括
马戛尔尼使团国书中译本的一份抄本，现藏于梵蒂冈宗座图书
馆。[4] 当时他以法文手写了一个书目，排在第 73 项的就是这份中译
本。孟督及对中译本作了这样的介绍：

　　英国国王乔治三世给中国皇帝乾隆的中文信函，1793 年由马
　　戛尔尼爵士送呈。

---

　　1 英国国家档案馆外交部资料 FO 1048/1。根据英国国家档案馆目录，FO
1048 的标题是"东印度公司：特选委员会，中文秘书处：中文往来书信及文件"
（East India Company：Select Committee of Supercargoes, Chinese Secretary's Office：
Chinese-language Correspondence and Papers）。

　　2 Montucci, *The Title-Page Reviewed*, p. 2.

　　3 Lundbæk, "The Establishment of European Sinology 1801 – 1815," p. 23.

　　4 Borg. cin. 394, Biblioteca Apostolica Vaticana.

我的中国人朋友不想触犯他们国家的法律，拒绝亲手抄写这份由拉丁文翻译过来的信件，成为它的作者，我获任命为誊抄人。我保留了这封信三种形式的副本：一、中国人在一本小笔记簿上的草稿，附有一封拉丁文信件，是他们写给我的；二、他们零碎地写在不同纸上的抄本；三、我根据中国人的草稿抄写出来的一份抄本，交给了斯当东爵士，我自己的抄本就是根据这抄本整理出来的。

它们全都封装在一个马口铁文件筒里。[1]

孟督及在 1801 年所说保留的原信的正本，所指的很有可能就是"中国人在一本小笔记簿上的草稿"，而他所保留的副本则是他根据抄本自己又另外抄写整理出来的抄本。不过，直到今天笔者仍然没有从梵蒂冈宗座图书馆找到孟督及所说的"中国人在一本小笔记簿上的草稿"，只能见到他重抄的抄本，编号作 Borg. cin. 394。这跟伯希和（Paul Pelliot, 1878—1945）在 1922 年编纂《梵蒂冈图书馆所藏汉文写本和印本书籍简明目录》时所记的国书中译本抄本情况一样。[2]

在梵蒂冈宗座图书馆这份抄本档案的开首，有一段相信是孟督及用英文所写的简短介绍，提供一些基本的讯息：

经由题为"英吉利国王给皇帝的信——1793 年送递"的原稿

---

1 "Catalogue des manuscrits et livere chinois," Walravens, *Antonio Montucci*, p. 65.

2 "394　孟督及收藏的卷轴。1793 年英国国王写给中国皇帝的信。抄本出自中国人之手，斯当东爵士核对。——某氏注记"，〔法〕伯希和编、〔日〕高田时雄校订、补编，郭可译：《梵蒂冈图书馆所藏汉籍目录》，北京：中华书局，2006 年，第 63 页。

整理出来。

斯当东爵士所送赠。

共有 992 个字

本日 1804 年 2 月 29 日，

本人孟督及，二者的书写人。

Collated

With the Original thus entitled

"King of England's Letter to the Emperor — Delivered in 1793."

A favour of Sir George Staunton Bart.

Containing 992 characters

this Day 29th February 1804,

by me, the writer of both. Antonio Montucci.

　　这两个文本以外，现在还可以见到第三个文本，就是在《背景篇》交代过的小斯当东捐赠与皇家亚洲学会的资料集，当中第一册第一号文件也是使团国书中译本，与国家档案馆外交部档案中的译本完全相同，相信是斯当东在使团结束后保留的中文本，交与一直在努力学习中文的儿子。

　　在这三个文本中，外交部档案跟皇家亚洲学会的文本几乎完全相同，只有为数极少的手民之误，但梵蒂冈宗座图书馆孟督及的抄本则存在一些轻微的差异。应该同意，其中大部分的差异是由抄写者孟督及导致的，当中不少明显是手民之误，反映出孟督及的中文水平颇有问题，例如英国外交部底本的"我国王亲"被写成"我国皇亲"，"二等伯利撒诺尔"被写成"二等伯利橵诺尔"等；也有漏抄的情况，例如"皇上至大之德至高

之聪以允我两个钦差"被抄成"皇上至大之德至高之允我两个
钦差"；也有明显是大意抄错的地方，例如在"禽兽"中间加入
了"详知"，变成"禽详知兽"，"总管"连续出现成"总管总
管"等。

不过，除了上面所列一些很大可能是因为孟督及的汉语水平
以及疏忽等原因出现的手民之误外，还有一些不同的地方，应该
是出自故意的改动，当中有些影响轻微，例如英国外交部档案中
把"二等钦差"斯当东的名字也写出来，但梵蒂冈方面的版本并
没有；另外在梵蒂冈文本中有请求"中国皇上"准许两名钦差
"游中国各省各方"，这不仅不见于英国外交部版本，就连原信也
没有，删去看来很合理，只是不明白为什么会出现在这文本里。
然而，一个十分突兀而重要的差异是国家的译名：究竟当时国书
中译本怎样翻译 Great Britain？英国外交部文本用的是"英吉利
国"，而梵蒂冈孟督及的文本用的却是"大红毛国"；特别值得提
出的是，小斯当东所藏的国书中译本，除明显的手民之误外，可
以说是跟外交部档案文本完全一样的，但唯一的分别在于它也用
"大红毛国"。作为遣使国的名字，这值得稍作讨论。

我们知道，自明代西方人到华贸易后，"红毛"一词即已出
现，一般被理解为荷兰。明人张燮（1574—1640）所著《东西洋
考》（1617 年成书）中有"红毛番自称和兰国"的说法，[1] 清人赵
翼（1727—1814）《檐曝杂记》亦记"又有红夷一种，面白而眉
发皆赤，故谓之'红毛夷'，其国乃荷兰云"。[2] 成书于乾隆年间的
《明史·和兰传》开篇即说"和兰又名红毛番"，但当中又误把英

---

1 （明）张燮：《东西洋考》卷六，上海：商务印书馆，1937 年，第 84 页。
2 （清）赵翼：《檐曝杂记》，北京：中华书局，1997 年，第 64—65 页。

国人威德尔来华贸易误记在《和兰传》内。[1] 但其实较早时的中国人已有不同的认识，把"红毛"看成是"一种"，而英国属于其中的一员，例如广东省碣石镇总兵陈昂在康熙五十六年（1717年）一份奏折中有"惟红毛一种，奸宄莫测，中有英圭黎诸国，种族虽分，声气则一"。[2] 康熙年间蓝鼎元则在《粤夷论》中记"红毛乃西岛番总名，中有荷兰，佛兰西、大西洋、小西洋、英圭黎、干丝腊诸国，皆凶狡异常"。[3] 不过，当英国人在广州外贸中日趋蓬勃，并占主导地位后，"英吉利"便取代了荷兰而成为红毛国，且这样的叫法一直沿用到鸦片战争以后，汪文泰（1796—1844）在 1842 年（道光二十二年）即撰有《红毛番英吉利考略》。[4] 尽管这样，在《汇编》所收录的全部往来文书和谕令中，"红毛"一词的出现不算很多，总共才有十余次。最早出现在军机处档案中有乾隆五十七年十月二十日（1792 年 12 月 3 日）的一份奏报，郭世勋所奏呈"英吉利国原禀二纸"已交在京西洋人辨认翻译，西洋人除做翻译外，还对英国做了这样的介绍：

---

1 （清）张廷玉等：《明史》卷三二五，第 28 册，北京：中华书局，1974 年，第 8437 页。最早指出《明史》所载有误的是夏燮："《明史》所谓红毛'驾四舶，由虎跳门薄广州'者，乃英吉利，非荷兰也。明人但闻红毛之名，即以为荷兰，遂并其非荷兰者亦阑入焉。是则英吉利之名虽不著于《明史》，而终明之世，不得谓其未至中国焉。"（清）夏燮著，高鸿志点校：《中西纪事》，长沙：岳麓书社，1988 年，第 13—14 页。另外，对于《明史》中《和兰传》的校正，可参见张维华：《明史欧洲四国传注释》，上海：上海古籍出版社，1982 年，第 85—124 页。

2 （清）陈昂：《四裔考六》，清高宗敕撰：《清朝文献通考》卷二九八，上海：商务印书馆，1936 年，第 7471 页；参见马廉颇：《晚清帝国视野下的英国——以嘉庆道光两朝为中心》，北京：人民出版社，2003 年，第 22 页。

3 （清）杨光荣修，（清）陈澧纂：《［光绪］香山县志》卷八，光绪五年（1879 年）刻本，叶 22—23；录自同上，第 24 页。

4 汪文泰：《红毛番英吉利考略》，阿英编：《鸦片战争文学集》下册，北京：古籍出版社，1957 年，第 755—763 页。

> 该国即系红毛国，在西洋之北，在天朝之西。该国与西洋不同教，亦无往来。[1]

这很有意思，可以说是在京的西方天主教传教士为朝廷提供或确认一项资讯：这次遣使来华的就是红毛国。很值得注意的是乾隆所写的一首御制诗里用上了"红毛"，除题为《红毛英吉利国王差使臣马戛尔尼等奉表贡至诗以志事》外，还有为诗句"噢咕唎今效荩诚"所作注："去岁据广东抚臣郭世勋奏红毛英吉利国遣正副贡使吗嘎呍呢、嘶哋陈等奉表进贡。"[2] 由此可见，乾隆自己在这次马戛尔尼访华事件中，就是以"红毛"来指称英吉利的。

既然梵蒂冈国书中译本中出现"红毛国"，与英国外交部档案的不同，那一个必然要处理的问题是：究竟最终送到中国来、乾隆所见到的国书，用的是"红毛国"还是"英吉利国"？由于今天没有找到当时存放在黄金盒子里的英国国书，我们对这个问题只能作推测，但似乎要解答这问题也不困难，较大可能是用"红毛国"，理由有三：第一，既然柯宗孝和李自标害怕笔迹被认出来，不敢自己抄写国书中译本，那么，他们就不可能在孟督及抄写完后再做改动，然后带到北京去，因此最终版本肯定是来自孟督及的；第二，以孟督及的中文水平以及作为"誊抄者"的立场，没有理由会自作主张把原来的"英吉利国"改为"红毛国"；第三，从时间上看，孟督及应该是在完成全部抄写工作之后才会自己重抄和留下一份文本。

1 《奏报传集在京西洋人翻译英国原禀情形》，《英使马戛尔尼访华档案史料汇编》，第 91 页。
2 《红毛英吉利国王差使臣马戛尔尼等奉表贡至诗以志事》，同上，第 555 页。

　　事实上，使团确实是常用"红毛国"的。在使团自己准备的礼品清单中译本中，我们见到"红毛"以几种形式出现，有"红毛英吉利国王"（两次）、"英吉利红毛国王"、"红毛王"、"红毛国王"、"红毛国"（两次）、"红毛本国"（两次）以及"红毛船"。[1] 礼品清单以外，还有另一条资料能让我们知道使团所提供的文书中还另有使用"红毛"的地方。这条资料不见于清宫档案，而是收入在天津镇总兵苏宁阿所编纂《乾隆五十八年英吉利入贡始末》中的一道《英使臣道谢名帖》。我们知道，直隶总督梁肯堂派遣苏宁阿、乔人杰等在天津外海等候使团，先在乾隆五十八年六月十六日（1793 年 7 月 23 日）遇上探船"豺狼号"，又在六月二十日（7 月 27 日）接到使团的船队，并在二十一日（7 月 28 日）向使团赠送米、面、牲口、茶叶等礼品。接着，使团在六月二十三日（7 月 30 日）送来名帖道谢。在这份不足 200 字的名帖里，"红毛"一词出现了 3 次，马戛尔尼是"红毛国之极贵世袭男大学士及本国王大钦差"，斯当东则是"世袭男红毛国的内阁学士及副钦差"。[2] 还有一份有趣的资料，孟督及在 1801 年出版过一本小册子，批评哈盖尔的中文能力及其著作中的错误。为了炫耀自己书写中文的能力，他在小册子封面印上一些中文字，其中"热阿尔卓第三位大红毛国王"出现两次，[3] 指的是英国国王乔治三世，也就是马戛尔尼使团国书的签署人。孟督及告诉我们，他所

---

　　1 "List of Presents," "George Thomas Staunton Chinese Letters and Documents," Royal Asiatic Society of Great Britain and Ireland, vol. 1.

　　2《英使臣道谢名帖》，《乾隆五十八年英吉利入贡始末》，《英使马戛尔尼访华档案史料汇编》，第 597 页。这份名帖以音译的方式把马戛尔尼和斯当东的爵位职衔翻译出来，让人摸不着头脑，就是马戛尔尼的名字也给翻译成"热阿尔日乌斯玛加尔搁"。在现在所能见到的文献档案里，除这名帖外，再也见不到这样的译法。这说明这份名帖应该不是李自标翻译的。

　　3 Montucci, *The Title-Page Reviewed*, p. 1.

出版的小册子封面右边的一句"热阿尔卓第三位大红毛国王"出自柯宗孝手笔。[1] 综合上面的资料，可以确定使团译员在当时是用"红毛国"来指称英国的。

不过，英国人看来并不喜欢这"红毛"的称谓。使团总管巴罗记载他们到达定海后曾短暂登岸，遇到这样的情况："为了满足自己的好奇心，每一个人都从门窗把头探进来，咧嘴笑着说：'红毛！'就是英国人，或更直接的说法，红色的头发！"但巴罗说："我们没有感到欣慰，倒是很失望，然后很高兴在一天的劳累后能够回到自己的'克拉伦斯号'（the *Clarence*）去。"[2] 此外，值得强调的是，在今天能见到的材料中，使团在到达北京以后所呈送的中文文件，主要是马戛尔尼致和珅的信件里，已见不到"红毛"或"红毛国"的出现，用的都是"英吉利"。[3]

但无论如何，英国外交部档案、皇家亚洲学会，以及梵蒂冈宗座图书馆所藏的国书中译本确属同一译本，而从现在所见到的资料看，这译本不见藏于故宫档案内，《汇编》未见收入，而负责主编该资料汇编的副馆长秦国经，无论是在该书所收录的长文《从清宫档案，看英使马戛尼访华的历史事实》中，[4] 还是后来所出版的专著《乾隆皇帝与马戛尔尼》中都未有只字提及这一个译本，看来他们的确没有能够见到使团自己准备的国书中译本。毫无疑问，这份一直尘封在浩瀚的历史档案中的中译本，作为英国第一次派遣使团到中国来时英国人所携带的国书，价值可说非比

1　Montucci, *The Title-Page Reviewed*, p. 6.

2　Barrow, *Travels in China*, p. 57.

3　"George Thomas Staunton Chinese Letters and Documents," Royal Asiatic Society of Great Britain and Ireland, vols. 1 and 2.

4　秦国经：《从清宫档案，看英使马戛尔尼访华的历史事实》，《英使马戛尔尼访华档案史料汇编》，第23—88页。

寻常。只要粗略一看，即可见到无论是在行文还是在内容上，它跟《译出英吉利国表文》都是大异其趣的。[1]

一方面，上文已指出过，军机处所藏译文是以生硬和口语化的白话文翻译出来的，通篇文理不通，笔触拙劣，充分反映出译者的中文水平低下；另一方面，英国外交部档案里的译文则基本上是以简易文言写成，且整体风格较为一致，例如正文开首的第一段是这样的：

> 造制天地人物真主，安于兹尊位，为益众民之福，保国家之太平而兴万民之才德。斯大仁心非只尽与本国，尚宽散与外国远人。[2]

不能否认，这段文字也有生硬别扭的地方，而这样的情况在全文中也相当普遍，甚至有些地方不容易理解，例如"缘因智之制度，及古今德君之表，香散远方，更因国之宽大，民多胜数而皆享斯等太平遐福"，"若设我国一员智之官，永居贵国，管理一总事务，以除两国不和之基，而定我等永远之相与及才明巧物之相通，所以议之，当差一员忠信之臣，大智大权，以代国位于御前"；另外，把"and so forth"译为"及余"，"extended"译为"宽散"，"since"译为"意缘"，"cemented"译为"相与"，"gracious reception"译作"温容"等，也都不能算是通顺流畅的文字，甚至可说是生硬晦涩，难以理解。但整体来说，在当时惯用的文言

1　由于梵蒂冈宗座图书馆所藏的版本是孟督及自己另行重抄的抄本，错别字较多，因此，下文讨论柯宗孝和李自标的译本时，除另外注明外，以英国外交部所藏文本为主。

2　FO 1048/1.

书写语境里，这篇译文比《译出英吉利国表文》在行文上确实优胜得多。

然而，更重要的还是在原文讯息的传递上，它比军机处的译文要准确得多。军机处所藏国书中译文本大大贬低了英国国王乔治三世的地位，马戛尔尼和斯当东更被描绘成只供四处差遣、处理杂务的跑腿小角色。但英国外交部档案的中译本便很不一样。也许译文内有关乔治三世的描述过于详细，且大部分是以音译方式处理，以致生硬难懂（"天主恩佑英吉利国及福郎质耶又依伯尔尼耶诸国王海主保信德者及余"），但有关马戛尔尼的一大段书写，便肯定能够给人一种非常显赫重要的感觉：

> 我国王亲大学士、二等伯、利撒诺尔世袭一等子、大红带子玻罗尼亚国红衣大夫、英吉利国丞相、依伯而尼亚国丞相、特授一等钦差马该尔尼德[1]

然后又说他"前在阿罗素作过钦差，理事通，并于多省多方受过大任，无不清好，已定于班陜利耶总管，今立为特使一等钦差大臣"。有关副使斯当东的描述也十分详细，充分表现出副使的尊贵：

> 我朝内臣，世袭男阁学士，前已在阿墨利陜掌过兵权、理过按察事，及在小西洋第玻苏尔当王前办过钦差事，今立为二等钦差斯当东[2]

---

1 FO 1048/1.

2 Ibid.

诚然，这一大堆的英国爵位和官职头衔只能以音译的方式来表达，对于乾隆和清廷大臣来说是不好理解的，但译文又同时用上一些中国官衔，诸如"丞相""我朝内臣""世袭男阁学士""按察事"等，都是中国人熟悉的说法，把这些难懂的音译新词跟中国传统官衔夹杂放在一起，排比铺陈，便能营造一种气势迫人、不容小觑的效果。不过，最关键的是，在这两段有关马戛尔尼和斯当东的介绍里出现了一个中国人最熟悉，但在这里可说是极为敏感的职衔："钦差"。

藏于军机处档案内的《译出英吉利国表文》把马戛尔尼和斯当东分别称为"贡使"和"副贡使"，里面没有"钦差"的说法，这显然是配合清廷和乾隆为使团所作的定位：一个远方来朝的贡团。但这就跟原国书相差很远，因为马戛尔尼是英国国王的"特命全权大使"，斯当东为"全权公使"，携有正式的确认文书——国书中译为"印书"（"Credentials"）；这样，使团准备的中译本以"一等钦差"作为马戛尔尼的职衔，把斯当东称为"二等钦差"，尽管在概念上不一定完全等同于出使大臣，而且中国的钦差也没有一等二等之分，但与作为皇帝或国王的全权代表的基本意思却是接近的。

不过，《礼品篇》已提到，乾隆对于礼品清单中出现"钦差"的称谓极为不满，因为乾隆认为"该国遣使入贡，安得谓之钦差"；而且，对他而言，禁止使团使用"钦差"，目的是要防止"遣使入贡"的英国借此造成"与天朝均敌"的效果，[1]这一举动意味深长，具有非常明确的政治含义。在乾隆正式下旨"无论该

---

[1]《六月三十日军机处给征瑞札》，《掌故丛编》，第 62 页。

国正副使臣，总称为贡使"后，[1] 我们便再也见不到"钦差"一词在与使团相关的中文文书里出现，因为清廷上下马上开始对"钦差"进行清洗，就是连"其贡单抄存底稿亦俱改正，外间并未流传"。[2]

但另一方面，由于藏于英国和梵蒂冈的国书中文本没有经过中国官员誊抄修改，且在使团出发前便已准备好，可以清楚及准确地展示英使团原来的意思。在这译本中，"一等钦差""二等钦差"便连番出现。我们不能肯定马戛尔尼或斯当东在出发前是否完全清楚中国朝贡制度的含义，但也有理由相信他们有相当的理解。马戛尔尼说过他在出发前把能够找来的有关中国的材料都仔细阅读了，其中包括一份超过 100 页的《略述中国及过去之使华使团》；[3] 而且，他们在面对自己的礼品被标为"贡品"时所作的考虑，也显示他们对朝贡的概念是有所认识的。[4] 他们当时选择不作抗辩，那是因为明白假如不肯接受这身份，便会被拒绝进京，根本无法完成出使的任务。[5] 不过，无论如何，马戛尔尼等绝对不

---

1 《谕军机大臣着梁肯堂筵宴后仍回河工并饬知委员不得称贡使为钦差》，《英使马戛尔尼访华档案史料汇编》，第 40 页；又见《和珅字寄梁肯堂奉上谕着筵宴后仍回河工并饬称英使为贡使及赏其米石》，同上，第 120 页。

2 《长芦盐政征瑞覆奏遵旨询明英贡使各件缘由折》，同上，第 368 页。

3 "Sketches respecting China and the Embassies sent thither, drawn up by Mr. Cobb of the East India House, Secretary's Officer 1792," IOR/G/12/20, pp. 75 – 185.

4 马戛尔尼说要等待适当时机才作抗议；而斯当东则为马戛尔尼解释，说他"时常警惕着，不使自己的任何言行有失体统，让英国国王陛下蒙羞"。Macartney, *An Embassy to China*, p. 88; Staunton, *An Authentic Account of an Embassy*, vol. 2, p. 26。

5 Macartney to Dundas, near Han-chou-fu, 19 November 1793, IOR/G/12/92, p. 55. 也有论者说："按朝贡制度行事，是各国派遣使臣来华的先决条件，英国人哪怕做做样子，也必须迈过这道门坎。"李云泉：《朝贡制度史论：中国古代对外关系体制研究》，第 253 页。

可能认同英国是中国的朝贡附庸，而坚持英国是跟中国一样的独立主权国。马戛尔尼跟乔人杰及王文雄争辩为什么在觐见乾隆时不会用跪叩的方式，所持的理由就是一个伟大而独立的国家所使用的礼节跟朝贡国所用的是不一样的，[1] 这表明英国就是一个伟大而独立的国家，而不是朝贡国或附庸国。此外，他愿意以觐见英国国王的仪式来觐见乾隆，又提出如果朝廷派遣一名与他自己官阶相若的官员向英国国王肖像叩头，他也可以向乾隆行叩拜礼，[2] 这也就更明确地表示两国君主以至中英两国的地位是对等的。这点可说是原来英国国王国书的中心思想，也就是乾隆所担心和极力排斥的"以英吉利与天朝均敌"。[3] 很明显，这问题对中英双方同样重要，且马戛尔尼与乾隆的理解看来是一致的，只是前者要争取表达两国平等的思想，而后者则要极力遏止。由此可以见到，尽管"钦差"与"贡使"只有一词之差，却在这两国地位的问题上扮演了举足轻重的角色。

从英国人的角度来看，国书的译本必须准确传递两国平等的中心思想。整体来说，使团所准备的中译本大抵相当准确和忠实地传达了原国书的内容和精神。除对马戛尔尼和斯当东的介绍，以及以"一等钦差"和"二等钦差"作为他们的职衔外，更重要的是清晰地说明英国与中国是两个地位对等的国家。译文中多次出现"两国"二字："两国常远之交往""相助两国庶民之福""以除两国不和之基""方与两远国最有要益"，以及"两国遥隔"等。同时，英国人国书中在谈及自己国家时用"我国""吾国"，指称中国则用"贵国"，通篇不见"天朝""大皇帝"等字眼。这

1 Macartney, *An Embassy to China*, p. 119.
2 Ibid., p. 100.
3 《六月三十日军机处给征瑞札》，《掌故丛编》，第 62 页。

样的论述方式在今天好像很正常，但放置在中国传统天朝思想中便很有问题，根本不是惯常的做法。在马戛尔尼使团离开中国差不多50年后的1839年鸦片战争前夕，就是那位被后世学者誉为"开眼看世界的第一人"的林则徐（1785—1850），[1] 也曾对英方送来的照会中用"两国"一词表示不满："至禀内之理，多不可晓，即如'两国'二字，不知何解。"[2] 就是说以"两国"指称中英是不可晓之理；他还说"英吉利、米利坚合称两国"才可以。其实，就是因为这样的表述把中英置于平等的位置，没有所谓高低之分。50年后的林则徐都仍然不能接受这样的话语，难道乾隆能视而不见吗？

此外，使团准备的国书中译本还对英国的成就表现得十分自豪：尽管在开国之初时常与四周邻国开战，但在把全部敌人打败，"国家颇享安然"后，他们立刻"以公律正法，制立一切福安，利益百姓者也"，并派遣"许多才士穷理之人以往多处远方，以探巡所未见未闻之地"，目的并不是要"占他国之地方或图别人之财帛，又非为助商人之利益"，因为"我国亦大，民亦有才〔财〕，富亦足矣"，实则是"欲知悉地上人居之处及欲和伊等相交"，然后不论远近，也愿意将自己"所有之精物巧法于人伦福生等项"发送过去。即使这次派遣使团来华，也是要将自己的"巧物〔细〕法送来，以定两国常远之交往，非为贪图财利等意，缘为相助两国庶民之福"。国书甚至强调，英人在华寻求贸易并不是要在中国取得什么特别的好处，而是互通有无，"因大国之内多有缺少

---

1 范文澜：《中国近代史》上册，北京：人民出版社，1947年，第21页。

2 《林则徐谕义律》，道光十九年二月十一日（1839年3月25日），FO 663/46, p. 97；又见〔日〕佐佐木正哉编：《鸦片戰爭前中英交涉文書》，第176页。

等件，各亦有所奇才巧物，若是相交，则可相助相送"，"相与"和"相通"，这对中英两国都有利。显然，这样的通商贸易观跟当时清廷上下的理念大相径庭。乾隆在发给英国乔治三世的敕谕中便有"天朝物产丰盈，无所不有，原不借外夷货物以通有无。特因天朝所产茶、磁器、丝斤，为西洋各国及尔国必需之物，是以加恩体恤，在澳门开设洋行，俾得日用有资，并沾余润"这样的说法。[1] 由此可见，中西方贸易观念上的差异在这份国书中译本中也充分展现出来，并进一步确认在英国人眼中，两国地位应该平等。

除提出贸易往来是互通有无、相互得益的对等思想外，更有意思的是英国人在国书中竟然要求在北京长期派驻官员，而且在解释这要求的原因时，一方面说是为了"严禁我国之人莫在国外为非犯法"，但另一方面也说要保护好自己的国民，"勿受外人之欺"。这其实就是说英国人在中国可能受到欺负，他们要求在北京长期派驻官员，就是要为在中国的英国人争取合理的权益。证诸英国人对于广州的商贸条件的不满以及他们派遣使团的动机，国书的要求以至解说便很确凿了。但问题是乾隆并不会认同这样的观点，在正面回答国书这样的要求时，一点也不含糊地说："此则与天朝体制不合，断不可行。"[2] 有趣的是，藏于军机处档案的《译出英吉利国表文》，虽然也表达了派驻人员留在北京的要求，但措辞和立场便很不一样：

> 两下往来，各处都有规矩，自然各守法度，惟愿我的人

1 《大清皇帝为开口贸易事给英国王的敕谕》，《英使马戛尔尼访华档案史料汇编》，第 172 页。

2 《大清皇帝给英吉利国王敕谕》，同上，第 165 页。

> 到各处去，安分守规矩，不叫他们生事。但人心不一样，如
> 没有一个人严严管束他们，就恐不能保其不生事。故此求与
> 中国永远平安和好，必得派一我国的人，带我的权柄，住在
> 中国地方，以便弹压我们来的人，有不是罚他们，有委曲亦
> 可护他们。[1]

虽然最后一句也说会保护受委屈的人，但也就只有短短几个字，而整段文字重点都放在要管好英国的商人，使其不要在中国生事，破坏规矩。

此外，基于两国地位平等的思想，英国人派遣使团过来就不是要向中国大皇帝请求些什么。我们指出过，清宫所藏《译出英吉利国表文》多番恳求大皇帝加恩，但在使团的译本里，全篇中"求"字只出现了一次，那就是"伏求至上至善真主庇佑皇上万岁万福万安"，他们求的是上帝，而不是乾隆，因为在国书原信和外交部所藏译本中，两国君主的地位是平等的，没有要赐求恩惠的道理。还有原信末出现欧洲各国君主间交往经常见到的"兄弟"关系的表述，这次也给翻译出来了："极愿合万岁相亲，似乎同昆一般。"下署"眷弟"热阿而卓。

总而言之，使团所准备的乔治三世给乾隆国书的中译本所传达的讯息，绝对不是说他们前来朝贡，也不是要向中国求取什么，而是要展示英国是世界上的强国，要以两国平等的地位交往，相互得益。在文本对比和分析后，可以清楚知道英国国王国书的两份中译本存有很大的差异，行文和风格以外，最重要的是在内容和信息的表达上，二者都迥然不同。客观来看，军机处的译文

1《译出英吉利国表文》，《英使马戛尔尼访华档案史料汇编》，第163页。

（除了文笔拙劣外），就是一篇地道的贡文；而英国国家档案馆所藏外交部档案的一篇则更贴近于原信，能够清楚表达英国人派遣使团的意图。

五

上面的讨论，让我们对乔治三世给乾隆国书的中译本问题有了进一步理解，知道原来英国人早已准备好一份相当忠实的中文译本，清楚表达遣使的目的和要求，更申明中英两国地位平等的理念。严格来说，英国人自己准备好中译本，并在觐见乾隆时才呈递，不能说是严格遵守清朝的朝贡规定。清廷对贡期、贡道，以至入贡人数等，都有严格规定。表文方面，清廷的规定是，如果表文是以外国文字写成，便应该在使臣还没有进入中国国境前，又或是在使臣经由规定贡道进入中国后，先交由边省督抚安排译出中文版本。[1] 但如贡使已抵达京师，则会先把朝贡表文呈送礼部，翻译成满、汉文字后，进呈皇帝御览。[2] 在后者的情况下，实际担任翻译工作的，是礼部下属的会同四译馆的译字生或通事。但由于英国人早就清楚表明自己已准备好中文本的国书，无须处理翻译的问题，便没有必要交与会同四译馆。不过，使团坚决拒绝事先呈送国书，的确是与清廷规定不相符。尽管他们所说的理由是这样做显得更诚恳，[3] 但看来他们更希望能让乾隆看到自己所提供

1　参见方豪，《中国近代外交史（一）》，台北：中华文化事业出版委员会，1955 年，第 3—4 页；何新华：《最后的天朝：清代朝贡制度研究》，第 225—226 页。

2　李云泉：《朝贡制度史论：中国古代对外关系体制研究》，第 149 页。

3　《长芦盐政征瑞奏报在海口办理接待英贡使情形折》，《英使马戛尔尼访华档案史料汇编》，第 351—352 页。

的译本，这样不用担心国书被改动。

但这却又带来更多新的疑问：为什么今天会见到两个截然不同的中译本？二者的关系是怎样的？我们能够确定使团自己的译本是在伦敦由两名来自意大利的中国传教士所译，那么军机处的译本又是谁翻译的？它是什么时候翻译出来的？既然英国人自己已带来一个译本，为什么还会有另一个译本？而更关键的问题是：乾隆究竟看了哪一个版本？

首先，上文已指出，使团在出发前先由柯宗孝和李自标把国书译成中文，然后交与孟督及誊抄。今天在英国外交部档案所见到的国书中译本就是这个版本，所见到的实物很可能就是由柯宗孝抄写、供孟督及誊抄的底稿，当中还有修改的痕迹，它一直留在英国，没有带到中国来。此外，藏于梵蒂冈宗座图书馆的文本是孟督及另行抄写的本子，当然也没有带到北京去，带到北京的应该是孟督及在伦敦抄写的一份。

其次，撇开实物不论，以文本来说，这份英国外交部档案的版本是否就是马戛尔尼在谒见乾隆时所呈送的译本？从常理看，答案应该是肯定的。英国人花了这么大的力气在伦敦把国书翻译出来，然后找人认真誊写，在旅途上一直小心翼翼地把它锁在一个金盒子里，那自然应该就是呈送乾隆的文本。此外，我们在所有的使团成员回忆录里都看不到片言只字说过或暗示曾在旅途中改译或改写过国书中文版本，尤其是他们一直便只有这几位译员，实在没有理由在旅途中临时重新翻译国书。

不过，由此衍生的问题是：为什么使团中译版本的国书不见于清宫的档案里？《汇编》确定已"包含了中国第一历史档案馆所收藏的清朝政府接待英国使团的全部档案文件的影印本，以及

在中国目前可能搜集到的全部文献资料"。[1] 这样看来，这份英国
官方的国书译本便很可能不存于故宫以至中国了。早在 1928 年故
宫博物院编辑《掌故丛编》的《英使马戛尔尼来聘案》时，编辑
许宝蘅（1875—1961）便记道："惟英皇之国书原本未知庋藏宫内
何处。"[2] 而他们当时找到的中译本也就是《汇编》的《译出英吉
利国表文》。

那么，现在所见收藏于军机处档案里的《译出英吉利国表文》
又是怎么一回事？为什么会有这样一个译本藏在清宫档案里？它
的译者是谁？很可惜，现在所见到的全部原始史料都无法直接回
答这些问题。我们在这里只能对相关问题稍作探讨。

先从日期说起。《汇编》标示这份《译出英吉利国表文》的
日期为 1793 年 9 月 23 日（乾隆五十八年八月十九日）。[3] 如果这日
期是准确的，那就说明《译出英吉利国表文》很可能是中国方面
另行翻译的译本。根据马戛尔尼的日志，他是在 1793 年 9 月 14 日
（乾隆五十八年八月十日）谒见乾隆时亲手送呈国书的；[4] 换言之，
朝廷在拿到国书正本后还有九天的时间去把国书翻译出来。应该
指出，尽管马戛尔尼呈递国书时一并把中文译本（还有拉丁文译
本）呈上，但即使原来便有中译本，朝廷另外再找人重新翻译一
遍也是很可能的。《预告篇》曾讨论过与使团相关的另一份文
书——东印度公司董事会主席百灵写给两广总督的信，通告英国

1 徐艺圃：《序言》，《英使马戛尔尼访华档案史料汇编》，第 8 页。
2 《英使马戛尔尼来聘案》，《掌故丛编》，第 46 页。
3 《档案文献目录》，《英使马戛尔尼访华档案史料汇编》，第 17 页。《掌故
丛编》所收表文，并没有注明日期，但从其他文件来看，它的排列都是顺时序
的，而这篇表文是收在一份八月十四日的军机处奏片前的。《掌故丛编》，第
78 页。
4 Macartney, *An Embassy to China*, p. 122.

派遣使团来华的消息。署理两广总督郭世勋在奏明朝廷时曾附呈英国人所送来该信的英文和拉丁文本，同时呈送的还有他们在广东找人根据这两个版本翻译出来的中文译文。不过，朝廷在接到这些文件后，还是另外找北京的西洋传教士来重新翻译，只是这些西洋传教士不谙英文，只能译出拉丁文本。由此可见，清廷在收到英国国王国书后，即使同时收到中译本，仍然很有可能找人重新翻译一遍。

此外，无论从内容上还是形式上来说，这译本都是以一种谦卑恭顺的笔调和语气来书写的，马戛尔尼变成远方来朝的贡使，向中国大皇帝求取好处。从这角度看，该中译本确实很可能出自为朝廷服务的译员手笔，所以完全从中国的利益立场出发。事实上，既然译文不是英国人所提供，那便只可能是由清廷安排翻译出来的。

《译员篇》曾指出，当时为清廷当外交译员且被指派为使团访华服务的，是一批以其专业知识留在北京的西方天主教传教士，其中以索德超的地位最高，赏以三品顶戴出任通事带领。[1]那么，会不会就是如秦国经所说，《译出英吉利国表文》是在乾隆接到马戛尔尼送来的国书正本后，交由索德超翻译出来的？[2]从现在见到的资料看，如果《译出英吉利国表文》是由天主教传教士翻译的，那译者的确很可能就是索德超，因为《译出英吉利国表文》是在乾隆还在热河时翻译出来的，而当时朝廷曾下旨索德超等人

---

1 《上谕英使远来着令监副索德超前来热河照料》，《英使马戛尔尼访华档案史料汇编》，第10页。除索德超外，只有安国宁也是赏给三品顶戴，其余的只赏六品顶戴，参见《英使马戛尔尼访华档案史料汇编》，第10页。

2 秦国经：《从清宫档案，看英使马戛尔尼访华的历史事实》，同上，第75页。

跟随乾隆到热河。不过，令人疑惑的是：在现在所见到的材料里，都查不到有任何的记录，能证明清廷指派索德超或其他译员去把国书重新翻译一遍。这跟百灵来信的情况很不一样，今天仍然可见当时所颁指令，要找在京西洋人重译和核对送来的译文。[1] 此外，在马戛尔尼使团访华期间，朝廷曾经好几次明确地发出指令，征召索德超来翻译或核对翻译。[2] 如果要他或其他传教士完成翻译国书这样重大的任务，似乎不应该见不到有任何工作或汇报的指令；[3] 而且，如果译文是由中国方面的人员翻译出来的，文笔不应该这样拙劣，因为即使那些西洋传教士的中文书写水准不高，周围也一定有中国人可以帮忙修饰，[4] 不可能向皇帝呈递这样生硬晦涩的文本。又以百灵来信为例，朝廷找北京西洋人译出来的文本是非常通顺工整的书面文字，一点也不像国书中译本那种生涩的口语文体。对此，唯一可能的解释是时间仓促，且当时他们都在热河，不一定能像在北京一样找到别人帮忙润饰。

还应该指出的是：朝廷在收到马戛尔尼送来的国书后，不单只安排重译一个中文版本。除了《译出英吉利国表文》外，中国

---

1 《奏报传集在京西洋人翻译英国原禀情形》，《英使马戛尔尼访华档案史料汇编》，第 91 页。

2 《奏为颁给英国王敕谕译文已交索德超等阅过无误事》，同上，第 145 页；《奏为英贡使所递西洋字禀已交索德超译出呈览》，同上，第 198 页；《奏报将英使呈词交索德超阅看谕英法交恶皇帝无分厚薄洋人钦佩情形》，同上，第 203 页。

3 当然，这也不是绝对的，例如乾隆给英国国王第二道敕谕的翻译，也见不到任何指令的记录，传教士贺清泰和罗广祥好像是临时找来匆匆完成工作的。"Letter from Louis de Poirot to Lord Macartney, dated Pekin, September 29, 1794, together with translation," *An Important Collection*, vol. 7, doc. 308, CWCCU。详见本书《敕谕篇》。

4 就是斯当东也知道这些欧洲传教士有中国人作助手，协助修饰中文。Staunton, *An Authentic Account of an Embassy*, vol. 2, p. 29.

第一历史档案馆现在还藏有两个译本——法文本和满文本。[1]有学者认为满文本和中文本《译出英吉利国表文》一样，是后来由朝廷指令翻译的，但法文本则是英国使团自己带过来的。[2]满文本为朝廷所安排翻译，这是毫无疑问的，但法文本是否真的由英国人带来的？这点颇值得怀疑。[3]无疑，使团送出的文书有时候的确附有法文译本，例如1793年8月28日马戛尔尼给和珅的信札便附有法文译本。[4]然而，总体来说，同时提供法文译本的情况不多，尤其是使团在到达北京前准备的文书，几乎没有见到任何的法文版本。国书方面，我们从没有见到任何的资料记录使团预备和带来了法文译本；而且，假如使团真的自己准备了法文译本，这样一份重要的文件实在没有理由不在他们的档案中留存下来。从照片来看，清宫档案所藏国书法文译本在纸张和书写方式上都跟英国人的国书很不同，倒跟满文本一样，只是横直排写不同而已。因此，现存故宫内乔治三世国书的法文本，应该也只是后来在北京翻译出来的译本。

余下最后一个要解决的问题是：究竟乾隆看到的是哪一个译本？由朝廷安排翻译且收入军机处上谕档的文本，乾隆是应该看过的，但这并不排除乾隆也看过使团所带来的国书中译本的可能；照常理论，乾隆没有道理不在马戛尔尼呈递国书后马上仔细阅读，

---

1 石文蕴：《中西方文明的碰撞——一份特殊的〈英国国王乔治三世致乾隆皇帝信〉贺礼》，《中国档案报》第3495期，2020年3月6日，第4版。该文作者石文蕴工作单位为中国第一历史档案馆满文处。

2 同上。

3 据石文蕴2021年3月29日与笔者的通信，《英国国王乔治三世致乾隆皇帝信》法文译本的资料是参照《中国档案遗产名录》的介绍撰写的，由于档案没有公开，所以无法查收到相关的资料。

4 "Note for Cho-Chan-Tong, First Minister, Pekin, 28 August 1793, English original, with Latin and French translations," IOR/G/12/92, pp. 209－216.

尤其朝廷上下一直都对使团国书十分关注。事实上，我们的确有充分的理由相信乾隆首先看到的便是英国外交部所藏的版本，证据就来自乾隆给英吉利国的敕谕。

关于乾隆发给英国国王的几道敕谕，《敕谕篇》会有详细的交代。在这里要指出的是，乾隆在 9 月 23 日（八月十九日）正式颁出的第一道敕谕，里面清楚提到英国国王的"表文"：

> 至尔国王表内，恳请派一尔国之人住居天朝，照管尔国买卖一节，此则与天朝体制不合，断不可行。[1]

显然，在颁下给马戛尔尼的这份敕谕前，乾隆已经看过英国国王的国书，并因应国书的内容而撰写敕谕，因而有更明确的内容，甚至可以说具有针对性，里面有大量篇幅用来解说为什么不能接受英国人所提出派遣代表长驻北京的要求。这样，我们便可以否定朝廷（也包括乾隆）只看到《译出英吉利国表文》的观点。因为根据《汇编》标示，军机处所藏的《译出英吉利国表文》是在乾隆五十八年八月十九日（9 月 23 日）译出来的，[2] 但敕谕也是在 9 月 23 日同一天发出的；既然里面已包含针对国书要求的内容，相关的讯息便不可能来自《译出英吉利国表文》，而是马戛尔尼在较早前的 9 月 14 日送呈的一份——由柯宗孝和李自标在伦敦翻译的文本。由此可以证明，乾隆最早见到的国书中文版本，就是这

---

1 《大清皇帝给英吉利国王敕谕》，《英使马戛尔尼访华档案史料汇编》，第 165 页。

2 《档案文献目录》，同上，第 17 页。《掌故丛编》所收表文并没有注明日期，但从其他文件来看，它的排列都是顺时序的，而这篇表文收在一份八月十四日的军机处奏片前。《掌故丛编》，第 78 页。

份使团自己准备的版本，尽管不能排除他后来还看了军机处所藏的译本。换言之，英国人想要表达的讯息，诸如英国是强大的国家、与中国对等、商贸买卖是对双方都有裨益的正常活动，以及这次遣使更是要争取更好的贸易条件等，全都能够通过英国使团所准备的国书中译本传递给乾隆。正是由于接收到这样的讯息，乾隆才会在后期对使团采取更谨慎以至怀疑和防范的态度。

第 6 章

敕谕篇

按照惯常的做法，我们在这里那里改动了一些表述。

——贺清泰[1]

我想要说的是：除非这份文书不再被视为荒谬，否则还是没有人能理解中国。

——罗素[2]

一

在朝贡制度下，朝廷在接待来访使团时，除接见使节、收受国书和贡物、赏赐礼品外，也会在使团离开前向来贡国家的统治者颁发敕谕，让使者带回去，以宣示天朝的威望。可以说，颁发

1 "Letter from Louis de Poirot to Lord Macartney, Dated Pekin, September 29, 1794, Together with Translation," *An Important Collection*, vol. 7, doc. 308, CWCCU.

2 Bertrand Russell, *The Problem of China* (London: George Allen & Unwin, 1922), p. 51.

敕谕是传统朝贡制度的重要环节。

马戛尔尼访华使团也不例外。对于乾隆来说，远在重洋的英国第一次派遣的使团就是来朝贡的，自然也要向英国国王乔治三世颁送敕谕。不过，马戛尔尼使团比较特别的地方在于乾隆不只向使团发出一道敕谕，而是发了两道敕谕，且二者相距的时间很短。就现在所见到的档案，乾隆是在 1793 年 9 月 23 日（乾隆五十八年八月十九日）发出第一道敕谕，[1] 10 月 3 日（八月二十九日）送到使团住处；[2] 第二次则是在 1793 年 10 月 4 日（乾隆五十八年八月三十日）发出，[3] 在 10 月 7 日（九月三日）使团正要离开北京时送与马戛尔尼。[4]

此外，在使团回国后，乾隆因应英国国王送过来的一封书函，在禅位于嘉庆的前夕，又向英国发送敕谕，内容几乎全与马戛尔尼使团相关。[5] 因此，严格来说，乾隆为这次使团来访先后发出过三道敕谕，尽管最后的一道不是直接交与马戛尔尼的。

二

在清宫档案中，最早提及乾隆颁送马戛尔尼使团敕谕的是军机处在 1793 年 8 月 3 日（乾隆五十八年六月二十七日）的一份奏片。这份奏片很简短，主要是要呈上敕谕的拟稿，等待批准，然

---

1 《大清皇帝给英吉利国王敕谕》，《英使马戛尔尼访华档案史料汇编》，第165—166 页。

2 Macartney, *An Embassy to China*, p. 150.

3 《大清皇帝为开口贸易事给英国王的敕谕》，《英使马戛尔尼访华档案史料汇编》，第 172—175 页。

4 Macartney, *An Embassy to China*, p. 155.

5 《敕谕》，《文献丛编》上册，第 158—159 页。

后会以"清字、西洋字"来翻译及缮写,"俟该贡使回国时照例
颁发"。[1] 毫无疑问,这的确是"照例"的操作,因为这时候使团
才刚抵达天津外海,甚至还没有登岸,在一天前(8 月 2 日,六
月二十六日)才交出使团礼品清单,乾隆还没有看到,更不要说
国书或使团成员了。此外,这道初拟的敕谕看来也"照例"获得
通过,因为在差不多一个月后,军机处又在 9 月 1 日(七月二十
六日)上奏,译出西洋字的敕谕已交"索德超等阅看","据称所
译字样,均属相符";[2] 也就是说,在这一个月里,敕谕已被翻译
出来,且经过索德超等检查,并获得认可。

好几位学者都以为这道 8 月 3 日已准备好的敕谕就是乾隆正
式颁送给使团的敕谕。[3] 当中如佩雷菲特更质疑为什么在这么久之
前乾隆便已经准备敕谕,甚至由此推论他对使团的立场早已决定,
因此使团是注定失败的,而这失败跟使团的表现(包括礼品、马
戛尔尼的态度、拒绝叩头的行为等)无关。[4] 克兰默-宾的观点也
十分接近,他说假如马戛尔尼知道在他们还没有登岸前清廷已准
备好敕谕,要他在呈送完礼品后便马上离开,也许他对使团便不
会这么积极热心。[5] 不过,这些论点完全是错误的,原因很简单,
因为这道早在 8 月 3 日已经准备就绪的敕谕,最终并没有颁送给
马戛尔尼,现在所见到乾隆给英国国王的第一道敕谕,并不是这

---

1 《军机大臣等奏为呈览给英国敕谕事》,《英使马戛尔尼访华档案史料汇
编》,第 117 页。

2 《奏为颁给英国王敕谕译文已交索德超等阅过无误事》,同上,第 145 页。

3 除马上讨论的佩雷菲特和克兰默-宾外,还有李云泉:《朝贡制度史论:中
国古代对外关系体制研究》,第 269 页;Singer, *The Lion and the Dragon*,
illustration 17。

4 Peyrefitte, *The Collision of Two Civilisations*, p. 288.

5 Cranmer-Byng, "Lord Macartney's Embassy to Peking in 1793," p. 138.

道早已准备好的敕谕。

其实，最早犯这严重错误的是《掌故丛编》的编辑。他们首先辑录了这份《六月二十七日军机处奏片》，然后马上收录进乾隆正式发给英国国王的第一道敕谕，并加上这样的按语："按此敕谕系六月二十七日拟进八月十九日颁给。"[1] 这是不应该出现的错误，因为六月二十七日（8月3日）所拟好的敕谕一直都保留在清宫档案内：《汇编》的"上谕档"内即有《给英吉利国王敕谕》，[2] 就是《掌故丛编》本身也收录了这道敕谕。[3] 可以见到，这道敕谕内容很简单，篇幅很短，只有300字左右，完全是冠冕堂皇的官样文章，没有任何具体内容，除里面出现"英吉利"三字外，甚至可能看不出这道敕谕是要发给马戛尔尼的，这就是我们所说这道敕谕只是"照例"拟写的意思，同时也是军机处能够在使团还没有到达，朝廷还没有见过礼品清单和国书前也可以拟好敕谕的原因。不过，这道敕谕最终没有送到英国人手上，原因是乾隆在见过使团所带来的国书后，要做直接回应，结果最终没有向使团颁发这道很早就预备好，只不过"照例"拟写的敕谕。上述学者大概没有仔细看过这道敕谕，只是理所当然地接受《掌故丛编》的说法，以为正式发送给英国人的就是8月3日所拟好的一份，并由此得出各种结论。然而，这都是不正确的。

此外，即使没有能够看到8月3日那道敕谕，也不应该以为9月23日（八月十九日）正式发出的第一道敕谕早在8月3日已经

---

1 《敕谕》，《掌故丛编》，第58页。

2 《给英吉利国王敕谕》，《英使马戛尔尼访华档案史料汇编》，第126—127页。

3 《敕谕》，《掌故丛编》，第58页。

拟写好。《国书篇》已指出，乾隆是在 9 月 23 日正式发出的第一
道敕谕，具体地回应乔治三世使团国书的内容。这点十分重要。
由于国书是马戛尔尼于 9 月 14 日（八月初十）在热河万树园亲自
呈递给乾隆的，[1] 那么，乾隆这第一道正式敕谕最早也得要在 9 月
14 日以后才定稿，不可能是 8 月初已经拟好的那一道。事实上，
只要细读两道敕谕，便可以见到二者区别很大，根本不是同一份
敕谕。

乾隆这道正式送与英国国王的第一道敕谕，现藏于英国皇家
档案馆，在文本上除个别文字与《汇编》中的《大清皇帝给英吉
利国王敕谕》有一些非常细微的差异外，[2] 较值得注意的是敕谕的
日期。《大清皇帝给英吉利国王敕谕》并没有显示日期，根据
《汇编》编者所拟目录，敕谕的日期为乾隆五十八年八月十九日
（1793 年 9 月 23 日），这应该是准确的；而且，根据现在所有能见
到的资料，包括马戛尔尼的日志，这道敕谕是在乾隆五十八年八
月二十九日（1793 年 10 月 3 日）送到使团住处的。[3] 不过，英国
皇家档案馆所藏敕谕所署的日期是乾隆五十八年九月初三日

---

1 Macartney, *An Embassy to China*, pp. 121 – 122；Staunton, *An Authentic
Account of an Embassy*, vol. 2, pp. 73 – 77.

2 前后共有九处不同的地方：（1）英国皇家档案馆的版本"倾心嚮化"，《汇
编》写成"倾心向化"；（2）前者有"亦岂能因国王一时之请"，后者是"岂能
因尔国王一时之请"；（3）"尔国在嚪门贸易"变成"尔国人在嚪门贸易"；
（4）"屡经遣使来朝"变成"屡次遣使来朝"；（5）"前岁广东商人"变成"前次
广东商人"；（6）"有拖欠洋船价值银两者，俱饬令该管总督"变成"有拖欠洋
船价值银两之事，即饬令该管总督"；（7）"万里来王"变成"万国来王"；
（8）"尔之正使等皆所亲见"变成"尔之正使等所亲见"；（9）"安稳回国"变成
"安程回国"。另外，英国皇家档案馆的版本内所有"国王"，在《汇编》内都作
"尔国王"，共11 处。

3 Macartney, *An Embassy to China*, p. 150.

（1793 年 10 月 7 日），[1] 比马戛尔尼收到敕谕的日期还要晚，清廷刻意在敕谕上署下较晚的日期。但无论如何，这的确是马戛尔尼所收到的敕谕上所署的日期，除因为今天能看到这敕谕本身外，还因为马戛尔尼在收到敕谕后马上让使团成员根据拉丁文本把敕谕翻译成英文，在南下广州途中送回英国，那份译文所译出的日期也是乾隆五十八年九月初三日。[2]

关于这道使团真正收到的敕谕的内容和翻译，下文会详细讨论。

至于第二道敕谕，《汇编》分别在两处收录：一是在"内阁档案"中的"外交专案"内；另一是在"军机处档案"的"上谕档"内。二者内容完全相同，但该书目录所记的日期不同，前者记为乾隆五十八年八月二十八日（1793 年 10 月 2 日），后者则是乾隆五十八年八月二十九日（1793 年 10 月 3 日）完成的。[3] 不过这两个日期都有问题。

既然乾隆的第一道敕谕是在乾隆五十八年八月十九日（1793 年 9 月 23 日）完成的，更要待到八月二十九日（10 月 3 日）才送到使团住处，为什么朝廷又要马上准备另外一份敕谕？我们知道，马戛尔尼在热河觐见乾隆、呈递国书后回到北京，却一直没有机会与乾隆或和珅商谈使团的要求。根据马戛尔尼的报告及日志，他原想借着 10 月 3 日上午与和珅的一次见面来提出要求，但当天他身体不适，且十分疲倦，只好把任务交给斯当东，让斯当东去跟和珅继续讨论，但和珅说可以用书面形式提出，马戛尔尼

1 RA GEO/ADD/31/21/A.
2 "The Emperor's Letter to the King," IOR/G/12/92, p. 255.
3 《档案文献目录》，《英使马戛尔尼访华档案史料汇编》，第 5、17 页。

就赶紧在当天下午给和珅写信，提出具体要求。[1] 从乾隆第二道敕谕的内容可见，这敕谕就是为了回应马戛尔尼 10 月 3 日这封写给和珅的信，逐一详细驳斥使团的各项要求。这样，这道敕谕又怎可能在马戛尔尼草拟要求的同一天发出？马戛尔尼除要写出要求外，还要翻译成拉丁文，再转译成中文并誊抄，才可以送去给和珅，和珅无论如何也不可能在当天就已经拟写好敕谕。

其实，乾隆第二道敕谕是在 10 月 4 日才完成的，在中文档案中见到的证据有二：第一，军机处"随手档"八月三十日，也就是 10 月 4 日，录有一条"驳饬英吉利国使臣所请各条，饬谕该国王等由"；[2] 第二，第二道敕谕除开首几句官式的开场白后，马上进入主旨，带出英国人的要求，敕谕是这样写的：

> 昨据尔使臣以尔国贸易之事，禀请大臣等转奏。[3]

这明确说明，乾隆的敕谕是在收到使臣禀请后的第二天才拟写的。既然禀请是在 10 月 3 日才呈递的，那敕谕就不可能在 10 月 3 日就写好了。

更有力的证据来自东印度公司档案。我们知道英国人曾把乾隆这第二道敕谕翻译成英文，东印度公司档案所藏第二道敕谕的译本开首处，便注明这敕谕回应了马戛尔尼在 1793 年 10 月 3 日

1　"Note for Cho-Chan-Tong, First Minister, from the British Embassador, Delivered at Yuen-min Yuen, 3 October 1793," IOR/G/12/92, pp. 259–262; Macartney, *An Embassy to China*, pp. 149–150.

2　《为驳饬英使臣所请各条饬谕该国王》，《英使马戛尔尼访华档案史料汇编》，第 264 页。

3　《大清皇帝为开口贸易事给英国王的敕谕》，同上，第 172 页。

晚上送给和珅的要求。[1] 这译本附在马戛尔尼在 1793 年 11 月 9 日写给邓达斯的信内，离马戛尔尼送呈要求才一个月左右，它的准确性毋庸置疑。既然明确知道使团是在 10 月 3 日晚上送出"禀请"，朝廷在第二天拟写好敕谕的，那就可以肯定，乾隆的第二道敕谕是在 10 月 4 日完成的。[2]

清宫"内阁档案"中还有一份文书，可以说是乾隆第二道敕谕的底稿。这份文书在《汇编》中的《档案文献目录》的记录如下：

为请于浙江等口通商贸易断不可行事给英国王的敕谕

乾隆五十八年八月十九日　一七九三年九月二十三日　卷一

四三　〔页五十七〕[3]

单从条目就可以看到，该书编者把时间搞错了。马戛尔尼"请于浙江等口通商贸易"的要求并不是出现于马戛尔尼在热河所呈的国书内，而是在 10 月 3 日离开北京前才提出的，因此，这道敕谕不可能在这之前的 9 月 23 日就拟好；而且，在这道敕谕里，乾隆

---

1 "Answer of the Emperor of China to the King of England," IOR/G/12/92, p. 283.

2 佩雷菲特十分肯定地说，李自标和小斯当东是在 10 月 4 日处理这份信函的，前者负责翻译，后者负责抄写。Peyrefitte, *The Collision of Two Civilisations*, p. 293。在这里，佩雷菲特所下的注释是"IOCM, 92, pp. 259 – 261"，同上，第 583 页，也就是东印度公司档案 IOR/G/12/92, pp. 259 – 261，标题是"Note from the British Ambassador to the First Minister, Cho-chan-tang, Oct 3 1793"，内容是马戛尔尼向和珅提出要求的全文，但当中没有显示李自标和小斯当东在 10 月 4 日还在处理信件。但既然敕谕译文中明确记录马戛尔尼的信函在 10 月 3 日晚已送给和珅，那么，李自标和小斯当东就不可能 10 月 4 日还在翻译和抄写。

3《档案文献目录》，《英使马戛尔尼访华档案史料汇编》，第 9 页。

不单拒绝于浙江等口岸通商贸易的请求,马戛尔尼所提的其他五项要求也遭逐一驳斥,更可证明敕谕是在 10 月 3 日以后才写成的。

其实,就跟正式的第二道敕谕一样,它的正确日期应为 10 月 4 日,因为这道敕谕中也同样有 "昨据尔使臣以尔国贸易之事,禀请大臣等转奏" 的一句;[1] 事实上,两份敕谕绝大部分的内容是相同的。那么,为什么《汇编》的编者会把日期弄错了?那是因为他们把这第二道敕谕的底稿与早前的第一道敕谕《为派人留京断不可行事给英国王敕谕》的底稿连在一起,同时放在这两道敕谕前面的还有另一道上谕《谕军机大臣英国国王请派人留京已颁敕书着长麟等妥办贸易绥靖海洋》。在《汇编》的《档案文献目录》中,这三道谕令的日期同被列为乾隆五十八年八月十九日(1793 年 9 月 23 日)。这日期是有根据的,那就是来自给军机大臣的上谕,其中注明日期为 "己卯",也就是八月十九日。但是,这日期所指的仅仅是给军机大臣的上谕,不应包括《为请于浙江等口通商贸易断不可行事给英国王的敕谕》,大概编者见到它是紧随给军机大臣的上谕和《为派人留京断不可行事给英国王敕谕》,也一并收在卷一四三中,便以为三者是同一天发出的。但从内容上看,这《为请于浙江等口通商贸易断不可行事给英国王的敕谕》只可能是在 10 月 3 日晚上接到马戛尔尼的要求后,才在 10 月 4 日写好的,根本不可能早在 9 月 23 日便已经完成。

此外,军机处还藏有几份奏片,也同样能帮助解答上面的问题。首先是八月二十八日(10 月 2 日)的一份:

---

1 《为请于浙江等口通商贸易断不可行事给英国王的敕谕》,《英使马戛尔尼访华档案史料汇编》,第 57 页。

> 谨将颁给暎咭唎国敕书呈览，俟发下后填写九月初三吉
> 日，遵旨于明日颁发。其赏单内开列各件字数较多，现在赶
> 紧翻译缮写，随后再行补给。谨奏。八月二十八日。[1]

从这份奏片可以见到，清廷于 10 月 2 日已拟好一道敕谕，准
备发送给使团。敕谕的具体内容是什么？由于没有见到这道敕谕，
我们无法知道。不过，有意思的是在两天后（10 月 4 日）又有一
份内容和文字完全相同的奏片，只是日期改了：

> 谨将颁给暎咭唎国敕书呈览，俟发下后填写九月初三吉
> 日，遵旨于明日颁发。其赏单内开列各件字数较多，现在赶
> 紧翻译缮写，随后再行补给。谨奏。八月三十日。[2]

为什么会有两份内容相同的奏片？关键很可能就是马戛尔尼在 10
月 3 日给和珅的信。在见到马戛尔尼的要求后，和珅要迅速回应，
改动原来已拟写好的敕谕，因而要重新呈览，所以才有八月三十
日（10 月 4 日）的这份奏片。值得注意的是同一天还有另一份有
关敕谕的奏片：

> 臣等谨拟写敕谕进呈，发下后即翻译清文，遵旨不再呈
> 览，以便赶紧缮写。谨奏。八月三十日。[3]

1《奏为颁给英国敕书拟呈览后明日颁发其赏单随后补给事》，同上，第 171
页；又见《八月二十八日军机处奏片》，《掌故丛编》，第 86 页。
2《八月三十日军机处奏片》，《掌故丛编》，第 86 页。
3 同上。

　　由此可见，这道敕谕是在八月三十日（10 月 4 日）完成的，也就是上文所讨论第二道敕谕的撰写日期。经过翻译和誊抄后，敕谕是在 10 月 7 日送到马戛尔尼手上的——从这几份奏片可以见到，这日期是原来已经选定好的吉日，而在发出的前一天（九月初二日），还有另一份奏片说明这份敕谕已完成书缮，准备第二天早上在城内颁给使团。[1] 今天在英国皇家档案馆所见到的第二道敕谕，上署日期就跟第一道一样：乾隆五十八年九月初三日，也就是 1793 年 10 月 7 日。[2]

三

　　关于乾隆给英国国王乔治三世的第一道敕谕，尽管有学者认为"它可能是研究 1700 至 1860 年间中西关系最重要的一份文件"，[3] 但在西方世界，它并没有在马戛尔尼回国后马上引起关注，而是在一个多世纪后被重新翻译出来，并向大众公开之后，才引来很多的评论。

　　不过，在离开北京南下广州途中，到了杭州附近，马戛尔尼就已经把这道敕谕的拉丁文本及英文本，[4] 还有第二道敕谕的拉丁文本和英文本，连同一份有关使团颇为详细的报告送给邓达

　　1《奏为颁英敕书俟发下后交内阁用宝并明早在城内颁给》，《英使马戛尔尼访华档案史料汇编》，第 178 页。

　　2 RA GEO/ADD/31/21/B.

　　3 Cranmer-Byng, "Appendix C: An Edict from the Emperor Ch'ien-Lung to King George the Third of England," in Macartney, *An Embassy to China*, p. 341.

　　4 "The Emperor's Letter to the King," IOR/G/12/92, pp. 233 – 242（Latin version）, pp. 243 – 258（English version）.

斯，[1] 也就是说，英国官方及东印度公司早已知悉这道敕谕的内容，但在现存的资料里却见不到邓达斯和其他人有什么反应。事实上，在随后很长的时间里，几乎完全没有人再提及这道敕谕，更不要说评论了。

1896 年，汉学家庄延龄（Edward Harper Parker，1849—1926）以《东华续录》所收乾隆敕谕为底本，翻译成英文后，用一个十分直接的题目：《中国皇帝致乔治三世》（"From the Emperor of China to King George the Third"），发表在伦敦的《十九世纪：每月评论》（*The Nineteenth Century: A Monthly Review*）杂志上。[2] 庄延龄早年在伦敦跟随佐麻须（James Summers，1828—1891，又译作"萨默斯"）学习一年中文后，[3] 1869 年以学生译员身份到北京英国领事馆工作，除在 1875—1877 年及 1882 年在英国和加拿大修读和实习法律外，其他时间一直在中国居住，直到 1895 年退休后才回到英国，先在利物浦大学院（University College，Liverpool）任教，后转曼彻斯特维多利亚大学（Victoria University，Manchester）出任中文教授。他兴趣十分广泛，著作丰富，涵盖语言学（尤精于客家方言研究）、文学、历史等方面，与

---

1 "Emperor's Answer to Requests Dated the 3rd October 1793 but Not Received till the Day of Departure, 7th October 1793," IOR/G/12/92, pp. 271 – 281（Latin version）, pp. 282 – 298（English version）。马戛尔尼的信见 Macartney to Dundas, near Han-chou-fu, 9 November 1793, IOR/G/12/92, pp. 31 – 116。

2 E. H. Parker, "From the Emperor of China to King George the Third: Translated from the Tung-Hwa Luh, or Published Court Records of the Now Reigning Dynasty," *The Nineteenth Century: A Monthly Review* 40（July 1896）, pp. 45 – 55.

3 关于佐麻须，可参见关诗珮：《翻译与帝国官僚：英国汉学教授佐麻须（James Summers，1828—91）与十九世纪东亚（中日）知识的产生》，《翻译学研究集刊》第 17 期，2014 年，第 23—58 页；Uganda Sze Pui Kwan, "Transferring Sinosphere Knowledge to the Public: James Summers（1828 – 91）as Printer, Editor and Cataloguer," *East Asian Publishing and Society* 8, no. 1（2018）, pp. 56 – 84。

翟理斯（Herbert Giles，1845—1935）同被视为当时把中国文化引入英语世界的最具影响力的作者。[1]在清朝历史方面，他曾把魏源（1794—1857）《圣武记》的最后两卷翻译成英文，题为《中国人的鸦片战争故事》（*Chinese Account of the Opium War*），[2]虽然是在上海出版的，但在西方颇受重视。然而，他所翻译的乾隆给乔治三世敕谕的英译本并没有引起什么关注。不过，要指出的是庄延龄所翻译的并不只是乾隆的第一道敕谕，他还同时翻译并发表了乾隆给乔治三世的另外两道敕谕，这点在下文会再有交代。

真正在英国引发社会回响的是白克浩斯（Edmund Backhouse，1873—1944）和濮兰德（John Otway Percy Bland，1863—1945）发表在 1914 年出版的《清室外纪》（*Annals and Memoirs of the Court of Peking*）内的译本。[3]白克浩斯和濮兰德二人合作的最具争议的作品是《慈禧外传》（*China under the Empress Dowager: Being the History of the Life and Times of Tzŭ Hsi*），[4]里面出现的《景善日记》已被判定为白克浩斯所伪造，[5]而白克浩斯后来

1 David Prager Branner, "The Linguistic Ideas of Edward Harper Parker," *Journal of American Oriental Society* 119, no. 1 (1999), pp. 12 – 34。本段文字有关庄延龄的介绍，均来自这篇文章。

2 E. H. Parker, *Chinese Account of the Opium War* (Shanghai：Kelly and Walsh, 1888).

3 E. Backhouse and J. O. P. Bland, *Annals and Memoirs of the Court of Peking* (*From the 16ᵗʰ to the 20ᵗʰ Century*) (Boston：Houghton Mifflin, 1914), pp. 322 – 325.

4 J. O. P. Bland and E. Backhouse, *China under the Empress Dowager: Being the History of the Life and Times of Tzŭ Hsi, comp. from the State Papers of the Comptroller of her Household* (Boston：Houghton Mifflin, 1914).

5 丁名楠：《景善日记是白克浩司伪造的》，《近代史研究》1983 年第 4 期，1983 年 10 月，第 202—211 页；Hui-min Lo, "The Ching-shan Diary：A Clue to its Forgery," *East Asian History* 1 (1991), pp. 98 – 124；孔慧怡：《"源于中国"的伪译：〈景善日记〉揭示的文化现象》，《翻译·文学·文化》，北京：北京大学出版社，1999 年，第 181—206 页。

出版的传记更是充满各种匪夷所思的内容。[1] 毕可思为《牛津国家人物传记大辞典》（*Oxford Dictionary of National Biography*）所写白克浩斯的一条，明言他是一个"伪造者"（fraudster），"他的自传没有一个字是可以相信的"。[2] 但不能否认的事实是他们的作品很受欢迎，流传很广，乾隆给英国国王的敕谕就是因为他们的译本而在英语世界引起很大的关注，引发各种各样的评说，最广为征引的是罗素（Bertrand Russell，1872—1970）的一句：

> 我想要说的是：除非这份文件不再被视为荒谬，否则还是没有人能理解中国。
>
> What I want to suggest is that no one understands China until this document has ceased to seem absurd.[3]

1920年10月，罗素应梁启超（1873—1929）、张东荪（1886—1973）等邀请到中国访问，在北京、上海等地讲学长达九个月，回国后发表一系列讨论中国的文章，并出版《中国问题》（*The Problem of China*）。上引的名言，就是出自《中国问题》。[4] 不过，

---

1 Hugh Trevor-Roper, *Hermit of Peking, The Hidden Life of Sir Edmund Backhouse* (New York: Knopf, 1977).

2 Robert Bickers, "Backhouse, Sir Edmund Trelawny, Second Baronet (1873 - 1944)," *Oxford Dictionary of National Biography* (Oxford: Oxford University Press, 2004), vol. 3, pp. 104 - 105.

3 Bertrand Russell, *The Problem of China* (London: George Allen & Unwin, 1922), p. 51.

4 Ibid.

罗素本人其实并不认为自己怎么了解中国。[1]

除这两个 19 世纪末 20 世纪初的译本外，一个较为学术界重视的译本来自克兰默-宾。他先在 1958 年把乾隆给英国第一道敕谕的英译发表在期刊上，然后在 1962 年整理出版马戛尔尼日志时，又以附录形式收在书中。[2] 佩雷菲特《停滞的帝国》英文版便将这译本全文收录，作为权威的文本。[3] 另外，邓嗣禹和费正清在 1954 年出版的《中国对西方的回应》也曾节译了敕谕的一部分，约占全文四分之一的篇幅。[4]

乾隆这道敕谕，为 20 世纪初英国读者所讪笑，以及为后来不

---

1 Charles Argon, "*The Problem of China*: Orientalism, 'Young China', and Russell's Western Audience," *Russell: The Journal of Bertrand Russell Studies* 35, no. 2（Winter 2015 - 16），pp. 159 - 161。一个很流行的说法是孙中山（1866—1925）因为《中国问题》而形容罗素为"唯一真正理解中国的西方人"。但这是错误的，孙中山并没有这样说过。孙中山只是在 1924 年 3 月 2 日所做的《民族主义第六讲》中提及罗素。孙中山是这样说的："外国人对于中国的印象，除非是在中国住过了二三十年的外国人，或者是极大的哲学家像罗素那一样的人，有很大的眼光，一到中国来，便可以看出中国的文化超过于欧美，才赞美中国。"《"国父"全集》编辑委员会编：《"国父"全集》第 1 册，台北：近代中国出版社，1989 年，第 49—50 页。关于罗素与中国，可参见 Argon, "*The Problem of China*," pp. 97 - 192；冯崇义：《罗素与中国：西方思想在中国的一次经历》，北京：生活・读书・新知三联书店，1994 年）。

2 J. L. Cranmer-Byng, "Lord Macartney's Embassy to Peking in 1793," pp. 134 - 137；Cranmer-Byng（tr.），"An Edict from the Emperor Ch'ien-Lung to King George the Third of England," Appendix C, Macartney, *An Embassy to China*, pp. 336 - 341.

3 Peyrefitte, *The Collision of Two Civilisations*, pp. 289 - 292。不过，原来法文版当然不会引录克兰默-宾的英文译本，根据该书的脚注，法文译本是根据《掌故丛编》所收的敕谕翻译出来的。Peyrefitte, *L'Empire Immobile*, pp. 246 - 249, 521。

4 Ssu-yü Teng and John K. Fairbank, *China's Response to the West: A Documentary Survey, 1839 - 1923*（Cambridge, MA：Harvard University Press, 1954），p. 19.

少学者所关注和批评，是因为他们认为其中展现出乾隆的高傲、封闭以及无知的一面，以其落伍的天朝思想审视正在崛起的大英帝国的使团，对西方科技发展漠不关心，断送了及早自强、与西方接轨的机会。这样的态度自然离不开鸦片战争以后，以至20世纪初中英两国的历史背景。不过，正如前文所言，这些后见之明的诠释近年已受到强力的挑战。一些学者认为乾隆在读过乔治三世送来的国书后，已清楚认识到英国的扩张意图，且起了戒心，除对接待大臣多加指示外，又谕旨沿海官员小心提防，因此，敕谕不单没有侵略性，反而包含很大的防卫性。

我们在这里不是要分析乾隆的思想或敕谕的内容，而是要强调：无论是1793年在北京的马戛尔尼、1794年在伦敦的邓达斯，还是20世纪初的英国读者，包括罗素，他们所读到的所谓乾隆敕谕，其实都只是译本，尽管是不同的译本。对于乾隆第一道敕谕的翻译，佩雷菲特曾经这样评论：

> 原文是用中文古文写成的，语气展示高人一等的傲慢，甚至接近具有侮辱性。
>
> 把原文翻译成拉丁文的传教士很小心地更改最傲慢无礼的部分，还公然宣称要删走"任何侮辱性的词句"。
>
> 可是，使团的领导仍然是不愿意让这份洁净过的文本在他们有生之年公诸大众的（一份简写本在他们全都去世后很久才发表出来）。因此，他们根据拉丁文本拟写了一份英文摘要，而这份摘要后来就被视作官方文本，尽管这实际上只是一份伪造出来的文书。马戛尔尼和斯当东把传教士所准备的美化文本中任何可能伤害英国人尊严的东西删走。他们给英

国大众的是一份删改本的删改本。[1]

　　佩雷菲特在这里讨论了好几个问题，从拉丁文本的译者及翻译过程，到英文文本的产生以至流播。他的结论是一般英国人所读到的文本等同于伪造，是经过多重删改的文本。这说法是否正确呢？

　　首先是译者问题。佩雷菲特说敕谕是由北京的天主教传教士翻译的，这是正确的，毕竟除了这些传教士外，当时北京朝廷还有什么人有能力把中文敕谕翻译成拉丁文？佩雷菲特虽然没有明确说出译者姓名，但他所征引的一句话"任何侮辱性的词句"，就似乎在说这道敕谕是由罗广祥翻译的，因为这引文的注释是"见CUMC，罗广祥神父给马戛尔尼信，1794 年 9 月 29 日，310 号"。[2]不过，这注释有误，因为 CUMC 代表的是 Cornell University Macartney's Correspondence（康奈尔大学藏马戛尔尼通信），查证这份档案，310 号文档的确是由罗广祥写给马戛尔尼的信。不过，罗广祥这封信的内容跟第一道敕谕全无关系，而是汇报两名法国传教士韩纳庆和南弥德在到达北京后的情况；[3]而且，佩雷菲特所记的日期也不准确，310 号文档中信件的日期不是 1794 年 9 月 29 日，而是 1794 年 10 月 21 日。其实，佩雷菲特所要征引的的确是 1794 年 9 月 29 日那一封，内容谈及敕谕的翻译，但发信人不是罗广祥，而是贺清泰，档案编号是 308。[4]佩雷菲特把两封信混淆了。

1　Peyrefitte, *The Collision of Two Civilisations*, pp. 288 – 289.

2　Ibid., p. 582.

3　"Letter from Father Raux Written from Pekin," *An Important Collection*, vol. 7, doc. 310, p. 149, CWCCU.

4　"Letter from Louis de Poirot to Lord Macartney, dated Pekin, September 29, 1794, together with translation," ibid., vol. 7, doc. 308, CWCCU.

　　而且，必须强调的是，即使 1794 年 9 月 29 日编号 308 的信，也与第一道敕谕无关，因为贺清泰在这封信中向马戛尔尼报告的是第二道敕谕的翻译过程，我们现在还没有见到任何有关第一道敕谕翻译过程的资料，也无法肯定译者是谁。不过，贺清泰除了说第二道敕谕是由他和罗广祥二人合译出来外，信中还有"按照惯常的做法，我们在这里那里改动了一些表述"（"*Nous selon notre coutume modifiammes de part et d'autre les expressions*"）一句。[1] 这的确能说明他们经常负责翻译，也往往会作出改动，因此不能完全排除佩雷菲特所说第一道敕谕是由他们二人翻译的可能性，但把贺清泰有关第二道敕谕翻译的交代直接套用在第一道敕谕上，显然是不妥当的，也不能以这封信来确定第一道敕谕的译者就是贺清泰和罗广祥，更不能证明第一道敕谕翻译成拉丁文时被刻意删改。其实，当时经常被点名来负责翻译和核对译本的在京传教士其实是索德超，但第二道敕谕不是由他翻译的，很可能是因为第二道敕谕是在很紧迫的情况下写成的，而有充分时间准备的第一道敕谕，交由"通事带领"索德超翻译，却是很有可能的。

　　最关键的是文本问题。佩雷菲特说拉丁文本是一个"洁净过的""美化"的版本，不过，他其实没有在文本上做过什么分析，也没有提出什么证据来证明这个观点，只是在脚注里加了两三处简略的评语。必须承认，笔者没有足够的语文能力对拉丁文本进行仔细分析，所以不会对拉丁文本妄下判断，但既然英文本来自拉丁文本，而英国读者所读到的是英文本，那么，我们只需

---

1 "Letter from Louis de Poirot to Lord Macartney, dated Pekin, September 29, 1794, together with translation," ibid., vol. 7, doc. 308, CWCCU.

要分析英文译本，而在有特别需要时再以拉丁文本为参照就足够了。

首先，佩雷菲特说使团成员根据传教士所翻译的拉丁文本"拟写了一份英文摘要"（"*de résumer en anglais le texte latin/drafted an English summary*"），这份摘要一直没有公开，直至使团成员全都去世后很久才公布出来。[1] 不过，究竟佩雷菲特所说的这份英文摘要是指哪一份？他在书中没有任何说明。上文指出，现存由使团提供的英文译本只有一个，就是由马戛尔尼向邓达斯呈报的那一份。就现在所见到的情况，这份译文从没有向公众读者公开发表，甚至马士著名的《东印度公司对华贸易编年史》也没有收录这第一道敕谕的译文。该书所收的"中国皇帝给英国国王的回答"（"Answer of the Emperor of China to the King of England"），其实是东印度公司档案中第二道敕谕的译本。[2] 另外，最早在英语世界公开发表第一道敕谕的两份译文分别为庄延龄1896年的译本，以及白克浩斯和濮兰德1914年的译本。这两个译本都不可能来自东印度公司，前者表明译自《东华录》，而白克浩斯和濮兰德在发表敕谕译文时身在中国，不可能看到东印度公司的内部资料。事实上，庄延龄与白克浩斯等人的译本根本就与东印度公司所藏的官方译本很不相同。

更重要的是，马戛尔尼所提交的译本绝对不是什么"简写本"或"摘要"。单从字数看，东印度公司译本有1 510字，但佩雷菲特《停滞的帝国》英译本所引录并描述为"足本英译"（"a complete English rendering"）、"没有经过传教士的整容手术"

---

1 Peyrefitte, *L'Empire Immobile*, p. 245; Peyrefitte, *The Collision of Two Civilisations*, p. 288.

2 Morse, *The Chronicles of the East India Company*, vol. 2, pp. 247 - 252.

（"free of the cosmetic surgery performed by the missionaries"），[1] 由克兰默-宾所翻译的敕谕译本却只有 1 248 字，长度只是东印度公司译本的百分之八十；而庄延龄的译本也同样只有 1 200 字左右，白克浩斯的更少至 950 字。所以，除非佩雷菲特所说马戛尔尼等提供的译本是另有所指，否则他提出的"摘要"或"简写本"的说法是不能成立的。

其实，东印度公司的译本的确见不到删除了什么实质的部分。佩雷菲特说拉丁文译本"巧妙地"把开首的部分删去，[2] 所指的是敕谕的第一句"奉天承运皇帝敕谕英吉利国王知悉"。诚然，传教士的拉丁文译本和东印度公司的译本确实没有把这一句翻出来，但这是否代表译者刻意"巧妙地"删去这部分，以达到某些目的？熟悉中国文书的都会认同，这样一句开场白只是公式化的表述，对任何来贡国家发出的敕谕都会这样开始，虽然不能说完全没有意义，因为就像敕谕本身一样，它也可以被视为天朝思想的体现，但绝对不是针对英国。事实上，没有必要删改译文的庄延龄和白克浩斯也同样没有把这句子翻译出来。因此，删掉"奉天承运"一句并不代表什么。佩雷菲特以此证明译本有删改，有严重的误导性。

不过，没有明显的删除，不等同于内容没有改动。仔细对比原文和后来出现的几个英译本后，便不能不同意马戛尔尼送回来的英译本所传递的讯息并不完整。当中最明显的地方是把原来敕谕中的天朝思想大大地淡化了，且触及一个中心思想问题，就是

1　Peyrefitte, *The Collision of Two Civilisations*, pp. 289－292.

2　Peyrefitte, *L'Empire Immobile*, p. 246; Peyrefitte, *The Collision of Two Civilisations*, p. 289.

整个使团文书翻译中不断出现的两国地位是否平等的问题。这样的改动是绝对重要的。

　　毫无疑问，原来的敕谕充满了清廷高高在上的天朝思想。这本来就应该是在预期之内的，毕竟向遣使来朝的国家颁发敕谕这理念和动作本身就是天朝思想标志性的体现。但另一方面，在这种天朝思想的表述上，乾隆这第一道给英国国王的敕谕其实算不上特别严重，内容重点在于说明为什么不能批准英国在北京派驻使者，且从不同角度以一种颇为温和的态度重复解说，强调的是双方体制不同，不能迁就改变。有学者便认为，"以天朝的标准而言，敕谕是明显温和的"。[1] 然而，必须强调，这是从"天朝的标准"出发的，不能否认整道敕谕仍然充斥着天朝话语，从效果上呈现出一幅两国地位完全不平等的图像，中国的地位远远高于英国。这跟当时西方国家的外交理念很不一样，不容易为英国人所接受。

　　正由于这个缘故，东印度公司所藏英文译本在很大程度上淡化了这种表述。原敕谕中频繁出现的"天朝"一词，本来是跟"尔国"相对的，用来展示两国的地位高低，但在英译本中二者全都用一个中性的"国家"（"country"）来表述：以"这个国家"（"this Country"）相对于"你的国家"（"your Country"），还有以"他们的国家"（"their Countries"）来翻译"西洋各国"，真的高下一致，无分彼此，是国家间平等交往的体现。对比一下其他的译本，庄延龄、白克浩斯和克兰默-宾都毫无例外地把"天朝"译成"Celestial Court"和"Celestial Dynasty"；庄延龄还加脚注说明，"天朝"一词是中国皇帝指定要用的表述，目的就是让

---

1 Coates, *Macao and the British*, p. 89.

413

夷人知所敬服。[1] 由此可见，东印度公司译本不把"天朝"译出来，很大程度上把一个重要的讯息淡化甚至消解了。

"天朝"以外，原敕谕的一个中心思想是英国非常诚恳恭顺地前来朝拜进贡，里面出现的"倾心向化""叩祝万寿""赍到表贡""词意肫恳""恭顺之诚""仰慕天朝""永矢恭顺"等字句，还有"天朝抚有四海""天朝所管地方至为广远""普沾恩惠"等，都是英国臣伏的表述。但马戛尔尼呈送东印度公司的译文中并没有传达这样的讯息，甚至有所扭曲。最明显的例子是敕谕开首有关英国为什么派遣使团过来的说法。原敕谕是这样写的：

> 咨尔国王，远在重洋，倾心向化，特遣使恭赍表章，航海来庭，叩祝万寿。[2]

但马戛尔尼的英译本却是这样的：

> Notwithstanding you reside, O King, beyond many Tracts of Seas, prompted by the urbanity of your Disposition, you have vouchsafed to send me an Ambassador, to congratulate me upon my Birthday.[3]

在译本里，派遣使团是出于英国国王温文优雅、擅于社交的性格，不是因为他对天朝归顺服从，而更有趣的是对于派遣使者的动作

---

1 Parker, "*From the Emperor of China*," p. 46, n. 3.

2 《大清皇帝给英吉利国王敕谕》，《英使马戛尔尼访华档案史料汇编》，第165页。

3 "The Emperor's Letter to the King," IOR/G/12/92, p. 243.

的描述，译文用了"vouchsafed"，这是在高位者向下赐予的意思。但问题是，这句子的主语是"you"，是英国国王，这就变成英国国王位处上位，纡尊降贵地向乾隆派遣一名使者。作为对比，尽管程度有异，但其他译本全都是说英国人出于对中国文化的仰慕而派遣使团——庄延龄和克兰默-宾的译法很接近，分别译为"inclined thine heart towards civilisation"和"inclining your heart towards civilisation"（"你的心倾向于文化"），从字面上直译"倾心向化"，而白克浩斯更进一步，译成"impelled by your humble desire to partake of the benefits of our civilisation"（"出于谦卑的请求，要从我们的文化中分享一些好处"）。不过，这三个译法都有问题，因为"向化"并不应理解为向往某一个文化，而是归化、顺服的意思，[1] 也就是敕谕里出现过两次的"恭顺"的意思。换言之，在"倾心向化"的翻译上，即使后来出现的三个译本，也不能准确地把敕谕原来那种朝贡国要归顺天朝的意思翻译出来。

可以说，"恭顺"是这道敕谕的关键词，是对两国关系最明确的定位，也最清晰地体现出清廷的天朝思想。那么，"恭顺"又是怎样翻译的？可以预期，马戛尔尼的译本会作出较大的改动。在敕谕里，"恭顺"第一次出现在开首，是有关英国送来的国书的："朕披阅表文，词意肫恳，具见尔国王恭顺之诚，深为嘉许。"在马戛尔尼的译本里，"恭顺之诚"被译成"your good Will and Regard for me"，这里最多只能说是表现一种友善的态度和对乾隆的关心，没有半点臣服归顺的意思；而表现乾隆优越感的"深为嘉许"，更被译为"return you my thankful acknowledgements"，变

---

1 参见罗竹风主编，汉语大词典编辑委员会、汉语大词典编纂处编纂：《汉语大词典》第三卷，上海：汉语大词典出版社，1989 年，第 137 页。

成乾隆心怀感激，表示回报。这不单淡化了效果，更把原文的意思扭曲了。对比下来，另外的三个译本更能传达原敕谕的讯息：

We have opened and perused the address, the language of which is sufficiently honest and earnest to bear witness, O King, to the genuineness of thy respectful submission, and is hereby right well commended and approved. (庄延龄)[1]

I have perused your memorial: the earnest terms in which it is couched reveal a respectful humility on your part, which is highly praiseworthy. (白克浩司)[2]

We have perused the text of your state message and the wording expresses your earnestness. From it your sincere humility and obedience can clearly be seen. It is admirable and we fully approve. (克兰默-宾)[3]

在这三个译本里，"respectful""submission""humility""obedience"等字词，还有"approve（d）"，都表现两国不同的位置，清廷在上位，英国则是卑下的、顺从的，其中庄延龄所用的"submission"更是归顺、臣服的意思。

同样的情况也见于敕谕结尾处，乾隆向英国国王作出"指示"：

---

1 Parker, "From the Emperor of China to King George the Third," p. 45.

2 Backhouse and Bland, *Annals and Memoirs of the Court of Peking*, p. 322.

3 Cranmer-Byng (trans.), "An Edict from the Emperor Ch'ien-Lung," Macartney, *An Embassy to China*, p. 336.

> 尔国王惟当善体朕意，益励款诚，永矢恭顺，以保乂尔
> 有邦共享太平之福。[1]

这里颇有点好自为之的味道：英国要永远臣服，才可能享有太平。马戛尔尼英译本不可能传达这样的讯息，"当善体朕意"变成"I now intreat you, O King, to make your Intentions correspond with mine"，当中"intreat"是恳求、请求的意思，整句变成乾隆恳求英国王采取一种与他自己一致的态度；"恭顺"完全消失了，用的是"以慎重和温和的方式行事"（"act with all Prudence and Benignity"），而更严重的是在恳求英国国王与他态度一致后紧接着出现了"Adher［e］to Truth and equity"，这就是要向英国人传递一个讯息：乾隆会以真诚和公平的原则来处事，这当然会在英国受到欢迎，但却完全违背了天朝思想的核心概念。白克浩斯的译本就很不同：

> It behoves you, O King, to respect my sentiments and to display even greater devotion and loyalty in future, so that, by perpetual submission to our Throne, you may secure peace and prosperity for your country hereafter.

"devotion""loyalty""submission"等词都充分确立英国人臣服的位置，而且这臣服是永久（perpetual）的。另外，"so that"更清楚地说明因果关系——英国人想得到和平，就必须永远地恭顺。这不是大英帝国的读者所能接受的，难怪白克浩斯的译本在 20 世

1《大清皇帝给英吉利国王敕谕》，《英使马戛尔尼访华档案史料汇编》，第166 页。

纪初引起这么大的反应。

除给人一种两国地位平等、乾隆以公平态度处事的感觉外，马戛尔尼所提交的敕谕译本还刻意营造两国关系十分和谐友好的气氛。在译文中，"friendly"出现了两次，用来表示乾隆对待使团的态度，但其实所翻译的都是"恩"（"恩惠""恩视"），原指乾隆向英国人施恩、英国人得到中国的恩惠，这跟友好、友善是很不相同的讯息；此外，译文中还另有一处用上"friendliness"，那是指英国国书所呈现的英国政府的态度，但原文是"词意肫恳"，就是行文表现得很诚恳，态度接近谦卑，没有相互友好的意思。一个性质很接近的翻译是"affection"和"affectionate"，在译文中共出现三次，其中两次跟使团带来礼品相关，且译法十分接近："as a token of your Sincere Affection"，"as Tokens of your affectionate Regard for me"，都是说使团所带来的礼品代表英国对中国的友好态度。不过，原敕谕中这两处强调的是英国人在呈送礼品时表现出很大的诚意："备进方物，用将忱悃""赍进各物，念其诚心远献"，与强调友好、爱慕意思的"affection"不完全相同。倒是第三次出现的"affection"颇能准确表达原来词语的意思，那是出现在敕谕最后的部分，乾隆向英国国王及使团赠送礼品，敕谕说他们应该受到皇帝的"眷怀"，这就的确有眷顾、关怀的意思，与"affection"相差不远。不过，跟前面两个"affection"连在一起的，还有三个"friendly"，译文整体营造的，就是一种非常和谐、友好的效果，这是原敕谕所没有的，但却完全地配合以至回应了派遣使团来"开展跟中国皇帝的友谊""为两国建立永久的和谐关系及联系"的目的。[1]

---

1 "Letter from the Chairman to the Viceroy of Canton," 27 April 1792, IOR/G/12/91, pp. 333 – 335.

　　乾隆给英国国王敕谕中还有一个很值得注意的词——"叩祝"。这应该怎样翻译？"叩"是否就是叩头？不难想象，马戛尔尼所提供的英译本中不会有"kowtow"的出现，当中"叩祝"简单译成"祝贺"（"to congratulate me upon my Birthday"），但克兰默-宾则用"to kowtow and to present congratulations"来翻译，[1]并刻意加上脚注解释，强调"叩"和"祝"应该分开来理解，就是叩头和祝贺的意思，因此，单单译成"congratulations"是不够的。[2]佩雷菲特更把这一句译成"九叩"（"les neuf prosternements du *kotow*"），还说乾隆以此确定英国人的确叩了头：

　　　　因此，在以书写文件为依据的历史里，英国人是叩了头的，因为皇帝就是这样写的。[3]

但问题是：皇帝在这里真的是说英国人叩了头吗？马戛尔尼所提供的译本不使用"kowtow"这个词，这是否是使团淡化甚至篡改原文的另一个表现？其实，无论从汉语习惯用法还是从敕谕行文来说，这里的"叩祝"都不应被分拆理解为叩头和祝贺。更合理的理解是将其作为一种形象化的描述，表示以非常尊敬的态度来祝贺。在汉语中，除了叩首和叩头外，大部分与"叩"字相关的词都不是指身体上的跪地叩首动作，如叩问、叩安、叩击、叩诊、叩关、叩门、叩请等，另外一些成语如叩心沥血、叩源推委、呼

---

1 Cranmer-Byng, "Lord Macartney's Embassy to Peking in 1793," p. 134; Cranmer-Byng, "Appendix C: An Edict from the Emperor Ch'ien-Lung," in Macartney, *An Embassy to China*, p. 337.

2 Cranmer-Byng, "Lord Macartney's Embassy to Peking in 1793," p. 122, n. 12.

3 Peyrefitte, *The Collision of Two Civilisations*, p. 289.

天叩地、叩阍无路等，也与叩头无关。此外，"叩祝"一词在当时与使团相关的文献中早已出现，例如在《预告篇》提到的一份由潘有度代写，以东印度公司秘密及监督委员会主席波郎名义所发的禀文，里面便有"国王闻得天朝大皇帝八旬大万寿，本国未有人进京叩祝，国王心中不安"的说法，[1] 这成文于马戛尔尼觐见乾隆之前，与他有没有向乾隆叩头扯不上关系。因此，敕谕中用"叩祝万寿"并不是说叩头祝寿，更不能由此推想乾隆以这一表述来告诉英方马戛尔尼曾向他叩头。此外，不管马戛尔尼有没有叩头，乾隆也实在没有必要通过这样隐晦的方式来告诉乔治三世。克兰默-宾和佩雷菲特的翻译是出于一种过度诠释，是错误的，就是庄延龄和白克浩斯也没有用上"kowtow"。

从上面有关乾隆第一道敕谕几个重要翻译问题的讨论，可以见到虽然使团自己提供的译文整体上没有什么删改，主要的内容——拒绝英国人提出的在北京派驻人员的要求，大体上也能传达出来，但实际上最重要的讯息却被扭曲，淡化了原敕谕中清廷高高在上的天朝思想，把两国置于平等的位置，而乾隆和乔治三世更因为这次使团使华而建立了深厚的友谊。这里所反映的其实是整个使团来华过程中不断出现的核心问题：翻译如何体现中英两国的关系。

不过，始终要强调的是：马戛尔尼呈送回东印度公司的这份敕谕译文，一直都没有引起过什么注意，就是今天也没有出现在学者的讨论里。

---

1 《英国波朗亚里〔免〕质臣禀报》，《乾隆五十八年英吉利入贡始末》，《英使马戛尔尼访华档案史料汇编》，第 592 页。

四

如前所述，乾隆的第二道敕谕是明确地针对马戛尔尼在离开北京前向和珅提出的具体要求的。相较于第一道敕谕，乾隆的态度更坚决，语气更严厉，有学者形容乾隆对乔治三世的说话是"威严的、雷鸣般的、不留情面的、终极的"。[1] 显然，乾隆自己也意识到这道敕谕的对抗性力量，甚至对此显得有点紧张，采取的对策变得十分谨慎，在发送给群臣的谕旨中明确说明"不准其所请，未免心怀觖望"，[2] 甚至说"外夷贪狡好利，心性无常，嘆咭唎在西洋诸国中较为强悍，今既未遂所欲，或致稍滋事端"，因此"不可不留心筹计，豫为之防"；除要求沿海督抚在使团过境时要"铠使鲜明，队伍整肃"，让英国人有所畏忌外，还要他们"认真巡哨，严防海口"。[3] 不过，尽管马戛尔尼在接到敕谕后的确曾经向陪同使团南下的钦差大臣松筠提出过一些问题，但态度却十分平和，没有流露不满的情绪。第二道敕谕的拉丁文和英文译本送回英国后，也同样没有引起什么激烈的反应。

乾隆第二道敕谕的英文译本，也是在马戛尔尼离开北京南下途中，在杭州附近跟第一道敕谕及其他文书一起送回英国去的。[4] 不过，使团英译本并没有马上向民众公开，直至马士《东印度公

---

1 Coates, *Macao and the British*, p. 89.

2 《和珅字寄沿途督抚奉上谕英贡使起程回国着沿途营汛预备整肃备檄调》，《英使马戛尔尼访华档案史料汇编》，第 175 页。

3 《谕军机大臣着沿海各省督抚严查海疆防范夷船擅行贸易及汉奸勾结洋人》，同上，第 63 页。

4 "Answer of the Emperor of China to the King of England," IOR/G/12/92, pp. 283‒298。下文有关使团送回第二道敕谕英译本的讨论，都是根据这个文本，不另作注。

司对华贸易编年史》中才见收录，那已是 1926 年的事情了。[1] 不过，长期以来人们的注意力大都放在第一道敕谕上，第二道敕谕并没有引起很多讨论。

第二道敕谕的拉丁文本是由贺清泰和罗广祥合译的，这在贺清泰写给马戛尔尼的一封信中得到确认。[2] 二人跟使团关系一直很好，贺清泰后来还特意写信给马戛尔尼，解释翻译的问题。这就让我们知道翻译敕谕的整个过程，且更明白其中的症结所在。

根据贺清泰所说，当天他们在北京城里吃晚饭的时候，临时被征召，赶回住所。一名官员手上拿着一份写得很潦草的敕谕草稿，只有他才能读懂。官员一句一句把敕谕读出来，罗广祥和贺清泰一句一句地翻译。在翻译过程中，他们发现一个他们认为颇严重的问题，提出异议，但那名官员非常固执，要求他们照实翻译。贺清泰说他们只好"按照惯常的做法，我们在这里那里改动了一些表述"，但却不敢把整段删掉，因为朝廷会派遣其他传教士来核对翻译。那么，他们做了什么改动？贺清泰也说得很清楚：他们加进一些对英国国王表示尊敬的说法，因为中国人把外国的国王看作小小的头目，都是大皇帝的奴隶。[3]

不过，仔细对比原敕谕与译本，最后的英文本并没有加入很多对英国国王表示尊敬的说话，更准确的说法是译者把一些英国人可能觉得冒犯的话大大地淡化或更改了。例如，"朕鉴尔国王恭顺之诚"译成 "convinced of the rectitude of your intentions"，意义上明显不同，只是说认同英国国王派遣使团目的是正确的；"今尔

---

1 Morse, *The Chronicles of the East India Company*, vol. 2, pp. 247–252.

2 "Letter from Louis de Poirot to Lord Macartney, Dated Pekin, September 29, 1794, Together with Translation."

3 Ibid.

国使臣于定例之外，多有陈乞，大乖仰体天朝加惠远人，抚育四夷之道，且天朝统驭万国，一视同仁"则变成"this new Methods would be very inconsistent with the good will which we profess for all foreign Nations. It being our constant Maxim to treat them all equally well, without any Partiality"，只说明中国对所有国家一视同仁，无所偏私，但天朝高高在上，包括英国人和英国在内的四夷万国尽受天朝统驭，过来陈乞等说法全删掉了。当然，删去这些所谓冒犯性的话，很大程度上会改变敕谕的精神，淡化敕谕原来的天朝思想，就跟第一道敕谕一样，变成英国读者较容易接受的版本。事实上，这篇译文读来就是一篇十分平实直接的回应，这大概也是马戛尔尼原来的意思，因为译文标题写成《中国皇帝给英国国王的回答》（"Answer of the Emperor of China to the King of England"），显示马戛尔尼把它视为对使团提出要求的普通回应，不是朝贡体制下体现"天朝"思想的敕谕。

但其实，第二道敕谕的英译本除删去一些可能冒犯英国人的表述外，还有一些别的改动。诚然，部分修正纯粹是技术性的，例如把乾隆的逐条回应加上"第一""第二"等，在内容上没有任何改动，只是让人更觉清晰。但也有些是值得特别注意的。

首先，原敕谕每次提及英国人在华贸易和居住的地点，绝大部分情况用的是"澳门"，包括在敕谕开首的地方说到"向来西洋各国及尔国夷商赴天朝贸易，悉于澳门互市"，后文又有"加以体恤，在澳门开设洋行""向来西洋各国前走天朝地方贸易，俱在澳门设有洋行""尔国向在澳门交易""即与尔国在澳门交易相似""向来西洋各国夷商居住澳门贸易，画定住址地界""已非西洋夷商历来在澳门定例""理自应仍照定例在澳门居住方为妥善""嗣后尔国夷商贩货赴澳门仍当随时照料"；相比之下，"广东"

423

出现得很少，只有两处："在广东贸易者亦不仅尔英吉利一国""西洋各国在广东贸易多年"。[1]但译文却把 11 处原来的"澳门"全改译为"Canton"，结果，"澳门"在原敕谕中出现 14 处，Macao 在译文里只出现了 4 处，都是不能改为"Canton"的地方，因为其中 3 处是澳门和广州（广东）一起出现的，而另一处就是说西方人一直住在澳门（"all European Merchants should reside at Macao"）。应该指出，在现在所见到的拉丁文译本中，澳门也被改为"Canton"。这样看来，英译本的改动很可能是源自拉丁文本，也就是贺清泰和罗广祥所做的。但他们为什么要这样做呢？贺清泰和罗广祥肯定很熟悉澳门，不可能不知道澳门跟"Canton"不一样。此外，这样的改动对他们来说没有任何好处，根本没有必要，更不涉及英国国王尊严。但如果这改动是出自英国人的，那就很容易理解。从清廷的角度看，以澳门作为英国人生活、贸易和活动的主要基地是最合适的，因此，他们在敕谕里不用广东或广州，可以视为不肯认同英国人在广州有任何活动权利可能的一种表态。但英国人要争取的并不是澳门的活动空间，一直以来，西方人在澳门的生活没有什么大问题，马戛尔尼这次所争取的活动地点是广州，不是澳门。在这种情形下，他们很有理由把敕谕中的澳门改为广州，甚至可以视为中英双方在中英贸易的一个重要问题上已进行了一场交锋。如果真的是这样，东印度公司档案中的拉丁文译本便是经过英国人改动过了，毕竟今天所见到的只是一份抄写本，开首还有一段英文的介绍，这段介绍肯定是英国人加上的。

1《大清皇帝为开口贸易事给英国王的敕谕》，《英使马戛尔尼访华档案史料汇编》，第 172—175 页。

虽然无法确定把澳门改为广州是否出自英国人之手，但另一个改动却是肯定的。在英文译本中，一个非常显眼的情况是译文把敕谕分成四部分，分别注明是"写给英国国王的"（"To the King"）和"写给大使的"（"To the Ambassador"），各占两部分。这在原来的敕谕里是没有的，就是拉丁文译本也不是这样的，所以这改动肯定是来自使团自己的。严格来说，这改动是错误的，因为敕谕本来是直接写给英国国王的。事实上，现在所见到译文所标明"写给大使的"只是两小段，对应原敕谕只是以下两句：

> 尔国王远慕声教，向化维殷，遣使恭赍表贡，航海祝釐。
> 念尔国僻居荒远，间隔重瀛，于天朝体制未谙悉。[1]

无论从什么角度看，也无法看出为什么特别把这两段文字标为"写给大使的"，英文译文这个改动不知要达到什么效果。但无论如何，这确是来自英国人的改动。马士在征引这道敕谕的英译时说敕谕很古怪地以不同段落分别写给乔治三世及大使，[2] 这只是由于他没有读过原来敕谕的缘故。

五

在第二道敕谕的翻译上，还有一个很重要的问题值得深入处理。

我们知道，乾隆第二道敕谕是回答马戛尔尼的具体要求的；

---

1 《大清皇帝为开口贸易事给英国王的敕谕》，《英使马戛尔尼访华档案史料汇编》，第 172—173 页。

2 Morse, *The Chronicles of the East India Company*, vol. 2, p. 226.

这些要求是马戛尔尼得到和珅同意后在 10 月 3 日给和珅写信，以书面形式提出的。[1]

马戛尔尼这封信的中文文本不见于现存清宫档案。根据收藏于东印度公司档案中马戛尔尼写给和珅的原信，[2]以及马戛尔尼的日志，他当天向朝廷提出六项要求，包括：一、准许英国商人在舟山、宁波和天津进行贸易；二、容许他们在北京设置商馆，出售货物；三、在舟山邻近地区给予他们一个小岛居住及存放货物；四、在广州给予他们一些特权；五、取消澳门和广州之间的转运关税，或至少回到 1782 年（乾隆四十七年）的水平；六、禁止额外征收朝廷规定以外的税项。[3]这些要求全都跟英国人来华贸易有关，没有别的要求。我们不在这里分析这些商业操作上的要求内容或意义，只讨论与翻译，或者更具体地说是与译员有关的问题。

乾隆在收到马戛尔尼的要求后，迅速作出反应，在第二天即完成敕谕，逐一驳斥英国人的要求，但其中一项却与商业贸易无关，而是关于宗教方面的。敕谕说：

> 至于尔国所奉之天主教，原系西洋各国向奉之教。天朝自开辟以来，圣帝明王，垂教创法，四方亿兆，率由有素，不敢惑于异说，即在京当差之西洋人等，居住在堂，亦不准与中国人民交结，妄行传教，华夷之辨甚严。今尔国使臣之意欲任听夷人传教，尤属不可。[4]

---

1 Macartney, *An Embassy to China*, pp. 149 – 150.

2 "Note to the First Minister Cho-Chan-Tong, from the British Embassador, Delivered at Yuen-min Yuen, 3 October 1793," IOR/G/12/92, pp. 259 – 262.

3 Ibid.; Macartney, *An Embassy to China*, p. 150.

4 《大清帝国为开口贸易事给英国王的敕谕》，《英使马戛尔尼访华档案史料汇编》，第 174 页。

不过，马戛尔尼在知悉这项内容后，马上向陪同使团离京南下的松筠呼冤，表示自己从没有提出过传教的要求。[1]为什么会这样？究竟使团有没有向乾隆提出要在中国自由传教？这是一个过去没有能够找到确切答案的问题，[2]直到 1996 年才由意大利那不勒斯东方大学的樊米凯解答。在题为《那不勒斯中华书院学生、出使乾隆皇帝之马戛尔尼使团以及中国天主教徒自由崇拜的要求》的文

---

1 Macartney, *An Embassy to China*, pp. 166 – 167；Macartney to Dundas, near Han-chou-fu, 9 November 1793, IOR/G/12/92, p. 102.

2 中文著作方面，除笔者在 2020 年发表的一篇（王宏志：《"今尔国使臣之意，欲任听夷人传教?"：马戛尔尼使团乾隆致英国王第二道敕谕中的传教问题》，《中国文化研究所学报》第 71 期，2020 年 7 月，第 47—70 页）外，黄兴涛的《马戛尔尼使华与传教士及传教问题》是现在所能见到最直接及深入尝试解答这问题的文章。该文辨析乾隆驳回使团并未提出过的传教要求有三种可能性：一是"乾隆帝从以往的经验出发，做此种意〔臆〕测，提出驳回以防患于未然"；二是使团曾带两名澳门传教士随行北上，推荐他们入京当差，且在北京经常与当地的各国传教士见面，以致引起乾隆对传教问题的联想；三是马戛尔尼自己所提的解释，就是在京葡萄牙传教士从中挑拨，在皇帝面前说英国人要到来传教，以致乾隆在敕谕里加以驳斥。在三者中，黄兴涛认为是前两种因素共同导致英使没有提出传教要求，乾隆却在敕谕中驳回的矛盾现象。不过，在分析过这三种可能性后，黄兴涛说："也许还有其他的可能。这需要进一步发掘材料。"黄兴涛：《马戛尔尼使华与传教士及传教问题》，《中英通使二百周年学术讨论会论文集》，第 358—375 页。另外，袁墨香也简略讨论过这问题，她的说法是："这是乾隆对英使来华目的的一个猜测，未雨绸缪。"不过，这纯然是一种猜想，没有资料上的佐证。袁墨香：《马戛尔尼使华与天主教传教士》，山东大学硕士学位论文，济南，2005 年，第 33 页。英文著作方面，直接讨论这问题的文章有 Piero Corradini, "Concerning the Ban on Preaching Christianity Contained in Ch'ien-lung's Reply to the Requests Advanced by the British Ambassador, Lord Macartney," *East and West* 15, no. 3/4 (September-December 1965), pp. 89 – 91. 不过，这篇文章有很严重的问题，作者错误地征引普利查德的文章，以为马戛尔尼提出要求的信件是由罗广祥翻译的，然后就提出结论说传教要求是由罗广祥自己加入的。同上，第 91 页。从文章来看，皮埃罗·科拉迪尼（Piero Corradini）当时对马戛尔尼使团的研究很不深入，一些比较为人熟知的情况都弄错了，例如他说使团的两位译员中，有一位在 1793 年 6 月 23 日使团离开舟山前提早离团。同上，第 90 页。

章中，樊米凯通过利用一直藏于意大利的原始资料，证明使团译员李自标在北京时的确曾向朝廷提出过与天主教在华情况相关的要求。[1] 这肯定是一篇非常重要的文章，不过，由于该文并没有使用一些关键性的中文及英文原始资料，[2] 有关的阐述还有可以补充的地方。

首先可以肯定：马戛尔尼本人的确从来没有向清廷提出准许英国人在中国传教的要求。马戛尔尼在离开北京前曾向中方递交过几份文书，当中最为人熟知的是在 1793 年 8 月 2 日（乾隆五十八年六月二十六日）在天津交与负责接待使团的乔人杰和王文雄的礼品清单，[3] 以及 1793 年 9 月 14 日（乾隆五十八年八月十日）由马戛尔尼在热河亲手呈递给乾隆的英国国王乔治三世的国书。这两份文书（无论是原文或译文）都没有只字提及要在中国传教。除此之外，马戛尔尼在使团离开北京前曾向和珅递送几封信，其中他在 8 月 28 日刚到北京后不久送呈的一封，主要讨论觐见乾隆的仪式问题，提出只有清廷派遣一名职位相若的大臣以相同仪式向英国国王画像行礼，他才可以向乾隆行叩头大礼的要求。[4] 但负

---

1 Fatica, "Gli Alunni Del Collegium Sinicum di Napoli, La Missione Macartney Presso L'Imperatore Qianlong e La Richiesta di Liberta di Culto per I Cristiani Cinesi〔1792 – 1793〕," pp. 525 – 565.

2 例如该文并没有怎么参考或引用中文资料，就是敕谕的中文本也没有，亦没有征引由北京天主教士所翻译的敕谕拉丁文本。在讨论敕谕文本时，只是引录一篇转译自白克浩斯及濮兰德英译敕谕的法文本。Fatica, "Gli Alunni Del Collegium Sinicum di Napoli," p. 562；另外，樊米凯整篇文章基本没有直接引用东印度公司的档案资料。

3 《英贡使为奉差遣进贡请赏宽大房屋安装贡品并赏居住房屋的禀文译稿》，《英使马戛尔尼访华档案史料汇编》，第 121 页；《英国王谨进天朝大皇帝贡件清单译稿》，同上，第 121—124 页。

4 "Note for Cho-Chan-Tong, First Minister. Pekin, 28 August 1793: with Latin and French translations," IOR/G/12/92, pp. 209 – 216.

责接收的征瑞和长麟并没有把书函转呈给和珅，只是在 9 月 8 日使团到达承德时交还给马戛尔尼。[1] 接着，在热河两次见过乾隆后，马戛尔尼在 9 月 18 日向和珅写了一封信，提出要求准许陪同马戛尔尼到天津的"印度斯坦号"船长马庚多斯先回舟山，照顾先前留在外海的船员，并准许他们在舟山、宁波等地购买茶叶，又同时传达了两名天主教士安纳和拉弥额特愿意到京服务的消息，请准他们从舟山去北京。[2] 马戛尔尼这封信函获送到军机处，但除购买茶叶一项外，其余请求全被驳回。[3] 在接到征瑞转达的消息后，马戛尔尼又在 10 月 1 日向和珅写了另一封信，一方面感谢朝廷准许使团成员在浙江购买茶叶，另一方面仍然提出要求批准马庚多斯马上出发前往舟山，又请求准许代转信函。[4]

可以说，这三封信函都是实务性的，马戛尔尼提出的只是当时使团一些具体事务的安排，与出使的任务或要求没有关系。真正就英国派遣使团来华目的而提出要求的，是马戛尔尼 10 月 3 日在圆明园写给和珅的信。根据马戛尔尼的日志，他们这时候已听闻朝廷希望使团尽早离开的消息，而在前一天和珅也向马戛尔尼表达了这个意思。然而，在 10 月 2 日的交谈里，马戛尔尼只能口头上很简略地向和珅提到使团的要求，但和珅刻意回避，改变话题，不作回答，马戛尔尼根本没有办法和他作进一步商讨。第二

1　Macartney, *An Embassy to China*, p. 117.

2　"Note for Cho-Chan-Tong, First Minister. Gehol, 18 September 1793: with Latin translation," IOR/G/12/92, pp. 217 – 224.

3　《军机大臣为贡使请令马庚多斯回珠山管船及求买茶叶给征瑞的堂谕》，《英使马戛尔尼访华档案史料汇编》，第 152—153 页；《奏为英贡使复求请准为马庚多斯回船拟先行回京再驳议》，同上，第 153—154 页。

4　"Note to the First Minister Cho-Chan-Tong, from the British Embassador, Delivered at Yuen-min Yuen, 1 October 1793, with Latin translation," IOR/G/12/92, pp. 225 – 232; Macartney, *An Embassy to China*, p. 146.

天，马戛尔尼再次尝试跟和珅谈论这问题，但因为身体疲惫不适，请求转派斯当东前往讨论，和珅说可以用书面提出要求，马戛尔尼便匆忙写下信函，开列六项要求，并希望得到书面的答复。[1] 在送出这封信的第二天，马戛尔尼又写信给和珅，提出在得到朝廷对他前一天要求的书面回复后，便会启程回国。这是马戛尔尼在离开北京前写给和珅最后的一封信。[2]

可以看到，马戛尔尼唯一一次向清廷提出英国政府的要求，就是在10月3日的一封信里。[3] 不过，无论是从马戛尔尼写给和珅的原信所见，还是马戛尔尼的日志所说，在马戛尔尼所提的要求中，的确没有提及任何有关在中国传教的问题。那么，为什么乾隆第二道敕谕会忽然说到"今尔国使臣之意，欲任听夷人传教"？问题的症结在于乾隆到底接收到什么讯息。

一直以来，我们都是通过马戛尔尼的日志以及东印度公司所藏他写给和珅信件的抄本，来知悉他向和珅提出什么要求的。但清廷方面呢？显然，和珅和乾隆所读到马戛尔尼10月3日所提出英国政府的要求，不可能来自英文原信，而只能是来自中译本。

---

1 "Note to the First Minister Cho-Chan-Tong, from the British Embassador, Delivered at Yuen-min Yuen, 3 October 1793," IOR/G/12/92, pp. 259 – 262; Macartney, *An Embassy to China*, pp. 146 – 150.

2 "Note to the First Minister Cho-Chan-Tong, from the British Embassador, Delivered at Yuen-min Yuen, 4 October 1793," IOR/G/12/92, pp. 263 – 266; Macartney, *An Embassy to China*, p. 154.

3 沈艾娣说马戛尔尼在热河时曾口头向松筠提出使团的六点要求，然后在回到北京后才以书面提出。Harrison, *The Perils of Interpreting*, pp. 126 – 127。这颇有问题。她并没有提出资料证明这种说法，注释所开列的就是马戛尔尼在1793年10月3日给和珅的信件，但里面完全没有提及在热河曾有过任何相关的讨论。同上，第296—297页，注45及46。上文相关的讨论证明马戛尔尼在热河没有跟中方具体谈到使团这几项要求。其实，假如马戛尔尼在热河时已向松筠提出要求，松筠不可能不奏报朝廷。如果朝廷早知道这些要求，乾隆的第一道敕谕便应该有所回应，不会在匆忙间再颁送第二道敕谕，驳斥马戛尔尼的要求。

那么，问题是否可能出现在翻译上？由于现在所见到的所有档案资料中都没有收录马戛尔尼这封信的中文本，我们无法从译文入手，确定乾隆和珅读到的是什么内容，里面有没有提出传教的要求。但译者呢？

马戛尔尼在 10 月 21 日的日志里记录了他在知悉乾隆第二道敕谕禁止传教的内容后对松筠的申辩，其中很有意思的是，马戛尔尼为了说明他们没有任何传教的意图，刻意强调英国跟其他天主教国家不一样，他们十分尊重不同的宗教，但不会积极传教，就是在广州的英国商人也没有自己的牧师。至于这次使团，"我带来的整个队伍里都没有任何牧师一类的人"。[1] 这看来是很有力的反驳。不过，马戛尔尼忘记了一个人——使团的译员李自标，一位早已获得罗马教廷正式颁授圣职的天主教神父。

《译员篇》已分析过李自标愿意跟随使团到北京是由于"宗教上的原因"，只是没有确定具体所指是什么。梵蒂冈传信部档案藏有好几份重要文书，透露了事件的真相。

首先是一份梵蒂冈传信部在 1795 年 2 月 16 日所召开的一次枢机特别会议后的记录，[2] 以意大利文写成，记录所署日期是 1795 年 2 月 26 日，开始即说"根据东印度地区送来的信件，这一年最值得报告的第一件事就是英国派去谒见中国皇帝的使团"，可见报告使团的情况是会议的其中一个重点。值得注意的是记录最后附有一段说明，注明这份报告是由李自标撰写的。这应该被理解为是以李自标的书信作底本而写成的记录。此外，会议记录在最后又加插了一段文字，注明由斯当东所写。我们不能确定为什么斯

1　Macartney, *An Embassy to China*, p. 167.

2　"Congregatio Particularis de Popaganda Fide super rebus Indiarum Orientalium habitu die 16 februarii 1795," ACTA CP, vol. 17, ff. 375 – 380.

当东这段文字会出现在这次会议记录里，但由于参加会议的包括安东内利枢机，斯当东曾在罗马跟他见过面，这段文字是来自他写给安东内利的信。在这段文字里，斯当东告诉我们一个很重要的讯息：为什么李自标愿意跟随使团到北京去？斯当东这样说：

> 李〔自标〕先生是一位品德高尚、对宗教非常虔诚的人。他被说服跟随使团到北京，条件是我们运用我们一切的能力去改善受迫害的天主教徒的命运。对此，我们毫无疑问是愿意去做的。[1]

这除进一步确认李自标愿意跟随使团到北京是因为斯当东的积极游说外，也说出一个较为具体的"宗教原因"，就是英国人曾答应尽力争取改善天主教徒的命运。可是，究竟英国人有没有向李自标承诺具体会做些什么去改善天主教徒的命运？这是指马戛尔尼会以特使身份向朝廷提出要求吗？樊米凯指出：教宗曾向英国国王提出要求，请他协助保护在中国的天主教徒。他的论据来自一封梵蒂冈安东内利枢机写给中华书院长老弗朗切斯科·马塞伊的信里的一句话："per parte di Sua Santità si è validamente pregato il Re d'Inghilterra di prendere sotto la sua protezione tutti i nostri Missionari della Cina."（"以教皇的名义，请求英国国王保护我们所有在中国的传教士。"）[2] 樊米凯认为这要求是以口头形式提出

---

1 "Congregatio Particularis de Popaganda Fide super rebus Indiarum Orientalium habitu die 16 februarii 1795," ACTA CP, vol. 17, f. 380.

2 Antonelli to Massei, Rome, 3 April 1792, SC Lettere, vol. 262, f. 181r。这封信又见藏于 Archivio Storico dell'Università degli Studi di Napoli l'Orientale, Fondo Collegio dei Cinesi, Busta n. 5, fascicolo 2。

的，因为教宗不可能正式地向另一个国家的领袖提出这样的要求——尤其这国家（英国）当时奉行另一宗教，且在对天主教施加压迫。[1] 这样的推想是合理的，虽然他没有提出其他佐证，只有上引安东内利信中的一句话。不过，要强调的是：从这句话来看，教宗请求英国国王帮助的，是保护他们在中国的天主教传教士，而不是在中国的天主教徒，也不是要在中国推动传教。在下文里，我们会比较一下这一要求和李自标实际向乾隆所提出的有没有不同。

显然，如果英国国王要保护在华的天主教传教士，也的确只能通过使团来提出要求，其中的关键人物理所当然是马戛尔尼和斯当东。但当中的过程是怎样的？

《译员篇》提到，由于那不勒斯中华书院主管的反对，斯当东先告诉他们李自标和柯宗孝不会跟随使团到北京，在到达澳门后便会离船。但这只是缓兵之计，根据沈艾娣的说法，斯当东在带着李自标等人离开那不勒斯后便开始游说工作，在罗马与一名枢机主教见面——应该是安东内利，安排他们与教宗私下见面，教宗亲自批准他们参与使团。[2] 估计这就是安东内利告诉马塞伊的，"以教皇的名义，请求英国国王保护我们所有在中国的传教士"。[3] 不过，看来李自标并没有马上答应，只是"开始认为，担任使团的译员，可能是一项有益于教会的任务"。[4]

接着，当马戛尔尼见过他们，并在航程中观察后，选定李自标做使团译员，便对他进行游说，甚至答应以教宗使者的身份，

1　Fatica, "Gli Alunni Del Collegium Sinicum di Napoli," p. 533.

2　Harrison, *The Perils of Interpreting*, p. 63.

3　Antonelli to Massei, Rome, 3 April 1792, SC Lettere, vol. 262, f. 181r.

4　Harrison, *The Perils of Interpreting*, p. 63.

为天主教传教事业向中国皇帝争取利益。李自标告诉他的意大利友人乔瓦尼·波吉亚（Giovanni Borgia），马戛尔尼向他施加的压力很大。[1]

应该同意，斯当东本人对于天主教不一定十分抗拒，因为他母亲是天主教徒。[2]另外，他也答应过澳门的法国教区主管，会尽力协助在北京的法国教士。[3]但马戛尔尼呢？李自标的观察是马戛尔尼对任何宗教都不感兴趣，更不要说天主教了。[4]事实上，我们已看到，使团在北京期间始终没有提出过任何与天主教有关的要求，这显然让李自标感到失望。不过，上引梵蒂冈传信部在1795年2月16日所召开的枢机特别会议记录在交代使团在北京正式提出要求后，有这样的一段文字：

> 这些是书面的要求，当时还加上一个口头上的要求：应该容许中国各地的天主教徒在和平下生活，信奉自己的宗教，不会受到无理的迫害。[5]

我们刚指出过，这段会议记录是以李自标的报告为基础写成的，但他在这里只是说使团向清廷提出了善待中国天主教徒的要求，但这口头要求是由谁提出的？记录没有明确地说出来。然而，传信部档案内另外藏有两封由李自标署名的信，让我们知道提出这

---

1 Harrison, *The Perils of Interpreting*, p. 88; Factica, "Gli Alunni Del Collegium Sinicum di Napoli," p. 548.

2 Giacomo Ly（Jacobus Ly）to Francesco Massei, Bruxelles, 14 May 1792.

3 Giambattista Marchini, Macao, 3 November 1793, APF SOCP, b. 68, f. 485v.

4 Jacobus Ly, Macao, 20 February 1794, APF SOCP, b. 68, f. 614v.

5 "Congregatio Particularis de Popaganda Fide super rebus Indiarum Orientalium habitu die 16 februarii 1795," ACTA CP, vol. 17, f. 378.

要求的就是李自标。

李自标这两封信以拉丁文写成，都是写于使团离开北京以后、第一封写于广州，日期是 1793 年 12 月 25 日，马戛尔尼等人还没有离开中国；而第二封则写于 1794 年 2 月 20 日，使团已启程回国，李自标当时身在澳门。在第一封篇幅较短的信里，李自标主要谈到使团到达北京后以及在热河的情况，但在信末的部分说了这样的话：

> 当我们在北京的时候，使团看来没有什么希望，我就向皇帝提出请求，恳请他准许中国的天主教徒能够在安全的环境下信奉自己的宗教，不会遭受不公平的迫害。[1]

在 1794 年 2 月 20 日的第二封信里，李自标提供更多一点细节：

> 以书面作出这些要求〔马戛尔尼所提出使团的六项要求〕外，又以口头方式加上这要求：天主教的规条不会损害或违反中国的政治法律，更不要说信奉天主教的人会变得更好，更会听政府的话。因此，现谨向天朝皇帝请求：容许住在中国各地的天主教徒安全地生活，信奉他们的宗教，不会受到迫害。[2]

李自标这几段文字很重要，尤其 1793 年 12 月 25 日那一封信，明确地说是他自己向朝廷提出有关中国天主教徒的问题，时间就在

---

1 Jacobus Ly, Guangzhou, 25 December 1793, APF SOCP, b. 68, f. 611.

2 Jacobus Ly, Macao, 20 February 1794, APF SOCP, b. 68, f. 614v.

马戛尔尼以书面形式提出英国政府六项要求的同时。这进一步说明马戛尔尼在热河期间并没有提出使团的要求，李自标只是在使团要离京前，才利用最后的机会，以口头形式加上传教的要求。由于这三项记述同是出自李自标之手，所以说法较为一致，都是请求清廷善待在华天主教徒，免受迫害。相比于安东内利枢机信中所说希望英国国王帮助保护他们在中国的天主教传教士，二者又大不相同。因为李自标所考虑的是中国的天主教徒，他们绝大部分是中国人；而安东内利则只针对他们在中国的天主教传教士，这些人大都是欧洲人，数量也少得多。怎样理解这二者的差异？其实，这当中并不一定存在谁对谁错的问题，只是因为安东内利跟李自标的关注点和所处的位置不同。安东内利作为代表教廷的枢机，向英国国王提出要求，以西方传教士为保护对象是很合理的；但本身是中国人、正要开始在中国担负传道工作的李自标，更关心中国信众的状况，看来又是理所当然的。此外还有一个时间的问题。安东内利是在斯当东还在罗马的时候提出要求的，李自标作为刚毕业要回国传道的神父，虽然据称获安排与斯当东一起跟教宗见面，但不可能在教宗、枢机和斯当东有关教宗和英国国王的讨论中有什么发言权；而且，这时候李自标以为自己将在澳门离团，不会想到自己要向清廷提出什么请求，只是在离开意大利后，在返回中国途中被马戛尔尼和斯当东所说服，愿意跟随使团到北京去。必须强调的是：李自标所说跟上引罗马枢机会议记录中所记斯当东的说法是一致的，都是希望中国的天主教徒，能得到公平的对待，免受无理的迫害。[1] 由此可见，这的确是李自标跟代表使团的斯当东所达成的协议。诚然，英国使团究竟应该

---

1 ACTA CP, vol. 17, f. 380.

怎样做才能改善中国天主教徒的境况，又或是怎样才能满足李自标的要求，暂时没有更多的资料作进一步说明，但从上引李自标信中所说他是"在北京的时候，使团看来没有什么希望"后提出要求的，看来他认为使团在来华期间是应该有所作为的，最起码能向清廷提出一些要求，可是一直待到使团快要离开，还没见到他们有什么行动或计划，所以才自行提出要求。

尽管马戛尔尼对李自标作出过承诺，但看来却没有履行。李自标在他的信件中对马戛尔尼作出不少批评，[1] 只是没有正面触及宗教方面（其实，马戛尔尼对什么宗教都不热衷，这在李自标的描述中也算是批评）。无论如何，即使马戛尔尼曾对李自标作出过一些承诺，但对于李自标竟然自己向朝廷提出不要迫害天主教徒的要求，他应该是不知情的，否则也不会在接到乾隆第二道敕谕后有那么惊讶的反应。

但让人感到奇怪的是斯当东的回忆录里对这事几乎只字不提。在回忆录中，斯当东并没有怎么交代使团对朝廷提出的要求，但其实他是全部知悉，且参与其中的。根据马戛尔尼的日志，马戛尔尼在 10 月 3 日曾把口头与和珅讨论使团要求的任务交与斯当东，只是和珅说可以用书面形式提出，马戛尔尼赶紧在当天下午给和珅写信，结果，斯当东并没有跟和珅开展口头讨论。[2] 由此可见，斯当东一直知情，且是积极参与的。不过，斯当东回忆录对此事的记载却十分简略，当中就只有一句"因此大使便赶紧送上一份开列我们的要求的陈述"，甚至连各项要求也没有清晰记录下

---

1 Jacobus Ly, Canton, 25 December 1793, APF SOCP, b. 68, f. 610v; Jacobus Ly, Macao, 20 February 1794, ibid., ff. 611r – 620r.

2 Macartney, *An Embassy to China*, pp. 149 – 150.

来。[1]这很令人费解，因为就是马戛尔尼在日志中也把六项要求一一开列出来。[2]

斯当东在回忆录中提到，松筠在前往杭州的途中曾向他们解说乾隆拒绝使团要求的原因。斯当东说，松筠经常转述皇帝的体贴问候，甚至送来一些干果蜜饯之类的礼物。不过，虽然回忆录没有正面谈到乾隆颁送第二道敕谕给英国国王，却记录了乾隆在与松筠的往来信札中表示：尽管使团的要求全被拒绝，但这并不意味这些要求本身有什么不妥当的地方，那只是因为自己年事已高，不适宜在这个时候引入任何崭新的转变。[3]值得注意的是，虽然斯当东在回忆录中用上复数来描述使团的要求，让人知道使团提出了好几项要求，但接下来所说的只限于广州的商务活动，完全没有触及传教的问题。这是很不合理的，因为马戛尔尼对于乾隆第二道敕谕指斥英国人提出传教的要求有这么强烈的反应，除多番跟松筠解释外，还在日志以及向伦敦的报告中详细记录下来，斯当东一直跟随在马戛尔尼身边，不可能不知道他的反应以及他跟松筠的谈话，更不要说他撰写回忆录时参考了马戛尔尼的日志及其他报告。那为什么他会选择对此只字不提？整体而言，斯当东回忆录的内容比马戛尔尼的日志详尽得多，回忆录对一些无关宏旨的事物，诸如天气、景色、风俗，甚至普通人等，都作出非常详细的描写，且时常引录马戛尔尼的日志、信函和报告，唯独对于使团提出要求这样重要的事件却轻描淡写地简略带过，而有关传教问题更在回忆录中完全消失，这是极不合理的。除了斯当

---

1 Staunton, *An Authentic Account of an Embassy*, vol. 2, p. 126.

2 Macartney, *An Embassy to China*, p. 150.

3 Staunton, *An Authentic Account of an Embassy*, vol. 2, p. 166.

东是在故意回避外，实在找不出别的理由。

其实，综合现在所能见到的所有材料，李自标跟斯当东的关系自始至终都非常好，二人相互信任和尊重，斯当东十分满意李自标的表现，甚至写信给梵蒂冈传信部枢机主教作高度赞扬，[1] 而在天主教的问题上，李自标又多番感谢斯当东的支持。这样看来，合理的推想是李自标曾经把整件事告诉过斯当东，斯当东确实知道李自标曾经向清廷提出善待中国天主教徒的要求，但为了保护使团以及李自标的利益，他在回忆录中便不可能作任何披露，所以才要刻意回避；尤其他在马戛尔尼向松筠提出疑问时，甚至在使团回到英国后也一直没有告诉马戛尔尼，那就更不适宜在回忆录中记下来了。

不过，话说回来，在李自标向和珅提出保护中国天主教徒的要求那一刻，斯当东应该是不知情的，理由在于李自标是以口头形式提出，而且这应该是在使团把书面要求交与和珅时提出的。虽然没有明确的资料记录这次交付书面陈述的任务是由李自标负责的，也不能确定交付的过程，但此前其他类似的工作都是由李自标负责的，包括跟和珅商议觐见乾隆的仪式那一次，马戛尔尼当时还明确说到没有其他人可以帮忙，因而特别感激李自标自告奋勇，并圆满地完成任务。[2] 因此，这次送呈使团要求书函的任务很可能也是交给李自标的。这样，李自标就有机会单独向和珅以口头形式提出善待中国天主教徒的要求。正如樊米凯所指出，李自标跟和珅及一些中国官员十分熟稔，足以让他以口头形式向他

---

1 ACTA CP, vol. 17, f. 380.

2 Macartney, *An Embassy to China*, p. 141; Staunton, *An Authentic Account of an Embassy*, vol. 2, pp. 87 – 88.

们提出要求。[1] 这点是重要的。因为一直鲜为人知的事实是，李自标从抵达天津并开始跟接待官员接触后，便与他们建立起良好的关系；而根据李自标的说法，就连和珅也对他非常友善，还送过礼物给他。[2] 因此，李自标就很可能直接以口头形式向和珅提出要求，结果就是一方面马戛尔尼等人不知道李自标提出了要求，另一方面乾隆及和珅却以为这是使团提出的要求，因而第二道敕谕中有贬斥英国人"欲任听夷人传教"的说法。

在第二道敕谕里，乾隆所指斥和拒绝的，跟李自标或枢机安东内利所要求的都不同。"今尔国使臣之意欲任听夷人传教"，远远超过李自标所希望的中国天主教徒不受迫害，甚至也超过安东内利所说要保护欧洲天主教传教士，因为二者都是很被动的要求，不涉及主动传教的问题。为什么会这样？我们没有足够资料提供确切的答案。估计可能是出于沟通上的误会，毕竟李自标只是以口头方式提出的，在口述的过程中很可能会造成误解，变成向朝廷提出公开传教的要求。

无论如何，乾隆这一道敕谕让马戛尔尼很疑惑。这不单指传教的要求，还有另一个问题，那就是马戛尔尼在回应乾隆的敕谕时说到他对于乾隆说他要传播"英国的宗教"（the English religion）感到很意外。[3] 这里所说的"英国的宗教"指的自然是基督新教。但乾隆真的是这个意思吗？乾隆的敕谕有没有提到英国的宗教或基督新教？为什么马戛尔尼会有这样的想法？

先看乾隆敕谕的说法。敕谕有关宗教问题的整段文字是这

1　Fatica, "Gli Alunni Del Collegium Sinicum di Napoli," p. 558.

2　Jacobus Ly, Canton, 25 December 1793, APF SOCP, b. 68, ff. 610v – 610r。相关讨论见《译员篇》。

3　Macartney, *An Embassy to China*, p. 166.

样的：

> 至于尔国所奉之天主教，原系西洋各国向奉之教。天朝
> 自开辟以来，圣帝明王，垂教创法，四方亿兆，率由有素，
> 不敢惑于异说，即在京当差之人等居住在堂，亦不准与中国
> 人民交结，妄行传教，华夷之辨甚严。今尔国使臣之意欲任
> 听夷人传教，尤属不可。[1]

其实，在这段敕谕里，乾隆并没有说到什么基督新教；相反，他
一直在说的是天主教。开首"至于尔国所奉之天主教，原系西洋
各国向奉之教"一句，表明清廷并没有分辨出英国与西洋各国所
奉的宗教，他们还以为英国人所信奉的也是西洋各国所信奉的天
主教。此外，敕谕以在北京当差的传教士一向不得妄行传教为理
由，驳斥英国人要"任听夷人传教"的要求，这里的"教"显然
也是指天主教，因为北京的传教士都是信奉天主教的；而最关键
的"尔国使臣之意欲任听夷人传教"中的"夷人"，无论从文字
本身还是从上下行文看，也不局限于英国人，指的是所有外国
（西方）人，因为乾隆在两道敕谕中都以"尔国之人"来指称英
国人。可以肯定，乾隆第二道敕谕禁止传教并不是针对英国的基
督新教，而是指清廷所熟悉的西洋各国信奉的天主教。事实上，
既然向清廷提出有关宗教问题的是天主教神父李自标，他怎么可
能会希望朝廷容许在中国宣扬基督新教？因此，乾隆的第二道敕
谕所指的确是天主教。

---

1 《大清帝国为开口贸易事给英国王的敕谕》，《英使马戛尔尼访华档案史料
汇编》，第 174 页。

那么，为什么马戛尔尼会得到不同的讯息？不懂中文的马戛尔尼不可能直接阅读乾隆的敕谕，他有关"英国的宗教"的说法，一定是来自敕谕的译文。

乾隆第二道给英国国王的敕谕共送来三个不同语文的版本：汉文、满文和拉丁文。马戛尔尼所能读到的就只能是拉丁文本，那是由罗广祥和贺清泰翻译的，事实上，根据贺清泰的说法，他们也是最早发现敕谕中有贬斥传教要求的人，同时还马上向中国官员提出英国使团没有在中国传教的意图。

在写给马戛尔尼的信里，贺清泰谈到改变宗教的问题，所指的是英国放弃天主教，改奉基督新教为国教的事。他还说改教在中国早为人知，已超过一个世纪，因为英国商人时常把一些钟表带到广州，上面往往有猥亵粗鄙的微型人像，惹来很多天主教徒的不满，认为这是英国人放弃了古老宗教的结果。[1] 为什么贺清泰会在这里忽然提到英国改教的问题？樊米凯说那是因为他们把敕谕中的天主教改译为英国国教，所以需要作出解释。[2]

我们并不否定英国改教的消息在广州有可能为人所知，毕竟英国人在广州外贸中非常活跃，与中国人接触频繁。但朝廷并没有对天主教和基督新教作什么区分，而事实上，敕谕根本没有提及基督新教。因此，敕谕的准确译本是不应出现英国新教的。那么，敕谕的拉丁文译本又怎样？严格来说，罗广祥和贺清泰并没有直接把敕谕中的天主教改译为英国国教，因为他们没有把敕谕中唯一一次出现在第一句"至于尔国所奉之天主教，原系西洋各

---

1 "Letter from Louis de Poirot to Lord Macartney, dated Pekin, September 29, 1794, together with translation," *An Important Collection*, vol. 7, doc. 308, CWCCU.

2 Fatica, "Gli Alunni Del Collegium Sinicum di Napoli," p. 561.

国向奉之教"中的"天主教"翻译出来，而是译成"真正的宗教"（"verae relidionis"）。很明显，在天主教传教士罗广祥和贺清泰心目中，"真正的宗教"就是天主教。另一方面，敕谕最后部分的"任听夷人传教"，罗广祥等把它翻译成"现在贵使臣希望传播英国的宗教"（"Nunc vestri legati intentio esset propagare Anglicanam Vestram Religionem"），所有的"夷人"不见了，而所传的"教"具体地变成英国的宗教。结果，译文与原来的敕谕刚好相反：原来敕谕说的是天主教，但没有提及基督教；译文却看不见天主教的踪影，反而出现了英国人的基督新教。这显然是不准确的翻译，从客观效果来说，这就是把原来敕谕所说的宗教由天主教改为基督新教。

有趣的是，最早指出贺清泰和罗广祥在这问题上作了错误翻译的竟然是松筠。在马戛尔尼向他表示对于朝廷知悉英国人信奉的宗教与天主教不同很感诧异的时候，松筠告诉马戛尔尼这资讯并不见于汉文和满文的敕谕里，更明确地说假如这说法出现在拉丁文本里，那一定是译员的错误，甚至是恶意的改动（"from the blunder or malice of the translator"）。[1]

但究竟是贺清泰、罗广祥明知乾隆的意思，擅自把天主教改为基督教，还是他们真的认为乾隆不准英国人来宣扬基督教？从他们自己所说不敢作太大删改，害怕朝廷会另外找人核对来看，贺清泰等大概不会故意或随意地更改这样重要的讯息，理由在于可能被派来核实翻译的也只能是天主教传教士，在宗教问题上他们一定会额外谨慎，不会容许这样的改动。况且，贺清泰等实在也没有刻意去作这样改动的必要，因为他们也说过自己非常清楚

---

1 Macartney, *An Embassy to China*, p. 167.

地知道英国人没有来华传教的意图。

在这种情形下，更可能的情况是贺清泰他们作了过度的诠释。作为天主教传教士，他们对英国信奉不同国教的做法十分敏感，因此，当他们听到英国使团可能提出宣扬宗教的要求时，便自然而然地以为英国人要宣扬的是他们自己的宗教，也就是基督新教。这样，敕谕中的"至于尔国所奉之天主教，原系西洋各国向奉之教"一句，就被错误理解为"你们过去信奉的本来是欧洲国家所信奉的天主教"，因而把"今尔国使臣之意欲任听夷人传教"理解为改变国教后的英国现在要求在中国传播自己的宗教。但显然这不是敕谕的意思，敕谕所说的是"你们一向所信奉的本来是欧洲各国所信奉的天主教"，也就是说他们现在仍信奉天主教，而后面的说法也不是对比古代，而是说这次使团提出任由夷人传教。由此可见，贺清泰误会了敕谕的原意，而没有故意在翻译过程中作改动。这不是说敕谕拉丁文译本没有刻意改动的地方，正好相反，贺清泰对此是毫不隐瞒的，但所指的改动并不是宗教的部分，而是"在敕谕中加入对英国国王尊重的说法"。[1] 这就是因为他们相信那些检核译文的天主教传教士不一定会反对他们在外交礼仪的写法上作出调整，以符合西方惯常的做法。

但无论如何，马戛尔尼在读到贺清泰的敕谕译文后感到很意外。他的日志记录他找机会向陪同使团南下的松筠解释，但这里还有另一个细节值得关注，那就是松筠向朝廷所汇报的内容。松筠在与马戛尔尼讨论过敕谕中有关传教的内容的三天后，在乾隆五十八年九月二十日（1793 年 10 月 24 日）上奏，报告英使对敕

---

1 "Letter from Louis de Poirot to Lord Macartney, dated Pekin, September 29, 1794, together with translation."

谕的反应，他这样转述马戛尔尼的说法：

> 惟敕书内指驳行教一条，我等尚不甚明白。从前我等所请系为西洋人在中国居住的，求大皇帝恩待，仍准他们行教，并不敢说要英吉利国的人在京行教。[1]

在这里，松筠说马戛尔尼承认曾提出过有关宗教方面的要求，就是请求朝廷恩准一向在中国居住的外国人继续"行教"。这当然不可能是真实的，上文已指出，马戛尔尼的日志和报告中都没有这样的说法，甚至对于被指提出有关传教的要求也很感意外。除此之外，松筠奏折中说马戛尔尼自言不是要传播英国本身的宗教，这就更不合理，不要说马戛尔尼没有提出过宗教方面的要求，就是他真的这样做，那就应该跟"英吉利的教"有关，怎么反过来为其他西洋人争取奉行天主教的权利？

那么，为什么松筠会有这样的说法？一方面，我们可以相信松筠在这里并没有刻意作假，因为他实在没有在这问题上撒谎的必要。换言之，松筠的确曾经接收到这样的讯息，以为马戛尔尼承认提出过容许在华西洋人行教，但没有要求传播英国基督教，因而据此向乾隆呈报；但另一方面，马戛尔尼也的确没有说过这样的话。那么，为什么松筠会收到这样的讯息？其实，所有问题都出自负责二人沟通的译者李自标，最大的可能就是他自行向松筠杜撰马戛尔尼承认提出过容许在华西洋人行教要

1　《钦差松筠奏报行至武城贡使至舟中面谢并禀述各情及当面开导情形折》，《英使马戛尔尼访华档案史料汇编》，第 438 页。

求的说法。[1] 以李自标当时的处境，这几乎是唯一的办法，原因在于他曾以使团的名义，通过口头方式提出有关在华天主教徒待遇的要求，换来乾隆第二道敕谕的拒斥，也引起马戛尔尼的疑惑，并向松筠询问。当李自标要向松筠翻译马戛尔尼的辩解和提问时，他不可能否认使团曾向朝廷提出宗教问题。为了不让松筠怀疑，李自标只能编造故事，说成马戛尔尼承认自己提出过容许在华西洋人行教。这是李自标自保的手法，同时也是他作为天主教传教士关心天主教在中国命运的表现。至于基督新教能否在北京推行，根本不会在他考虑的范围内，所以才会向松筠说马戛尔尼没有要让英吉利人在北京行教的说法。

诚然，李自标原来提出的要求与松筠的说法也不尽相同，因为他最初是希望朝廷准许各地的中国天主教徒继续行教，而不是单指在华的西方人。但关键是这时候乾隆第二道敕谕已经下来了，明确不准传教，李自标很明白不可能再为中国天主教徒争取什么了，那最安全的做法是把问题转移到在华西洋人身上，毕竟北京早就住有一批长期为朝廷服务的西方天主教士，他们一直可以"行教"，也就是可以继续信奉自己的宗教，只是不可以传教罢了。因此，李自标借马戛尔尼之口改称"所请系为西洋人在中国居住的，求大皇帝恩待，仍准他们行教"，便轻易地把问题化解了，况且敕谕中的确有提及"在京当差""居住在堂"的传教士。另外，由于贺清泰所翻译的敕谕中出现朝廷不许英国人宣扬"英国的教"，那么，李自标在翻译马戛尔尼的提问时，便可以顺理成章地

---

1 沈艾娣也认为李自标很可能利用马戛尔尼与松筠言语不通，在翻译他们的讨论时自作修改，达到自己的目的。Harrison, "A Faithful Interpreter?," p. 1087; Harrison, *The Perils of Interpreting*, p. 133。

说马戛尔尼自辩不是要宣扬英国国教，这不算是完全作假，但更真实的情况是马戛尔尼根本没有提出过要传播任何宗教。松筠奏折内所汇报的自己向马戛尔尼所作的解说，便充分证明了这一点：

> 若是尔等说要在中国传噗咶唎的教，这便是尔等大不是，恐大皇帝尚要加罪，岂肯如此优待尔等。今尔等辨得甚是，如今说明亦不必心里害怕。至西洋人居住堂内者，向不与民人交结，实在畏法安静，大皇帝俱加恩待，从无歧视，又何必尔等代为恳求。[1]

但无论如何，李自标所提的要求，命运就跟马戛尔尼自己提出的六项要求一样，遭到乾隆拒绝；而李自标私底下提出宗教上的要求，本来是不为使团所知的，但没料到乾隆在敕谕里作出回应，就让问题暴露出来。

有意思的是：马戛尔尼并不是没有怀疑问题的核心来自翻译。不过，他并没有怀疑自己的译员李自标，却把矛头指向北京的传教士；而更严重的是，马戛尔尼直接向乾隆申诉，并借此对乾隆的敕谕作出正式的回应，甚至提出修改敕谕译文。

根据马戛尔尼的日志，他是在 10 月 21 日跟松筠讨论乾隆两道敕谕的内容的。关于这次谈话，松筠也有向乾隆汇报。尽管他也稍为提及马戛尔尼所提的问题，但可以预期，松筠的汇报一边倒地充斥着天朝话语，大概的模式是：马戛尔尼在收到乾隆敕谕，经松筠的解说后，认识到自己提出要求的不合理，有违天朝体制，

1《钦差松筠奏报行至武城贡使至舟中面谢并禀述各情及当面开导情形折》，《英使马戛尔尼访华档案史料汇编》，第 438 页。

由衷地后悔，然后见到大皇帝不加怪责，且赐赠礼物，他们表示莫大的感激。在松筠的汇报里，这些懊悔和感激的描述都十分夸张，例如在第一份稍为简短的汇报中，有"今奉到敕谕才知道所请各条不合天朝法制，总是我等荒忙的缘故，心里甚是惭愧""该贡使免冠屈膝，甚为欣感""察其词色，颇能领悉，兼知悔悟"；[1]第二份相关奏折说得更详细，有"敬听之余，甚为感悦""该贡使等听闻之际，意甚领悟忻喜""今见大皇帝所办之事，俱按大理。敕谕各条，我等如今已能解说，实在心里敬服""感激愧悔，发自天良""察其词色，其悔过惧罪之念，实出于畏威怀德之诚"等。[2]

不过，马戛尔尼的日志和报告记述了很不同的状况。他明确地向松筠表示，乾隆的第一道敕谕只回应了英国人所提出要在北京派驻人员的要求，但完全没有处理广州贸易状况的问题。对此，松筠的回答是皇帝不可能在敕谕中公开及详细交代处理办法，但朝廷已委派新的总督，他是一位十分能干和对外国人很友善的官员，而且，总督还得到指令，认真调查和处理广州贸易的问题和投诉。本来，这应该让马戛尔尼感到满意，但事实并不是这样。在这个问题上，他向松筠提出一个要求：乾隆再向乔治三世发一封信，说明朝廷已委派新总督到广州处理英人的不满，改善商贸环境。马戛尔尼的理由是：虽然私底下得到松筠的解说和保证，但回到英国后，人们只会以皇帝正式的信函为依据，但两封敕谕只是拒绝使团的请求，没有提及任何正面的成果，使团难以向大

---

[1] 《钦差松筠奏为英贡使称恭读敕谕始知所请各条不合缘由片》，《英使马戛尔尼访华档案史料汇编》，第406—407页。

[2] 《钦差松筠奏报行至武城贡使至舟中面谢并禀述各情及当面开导情形折》，同上，第439页。

众交代。可以预期，马戛尔尼的要求不可能为松筠所答应。根据马戛尔尼的说法，松筠向他解释：在使团离开北京后，要求皇帝再发敕谕是不符合体制、不可能做到的。[1]

　　然而，马戛尔尼并没有就此罢休，他不只在口头上向松筠提出询问，还十分正式地向和珅写信，提出一个具体的要求，请松筠代为转送到朝廷去。

　　乾隆五十八年十月初十日（1793 年 11 月 13 日），松筠呈送奏折，汇报马戛尔尼在一天前（十月初九日）"至奴才舟中跪请大皇帝圣躬万安"，并"陈递谢恩呈词"一份。[2] 根据松筠的汇报，这份禀文主要是因为松筠马上要回京，马戛尔尼请他代奏，向大皇帝表示感戴谢恩。不过，这份"谢恩呈词"并不见收录于《汇编》内，那就是说马戛尔尼这份禀纸是因为某些原因没有在清宫档案中留下来。这是让人感到奇怪的：为什么一封谢恩信也没有能够保留？此外，必须特别指出：松筠在奏折中不只呈送一份来自使团的文书，实际上还有另外的一份。松筠是这样说的：

　　〔马戛尔尼〕今知大人〔松筠〕就要回京，谨具呈词，敬求代奏，恭谢鸿恩等语。又向奴才递译出汉字禀纸一件，再四恳请。[3]

然而，就像"谢恩呈词"一样，"汉字禀纸一件"也未见收在《汇编》内。此外，上谕档内乾隆五十八年十月十七日（1793 年

1 Macartney, *An Embassy to China*, pp. 168–169.
2 《钦差松筠等奏为英贡使陈递谢恩呈词据情转奏折》，《英使马戛尔尼访华档案史料汇编》，第 478—479 页。
3 同上，第 479 页。

11 月 20 日）有一份奏折——《遵将松筠奏到英吉利贡使所递西洋字禀文交索德超据实译出汉文谨抄录呈览谨奏》,[1] 这应该就是松筠在十月初十日所呈递马戛尔尼的禀文，也就是说，乾隆在收到禀文的中文译本及原来的拉丁文本后，指派索德超根据拉丁文本来重译一遍。不过，索德超的译文同样不见踪迹。

在东印度公司档案里，我们见到一封马戛尔尼在 1793 年 11 月 9 日写给和珅的一封信，除英文本外，还有拉丁文本。[2] 从时间和内容的吻合看来，这封写给和珅的信就是松筠口中的禀文。毫无疑问，这封信是极为重要的，因为它并不只像松筠所说的要向大皇帝表示感戴谢恩，而是马戛尔尼第一次并且正面地以书面形式回应乾隆连续发送给英国国王乔治三世的两道敕谕，当中一些说法很值得重视，更直接涉及敕谕的翻译问题，但很可惜，至今没有见到任何相关的讨论。[3] 这大概是因为马戛尔尼在日志里没有提及自己在离京一个多月后给和珅写过信，以致被人们所忽略了。其实在 11 月 9 日的日志里，马戛尔尼曾记下：“今晚完成给邓达斯先生的邮件。”[4] 而写给和珅的英文原信副本便是收藏在给邓达斯的邮件里的。更重要的是，在写给邓达斯的信件里，马戛尔尼说明写信给和珅的目的，就是要“重复——也就是在某程度上记录下皇帝对我所作的承诺，同时也更正皇帝信件〔敕谕〕中一些有关我们的错误〔说法〕”。（“repeats and is, a record in some

---

1 《奏为英贡使所递西洋字禀已交索德超译出呈览》,《英使马戛尔尼访华档案史料汇编》，第 198 页。

2 "Note for Cho-Chan-Tong, 9th November 1793," IOR/G/12/93B, pp. 187–193; also in "Note for Cho-Chan-Tong, First Minister, Han-chou-fou, 9 November 1793," IOR/G/12/92, pp. 349–356.

3 就笔者所见，唯一提及东印度公司档案内这封信的只有沈艾娣，但她的讨论极其简略。Harrison, "A Faithful Interpreter," p. 1088。

4 Macartney, *An Embassy to China*, p. 177.

degree of the Emperor's late promises to me, and it also sets to right mistakes committed concerning us in the Emperor's Letter.")[1] 这充分显示这封信的重要意义。

马戛尔尼给和珅的英文原信的确是以表达谢意开始的。他首先感谢乾隆送赠大量贵重的礼品,尤其赠与英国国王的御书"福"字,更是最值得珍重的礼物。接着,他感谢乾隆指派松筠陪同南下,很感荣幸。这些致谢的内容与松筠所汇报的是相同的,而且也不能说是虚假的,因为马戛尔尼对松筠的评价的确很高,二人的交往也很成功愉快。这点在《后续篇》中会再交代。不过,马戛尔尼在这里刻意提及松筠,其实另有目的,主要作用就是要"重复——也就是在某程度上记录下"乾隆的承诺,因为他在信中特别说到松筠已经向他转达了皇帝的话,朝廷已委任新的总督,承诺认真及公平地处理英国商人在广州遇到的问题。这便是确认和记录乾隆的承诺。

此外,马戛尔尼又重提 10 月 3 日向和珅所提的请求。他强调这些要求是"要加强像大英与中国这样两个最能相互尊重的国家的交流,其动机是值得赞赏的"("the laudable motive of a desire to increase the communication between the two Nations so fit to esteem each other as Great Britain and China.")。他特别解释在广州以外口岸开放贸易,对中英双方都有好处,例如英国货物可以直接运送到天津出售,浙江地区出产的茶叶则在宁波买卖,价钱都会便

---

1 Macartney to Dundas, near Han-chou-fu, 9 November 1793, IOR/G/12/92, p. 109。下文有关马戛尔尼给和珅书函的讨论,除另注明外,都来自"Note for Cho-chan-tong First Minister, Hang-tchou-fou, November 9th 1793," IOR/G/12/93B, pp. 187 - 193。

宜很多。[1] 这好像没有什么特别，英国人一直以来都很希望能争取在广州以外地区开辟新的通商口岸，但其实当中的用意很明确：马戛尔尼不单在辩解开放其他通商口岸的功能，更在重申中英两国地位平等，相互尊重。

还有传教的问题，马戛尔尼用上相当的篇幅去解释英国人无意在中国传教。这说明马戛尔尼认为只向松筠解释并不足够，甚至不能倚赖他转达朝廷，必须直接写信给和珅，可见这问题对马戛尔尼来说是重要的。不过，马戛尔尼说得很有技巧，他说从松筠口中知悉，乾隆给英国国王信函中有关英国人要在中国传教的说法，只不过是因为乾隆认定西方人普遍会这样做，并不是针对英国人。当然这不是事实，因为乾隆敕谕所说的确是使团曾经提出过传教的要求，只是马戛尔尼借此重新否认一次而已。接着，他进一步说，英国人尊重别人的宗教信仰，从来没有要把自己的宗教强加给别人。无论是使团还是在广州的英国商人，都没有带来牧师，可以证明他们没有传教的意图。这也是要回应乾隆敕谕对传教要求的驳斥，也就是说，即使乾隆认定一般外国人到中国要传教，但英国人不是这样的。[2]

然而，在表明英国人不传教的立场后，马戛尔尼突然笔锋一转，以十分严肃的语气这样说：

> 本使认为有责任告知中堂大人，以转大皇帝知悉：大皇帝信函拉丁文本流露大皇帝对英国人在几百年前放弃真正的

---

1 " Note for Cho-Chan-Tong, 9th November 1793," IOR/G/12/93B, pp. 187 – 188.

2 Ibid., p. 188.

信仰有所不满。这不满显然不是来自大皇帝，同时也不见于
信函的汉文本和满文本。[1]

这里所指的就是上面提到的，松筠向马戛尔尼解说敕谕汉文和满
文本没有谈及英国人不再信奉天主教的部分，我们也分析过拉丁
文本的问题的确来自译者贺清泰和罗广祥。但马戛尔尼在这里没
有说明是由松筠告诉他的，只是继续说，在到达广州后，他会把
各文本原件送回给和珅，好让他能核正。

　　不过，假如这问题只停留在宗教方面，那便十分简单，因为
对于清廷来说，英国人信奉什么宗教，的确无关痛痒，更何况我
们在上面已确认，敕谕本来就没有提过英人更改国教的问题。但
最关键的是，马戛尔尼接着说，通过检视这些文本，和珅便会发
现，拉丁文本的一些表述改变了乾隆敕谕的意思，把乾隆原要向
英国国王表达的友谊之情减低了（"He may find other expressions
also altered in such a manner as to diminish the sentiments of the
friendship intended to be conveyed by His Imperial Majesty to the King
of Great Britain"）。[2] 这就让事情变得很复杂，因为涉及的是两国
的"友谊"，马戛尔尼是说乾隆本来对英国国王十分友好，但敕谕
的拉丁译文没有完全把这友谊表达出来。也就是说，由于拉丁文
本传递错误的信息，两国的友谊遭到破坏。马戛尔尼这说法对译
者构成十分严重的指控。

　　马戛尔尼说过，敕谕拉丁文本有关英国人改变宗教的说法不
见于汉文和满文敕谕，是经由松筠告诉他的。但他所说敕谕拉丁

---

　　1 "Note for Cho-Chan-Tong, 9th November 1793," IOR/G/12/93B,
pp. 188 – 189.

　　2 Ibid., p. 189.

译文有不见于原来敕谕中对英国国王不友善的表述，究竟是谁告诉他的？马戛尔尼没有交代，而他的指控也是不准确的。客观来看，乾隆敕谕本来就没有表现什么友谊，却的确带有对英国国王不尊重的表述，充满天朝思想，这是不能否认的事实。至于拉丁文译本，上文已指出过，译者也承认对原来敕谕作了改动，但这些改动不但没有破坏两国的友谊，正好相反，拉丁文本就是让一些太不友善的表述稍微缓和；因此，马戛尔尼将矛头指向译者，把敕谕所表现的天朝思想归咎于翻译上的错误是完全不对的。那么，他为什么会这样做？是否因为他接收了错误的讯息？如果是的话，那就是有人故意误导，向马戛尔尼提供了错误的讯息。这人不会是松筠，一方面马戛尔尼不可能跟松筠讨论这样敏感的问题，另一方面松筠也不会这样说。表面看来，最大的嫌疑人就是使团译员李自标，因为他是当时使团里唯一能够看懂汉文本和拉丁文本敕谕的人。但问题是：他为什么要这样做？我们实在找不出合理的解释，因为这对他个人以及他希望推动的宗教活动都没有好处，尤其是他提出宗教要求的行为也很可能会被暴露出来。

在这种情形下，更大的可能是马戛尔尼并没有错误理解敕谕的讯息。他清楚地知道乾隆原来的敕谕对英国有所贬损，也明白译文没有作负面的改动，但他故意把这些贬损的言辞说成是来自翻译的错误，以译文作掩饰，借此表达对敕谕中天朝话语的不满。首先，马戛尔尼在这时候刚学会了一种"中国式尊敬"（"a style of Chinese respect"），[1]就是不直接指斥在位者的错误，而是透过其下属。在马戛尔尼阅读乾隆第二道敕谕时，发现当中有"尔使

---

1 "Note for Cho-Chan-Tong, 9th November 1793," IOR/G/12/93B, p. 188.

臣之妄说，尔国王或未能深悉天朝体制”的说法时，[1] 曾立刻向松
筠提出抗辩，说明自己作为英国国王的代表，所有请求都是来自
英国国王的；但他得到的解释是，这是解决政治难题的方法，中
国人的习性使他们相信一个国家的君主不会提出让其他君主不能
接受的要求，所以会说成是臣民的责任。马戛尔尼对此是不满的，
认为虽然这显示对英国国王的尊重，但对于作为国王代表的他本
人却不太恭敬，于是不单在日志里记下这事，[2] 也在这封给和珅的
信中再一次提及。如果马戛尔尼这次给和珅的信的确是故意透过
于译者，以译文作掩饰，从而批评乾隆的敕谕，那就是对这种
“中国式尊敬”策略的活学活用了。

　　此外，上文也指出过，马戛尔尼在写给邓达斯的汇报中，明
确说他给和珅写信是要回应敕谕的内容，“更正皇帝信件中有关我
们的一些错误”，[3] 这是针对敕谕本身，与译文无关。事实上，汇
报中没有只字提及拉丁译文传递了错误的讯息，破坏两国的友谊。

　　最重要的提示来自马戛尔尼在给和珅信函中所提出的一个要
求。我们看过，在给和珅的信里，马戛尔尼指出敕谕拉丁文译本
有两个错误：一是有关英国改变宗教；二是对英国国王的不尊重。
虽然马戛尔尼说二者都不是来自乾隆，但在处理方法上有明显的
分别。对于前者，他只说会把原件送回和珅，让他检查，并没有
要求别的行动；但对于后者，马戛尔尼却说他相信和珅“一定乐
于作出改动，让这些表述变得更忠实、更友善”（“the Colao

1《大清皇帝为开口贸易事给英国王的敕谕》，《英使马戛尔尼访华档案史料
汇编》，第 174 页。

2 Macartney, *An Embassy to China*, p. 166.

3 Macartney to Dundas, near Han-chou-fu, 9 November 1793, IOR/G/12/92,
p. 109.

would not doubt be pleased to change them for others more genuine and affectionate"）。[1] 这看起来轻描淡写，但其实是提出具体而且郑重的要求，就是希望清廷能修正敕谕。当然，马戛尔尼不可能直接要求乾隆修改敕谕，所以他在这里只能针对译文，但如果译文原来就没有问题，那么，提出要求修改译文，实际上不就是要求修改原文？而且，拉丁文本本身也是最重要的：一方面拉丁文是当时欧洲外交的通用语言，因此，虽然那只是译文，但却具备官方和权威的性质；另一方面，无论是面对东印度公司还是整个英国，马戛尔尼需要带回去交代的就是拉丁文本，那时候根本没有人会看懂或关心原来的中文敕谕写的是什么，因此，即使最终只能修改拉丁文本，那还是能把一个较能接受的文本送回英国去。

现在能见到清廷最后提及马戛尔尼这道禀文的史料，是乾隆五十八年十月十七日（1793 年 11 月 20 日）的一道奏片，呈送索德超翻译的马戛尔尼禀文。[2] 但无论是对于马戛尔尼送上的汉字禀文，还是索德超的译文，《汇编》都没有收录任何相关的资料让我们知道乾隆的反应，就是东印度公司方面也没有记录马戛尔尼曾收到什么回复，相信乾隆并没有作出指示，回应马戛尔尼的信件。这似乎不太合理，乾隆因为敕谕驳斥了马戛尔尼的所有要求，一直要求松筠对使团作严密监察，马戛尔尼这封信函明显是针对敕谕的，甚至提出修改的要求，乾隆怎么可能没有激烈的反应或具体的指示？实在令人怀疑究竟马戛尔尼在信函中所提出的要求及

---

1 "Note for Cho-Chan-Tong, 9th November 1793," IOR/G/12/93B, p. 189.

2 《奏为英贡使所递西洋字禀已交索德超译出呈览》，《英使马戛尔尼访华档案史料汇编》，第 198 页。

相关的讯息有没有传递到朝廷去。

其实，除了东印度公司档案里的英文和拉丁文本外，今天还可以见到相信是马戛尔尼原来送呈的中文译本——至少是其中的部分。

大不列颠及爱尔兰皇家亚洲学会"小斯当东中文书信及文件"第一册第六号及第七号文件，从内容看，分别就是松筠所奏呈的"汉字禀纸"及"谢恩呈词"。"谢恩呈词"比较简短，只有 123 个字，整篇的确都是像松筠所说的"恭谢鸿恩等语"，[1] 而且写得十分恭顺。例如开首即说"英吉利国正使马戛尔尼叩谢大皇帝恩典"，安排在使团离京后由军机大臣护送，并赏赐食物，赏绸缎荷包，其中特别提到御赐"福"字，"更觉感激不尽"，然后从江西到广州又得总督大人护送，"这样恩典时刻不忘"，最后说回国后会"告诉国王越发感谢"。[2]

对应东印度公司档案内所收马戛尔尼致和中堂的信函的是第六号文档。这份文书篇幅较长，有 588 字，里面也有感激之词，"恳祈中堂大人转达叩谢皇恩"，而且表述上显得非常感性，甚至呈现一种私谊。例如开首表达对乾隆的感谢时，抒发的是"种种恩宠，刻腑难忘，默忖尊容，至慈至善，恋恋不舍"之情；在感谢乾隆赐惠"最贵之物""皇上亲手所书福字"的时候，译文接着说的是"此乃重爱之号，思惠之据"，"天高地厚之恩而铭刻于五内不忘也"；就是谈到松筠护送离京时，除感谢"陆路款待，无不体面丰光"较为物质一面外，也多番强调他是"一位大德侍臣"，"其人可称德备君子，仁爱非常"。这的确是较为特别的。

1　《钦差松筠等奏为英贡使陈递谢恩呈词据情转奏折》，《英使马戛尔尼访华档案史料汇编》，第 478—479 页。

2　"George Thomas Staunton Chinese Letters and Documents," vol. 1, doc. 7.

这份中文译本也传递了马戛尔尼所要刻意表达的部分内容，其一就是记录了松筠向使团传达"皇帝所允"的正面信息，包括"从今以后，我国商贾在于广东居住贸易绝不禁阻，亦勿伤害"，又有"新任总督大人与前任大人异焉，其乃秉公无私，所行诸事悉体君心，照顾我等"。此外，中译本也提出在广州以外开放贸易的要求，说明"彼此有利益"，这跟东印度公司档案所藏马戛尔尼致和珅信函英文本所见到的内容是一致的。

然而，上文讨论过马戛尔尼信函最敏感的部分——有关敕谕翻译把乾隆原要向英国国王表达的友谊之情减低的问题，马戛尔尼准备在到达广州后送回敕谕译文，让和珅核正修改的部分，却不见于这份中文文书中。这是什么缘故？究竟是现存的中译本不完整，部分内容有所散佚，还是当时这部分就没有翻译出来？不能说完全没有散佚的可能，因为档案中确有至少一份文书是不完整的，那就是乾隆发给乔治三世的第三道敕谕，小斯当东在整理时曾注明"部分散佚"（"partly missing"），然而这次却没有；而且，就行文看来，现在所见的文本没有突然中断的现象，最后部分的结尾看来十分完整。

译文还有另一个不能圆满解答的疑问。

马戛尔尼这封禀文是在使团南下广州，途经杭州时写的。这时候，使团里唯一懂中文的人就是李自标。但问题是：这份译本的书写者汉语能力很高，全篇用上地道的中文，行文流畅明白，表达清晰，甚至讲究修饰，有点卖弄花巧，汉语水平明显远高于其他确定由使团自己准备的译文——如国书和礼品清单的中译本。我们知道，国书和礼品清单是在使团出发前翻译好的，那时候负责翻译工作的，除李自标外，还有语文能力较高的柯宗孝。使团在杭州时没有柯宗孝在旁，李自标能翻出这样通顺的译文来吗？

这样，如果作一个大胆的猜想，那就是李自标当时得到一些中国人的帮助，对译文进行润饰；而当中最有可能的就是一直陪同他们的乔人杰和王文雄，而二人中，又以乔人杰的概率较大，因为他是文官出身，而王文雄则是武将。经过好几个月的相处，他们跟使团成员建立了很不错的友谊，愿意帮助李自标润饰译文是很有可能的。假如真的是这样，马戛尔尼原信中一段敏感的内容便应该是被故意删去的，目的是避免引起矛盾，带来麻烦。

但还有索德超从拉丁文本翻译中译本的问题。上文指出过，朝廷指令使团拉丁文禀文交索德超翻译。毫无疑问，索德超是见过马戛尔尼原信中对翻译的投诉的，因为一年多后贺清泰曾写信给斯当东，解释敕谕翻译的过程和方法。这说明他们是知道马戛尔尼对敕谕的翻译作出投诉的。不过，假如松筠所代呈的汉字禀文的确删掉有关翻译失误的一段，而索德超在翻译拉丁文本前就看到过这份中译本，又或是知悉当中的内容，他便很可能也把这段删去，一来是没有必要呈交与使团送来很不相同的新译本，二来这段文字针对的译者其实就是他们这批在京西洋传教士，如果最后朝廷怪罪下来，只会为自己添麻烦。因此，很可能索德超也就做了相同的删改。必须承认，这都只是出于猜想，没有任何确实的佐证，但这猜测可以解答上面提出的最重要的问题：乾隆在看到马戛尔尼对敕谕的回应时，为什么没有激烈的反应？

但无论如何，这次是马戛尔尼对乾隆敕谕的天朝话语所做的一次书面抗议，尽管是非常富有策略性且婉转的。

回到译者的问题。马戛尔尼对敕谕翻译提出这样严重的指控，没有理由不知道这会为译者带来很大的麻烦，而且他一定知道敕谕是由北京的西方传教士翻译成拉丁文的，他的投诉就是要把译者置于危险的境地。为什么他会这样做？这是因为他估计敕谕是由索德超所翻译的。在《译员篇》里，我们已经知道马戛尔尼从一开始便对这位葡萄牙籍传教士"通事带领"没有好感，[1]甚至发生摩擦，马戛尔尼深信索德超对英国人非常不友善。马戛尔尼在给和珅的信件中诬蔑于译者，大概就是希望能借此大大地打击索德超。

不过，马戛尔尼这猜想却是错误的。他没有想到负责翻译乾隆第二道敕谕的是跟使团十分友好，且提供过不少宝贵意见和帮助的贺清泰和罗广祥。事实上，看来贺清泰和罗广祥是受到了一些影响的，起码他们知道马戛尔尼给和珅这封信中对敕谕译者的指控，证据就是上文分析过贺清泰在十个多月后的 1794 年 9 月 29 日所写给马戛尔尼的信。早在 1934 年，普利查德曾经从美国康奈尔大学查尔斯·沃森典藏整理发表一批由在北京的西方天主教士写给马戛尔尼的信函，[2]当中就包括贺清泰这封信。因此，对于信件的内容，人们并不陌生，但一直没有人留意或提问为什么贺清泰会无缘无故写这封信——只有读过马戛尔尼经松筠转呈的信件后，我们才知道贺清泰写信的原因。他就是要向马戛尔尼解释翻译第二道敕谕的问题，甚至可以说是正面回答马戛尔尼在信里所提出的指控，包括英国人改奉基督教以及敕谕中含有侮辱性言辞的问题。他承认拉丁译文不完全忠实，但他们所作的改动是对英国人有利的。此外，他清楚地告诉马戛尔尼，第二道敕谕是他和罗广祥翻译的，就是希望马戛尔尼不要再批评或攻击敕谕译者；他大概也猜想到马戛尔尼误以为敕谕是索德超所译，因为他在信

1《上谕英使远来着令监副索德超前来热河照料》，《英使马戛尔尼访华档案史料汇编》，第 10 页。

2 Pritchard, "Letters from Missionaries at Peking Relating to the Macartney Embassy," pp. 1–57.

中特别提到索德超，更说自己在热河时亲眼见到索德超赞赏马戛尔尼。[1]当然，索德超也知道马戛尔尼写给和珅的信的内容，因为松筠在送呈奏折后，上谕指令将马戛尔尼的禀文交索德超翻译。[2]令人深感可惜的是，索德超的中文译本不见于故宫档案内。

1 "Letter from Louis de Poirot to Lord Macartney, Dated Pekin, September 29, 1794, Together with Translation."

2 《奏为英贡使所递西洋字禀已交索德超译出呈览》，《英使马戛尔尼访华档案史料汇编》，第 198 页。

第7章

后续篇

假如使团初抵中国时，即由他处理使团与中国政府之间的沟通，而不是交与钦差大人负责，那使团无论在完成目标方面，还是在华的全部时间里，很可能可以省去很多难题。

——斯当东[1]

我很高兴听到由我翻译成中文给中国皇帝的信是成功的。我有点害怕中英文用法上的不同会造成一些我自己都不知道的错误。

——小斯当东[2]

一

1793 年 9 月 14 日，马戛尔尼在热河万树园觐见乾隆，呈递国书，参加过他的寿辰庆典，稍作参观后，回到北京只作短暂停留，便在 10 月 7 日匆匆离开。由于马戛尔尼原来乘坐的"狮

1 Staunton, *An Authentic Account of an Embassy*, vol. 2, p. 184.

2 George Thomas Staunton to George Staunton, Winterslow, 15 August 1796, Staunton Papers, Duke University.

子号"已离开舟山，使团改走陆路南下广州。乾隆特别派遣两
名重臣相陪，从北京到杭州的一段由内阁大学士松筠陪同南行，
而候任两广总督长麟则从杭州开始，一直陪同使团到广州。对
于马戛尔尼来说，这是很重要的安排，提供了很多与中方沟通
的机会。

相对来说，人们谈得较多的是松筠，这是可以理解的。这不
仅因为他贵为内阁大学士，赐穿黄马褂——这固然是重要的，斯
当东便强调过这位穿黄马褂的"阁老"（"Calao"）地位崇高，
使团得到他陪同离开，深感荣耀；[1] 更因为他办事得力，处理得宜，
备受朝廷和使团两边的赞誉。在同行的过程中，松筠不断地向乾
隆奏报使团的动态，得到乾隆的嘉许；[2] 而马戛尔尼和斯当东对他
的评价也非常正面，马戛尔尼说他友善有礼，[3] 开放和热诚；[4] 斯当
东则说他开明通达、和蔼可亲，且文学修养深厚，是唯一在旅途
中带上大量书籍（"travelled with a library"）的中国官员。[5] 他们
甚至相信，"假如使团初抵中国时，即由他处理使团与中国政府之
间的沟通，而不是交与钦差大人负责，那使团无论在完成目标方
面，还是在华的全部时间里，很可能可以省去很多难题"。[6] 就是
过了好几年，马戛尔尼和斯当东在私人通信里还表示非常关心这

1 Staunton, *An Authentic Account of an Embassy*, vol. 2, p. 139.
2 《谕军机大臣着松筠察看实情酌定英使行走路线》，《英使马戛尔尼访华档案史料汇编》，第 72 页。
3 Macartney, *An Embassy to China*, p. 178.
4 Macartney to Dundas, near Han-chou-fu, 9 November 1793, IOR/G/12/92, p. 98.
5 Staunton, *An Authentic Account of an Embassy*, vol. 2, p. 139.
6 Ibid., p. 184.

位老朋友。[1] 此外，松筠后来在 1811 年 2 月 16 日到 11 月 5 日还当过两广总督，而在使团中担任侍童的小斯当东这时候也在广州，出任东印度公司特选委员会的秘书。[2] 在知悉现任两广总督正是松筠后，小斯当东在 5 月 22 日写信给他，专门提到"前随父入觐，蒙大人格外恩待"。[3] 几十年后，小斯当东在撰写回忆录时，还收录了一封 1811 年 7 月来自中国的信：

> 现在的总督已证实是松〔筠〕，那位陪同过英国使团并得到马戛尔尼爵士高度赞赏的中国官员。在听到〔小〕斯当东爵士正在中国的时候，他马上表示希望能跟他见面。于是，〔小〕斯当东爵士便从这里〔澳门〕去广州，并在到达当天得到隆重的接见。他与松筠共有三次会面，其中一次还得到很特别的邀请，出席总督的晚宴。后来，总督来到澳门，委员会成员与〔小〕斯当东爵士便去拜会他。令每一个人都感到意外的是：总督很快便亲自到商馆来回访，还带备了点心，更向所有人派送小礼物。[4]

---

1 Macartney to Staunton, Verona, 10 January 1796, in Staunton, *Memoir of the Life & Family*, p. 361。不过，在这封信中，除松筠外，马戛尔尼还提到长麟、王文雄和乔人杰，把他们称作好朋友。马戛尔尼在离开广州那天（1794 年 1 月 8 日）的日志里，记下了他和王文雄、乔人杰分手的情况："分手时他们都流泪了，表现的是一种感性和关怀，那只能是来自真挚和没有污染的心灵。如果我有一天会忘记这两个好人的友谊和交往，还有他们为我们提供过的服务，那我就是犯了最无情无义的罪行了。"Macartney, *An Embassy to China*, p. 216。

2 Staunton, *Memoirs of the Chief Incidents*, p. 54.

3 "Congratulatory Petition from Staunton to Viceroy, with List of Presents. Dated 22 May," FO 1048/11/24.

4 Staunton, *Memoirs of the Chief Incidents*, p. 55.

就是在松筠离职回京，出任吏部尚书后，小斯当东以及当时东印度公司大班益花臣（John F. Elphinstone，1778—1854）还继续向他送信送礼，[1] 可见松筠在东印度公司以至这些与中国有所交往的英国人心中的位置。

关于马戛尔尼和斯当东跟松筠的友好关系，佩雷菲特认为马戛尔尼和斯当东都受骗了，松筠其实跟其他中国官员没有什么不同，他也只知听命于皇帝，陪同使团南下，目的是要对他们严加监控，只是他更会弄虚作假，所以能取得使团成员的信任。事实上，他在给乾隆的奏折中所作的报告，对使团并不见得有利。[2] 这说法不能说严重偏颇，毕竟作为朝廷重臣，松筠以清朝利益为先，这是最合理不过的，更不要说在中国传统的官场文化里，取悦上主是理所当然的。但问题的关键是：什么才算对使团有利？

从使团10月3日离开北京开始，松筠便一直沿路陪同南下，直至使团到达杭州，与长麟交接妥当；使团在11月28日继续南下后，松筠才在12月1日启程回北京。[3] 这样，松筠与马戛尔尼相处的时间差不多有两个月。在这几十天里，马戛尔尼和斯当东有很多机会跟松筠谈话和沟通。这毫无疑问对使团是有好处的，因为无论在北京还是热河，马戛尔尼都没有什么机会能够跟乾隆直接沟通，更不要说和珅是一个难以对话的对手。毫无疑问，松筠在马戛尔尼访华事件中占很重要的位置，尤其是在使团来华的后

1　"Petition to Former Viceroy Sung from Elphinstone," FO 1048/12/8; "Report from the young linguist to Elphinestone on movements of provincial officials, and on the receipt by former Viceroy Sung of books sent by Elphinstone," FO 1048/12/57.

2　Peyrefitte, *The Collision of Two Civilisations*, pp. 308 – 315。类似的观点也见于 O'Neill, "Missed Opportunities," p. 346。

3　《钦差松筠等奏为管押夷官等搬运物件归其原船及催令开洋日期折》，《英使马戛尔尼访华档案史料汇编》，第488—489页。

期，而现在我们能见到至少有 26 份由松筠（大部分以个人名义）向朝廷呈送与使团相关的奏折，且部分篇幅颇长，我们很有必要审视使团和松筠所沟通的是什么讯息，然后通过他的汇报送抵乾隆的又是什么讯息，当中涉及什么翻译问题。

　　首先可以肯定的是在松筠向乾隆的汇报中充满天朝话语，完全把两国的关系放置在中国传统朝贡体制里，英国处于附庸甚至卑下的位置，当中有不少夸张失实的地方。在这些奏折里，松筠一方面时常吹嘘怎样对马戛尔尼作出教导甚至训斥，诸如"反复向其晓谕"[1]"面为晓谕，词严义正"[2]"屡经奴才峻词驳斥"[3]"逐层向其明切严谕"等；[4] 另一方面，他又经常向乾隆报告，正副贡使怎样地诚惶诚恐，乞求乾隆原谅或恩赐，又怎样感恩万状。一个很有代表性的例子是马戛尔尼希望取道内陆到广州，松筠在奏折里便"引述"马戛尔尼的话，有"止求大皇帝恩施，格外予以再生"，"这就是大皇帝天高地厚活命之恩，我等永远不忘，只求代奏"等说法，更描述说："屡经奴才峻词驳斥，该贡使等泪随言下，甚为焦急。奴才察看情形，其恳求代奏迫切之状，实属出于真情，尚非托故逗遛。"[5] 然后另一道奏折汇报马戛尔尼在接到恩准请求时的感激之情："该贡使免冠屈膝，喜溢于色，据称我等蒙

　　1《钦差松筠奏报行至武城贡使至舟中面谢并禀述各情形及当面开导情形折》，《英使马戛尔尼访华档案史料汇编》，第 437 页。

　　2《钦差松筠奏为英贡使等只领恩赏奶饼感激禀述缘由折》，同上，第 442 页。

　　3《钦差松筠奏为英贡使请将粗重物品由定海开船该使仍由粤附便回国折》，同上，第 449 页。

　　4《钦差松筠奏为传知贡使携随身行李仍由广东行走贡使感激凛畏缘由折》，同上，第 470 页。

　　5《钦差松筠奏为英贡使请将粗重物品由定海开船该使仍由粤附便回国折》，同上，第 449—450 页。

大皇帝怜悯，从此得有活命平安回国，实是天高地厚之恩，感激真情口不能述，惟有回去告知国王，谨遵敕谕，永受皇恩等语。又复免冠屈膝，谆切恳求代奏谢恩，其欢喜感激之意，倍为真切。"[1] 这样的描述真是夸张失实。事实上，松筠甚至有一些虚报造假的情况。例如原来在浙江水域等待使团的几艘船只先行开航，只余下"印度斯坦号"，乾隆对此大为不满，下谕批评"夷性反复靡常"。[2] 针对这事件，松筠在一份奏折里汇报马戛尔尼的解释："我等外夷如何敢上比天朝体统？但他们管船之人如此不遵教，令我等实在羞愧无地，将来禀知国王，亦必惩治其罪。"[3] 这不可能出自马戛尔尼之口，马戛尔尼也从没有责备过高尔船长。事实上，在松筠上奏后七天，马戛尔尼还写信给高尔，一方面对于他船上病员众多表示担忧，另一方面要求他在澳门等候，使团正在南下广州的路上。[4] 由此可见，松筠向乾隆的汇报当中有不少的问题，天朝话语模式几乎充斥在每一份奏折里。从英国人的国家尊严看，国家派遣的使者被贬损，这是非常严重的问题，且完全违背英国遣使要求平等交往的初衷。从这角度看，松筠作为沟通的中间人就很有问题，他的汇报对英国人很不利。

然而，在当时的历史语境里，这种天朝思想可说是理所当然、无可置疑的。从乾隆开始，清廷上下都不会把英国视为地位平等的国家，松筠不可能例外，也不会因为跟马戛尔尼稍作接触就有

---

1 《钦差松筠奏为传知贡使携随身行李仍由广东行走贡使感激凛畏缘由折》，《英使马戛尔尼访华档案史料汇编》，第469页。

2 《谕军机大臣着松筠与吉庆长麟公同商办英贡事回国事宜》，同上，第67页。

3 《钦差松筠奏为传知贡使携随身行李仍由广东行走贡使感激凛畏缘由折》，同上，第470页。

4 Macartney to Gower, near Han-chou-fu, 11 November 1793, IOR/G/12/92, pp. 361－364.

所改变。因此，任何人跟清廷的沟通，都一定存在这种天朝话语模式，这跟由谁来接待是没有关系的。前面各章已分析过，即使是英方送来的文书——包括预告、礼品清单，以至国书，最终都被中方改译改写，改写的方式就是把它们放置在天朝思想的框架内，任何不合天朝话语的表述都给删掉重写。那么，直接由天朝重臣松筠提呈的奏折怎么可能例外？

但是，在很大程度上，松筠这些所谓训斥、求赐、感恩等话语，在这次沟通过程中所扮演的角色只是属于形式主义的；也就是说，这些是跟乾隆沟通时所用的外在包装，起不了什么作用，沟通的内容才是关键所在。

其实，尽管马戛尔尼非常认同松筠，却也并不是毫无警惕。他的确想过松筠是否弄虚作假，一直欺骗他，但经过多番观察，他得出的结论是松筠一直以来的真诚坦率以及友善的态度，让他相信如果自己受松筠欺骗，那松筠一定是世界上最高明的骗子。[1]此外，他也不是不知道松筠陪同使团，其实负有监察的任务。[2]不仅如此，他甚至暗示松筠也受到监视，在所有的晤面中总有两名官员在场。[3]另外，他曾向邓达斯汇报，明确地说他知道乾隆派遣松筠过来，目的是让亲信的大臣密切观察使团，作准确的汇报。马戛尔尼认为这是重要的，且对使团有利，因为原来的钦差征瑞曾对朝廷回报说使团来意不善，[4]因此，这几十天南下路上与松筠频繁的沟通，实际上提供了纠正一些错误信息的机会。那么，究

1 Macartney, *An Embassy to China*, p. 163.

2 Macartney to Dundas, near Han-chou-fu, 9 November 1793, IOR/G/12/92, p. 100.

3 Macartney, *An Embassy to China*, p. 178.

4 Macartney to Dundas, near Han-chou-fu, 9 November 1793, IOR/G/12/92, pp. 99 – 100.

竟松筠汇报的具体内容，对使团有没有帮助？

首先，马戛尔尼告诉邓达斯，松筠曾向他表示，他观察使团多天后，完全相信使团过来只是为了商业目的，没有其他企图，并以此向朝廷汇报。[1]在现在所见到的松筠汇报里，虽然找不到这样明确或直接的说法，但客观来说的确能造成这样的效果，因为松筠曾说过"夷性贪婪，其非分妄干，只为牟利起见"；[2]他还不断汇报英国人重视买卖，甚至多次要求在舟山购买茶叶，也希望在杭州购买丝绸。在其中一份奏折中，松筠颇为戏剧性地描述马戛尔尼提出沿途购物的情状，"该贡使出至舱外，复转入舟中，向奴才述称我等意欲沿途经过镇市买些物件，未审可否"，还加上按语："是该夷使贪冒性成，仰被恩施，即恳沿途置买物件，诚不出圣明洞照"，博得乾隆朱批"小器，可笑"。[3]他又在另一份奏折中特别提到使团对于大皇帝免取他们购买物品的税项而"颇形感激"，让乾隆再下朱批"小气未除"，[4]还在谕旨中嘲讽"该贡使等见小贪利，实为可笑"。[5]这看来对使团的形象有所损害，但也不能说完全没有根据，因为马戛尔尼在给邓达斯的报告中也的确说过，在舟山购买茶叶远较广州便宜，回去出售所得的利润，能够大大支付使团的开支。[6]而且，如果马戛尔尼希望乾隆确认使团来

---

1 Macartney to Dundas, near Han-chou-fu, 9 November 1793, IOR/G/12/92, p. 100.

2 《钦差松筠奏为英贡使称恭读敕谕始知所请各条不合缘由片》，《英使马戛尔尼访华档案史料汇编》，第407页。

3 《钦差松筠奏报传示恩旨英贡使忻感情形及严词拒绝在沿途买物折》，同上，第415页。

4 《钦差松筠奏为英贡使等祗领恩赏奶饼感激禀述缘由折》，同上，第443页。

5 《谕军机大臣着松筠妥协办理护送英使及贸易事宜》，第66页。

6 Macartney to Dundas, near Han-chou-fu, 9 November 1793, IOR/G/12/92, p. 81.

访完全是为了商贸，松筠这样的汇报其实是有利的。

但是，松筠并没有能够帮助使团争取他们的要求。上文说过，马戛尔尼在离开北京前曾向朝廷提出六项要求，都是与商贸有关的，但全遭乾隆拒绝，在第二道敕谕中逐一驳斥。根据松筠的奏折，马戛尔尼曾与他多次谈及使团的要求和乾隆的敕谕。这没有什么问题，因为乾隆本来就曾给松筠下旨，"遵照敕谕指示各条详晰反复向其晓谕"。[1] 在这个问题上双方沟通的结果是怎样的？在日志和写给邓达斯的报告中，马戛尔尼好几次提到松筠告诉他广州贸易环境一定会有改善，因为尽管所有要求在敕谕中遭拒绝，但他从松筠那里知悉，乾隆并不认为这些要求本身有什么不妥当的地方，只是自己年事已高，不想在这时候作出重大改变。此外，马戛尔尼还说，松筠告诉他朝廷已委派一名正直不阿、对外国人非常友善的新任两广总督，并得到谕旨，到任后会马上检视广州的税项，处理他们投诉的问题。[2] 这就是说，松筠向马戛尔尼传达了这样的讯息：尽管乾隆公开拒绝了使团的商务要求，但其实是采取一种低调的处理办法，愿意改善广州的外贸状况。

虽然在乾隆和军机处发给松筠的上谕里都见不到曾经传递过这样的指示，但也不能否定松筠曾向马戛尔尼传达类似讯息的可能，因为这是安抚马戛尔尼最有效的方法。对于松筠而言，安抚马戛尔尼是有必要的。《敕谕篇》简略提过，乾隆在收到使团的国书和六（七）项要求后，对使团以至整个英国起了很大的戒心；尤其连续以两道敕谕拒绝使团的要求后，乾隆更显得有点紧张，

1《钦差松筠奏报行至武城贡使至舟中面谢并禀述各情及当面开导情形折》，《英使马戛尔尼访华档案史料汇编》，第 437 页。

2 Macartney to Dundas, near Han-chou-fu, 9 November 1793, IOR/G/12/92, pp. 103–104.

除要求沿海督抚"认真巡哨，严防海口"外，[1] 更重大的指令是："所有经过省分营汛墩台自应预备整肃，倘松筠等有稍需兵力弹压之处，即应听其檄调，俾资应用。"[2] 从这指令可以见到，乾隆甚至做了最坏的打算，在必要时松筠可以调动军队来弹压使团的。马戛尔尼和斯当东永远不会知道松筠这个特殊任务，以及乾隆已经对使团起了戒心。

不过，松筠完全不需要调动军队，他只需要告诉马戛尔尼广州商贸条件会在新的两广总督改革下有所改变，便能把马戛尔尼安抚下来，毕竟改善贸易条件就是使团来华的主要目的，马戛尔尼从来没有动武的念头。相反，松筠汇报了马戛尔尼曾向他解释为什么在离开北京前夕匆忙送呈六项要求，除希望能取得成果，好向自己的国王交代外，马戛尔尼还提供了这样一个理由：

> 我等外夷不识中国体制，所请各条，从前虽有此意，原想到了京师后细细探听，向堂内西洋人等询问中国体制。如不可行，我等即不递禀。因到京后未得与堂内人叙话，只因就要起程，口里想着或此禀呈递，能邀大皇帝允准，是以就递了禀了。[3]

应该相信，撇开当中的天朝话语，松筠这汇报是真实的，因为他

---

1 《谕军机大臣着沿海各省督抚严查海疆防范夷船擅行贸易及汉奸勾结洋人》，《英使马戛尔尼访华档案史料汇编》，第 63 页。

2 《和珅字寄沿途督抚奉上谕英贡使起程回国着沿途营汛预备整肃备檄调》，同上，第 175 页。

3 《钦差松筠奏为英贡使称恭读敕谕始知所请各条不合缘由片》，同上，第 406 页。

实在没有理由无故把这些天主教传教士拉进来，他甚至可能不知道朝廷曾限制传教士与使团的往来。换言之，马戛尔尼自己刻意向松筠提出这样的理由来为自己辩解。平心而论，我们不能说马戛尔尼在撒谎，又或是编造借口，因为尽管钱德明曾在 10 月 3 日，也就是马戛尔尼提出六项要求的当天传来讯息，劝告他应该早点离开，并建议以后以书信形式和清廷发展关系，[1] 但马戛尔尼在当天身体不适，要到第二天才得悉钱德明的讯息。这样看来，他在向朝廷提出六项要求前，的确未能咨询天主教传教士的意见。但问题是：为什么马戛尔尼要刻意作出这样的解释？这显示马戛尔尼对于六项要求全被拒绝是有焦虑的，他找来天主教传教士作盾牌，有点推卸责任的感觉。但不管怎样，这样的解释对使团是有利的，因为这说明使团不是要故意冒犯，提出不合理的要求，只是不熟悉中国体制，又没有及时得到适当的提示而已。毕竟不准传教士与使团成员见面的就是乾隆，不能怪罪任何人，而且乾隆也一直在说使团不知中国体制。这样，松筠这次汇报在客观上起到为使团开脱的效果，在一定程度上有助于改善乾隆对使团的观感。

除汇报提出要求的原因外，《敕谕篇》已分析过松筠怎样汇报马戛尔尼对于要求被拒的反应。在松筠笔下，马戛尔尼"兼知悔悟"，[2]"感激愧悔"，"悔过惧罪"，"畏威怀德"，[3] 营造出英国使团完全臣服于天朝大皇帝之下的形象，对乾隆没有半点威胁，足以

---

1 Macartney, *An Embassy to China*, p. 151；Macartney to Dundas, near Han-chou-fu, 9 November 1793, IOR/G/12/92, pp. 91–92.

2《钦差松筠奏为英贡使称恭读敕谕始知所请各条不合缘由片》，《英使马戛尔尼访华档案史料汇编》，第 406—407 页。

3《钦差松筠奏报行至武城贡使至舟中面谢并禀述各情及当面开导情形折》，同上，第 439 页。

解除他的戒心。

除使团对敕谕的反应外，松筠描述使团平日的行为，也刻意将其置于下风。上文谈过马戛尔尼请求从内陆到广州，松筠说他"泪随言下，甚为焦急"，就是刻意描绘一个弱者的形象。另外，他又经常汇报马戛尔尼对随团成员的管束："该贡使及随从人等自上船之后，在途行走，尚遵约束"，[1]"该贡使人等遵守约束"，"该贡使等自上船开行后颇遵约束，其自行管束随行人等亦甚严谨"等，[2]确能减少乾隆对使团和英国的戒心，营造较友善的气氛。不过，最有意思的是在二人见面和商谈的场地上。一方面，松筠大概要显示自己时常处于上风，接连汇报正副贡使经常请求到他的船上来商谈，而他自己"准其过舟"，甚至说马戛尔尼"连日殷勤过舟"，[3]但从没有说过自己亲往英国人那边。但另一方面，根据马戛尔尼的日志，松筠是有主动去看望他们的。例如在南下旅程刚开始时，马戛尔尼的确先去拜访他，但离开后不足半小时，松筠便马上回访。[4]然而，松筠向乾隆汇报时却只说"该正副贡使至奴才船内"，并没有把自己的回访告诉乾隆。[5]不过，同样地，马戛尔尼也不一定汇报他拜访松筠的完整过程。马戛尔尼说，松筠在快要离开使团回京时曾拜访过马戛尔尼，向他

1《钦差松筠奏为英贡使称恭读敕谕始知所请各条不合缘由片》，《英使马戛尔尼访华档案史料汇编》，第406页。

2《钦差松筠覆奏钦覆谕旨随时妥办照料贡使并约计抵浙日期折》，同上，第432页。其实，除松筠外，马戛尔尼所不喜欢的征瑞也有相近的汇报。

3《钦差松筠奏报行至武城贡使至舟中面谢并禀述各情及当面开导情形折》，同上，第437—440页；《钦差松筠奏报恭宣谕旨贡使感激情形及现在行走安静情形折》，同上，第405页。

4 Macartney, *An Embassy to China*, pp. 159 – 160.

5《钦差松筠奏报恭宣谕旨贡使感激情形及现在行走安静情形折》，《英使马戛尔尼访华档案史料汇编》，第405页。

辞行，日期是 1793 年 11 月 13 日；[1] 但他没有说在早一天（11 月
12 日），他曾到松筠舟中，用松筠的说法："跪请大皇帝圣躬
万安。"[2]

但无论如何，乾隆对于松筠的汇报非常满意，在松筠的其中
一份奏折上，他以朱笔题字："命汝去可谓得人，勉之，望卿回来
面奏耳"，"诸凡皆妥，欣悦览之"；[3] 在另一份奏折中见到松筠汇
报使团对朝廷万分感恩，"感戴敬服之意较之前此情状，尤属出于
真诚"，乾隆的朱批是"欣悦览之，诸凡妥吉，纾心矣"。[4] 松筠对
使团的"正面"汇报，对使团是有利的，使团的请求经由松筠代
奏后大都得到批准，包括上面提过乾隆很不满意使团改变计划，
要从内陆去广州的安排，但经松筠奏请，确定"其恳求代奏迫切
之状，实属出于真情，尚非托故逗遛"后，[5] 乾隆还是批准了，且
说"不过沿途稍费供支而已"。[6] 更重要的是我们还见到在松筠的
连番汇报后，军机处即下谕长麟，撤去原来招募蛋户以"制胜夷
船之用"的计划，认为"该国远隔重洋，即使妄滋事端，尚在二
三年之后。况该贡使等目睹天朝法制森严，营伍整肃，亦断不敢

---

1 Macartney, *An Embassy to China*, p. 178.

2《钦差松筠等奏为英贡使陈递谢恩呈词据情转奏折》，《英使马戛尔尼访华
档案史料汇编》，第 478 页。

3《钦差松筠覆奏钦覆谕旨随时妥办照料贡使并约计抵浙日期折》，同上，第
433 页。

4《钦差松筠奏为遵旨详悉谕知英贡使等欣感悦服情形折》，同上，
第 460 页。

5《钦差松筠奏为英贡使请将粗重物品由定海开船该使仍由粤附便回国折》，
同上，第 450 页；《和珅字寄松筠等奉上谕准英使从广东行走着长麟护送松筠回
京复命》，同上，第 192—193 页。

6《谕军机大臣着松筠察看实情酌定英使行走路线》，同上，第 72 页。

遮萌他意"。[1] 这就是因为乾隆的戒心减少，有效地消除可能出现的敌对状态，对使团和中英关系肯定是有利的。从这角度看，经由松筠作中介的沟通，是有积极作用的。

在松筠的汇报中，好几次提到译者楼门（娄门），也就是李自标。[2] 本来，松筠与马戛尔尼的沟通必须倚赖李自标从旁翻译，但从使团到达中国的第一天开始，所有中国官员与使团成员的沟通，不也同样需要李自标或其他译者做翻译吗？但在他们的奏折里，译者几乎全然不存在。只有松筠颇能突显译者在二人沟通过程中的位置和功能。此外，松筠汇报的另一个特点是大量地以引述方式来报告马戛尔尼的话，甚至在其中一两份奏折中，直接以马戛尔尼为第一人称表述的部分构成奏折内容的主体，松筠只是以从旁评注的方式偶尔插入几句，让奏折看起来就像是马戛尔尼自己呈递的一样。松筠这样做的意图明显，就是要让他所汇报的内容显得真实准确，好能取悦或说服乾隆。但客观来说，即使是第一人称的表述也不能确保汇报准确无误，毕竟这始终不是马戛尔尼直接传递的文书，虽然表面是第一人称的直述，但实际是转述。

---

1 《谕军机大臣着松筠谕知英使仍从定海乘船回国》，《英使马戛尔尼访华档案史料汇编》，第 67—68 页；《和珅字寄松筠等奉上谕着英贡使仍坐原船回国招募蛋鱼人事毋庸办理》，同上，第 544 页。不过，乾隆也有别的考量："若即招募蛋户备用，此等于营伍技艺本不谙习，若令伊等舍其本业，入伍食粮，即赏给双分战粮，亦恐不副其愿；而在营久候，转致入水生疏，于事尤属无益。且各省营制向无此等蛋籍，今以之分隶各营，顶补额缺，岂不贻笑营伍。"同上，第 68 页。

2 《钦差松筠奏报恭宣谕旨贡使感激情形及现在行走安静情形折》，同上，第 405 页；《钦差松筠奏报传示恩旨英贡使忻感情形及严词拒绝在沿途买物折》，同上，第 414 页；《钦差松筠奏报行至武城贡使至舟中面谢并禀述各情及当面开导情形折》，同上，第 437 页。

　　应该同意，松筠"引述"马戛尔尼的话的汇报，从整体内容上来说，其所代为传递的讯息大致是准确的。一方面，上文已指出过，马戛尔尼在途中提出的一些请求不但都能马上送呈乾隆，且几乎全部获得批准。从这一角度看，这沟通是有效的。但另一方面，这些所谓"引述"的话，绝对不可能是马戛尔尼的原话，因为里面也充斥着天朝话语，乾隆高高在上，马戛尔尼则卑躬屈膝，被置于低下的位置，跟松筠直接呈奏的没有两样，只是从表面看来是出于马戛尔尼之口。我们不能肯定乾隆是否相信这就是马戛尔尼的原话，但至少松筠是要制造这样的效果。这其实也是使团从开始以来经过中方人员进行沟通的一贯模式，即具体内容虽已传达，但全被包装在天朝话语之内。

　　当然也不是说松筠没有直接转呈马戛尔尼的文书。《敕谕篇》讨论过马戛尔尼在 1793 年 11 月 9 日写给和珅的一封信，[1] 那就是松筠代呈的"汉字禀纸"，内容上是回应乾隆敕谕的，可以说是使团离开北京后和清廷沟通最重要的一份文书。可惜的是我们无法肯定今天能看到的版本是否完整地送到北京，这点上文已交代过了。

二

　　相对于松筠而言，原任浙江巡抚，并在使团快要离开时获任两广总督的长麟，并没有得到很多的关注，主要原因在于他与马戛尔尼的交往是在使团来华的后期，即在马戛尔尼已经离开北京，

1　"Note for Cho-Chan-Tong, First Minister, Han-chou-fou, 9 November 1793," IOR/G/12/92, pp. 349 - 356; also in IOR/G/12/93B, pp. 187 - 193.

477

南下至杭州以后，因而被视为对使团没有什么影响。不过，这看法并不准确。一方面，长麟前期曾以浙江巡抚的身份参与接待使团，多次上奏汇报接待的准备工作；[1] 另一方面，尽管在清宫档案中没有保留很多长麟的奏折，但只要细读马戛尔尼的日志以及他写给东印度公司的报告，便可以见到马戛尔尼非常重视与长麟的沟通，而他也说使团的成就在很大程度上是借助长麟才得以达成的。在这一节里，我们会分析一下马戛尔尼跟长麟的沟通，并审视一些涉及翻译的文本。

首先，马戛尔尼跟长麟在 1793 年 11 月 9 日（乾隆五十八年十月六日）的第一次见面后，便对他留下很好的印象。本来，在二人见面前，松筠已向马戛尔尼介绍了长麟，说他为人耿直公正，对外国人很友善。[2] 马戛尔尼在跟他见面后，马上觉得长麟的外表高贵，很有教养，态度亲切，是一名绅士；而且，在这第一次交流中，马戛尔尼得到的讯息非常正面，长麟说皇帝给他明确的指示，要特别关注英国人在广东的状况，那里的英国人可以亲身或以书函与他联络，又说乾隆对于使团远道而来很是欣慰。[3] 也许让马戛尔尼最为满意的是在随后的会谈里，长麟主动问究竟马戛尔尼希望自己在广州可以提供哪些帮助，且在听完马戛尔尼的陈述后，请他把这些要求写出来。[4] 马戛尔尼更说，每一次跟长麟见面，对他的好感都有增加，深信东印度公司在广州的活动会从他那里

---

1 诸如《浙江巡抚长麟奏为遵旨先期妥办接待英贡使事宜折》，《英使马戛尔尼访华档案史料汇编》，第 289—290 页；《浙江巡抚长麟奏为奉上谕先期预备接待英贡使事宜折》，同上，第 299—301 页；《浙江巡抚长麟覆奏为预备英吉利国贡船到境妥办折》，同上，第 227 页；《浙江巡抚长麟奏为英遣官过浙探听该国贡使曾否抵京折》等，同上，第 309—311 页。

2 Macartney, *An Embassy to China*, p. 168.

3 Ibid., p. 176.

4 Ibid., pp. 180 - 181.

得到好处。[1] 总体来说，马戛尔尼对长麟的评价，其实并不低于松筠。

《汇编》并没有收入很多长麟有关马戛尔尼使团的奏折，里面最长的一份是在乾隆五十八年九月初五日（1793 年 10 月 9 日）呈送的，主要讨论"印度斯坦号"停泊浙江水域等候马戛尔尼之事；[2] 接着，长麟在九月十二日（10 月 16 日）又有一份奏折，向朝廷献计征用蛋民对付使团，但其实他在这时候还没有见到马戛尔尼。[3] 除这两份以个人名义呈送的奏折以外，还有一些与松筠联名汇报的。[4] 让人奇怪的是《汇编》并没有收入他正式接替松筠，在杭州开始陪同马戛尔尼南下后所提的奏折。这不是说长麟没有向朝廷汇报接待的情况，因为斯当东也说过长麟在路上几乎每天都向乾隆汇报，[5] 只是不知什么原因，这些奏折没有保留在档案里，以致《汇编》未能收录。我们要知道他向乾隆汇报与马戛尔尼沟通的内容，只得依赖英国方面的资料。

根据马戛尔尼的日志，长麟在 1793 年 11 月 17 日跟马戛尔尼讨论过英国人在广州贸易和生活的情况后，请马戛尔尼以书面形式提出他们的要求。三天后，马戛尔尼向长麟送交了一封短札，

---

1 Macartney, *An Embassy to China*, p. 185.

2 《新授两广总督浙江巡抚长麟覆奏遵旨仍令贡船等候并拟起身赴粤折》，《英使马戛尔尼访华档案史料汇编》，第 402—404 页。

3 《两广总督长麟奏报贡船尚未开行现加紧遄行赴粤并请招募蛋鱼人入伍折》，同上，第 419—421 页。

4 《钦差松筠等奏为会同商办一切及拨令该贡使等分道启程日期折》，同上，第 475—476 页；《钦差松筠等奏报将御书福字等件颁赏使臣及其感激欢喜情形片》，同上，第 477—478 页；《钦差松筠等奏为设法开谕但贡使等再三陈恩仍走广东缘由折》，同上，第 480—482 页。

5 Staunton, *An Authentic Account of an Embassy*, vol. 2, p. 195.

里面开列 11 条要求。[1] 这封短札的英文本以及拉丁文译本都可以在东印度公司档案中找到，[2] 但由于《汇编》里没有收录任何相关的文档，一直以来，我们都没有见到任何人提及这份短札的中文本，因此，马戛尔尼向长麟提出的要求，从来没有得到任何讨论。其实，这份短札的中译本是存在的，只是今天所能见到的一个版本是在另一个场合中出现，当中没有马戛尔尼的名字，而且，我们还可从中知道长麟对于这些要求的回应。

乾隆六十年三月二十六日（1795 年 5 月 14 日），也就是马戛尔尼使团离开中国一年多后，时任英国东印度公司广州商馆主席大班波郎向两广总督长麟呈禀，提出 11 项要求。四天后，也就是四月初一（5 月 18 日），长麟对波郎提出的要求作了回复。今天英国外交部档案里就有长麟的回信。[3] 我们知道，波郎原来是东印度公司秘密及监督委员会主席，1792 年 9 月来到广州，帮忙协调使团的来访工作。长麟出任两广总督后，波郎等人在 1794 年 1 月 8 日经由马戛尔尼介绍与长麟认识，[4] 但差不多就在这时候，秘密及监督委员会解散，两名成员亚里免和质臣乘坐"印度斯坦号"跟使团一起回国，而波郎则留在广州，并开始担任特选委员会主

---

1 Macartney, *An Embassy to China*, pp. 181, 185.

2 "Note to Chan-ta-gin, Viceroy of Canton," 20 November 1793, IOR/G/12/92, pp. 411 – 420.

3 "An unidentified official transmits the viceroy's rulings on various complaints and requests contained in a petition presented by H Browne as President of the Select Committee," FO 233/189/29。在文档上有后来整理者以铅笔写的标题："The Viceroy's reply to a statement of grievances under eleven heads — said to be presented by Mr. Browne. Kien Lung 60th Year"。这份文档又见：《粤督批英商波郎所禀十一事件》，许地山编：《达衷集》，第 163—170 页。不过，《达衷集》所收文本比外交部档案文本少了第一句——"乾隆六十年三月二十六日"，也就是没有记下波郎提呈禀文的日期。

4 Macartney, *An Embassy to China*, p. 216.

席。[1] 不过，他出任这职位的时间也不长，1795 年度的贸易季节结束后，波郎在 1796 年离开广州回国。[2] 其实，只要仔细地作一下文本对照，就可以确认长麟所引录波郎提出的 11 项要求，与马戛尔尼在 1793 年 11 月 20 日前往广州途中给长麟短札里提出的要求完全一样，只不过在这份文档里，每项要求后面都插入了长麟的回答。由此推想，作为公司特选委员会主席的波郎，在使团离开中国一年多后，仍然感到广州贸易状况没有改善，便把马戛尔尼所提的要求重新提出。

但这里还有另一个疑问。当马戛尔尼在 1793 年 11 月 20 日向长麟提交上面提到的短札时，他们一行尚在路上，还不熟悉广州贸易的长麟不可能马上回应，而且，长麟在 12 月 11 日即与使团分手，先行前往广州安排迎接使团的工作，[3] 因此，在使团到达广州前，马戛尔尼的 11 项要求一直没有得到长麟的回应。12 月 19 日使团到达广州后，[4] 马戛尔尼得悉更多有关广州贸易的情况，便在 1794 年 1 月 1 日再写了一份较长的信给长麟，解说英国人在广州贸易中遇到的困难，并提出更多的要求，总共 16 项。[5] 这封英文原信附在马戛尔尼于 1794 年 1 月 7 日写给邓达斯的信中，[6] 同时还

---

1 Morse, *The Chronicles of East India Company*, vol. 2, p. 255.

2 Ibid., p. 277.

3 Macartney, *An Embassy to China*, p. 195.

4 Ibid., p. 203.

5 Ibid., p. 209; "Representation to the Viceroy of the grievances under which the English and their Trade labour at Canton," IOR/G/12/92, pp. 451－460。现在所见这第二封给长麟的信并没有署下日期，但在 1794 年 1 月 1 日的日志中，马戛尔尼下了一个脚注："我在这里向总督递交了一份有关广州的问题更具体的报告。"Macartney, *An Embassy to China*, p. 209, n. 1。

6 Macartney to Dundas, Canton, 7 January 1794, IOR/G/12/92, pp. 443－446.

附有长麟回信以及两份谕令的英文译本和拉丁文译本。[1] 长麟的回信没有署明日期，但两份谕令则分别在乾隆五十八年十二月初一（1794 年 1 月 2 日）及十二月初四（1 月 5 日）发出，可以见到长麟几乎马上就作出回应。[2] 但很可惜的是，尽管今天可以在东印度公司档案里见到各份文书的英文本，但档案内并没有任何中文方面的资料，既没有长麟向朝廷汇报的奏折，也找不到马戛尔尼这封信的中译本，更见不到长麟的回信以及两份谕令的原文本。但问题是为什么波郎在 1795 年 5 月向长麟提出请求时不用马戛尔尼新的 16 项要求，却拿出马戛尔尼在途中匆忙提出的 11 项要求？这的确很难理解，尤其是我们知道马戛尔尼在广州从专员们那边知悉更多问题，然后才给长麟再写信补充，以 16 项要求来代替原来的 11 项。[3] 此外，马戛尔尼在递交第二份要求后，还在 1 月 8 日跟波郎见过面。唯一可能的解释是马戛尔尼直接向伦敦方面传递讯息，写信向董事局主席邓达斯汇报，却没有转告波郎。

可以预料，马戛尔尼的要求都是跟商业活动相关的，也就是他所说的，希望两广总督能改善一些不合理的安排，诸如税项、货单的问题，另外就是有关英国人在广州的生活需要，例如容许他们出外散步，专门为海员设置医院，贸易季节后可以在广州多

---

1 "The Viceroy's answer to the Representation of grievances," Latin and English translations, IOR/G/12/92, pp. 463 – 468; "The Viceroy's first edict," Latin and English translations, IOR/G/12/92, pp. 471 – 478; "The Viceroy's second edict," Latin and English translations, IOR/G/12/92, pp. 479 – 486.

2 马戛尔尼在 1794 年 1 月 1 日的日志中说，长麟在当天告诉他已发出了两道谕令，禁止对欧洲人作出任何伤害和苛索。这跟今天见到马戛尔尼送给邓达斯两份谕令所署的日期不符，看来马戛尔尼的是误记；而且，他在日志中又说过他是在当天才给长麟提送了一封信，较具体地描述广州贸易的问题。

3 Staunton, *An Authentic Account of an Embassy*, vol. 2, p. 225.

留几天，不用马上离开等，而较有趣的是要求广东官员分辨英国商人和美国商人。对东印度公司和马戛尔尼使团来说，这些都是十分重要的问题，亟待改善。由于本书的重点不在讨论英国在华贸易，这里不逐一讨论。不过，在对比过马戛尔尼两份要求后，我们发现其中两项内容是不同的，都涉及中英的沟通问题。

在 11 月 20 日的短札里，第 9 项要求有关一个长期困扰在华英国人的问题，就是英国人可以怎样学习中文。[1] 我们提到过东印度公司包括波郎在内的三位专员在跟署理两广总督郭世勋开会后，慨叹公司没有培养自己的翻译人员，无法跟中国官员有效沟通，特意写信给马戛尔尼，请他向清廷提出要求，准许中国人公开为公司成员教导中文。[2] 这就是马戛尔尼提出第 9 项要求的原因，要求的原文是这样写的：

9th. That it may be allowed to any Chinese to instruct the English merchants in the Chinese language, a knowledge of which may enable them to conform more exactly to the laws and customs of China.[3]

使团所提供的中文译本是：

第九件，英吉利国人爱学中国话，若许广东人教我们的买卖

1　有关这问题的详细讨论，可参见王宏志：《"不通文移"：近代中英交往的语言问题》，《翻译与近代中国》，上海：复旦大学出版社，2014 年，第 135—193 页。

2　"To His Excellency George Viscount Macartney K. B., signed by the Committee, 28th September 1793," IOR/G12/265, pp. 131 – 132.

3　IOR/G/12/92, p. 414.

人会说话，就能够通中国的法律了。[1]

这里有两点较值得注意。第一，在使团成员看来，英国人学中文并不是什么问题（译文甚至明确地说英国人爱学中文），问题在于是否准许中国人教英国人［译文把"任何中国人"（any Chinese）改译成"广东人"］。第二，英国人学习中文的动机是什么？或者说可以取得什么效果？马戛尔尼的说法是学习中文可以让英国人更能遵守中国法律和习俗。这好像在说容许中国人教导英国人中文是有好处的。当然，这只是马戛尔尼向长麟提供的一个诱因，好让长麟觉得这更有助于对夷人的管理。

不过，在第二封信里，由于前面加入了6项有关商贸买卖的问题，这第9项变成第15项，而最关键的是重点明显不一样了：

> 第十五，可以公开宣布，中国人可以教导英国人中文，无须害怕受到指责或惩罚，也无须因为这样做而要向官员付钱或送礼。
>
> 15. That it may be publicly announced that the natives may teach the Chinese language to the English without danger of blame or punishment or without being obliged to pay money or give presents to the public officers for as doing. [2]

这次马戛尔尼把重点转到中国教师上。英国人可以学习中文，这

---

1 "The Viceroy's reply to a statement of grievances under eleven heads — said to be presented by Mr. Brown. Kien Lung 60th year," FO 233/189/29.

2 "Representation to the Viceroy of the grievances under which the English and their Trade labour at Canton," IOR/G/12/92, p. 460.

看来已无须讨论或要求，而且，马戛尔尼再不谈英国人学习中文后有什么好处；而是关注怎样避免中国教师受到欺压、被迫付钱或送礼的问题，矛头直指中国的官员。显然，修改后的请求有更强的针对性。

上面说过，长麟在接到马戛尔尼第一封短札时似乎没有马上回复，但在广州收到要求的修订本几天后便写了回信，还公布两份谕令。不过，无论是回信还是谕令，其实都颇为简短，没有直接或具体地回应各项要求，只是强调会充分关注英国人的利益和权利，在中国法律的范围内给予最大的保障，不会容许任何人包括各级官员对英国人有任何剥削行为。至于究竟是否准许中国人向英国人教授中文？回信及谕令都没有明确的答案。斯当东在他的回忆录中说长麟曾向马戛尔尼保证，以后外国人要学习中文，不会再受中国官员的阻挠，[1] 好像长麟已经正面回应了第二封信的要求，英国人应该感到很满意。不过，实际情况并不是这样，长麟看来没有发出什么公告谕令，容许中国人向英国人教授中文，不受官员阻挠，否则波郎也没有必要再在一年多后提出相同的要求。此外，长麟后来对这要求的正式回答也有一定的限制：

> 现今通事、买办，即系内地民人，尽可学话，不必另多雇内地民人教话，致与定例有违。[2]

这里首先值得注意的是：作为两广总督的长麟，明确说英国人是

1　"The Viceroy promised the Embassador that no obstruction should be given on the part of the government to the acquisition of the Chinese language by Foreigners." Staunton, *An Authentic Account of an Embassy*, vol. 2, p. 251.

2　FO 233/189/29；许地山编：《达衷集》，第 169 页。

可以在广州学中文的，而且，这更是"定例"；不过，唯一的条件是他们必须跟通事和买办学习，不得另外聘用内地其他中国人作教习。这有助于解决英国人这方面的难题，尽管通事买办的水平不高，不一定是理想的老师，但至少通过他们学习中文没有什么问题，而且，东印度公司一直以来都有聘用通事来教中文。《译员篇》便介绍过一名受公司聘为中文教师的通事，但为躲避广州官员，搬到澳门居住，由公司向其父亲在广州支付报酬。[1] 然而，长麟的指示最终是否能落实？更关键的是，马戛尔尼在第二封信中有关教习中文的重点放在中国教员方面，就是这些中文教员是否会遇上麻烦。这是有疑问的，因为后来也不见东印度公司能很容易找到教导中文的老师，即使到了鸦片战争前夕，英国人还相信中国人向西方人教授中文会有很大的麻烦，甚至有被杀头的可能。[2] 不过，就现在所见到的史料看，我们其实并没有找到明确的事例来确定曾有商人、通事或别的中国人因为教导洋人中文而被处死——即使在洪任辉事件中被处死的刘亚匾也不是因为教中文

---

1 "At a Secret Committee," Canton, 29 September 1793, IOR/G/12/93A, p. 315；Morse, *The Chronicles of the East India Company*, vol. 2, p. 209.

2 美国商人亨特说从马礼逊那里得知，过去曾有一名中国人因为教导西方人中文而被砍头。Hunter, *The "Fan Kwae"*, p. 60。但这并不见于马礼逊自己的文字。马礼逊只说过，他刚到澳门不久，一名港脚商人查密斯（Chalmers）便告诉他一个普遍为人知悉的状况：中国人被禁止教中文，违者会被判死刑。*Memoirs of the Life and Labours of Robert Morrison, DD*, vol. 1, p. 153。另外，据说马礼逊在广州学习中文时，他的一位中文老师平日身上一直带有毒药，万一被拘捕，宁可吞毒自杀，免受折磨之苦。Marshall Broomhall, *Robert Morrison: A Master-Builder* (London：Church Missionary Society, 1924), p. 55。不过，必须指出，该书在论及这一点时，并没有注明资料的出处，而马礼逊自己的文字中并没有这样的记录。参见苏精：《马礼逊和他的中文老师》，《马礼逊与中文印刷出版》，第55—78 页。

而遭判刑的，他的罪名是"代作呈词"，"为外夷商谋砌款"，[1] 而
所有的奏章和上谕都没有提过教中文须处死的说法。[2]

马戛尔尼另一个要求其实更重要，不过，这只见于他到达广

---

1 《高宗纯皇帝圣训》卷一百九十九《严法纪》卷七，《大清十朝圣训》第
7 册，第 4 页，总第 2629 页；在调查还没有开始时，朝廷的指示便提出："如其
中有浙省奸牙潜为勾引，代夷商捏砌款迹，恣愚控告情事，此奸究之尤，亦当即
行正法示众。"《高宗纯皇帝圣训》卷二十《圣治》卷六，同上，第 3 册，第 1
页，总第 349 页。

2 沈艾娣也讨论过马戛尔尼就要求改善广州经商条件而交与长麟的短札以及
长麟的回应，但当中有好几处地方是有问题的。首先，她说马戛尔尼跟长麟在南
下广州途中讨论过广州外贸的情况，但双方都认为大家对广州情况不理解，同意
在到达广州后再商议。Harrison, *The Perils of Interpreting*, p. 136。这是准确的，
但她没有说当时马戛尔尼已把一份开列要求的信件交与长麟，却说马戛尔尼在使
团到达广州后才把一份清单呈送长麟。Ibid., p. 138。正如上文交代，这其实是马
戛尔尼在该问题上所写的第二封信函。沈艾娣在这里只参看了 IOR/G/12/93，这
档案的确只收有第二封短札，但 IOR/G/12/92 便同时收有两封短札，IOR/G/12/
92, pp. 411 – 420; IOR/G/12/92, pp. 451 – 460。另外，马戛尔尼的日志便记下
自己于 11 月 20 日在路途中曾就广州贸易的状况交与长麟一封短札。Macartney,
An Embassy to China, pp. 181, 185。第二，沈艾娣说在马戛尔尼在广州交出短札
后，长麟马上与苏楞额召开会议，处理问题。Harrison, *The Perils of Interpreting*,
p. 138。但她在注释中所开列的资料都没有记录一个商讨改善广州贸易状况的会
议。其中，她所征引李自标的信件，记录的是长麟以盛大隆重的仪式接待使团到
达广州，也以同样盛大的仪式向使团传达乾隆的一份上谕，而第三次的会面已是
马戛尔尼要离开广州，长麟送行的一次；李自标还说马戛尔尼是私下送去第二封
短札的，而长麟在收到短札后，原想先收起来，待适当的时候拿出来处理，但不
久即发了两道谕令，斥责广东官员对外国商人的剥削，却没有提及过什么正式的
会议。Jacobus Ly, Macao, 20 February 1794, APF SOCP, b. 68, f. 618v – 620v。
第三，她说当时在会议里解答和解决了其中的一些问题，特别是准许外国人跟随
行商、通事学习中文。她所征引的是许地山编：《达衷集》，第 169 页。Harrison,
The Perils of Interpreting, p. 298, n. 43。但上文已指出过，《达衷集》所抄录的
《粤督批英商波郎所禀十一事件》来自英国外交部档案 FO 233/189/29。这份原
档注有日期："乾隆六十年三月二十六日"，这是两年多后波郎呈递相同要求的日
期，而即使《达衷集》所收《粤督批英商波郎所禀十一事件》中的第一句亦有
标明"英吉利大班波朗呈禀件，四月初一奉两广总督部堂张大人批"，可见这是
回应波郎的禀文，而不是与马戛尔尼开会的成果。许地山编：《达衷集》，第
163 页。

州，听取过公司专员们的意见后所送给长麟的第二封信内：

> 第十六，英国商人可以在任何时候向总督提呈禀文，无须受
> 限于粤海关监督。
>
> 16. That the English merchants may be allowed to present
> petitions at any time to the Viceroy and not to be at the mercy of
> the Hoppo.[1]

这要求显然是来自包括波郎在内的专员，他们在使团来访的事情
上与郭世勋等商议，都必须经过蔡世文、潘有度等行商，对他们
来说不是理想的做法；而且，在这沟通过程中，他们感到粤海关
监督最不友善，动辄刁难，所以马戛尔尼不但提出要直接与官员
沟通，更特别要求越过粤海关监督。这关涉中英关系中一个棘手
的问题。在当时东印度公司的成员看来，他们只不过是寻求行事
方便，也可以避免行商在中间故意或无意地误传讯息，但他们忽
略了这不单与中国商人地位低下的文化观念相违背，更是尝试冲
击中国官制，甚至可能触及中英两国地位是否平等的敏感问题。
可惜，由于长麟没有逐一回答马戛尔尼第二封信中的 16 项要求，
而波郎后来的 11 项中也不包含这项要求，因此，我们无法知道长
麟在这一问题上的态度。不过，从后来的情况看，可以确定这问
题始终没有得到解决，因为即使到了 1834 年东印度公司在华贸易
垄断权结束，英国政府派来商务监督律劳卑，要求直接与两广总
督沟通，换来的是"凡夷人具禀事件，应一概由洋商代为据情转

---

1 "Representation to the Viceroy of the grievances under which the English and
their Trade labour at Canton，" IOR/G/12/92, p. 460.

禀，不必自具禀词"的答复，[1] 更不要说粤海关监督一直都是广州体制内监管外国商人最重要的官员，怎么可能被超越置散？马戛尔尼第二份信函的第 16 项要求，是没有可能得到满意回应的。

不过，有趣的地方是：在马戛尔尼与长麟一个月左右的旅途中，提出要求的不只是马戛尔尼或英国一方。根据马戛尔尼的日志及报告，长麟也向马戛尔尼提出过非常具体的要求。首先，1793 年 11 月 20 日，长麟向马戛尔尼提问是否可以让他向朝廷汇报，英国国王与中国大皇帝的友谊延续不变，而且，英国国王还会写信来表达这种友好关系，并在将来派遣另一个使团到中国来。[2] 虽然严格来说这并不是正式的要求，但长麟确实希望从马戛尔尼那里取得一些承诺。为什么会这样？

上文提过，乾隆在收到马戛尔尼在离开北京前提出的 6 项要求后，对使团起了戒心，除全部拒绝外，更下旨小心防范。作为陪同使团南下的候任两广总督，长麟甚至曾经上奏提出以蛋民对付使团的船队，[3] 但经过松筠的第一轮安抚后，乾隆认为没有什么即时的问题，指示无须征召蛋民。[4] 长麟在杭州接替松筠后，便积极进行第二轮安抚，取得不错的效果，至少让马戛尔尼感到十分满意。1793 年 11 月 17 日，长麟就跟马戛尔尼讨论使团在北京时所受到的接待，并询问他对于要求被拒有什么想法。事实上，长

---

1 《两广总督卢坤、监督中祥疏（道光十五年正月）》，（清）梁廷枏：《粤海关志》卷二十九《夷商四》，第 563 页。

2 Macartney, *An Embassy to China*, p. 184; Macartney to Dundas, Canton, 23 December 1793, IOR/G/12/92, p. 400.

3 《两广总督长麟奏报贡船尚未开行现加紧趱行赴粤并请招募蛋鱼人入伍折》，《英使马戛尔尼访华档案史料汇编》，第 419—421 页。

4 《谕军机大臣着松筠谕知英使仍从定海乘船回国》，同上，第 67—68 页；《和珅字寄松筠等奉上谕着英贡使仍坐原船回国招募蛋鱼人事毋庸办理》，第 544 页。

麟在与马戛尔尼见面前便接过一份上谕，指示他安抚马戛尔尼，解说使团的 6 项要求并非不合理，只是因为体制问题，不能批准。[1] 其实，松筠也曾向马戛尔尼说过相类的说法，马戛尔尼和斯当东都曾经有作报告，[2] 但松筠向乾隆汇报说马戛尔尼在听到解说后完全明白自己的无知和错误，还万分感谢乾隆宽大处理，这显然是不真实的，至少有夸大的成分。马戛尔尼在这一问题上的回应，比较具体地见于他给长麟的回答，并在日志中被详细地记录下来。马戛尔尼说，使团在北京的遭遇，尤其是和珅的态度，还有提出的要求全部被拒等，的确让他感到中国对英国是冷淡的，甚至可能是不友善的，他本来打算把这种观感如实向英国政府汇报。不过，经过松筠和长麟的热情款待及详细解释，并作出一定承诺后，他对中国的态度改变了，认同使团在中国是得到重视的，因而愿意向英国政府作出正面的汇报。[3] 当然，我们不能绝对肯定马戛尔尼日志所记的全是事实，但据马戛尔尼说，就是在这样的背景下，长麟在 11 月 20 日告诉马戛尔尼，要向乾隆汇报，希望能确认英国国王对中国十分友善，并在将来可能会给乾隆写信，表示友谊的巩固，以后会再派遣使团过来。对于这样的要求，马戛尔尼的回答很正面，他重申使团得到非常良好的接待，中国皇帝向英国国王赠送礼品，英国国王是会写信道谢的。但至于另派使团的问题，马戛尔尼说，英国原来是希望在中国派驻大使的，甚至他本来希望自己可以在北京逗留较长的时间，但这个计划现

---

1 《寄信长麟告英使此次进京所请不准格于定例并无怪罪将来进贡必恩准》，《英使马戛尔尼访华档案史料汇编》，第 272 页。

2 Macartney to Dundas, near Han-chou-fu, 9 November 1793, IOR/G/12/92, pp. 103 - 104; Staunton, *An Authentic Account of an Embassy*, vol. 2, p. 166.

3 Macartney, *An Embassy to China*, pp. 181 - 182; Macartney to Dundas, Canton, 23 December 1793, IOR/G/12/92, pp. 399 - 400.

在不能实现，很难确定之后什么时候再派遣使团，原因是两国距离太遥远，海上旅程也有风险。[1] 长麟向马戛尔尼提出这样的要求，当中的政治动机非常明显，就是确定安抚成功，保证桀骜不驯的英国人不会构成什么威胁，这样就更好向乾隆交代；但很可惜的是长麟有关这次与马戛尔尼谈话的奏折没有保留下来，无法知道他怎样向乾隆汇报，也无法对比马戛尔尼的说法，唯一能确定的是长麟汇报过再派使团的问题，乾隆的回答是不必定期来朝；[2] 但后面我们还是见到经过朱批过的长麟奏片，汇报"使臣告称回国后赶紧办理表贡"的事。[3]

也许我们可以说长麟这一次谈话只是希望能确认英国国王的友好态度，算不上正式提出要求；然而，在同一天（1793 年 11 月 20 日），长麟的确向马戛尔尼提出过一个非常具体的要求。根据马戛尔尼的记述，在结束上面所提的讨论后不久，长麟又再次来访，告诉马戛尔尼他马上要写奏折回北京，希望马戛尔尼能够"用中国的风格"（"in the Chinese style"）写几句赞美的话，感谢朝廷对使团的厚待和关心。[4] 对于这个请求，马戛尔尼马上答应，并在三天后（11 月 23 日）向长麟送上一封信。

马戛尔尼这封信的英文原件全长约 260 字，收录在东印度公司档案内，当时是附在 1793 年 12 月 23 日写给邓达斯的信中。[5] 不懂中文的马戛尔尼，究竟他能否准确理解什么是"中国的风格"？

---

1 Macartney, *An Embassy to China*, pp. 184 – 185.

2 《和珅字寄长麟奉上谕着传知英贡使准其嗣后具表纳贡不必拘年限》，《英使马戛尔尼访华档案史料汇编》，第 198 页。

3 《朱批长麟奏为据使臣告称回国后赶紧办理表贡事片》，同上，第 274 页。

4 Macartney, *An Embassy to China*, p. 185.

5 "Note to Changtagin, Viceroy of Canton dated 23 November 1793," IOR/G/12/92, pp. 421 – 423.

客观来说，他的信整体是写得十分客气和得体的，也基本上把长麟希望见到的内容包含在内，包括一开始便说使团每天得到中国皇帝的厚待，大使会向英国国王汇报；英国国王派遣使团原是想要巩固友谊，在未来的日子将会加强双方友好关系，且会尽可能维持紧密联系，并祝愿中国皇帝健康安泰。这都好像能正面回应长麟的要求。不过，必须强调的是，马戛尔尼这封信其实并不是直接写给乾隆，而是写给长麟的，就好像他向邓达斯汇报时在这封信上所加的标题一样，那是"给长大人的短简"（"Note to Changtagin"）；而且，特别要强调的是，在表述过上面所列的内容后，马戛尔尼接着说：

> 大使希望总督能向大皇帝传达以上的内容，并得到接受，这将让大使深感荣幸。这样，也期望大皇帝能赐示相同的讯息，在使团离开广州前发送一封信给英国国王，又或是向总督下达圣谕，表明大皇帝给予居住在广州和澳门的英国子民保护和恩惠。[1]

这让我们想起在《敕谕篇》所说马戛尔尼曾经向松筠提出希望乾隆能再写信给乔治三世的请求，尽管松筠说过与体例不符，不能帮忙转达，但马戛尔尼在这里又借机再次向长麟提出来。

不过，如果长麟能直接阅读这封短笺的原信，他肯定会很不高兴。无疑，信件的内容是正面的，但里面没有什么满怀感恩的话，而且，马戛尔尼还倒过来提出要求，请皇帝向英国国王作出

---

1 "Note to Changtagin, Viceroy of Canton dated 23 November 1793," IOR/G/12/92, pp. 422–423.

承诺，会善待在华的英国人。显然，这不是长麟心目中的谢恩信。不过，从马戛尔尼的日志看，当他把信件交给长麟时，长麟一点不快也没有，且很满意地拿去。为什么会这样？原来他收到的确实是一封十分正式的谢恩信。

不知什么原因，《汇编》没有收入这封信，但《掌故丛编》以图片形式录入一份《英使马戛尔尼谢恩书》，说明在 1920 年代后期这封信还存在于故宫档案内。就像原信一样，这份《谢恩书》收件人是长麟，因为最后一句是"求大人替我们奏谢大皇帝恩典"。不过，无论在内容还是表述方式上，中文版跟马戛尔尼原信很不一样。这封《谢恩书》篇幅不长，全录如下：

　　英吉利使臣马戛尔尼谢

大皇帝恩典，我们国王敬

大皇帝大福大寿，实心恭顺。如今蒙

大皇帝看出我国王诚心，准我们再具表文进献，实在是

大皇帝大寿万万年，我们国王万万年听

　　教训。这实在是

大皇帝的恩典，也是我国的造化。

大皇帝又不嗔怪我们，又不限年月。我们感激欢喜，口不能

　　说，我国王也必感激。求

　　大人替我们奏谢

大皇帝恩典。

　　　　　　　　　此呈系哆吗嘶哞哊咊亲手写[1]

---

1 《掌故丛编》，第 23 页。

对比原信，不论从什么角度来看，这译文都可以说是名副其实的重写：内容上做了很大改动，变成一面倒的道谢，马戛尔尼要求乾隆发信或颁谕的要求不见了，没有向乾隆提出保护在广州和澳门的英国人，而更严重的是道谢时的态度和语气。显而易见，在这份谢恩书里，使团处于一个极为卑下的位置。面对着"大皇帝大福大寿""大皇帝大寿万万年""大皇帝恩典"，英国国王"实心恭顺""诚心""万万年听教训"。在这不足160个字的信里，"大皇帝"一词出现了7次，"恩典"出现3次，"感激"出现2次，"谢"出现2次，还有"敬""求"等。设想一下，长麟在收到这封信时，怎不会满心欢喜地急着送回北京？

感恩书最后署有"此呈系哆吗嘶嗌哝亲手写"，这就是小斯当东了。事实上，马戛尔尼也证实这点。在日志里，他记下长麟在收到感恩信后便询问这"非常工整"（"remarkably neat"）的文字是谁写的，马戛尔尼回答说是出自小斯当东，长麟还不肯相信，一个只有12岁的小孩能进步神速，写出这样的书法来。[1]但很明显，小斯当东只是负责抄写，翻译的工作不可能由他完成。那么，谢恩书是由谁翻译的？这是关键的问题，但答案也不难找到。当时使团还在路上，随行懂中文的只有译员李自标一人，除他以外，也没有什么人能把信件译成中文，尤其是这份《谢恩书》是在前后三天内完成的。事实上，李自标后来在写给那不勒斯中华书院的一封信里，便特别提到这封信，也说到长麟很满意这封谢恩信，马上送往北京。[2]耐人寻味的是：为什么李自标会对马戛尔尼的原

1 Macartney, *An Embassy to China*, p. 187.
2 Jacobus Ly, Macao, 20 February 1794, APF SOCP, b. 68, f. 616v.

信做出这么严重的改写？

　　在上面的各篇里，我们看过李自标所参与翻译的英国国王国书和礼品清单，当中不但没有这种卑躬屈膝的态度，而且更能够准确地传递英国是世界强国，与中国地位平等的讯息；此外，在其他事件的表现上，李自标也让英国人很满意，得到充分信任和赞赏。但是，在使团快要离开北京的时候，他在送呈马戛尔尼给和珅信函的过程中，私自以使团名义提出传教的要求，这不是一位忠诚译员的合格表现。最严重的是，如《敕谕篇》所分析的，他在翻译马戛尔尼在杭州附近写给和珅，回应乾隆敕谕的信函时，很可能删去了当中说到译文不准确，希望退还给和珅审视的部分，更不要说在使团访华后期他对马戛尔尼有所不满，而跟中国官员发展了良好和密切关系。在这样的背景下，我们便较容易明白为什么在使团访华的尾声会突然出现一份恭顺谦卑、意义扭曲的译文。李自标不一定是因为在回国后重建了作为中国人的身份认同，因而站在朝廷的角度去翻译，但中国式表述出现在他的翻译中，却是很自然的。他甚至可能认为这样翻译对使团和清朝双方都有利。毕竟，长麟与马戛尔尼的谈话也是由李自标翻译的，他很清楚地知道长麟的期望。为了满足长麟的要求，他就用上"中国的风格"来写一封谢恩信，这是很有可能的。其实，对比过马戛尔尼的原信和这份感恩书以后，我们甚至可以说李自标根本不是在翻译，他只是直截了当地撰写一封感恩信，交与长麟上奏朝廷。

　　但无论如何，长麟送到北京去的就是这封感恩书，我们无法从据称集齐相关现存清宫档案的《汇编》中见到长麟怎样汇报，也不知道乾隆有什么反应。《汇编》中收有一份乾隆五十八年十二月二十四日（1794 年 1 月 25 日）的奏片，将长麟所奏英国使臣

495

"呈词"交索德超等人阅看。[1] 但这看来并不是马戛尔尼在 1793 年 11 月 23 日交给长麟的所谓《谢恩书》，因为尽管马戛尔尼的短笺的确附有拉丁译文，[2] 但从内容上与军机处奏片不符，奏片特别提到"以英吉利国远来进贡，或因现与佛兰西人打仗吃亏，希冀天朝救助"，并引述索德超、罗广祥等人的回答，"我等赴京当差，离国日久，佛兰西与英吉利人因何打仗，我实不知详细"，[3] 可见这其实跟马戛尔尼写给长麟的短笺无关，现存档案中见不到有关这封短笺，尤其是小斯当东手写中文译本的任何说法。

不过，《汇编》还收有另一封出自小斯当东手笔的信。

三

乾隆六十年十二月二日（1796 年 1 月 11 日），也就是使团离开广州整整两年后，广东巡抚兼署理两广总督朱珪及粤海关监督舒玺呈奏，报告收到行商蔡世文等人传来东印度公司大班波郎的讯息：由于两年前英国国王派遣"贡使"过来，得到厚待和赐赏礼品，于是"备具表文土物呈准"，"以表惆忱"。[4]

英国政府这次送信和礼品到中国，毫无疑问是马戛尔尼使团访华的后续，他们在 1795 年 6 月就把信件和礼物准备好，这距离

---

1 《奏为将长麟奏到英使臣呈词给索德超等阅看片》，《英使马戛尔尼访华档案史料汇编》，第 203 页。

2 Latin translation，"Note to Changtagin, Viceroy of Canton dated 23 November 1793," IOR/G/12/92, pp. 423–425.

3 《奏为将长麟奏到英使臣呈词给索德超等阅看片》，《英使马戛尔尼访华档案史料汇编》，第 203 页。

4 《兵部尚书兼署两广总督朱珪等奏为英国呈进表贡请旨折》，同上，第 493 页。

马戛尔尼等回到英国的 1794 年 9 月 6 日才九个月左右。[1] 根据东印度公司档案资料，1795 年 12 月 28 日，公司船只"塞伦塞斯特"号（the *Cirencester*）把一个箱子带到广州，里面装有五个小盒，分别放有五封信：英国国王致中国皇帝，邓达斯、马戛尔尼、斯当东三人分别致两广总督长麟，以及公司主席致粤海关监督的信。[2] 今天，这几封信函的英文版及其中两封的拉丁文译本都是可以在东印度公司档案中见到的；[3] 而朱珪在奏折中说有"夷字正副表二件，伊国自书汉字副表一件"，[4] 其实都只是第一封英国国王致中国皇帝信件的原文和译文，没有提及其余的四封信。

在这几封信中，最重要的当然是英国国王给乾隆的一封，因为它可以被视为英国对乾隆两道致英国国王敕谕的官方回应，更不要说朱珪没有接收其余的四封信，英国人把它们原封带回。上文分析过乾隆的敕谕充满天朝话语，尤其是第二道拒绝使团所有要求的敕谕，更是言辞严厉，态度坚决；不过，这些很可能有损英国人自尊的话语全被英译本所消解，马戛尔尼送回去的重写过的版本缔造了两国友好平等的国际关系。乔治三世 1795 年 6 月 20

1　Staunton, *An Authentic Account of an Embassy*, vol. 2, p. 267.

2　Consultation, 28 December 1795, IOR/G/12/110, pp. 101 – 102.

3　"English Copy of His Majesty's Letter to the Emperor of China dated 20ᵗʰ June 1795," IOR/G/12/93B, pp. 327 – 330; "Latin Copy of Ditto," ibid., pp. 337 – 341; "English Copy of Mr. Dundas's Letter to the Viceroy of Canton, dated June 1795," ibid., pp. 345 – 348; "Latin Copy of Ditto," ibid., pp. 349 – 352; "English Copy of Lord Macartney's Letter to the Viceroy of Canton dated June 1795," ibid., pp. 353 – 355; "Latin Translation of Ditto," ibid., pp. 357 – 359; "Copy of A Letter from the Chairman to the Viceroy of Canton dated 30ᵗʰ June 1795," ibid., pp. 369 – 372; "Copy of A Letter from the Chairman to the Hoppo of Canton dated 30ᵗʰ June 1795," ibid., pp. 373 – 374.

4　《兵部尚书兼署两广总督朱珪等奏为英国呈进表贡请旨折》，《英使马戛尔尼访华档案史料汇编》，第 493 页。

日的信，就是延续着这种由马戛尔尼使团建立的"友谊"而写成
的。信件的第二句便直接谈到乾隆的敕谕，指出敕谕所表现对他
们的关怀，让他们很满意，又强调很高兴知道作为友谊的象征而
派遣的使团和带备的礼物，得到乾隆的认可。比较有趣的地方是
乾隆所回赠使团的礼品，乔治三世说这代表中国的美意，英国人
欣然接受，就像使团的礼品得到接受一样，但又马上笔锋一转，
说到其实两个帝国（"two respective empires"）都能为自己提供
大部分有用和必需的物品。这颇有点针锋相对的味道，回应乾隆
第一道敕谕天朝"种种贵重之物，梯航毕集，无所不有"，"从不
贵奇巧，并无更需尔国制办物件"，[1] 以及第二道敕谕"天朝物产
丰盈，无所不有，原不借外夷货物以通有无"的说法。[2] 整体而
言，乔治三世在 1795 年这封信中强烈地展现一种对等交往的关
系，更刻意打破任何天朝高高在上的思想，最为明显的是这样的
一句：

> 最可贵的是现在我们友好的感情已为双方知悉，这正好
> 确认：不管相隔多么遥远的国家君主，如要让国民享受和平
> 幸福的生活，便应该在友谊和相互便利下团结起来。[3]

在收到这些信件后，波郎马上通过行商蔡世文及潘有度，安排与
广州官员见面，但最初的阶段并不顺利，一方面是英国政府送来

---

1 《大清皇帝给英吉利国王敕谕》，《英使马戛尔尼访华档案史料汇编》，第
166 页。

2 《大清皇帝为开口贸易事给英国王的敕谕》，同上，第 172 页。

3 "English Copy of His Majesty's Letter to the Emperor of China dated 20th June
1795," IOR/G/12/93B, p. 328.

的部分礼品没有找到，耽误了一些时间，朱珪等官员明言要集齐所有礼品才可以向北京报告，甚至要知道礼品都安然无恙才肯与波郎见面，接收书信。幸好他们终于在 1 月 8 日把所有礼品集齐，[1] 波郎可以正式递送信件和礼品。另一方面，朱珪等官员要求必须知道英国国王来函的内容，才肯接收信件并转呈北京。这让波郎等感到很为难，因为他们并没有收到副本，根本不知道信件的内容，也不可能私自开启国王给乾隆的信件；更不愿意把信件交与一些较低级的中国官员，因为他们得到的指令是必须与总督见面，把信件直接交到他手上。[2] 双方僵持不下，直至波郎很明确地告诉中方，他们没有这封信的副本，也没有译文，不过肯定这封信主要是表示感谢和恭维（complimentary），不会引起什么麻烦的。对于这样的回答，官员们基本上是满意的，但又提出另一个问题，尽管信件是向大皇帝表达谢意，但担心在表述上不符合中国的模式，会惹他生气。[3] 这里可以见到中国官员在处理这些问题时十分谨慎，几乎可以说是步步为营。当我们在前面见过乾隆在礼品清单中读到"钦差"时的反应，便会明白表述方式的确是关键所在。不过，他们的争持也不能再拖延下去，因为乾隆早已宣布会禅位给嘉庆（爱新觉罗·颙琰，1760—1820；1796—1820 在位），英国人送来的信函和礼品必须赶在他禅位前奏呈。结果，波郎和特选委员会成员皮奇（Samuel Peach）在 1796 年 1 月 8 日（乾隆六十年十一月二十九日）下午 4 时赶到广州城内朱珪的官邸呈交信函，到晚上 7 时才回到商馆。[4]

---

1 Consultation, 8 January 1796, IOR/G/12/110, p. 125.

2 Consultation, 6 January 1796, IOR/G/12/110, p. 114.

3 Ibid., p. 113.

4 Consultation, 8 January 1796, IOR/G/12/110, p. 126.

对于朱珪在 1 月 8 日的接见，波郎是很满意的，"那种盛大的场面远超过他们所能想象"，他们进场时还得到鸣炮三响，以示欢迎。波郎拿着英国国王的信，而其他信件则由皮奇带过来。根据东印度公司当天的日志，波郎拿出英国国王的信后，朱珪马上取出译文，以颇为粗率的方式撕开封印，读完后才拿出英文原信，要求波郎把它打开，波郎不同意，朱珪指示潘有度拆信，但由于没有通事在场，他们只能把英文原信放在桌上，没有人做解说。这时候，波郎表示还有其他信件，三封是写给总督的，一封写给粤海关监督。但朱珪不肯接受，因为信件是写给原来的总督长麟的，现在粤海关监督也换了人，他们不能代为接收。最后，波郎只好取回那四封信。就是由于这个缘故，朱珪等所呈奏的便只有以英国国王名义送来的一封信，连送给总督的礼物也没有收下。[1]朱珪后来在奏折中也提及这点，"告以长大人、苏大人俱已调任别省，礼物难以转寄"，又说"天朝大臣官员例不与外国夷官交际"，因此，即使长麟在广州也不会接收礼物。[2]

不过，今天在清宫档案中可以见到两份中文的"副表"，一篇是《英多马斯当东手书汉字副本》，[3]另一篇是《译出英吉利国字副表》。[4]为什么会这样？朱珪在奏折中解释：

> 臣等公同阅验其汉字副表，虽系中华字书，而文理舛错，难以句读，随令通晓该国字书之通事将夷字副本与汉字表核

---

1 Consultation, 8 January 1796, IOR/G/12/110, pp. 128 - 129.
2 《署理两广总督巡抚朱珪奏报英人送总督及监督礼物及拒收情形片》，《英使马戛尔尼访华档案史料汇编》，第 234 页。
3 《英多马斯当东手书汉字副本》，同上，第 230—232 页。
4 《译出英吉利国字副表》，同上，第 232—234 页。

对，另行译出。[1]

对于这次重译英国国王信件的过程，东印度公司档案也有记录。在交出信件后，波郎和皮奇被接到另一个房间，稍事休息及享用点心，十分钟左右后，这些官员向二人表示大抵满意英国国王的信函，认为可以呈送乾隆，但译文的表述有不甚精准的地方，意义有点含糊，所以他们会重新翻译英文原信，再跟送来的中译本仔细对照，如果内容重合，便会尽快送到北京，但礼品则先留在广州，听候乾隆的指示，因为假如信函与礼品一起运往北京，就会耽误信件到达的日期，尤其害怕过了乾隆禅位的日子。[2] 跟着，潘有度在第二天（1 月 9 日）向东印度公司汇报，两广总督已找人译出英国国王来信，并对照过小斯当东的译本，认为尚算准确，会在 1 月 10 日把原信和译本送到北京去。[3]

平心而论，朱珪说《英多马斯当东手书汉字副本》"虽系中华字书，而文理舛错，难以句读"，已是比较客气委婉的说法。严格来说，译文几乎是没法读懂的。即以信件开首为例：

咤唻士哷叽士吗吟你吥丹爷国又唎呋哂噫国熙吧呢噫国
国王恭　敬
大清乾隆皇帝万岁万万岁

1《兵部尚书兼署两广总督朱珪等奏为英国呈进表贡请旨折》，同上，第493 页。

2 Consultation, 8 January 1796, IOR/G/12/110, p. 129.

3 Consultation, 9 January 1796, IOR/G/12/110, p. 131。根据东印度公司的记录，朱珪在 1 月 10 日清早便把信函送出。Consultation, 10 January 1796, IOR/G/12/110, p. 131。但朱珪奏折的日期是乾隆六十年十二月二日，即 1796 年 1 月 11 日，比东印度公司所寄的日期晚了一天。

王亲宰相喝咖啰吥因来了从

大皇上面前到我们京里我们受了从他

大皇上的书子及狠喜欢认得

中国万岁好心亲爱与

　　噢咭唎亚国国王我们也喜欢知道所我们发的钦差礼物为

大皇上中意这一总我们发了如我们爱心及同你们要相连记号

　　我们也狠多谢

大皇帝恩典为我们钦差及随钦差的官[1]

此外，还有"虽然你们及我们的国每一个出每一个用的"，"大皇帝不能给我们更好他好心的记号比多暂定了有义及恩惠"等，可以说几乎每一句都佶屈聱牙，难以卒读。毫无疑问，这是现在所能见到从英国送来与使团相关的中文文书中在行文上最糟糕的一份。

　　由于这样别扭的行文，原来信函那种要求对等交往的态度便不一定能展示出来。例如"我们爱心及同你们要相连记"，"但所更贵是所我们知道我们的相爱必定，一总国国皇或国王所喜欢，他们国平安，该当彼此相爱"等，当中确实包含两国平等、相互敬重友好的意思，但读下来却完全没有力量，更不要说达到抗衡的效果了。因此，尽管译本中多番出现乾隆最不喜欢的"钦差"，但夹杂在佶屈古怪的行文中，似乎就不是什么严重的问题了。

　　但为什么小斯当东这份"手写汉字副本"会这样难以卒读？

---

1 《英多马斯当东手书汉字副表》，《英使马戛尔尼访华档案史料汇编》，第230—231 页。

这其实反映了小斯当东当时的中文水平。[1] 在这之前，小斯当东参
与准备的中文文书，包括注明"系吪多吗嘶啯哝亲手写"的，[2] 其
实都不是小斯当东翻译的，他只负责抄写，翻译工作由其他译员
完成。应该说，小斯当东是胜任抄写的工作的，即使不懂中文的
斯当东也说过小斯当东写中文比写英文更为整齐，[3] 就连长麟也称
赞过他写字很工整，[4] 但显然只限于抄写，与自己独立做翻译很
不同。然而，这封从伦敦发出的英国国王信件却是由小斯当东
自己翻译的，证据是他在 1796 年 8 月 15 日写给父亲斯当东
的信：

> 我很高兴听到由我翻译成中文给中国皇帝的信是成功的。
> 我有点害怕中英文用法上的不同会造成一些我自己都不知道
> 的错误。[5]

不知道斯当东是从哪里听来小斯当东译文很成功的消息，但从上
面的讨论可以看出，因为中英文的差异，小斯当东的确犯了不少
表述上的错误，正如小斯当东自己所说，这是他当时的汉语水平

---

1 何新华说："小斯当东当时已算是英国顶级的汉语人才，为英国政府在对
华交往时所倚重。"何新华：《清代朝贡文书研究》，广州：中山大学出版社，
2016 年，第 638 页。这说法言过其实。尽管当时英国的确没有什么汉语人才，但
小斯当东当时还只是一名不足 15 岁的小孩，不可能为英国政府所倚重。小斯当
东这次翻译英国国王的信，只是出于父亲斯当东的安排。

2《英使马戛尔尼谢恩书》，《掌故丛编》，第 23 页。

3 George Thomas Staunton to George Staunton, Hindostan off Ashern Head, Sumatra, 22 October 1799, Staunton Papers, Duke University.

4 Macartney, *An Embassy to China*, p. 187.

5 George Thomas Staunton to George Staunton, Winterslow, 15 August 1796, Staunton Papers, Duke University.

所不能分辨的。这说明他没有独立进行中文笔译的能力。那么，一个值得探究的问题是：究竟小斯当东在伦敦翻译国王信件时，身边有没有懂中文的人可以帮忙？

我们知道，当使团离开中国返程时，斯当东曾带 22 岁的潘路加和 20 岁的严甘霖同行，他们都是准备到那不勒斯中华书院学习的。作为对使团译员李自标服务的回报，斯当东答应由使团支付他们从广州到伦敦的费用，但从伦敦到意大利的费用则须由那不勒斯中华书院负责。[1] 按常理推想，在回程的旅途上，斯当东会让潘路加和严甘霖教授小斯当东中文，虽然我们完全不知道这二人的中文水平如何，也没有确切的资料证明他们曾教过小斯当东。但无论如何，潘路加和严甘霖是在 1795 年 7 月 23 日抵达那不勒斯的；[2] 换言之，他们最晚是在五六月间便离开伦敦，启程前往意大利。这样，当小斯当东在 1795 年 6 月下旬翻译英国国王信件的中译本时，潘路加和严甘霖应该已经不在伦敦，不可能提供任何帮助。

另一方面，我们可以确定当时还有一些别的中国人跟随斯当东到英国去。使团总管巴罗在 1810 年对小斯当东在广州翻译的《大清律例》撰写评论时，记述小斯当东带了"几名中国仆人"（"several Chinese attendants"）一起回国。[3] 巴罗以外，当小斯当东在 1859 年去世后，由德格雷暨里邦伯爵（The Earl de Grey and Ripon）乔治·罗宾逊（George Frederick Samuel Robinson，1827—

---

1 Giambattista Marchini, Macao, 2 March 1794, APF SOCP, b. 68, f. 636; Naples, 2 February 1795, SC Collegi Vari, vol. 12, f. 154r.

2 Fatica, *Archivio Storico del Collegio dei cinesi*, pp. 4 – 5.

3 "*Ta Tsing Leu Lee; Being the Fundamental Laws, and a Selection from the Supplementary Statues of the Penal Code of China*," *The Quarterly Review* no. 3（May 1810），p. 277.

1909）在伦敦皇家地理学会（the Royal Geographical Society of London）1860 年的年会上所宣读的讣文中，说到在马戛尔尼使团"离开中国时，斯当东爵士雇用了一名中国仆人陪同他回去伦敦，好让儿子能够时常以中文跟仆人沟通，从而保持甚至提高他的汉语能力"。[1] 无论是巴罗还是罗宾逊，他们所指的都不是与使团同行，要往意大利学道的潘路加和严甘霖，而是另外专门受聘去英国的中国人。这样看来，不管是几名还是一名，小斯当东回到英国后，可能一直有中国人教他中文，也就是说，在小斯当东翻译英国国王的信函时，他身边可能有一个甚至几个中国人。

今天，伦敦大学亚非学院藏有一幅由约翰·霍普纳（John Hoppner，1758—1810）在 1794 年所绘的油画，[2] 题为《斯当东夫人与其子小斯当东及一名中国人》，就是小斯当东回国后与母亲见面的场景，站在小斯当东背后的是一名年轻的中国人。这名中国人身穿中国服饰，看起来不足 20 岁，还拿着一个茶叶盒，上面写了几行中文字："冬日偶书仙索翠力。"[3] "仙索翠力"应该是斯当东夫人娘家的所在地 Salisbury（今天一般译作"索尔兹伯里"）

---

[1] "Address to the Royal Geographical Society of London: Delivered at the Anniversary Meeting on 28th May 1860, by the Earl de Grey and Ripon, President: Obituary," *Proceedings of the Royal Geographical Society of London* 4, no. 4 (1859 - 1860), p. 141.

[2] 有关约翰·霍普纳，可参见 John Human Wilson, "The Life and Work of John Hoppner (1758 - 1810)" (Unpublished PhD dissertation, Courtauld Institute of Art, University of London, 1992)。

[3] "Lady Staunton with her son George Thomas Staunton and a Chinese Servant," https://digital. soas. ac. uk/LOAA005707/00001, accessed 3 April 2020。根据亚非学院网站的介绍，这幅油画是由香港上海汇丰银行所捐赠的。另外，负责拍卖该油画的苏富比（Sotheby's）有关于该油画的介绍，见 https://www. sothebys. com/en/buy/auction/2020/old-master-paintings/john-hoppner-r-a-portrait-of-lady-jane-staunton-d。亦可参见 Harrison, *The Perils of Interpreting*, pp. 155 - 157。

的译名，看来就是斯当东的中国仆人自创的翻译；而且，尽管这只是一幅由英国人所绘的油画，但还是可以看出这几个中文字的书法很不错，颇为雄浑有力。

不过，跟随斯当东到英国去的中国仆人是否就只有这幅油画里的一人？上引巴罗和乔治·罗宾逊的说法并不一样。从常理看，巴罗是使团中人，且与斯当东一家关系密切，他的说法是较可信的。不过，尽管我们可以确定乔治·罗宾逊是错的，但也没有足够资料来证明巴罗的说法。从现在所见到的史料看，可以肯定的是当时有两名中国人跟随使团到英国，充当斯当东的仆人，主要的任务是教导小斯当东学习中文。通过斯当东父子的通信，以及东印度公司的档案，我们知道他们的名字叫 Assing 和 Ahiue，但无法确定他们的中文名字。事实上，我们甚至无法确定霍普纳油画中的中国仆人究竟是否是 Assing 和 Ahiue——除非我们确定茶箱上的中文字是画中人所写。[1]

关于小斯当东这两名中国仆人的资料很少。[2] 沈艾娣猜想 Assing 很可能就是后来在广州出事被捕，最终被发判充军的吴亚

---

1 亚非学院网站提出油画中的中国仆人是 Ahiue，信息来源是沈艾娣。https://digital.soas.ac.uk/LOAA005707/00001/citation，accessed 3 April 2020。

2 由于这缘故，学术界的关注很少，而且，过去只有有关 Ahiue 非常简单的讨论，从没有人提及过 Assing。例如专门讨论 17—18 世纪到过英国人的华人的一篇文章，表面看来有一节讨论小斯当东的中国仆人和容三德，但实际上几乎全部篇幅都只写容三德，有关小斯当东中国仆人只有一段讨论，只分析了油画"斯当东夫人与其子小斯当东及一名中国人"。Kitson，"'The Kindness of my Friends in England'，" p. 64。高马可的《广州岁月》里也有一句提及他。Carroll, *Canton Days*, p. 66。另外，在这些研究里，小斯当东这名中国仆人的名字都给写成 Ahui。不过，从小斯当东几封信的手稿中可以看到，他的名字其实是写成 Ahiue 的。至于另一位中国仆人，就笔者所见，唯一讨论过的学者是沈艾娣。Harrison, *The Perils of Interpreting*, p. 142。

成。[1] 根据当时审讯时的判词，吴亚成又名"吴士成"，祖籍香山，1773年出生，嘉庆三年九月（1798 年 10 月）开始受雇于东印度公司大班"哈"（Richard Hall）、"得剌们"（多林文，James Drummond，1767—1851）为帮工，1810 年 5 月被捕下狱，[2] 虽经小斯当东和其他东印度公司广州成员出面营救和帮忙，但最终还是以"交结外国互相买卖借贷诓骗财物"的罪名，发往伊犁，且更因为"屡次违例私受夷人雇用帮工情罪较重"，需先行枷号三个月示众。[3] 1811 年 7 月 25 日，吴士成还写信给当时的大班益花臣请求帮忙，负担发判期间的开支，[4] 而益花臣后来为此支付 3 000 元，另加 1 000 元给他的家人，[5] 可见他跟东印度公司的关系确是非比寻常。不过，现在所能见到的资料中从没有提及吴亚成曾去过英国居住和生活的记录；另外，在一封由他署名的信函中，其笔迹与霍普纳油画的汉字书法也很不相同，不应是出于同一人。[6] 但无论如何，这位 Assing 在英国的时间也不算长，因为东印度公司董事局 1796 年 7 月 6 日会议记录中记有斯当东提出申请，让一名中国仆人乘坐"皇家夏洛特"号（the *Royal Charlotte*）回中国，费

---

1 沈艾娣明确地说这是出于"环境"（circumstantial）证据的推想，因为二人的经历很吻合，而小斯当东后来与吴亚成有非常密切的关系。不过，她也承认 Assing 这个名字很普通，跟随斯当东去英国的可能另有其人。Harrison, *The Perils of Interpreting*, p. 299, n. 3。

2 "Sewn Bundle of Copies of Chinese Official Documents about the Ashing Case," FO 1048/11/87.

3 Ibid.

4 "Ashing to Select Committee, Appealing for Assistance with His Journey Expenses To Ili," FO 1048/11/53.

5 "Elphinstone to Goqua," FO 1048/11/66.

6 同上。不过，令人感到怀疑的是这封信写得很讲究，甚至给人一种咬文嚼字的感觉，书法也十分工整秀丽，完全不像是在狱中很困难的境地下写成的，不能确定是否由别人代书。

用由斯当东自己支付。[1] 虽然这个记录没有注明这名中国仆人的名字，但他只能是 Assing，因为另一位中国仆人一直留在英国，1799 年才回国。这样，Assing 大概在英国住了只有两年，这看来是他们原来协议商定的安排，因为我们确实知道另一名中国仆人原来的计划就是在英国住两年，[2] 只是他后来继续留下了。不过，Assing 在英国的表现看来并不理想。小斯当东在 1800 年再到广州后，曾经在三封信里告诉父母自己聘请了 Assing 为仆人，并解释其中原因，当中都提及在英国的时候他们不满意 Assing 的表现。[3] 但在第一封信里，小斯当东便告诉父母，Assing 在广州得到很好的评价。[4] 在另外的信中，小斯当东又说 Assing 比其他中国仆人好得多，优点是诚实可靠，不会有偷窃等行为，而且还得到"买办"（这指的应该是行商首领）的信任和推荐。小斯当东还特别说明，得到买办推荐的仆人确实是很忠诚的，中国商人甚至毫无顾虑地把锁有 50 000 元的铁柜锁匙交给仆人，也从来没有出现问题。不过，最关键的是这位 Assing 具有阅读和书写中文的能力，所以把他聘为高级仆人（head servant）。[5] 这三封信最早的落款日期是 1800 年 1 月 25 日，可见小斯当东刚到广州便几乎马上聘用 Assing，因为他是在 1800 年 1 月 12 日才在澳

---

1 "Court Minutes, 13 April – 23 September 1796," IOR/B/123, p. 375.

2 George Thomas Staunton to George Staunton, Canton, 27 March 1800, Staunton Papers, Duke University.

3 George Thomas Staunton to Parents, Canton, 25 January 1800；George Thomas Staunton to George Staunton, Canton, 27 March 1800；George Thomas Staunton to Jane Staunton, Canton, 7 May 1801, Staunton Papers, Duke University.

4 George Thomas Staunton to Parents, Canton, 25 January 1800, Staunton Papers, Duke University.

5 George Thomas Staunton to Jane Staunton, Canton, 7 May 1801, Staunton Papers, Duke University.

门登岸；而第三封信写于 1801 年 5 月 7 日，可见至少在这一年半里，小斯当东一直在聘用 Assing 为仆人。不过，这三封信就是我们现在能见到小斯当东直接谈论 Assing 的全部材料，他究竟为小斯当东做了什么事？怎样帮助小斯当东？这方面的资料都是空白的。不过，斯当东在 1794 年把 Assing 带到英国去，相信就是因为他具有读写中文的能力，可以教导小斯当东读写中文。

　　至于 Ahiue，这个名字第一次出现是在 1796 年 8 月 5 日小斯当东的一封信里，离使团返抵英国大约两年。这年夏天，小斯当东去了索尔兹伯里的威尔特郡（Wiltshire）温特斯洛（Winterslow），住在姨丈彼得·布罗迪（Peter Brodie, 1742—1804）家里。[1] 彼得·布罗迪是温特斯洛的牧师，夫人莎拉·柯林斯（Sarah Collins, 1754—1847）是斯当东夫人珍·柯林斯（Jane Collins, 1753—1823）的妹妹。在小住的几个月期间，小斯当东写信给伦敦的父母，报告生活状况。在 8 月 5 日的信里可以见到，Ahiue 似乎颇为适应英国的生活，因为小斯当东告诉他父母，Ahiue 来到索尔兹伯里，说那是一个很清洁宁静的小镇，而且他很喜欢温特斯洛，小斯当东相信离开时 Assing 肯定会很不开心。[2] 从这封信看，Ahiue 好像是第一次到索尔兹伯里。这样看来，霍普纳油画中拿着写上"冬日偶书仙索翠力"茶盒的便不会是 Ahiue。接着，在 10 月中的另一封信里，小斯当东告诉父母，Ahiue 做了一只很大的风筝，送给小斯当东的表兄威廉·布罗迪（William Brodie, 1780—

---

1 Staunton, *Memoirs of the Chief Incidents*, p. 18.

2 George Thomas Staunton to Parents, Winterslow, 5 August 1796, Staunton Papers, Duke University.

1863），风筝飞得很高，逗得他们很开心。[1] 此外，在同年 11 月他还跟小斯当东去过布莱顿（Brighton），[2] 翌年 11 月又去过一次温特斯洛。[3] 1797 年以后，Ahiue 这个名字再次出现，已是在 1799 年小斯当东从英国去广州的航程途中写给父母的信里。由此可见，Ahiue 一直住在英国，直至 1799 年才跟随小斯当东一起离开。从小斯当东 1799 年 6 月 21 日在海上发出的第一封信，到 1800 年 1 月 12 日在澳门登岸前的最后一封信，Ahiue 的名字共在三封信里出现四次，其中三次都只是说 Ahiue 在船上的表现很好：

> 一直以来，Ahiue 表现得很好，虽然我自己能轻易处理的，便没有要他做什么。（1799 年 6 月 21 日）[4]
>
> 我忘了说 Ahiue。自从登船后，他整体表现得很好，他实际上没有什么要为我做的，但由于没有其他工作，他很乐意去完成所有要他做的事。（1799 年 7 月 28 日）[5]
>
> 我也说几句关于 Ahiue 的。虽然不可能教导他像一些英国仆人一样的关心和周到，但整体来说，他的表现还是很好的，对我也很有帮助。至于像剪发及其他的小服务，我就请

1 George Thomas Staunton to George Staunton, Winterslow, 17 October 1796, Staunton Papers, Duke University。威廉·布罗迪是彼得·布罗迪的第二个儿子，比小斯当东年长不足一岁。

2 George Thomas Staunton to George Staunton, Brighton, 16 November 1796, Staunton Papers, Duke University.

3 George Thomas Staunton to George Staunton, Salisbury, 11 November 1797, Staunton Papers, Duke University.

4 George Thomas Staunton to George Staunton, At sea, 21 June 1799, Staunton Papers, Duke University.

5 George Thomas Staunton to George Staunton, At sea, 28 July 1799, Staunton Papers, Duke University.

米列特船长〔Captain Millett〕的仆人做了。（1799 年 11 月
1 日）[1]

不过，让人感到疑惑的是，尽管小斯当东几乎在每一封写给
父母的信中都说到自己要加紧提升中文的能力，好能在东印度公
司发挥所长，但上面三处谈到 Ahiue 的地方都没有联系到他学习
中文的方面，Ahiue 所做的只是一些琐碎杂事，是名副其实的仆人
的工作，尤其是小斯当东还把他跟一般的英国仆人作比较，又说
那些他做不来的事情就请船长的仆人帮忙，完全没有提及他能怎
样帮助自己学习中文。对比小斯当东在跟随使团来华航程中的日
记，经常记下跟柯宗孝和李自标上课的情况，这次明显很不一样。
那么，在学习中文的问题上，是否 Ahiue 帮不上忙？这是不合理
的，因为斯当东在使团离开中国时把 Ahiue 带到英国，目的就是
要帮助小斯当东学习中文。

首先，可以确定 Ahiue 是不会读写中文的文盲。上文刚提过，
小斯当东在广州聘了 Assing 做高级仆人，为什么不聘用在英国跟
他更长时间的 Ahiue？其实，小斯当东在广州也聘了 Ahiue，但只
是做一般的仆人，不是高级仆人。为什么这样？小斯当东向父母
解释说，他聘用高级仆人的首要条件是能够"书写或阅读他自己
语言的文字"（"to write or read the characters of his own
language"），Ahiue 没有这样的能力。[2] 不过，Ahiue 也能在口语
方面提升小斯当东的能力。小斯当东在一封写于 1799 年 7 月 28

---

1 George Thomas Staunton to George Staunton, Prince of Wales's Island, 1
November 1799, Staunton Papers, Duke University.

2 George Thomas Staunton to Jane Staunton, Canton, 7 May 1801, Staunton
Papers, Duke University.

日海上旅程的信里这样说：

> 我每天听到的都让我深信，认真地去学习中文是正确和重要的，我已决定每天把主要的时间放在阅读、书写和翻译这种语言上。我很相信这样可以让我的汉语水平在这次旅途中有相当的进步，尽管仍然会是很不完美的。我跟 Ahiue 只说汉语，也只准他用汉语来跟我说话。不过，我也不能确定这方法一定可以让我的汉语有很大的进步。事实上，即使我掌握他全部的汉语能力，也不怎么能够让我与中国官员准确地谈话和翻译。[1]

不能否认，小斯当东这里的说法有点负面，好像 Ahiue 不怎么能够帮忙，但至少确认他在这阶段是通过与 Ahiue 交谈来尝试提升汉语口语能力的。

事实上，就像 Assing 一样，小斯当东在广州工作时继续聘请 Ahiue 为仆人，原因就在于 Ahiue 的官话说得很好，小斯当东说"他官话的口音比我可能遇到的任何人都好"（"spoke the Mandarin language with a better accent than any I was likely to meet with"）。就是这样，Ahiue 在广州继续为小斯当东工作，每月工资六元，[2] 还被认为是整个东印度公司广州商馆内最好的仆人（under-servant）。[3] 更重要的是：在小斯当东接到父亲去世的消息，

1 George Thomas Staunton to George Staunton, At sea, 28 July 1799, Staunton Papers, Duke University.

2 George Thomas Staunton to George Staunton, Canton, 27 March 1800, Staunton Papers, Duke University.

3 George Thomas Staunton to Jane Staunton, Canton, 7 May 1801, Staunton Papers, Duke University.

匆忙赶回英国时，也曾想过把 Ahiue 带回去，只是 Ahiue 不太愿意，加上母亲对 Ahiue 从前的行为不满，小斯当东打消这念头，在离开前把他辞了。[1] 但由此可见，对小斯当东来说，Ahiue 是重要的，而从使团在 1794 年 1 月离开中国算起，到小斯当东在 1801年 10 月写信向母亲报告时，Ahiue 前后为小斯当东工作长达七年半。

在这种情形下，当小斯当东 1795 年在伦敦翻译英国国王的书函时，Assing 和 Ahiue 也在他身边，Ahiue 不能帮忙，这是可以理解的，但 Assing 呢？上文引用小斯当东的说法，可以见到他对自己的翻译没有信心，害怕出错，为什么具有读写中文能力的 Assing 不能帮忙？即使他当时刚到英国不久，不一定能够把英文译成中文，但在中文书面上修饰文字应该是可能的。不过，今天所见乔治三世信函的译文佶屈聱牙、晦涩难懂，出现诸多严重的表述问题，这是小斯当东独立翻译的结果，只是我们实在不明白，为什么原来聘请到英国教导小斯当东阅读和书写中文的 Assing 竟不能协助修饰。

但无论如何，小斯当东这份译文在乾隆六十年十二月二十四日（1796 年 2 月 2 日）送到乾隆手上。很难想象乾隆是怎样读懂这篇由他曾经交谈并赞赏过的外国小孩所完成的译文，大概得要借助朱珪在广州另找通事翻译出来的译本吧。这篇经由中国通事改写的译文，毫无疑问就是一道恭顺臣伏、感激万状、"呈天朝大皇帝"的表文，例如在谈到乾隆的两道敕谕时，译文写作"我心中十分感谢"；在谈到使团送呈的礼品时，译文写作"多谢大皇帝

---

1 George Thomas Staunton to Jane Staunton, Macao, 5 October 1801, Staunton Papers, Duke University.

赏脸与贡使及随从人等，因贡使恭顺诚敬进贡，已沾大皇帝恩典"；还有"这是大皇帝最大的天恩""将来或再差使叩见大皇帝，以表远夷的诚心""大皇帝万寿康宁，并谕称我将来年寿仰托大皇帝鸿福均同一样，我心实在欢喜感激"等；而"钦差"则是理所当然地被"贡使"所取替。[1]这样，乔治三世的书函除在行文上符合中国人的要求外，传递的讯息也能够让广东官员以至乾隆感到满意。结果，乾隆在收到书函后，赶着在禅位前几天（乾隆六十年十二月二十五日，1796 年 2 月 3 日）发下敕谕，并赠送礼品；[2]而且，在敕谕和礼品送到广州后，朱珪在 3 月 13 日在总督府以很高的规格交与东印度公司特选委员会主席波郎，[3]大概是因为这个原因，斯当东以为译文很成功吧——他肯定不知道中国官员在广州另找通事译出新的译本。

《背景篇》曾经指出，乾隆这第三道敕谕并不见于《汇编》，却见于《文献丛编》、《高宗纯皇帝实录》和《东华续录》内。现在所见《文献丛编》等收录的第三道敕谕篇幅不长，约 350 字，除开首常见的开场白，交代一下背景（"尔国远隔重洋，上年遣使恭赍表贡，航海祝釐，朕鉴尔国王忱悃，令使臣等瞻觐预宴，锡赉骈蕃，颁发敕谕回国，并赐尔国王文绮珍玩，用示怀柔。兹尔国王复备具表文土物，由夷船寄粤呈准，具见恭顺之诚"）和天朝话语（"天朝抚有万国，琛赆来庭，不贵其物，惟重其诚。已饬

1《译出英吉利国字副表》，《英使马戛尔尼访华档案史料汇编》，第 232—234 页。

2《奏为拟颁英吉利敕谕片》，同上，第 275 页；《奏为拟颁英吉利赏物清单片》，同上。另外，东印度公司广州商会则报告说敕谕所署日期为乾隆六十年十二月二十九日，也就是乾隆退位前的一天，不过，他们并没有直接看过敕谕，只是说获告知而已。Consultation, 21 March 1796, IOR/G/12/110, p. 213。

3 Consultations, 13 March 1796, IOR/G/12/110, p. 207.

谕疆臣将贡物进收，俾伸虔诚"）外，其余整份敕谕都是涉及廓尔喀的问题，这是直接回应英国送来书函的内容的。

乾隆五十三年（1788 年），廓尔喀进击西藏，乾隆派四川提督成德（1728—1804）清剿，中国西藏与廓尔喀议和，取得短暂和平。1791 年，廓尔喀以西藏没有履行和约为借口，再次挥军入袭西藏，乾隆派遣两广总督福康安领军进剿，直逼廓尔喀都城阳布（今加德满都），廓尔喀遣使求和归降，"平定廓尔喀"成为乾隆的"十全武功"之一。在这事件中，英国东印度公司确曾牵涉其间，在廓尔喀第一次入侵时，西藏方面曾向东印度公司求助，印度总督康沃利斯侯爵（Charles Cornwallis，1738—1805）决定不会出兵，只承诺不会协助廓尔喀；但其后又派威廉·柯尔帕特里克（William Kirkpatrick，1754—1812）率领使团访廓尔喀。[1]

关于英国与这场廓尔喀和中国西藏事件的关系，马世嘉已有详尽精彩的讨论，[2] 这里不详述。他也讨论到事件对马戛尔尼使团的影响。事实上，尽管马戛尔尼在出使期间对事件全不知情，但这一事件却很可能对使团造成负面的影响。马戛尔尼在日志中便曾记下使团在还没有到达北京时，接待的中国官员曾问过他在印度的英国军队有没有协助过尼泊尔（廓尔喀）入侵西藏的行动。马戛尔尼只能回答对西藏的情况全不知情，但也强调他个人相信

---

1 关于这场战争，可参见 John W. Killigrew, "Some Aspects of the Sino-Nepalese War of 1792," *Journal of Asian History* 13, no. 1 (1979), pp. 42 – 63; 关于柯尔帕特里克的尼泊尔之行，可参见 William Kirkpatrick, *An Account of the Kingdom of Nepaul: Being the Substance of Observations Made During a Mission to that Country, in the Year 1793* (London：W. Miller, 1811)；另外，英国图书馆藏有他有关尼泊尔的回忆录手稿。"Memoir of Nepal by Captain William Kirkpatrick," 1795, IOR/H/395。

2 Mosca, *From Frontier Policy to Foreign Policy*, pp. 135 – 160.

英国人不会牵涉其中。[1]另外，在写给邓达斯的报告中，他又提到清廷在平定廓尔喀时遇到的反抗比预期更大，伤亡也较重，因而猜想有欧洲人提供协助，而在欧洲人中，只有英国人可能会这样做，[2]以致马戛尔尼后来要找机会向征瑞及和珅婉转地辩解。[3]大概因为这个原因，使团在回国以后，英国国王1795年的来信便特别提及这事，说明马戛尔尼"多咱在中国，没有往来同小西洋，为这个他不能知道或告诉大皇帝"。[4]对于这样的解释，乾隆在敕谕中作出友善的回应，说到知悉英国国王曾"遣使前赴卫藏投禀，有劝令廓尔喀投顺之语"，又说明白"此事在从前贡使起身之后，未及奏明，想未详悉始末"，不过，敕谕还是充斥着天朝话语，说道"尔国王能知大义，恭顺天朝，深堪嘉尚"，并要求"尔国王其益励悃诚，永承恩眷，以副朕绥远敷仁至意"。[5]这就是一直以来人们所见到、翻译和讨论的乾隆给乔治三世第三道敕谕中文本的全部内容。[6]不过，这就是乾隆当时发送敕谕的最终版本吗？这是有疑问的，因为从英国档案找到的资料显示当时收到的敕谕在内容上与《文献丛编》、《高宗纯皇帝实录》和《东华续录》不完全相同。

---

1 Macartney, *An Embassy to China*, p. 86.

2 Macartney to Dundas, near Han-chou-fu, 9 November 1793, IOR/G/12/92, p. 48.

3 Ibid., pp. 50–51.

4 《英多马斯当东手书汉字副表》，《英使马戛尔尼访华档案史料汇编》，第231页。

5 《敕谕》，《文献丛编》上册，第158—159页；《高宗纯皇帝实录》第27册，卷1493，第980—981页；（清）王先谦：《东华续录》，《续修四库全书·史部·编年类》第374册，第368—369页。

6 就笔者所见，把第三道敕谕翻译和公开发表的只有庄延龄。Parker, "From the Emperor of China to King George the Third," pp. 53–55。

　　在小斯当东捐赠给大不列颠及爱尔兰皇家亚洲学会的中文文书档案"小斯当东中文书信及文件"收有一份两页的文书，没有上下款，也没有署明日期。在一段相信是小斯当东捐赠文件时所写的介绍里，这份文书是"皇帝在 1796 年写给国王的信，部分散佚"（"Emperor's letter to the King in 1796 — part missing"）。[1] 这说法是准确的，因为它前半部分约一页多的内容，就跟《文献丛编》等所收乾隆第三道敕谕的内容完全相同，只是缺了开首的 79 个字。[2] 不过，至为重要的是小斯当东所藏的敕谕文本，较诸《文献丛编》等所见的多了一段。就笔者所及，这段文字不见于其他地方：

> 再朕于丙辰践祚，时年二十有五，即默祷
> 上帝，若得御宇六十年，当传位嗣子，今仰邀
> 　昊眷，九旬开秩，纪元周甲，于明年丙辰传位皇太子，改为嘉庆元年，朕称太上皇帝。尔国自丙辰以后，凡有呈进表文等件，应书嘉庆元年号。至朕传位后，军国大政及交涉外藩事件，朕仍训示嗣皇帝所有恩赉怀柔，及尔国人在广东贸易等事一切如旧，特一并谕知，以便尔国得以遵循。钦哉。特谕。[3]

1　"George Thomas Staunton Chinese Letters and Documents," Royal Asiatic Society of Great Britain and Ireland, vol. 1. doc. 16.

2　这 79 个字为"奉天承运皇帝敕谕英吉利国王，知悉尔国远隔重洋，上年遣使赍表贡，航海祝釐，朕鉴尔国王忱悃，令使臣等瞻觐预宴，锡赉骈蕃，颁发敕谕回国，并赐尔国王文绮珍，用示怀柔。兹尔国王复备具"，《敕谕》，《文献丛编》上册，第 158—159 页。

3　"George Thomas Staunton Chinese Letters and Documents," Royal Asiatic Society of Great Britain and Ireland, vol. 1, doc. 16.

这后半部分很有意思，乾隆告诉乔治三世自己禅位与嘉庆的安排，并解说其中原因：他 25 岁登位时，曾庄严承诺，如上天许他在位 60 年，就会传位嗣子，现在他已经八十多岁，所以马上禅位与嘉庆，自己以后当太上皇帝。敕谕还说，如英国再派使团过来，可直接觐见嘉庆。最有意思的是，他强调自己仍然会掌控军国大政及外交事宜，并会训示嘉庆，对外国人怀柔施恩，其中最重要的是乾隆特别提及英国人在广东贸易一切如旧，不会因为嘉庆登基而有改变。[1] 这显然是要让英国人放心，呈现一种十分友善的态度，对英国来说是非常重要的讯息。只是不明白为什么《文献丛编》和《高宗纯皇帝实录》所录敕谕见不到这部分的内容，看来是被故意删减，不要在档案中留下这样非常友好及客气的态度。至于英国方面，敕谕马上给译成英文，送回英国去。东印度公司档案中就收有全份敕谕的英译，上面只有一句简单的描述，"中国皇帝给大不列颠国王的信函译文，1796 年 12 月在伦敦接收"，[2] 但这份英译本是由谁翻译，又是在哪里翻译的？现在都没有肯定的答案，只知道波郎等在 3 月 13 日收到礼物和敕谕后，在 3 月 21 日一并交与"塞伦塞斯特号"林赛船长（Captain Lindsay）带回英国，[3] 当中没有提及翻译的问题。

我们无法知道这份敕谕的英译本在送回英国后究竟有没有什

---

1 我们知道，乾隆在位 60 年而禅位，是因为他不敢超过其祖父康熙的在位 61 年。《高宗纯皇帝实录》有圣谕："朕寅绍丕基，抚绥方夏，践阼之初，即焚香默祷上天，若蒙眷佑，得在位六十年，即当传位嗣子，不敢上同皇祖纪元六十一载之数。其时亦未计及寿登八旬有六也。"《高宗纯皇帝实录》卷一四八六，乾隆六十年九月上，第 27 册，第 857 页。

2 "Translation of the Emperor of China's Letter to the King of Great Britain, London, Received December 1796," *Important Collection*, vol. 8, doc. 334, CWCCU.

3 Consultations, 21 March 1796, IOR/G/12/110, p. 212.

么人细读过。现在所见到马戛尔尼和斯当东后来的书信也没有提及，就连绝大部分有关马戛尔尼使团的研究都没有对敕谕作任何讨论。[1] 但无论如何，随着乾隆敕谕的发出，还有他在几天后的退位，马戛尔尼访华使团可以说是真正落幕了。

---

1 举例说，佩雷菲特《停滞的帝国》、何伟亚《怀柔远人》、沈艾娣《口译的危险》，以至张芝联主编《中英通使二百周年学术讨论会论文集》，秦国经、高换婷《乾隆皇帝与马戛尔尼》和朱庸《不愿打开的中国大门》等，都没有只字提到这第三道敕谕。其中何伟亚曾简单讨论过英国人在 1796 年初送过来的几封信，沈艾娣谈过小斯当东翻译乔治三世的信，但没有提及乾隆所回敕谕的发出。Hevia, *Cherishing Men from Afar*, pp. 218 – 220；Harrison, *The Perils of Interpreting*, p. 157。就笔者所见，稍有提及乾隆这道敕谕的只有马世嘉，但相关的讨论也不足 100 字，集中谈廓尔喀事件，没有提及后半部分的内容。Mosca, *From Frontier Policy to Foreign Policy*, p. 156。

结　语

　　在人类历史上，从古至今，国家、地区、种族、社群，以至个人的交往，无论是友好和平的交流，还是干戈相见的战争，一个最基本的元素就是沟通。当两个有着不同语言、文化、历史背景的国家进行外交活动时，有效的沟通必须仗赖翻译。因此，古代中国很早便设专职翻译的官员，有所谓的"东方曰寄，南方曰象，西方曰狄鞮，北方曰译"。[1]中国以外，早在公元前 3000 年，埃及已出现表示"译者"或"口译"的象形符号，古罗马时期历史学家李维（Titus Livius，公元前 59—公元 17），还有恺撒（Gaius Julius Caesar，公元前 100—公元前 44）、西塞罗（Marcus Tullius Cicero，公元前 106—公元前 43）、格利乌斯（Aulus Gellius，125—180）、贺拉斯（Horace，公元前 65—公元前 8）等，他们的著作中都有提及译者。[2]这是理所当然的，同时也展示了翻译在外交中的重要性，因为只有通过翻译，交往双方才能移除语言文化上的障碍，有效地传递讯息。但更重要的是，由于这些讯

　　1《礼记正义》卷十二《王制》，李学勤主编：《十三经注疏》第 6 册第 1 部，北京：北京大学出版社，1999 年，第 399 页。

　　2 Jean Delisle and Judith Woodsworth（eds.），*Translators Through History*（Amsterdam：John Benjamins Publishing Company，2012），p. 248.

息直接影响双方对外交事件的理解，继而决定基于这种理解而作出的反应、采取的外交行动、发出的讯息，以至下一轮的行动，环环相扣，造成深远的政治影响。因此，表面看来平平无奇、理所当然的翻译活动，却很可能起到关键性的作用。可以肯定，翻译是外交的一个重要组成部分。

长期以来，人们都强调翻译必须忠实，确保原来的讯息能准确无误地传达，以期达到有效的沟通。然而，不同国家、民族的语言和文化存在巨大差异，要求所谓绝对忠实准确的翻译，只不过是不切实际的主观愿望。当我们理解到翻译不是在真空里进行的时候，就会明白在翻译的过程中，各种各样内在和外在的因素都影响和制约着翻译活动，译者会在有意或无意的情况下译出一个所谓"不忠实"的译本，而这些所谓"忠实"或"不忠实"的译本在不同的受众中会引起不同的反应，造成不同的影响。[1] 因此，即使在足以影响国家政治的重大外交事件中，最用心的翻译也不一定保证能准确无误地传递所有讯息。结果，人们期待借助翻译去做有效的沟通，却会增加误解，制造更多新的问题。在中西历史上，一方面，固然存在所谓"忠实"的翻译，让双方得以满意地沟通，但另一方面，多少外交进程又确实曾经受到所谓"不忠实"的翻译影响。这不是要否定翻译的效用，正好相反，这清楚说明翻译的重要性，因为无论是忠实或不忠实、准确或不准确的翻译，它们都必然存在，且有力地左右外交进程。

作为中英官方最高层的第一次正式接触，1793 年的马戛尔尼访华使团，对中英两国的历史发展有重大且深远的影响。对于这

---

1 这是 1970 年代中后期以来出现的翻译研究文化转向的主要观点。综合的介绍和讨论，可参见王宏志："绪论：关于二十世纪中国翻译研究"，《重释"信达雅"：二十世纪中国翻译研究》，上海：东方出版中心，1999 年，第 1—78 页。

样重要的课题，中西方学者着力关注是在预期之内的。在《背景篇》里，我们已简略介绍过相关著作，大概勾画出现有研究的状况，但同时也指出，在现有的研究中，翻译在整个使团活动中所扮演的角色是大大地被忽略了。这既不合理，也导致严重的误解。可以说，忽略翻译在使团访华过程中的角色，根本不可能准确及全面地理解这一桩重大外交事件。

在以上篇章里，我们看到马戛尔尼使团来华时所遇到的种种沟通问题，怎样给翻译带来巨大的挑战。首先，无论英国还是清廷，对于这次的外交对手几乎可说是一无所知。一直以来，英国人只能在广州进行贸易，且受到诸多限制，不可能有什么机会熟知中国的情况，马戛尔尼只能在出使前匆忙找来一些相关资料，临时恶补一下；北京方面的问题更大，在接到来使通知后，才由北京的西方传教士告诉他们"该国即系红毛国"。[1]更严重的是，中英两国在语言和文化上的巨大差异，让当时的沟通极其困难。一方面，绝大部分的西方人来到中国只是为了商业利益，没有兴趣学习中文或认识中国文化，更不要说清政府的限制让他们很难有学习中文的机会；另一方面，中国人也没有动力去学习"夷语"，广州体制下的商业活动只是依靠行商和通事勉强以古怪的广州英语来作简单沟通。因此，无论是使团，还是广东当局，以至北京朝廷，都无法找到合适的译员。结果，不管是使团带来的李自标，或是为朝廷服务的天主教传教士，其实都算不上合格的译者，因为他们都不懂出使国家的语言，只能转折地以拉丁语作为沟通的媒介，更不要说他们的中文水平能否让人感到满意；而更

1《奏报传集在京西洋人翻译英国原禀情形》，《英使马戛尔尼访华档案史料汇编》，第91页。

关键的是：这些为使团或朝廷服务的译员，在执行翻译任务时，既受制于客观环境，更有个人主观因素，甚至有自己的日程。例如北京天主教传教士之间的矛盾和所属国家的政治，还有朝廷的监控与操纵；李自标作为中国少数民族和天主教传教士的身份，以及他的中文教育背景，都在自觉或不自觉的情况下影响这些译者的翻译。此外，当时中英两国迥异的政治思想和制度，还有双方对自身国力的认知以至国际形势的判断，也左右他们的沟通模式和内容。

1793 年马戛尔尼使团访华所引发的这场历时一年多的"龙与狮的对话"，就是在这种错综复杂的背景下展开的。可以肯定，没有人能够完整地还原这次对话的全部内容和翻译过程，因为所有口头上的交流，尽管其重要性绝对不能忽视，但却是无法掌握的。本书各篇章所处理的，就只限于几篇主要的往来文书，包括使团抵达前东印度公司送来的预告使团来访的通知、使团送来的礼品清单、英国国王给乾隆的国书以及乾隆给英国国王的敕谕。尽管我们所处理的文书数目不多，但全都是极为重要的，因为双方希望传递的主要讯息都由这几份文书交代出来了。但另一方面，双方都只能通过阅读文书的译本来获取讯息。这就是翻译在马戛尔尼使团访华事件中扮演重要角色的原因。

在不同篇章里，我们分析了乾隆最初读到由东印度公司主席百灵署名，有关马戛尔尼使团来访消息的两篇译文时，对于使团的态度是正面的，认为使团是诚心来朝，所以下旨好好接待使团。乾隆无疑已经非常谨慎，专门找北京的传教士把来信重新翻译一遍，以防来自广州的译文出错，但他没有考虑的是，无论是广州的通事还是北京的天主教传教士，原来都有大体一致的定位，就是从清廷的角度出发，在翻译的过程中对百灵的来信作了改写。

结果，几篇译文传达的讯息是一致的，让乾隆相信马戛尔尼是远方小国派来朝贡的使团，带着大量贵重礼品来补祝乾隆的八十寿辰。

可是，当乾隆读到直接由使团译者提供的两篇重要译文——礼品清单和国书的中译本后，他就对使团有了新的认识，更清楚知道英国派遣使团的动机。跟百灵的来信不一样，在礼品清单中，他找不到"贡使""贡品"的说法，却第一次见到远夷自称"钦差"。这让他猛然觉醒，原来桀骜不驯的英吉利意图"与天朝均敌"，要打破天朝体制。于是，他匆忙下旨对礼品清单的中译本进行改写，把所有"钦差"换成"贡使"，加入"进贡""贡品"的字眼，连"贡单抄存底稿亦俱作更正"。[1]至于清单中对礼品的介绍和描述，最终让乾隆认为"贡使张大其词，以自炫其奇巧"，[2]而由此我们开始见到越来越多对使团表达不满的上谕。

真正让乾隆不满，甚至可以说顿起戒心的是英国国王的国书。通过分析一直藏于英国外交部档案、由使团预备和带过来的国书中译本，我们见到乾隆已清楚地阅读出英国派遣使团的真正动机，不但明确呈现一个纵横四海的世界强国形象，更要求在北京派驻官员、管理商务、保护英国人免受欺负。国书中的一个重要讯息，也是乾隆最难以接受的，就是英国要求与清廷以平等地位交往，并强调两国建立友谊，进行商贸活动对双方均有裨益；不但马戛尔尼用上"一等钦差"、斯当东"二等钦差"的头衔，英国国王更与乾隆以兄弟相称。这些与乾隆所信奉的天朝思想大相径庭的内容，就

1《长芦盐政征瑞奏遵旨询明贡使各件缘由折》，《英使马戛尔尼访华档案史料汇编》，第368页。

2《和珅字寄梁肯堂等奉上谕着征瑞询明大件贡物安装情形具奏候旨遵行》，同上，第125页。

是经由使团早就准备好的中文译本相对准确地传递出来的。

然而，这样的一份国书中译本显然不是乾隆所乐意看到的，于是，另一个改写动作出现了。清宫档案一直以来所收藏的另一份国书中译本，就跟英使带来的中译本完全不同，撇开文笔拙劣生硬不论，新译文对一些关键的内容作了重大的改写，中英两国地位平等的思想消失了，使团过来是要"进表献贡"，"向化输诚"，祈求大皇帝赐恩，让他们从贸易中得一些好处；就是英国人希望能在京派驻人员，也是为了更好管束自己的国人，"钦差""兄弟"的说法也顺理成章地全都不见了，马戛尔尼变成"贡使"，斯当东是"副贡使"，带来的是"表文"和"贡品"。毫无疑问，这是清廷在北京让天主教传教士重新翻译的中文本，是对英国人国书大幅度的重写，而这重写是以清廷为中心，以中国传统天朝观为指导思想的，跟广州的通事翻译遣使通知时没有两样。我们在上文已多次指出，迄今唯一能在清宫中找到的国书中译本就是这个新译的版本，英国人带来的"官方"文本在清宫档案中却消失了。

让人最感遗憾的是，另一份极其重要的文书也同样消失了，那就是马戛尔尼在 1793 年 10 月 3 日向和珅送呈有关使团六项要求的信函中译。在《敕谕篇》里，我们看到提出要求的文书是在什么背景下写成的，也简略地谈过乾隆怎样在收到这些要求后几乎马上作出强烈反应，在很短的时间里向英国国王发送第二道敕谕，驳斥英国人提出的所有要求，且在发出敕谕后下旨沿海督抚"认真巡哨，严防海口"。[1] 可以说，马戛尔尼的信件不单让乾

---

1 《谕军机大臣着沿海各省督抚严查海疆防范夷船擅行贸易及汉奸勾结洋人》，《英使马戛尔尼访华档案史料汇编》，第 63 页。

隆对英国人起了戒心，而且是真正地在行动上戒备起来。显然，乾隆不能接受英国人所提出的各项要求，不断强调这些要求"有违体制"。但当中关键的问题是：马戛尔尼这些要求是怎样表达出来的？我们现在只看到信函的英文原本，但中译本却不知所踪，无法判断乾隆的反应是否跟翻译有关。毕竟，乾隆所能读到的就只是中译本，而这次中译本是由使团自己的译员提供的。这封信函的中文本最终不见于清宫档案，看来它的命运就像英国人送来的国书中译本一样，最终是被销毁，以免流传下来，对天朝产生不好的影响。

除了对英国国王国书的改写外，乾隆还在使团离开北京前，连续两番向英方下达敕谕，严正拒绝使团提出的所有要求，尤其是第二道敕谕，措辞十分严厉，充塞大量的天朝话语，要把中英两国关系拉回清廷的朝贡体制上。不过，这些敕谕被在京欧洲传教士译成拉丁文，使团成员再转译成英文后，又被重写成另一个文本：乾隆不但感激使团的到来，更向英国人伸出友谊之手，尽管使团所提出的要求全被驳回。

不能否认，马戛尔尼使华所出现的翻译问题有其独特性。即以译员而言，很难想象在别的外交活动中，双方选用的译员都是来自对方国家或地区的人，这是在一个非常特殊的历史时空才可能出现的情况。此外，当领导有清一代最后盛世的乾隆遇上积极海外扩张的英吉利帝国时，政治文化上的猛烈碰撞也带来很多特殊的沟通问题。因此，马戛尔尼访华使团的翻译问题是深具学术价值的。通过对相关翻译活动的深入探研，我们可以更好地解释一些历史现象，回答一些长久以来难以解决的问题，例如为什么乾隆在最初的阶段对使团的来访采取肯定和友善的态度；又为什么在接到礼品清单后在态度上突然转变，以至在接见马戛尔尼和收到国书后对使团顿起更大的戒心，在使团离开时更下旨戒备。可以说，马戛尔尼使华的个案非常清晰地展示翻译在外交活动中的重要角色，从而证明翻译对国家的政治、文化和历史产生重大的影响。

其实，翻译本来就是中国近代史重要的组成部分，中国近代史研究是绝对不应该忽视翻译的角色的。本书所处理的马戛尔尼使团，只是中英外交最早的个案，在中国近代史其后的发展历程里，仍有很多重要的课题亟待开发。[1]我们期待更多从事翻译研究

---

1 笔者近年较关注翻译在近代中英关系中所扮演的角色，除本书所关注的马戛尔尼使团外，鸦片战争是另一个重点探研的课题，已发表相关文章包括："Translators and Interpreters During the Opium War Between Britain and China (1839–1842)", in Myriam Salama-Carr (ed.), *Translating and Interpreting Conflict* (Amsterdam & New York：Rodopi, 2007), pp. 41–57;《第一次鸦片战争中的译者：上篇：中方的译者》，《翻译史研究（2011）》，上海：复旦大学出版社，2011年，第82—113页;《第一次鸦片战争中的译者：下篇：英方的译者》，《翻译史研究（2012）》，上海：复旦大学出版社，2012年，第1—58页;《"给予"还是"割让"？鸦片战争中琦善与义律有关香港谈判的翻译问题》，《翻译史研究（2014）》，上海：复旦大学出版社，2014年，第26—76页;《从"红江"到"香港"：19世纪上半叶英国人对Hong Kong的翻译》，《东方翻译》2015年第3期（2015年6月），第40—46页;《〈南京条约〉"领事"翻译的历史探析》，《中国翻译》2015年第3期，2015年6月，第26—36页;《英国外相巴麦尊的"昭雪伸冤"：鸦片战争初期一条影响道光皇帝对英策略的翻译》，《外国语文研究》2015年第4期，2015年8月，第49—59页;《"岂有城内城外之分？"："广州入城事件"与〈南京条约〉的翻译问题》，《翻译史研究（2016）》，上海：复旦大学出版社，2016年，第153—189页;《"与天朝均敌"：第一次鸦片战争前后英国派华最高官员职衔的翻译问题》，《翻译学研究集刊》第20期，2017年8月，第1—25页;《"不得辩论"？1849年香港第三任总督文翰一道有关"广州入城"问题照会的翻译》，《翻译史研究（2017）》，上海：复旦大学出版社，2018年，第125—148页;《"著名的十三条"之谜：围绕1843年中英〈善后事宜清册附粘和约〉的争议》，《"中央研究院"近代史研究集刊》第103期，2019年5月，第1—46页;《罗伯聃与〈虎门条约〉的翻译》，沈国威编：《西士与近代中国：罗伯聃研究论集》，大阪：关西大学出版社，2020年，第57—138页;《生荣死哀：英国第一任宁波领事罗伯聃（Robert Thom, 1807—1846）的去世及有关其抚恤安排的讨论》，《或问》第37期，2020年8月，第1—16页;"Sinologists as

和历史研究的学者能够超越所谓学科的限制，共同努力，去探视翻译的角色和作用，更完整、更准确地描述近代中国的历史进程。

（接上页）Diplomatic Translators：Robert Thom（1807－1846）in the First Opium War and His Translation of the Supplementary Treaty（Treaty of the Bogue），1843，" in T. H. Barrett and Lawrence Wang-chi Wong（eds.），*Crossing Borders: Sinology in Translation Studies*（Hong Kong：The Chinese University of Hong Kong Press，2022），pp. 181－212。另外，与中国近代史相关的论文有：《"我会穿上缀有英国皇家领扣的副领事服"：马礼逊的政治翻译活动》，《编译论丛》第 3 期第 1 期，2010 年 3 月，第 1—40 页；《马礼逊与"蛮夷的眼睛"》，《东方翻译》第 22 期，2013 年 4 月，第 28—35 页；《律劳卑与无比：人名翻译与近代中英外交纷争》，《中国翻译》2013 年第 5 期，2013 年 11 月，第 23—28 页；《"这简直就是一份外交赝品"：蒲安臣使团国书的英译》，《侨易》创刊号，2014 年 10 月，第 85—119 页；《1816 年阿美士德使团的翻译问题》，《翻译史研究（2015）》，上海：复旦大学出版社，2015 年，第 52—98 页；《"夷服太觉不类"：近代中英交往中的服饰与蛮夷论述》，《侨易》第 3 期，2016 年 10 月，第 87—101 页；" 'Entrance into the Family of Nations'：Translation and the First Diplomatic Missions to the West，1860s－1870s，" in Lawrence Wang-chi Wong（ed.），*Translation and Modernization in East Asia in the 19－20th Centuries*（Hong Kong：The Chinese University Press，2017），pp. 165－217；《从西藏拉萨到〈大英百科全书〉：万宁（Thomas Manning，1772—1840）与 18—19 世纪中英关系》，《国际汉学》2018 年第 3 期，2018 年 9 月，第 122—147 页。

附　录

　　本附录收录未见于中国第一历史档案馆编《英使马戛尔尼访华档案史料汇编》与使团相关的原始中文史料，分别来自英国国家档案馆、大不列颠及爱尔兰皇家亚洲学会、梵蒂冈宗座图书馆、梵蒂冈传信部档案馆。各文件尽量以书写或发送时间先后排序。

1. 乔治三世致乾隆皇帝国书中译

（英国国家档案馆外交部档案，FO 1048/1）

热阿尔卓第三位天主恩佑英吉利国及福郎质耶又依伯尔尼耶诸国王海主保信德者及余，遥候中国皇上乾隆万岁万福万安。

大邦之君必然大德，正如当今皇上是也，乃造制天地人物真主，安于兹尊位，为益众民之福，保国家之太平而兴万民之才德。斯大仁心非只尽与本国，尚宽散与外国远人，更如有所大智奇才者也。

我国之初四围恒战，但今平胜诸仇敌之后，国家颇享安然，趁时即以公律正法，制立一切福安，利益百姓者也。此工不止为本国之益，更修许多洋船，上载许多才士穷理之人以往多处远方，以探巡所未见未闻之地。设此法非为占他国之地方或图别人之财帛，又非为助商人之利益，我国亦大，民亦有才，富亦足矣。所为者，是欲知悉地上人居之处及欲和伊等相交。吾国所有之精物巧法于人伦福生等项，若伊地未有，不论远近属方与否，即于伊等发去，如禽兽、各类各样草木物等，与其地方大有利益。至于贵邦之奇法、臣民之才巧、物件之精齐，吾等久欲详知，缘因智之制度，及古今德君之表，香散远方，更因国之宽大，民多胜数而皆享斯等太平遐福，以致邻国远邦俱都称美奇之。

今赖诸将之智勇，国享太平，百凡事情亦无要经心。看此时正是几以表久怀远情，即将巧物〔细〕法送来，以定两国常远之交往，非为贪图财利等意，缘为相助两国庶民之福。我国之益斯等巧物相送之，方与两远国最有要益，因大国之内多有缺少等件，各亦有所奇才巧物，若是相交，则可相助相送。然我自严禁我国之人莫在国外为非犯法，亦当顾勿受外人之欺。斯故我想最有要益，若设我国一员智之官，永居贵国，管理一总事务，以除两国不和之基，而定我等永远之相与及才明巧物之相通，所以议之，当差一员忠信之臣，大智大权，以代国位于御前，亲自讲之。是以即选我国王亲大学士、二等伯、利撒诺尔世袭一等子、大红带子玻罗尼亚国红衣大夫、英吉利国丞相、依伯而尼亚国丞相、特授一等钦差马该尔尼德而萵客，伊前在阿罗素作过钦差，理事通，并于多省多方受过大任，无不清好，已定于班陔利耶总管，今立为特使一等钦差大臣，附整个权衡，遣来御前亦交印书为凭，以望温容待之，并所送来多样巧物尽收是幸。更因两国遥隔，船海多险之故，又将我朝内臣，世袭男阁学士，前已在阿墨利陔掌过兵权、理过按察事，及在小西洋第玻苏尔当王前办过钦差事，今立为二等钦差斯当东，兼能接一等钦差之缺，亦附大权，并有印书凭据，亦望欣颜视之。更望皇上至大之德至高之聪以允我两个钦差能观大德之表、奇智之法，庶回国之期以能效法而教道〔导〕我国之民。所关属我国才能巧物等项，如是皇上喜知，我已命钦差全然显明。又托中国者我国之人千望垂悯爱护，庶勿受亏遭殃，我亦命钦差察看我国之人在国无犯国法，若果犯者必当受罚。特又嘱咐我之钦差细解一切相与之情，极愿合万岁相亲似乎同昆一般。若我钦差作之如斯，知时必欣悦之至。余不尽书。

伏求至上至善真主庇佑皇上万岁万福万安。

眷弟热阿而卓王再候

自英吉利京城王朝近圣亚各伯堂，我国三十二年寄

2. 孟督及手抄乔治三世致乾隆皇帝国书中译
（罗马梵蒂冈传信部档案馆，Borg. cin. 394）

热阿尔卓第三位天主恩佑大红毛国及福郎质耶又衣伯尔尼耶诸国王海主保信德者及余，遥候中国皇上乾隆万岁万福万安。

大邦之君必然大德，正如当今皇上是也，乃造制天地人物真主，安于兹尊位，为益众民之福，保国家之太平而兴万民之才德。斯大仁心非只尽与本国，尚宽散与外国远人，更如有所大智奇才者也。

我国之初四围恒战，但今平胜诸仇敌之后，国家颇享安然，趁时即以公律正法，制立一切福安，利益百姓者也。此工不止为本国之益，更修造许多洋船，上载许多才士穷理之人以往多处远方，以探巡所未见未闻之地。设此法非为占他国之地方或图别人之财帛，又非为助商人之利益，我国亦大，民亦有才，富亦足矣。所为者，是欲知悉地上人居之处及欲和伊等相交。吾国所有之精物巧法于人伦福生等项，若伊地未有者，不论远近属方与否，即于伊等发去，如禽详知兽、各类各样草木物等，与其地方大有利益兴与。至于贵邦之奇法、臣大邦德君民之才巧、物件之精齐，吾等久欲，缘因大智之制度，及古今德君之表，香散远方，更因国之宽大，民多胜数而皆享斯等太平遐福，以致临国远邦俱都称美奇之。

今赖诸将之智勇，国享太平，百凡事情亦无要经心。看此时正是好几以表久怀远情，即将巧物细法送来，以定两国常远之交往，非为贪财图利等意，缘为相助两国庶民之福。益斯等巧物相送之，方与两远国最有要益，因大国之内多有缺少等件，各亦有

534

所奇才巧物，若是相交，则可相助相送。然我自当严禁我国之人莫在国外为非犯法，亦当顾理勿受外人之欺。斯故我想最有要益，若设我国一员有智之官，永居令〔贵〕国，管理一总事务，以除两国不和之基，而定我等永远之相与及才明巧物之相通，所以议之，当差一员忠信之臣，大智大权，以代国位于御前，亲自讲之。是以即选我国皇亲、内阁大学士、二等伯、利橄诺尔世袭一等子、大红带子玻罗尼亚国红衣大夫、大红毛国丞相、依伯而尼亚国丞相、特授一等钦差马该尔尼德而苪客，伊前在阿罗素作过钦差，理事甚通，并于多省多方受过大任，无不清好，已定于班隂利耶总管总管，今立为特使一等钦差大臣，附整个权衡，遣来御前亦交印书为凭，以望温容待之，并所送来多样巧物尽收是幸。更因两国遥隔，船海多险之故，又将我朝内臣，世袭男，内阁学士，前已在阿墨利隂掌过兵权、理过按察事，及在小西洋第玻苏尔当王前办过钦差事，今立为二等钦差，兼能接一等钦差之缺，亦附大权，并有印书凭据，亦望欣颜视之聪以。更望皇上至大之德至高之允我两个钦差能游中国各省各方，以奇万岁布散通门，观大德之表、奇智之法，庶回国之期以能效法而教道〔导〕我国之民。所关属我国才能巧物等项，如是皇上喜知，我已命钦差全然显明。又托在中国者我国之人千望垂悯爱护，庶勿受亏遭殃。我亦命钦差察看我国之人在中国毋犯国法，若果犯者必当受罚。特又嘱咐我之钦差细解一切相与之情，极愿合万岁相亲似乎同昆一般。若我钦差作之如斯，知时必欣悦之至。余不尽书。

伏求至上至善真主庇佑皇上万岁万福万安。

眷弟热阿而卓王再候

自红毛京城王朝近圣亚各伯堂，我国三十二年寄

3. 乔治三世致乾隆皇帝国书中译

（大不列颠及爱尔兰皇家亚洲学会"小斯当东中文
书信及文件"，第1册第1号文件）

热阿尔卓第三位天主恩佑大红毛国及福郎质耶又衣伯尔尼耶诸国王海主保信德者及余，遥候中国皇上乾隆万岁万福万安。

大邦之君必然大德，正如当今皇上是也，乃造制天地人物真主，安于兹尊位，为益众民之福，保国家之太平而兴万民之才德。斯大仁心非只尽与本国，尚宽散与外国远人，更如有所大智奇才者也。

我国之初四围恒战，但今平胜诸仇敌之后，国家颇亨〔享〕安时，趁时即以公律正法，制立一切福安，利益百姓者也。此工不止为本国之益，更修许多洋船，上载许多才士穷理之人以往多处远方，以探巡所未见未闻之地。设此法非为点〔占〕他国之地方或图别人之财帛，又非为助商人之利益，我国亦大，民亦有才，富亦足矣。所为者，是欲知悉地上人居之处及欲和伊等相交。吾国所有之精物巧法于人伦福生等项，若伊他〔地〕未有者，不论远近属方与否，即于伊等发去，如禽兽、各类各样草木物等，与其地方大有利益。至于贵邦之奇法、臣民之才巧、物件之精齐，吾等久欲详知，缘因智之制度，及古今德君之表，香散远方，更因国之宽大，民多胜数而皆亨〔享〕斯等太平遐福，以致邻国远邦俱都称美奇之。

今赖诸将之智勇，国亨〔享〕太平，百凡事情亦无要经心看。此时正是几以表久怀远情，即将巧物细法送来，以定两国常远之交往，非为贪图财利等意，缘为相助两国庶民之福。我国之益斯等巧物相送之，方与两远国最有要益，因大国之内多有缺少等件，各亦有所寄才巧物，若是相交，则可相助相送。然我自严禁我国之人莫在国外为非犯法，亦当顾勿受外人之欺。斯故我想最有要益，若设我国一员智之官，永居令国，管理一总事务，以除两国不和之基，而定我等永远之相与及才明巧物之相通，所以议之，当差一员忠信之臣，大智大权，以代〔缺"国"〕位于御前，亲自讲之。是以即选我国王亲、大学士、二等、伯利撒诺尔世袭一等子、大红带子玻罗尼亚国红衣大夫、大红毛国丞相、依伯而尼亚国丞相、特授一等钦差马该尔尼德而芮客，伊前在阿罗素作过钦差，理事通，并于多省多方受过大任，无不清好，已定于班陵利耶总管，今立为特使一等钦差大臣，附整个权衡，遗〔遣〕来御前亦交印书为凭，以望温容待之，并所送来多样巧物尽取是幸。更因两国遥隔，船海多险之故，又将我朝内臣，世袭男，内阁学士，前已在阿墨利陕掌过兵权、理过按察事，及在小西洋第玻苏尔当王前办过钦差事，今立为二等钦差斯当东，兼能接一等钦差之缺，亦附大权，并有印书凭据，亦望欣颜视之。更望皇上至大之德至高之聪以允我两个钦差能观大德之表、奇智之法，庶回国之期以能效法而教道〔导〕我国之民。所关属我国才能巧物等项，如是皇上喜知，我已命钦差全然显明。又托在中国者我国之人千望重悯爱护，庶勿受亏遭殃。我亦命钦差察看我国之人在国毋犯国法，若果犯者必当受罚。特又嘱咐我之钦差细解一切相与之情，极愿合万岁相亲似乎同昆一般。若我钦差作之如斯，知时必欣悦之至。余不尽书。

伏求至上至善真主庇佑皇上万岁万福万安。

眷弟热阿而卓王再候

自红毛京城王朝近圣亚伯堂，我国三十二年

4. 使团礼品清单中译

（大不列颠及爱尔兰皇家亚洲学会"小斯当东中文书信及文件"，第 1 册第 2 号文件）

红毛嘆咭唎国王欲显明他的诚心贵重及尊敬中国大皇帝无穷之仁德，自其远邦遣钦差来朝拜叩祝万岁金安，犹如特选极贵之王亲为其钦差大臣以办理此务，亦然愿欲寄来奉上以最好至妙之礼物，方可仰望万岁大国明君欢喜收之。盖思及天朝中外一统，富有四海，内地物产蒲被各类宝藏，若献以金银宝石等项无足为奇，是故红毛国王专心用工简选数样于本国出名之器具，其能显明大西洋人之格物穷理及其本事今也何如，亦能与天朝有用处并有利益也。王奉献此礼者虔祈大皇帝勿厌其物轻，惟视其意重是幸。

红毛嘆咭唎国王寄来奉中国大皇帝礼物单

头件礼物

壹座大架仔，^{西音市蜡尼大利翁} 乃天上日月星辰及地衮之全图，其上之地衮照其分量是小小的，其日月星辰同地衮之像自能行动，效法天地之转运十分相似。依天文地理之规矩几时该遇着日失、月失及星辰之失，俱显现于架上，亦有年月日期之指引及时钟可观。斯大架因聪明天文生年久用心推想而造成，从古迄今尚没有如是其巧妙甚大，其利益甚多，故于普大西洋为上顶贵器，理当献于大皇帝收用。缘此天地图架甚宽大，洋船不能上载整个，故此拆散分开，庄〔装〕入十五箱而发之，又令其原匠跟随钦差进京，以复措起安排置好如前，并嘱咐伊等慢慢小心修拾其架，勿因急惶错手损坏之。是

538

故求望大皇帝容于其匠人多费一点时候，以便置好，自然
无错。

第式件礼物

壹座中架，亦是天文理之器具也，以斯架容异〔易〕显明解
说清白及指引如何地表与天上日月星宿一起运动，为学习天
文地理者甚有要益矣。此架亦是拆散分在三盒，为能更便益
载来，其原匠亦跟随钦差进京，以复安排之。

第三件礼物

壹个天表全图，效法空中之蓝色，各定星画在于本所有金银
做的星辰，颜色及大小不同，犹如我等仰天视之一般，更有
银丝分别天上各处。

第四件礼物

壹个地表全图，天下万国四州、洋海山河及各海岛都画在其
所，亦有记上行过船之路程及画出许多红毛船之样。

第伍样等礼物

拾壹盒杂样的器具，为看定时候及天气变换之期，其一分为
指引月亮之变，其二为先知将来之天气何如。斯等器俱由精
通匠人用心作成，故各甚是好工夫也。

第六件礼物

壹个奇妙撒探气之架仔，由此可观气为有灵命者，实是十分
要紧，并有大效验于各物之身上。

第七件礼物

壹个巧益之架子，为显现何能相助及加增人之力量。

第捌样礼物

壹对奇巧椅子，使人坐在其上，自能随意转动并能为出其本
力量之行为也。

第九件等礼物

　　许多家用器具之样模，或从泥而造之，或由石头而刻出来，或以别样红毛国所有之财料而做成的，内有古新杂样礶瓶等项，为家中可用，或为摆下好看。

第拾等礼物

　　许多杂样印画图像，内有嘆咭唎红毛国王全家人像，有红毛国京城炮台、长桥、大堂、花园及乡村之图〔像〕，有交战之图像，有洋船并别样许多图像可观。

第拾壹件礼物

　　壹对玻璃相〔镶〕金的彩灯，折〔拆〕散收在十四盒内。此灯挂在大厅中照耀，满堂甚妙，虽然于大西洋玻璃彩灯之样无数，但此彩灯乃新样，其光亮胜数，其工夫无比，故特选之。

第拾式样礼物

　　数匹丝毛金线毯，为裴致〔装置?〕房间用。

第拾叁样礼物

　　数张大毡緂，为铺在大厅中用。

第拾肆件礼物

　　壹对齐全马鞍，由头等匠人用心做成，特为大皇帝万岁私用，故其鞍之颜色是金黄的，其裴致〔装置?〕十分合晢〔适〕。

第拾伍件礼物

　　两轿牛，裴致〔装置?〕十分好，特为大皇帝万岁亲坐。壹轿为热天合时，壹轿为冷天便用。其两大车如今分散十六包，但有精通车匠跟随钦差进京，以复安排之，即时可用。

第十六样礼物

　　数枝军器，为大皇帝万岁私用，就是长短自来火枪、刀剑等项。斯数枝军器实是上等好的，其刀剑能劐断铜铁而无受伤。

第拾柒样礼物

数个铜炮及西瓜炮，战上所用的军器，为抄兵可用。有小分
红毛国保驾兵跟随王亲钦差进京，若是天朝大皇帝喜欢看大
西洋烧炮之方法，其兵亦能显之于御前。

第拾八件样礼物

一只小小的金银船，乃红毛王大战船之表样，虽大小不对，
十分相似，在其大战船上有一百大铜炮，犹于小金银船之中
可观矣。红毛国王，洋海之主者，有大船甚多，原欲选更大
之船以送钦差来贵朝，但因黄海水浅，大船难以进口，故发
来中等暨小船，以便进口赴京，更因欲显其诚心相爱至意，
即将其大船之表样献于大皇帝万岁观明其实意。

第拾玖样的礼物

包含一总杂货，红毛本国之物产及各样手工，就是哆啰呢羽
纱及别样毛货、各等细洋布及样样钢铁器具，共献于大皇帝
尽收是幸。

外恳大皇帝令备一座宽大高房，以便安排置好各品礼物。因
为各样礼物到京即宜钦差使其原匠从新安排置下齐整，方可交献
于万岁。更缘自红毛本国随钦差来天朝者文武官员体面同伴及其
家人共有一百余人，伏祈大皇帝宽赐几座大房，幸得便益安靖寄
迹于京城以叙事毕，则感天恩无穷矣。

余者禀知，凡在行李及衣箱所有之物件，全是钦差为自己及
其同伴要用之物，全无一点货物可卖，并无一点在京作生意之心，
惟是办理公务。

5.越南大越国西山朝皇帝阮光缵颁与
马庚多斯船长谕令，景盛元年四月
二十日（1793年5月29日）

（大英图书馆，Or 14817/B，"Emperor Canh Thinh's Scroll"）

诏嗅咭唎红毛国将军玛金多、大学士义兰、御史马斯益、代笔史布斯厄及亚弥耳当、世袭按察司把啰尼等钦知：

朕闻自古通国有赈遗之义，卿等奉贵国王命入贡天朝，被风乏食，现泊境内广南处，镇臣具事题达。朕惟贵国有水程千万里之遥而能慕德遣使，途中为风所阻，漂泊至此。贵国之臣子，亦我国之臣子，卿等赞劳，朕心嘉焉。特诏颁下，镇臣颁送诸食品，用孚好意，式慰远情，卿等其忠信一腔，喜看风帆之得力、舟车大地处，将国命以观光，指日功成，仰承国宠，以副贵国王悬望卿等之心可也。钦哉。特诏。

景盛〔元年四〕月二十日

6. 越南大越国西山朝皇帝阮光缵颁与马戛尔尼谕令，景盛元年五月初一日（1793年6月8日）

（大英图书馆，Or 14817/A，"Emperor Canh Thinh's Scroll"）

嗳咭唎红毛国王亲大丞相、头等钦差吗嘎尔呢等为风涛所阻，泊我境界，上表备陈乏食愿买情由，并进好好物件，镇臣转为提达。且本朝囊括南海，凡诸国商艚远涉海程愿藏于市，或为风波漂泊而求安饱者，朕咸推胞与之仁，并生并有。矧卿等奉贵国王命往使天朝，途中匮乏，朕之情为何如哉。特颁赐粟子叁千斛以供途程需足，安用贸易为也，并加赏贵国王亲大丞相象牙壹对、胡椒五担，用孚好意，式慰远情。钦此。特诏。

景盛元年五月初壹日

543

7. 署理两广总督郭世勋及粤海关监督
盛住向沿海督抚咨送公函

（大不列颠及爱尔兰皇家亚洲学会"小斯当东中文
书信及文件"，第 1 册第 3 号文件）

署总督部堂郭、粤海关部盛为饬行遵照咨会事。

窃照本年九月初三日据洋商蔡世文等禀，有嘆咭唎国夷人啵嘟哑哩晚喷咂等来广，求赴总督暨海关衙门，具禀该国王因前年大皇帝八旬万寿未及叩祝，今遣使臣吗嘎咴呢进贡，由天津赴京，恳求先为奏明等情，经本年部院、关部于九月初七日会同恭折具奏在案，兹于十一月初八日准兵部火票递到廷寄。乾隆五十七年十月二十日奉上谕："郭等据洋商蔡世文等禀，有嘆咭唎国夷人啵嘟哑哩晚喷咂等来广，禀称该国王因前年大皇帝八旬万寿未及叩祝，今遣使臣吗嘎咴呢进贡，由海道至天津赴京等语，并译出原禀进呈，阅其情词极为恭顺恳挚，自应准其所请，以遂其航海向化之诚，即在天津进口赴京，但海洋风帆无〔定〕，或于浙闽、江苏、山东等处近海口岸收泊亦未可知。该督抚等如遇该国贡船到口，即将该贡使及贡物等项，派委妥员迅速护送进京，毋得稍有迟误。至该国贡使船虽据该夷人禀称约于明年二三月可到天津，但洋船行走风信靡常，或迟到数月，或早到数月，难以愈定。该督抚等应饬属随时禀报，遵照妥办。再该贡船到天津时，若大船难于进口，着穆腾额预备小船，即将贡船物拨送起岸，派员同贡使先行进京，不可因大船难以进口，守候需时，致有耽延也。将此传谕各督抚等，并谕郭、盛知之。钦此。"遵旨寄信前来等因，到本部院、关部承准，此除移咨各省督抚、部院暨长芦盐院转行

钦遵查照外，合就檄行为此牌，仰该司官吏员即便会同按察、布
政司钦遵查照，并即檄饬南海县将奏奉、谕旨准令嘆咭唎国进贡
缘由，传谕该国夷人啵嘲哑哩唍㖡唖等钦遵查照，毋违一行。
布、按二司准此除行，布、按二司钦遵查照，并即檄饬云云。
查照外相应咨为此，合咨总督部堂衙门、贵部堂院查照钦遵，
办理施行。

一咨总督衙门、闽浙总督、福建巡抚、直隶总督、浙江巡抚、
江苏巡抚、山东巡抚、长芦盐院，俱填四百里排单飞递。

8. 署理两广总督郭世勋向粤海关
监督咨送会稿公函

（大不列颠及爱尔兰皇家亚洲学会"小斯当东中文
书信及文件"，第 1 册第 4 号文件）

为咨送会稿事。

照得本部院于乾隆五十七年九月初七日会同贵关部恭折具奏，嘆咭唎国遣使进贡，由天津赴京，请据情代奏一案。今于乾隆五十七年十一月初八日承准廷寄，钦奉上谕，所有移行，钦遵办理缘由，相应会列鼎衔移咨各省及行布、按二司转饬钦遵查照，所有会稿及缮成咨文、牌文合就咨送。为此合咨贵关部请烦查照，希将送来会稿分别存案，判咨判行盖印，见覆施行。

计咨送会稿一案、咨文八件、牌文二件。

9. 广州府颁蔡世文等行商谕令，
1793 年 1 月 10 日

（英国国家档案馆外交部档案，FO 233/189/26）

广州府正堂加十级纪录十次徐谕洋商蔡世文等知悉：

乾隆五十七年十一月十九日奉布政使司许宪牌，乾隆五十七年十一月十二日奉巡抚广东部院郭、粤海关监督盛宪牌，窃照本年九月初三日据洋商蔡世文等禀，有嗳咭唎国夷人啵朗哑哩晚嗊咂等来广，求赴总督暨粤海关衙门，具禀该国王因前年大皇帝八旬万寿未及叩祝，今遣使臣吗嘎㖿呢进贡，由天津赴京，恳求先为奏明等情，经本部院、关部于九月初七日会同恭折具奏在案，兹于十一月初日准兵部火票递到廷寄。乾隆五十七年十月二十日奉上谕："郭等奏据洋商蔡世文等禀，有嗳咭唎国夷人啵朗哑哩晚嗊咂等来广，禀称该国王因前年大皇帝八旬万寿未及祝贺，今遣使臣吗嘎㖿呢进贡，由海道至天津赴京等语，并译出原禀进呈，阅其情词极为恭顺恳挚，自应准其所请，以遂其航海向化之诚，即在天津进口赴京，但海洋风帆无定，或于浙闽、江苏、山东等处近海口岸收泊亦未可知。该督抚等如遇该国贡船到口，即将该贡使及贡物等项，派委妥员迅速护送进京，毋得稍有迟误。至该国贡船虽据该夷人禀称约于明年二三月可到天津，但洋船行走风信靡常，或迟到数月，或早到数月，难以预定。该督抚等应饬属随时禀报，遵照妥办。再该贡船到天津时，若大船难于进口，着穆腾额预备小船即将贡物拨送起岸，派员同贡使先行进京，不可因大船难以进口，守候需时，致有耽延也。将此传谕各督抚等，并谕郭、盛知之，钦此。"遵旨寄信前来等因，到本部院、关部承准，此除移咨各省督抚、部院暨长芦盐院，转行钦遵查照外，合就檄行备牌，仰司即便会同按察司钦遵查照，即檄饬南海县将奏奉、谕旨准令英吉利国进贡缘由，传谕该国夷人啵朗哑哩唲嗊呕等钦遵查照毋违等因。奉此合就檄行备牌，仰府照依事理，即速转饬南海县将奏奉、谕旨准令嘆咭唎国进贡缘由，传谕该国夷人啵朗哑哩唲嗊呕等查照毋违等因，奉此除行南海县遵照外，合就恭录谕旨给发该商等，即传谕该国夷人啵朗哑哩唲嗊呕等祗领钦遵查照，毋违此谕。

乾隆五十七年十一月二十八日谕

10. 和珅奏报马戛尔尼热河觐见
乾隆礼仪及礼品单

（大不列颠及爱尔兰皇家亚洲学会"小斯当东中文
书信及文件"，第1册第5号文件）

大学士和等谨奏：

切照嘆咭唎国贡使到时，是日寅刻丽正门内陈设卤簿大驾，王公、大臣、九卿俱穿蟒袍补褂齐集，其应行入座之王公、大臣等各带本人坐褥至澹泊敬诚殿铺设毕仍退出。卯初请皇上御龙袍升宝座，御前大臣、蒙古额驸、侍卫仍照例在殿内两翼侍立，乾清门行走、蒙古王公、侍卫亦照例在殿外分两翼侍立，领侍卫内大臣带领豹尾枪、长靶刀侍卫亦分两班站立，其随从之王大臣、九卿、讲官等于院内站班，臣和同礼部堂官率领钦天监监副索德超带领嘆咭唎国正副使臣等恭捧表文，由避暑山庄宫门右边进至殿前阶下，向上跪捧恭递，御前大臣福长安恭接，转呈御览。臣等即令该贡使等向上行三跪九叩头礼毕，其应入座之王公、大臣以次入座，即带领该贡使于西边二排之末，令其随同叩领入座。候皇上进茶时均于坐次行一叩礼，随令侍卫照例赐茶毕，各于本坐站立，恭候皇上出殿升舆。臣等将该贡使领出于清音阁外边伺候，所有初次应行例赏该国王及贡使各物件，预先设列于清音阁前院内，候皇上传膳毕，臣等带领该贡使再行瞻觐。颁赏后，令其向上行谢恩，礼毕再令随班入坐。谨奏。奉旨："知道了，钦此。"

嘆咭唎国恭进贡品十九件：

西洋布腊尼大利翁大架一座

系天上日月星宿及地球全图。星宿自能转动，如遇日食、月食及星辰差忒，俱显然架于架上，并指引月日时，又打辰钟为天文地理表。

坐钟一架

有天文器具指引，知系地球如何与天上日月星宿一体运动，与学习天文者有益。

天球全图

仿空中蓝色，有金银做成星辰，大小、颜色不同，更有银丝分别天上各处度数。

地球全图

天下万国四州、山河海岛都画在球内，亦有海洋道路，及画出各样西洋船只。

杂货器具十一套

系推测时候，乃指引月色之变，可先知天气如何。

试探气候架一座

能测看气候盈虚。

铜炮西瓜炮

为操兵之用，并有小分红毛国兵现随贡使前来，可以试演炮法。

奇巧椅子一对

人坐在上面自能随意转动。

家用器具并自然火一架

内盛新旧杂样、瓶罐等项，其火具能烧玻璃磁器、金银铜铁，是一块火玻璃造成。

杂样印画图像

系红毛嘆咭唎国王家人像，并城池、炮台、堂室、花园、乡村、船只各图。

影灯一对

　　系玻璃镜做成，挂在殿上光彩四面。

金线毯

　　精致房铺用。

火绒毯

　　大殿上铺用。

马鞍一对

　　金黄颜色十分精。

车二辆

　　热天用一辆，冷天用一辆，俱有机棧，可以转动。

军器十件

　　长短向来火枪、刀等，其刀剑能削钢铁。

益力架子一座

　　人扯动时，能增益气力，陡长精神。

大小金银船

　　系红毛国战船式样，上有一百小铜炮。

什货壹包

　　系红毛国物产，即哆啰呢羽沙、洋布、铜铁器具等物。

11. 札镇海县令奉上谕英使船只回宁波湾泊赏拨口分米石，1793 年 8 月 20 日

（大不列颠及爱尔兰皇家亚洲学会"小斯当东中文
书信及文件"，第 1 册第 17 号文件）

札镇海县知悉：

本年七月十三日奉巡抚部院长宪札饬，本年七月初十日接准兵部火票递到大学士伯和字寄浙江巡抚长，乾隆五十八年六月二十九日奉上谕："征瑞奏嘆咭唎国船五只，天津外洋难于久泊，庙岛离岸较远，不通货贩，该使之意欲将原船回至宁波一带湾泊，俾得便于采买物件等语。该国进贡，此次始来，即欲在浙江地方采买物件，相属无多，俟该使臣到来询问明确，再降谕旨，其船只先回浙江宁波湾泊亦可听其自便。着长饬知地方官妥为照料，将此谕令知之，钦此。"又六月三十日奉上谕："前因嘆咭唎贡使回国时口食缺乏，令梁肯堂传旨赏给来使一年口分米石，即于北仓动给。今思北仓即有余存，恐不敷用，该国船只于起卸贡物后，即欲回至浙江宁波，莫如即于浙省就近仓贮米石内给与更为省便，并着梁肯堂即询明该使臣由天津回至宁波需米若干先行赏给外，其余米石仍遵照前旨，按其等级核明数目飞咨长，俟该船回抵宁波后，照数拨给，较为省便。钦此。"合亟札知，札到该府即便转饬该县钦遵谕旨，妥为预备。其沿海各处某县现存仓谷若干、可碾米若干石，如有不敷，先行议定，在于就近之某县拨给，一俟直隶省咨会即可动碾。至来使停泊起岸采买物件有需时日，何处可以安顿，必须预设宽敞处所妥为安置，其通晓西洋言语者亦须多觅数人，以作通事。

查该船由洋而来，颇极迅速，其一切应行预备事宜务即赶紧妥办，先由六百里马递驰禀，毋稍迟延，致有贻误，火速等因。奉此合亟由六百里飞递札到该县查照奉即钦遵谕旨，事理妥为预备，即将该县现存仓谷若干、可碾米若干石星驰禀覆，如有不敷，再行详请拨给。至来使停泊起岸采买物件有需时日，何处可以安顿，必须预备宽敞处所妥为安顿，其能通晓西洋之语者亦须觅数人，以作通事。查该船由西洋而来，颇极迅速，务即赶紧妥办，先由六百里驰禀以凭转禀，毋稍迟延，致有贻误，大干未便，火速转札。

　　乾隆五十八年七月十四日奉到此文，系六百里马递

12. 马戛尔尼致和珅信，1793 年 8 月 28 日

（大不列颠及爱尔兰皇家亚洲学会"小斯当东中文 书信及文件"，第 2 册第 16 号文件）

嘆咭唎亚国使臣历陈来朝实情以伸鄙意事。

缘嘆咭唎亚国国王定了主意，令使臣到中国，所为者是要明明显扬嘆咭唎亚国王远来朝贺中国大皇帝。嘆咭唎亚国王拣了使臣，使臣恨喜遵命尽心这个差使，愿意十分用心恭敬大皇上，更情愿行中国大礼，与别国使臣来中国行礼一样，如中国王、大臣行礼。使臣愿行中国大礼不是止为避失礼的名声，实在为令众人看一个大西洋很远国王的使臣表样，令人知道普天下各国皆知恭敬中国大皇上至大的德行、无比的盛名。使臣愿行中国大礼实在欢心乐意，以上系来朝实情。

使臣但有一件事求大皇上格外大恩典，使臣叩望准求，不然使臣回国恐受大不是了，若是使臣所行的事情不明证使臣本国不是中国属国，免不了得大不是。使臣恐受不是，故使臣说明白是那一件事求大皇上的恩典，就是求大皇上命一个与使臣同品大臣穿本品衣服，在中国京中使臣馆内使臣本国王喜容跟前行大礼。如此，使臣不得不是。使臣感谢大皇上的恩，而使臣国王慕大皇上大德，念念不忘也。

为此陈明。

13. 马戛尔尼致和珅信，1793 年 11 月 9 日

（大不列颠及爱尔兰皇家亚洲学会"小斯当东中文
书信及文件"，第 1 册第 6 号文件）

西洋嘆咭唎亚远国使臣吗嘎哎呢哑为恳祈中堂大人转达叩谢皇恩洪仁厚爱。

种种恩宠，刻腑难忘，默忖尊容，至慈至善，恋恋不舍，又蒙重惠，所遣一位大德侍臣松大人，其人可称德备君子，仁爱非常，护送吾侪，陆路款待，无不体面丰光，且也亦承其重爱，将皇上所允件件言传，从今以后我国商贾在于广东居住贸易绝不禁阻，亦勿伤害，并〔空格，疑有缺字〕狡扰伊等，然所允者要与国律相宜，若与国律相反者而严禁不许也。况且又沾大〔空格，疑有缺字〕来，新任总督大人与前任大人大异焉，其乃秉公无私，所行诸事悉体君心，照顾我等如命。由此观之，则知皇恩浩大，渊深岳重，我等所求之事视之非轻矣。不惟如此，且也所贶之惠，最贵之物，然中有胜者皇上亲手所书"福"字而赐赏我等，此乃重爱之号、恩惠之据矣。使臣偕我国王之名，谢此天高地厚之恩，而铭刻于五内不忘也。

再有一事托付中堂大人代我转达。使臣之意，因两国相通不惟厚交，且也彼此有利益矣。何也？因我国之货物在于北京果然相宜，我等洋船亦能直至天津，盖此货物京城何以价高，因为越省客商所买我等之货运移北京，路途盘缴水脚课税费多银两，方得至京，所以价贵。若我等洋船载此货物而来天津，可减价卖，岂不两全，彼此有利焉。至论茶叶，宁波甚广，其价比广东更贱，使臣与吾国众商所望所愿者，特为己国之客贸易便益，不为列国

客商所求也，而列国商贾亦未求之。若我为列国而求，岂不额外生端，不惟与天朝无益，且与使臣官职不宜也。夫列国船货甚少，而吾国之船货超越列国六七倍也，然有虑焉，使臣所求毫无重允，幸从松大人所言，皇王恩典从缓而求，不能速允所欲矣。据此喜报，可以解闷宽胸，变苦为饴，亦慰渴慕耳。

14. 马戛尔尼谢恩信，1793年11月9日

（大不列颠及爱尔兰皇家亚洲学会"小斯当东中文书信及文件"，第1册第7号文件）

暎咭唎国正使吗嘎咏呢叩谢大皇帝恩典。

我们出京起身，蒙军机大臣们护送，一路都安稳。蒙大皇帝常常计念，赏赐食物，到浙江地面又赏绸缎、荷包，并国王许多绸缎、蟒袍、"福"字，更觉感激不尽。如今到杭州，又准由江西到广东回国，派总督大人护送。这样恩典时刻不忘，待回国告诉国王，越发感谢。

先求大人转奏。

15. 马戛尔尼致和珅信，未署日期，
约为 1793 年 11 月初

**（大不列颠及爱尔兰皇家亚洲学会"小斯当东中文
书信及文件"，第 2 册第 1 号文件）**

嘆咭唎国使臣吗嘎呥呢求大人转奏叩谢大皇帝恩典。

我们求再来进献，恐国王不信。今又蒙大皇帝恩典，给我们凭据，我们即起身，回去奏知，国王必定信服，打发人快来，如能大皇帝六十年大万寿赶到，方合心愿。但佛兰西近来打战，我们的人必从那里走，恐有阻隔，万一来迟，也保不定先来奏明不是我们的人失信。

求大人转奏我们叩谢大皇帝恩典。

　　　　　　　　　　　　　此呈系哆吗嘶啲哝亲手写

16. 长麟抄录上谕，1794年1月1日

（大不列颠及爱尔兰皇家亚洲学会"小斯当东中文
书信及文件"，第1册第8号文件）

天朝太子少保、兵部尚书兼都察院右都御史、总督广东广西提督军务兼理粮饷觉罗长为牌行事。

照得本部堂据呈代奏嘆咭唎国使臣恳恩准令该国王另表进献一折，钦奉圣旨一道，相应恭录，行知该使臣等钦遵可也，须至牌行者恭录圣旨。乾隆五十八年十一月初六日奉上谕："长麟奏管带嘆咭唎使臣趱出浙境日期及该夷等悦服恭顺情形一折，览奏俱悉。又据奏该使臣向护送之道将等称，该国王此次进献实是至诚，我们未来之前国王曾向我们商议，此次回去隔几年年，还要再来进献，是早经议定的，惟道路太远，不敢定准年月，将来另具表文，再来进献，若蒙恩准办理，即将表章物件呈送总督衙门转奏，就是恩典等语。此尚可行。着长麟传知该使臣，以尔国王此次差尔航海远来，抒诚纳贽，大皇帝深为嘉许，赏赉优加。嗣因尔等所请之事，与例不符，是以未准，大皇帝并无嗔怪尔等之心。今据禀称，将来尚欲另具表文，再来进献。大皇帝鉴尔等国王恭顺悃忱，俯赐允准，但海洋风信靡常，亦不必拘定年限，总听尔国之便。使臣到粤，天朝规矩，凡外夷具表纳献，督抚等断无不入告之理，届时使臣一到，即当据情转奏。大皇帝自必降旨允准，赏赐优渥，以昭厚往薄来之意。尔等回国时，可将此意告知尔国王，以此次尔国王所请未邀允准，系格于定例，大皇帝并无怪意。尔国王尽可安心，将来具表进呈，亦必恩准，从优赏赉。如此明切晓

谕，不特该使臣闻之益加悦服，将来回国告知该国王，亦必弥深欣感也。将此谕令知之。钦此。"

乾隆五十八年十一月三十日

17. 长麟颁蔡世文等行商谕令，
1794年3月11日

（英国国家档案馆外交部档案，FO 233/189/28）

太子少保、兵部尚书、总督两广部堂觉罗长，督理粤海关税务、上驷院卿苏谕外洋行商人蔡世文、潘致祥、石中和等知悉：

照得嘆咭唎国贡船买换回国货物，钦奉谕旨，免其输税，业经本部堂、关部会同抚部院奏请，将吗咦哆嘶贡船免其输纳进口船钞银三千六十五两八分四厘，并免征出湖丝税银六百八十四两四钱四分六厘，茶叶等税银一万四百五十一两四钱四分七厘，共货税银一万一千一百三十五两八钱九分三厘。合行给发谕到该商等遵照，即便出具领状，将前项免征钞税共银一万四千二百两九钱七分七厘，赴关照数领出，转给该夷当收领，以示天朝加惠远人之至意，并取具该夷商番禀、领状禀，缴察核毋违。

特谕。

乾隆五十九年二月初十日

吗咦哆嘶贡船免征船钞及出口货税，共银一万四千二百两零九钱七分七厘

内

万和行交过夷收纹银五百零六两四钱零四厘

同文行交过夷收纹银九百六十两零三钱七分八厘

而益行交过夷收纹银一千六百七十八两零六分八厘

源顺行交过夷收纹银八百九十六两七钱五分

广利行交过夷收纹银二千六百二十九两七钱五分三厘

怡和行交过夷收纹银二千七百二十七两七钱八分五厘

义成行交过夷收纹银九十二两零零一厘

达成行交过夷收纹银一十六两四钱零七厘

东生行交过夷收纹银九百八十六两二钱六分四厘

会隆行交过夷收纹银六百四十二两零八分三厘

以上共交夷收纹银一万一千一百三十五两八钱九分三厘

另该夷应输船钞未征银三千零六十五两零八分四厘

通共交还免征纹银一万四千二百两零九钱七分七厘

18. 乾隆颁送乔治三世第三道敕谕
〔不完整〕，1796 年 2 月 3 日
（大不列颠及爱尔兰皇家亚洲学会"小斯当东中文 书信及文件"，第 1 册第 16 号文件）

表文土物由夷船寄粤呈进，具见恭顺之诚。

天朝抚有万国，琛赆来庭，不贵其物，惟重其诚。已饬谕疆臣将贡物进收，俾伸虔敬。至天朝从前征剿廓尔喀时，大将军统领大兵深入，连得要隘，廓尔喀震慑兵威，匍匐乞降。大将军始据情入奏。天朝仁慈广被，中外一体，不忍该一处生灵咸将歼除，是以允准投诚。彼时曾据大将军奏及尔国王遣使前赴卫藏投禀，有劝令廓尔喀投诚之语，其时大功业已告成，并未烦尔国兵力。今尔国王表文内以此事在从前贡使起身之后未及奏明，想未详悉始末。但尔国王能知大义，恭顺天朝，深堪嘉尚，兹特颁赐尔王锦缎等件，尔国王其益励荩诚，永承恩眷，以仰副朕绥远敷仁至意。

再朕于丙辰践祚，时年二十有五，即默祷上帝，若得御宇六十年，当传位嗣子。今仰邀昊眷，九旬开秩，纪元周甲，于明年丙辰传位皇太子，改为嘉庆元年，朕称太上皇帝。尔国自丙辰以后，凡有呈进表文等件，俱应书嘉庆元年号。至朕传位后，军国大政及交涉外藩事件，朕仍训示嗣皇帝所有恩赉怀柔，及尔国人在广东贸易等事一切如旧，特一并谕知，以便尔国得以遵循。

钦哉。

特谕。

引用书目

档　案

Archivio della Curia Generalizia dell'Ordine dei Fratri Minori（abbreviated as ACGOFM）.

Archivio storico della Sacra Congregazione de Propaganda Fide：

　　ACTA Congregationis Particularis super rebus Sinarum et Indiarum Orientalium（abbreviated as ACTA CP）, vol. 17.

　　Scritture originali riferite nei confressi particolari di India e Cina（abbreviated as APF SOCP）, vol. 68.

　　SC Collegi Vari, vol. 12.

Archivio Storico dell'Università degli Studi di Napoli l'Orientale, Fondo Collegio dei Cinesiv（abbreviated as ASUNIOR）.

Biblioteca Apostolica Vaticana

　　Borg. Cin. 394

British Library：

　　India Office Records：

　　　　IOR/G/12. "Factory Records：China and Japan," 1614 – 1843.

　　　　WD 959. William Alexander. "Album of 372 Drawings of Landscapes, Coastlines, Costumes and Everyday Life Made During Lord Macartney's Embassy to the Emperor of China. Between 1792 and 1794."

　　　　WD 960. William Alexander. "Album of 220 Drawings, Chiefly Profiles of Coastlines, Made During Lord Macartney's Embassy to the Emperor of

China. Between 1792 and 1794."

WD 961. William Alexander. "Album of 278 Drawings of Landscapes, Coastlines, Costumes and Everyday Life Made During Lord Macartney's Embassy to the Emperor of China. Between 1792 and 1794."

MS Add. 35174: William Alexander. *A Journal of the Lord Macartney's Embassy to China, 1791 - 1794, Journey of a Voyage to Pekin ... in the Hindostan E. E. M. Accompanying Lord Macartney.* Marlborough, Wiltshire: Adam Matthew Digital, 2007.

Charles W. Wason Collection, Cornell University. Accessed through "The Earl George Macartney Collection," Archives Unbound, Gale (abbreviated as CWCCU):

A Journal of the Proceedings Of His Majesty's Ship Lion, By Sir. E. Gower.

An Important Collection of Original Manuscripts, Papers, and Letters relating to Lord Macartney's Mission to Pekin and Canton, 1792 - 1794, 10 volumes.

Rare Book, Manuscript and Special Collections Library, Duke University, Durham, North Carolina. Accessed through "China: Trade, Politics and Cultures, 1793 - 1980." Marlborough, Wiltshire: Adam Matthew Digital, 2007:

George Thomas Staunton Papers, 1743 - 1885 and Undated.

The Royal Archives, UK:

RA GEO/ADD/31/21/A.

RA GEO/ADD/31/21/B.

RA GEO/ADD/31/21/C.

Royal Asiatic Society Archives, Royal Asiatic Society of Great Britain and Ireland:

GB 891 SC1. Chinese Documents on Trade Regulations with the English.

GB 891 TM. Papers of Thomas Manning, Chinese Scholar, First English Visitor to Lhasa, Tibet.

George Thomas Staunton Chinese Letters and Documents, 2 vols.

The National Archives, UK:

Admiralty Records:

ADM 51/1154. "Admiralty: Captains' Logs," Lion (5 May 1792 - 13 October 1794).

ADM 52/3163 "Admiralty: Masters' Logs," Lion (4 May 1793 - 29 April 1794).

ADM 52/3221 "Admiralty: Masters' Logs," Lion (7 May 1792 - 6 May 1793).

Foreign Office Records:

FO 17. "Foreign Office: Political and Other Documents: General Correspondence Before 1906, China," 1815 - 1905.

FO 233. "Northern Department and Foreign Office: Consulates and Legation, China: Miscellaneous Papers and Reports," 1727 - 1951.

FO 663. "Foreign Office: Consulate, Amoy, China: General Correspondence," 1834 - 1951.

FO 677. "Foreign Office: Superintendent of Trade, Legation, Peking, China: General Correspondence and Diaries," 1759 - 1874.

FO 682. "Foreign Office: Chinese Secretary's Office, Various Embassies and Consulates, China: General Correspondence," 1861 - 1939.

FO 1048. "East India Company: Select Committee of Supercargoes, Chinese Secretary's Office: Chinese-language Correspondence and Papers," 1793 - 1834.

西 文 书 目

A Constant Reader. "To the Editor of the *Monthly Magazine.*" *Monthly Magazine or British Register* 19, no. 2 (1 March 1805), p. 139.

A Correspondent. "Embassies to China: Objects, Plans and Arrangements, of Lord Macartney's Embassy, to the Court of Keënlung, From the King of Great Britain; Strictures on the Same; and Remarks Explanatory of the Causes of Its Failure: Its Course Traced, From Its Origination, to Its Arrival at the Mouth of the Peiho." *The Chinese Repository* 6, no. 1 (May 1837), pp. 17 - 27.

Adas, Michael. *Machines as the Measure of Men: Science, Technology, and Ideologies of Western Dominance.* Ithaca, NY: Cornell University Press, 1989.

Alexander, William. *Views of Headlands, Islands &c. Taken During a Voyage to, and along the Eastern Coast of China, in the Years 1792 & 1793, etc.* London: W. Alexander, 1798.

————. *The Costume of China.* London: William Miller, 1805.

_____. *Picturesque Representations of the Dress and Manners of the Chinese. Illustrated in Fifty Coloured Engravings, with Descriptions.* London: W. Bulmer and Co., 1814.

Allison, Rayne. "The Virgin Queen and the Son of Heaven: Elizabeth I's letters to Wanli, Emperor of China." In *Elizabeth I's Foreign Correspondence: Letters, Rhetoric, and Politics*, edited by Carlo M. Bajetta, Guillaume Coatalen and Jonathan Gibson, pp. 209 – 228. New York, NY: Palgrave Macmillan, 2014.

Amiot, Joseph. *Mémoires concernant l'Histoire, les Sciences, les Arts, les Mœurs, les Usages, &c. Des Chinois Par les Missionnaries de Pekin*, vol. 1. Paris: Chez Nyon, Libraire, 1776.

Anderson, Æneas. *A Narrative of the British Embassy to China, in the Years 1792, 1793, and 1794; Contains The Various Circumstances of the Embassy, With Account of Customs and Manners of the Chinese and a Description of the Country, Towns, Cities, &c. &c.* London: J. Debrett, 1795.

Anonymous. *A Delicate Inquiry into the Embassies to China, and A Legitimate Conclusion from the Premises.* London: Thomas and George Underwood and J. M. Richardson, 1818.

Anson, George. *A Voyage Round the World: In the Years MDCCXL, I, II, III, IV. By George Anson, Esq; Commander in Chief of a Squadron of His Majesty's Ships, send upon an Expedition to the South-Seas. Compiled from Papers and Other Materials of the Right Honourable George Lord Anson, and Published Under his direction. By Richard Walter, M. A. Chaplain of his Majesty's Ship the Centurion, in that Expedition. The third edition. With charts of the southern part of South America, of part of the Pacific Ocean, and of the track of the Centurion round the world*, edited by Richard Walter and Benjamin Robins. London: John and Paul Knapton, 1748.

Archer, Mildred. "From Cathay to China: The Drawings of William Alexander, 1792 – 4." *History Today* 12 (1962), pp. 864 – 871.

_____. "Works by William Alexander and James Wales." In *The Royal Asiatic Society: Its History and Treasures*, edited by Stuart Simmonds and Simon Digby, pp. 118 – 122. Leiden: Brill, 1979.

Argon, Charles. "*The Problem of China*: Orientalism, 'Young China', and Russell's Western Audience." *Russell: The Journal of Bertrand Russell Studies* 35, no. 2 (Winter 2015 – 16), pp. 159 – 161.

Backhouse, Edmund, and John Otway Percy Bland. *Annals and Memoirs of the Court of Peking (From the 16th to the 20th Century)*. Boston: Houghton Mifflin, 1914.

Barrett, Timothy Hugh. *Singular Listlessness: A Short History of Chinese Books and British Scholars*. London: The Wellsweep Press, 1989.

Barrow, John. *Some Account of the Public Life and A Selection from the Unpublished Writings of The Earl of Macartney. The Latter Consisting of Extracts from An Account of the Russian Empire; A Sketch of the Political History of Ireland; and A Journal of an Embassy from the King of Great Britain to the Emperor of China.* 2 vols. London: T. Cadell and W. Davies in the Strand, 1807.

————. *Travels in China, Containing descriptions, Observations, and Comparisons, Made and Collected in the Course of a Short Residence at the Imperial Palace of Yuen-Min-Yuen, and On A Subsequent Journey Through the Country From Pekin to Canton.* London: T. Cadell & W. Davies, 1804.

————. *An Auto-Biographical Memoir of Sir John Barrow, Bart., Late of the Admiralty; Including Reflections, Observations, and Reminiscences at Home and Abroad, From Early life to Advanced Life.* London: John Murray, 1847.

Bartlett, Beatrice S. "A New Edition of Macartney Mission Documents: Problems and Glories of Translation." *Études chinoises* 14, no. 1 (1995), pp. 145 – 159.

Batchelor, Robert. "Concealing the Bounds: Imagining the British Nation through China." In *The Global Eighteenth Century*, edited by Felicity A. Nussbaum, pp. 79 – 92. Baltimore, MD.: John Hopkins University Press, 2003.

Bell, John. *Travels from St. Petersburg in Russia, to Diverse Parts of Asia.* Glasgow: R. and A. Foulis, 1763. 2 vols.

Berg, Maxine. "Britain, Industry and Perceptions of China: Matthew Boulton, 'Useful Knowledge' and the Macartney Embassy to China 1792 – 94." *Journal of Global History* 1, no. 2 (July 2006), pp. 269 – 288.

————. "In Pursuit of Luxury: Global History and British Consumer Goods in the Eighteenth Century." *Past and Present* 182 (February 2004), pp. 85 – 142.

————. "Macartney's Things. Were They Useful? Knowledge and the Trade to

China in the Eighteenth Century." Global Conference 4, Leiden, 16 – 18 September 2004. http://www. 1se. ac. uk./Economic-History/Assets/Documents/ Research/GEHN/GEHNConference/conf4/Conf4-MBerg.pdf. Accessed March 2018.

Bickers, Robert A., ed. *Ritual and Diplomacy: The Macartney Mission to China 1792 – 1794*. London: The Wellsweep Press, 1993.

_____. "History, Legend and Treaty Port Ideology, 1925 – 1931." In *Ritual and Diplomacy: The Macartney Mission to China 1792 – 1794*, edited by Robert A. Bickers, pp. 81 – 92. London: The Wellsweep Press, 1993.

_____. "Backhouse, Sir Edmund Trelawny, Second Baronet (1873 – 1944)." *Oxford Dictionary of National Biography* vol. 3, pp. 104 – 105. Oxford: Oxford University Press, 2004.

Bickers, Robert A., and Jonathan J. Howlett, eds. *Britain and China: Empire, Finance, and War, 1840 – 1970*. Abingdon, Oxon: Routledge, 2015.

Biggerstaff, Knight. "The First Chinese Mission of Investigation Sent to Europe." In *Some Early Chinese Steps Toward Modernization*, pp. 39 – 52. San Francisco: Chinese Materials Center, 1975.

Blakley, Kara Lindsay, "From Diplomacy to Diffusion: The Macartney Mission and Its Impact on the Understanding of Chinese Art, Aesthetics and Culture in Great Britain, 1793 – 1859." PhD dissertation, University of Melbourne, 2018.

Bland, John Otway Percy and Edmund Backhouse, *China under the Empress Dowager: Being the History of the Life and Times of Tzǔ Hsi, comp. from the State Papers of the Comptroller of her Household*. Boston: Houghton Mifflin, 1914.

Boxer, C. R. "Isaac Titsingh's Embassy to the Court of Ch'ien Lung (1794 – 1795)." *T'ien Hsia* 8, no. 1 (1939), pp. 9 – 33.

_____, ed. & trans. *Seventeenth Century Macau in Contemporary Documents and Illustrations*. Hong Kong: Heinemann (Asia), 1984.

Branner, David Prager. "The Linguistic Ideas of Edward Harper Parker." *Journal of American Oriental Society* 119, no. 1 (1999), pp. 12 – 34.

Broomhall, Marshall. *Robert Morrison: A Master-Builder*. London: Church Missionary Society, 1924.

Burrows, Toby. "Manuscripts of Sir Thomas Phillips in North American Institutions." *Manuscript Studies* 1, no. 2 (Fall 2016), pp. 308 – 327.

Carroll, John M. "The Canton System: Conflict and Accommodation in the Contact Zone." *Journal of the Hong Kong Branch of the Royal Asiatic Society* 50 (2010), pp. 51 – 66.

————. " 'The Usual Intercourse of Nations': The British in Pre-Opium War Canton." In *Britain and China: Empire, Finance, and War, 1840 – 1970*, edited by Robert Bickers and Jonathan J. Howlett, pp. 22 – 40. Abingdon, Oxon: Routledge, 2015.

————. "Sorting Out China: British Accounts from Pre-Opium War Canton." In *The Cultural Construction of the British World*, edited by Barry Crosbie and Mark Hampton, pp. 126 – 144. Manchester: Manchester University Press, 2016.

————. *Canton Days: British Life and Death in China*. Lanham: Rowman & Littlefield, 2020.

Chang, T'ien-Tsê. "Malacca and the Failure of the First Portuguese Embassy to Peking." *Journal of Southeast Asian History* 3, no. 2 (September 1962), pp. 45 – 64.

————. *Sino-Portuguese Trade from 1514 – 1644: A Synthesis of Portuguese and Chinese Sources*. Leyden: E. J. Brill, 1969.

Chen, Li. "Law, Empire, and Historiography of Modern Sino-Western Relations: A Case Study of the 'Lady Hughes' Controversy in 1784." *Law and History Review* 27, no. 1 (Spring 2009), pp. 1 – 53.

————. *Chinese Law in Imperial Eyes: Sovereignty, Justice, and Transcultural Politics*. New York: Columbia University Press, 2016.

Chen, Shanshan. "Art, Science, and Diplomacy: Imagery of the Macartney Mission to China." PhD dissertation, The University of Hong Kong, 2018.

Chen, Song-chuan. "The British Maritime Public Sphere in Canton, 1827 – 1839." PhD dissertation, University of Cambridge, 2008.

————. *Merchants of War and Peace: British Knowledge of China in the Making of the Opium War*. Hong Kong: Hong Kong University Press, 2017.

Cheong, Weng Eng, *The Hong Merchants of Canton: Chinese Merchants in Sino-Western Trade*. London: Curzon Press, 1997.

The Chinese Repository. Canton: Printed for the proprietors, 1832 – 1851.

Ching, May-bo. "The 'English Experience' among the Humblest Chinese in the Canton Trade Era (1700s – 1842)." *Curtis's Botanical Magazine* 34, no. 4 (2017), pp. 498 – 313.

Clarke, David. "Chinese Visitors to 18th Century Britain and their Contribution to its Cultural and Intellectual Life." *Curtis's Botanical Magazine* 34, no. 4 (December 2017), pp. 498 – 521.

Clingham, Greg. "Cultural Difference in George Macartney's *An Embassy to China, 1792 – 94*." *Eighteenth Century Life* 39, no. 2 (April 2015), pp. 1 – 29.

Coates, Austin. *Macao and the British, 1637 – 1842: The Prelude to Hong Kong*. London: Routledge and Kegan Paul, 1966.

Conner, Patrick, and Susan Legouix Solman. *William Alexander: An English Artist in Imperial China*. Brighton: Brighton Borough Council, 1981.

Corradini, Piero. "Concerning the Ban on Preaching Christianity Contained in Ch'ien-lung's Reply to the Requests Advanced by the British Ambassador, Lord Macartney." *East and West* 15, no. 3/4 (September-December 1965), pp. 89 – 91.

Correspondence Relating to China, Presented to both Houses of Parliament, by Command of Her Majesty. London: T. R. Harrison, 1840.

Cranmer-Byng, John L. "Lord Macartney's Embassy to Peking in 1793: From Official Chinese Documents." *Journal of Oriental Studies* 4, Issues 1 – 2 (1957 – 58), pp. 117 – 186.

_____. "Introduction." In George Macartney, *An Embassy to China: Being the Journal Kept by Lord Macartney During his Embassy to the Emperor Ch'ien-lung, 1793 – 1794*, edited by J. L. Cranmer-Byng, pp. 3 – 58. London: Longmans, 1962.

_____. "The Chinese Attitude Towards External Relations." *International Journal* 21, no. 1 (1966), pp. 57 – 77.

_____. "The Defences of Macao in 1794: A British Assessment." *Journal of Southeast Asian History* 5, no. 2 (September 1967), pp. 133 – 149.

_____. "The First English Sinologists. Sir George Staunton and the Reverend Robert Morrison." In *Symposium on Historical Archaeological and Linguistic*

Studies on South China, South-East Asia and The Hong Kong Region: Papers Presented at Meetings Held in September 1961 as Part of the Gold Jubilee Congress of the University of Hong Kong, edited by F. S. Drake, pp. 247 – 260. Hong Kong: Hong Kong University Press, 1967.

————. "Russian and British Interests in the Far East, 1791 – 1793." *Canadian Slavonic Papers* 10, no. 3 (Autumn 1968), pp. 357 – 375.

Cranmer-Byng, John L., and Trevor H. Levere. "A Case Study in Cultural Collison: Scientific Apparatus in the Macartney Embassy to China, 1793." *Annals of Science* 38 (1981), pp. 503 – 525.

Crosbie, Barry, and Mark Hampton, eds. *The Cultural Construction of the British World*. Manchester: Manchester University Press, 2016.

D'Arelli, Francesco. "The Chinese College in Eighteenth-Century Naples." *East and West* 58, no. 1 (December 2008), pp. 283 – 312.

Datta, Rajeshwari. "The India Office Library: Its History, Resources, and Functions." *The Library Quarterly: Information, Community, Policy* 36, no. 2 (April 1966), pp. 99 – 148.

Day, Jenny Huangfu. *Qing Travellers to the Far West: Diplomacy and the Information Order in Late Imperial China*. Cambridge: Cambridge University Press, 2018.

Delisle, Jean, and Judith Woodsworth, eds. *Translators Through History*. Amsterdam: John Benjamins Publishing Company, 2012.

De Beer, Gavin Rylands. "Sir Hans Sloane and the British Museum." *The British Museum Quarterly* 18, no. 1 (March 1953), pp. 2 – 4.

De Guignes, Chrétien-Louis-Joseph. *Voyage à Pékin, Manille er I' Île de France*. Paris: L'Imprimerie Impérial, 1808.

Delbourgo, James. *Collecting the World: The Life and Curiosity of Hans Sloane*. London: Penguin, 2017.

————. *Collecting the World: Hans Sloane and the Origins of the British Museum*. Cambridge, MA: Belknap Press, 2019.

Duyvendak, J. J. L. "The Last Dutch Embassy to the Chinese Court (1794 – 1795)." *T'oung Pao*, second series 34, no. 1/2 (1938), pp. 1 – 137.

The Earl de Grey and Ripon [George Frederick Samuel Robinson]. "Address to the Royal Geographical Society of London; Delivered at the Anniversary Meeting on

28 may 1860, by the Earl de Grey and Ripon, President: Obituary." *Proceedings of the Royal Geographical Society of London* 4, no. 4 (1859 - 1860), pp. 141 - 143.

Eastberg, Jodi Rhea Bartley. "West Meets East: British Perception of China Through the Life and Works of Sir George Thomas Staunton, 1781 - 1859." PhD dissertation, Marquette University, 2009.

Elman, Benjamin A. "The Jesuit Role as 'Experts' in High Qing Cartography and Technology." *Taiwan University History Bulletin* 31 (June 2003), pp. 223 - 250.

Emanuel, John. "Matteo Ripa and the Founding of the Chinese College at Naples." *Neue Zeilschrift für Missionswissenchaft* 37 (1981), pp. 131 - 140.

Esherick, Joseph W. "Cherishing Sources from Afar." *Modern China* 24, no. 2 (April 1998), pp. 135 - 161.

_____. "Tradutore, Traditore: A Reply to James Hevia." *Modern China* 24, no. 3 (July 1998), pp. 328 - 332.

Fairbank, John K., ed. *The Chinese World Order: Traditional China's Foreign Relations*. Cambridge, MA: Harvard University Press, 1968.

_____. *Trade and Diplomacy on the China Coast: The Opening of the Treaty Ports, 1842 - 1854*. Cambridge, MA: Harvard University Press, 1953.

Fairbank, John K., Martha Henderson Coolidge, and Richard Smith. *H. B. Morse, Customs Commissioner and Historian of China*. Lexington: University Press of Kentucky, 1995.

Fan, Fa-ti. *British Naturalists in Qing China: Science, Empire, and Cultural Encounter*. Cambridge, MA: Harvard University Press, 2004.

Fara, Patricia. *Sex, Botany and Empire: The Story of Carl Linnaeus and Joseph Banks*. Cambridge: Icon Books, 2003.

Farmer, Edward L. "James Flint versus the Canton Interest (1755 - 1760)." *Papers On China* 17 (December 1963), pp. 38 - 66.

Fatica, Michele. "Gli Alunni Del Collegium Sinicum di Napoli, La Missione Macartney Presso L'Imperatore Qianlong e La Richiesta di Liberta di Culto per I Cristiani Cinesi [1792 - 1793]." In *Studi in Onore di Lionello Lanciotti*, vol. 2, edited by S. M. Carletti, M. Sacchetti, and P. Santangelo, pp. 525 - 565.

Napoli: Istituto Universitario Orientale, 1996.

————. *Archivio Storico del Collegio dei cinesi (Sezioni di Napoli, Roma E Venezia)*. Napoli: Istituto Universitario Orientale, 2004.

————. *Matteo Ripa e il Collegio dei Cinesi de Napoli (1682 – 1869)*. Napoli: Università degli Studi di Napoli "L'Orientale", 2006.

————. *Sedi e Palazzi dell'Università degli Studi di Napoli "L'Orientale"*. Napoli: Università degli Studi di Napoli "L'Orientale", 2008.

Fatica, Michele, and Yue Zhuang. "Copperplates Controversy: Matteo Ripa's Thirty-six Views of Jehol and the Chinese Rites Controversy." In *Entangled Landscapes: Early Modern China and Europe*, edited by Yue Zhuang and Andrea M. Riemenschnitter, pp. 144 – 186. Singapore: NUS Press, 2017.

Ford, Susan Allen. "Fanny's ' Great Book ': Macartney's Embassy to China and *Mansfield Park*." *Persuasions On-line* 28, no. 2 (Spring 2008). https://jasna. org/persuasions/on-line/vol28no2/ford. htm, accessed 18 December 2021.

Fry, Michael. "Dundas, Henry, First Viscount Melville (1742 – 1811)." *The Oxford Dictionary of National Biography* (Oxford: Oxford University Press, 2004). https://www-oxforddnb-com. easyaccess1. lib. cuhk. edu. hk/view/10. 1093/ref: odnb/9780198614128.001.0001/odnb-9780198614128-e-8250? rskey = mdw7yp&result = 3, accessed 9 May 2021.

Gao, Hao. "British-Chinese Encounters: Changing Perceptions and Attitudes from the Macartney Mission to the Opium War." PhD dissertation: The University of Edinburgh, 2013.

————. *Creating the Opium War: British Imperial Attitude Towards China, 1792 – 1840*. Manchester: Manchester University Press, 2020.

Gascoigne, John. *Joseph Banks and the English Enlightenment: Useful Knowledge and Polite Culture*. Cambridge: Cambridge University Press, 1994.

————. *Science in the Service of Empire: Joseph Banks, the British State and the Uses of Science in the Age of Revolution*. Cambridge: Cambridge University Press, 1998.

Goodman, Jordan. *Planting the World: Botany, Adventures and Enlightenment Across the Globe with Joseph Banks*. New York: HarperCollins Publishers, 2019.

Gower, Erasmus. *A Journal of the Proceedings of His Majesty's Ship Lion,*

Commanded by Sir Erasmus Gower, Knt., Commencing in the Yellow Sea on the 5th of August 1793 and Ending at Whampoa in the River Canton the 9th January 1794. 1794.

Gunn, Geoffrey C. *Encountering Macau: A Portuguese City-state on the Periphery of China, 1557 – 1999*. Boulder：Westview Press，1996.

Gützlaff, Karl, F. A. *Journal of Three Voyages Along the Coast of China in 1831, 1832, & 1833*. London：Frederick Westley & A. H. Davis，1834.

Hager, Joseph. *An Explanation of the Elementary Characters of Chinese; with an Analysis of their Ancient Symbols and Hieroglyphics*. London：Richard Phillips，1801.

————. "For the *Monthly Magazine*. Observations on the Name and Origin of the Pyramids of Egypt." *Monthly Magazine* 12，no. 1（1 August 1801），p. 6.

————. "Reply to Dr. Montucci." *The Critical Review, Or, Annals of Literature* 34（February 1802），pp. 206 – 217.

————. *Patheon Chinois, ou parallele entre le culte religieux des Grecs et celle des Chinois*. Paris：De L'Imprimerie de P. Didot L'ainé，1806.

Hakluyt, Richard. *The Principal Navigations Voyages Traffiques and Discoveries of the English Nation*. 12 vols. Glasgow：James MacLehose and Sons，1904；reprint. Cambridge：Cambridge University Press，2014.

Hall, Basil. *Voyage to Loo-Choo, and Other Places in the Eastern Seas, in the Year 1816*. Edinburgh：Archibald Constable & Co.，1826.

Hampton, Timothy. *Fictions of Embassy*. Ithaca, NY：Cornell University Press，2009.

Hanser, Jessica. *Mr. Smith Goes to China: Three Scots in the Making of Britain's Global Empire*. New Haven：Yale University Press，2019.

Hariharan, Shantha. "Relations Between Macao and Britain During the Napoleonic Wars：Attempt to Land British Troops in Macao, 1802." *South Asia Research* 30，no. 2（July 2010），pp. 185 – 196.

Harrison, Henrietta. *The Missionary's Curse and Other Tales from a Chinese Catholic Village*. Berkeley, Los Angeles and London：University of California Press，2013.

————. "The Qianlong Emperor's Letter to George III and the Early-Twentieth-Century Origins of Ideas about Traditional China's Foreign Relations." *American*

Historical Review 122, no. 3 (June 2017), pp. 680 – 701.

_____. "Chinese and British Diplomatic Gifts in the Macartney Embassy of 1793." *English Historical Review* 133, no. 560 (February 2018), pp. 65 – 97.

_____. "A Faithful Interpreter? Li Zibiao and the 1793 Macartney Embassy to China." *The International History Review* 41, no. 5 (2019), pp. 1076 – 1091.

_____. *The Perils of Interpreting: The Extraordinary Lives of Two Translators between Qing China and the British Empire.* New Jersey: Princeton University Press, 2021.

Hevia, James L. "Guest Ritual and Interdomainal Relations in the Late Qing." PhD dissertation, University of Chicago, 1986.

_____. "A Multitude of Lords: Qing Court Ritual and the Macartney Embassy of 1793." *Late Imperial China* 10, no. 2 (December 1989), pp. 72 – 105.

_____. "The Macartney Embassy in the History of Sino-British Relations." In *Ritual and Diplomacy: The Macartney Mission to China 1792 – 1794,* edited by Robert A. Bickers, pp. 57 – 79. London: The Wellsweep Press, 1993.

_____. *Cherishing Men from Afar: Qing Guest Ritual and the Macartney Embassy of 1793.* Durham, NC: Duke University Press, 1994.

_____. "Postpolemical Historiography: A Response to Joseph W. Esherick." *Modern China* 24, no. 3 (July 1998), pp. 319 – 327.

_____. " 'The Ultimate Gesture of Deference and Debasement': Kowtowing in China." *Past and Present* 203, Suppl. 4 (2009), pp. 212 – 234.

Hillemann, Ulrike. *Asian Empire and British Knowledge: China and the Networks of British Imperial Expansion.* London: Palgrave Macmillan, 2009.

Holmes, Samuel. *The Journal of Mr. Samuel Holmes, Sergeant-Major of the XIth Light Dragoons, During His Attendance as One of the Guards on Lord Macartney's Embassy to China and Tartary.* London: W. Bulmer & Company, 1798.

Hsü, Immanuel C. Y. "The Secret Mission of the Lord Amherst on the China Coast, 1832." *Harvard Journal of Asiatic Studies* 17, no. 1/2 (June 1954), pp. 231 – 252.

Hunter, William C. *The "Fan Kwae" at Canton Before Treaty Days, 1825 – 1844.* London: Kegan Paul, Trench & Co., 1882.

_____. *Bits of Old China.* London: Kegan Paul, Trench and Company, 1885.

Hutton, Brian. "The Creation, Dispersion and Discovery of the Papers of George, 1st Earl Macartney." *Familia* 2 (1989), pp. 81 – 86.

Hüttner, Johann Christian. *Nachricht von der Britischen Gesandtschaftsreisé durch China und einen Teil der Tartarei, 1792 – 94.* Berlin: Voss, 1797.

Irvine, Thomas. *Listening to China: Sound and the Sino-Western Encounter, 1770 – 1839.* Chicago: Chicago University Press, 2020.

Jackson, Nicolas D. *The First British Trade Expedition to China: Captain Weddell and the Courteen Fleet in Asia and Late Ming Canton.* Hong Kong: Hong Kong University Press, 2023.

Keevak, Michael. *Embassies to China: Diplomacy and Cultural Encounters before the Opium War.* Singapore: Palgrave Macmillan, 2017.

Kitson, Peter J. " 'The Kindness of my Friends in England': Chinese Visitors to Britain in the Late Eighteenth and Early Nineteenth Centuries and Discourses of Friendship and Estrangement." *European Romantic Review* 27, no. 1 (2016), pp. 55 – 70.

Krahl, Joseph. *China Missions in Crisis: Bishop Laimbeckhoven and His Times, 1738 – 1787.* Rome: Gregorian University Press, 1964.

Kwan, Uganda Sze Pui. "Transferring Sinosphere Knowledge to the Public: James Summers (1828 – 91) as Printer, Editor and Cataloguer." *East Asian Publishing and Society* 8, no. 1 (2018), pp. 56 – 84.

Landry-Deron, Isabelle. "Le 'Dictionnaire chinois, français et latin' de 1813." *T'oung Pao* 101, Fasc 4/5 (2015), pp. 407 – 440.

Legouix, Susan. *Image of China: William Alexander.* London: Jupiter Books, 1980.

Lehner, Georg. "From Enlightenment to Sinology: Early European Suggestions on How to Learn Chinese, 1770 – 1840." In *Asian Literary Voices: From Marginal to Mainstream*, edited by Phillip F. Williams, pp. 71 – 92. Amsterdam: Amsterdam University Press, 2010.

Leung, Chung Yan. "A Bilingual British 'Barbarian' — A Study of John Robert Morrison (1814 – 1843) as the Translator and Interpreter for the British Plenipotentiaries in China between 1839 and 1843." MPhil Thesis, Hong Kong Baptist University, 2001.

Lindorff, Joyce. "Burney, Macartney and the Qianlong Emperor: The Role of Music in the British Embassy to China, 1792 – 1794." *Early Music* 40, no. 3 (August 2012), pp. 441 – 453.

Lindsay, Hugh Hamilton, and Karl F. A. Gützlaff. *Report of Proceedings of a Voyage to the Northern Ports of China in the Ship Lord Amherst.* London: B. Fellowes, 1833.

Liu, Lydia H. *The Clash of Empires: The Invention of China in Modern World Making.* Cambridge, MA and London: Harvard University Press, 2004.

Lo, Hui-min. "The Ching-shan Diary: A Clue to its Forgery." *East Asian History* 1 (1991), pp. 98 – 124.

Lundbæk, Knud. "The Establishment of European Sinology 1801 – 1815." In *Cultural Encounters: China, Japan, and the West: Essays Commemorating 25 Years of East Asian Studies at the University of Aarhus*, edited by Soren Clausen, Roy Starrs, and Anne Wedell-Wedellsborg, pp. 15 – 54. Aarhus: Aarhus University Press, 1995.

Lunney, Linde. "The Celebrated Mr. Dinwiddie: An Eighteenth-Century Scientist in Ireland." *Eighteenth-Century Ireland* 3 (1988), pp. 69 – 83.

Macartney, George. *An Embassy to China: Being the Journal Kept by Lord Macartney During his Embassy to the Emperor Ch'ien-lung, 1793 – 1794*, edited by J. L. Cranmer-Byng. London: Longmans, 1962.

————. *An Embassy to China: Being the Journal Kept by Lord Macartney During his Embassy to the Emperor Ch'ien-lung, 1793 – 1794*, edited by J. L. Cranmer-Byng. London: The Folio Society, 2004.

Mancall, Mark. *Russia and China: Their Diplomatic Relations to 1728.* Cambridge, MA: Harvard University Press, 1971.

Martin, R. Montgomery. *China; Political, Commercial, and Social; in an Official Report to Her Majesty's Government.* 2 vols. London: James Madden, 1847.

Marshall, P. J. "Britain and China in the Late Eighteenth Century." In *Ritual and Diplomacy: The Macartney Mission to China 1792 – 1794*, edited by Robert A. Bickers, pp. 11 – 29. London: The Wellsweep Press, 1993.

McAnally, Henry. "Antonio Montucci." *Modern Language Quarterly* 7, no. 1 (1946), pp. 65 – 81.

Meynard, Thierry. "Fan Shouyi, A Bridge Between China and the West Under the

Rite Controversy." *Annales Missiologici Posnanienses* 22（2017），pp. 21 – 31.

Milton，John. *Paradise Lost*. London：John Bumpus，Holborn-Bars，1821.

Minamiki，George. *The Chinese Rites Controversy from Its Beginnings to Modern Times*. Chicago：Loyola University Press，1985.

Montucci，Antonio. "An Account of an Evangelical Chinese Manuscript in the British Museum，together with a specimen of it，and Some Hints on the Proper Mode of Publishing it in London." *Gentleman's Magazine*（Oct-Nov 1801），pp. 882 – 887.

_____. *The Title-Page Reviewed, The Characteristic Merits of the Chinese Language, Illustrated by an Investigation of its Singular Mechanism and Peculiar Properties; Containing Analytical Strictures on Dr. Hager's Explanation of the Elementary Characters of the Chinese*. London：W. and C. Spilsbury，1801.

_____. *Letters to the Editor of The Universal Magazine, on Chinese Literature; Including Strictures on Dr. Hager's Two Works and the Reviewers' Opinions Concerning Them*. London：Knight and Compton，1804.

_____. "To the Editor of the *Monthly Magazine*，12 March 1804." *Monthly Magazine* 17，no. 3（1 April 1804），p. 211.

_____. *Remarques Philologiques sur les voyages en Chine de M. de Guignes*. Berlin：Aux Frais De L'Auteur，1809.

_____. *Urh-Chh-Tsze-Ten-Se-Yn-Pe-Keou; Being A Parallel Drawn between the Two Intended Chinese Dictionaries; By the Rev. Robert Morrison and Antonio Montucci, LL. D.* London：T. Cadell and W. Davis and T. Boosey，1817.

Morrison，Elizabeth A. *Memoirs of the Life and Labours of Robert Morrison, DD*. 2 vols. London：Longman，Orme，Brown，Green and Longmans，1839.

Morrison，Robert. *A Dictionary of the Chinese Language, in Three Parts*. Macao：The Honorable East India Company's Press，1815 – 1822.

_____. *Memoir of the Principal Occurrences during an Embassy from the British Government to the Court of China in the Year of 1816*. London：Hatchard and Son，1920.

_____. "To the Editor of the Asiatic Journal." *The Asiatic Journal and Monthly Register for British India and Its Dependencies* 15，no. 89（May 1823），pp. 459 – 461.

Morse, Hosea Ballou. *The Chronicles of the East India Company.* 5 vols. London: Oxford University Press, 1926 – 1929.

————. *The International Relations of the Chinese Empire.* 3 vols. London: Longmans, Green & Co., 1910 – 1918.

Mosca, Matthew W. *From Frontier Policy to Foreign Policy: The Question of India and the Transformation of Geopolitics in Qing China.* Stanford: Stanford University Press, 2013.

————. "The Qing State and Its Awareness of Eurasian Interconnections, 1789 – 1806." *Eighteenth-Century Studies* 47, no. 2 (Winter 2014), pp. 103 – 116.

Moseley, William W. *A Memoir on the Importance and Practicability of Translating and Printing the Holy Scriptures in the Chinese Language; and of Circulating Them in That Vast Empire.* London: N. Merridew, 1800.

————. *A Dictionary of Latin Quantities: Or Prosodian's Guide to the Different Quantities of Every Syllable in the Latin Language, Alphabetically Arranged.* London: Blackwood, 1827.

————. *The Origin of the First Protestant Mission to China, and History of the Events Which Included the Attempt, and Succeeded in the Accomplishment of a Translation of the Holy Scriptures into the Chinese Language.* London: Simpkin and Marshall, 1842.

Mui, Hoh-cheung, and L. H. Mui. *The Management of Monopoly: A Study of the English East India Company's Conduct of Its Tea Trade, 1784 – 1833.* Vancouver: University of British Columbia Press, 1984.

Mungello, D. E., ed. *The Chinese Rites Controversy: Its History and Meaning.* Nettetal: Steyler Verlag, 1994.

Napier, Priscilla. *Barbarian Eye: Lord Napier in China, 1834, the Prelude to Hong Kong.* London & Washington: Brassey's, 1995.

"New research uncovers the story of the first Chinese Scotsman." *History Scotland*, 16 February 2018, https://www.historyscotland.com/history/new-research-uncovers-the-story-of-the-first-chinese-scotsman/. Accessed 21 April 2020.

Nicolson, Harold. *Diplomacy.* New York: Oxford University Press, 1963.

Nish, Ian, ed. *British Documents on Foreign Affairs: Reports and Papers from the Foreign Office Confidential Print.* Part I, Series E, vol. 16. Frederick, MD:

University Publications of America, 1994.

Nolde, John Jacob. "The 'Canton City Question', 1842 – 1849: A Preliminary Investigation into Chinese Anti-Foreignism and its Effect Upon China's Diplomatic Relations." PhD dissertation, Cornell University, 1950.

O'Neill, Patricia Owens. "Missed Opportunities: Late 18th Century Chinese Relations with England and the Netherlands." PhD dissertation, University of Washington, 1995.

Ong, S. P. "Jurisdiction Politics in Canton and the First English Translation of the Qing Penal Code." *Journal of the Royal Asiatic Society*, Series 3, 20, no. 2 (April 2010), pp. 141 – 165.

Pagani, Catherine. *"Eastern Magnificence and European Ingenuity": Clocks of Late Imperial China*. Ann Arbor: The University of Michigan Press, 2001.

Parker, Edward Harper. *Chinese Account of the Opium War*. Shanghai: Kelly and Walsh, 1888.

————. "From the Emperor of China to King George the Third: Translated from the Tung-Hwa Luh, or Published Court Records of the now Reigning Dynasty." *The Nineteenth Century: A Monthly Review* 40 (July 1896), pp. 45 – 55.

Patton, Steven. "The Peace of Westphalia and It Affects on International Relations, Diplomacy and Foreign Policy." *The Histories* 10, no. 1 (2019), pp. 91 – 99.

Pelliot, Paul. "Le Hōja et le Sayyid Husain de l'Historie des Ming." *T'oung Pao*, Second Series 38, livr. 2/5 (1948), pp. 81 – 292.

Peyrefitte, Alain. *L'Empire Immobile, ou, Le Choc Des Mondes*. Paris: Librairie Arthéme Fayard, 1989.

————. *The Collision of Two Civilisations: The British Expedition to China in 1792 – 4*. Translated by Jon Rothschile. London: Harvill, 1993.

————, ed. *Un choc de cultures: La vision des Chinois*. Translated by Pierre Henri Durand, et. al. Paris: Librairie Arthéme Fayard, 1992.

Platt, Stephen R. *Imperial Twilight: The Opium War and the End of China's Last Golden Age*. New York: Alfred A. Knopf, 2018.

Price, Barclay. *The Chinese in Britain: A History of Visitors and Settlers*. Gloucester: Amberley Publishing, 2019.

Pritchard, Earl H. *Anglo-Chinese Relations During the Seventeenth and Eighteenth*

Centuries. Urbana, Ill: The University of Illinois, 1929; reprint. New York: Octagon Books, 1970.

_____. "Letters from Missionaries at Peking Relating to the Macartney Embassy." *T'oung Pao*, Second Series 31, no. 2/3 (1934), pp. 1 - 57.

_____. *The Crucial Years of Early Anglo-Chinese Relations, 1750 - 1800.* Washington: Pullman, 1936; reprint. New York: Octagon Books, 1970.

_____, ed. "The Instructions of the East India Company to Lord Macartney on His Embassy to China and His Reports to the Company, 1792 - 4." In *Journal of the Royal Asiatic Society of Great Britain and Ireland* (1938), pp. 201 - 230, 375 - 396, 493 - 509. Collected in *Britain and the China Trade, 1635 - 1842*, selected by Patrick Tuck, vol. 7, pp. 201 - 230, 375 - 396, 493 - 509. London & New York: Routledge, 2000.

_____. "The Kowtow in the Macartney Embassy to China in 1793." *The Far Eastern Quarterly* 2, no. 2 (1943), pp. 163 - 203.

Proescholdt, Catherine W. "Johann Christian Hüttner (1766 - 1847): A Link Between Weimar and London." In *Goethe and the English-Speaking World: Essays from the Cambridge Symposium for His 250th Anniversary*, edited by Nicholas Boyle and John Guthrie, pp. 99 - 109. Rochester, NY: Camden House, 2002.

Proudfoot, William Jardine. *"Barrow's Travels in China." An Investigation into the Origin and Authenticity of the "Facts and Observations" Related in a Work Entitled "Travels in China, by John Barrow, F. R. S." (Afterwards Sir J. Barrow, Bart.) Preceded by A Preliminary Inquiry into the Nature of the "Powerful Motive" of the Same Author, And Its Influence on His Duties at the Chinese Capital, as Comptroller To the British Embassy, in 1793.* London: George Philip and Son, 1861.

_____. *Biographical Memoir of James Dinwiddie: Astronomer in the British Embassy, 1792, '3, '4, Afterwards Professor of Natural Philosophy in the College of Fort William, Bengal.* Liverpool: Edward Howell, 1868. Reprint. Cambridge and New York: Cambridge University Press, 2010.

Puga, Rogério Miguel. *A Presença Inglesa e as Relações Anglo-Portuguesas em Macau, 1653 - 1793.* Lisbon: Centro de Historia de Alem-Mar, FSCH-New

University of Lisbon; Centro Cultural e Cientifico de Macau, 2009.

_____. *The British Presence in Macau, 1635 – 1793*. Translated by Monica Andrade. Hong Kong: Hong Kong University Press, 2013.

Rewen, Zhijun. "Tributary System, Global Captialism and the Meaning of Asia in Late Qing China." MA thesis, University of Ottawa, 2012.

Ripa, Matteo. *Memoirs of Father Ripa, During Thirteen Years' Residence of the Court of Peking in the Service of the Emperor of China: With an Account of the Foundation of the College for the Education of Young Chinese at Naples*. Selected and Translated from the Italian by Fortunato Prandi. London: J. Murray, 1844.

Robbins, Helen H. *Our First Ambassador to China: An Account of the Life of George, Earl of Macartney, with Extracts from His Letters, and The Narrative of His Experiences in China, as told by Himself 1737 – 1806 From Hitherto Unpublished Correspondence and Documents*. New York: E. P. Dutton and Company, 1908.

Rockhill, William Woodville. "Diplomatic Missions to the Court of China: The Kotow Question." *The American Historical Review* 2, no. 3 (April 1897), pp. 427 – 442; 2, no. 4 (July 1897), pp. 627 – 643.

Royal Collection Trust. *The Royal Library & The Royal Archives: A Guide to Collections*. London: Royal Collection Trust, 2016.

Rule, Paul. "Louis Fan Shou-i: A Missing Link in the Chinese Rites Controversy." In *Échanges culturels et religieux entre la Chine et l'Occident*, edited by Edward Malatesta et. al., pp. 277 – 294. San Franciso: Ricci Institute for Chinese-Western Cultural History, 1995.

Russell, Bertrand. *The Problem of China*. London: George Allen & Unwin, 1922.

Sample, Joseph Clayton. "Radically Decentered in the Middle Kingdom: Interpreting the Macartney Embassy to China from a Contact Zone Perspective." PhD dissertation, Iowa State University, 2004.

Schopp, Susan E. *Sino-French Trade at Canton, 1698 – 1842*. Hong Kong: Hong Kong University Press, 2020.

Sebes, Joseph. *The Jesuits and the Sino-Russian Treaty of Nerchinshk (1689): The Diary of Thomas Pereira*. Rome: Institutum Historicum, 1961.

Shaw, Samuel. *The Journals of Major Samuel Shaw, The First American Consul At*

Canton. Boston: W. M. Crosby and H. P. Nichols, 1847.

Singer, Aubrey. *The Lion and the Dragon: The Story of the First British Embassy in the Court of Qianlong in Peking, 1792 – 1794.* London: Barrie and Jenkins, 1992.

Sivin, Nathan. "Copernicus in China." *Studia Copernicana* 6 (1973), pp. 62 – 122.

Sloboda, Stacey. "Picturing China: William Alexander and the Visual Language of Chinoiserie." *The British Art Journal* 9, no. 2 (October 2008), pp. 28 – 36.

Smith, Edward. *The Life of Sir Joseph Banks: President of the Royal Society, With Some Notices of His Friends and Contemporaries.* London: John Lane, 1911.

Smith, Richard J. "Mapping China and the Question of a China-Centered Tributary System," *The Asia-Pacific Journal* 11, no. 3 (January 2013), pp. 1 – 18.

————. *Mapping China and Managing the World: Culture, Cartography and Cosmology in Late Imperial Times.* Abingdon, Oxon; New York: Routledge, 2013.

Spivey, Lydia Luella. "Sir George Thomas Staunton: Agent for the British East India Company in China, 1798 – 1817." M A thesis. Duke University, 1968.

St. André, James. " 'But Do They Have a Notion of Justice?' Staunton's 1810 Translation of the Penal Code." *The Translator* 10, no. 1 (April 2004), pp. 1 – 32.

Standaert, Nicolas. *Chinese Voices in the Rites Controversy: Travelling Books, Community Networks, Intercultural Arguments.* Rome: Institutum Historicum Societatis Iesu, 2012.

Staunton, George. *An Abridged Account of the Embassy to the Emperor of China, Undertaken by Order of The King of Great Britain; Including the Manners and Customs of the Inhabitants; and Preceded by an Account of the Causes of the Embassy and Voyages to China, Taken Principally from the Papers of Earl Macartney, as Compiled by Sir George Staunton, Bart.* London: John Stockdale, 1797.

————. *An Historical Account of the Embassy to the Emperor of China, Undertaken by Order of The King of Great Britain; Including The Manners and Customs of the Inhabitants; And Preceded by an Account of the Causes of The Embassy and Voyage to China, Abridged Principally from the Papers of Earl Macartney, as*

Compiled By Sir George Staunton, Bart. London: John Stockdale, 1797.

_____. *An Authentic Account of an Embassy from the King of Great Britain to the Emperor of China.* 2 vols. Philadelphia: Robert Campbell, 1799.

Staunton, George T. *Memoir of the Life & Family of the Late Sir George Leonard Staunton, Bart. With an Appendix, Consisting of Illustrations and Authorities; and A Copious Selection from his Private Correspondence.* Havant: Havant Press, 1823.

_____. *Memoirs of the Chief Incidents of the Public Life of Sir George Thomas Staunton, Bart.* London: L. Booth, 1856.

_____. *Notes of Proceedings and Occurrences, during the British Embassy to Pekin in 1816* (1824, for private circulation). Collected in Patrick Tuck, selected, *Britain and the China Trade, 1635 – 1842*, vol. 10. London and New York: Routledge, 2000.

_____. *Ta Tsing Leu Lee; Being the Fundamental Laws, and a Selection from the Supplementary Statutes, of the Penal Code of China.* London: T. Cadell and W. Davis, 1810.

Stevenson, Caroline M. *Britain's Second Embassy to China: Lord Amherst's "Special Mission" to the Jiaqing Emperor in 1816.* Canberra: Australian National University Press, 2021.

Stifler, Susan Reed. "The Language Students of the East India Company's Canton Factory." *Journal of the North China Branch of the Royal Asiatic Society* 69 (1938), pp. 46 – 82.

Swanson, Robert. "On the (Paper) Trail of Lord Macartney." *East Asian History* 40 (2016), pp. 19 – 25.

Swinhoe, Robert. *Narrative of the North China Campaign of 1860: Containing Personal Experiences of Chinese Character, and of the Moral and Social Condition of the Country; together with a Description of the Interior of Pekin.* London: Smith, Elder and Co., 1861.

Temple, Richard Carnac, ed. *The Travels of Peter Mundy, in Europe and Asia, 1608 – 1667.* 5 vols. Cambridge: Hakluyt Society, 1907 – 1936; reprint: Nendeln, Liechtenstein: Kraus Reprint Ltd., 1967.

Teng, Ssu-yü, and John K. Fairbank. *China's Response to the West: A Documentary*

Survey, 1839 - 1923. Cambridge, MA: Harvard University Press, 1954.

Treaties, Conventions, etc., Between China and Foreign States. Shanghai: Statistical Department of the Inspectorate General of Customs, 1917.

Trevor-Roper, Hugh. *Hermit of Peking, The Hidden Life of Sir Edmund Backhouse*. New York: Knopf, 1977.

Van Braam, Andre Everard. *An Authentic Account of the Embassy of the Dutch East-India Company, to the Court of the Emperor of China, In the Years 1794 and 1795; (Subsequent to that of the Earl of Macartney.) Containing a Description of Several Parts of the Chinese Empire, Unknown to Europeans; Taken from the Journal of Andre Everard Van Braam, Chief of the Direction of that Company, and Second in the Embassy. Translated from the Original of M. L. E. Moreau de Saint-Méry*. London: R. Phillips, 1798.

Van Dyke, Paul A. *The Canton Trade: Life and Enterprise on the China Coast, 1700 - 1845*. Hong Kong: Hong Kong University Press, 2005.

————. "Fire and the Risks of Trade in Canton, 1730s - 1840s." In *Canton and Nagasaki Compared, 1730 - 1830: Dutch, Chinese, Japanese Relations*, edited by Evert Groenendijk, Cynthia Viallé, and Leonard Blussé, pp. 171 - 202. Leiden, NL: Institute for the History of European Expansion, 2009.

————. *Merchants of Canton and Macao: Politics and Strategies in Eighteenth-Century Chinese Trade*. Hong Kong: Hong Kong University Press, 2011.

————. *Merchants of Canton and Macao: Success and Failure in Eighteenth-Century Chinese Trade*. Hong Kong: Hong Kong University Press, 2016.

Van Dyke, Paul A., and Susan E. Schopp, eds., *The Private Side of the Canton Trade, 1700 - 1840: Beyond the Companies*. Hong Kong: Hong Kong University Press, 2018.

Wade, Geoff. "The Portuguese as Represented in Some Chinese Sources of the Ming Dynasty." *Ming Qing yanjiu* 9 (2000), pp. 89 - 148.

Waley, Arthur. *The Opium War Through Chinese Eyes*. London: George Allen & Unwin, 1958.

Waley-Cohen, Joanna. *The Sextants of Beijing: Global Currents in Chinese History*. New York: Norton, 1999.

Walravens, Hartmut. *Antonio Montucci (1762 - 1829) Lektor der italienischen*

Sprache, Jurist und gelehrter Sinologe; Joseph Hager (1757 – 1819) Orientalist und Chinakundiger. Berlin：C. Bell Verlag, 1992.

Wang, Hui. "Translation Between Two Imperial Discourses：Metamorphosis of King George III's letters to the Qianlong Emperor." *Translation Studies* 13, no. 3 (2020), pp. 318 – 332.

Wang, Tseng-tsai. "The Macartney Mission：A Bicentennial Review." In *Ritual and Diplomacy: The Macartney Mission to China 1792 – 1794*, edited by Robert A. Bickers, pp. 43 – 56. London：The Wellsweep Press, 1993.

Wild, Norman. "Materials for the Study of the Ssu I Kuan." *Bulletin of the School of Oriental and African Studies* 11, no. 3 (1945), pp. 617 – 640.

Willeke, Bernward H. "The Chinese Bible Manuscript in the British Museum." *Catholic Biblical Quarterly* 7, no. 4 (1945), pp. 450 – 453.

William, Laurence. "British Government under the Qianlong Emperor's Gaze：Satire, Imperialism, and the Macartney Embassy to China, 1792 – 1804." *Lumen* 32 (2013), pp. 85 – 107.

Williams, Frederick W. *Anson Burlingame and the First Chinese Mission to Foreign Powers.* New York：Charles Scibner's Sons, 1912.

Wills, John E. *Embassies and Illusions: Dutch and Portuguese Envoys to K'ang-hsi, 1667 – 1687.* Cambridge, MA：Council on East Asia Studies, Harvard University, 1984.

————, ed. *China and Maritime Europe, 1500 – 1800: Trade, Settlement, Diplomacy, and Missions.* Cambridge and New York：Cambridge University Press, 2011.

Wilson, John Human. "The Life and Work of John Hoppner (1758 – 1810)." PhD dissertation, Courtauld Institute of Art, University of London, 1992.

Winfield, Rif. *British Warships in the Age of Sail, 1714 – 1792: Design, Construction, Careers and Fates.* Barnsley：Seaforth Publishing, 2007.

Winterbotham, William. *An Historical, Geographical, and Philosophical View of the Chinese Empire; Comprehending A Description of the Fifteen Provinces of China, Chinese Tartary, Tributary States; Natural History of China; Government, Religion, Laws, Manners and Customs, Literature, Arts, Sciences, Manufactures, & c. To which is Added, A Copious Account of Lord Macartney's*

Embassy, Compiled from Original Communications. London: J. Ridgway and W. Button, 1795.

Wong, John D. *Global Trade in the Nineteenth Century: The House of Houqua and the Canton System.* Cambridge: Cambridge University Press, 2016.

Wong, J. Y. "Sir John Bowring and the Canton City Question." *Bulletin of John Rylands University Library of Manchester* 56, no. 1 (Autumn, 1973), pp. 219 – 245.

————. *Yeh Ming-ch'en, Viceroy of Liang Kuang, 1852 – 8.* Cambridge: Cambridge University Press, 1976.

————. *Deadly Dreams: Opium, Imperialism, and the Arrow War (1856 – 1860) in China.* Cambridge: Cambridge University Press, 1998.

Wong, Lawrence Wang-chi. "Barbarians or Not Barbarians: Translating *Yi* in the Context of Sino-British Relations in the 18th and 19th Century." In *Towards a History of Translating: In Celebration of the Fortieth Anniversary of the Research Centre for Translation*, edited by Lawrence Wang-chi Wong, vol. 3, pp. 293 – 388. Hong Kong: Research Centre for Translation, The Chinese University of Hong Kong, 2013.

————. "Translators or Traitors? — The Tongshi in 18th and 19th Century China." *East Journal of Translation*, Special Issue of 2014 (May 2014), pp. 24 – 37.

————. "'Objects of Curiosity': John Francis Davis as a Translator of Chinese Literature." *Sinologists as Translators in the 17 – 19th Centuries*, edited by Lawrence Wang-chi Wong and Bernhard Fuehrer, pp. 169 – 203. Hong Kong: The Chinese University Press, 2015.

————. "'Entrance into the Family of Nations': Translation and the First Diplomatic Missions to the West, 1860s – 1870s." *Translation and Modernization in East Asia in the 19 – 20th Centuries*, edited by Lawrence Wang-chi Wong, pp. 165 – 217. Hong Kong: The Chinese University Press, 2017.

————. "'We Are as Babies under Nurses': Thomas Manning (1772 – 1840) and Sino-British Relations in the Early Nineteenth Century." *Journal of Translation Studies*, New Series 1, no. 1 (June 2017), pp. 85 – 136.

————. "The Linguists (Tongshi) in the Canton Trade System Before the Opium

War: The Case of Li Yao." *East Journal of Translation* CIUTI Issue 2019 (June 2019), pp. 4 – 11.

_____. " 'A Style of Chinese Respect': Lord Macartney's Reply to the Imperial Edicts of Emperor Qianlong in 1793." *Journal of Cultural Interaction in East Asia* 12, no. 1 (August 2021), pp. 8 – 28.

_____. "Sinologists as Diplomatic Translators: Robert Thom (1807 – 1846) in the First Opium War and His Translation of the Supplementary Treaty (Treaty of the Bogue), 1843." In *Crossing Borders: Sinology in Translation Studies*, edited by T. H. Barrett and Lawrence Wang-chi Wong, pp. 181 – 212. Hong Kong: The Chinese University of Hong Kong Press, 2022.

Wong, Owen Hong-hin. *A New Profile in Sino-Western Diplomacy: The First Chinese Minister to Great Britain*. Hong Kong: Chung Hwa Book Company, 1978.

Wood, Frances. "Britain's First View of China: The Macartney Embassy 1792 – 1794." *The Journal of the Royal Society of Arts* 142, no. 5447 (March 1994), pp. 59 – 68.

_____. "Closely Observed China: From William Alexander's Sketches to His Published Work." *British Library Journal* 24 (1998), pp. 98 – 121.

Ye, Xiaoqing. "Ascendant Peace in the Four Seas: Tributary Drama and the Macartney Mission of 1793." *Late Imperial China* 26, no. 2 (2005), pp. 89 – 113.

_____. *Ascendant Peace in the Four Seas: Drama and the Qing Imperial Court*. Hong Kong: Chinese University Press, 2012.

Yeager, Carl Francis. "Anson Burlingame: His Mission to China and the First Chinese Mission to Western Nations." PhD dissertation, Georgetown University, 1950.

Zeng, Jingmin. "Scientific Aspects of the Macartney Embassy to China 1792 – 1794: A Comparative Study of English and Chinese conceptions of Science and Technology in the Seventeenth and Eighteenth Centuries." PhD dissertation, University of Newcastle, N. S. W., 1998.

Zhang, Shunhong. "British Views on China: During the Time of the Embassies of Lord Macartney and Lord Amherst, 1790 – 1820." PhD dissertation, University of London, 1990.

_____. "Historical Anachronism: The Qing Court's Perception of and Reaction to the Macartney Mission." In *Ritual and Diplomacy: The Macartney Mission to China 1792 – 1794*, edited by Robert A. Bickers, pp. 31 – 42. London：The Wellsweep Press, 1993.

————. *British Views on China: At a Special Time (1790 – 1820)*. Beijing：China Social Sciences Press, 2011.

中 文 书 目

〔葡〕阿布雷沃：《北京主教汤士选与马戛尔尼勋爵使团（1793）》，《文化杂志》第 32 期，1997 年 9 月，第 125—130 页。

阿英编：《鸦片战争文学集》上下册，北京：古籍出版社，1957 年。

〔美〕艾尔曼、〔美〕胡志德：《马嘎尔尼使团、后现代主义与近代中国史：评周锡瑞对何伟亚著作的批评》，《二十一世纪》第 44 期，1997 年 12 月，第 118—130 页。

〔英〕爱尼斯·安德森著，费振东译：《英使访华录》，北京：商务印书馆，1963 年。

————著，费振东译：《英国人眼中的大清王朝》，北京：群言出版社，2002 年。

爱新觉罗·弘历：《清高宗（乾隆）御制诗文全集》，北京：中国人民大学出版社，1993 年。

〔英〕毕可思：《通商口岸与马戛尔尼使团》，张芝联主编：《中英通使二百周年学术讨论会论文集》，北京：中国社会科学出版社，1996 年，第 314—331 页。

《兵部题〈失名会同两广总督张镜心题〉残稿》，中央研究院历史语言研究所编：《明清史料乙编》第 8 册，上海：商务印书馆，1936 年，第 751—756 页。

〔法〕伯希和编，〔日〕高田时雄校订、补编，郭可译：《梵蒂冈图书馆所藏汉籍目录》，北京：中华书局，2006 年。

蔡鸿生：《俄罗斯馆纪（增订本）》，北京：中华书局，2006 年。

蔡香玉：《乾隆末年荷兰使团出使缘起》，《学术研究》2016 年第 10 期，2016 年 10 月，第 127—135 页。

————：《乾隆末年荷兰使团表文重译始末》，《清史研究》2018 年第 2 期，2018 年 5 月，第 99—113 页。

常修铭：《马戛尔尼使节团的科学任务——以礼品展示与科学调查为中心》，台湾"清华大学"硕士论文，新竹，2006 年。

常修铭：《认识中国：马戛尔尼使节团的"科学调查"》，《中华文史论丛》第 94 期，2009 年 6 月，第 345—377 页。

陈春声编：《海陆交通与世界文明》，北京：商务印书馆，2013 年。

陈东林、李丹慧：《乾隆限令广州一口通商政策及英商洪任辉事件论》，《历史档案》1987 年第 1 期，1987 年 2 月，第 94—101 页。

陈美玉：《清末在华洋人的个案研究：马士（H. B. Morse, 1855—1934）在中国海关的经历与成就》，《昆山科技大学人文暨社会科学学报》第 1 期，2009 年 6 月，第 235—270 页。

陈尚胜：《中国传统对外关系研究》，北京：中华书局，2015 年。

———编：《中国传统对外关系的思想与政策》，济南：山东大学出版社，2007 年。

陈学霖：《记明代外番入贡中国之华籍使事》，《大陆杂志》第 24 卷第 4 期，1962 年 2 月，第 16—21 页。

———：《"华人夷官"：明代外蕃华籍贡使考述》，《中国文化研究所学报》第 54 期，2012 年 1 月，第 29—68 页。

〔德〕达素彬撰，鞠方安译：《第三者的观点：赫脱南关于马戛尔尼使团的描述》，张芝联、成崇德主编：《中英通使二百周年学术讨论会论文集》，北京：中国社会科学出版社，1996 年，第 332—338 页。

《大清会典》，《四库全书》，上海：上海古籍出版社，1987 年。

《大清十朝圣训》，台北：文海出版社，1965 年。

戴裔煊：《〈明史·佛朗机传〉笺正》，北京：中国社会科学出版社，1984 年。

丁名楠：《景善日记是白克浩司伪造的》，《近代史研究》1983 年第 4 期，1983 年 10 月，第 202—211 页。

〔法〕樊国梁：《燕京开教略》，辅仁大学天主教史料研究中心编：《中国天主教史籍汇编》，台北：辅仁大学出版社，2003 年，第 285—444 页。

范文澜：《中国近代史》，北京：人民出版社，1947 年。

方豪：《樊守义著中文第一部欧洲游记》，《中西交通史》第 4 卷，台北：中华文化出版事业委员会，1954，第 186—195 页。

———：《方豪六十自定稿》，台北：学生书局，1969 年。

〔法〕费赖之著，冯承钧译：《在华耶稣会士列传及书目》，北京：中华书局，1995 年。

〔美〕费正清编，杜继东译：《中国的世界秩序：传统中国的对外关系》，北京：中国社会科学出版社，2010 年。

冯崇义：《罗素与中国：西方思想在中国的一次经历》，北京：生活·读书·新知
　　三联书店，1994 年。

《高宗纯皇帝实录》，《清实录》，北京：中华书局，1986 年影印本。

葛剑雄：《就事论事与不就事论事：我看〈怀柔远人〉之争》，《二十一世纪》第
　　46 期，1998 年 4 月，第 135—139 页。

宫宏宇：《中西音乐交流研究中的误读、疏漏与夸大——以民歌〈茉莉花〉在海
　　外的研究为例》，《音乐研究》2013 年第 1 期，2013 年 1 月，第 85—95 页。

故宫博物院图书馆掌故部编：《掌故丛编》，北平：1928—1929；台北：国风出版
　　社，1964 年。

故宫博物院文献馆编：《史料旬刊》，台北：国风出版社，1963 年影印本。

———编：《文献丛编》，北平，1930 年；台北：国风出版社，1964 年。

顾卫民：《中国天主教编年史》，上海：上海书店出版社，2003 年。

关诗佩：《翻译与帝国官僚：英国汉学教授佐麻须（James Summers，1828—1891）
　　与十九世纪东亚（中日）知识的产生》，《翻译学研究集刊》第 17 期，2014
　　年，第 23—58 页。

———：《译者与学者：香港与大英帝国中文知识建构》，香港：牛津大学出版社，
　　2017 年。

《"国父"全集》编辑委员会编：《"国父"全集》第 1 册，台北：近代中国出版
　　社，1989 年。

国立故宫博物院辑：《清代外交史料（嘉庆朝）》，北平：故宫博物院，1932 年。

中央研究院历史语言研究所编：《明清史料乙编》，10 册，上海：商务印书馆，
　　1936 年。

韩琦：《礼物、仪器与皇帝：马戛尔尼使团来华的科学使命及其失败》，《科学文
　　化评论》第 2 卷第 5 期，2005 年 10 月，第 11—18 页。

〔美〕何伟亚：《从东方的习俗与观念的角度看：英国首次赴华使团的计划与执
　　行》，张芝联主编：《中英通使二百周年学术讨论会论文集》，北京：中国社
　　会科学出版社，1996 年，第 83 页。

———著，邓常春译，刘明校：《怀柔远人：马嘎尔尼使华的中英礼仪冲突》，北
　　京：社会科学文献出版社，2002 年。

何新华：《威仪天下：清代外交礼仪及其变革》，上海：上海社会科学院出版社，
　　2011 页。

593

———：《最后的天朝：清代朝贡制度研究》，北京：人民出版社，2012 年。

———：《清代朝贡文书研究》，广州：中山大学出版社，2016 年。

〔美〕亨特著，沈正邦译，章文钦校：《旧中国杂记》，广州：广东人民出版社，1992 年。

侯毅：《小斯当东与中英早期关系史研究》，北京：中国社会科学出版社，2020 年。

胡滨译：《英国档案有关鸦片战争资料选译》，2 册，北京：中华书局，1993 年。

黄庆华：《中葡关系史》，3 册，合肥：黄山书社，2006 年。

黄兴涛：《马戛尔尼使华与传教士及传教问题》，张芝联主编：《中英通使二百周年学术讨论会论文集》，北京：中国社会科学出版社，1996 年，第 358—375 页。

黄一农：《龙与狮对望的世界：以马戛尔尼使团访华后的出版物为例》，《故宫学术季刊》第 21 卷第 2 期，2003 年，第 265—306 页。

———：《印象与真相——清朝中英两国的觐礼之争》，《"中央研究院"历史语言研究所集刊》第 78 本第 1 分，2007 年，第 35—106 页。

黄宇和著，区𨬓译：《两广总督叶名琛》，北京：中华书局，1984 年。

季压西、陈伟民：《中国近代通事》，北京：学苑出版社，2007 年。

（汉）贾谊：《新书》，上海：中华书局，1936 年。

江滢河：《1793 年英国马戛尔尼使团与澳门》，珠海市委宣传部、澳门基金会、中山大学近代中国研究中心主编：《珠海、澳门与近代中西文化交流》，北京：社会科学文献出版社，2010 年，第 286—307 页。

蒋廷黻：《琦善与鸦片战争》，《清华学报》第 6 卷第 3 期，1931 年 10 月，第 1—26 页。

金国平：《中葡关系史地考证》，澳门：澳门基金会，2000 年。

———：《Tumon 杂考》，《西力东渐：中葡早期接触追昔》，澳门：澳门基金会，2000 年，第 19—42 页。

———、吴志良：《从西方航海技术资料考 Tumon 之名实》，《东西望洋》，澳门：澳门成人教育学会，2002 年，第 259—274 页。

———、吴志良：《一个以华人充任大使的葡萄牙使团——皮来资和火者亚三新考》，《行政》第 60 期，2003 年，第 465—483 页。

———、吴志良：《早期澳门史论》，广州：广东人民出版社，2007 年。

净雨：《清代印刷史小纪》，张静庐辑注：《中国近代出版史料二编》，北京：中华书局，1957 年，第 339—361 页。

孔慧怡：《"源于中国"的伪译：〈景善日记〉揭示的文化现象》，《翻译·文学·文化》，北京：北京大学出版社，1999 年，第 181—206 页。

〔美〕孔佩特撰，江滢河译：《外销画中的中国乐器图》，广东省博物馆编：《异趣同辉：广东省博物馆藏清代外销艺术精品集》，广州：岭南美术出版社，2013年，第 30—39 页。

赖毓芝：《图像帝国：乾隆朝〈职贡图〉的制作与帝都呈现》，《"中央研究院"近代史研究所集刊》第 75 期，2012 年 3 月，第 1—76 页。

李长森：《近代澳门翻译史稿》，北京：社会科学文献出版社，2016 年。

李天纲：《中国礼仪之争：历史·文献和意义》，上海：上海古籍出版社，1998 年。

李学勤主编：《十三经注疏》，北京：北京大学出版社，1999 年。

李云泉：《朝贡制度史论：中国古代对外关系体制研究》，北京：新华出版社，2004 年。

———：《万邦来朝：朝贡制度史论》，北京：新华出版社，2014 年。

梁嘉彬：《广东十三行考》，上海：商务印书馆，1936 年；广州：广东人民出版社，1999 年。

———：《律劳卑事件新研究》，《史学汇刊》第 9 期，1973 年 10 月，第 83—129 页。

（清）梁廷枏：《夷氛闻记》，北京：中华书局，1959 年。

———总纂，袁钟仁校注：《粤海关志（校注本）》，广州：广东人民出版社，2002 年。

廖迅乔：《国书与表文背后的话言权力——马戛尔尼使团国书翻译的批评话语分析》，《外国语文》第 35 卷第 2 期，2019 年 3 月，第 126—132 页。

刘炳森、马玉良、薄树人、刘金沂：《略谈故宫博物院所藏"七政仪"和"浑天合七政仪"》，《文物》1973 年第 9 期，1973 年 9 月，第 40—44 页。

刘芳辑，章文钦校：《葡萄牙东波塔档案馆藏清代澳门中文档案汇编》，2 册，澳门：澳门基金会，1999 年。

〔美〕刘禾著，杨立华译：《帝国的话语政治：从近代中西冲突看现代世界秩序的形成》，北京：生活·读书·新知三联书店，2009 年。

刘家驹：《英使马戛尔尼觐见乾隆皇帝的礼仪问题》，《近代中国初期历史研讨会论文集》上册，台北："中央研究院"近代史研究所，1989 年，第 27—49 页。

刘鉴唐、张力主编：《中英关系系年要录（公元 13 世纪—1760 年）》第 1 卷，成都：四川省社会科学院出版社，1989 年。

刘黎：《一场瞎子和聋子的对话：重构英使马戛尔尼访华的翻译过程》，《上海翻译》2014 年第 3 期，2014 年 8 月，第 81—85 页。

———：《何止译者：马戛尔尼使团访华活动之译员考析》，《重庆理工大学学报（社会科学版）》第 29 卷第 3 期，2015 年 3 月，第 126—130 页。

———：《马戛尔尼觐见乾隆皇帝礼仪照会翻译之考析》，《重庆交通大学学报（社会科学版）》第 15 卷第 2 期，2015 年 4 月，第 137—139 页。

———：《中英首次正式外交中百灵致两广总督信件的翻译问题》，《重庆交通大学学报（社会科学版）》第 16 卷第 2 期（2016 年 4 月），第 133—138 页。

———：《意识形态的博弈：马戛尔尼访华外交翻译中的操控与反操控》，《外国语文研究》第 2 卷第 4 期，2016 年 8 月，第 56—62 页。

刘潞主编：《清宫西洋仪器》，香港：商务印书馆，1998 年。

———、吴芳思编译：《帝国掠影：英国访华使团画笔下的清代中国》，北京：中国人民大学出版社，2006 年。

———、吴芳思编译：《帝国掠影：英国使团画家笔下的中国》，香港：中华书局，2007 年。

龙云：《钱德明：18 世纪中法间的文化使者》，北京：北京大学出版社，2015 年。

罗志田：《夷夏之辨与"怀柔远人"的字义》，《二十一世纪》第 49 期，1998 年 10 月，第 138—145 页。

———："译序"，何伟亚著，邓常春译，刘明校：《怀柔远人：马嘎尔尼使华的中英礼仪冲突》，北京：社会科学文献出版社，2002 年，第 1—31 页。

罗竹风主编，汉语大词典编辑委员会、汉语大词典编纂处编纂：《汉语大词典》第 3 卷，上海：汉语大词典出版社，1989 年。

吕颖：《从传教士的来往书信看耶稣会被取缔后的北京法国传教团》，《清史研究》2016 年第 2 期，2016 年 5 月，第 88—99 页。

〔意〕马国贤著，李天纲译：《清廷十三年：马国贤在华回忆录》，上海：上海古籍出版社，2004 年。

〔英〕马戛尔尼著，秦仲龢译：《英使谒见乾隆纪实》，香港：大华出版社，1972 年。

———著，刘半农译，林延清解读：《1793 乾隆英使觐见记》，天津：天津人民出版社，2006 年。

———、〔英〕约翰·巴罗著，何高济、何毓宁译：《马戛尔尼使团使华观感》，北京：商务印书馆，2013 年。

马廉颇：《晚清帝国视野下的英国——以嘉庆道光两朝为中心》，北京：人民出版社，2003 年。

〔美〕马士著，区宗华译，林树惠校：《东印度公司对华贸易编年史》5 卷，广州：中山大学出版社，1991 年。

〔美〕马士著，区宗华译，林树惠校，章文钦校注：《东印度公司对华贸易编年史（1635—1834）》5 卷，广州：广东人民出版社，2016 年。

〔美〕马世嘉著，罗盛吉译：《破译边疆与破解帝国：印度问题与清代地缘政治的转型》，台北：台湾商务印书馆，2019 年。

〔意〕马西尼著，钱志衣译：《十七、十八世纪西方传教士编撰的汉语字典》，卓新平编：《相遇与对话：明末清初中西文化交流国际学术研讨会论文集》，北京：宗教文化出版社，2003 年，第 334—347 页。

茅海建：《关于广州反入城斗争的几个问题》，《近代史研究》1992 年第 6 期，1992 年 11 月，第 43—70 页；《广州反入城斗争三题》，《近代的尺度：两次鸦片战争军事与外交（增订本）》，北京：生活·读书·新知三联书店，2011 年，第 113—139 页。

———：《天朝的崩溃：鸦片战争再研究》，北京：生活·读书·新知三联书店，2005 年。

闵锐武：《蒲安臣使团研究》，北京：中国文史出版社，2002 年。

欧阳恩良、翟巍巍：《从"舌之音"到京师同文馆的建立——由近代中西语言接触看清廷观念的转变》，《甘肃社会科学》2008 年第 1 期，2008 年 1 月，第 56—59 页。

欧阳哲生：《英国马戛尔尼使团的"北京经验"》，《北京社会科学》2010 年第 6 期，2010 年 12 月，第 4—19 页。

———：《鸦片战争前英国使团的两次北京之行及其文献材料》，《国际汉学》2014 年第 1 期，2014 年 12 月，第 102—113 页。

———：《古代北京与西方文明》，北京：北京大学出版社，2018 年。

潘凤娟：《不可译之道、不可道之名：雷慕沙与〈道德经〉翻译》，《"中央大学"人文学报》第 61 期，2016 年 4 月，第 55—166 页。

〔法〕佩雷菲特著，王国卿等译：《停滞的帝国：两个世界的撞击》，北京：生活·读书·新知三联书店，1993 年。

———，王国卿等译：《停滞的帝国：一次高傲的相遇，两百年世界霸权的消长》，
　　新北：野人文化股份有限公司，2015 年。

〔美〕E. H. 普利查德编注，朱杰勤译：《英东印度公司与来华大使马卡特尼通讯
　　录》，《中外关系史译丛》，北京：海洋出版社，1984 年。

秦国经：《从清宫档案看英使马戛尔尼访华历史事实》，张芝联主编：《中英通使
　　二百周年学术讨论会论文集》，北京：中国社会科学出版社，1996 年，第
　　189—243 页。

———、高换婷：《乾隆皇帝与马戛尔尼》，北京：紫禁城出版社，1998 年。

《清会典事例》，北京：中华书局，1991 年。

任萍：《明代四夷馆研究》，北京：北京师范大学出版社，2015 年。

〔法〕荣振华著，耿升译：《在华耶稣会士列传及书目补编》，北京：中华书局，
　　1995 年。

（清）申良翰纂修，（清）李腾元编辑：《香山县志》，出版日期缺。

施晔、李亦婷：《嘉庆朝英军入侵澳门事件再考察——以新见斯当东档案为中
　　心》，《史林》2021 年第 3 期，2021 年 6 月，第 67—73 页。

石文蕴：《中西方文明的碰撞———一份特殊的〈英国国王乔治三世致乾隆皇帝信〉
　　贺礼》，《中国档案报》第 3495 期，2020 年 3 月 6 日，第四版。http://www.
　　zgdazxw.com.cn/culture/2020-03/09/content_302834.htm.

〔英〕斯当东著，叶笃义译：《英使谒见乾隆纪实》，香港：三联书店，1994 年。

〔英〕斯当东著，叶笃义译：《英使谒见乾隆纪实》，上海：上海书店出版社，
　　2005 年。

〔美〕苏尔、〔美〕诺尔编，沈保义等译，《中国礼仪之争：西文文献一百篇
　　（1645—1941）》，上海：上海古籍出版社，2001 年。

苏精：《马礼逊与中文印刷出版》，台北：学生书局，2000 年。

———：《上帝的人马：十九世纪在华传教士的作为》，香港：基督教中国宗教文
　　化研究社，2002 年。

苏精：《中国，开门！马礼逊及相关人物研究》，香港：基督教中国宗教文化研究
　　社，2005 年。

苏宁阿辑：《乾隆五十八年英吉利入贡始末》，中国第一历史档案馆编：《英使马
　　戛尔尼访华档案史料汇编》，北京：国际文化出版公司，1996 年，第 592—
　　605 页。

台湾银行经济研究室编：《钦定平定台湾纪略》，台北：台湾银行经济研究室，

1961 年。

汤开建：《明代澳门史论稿》2 卷，哈尔滨：黑龙江教育出版社，2012 年。

———：《中葡关系的起点——Tamão 新考》，《明代澳门史论稿》上卷，哈尔滨：黑龙江教育出版社，2012 年，第 1—36 页。

———、张坤：《两广总督张镜心〈云隐堂文录〉中保存的崇祯末年澳门资料》，《澳门研究》第 35 期，2006 年 8 月，第 122—132 页。

汤仁泽：《经世悲欢：崇厚传（1826—1893）》，上海：上海社会科学院出版社，2009 年。

（清）田明曜修，（清）陈澧等纂：《重修香山县志》，台北：台湾学生书店，1968 年。

万明：《意大利传教士马国贤传略》，《传统文化与现代化》1999 年第 2 期，1999 年 4 月，第 83—95 页。

———：《关于明代葡萄牙人入居澳门问题》，《中国社会科学院研究生院学报》1999 年第 5 期，1999 年 9 月，第 5—14 页。

———：《中葡早期关系史》，北京：社会科学文献出版社，2001 年。

———：《明代中英的第一次直接碰撞——来自中、英、葡三方的历史记述》，《中国社会科学院历史研究所学刊》第 3 册，北京：商务印书馆，2004 年，第 421—443 页。

———：《明代中外关系史论稿》，北京：中国社会科学出版社，2011 年。

汪荣祖：《走向世界的挫折——郭嵩焘与道咸同时代》，长沙：岳麓书社，2000 年。

（清）汪文泰：《红毛番英吉利考略》，阿英编：《鸦片战争文学集》下册，北京：古籍出版社，1957 年，第 755—763 页。

汪宗衍：《明末中英虎门事件题稿考证》，澳门：于今书屋，1968 年。

王尔敏：《弱国的外交：面对列强环伺的晚清世局》，桂林：广西师范大学出版社，2008 年。

王宏志：《重释"信达雅"：二十世纪中国翻译研究》，上海：东方出版中心，1999 年。

———：《马戛尔尼使华的翻译问题》，《"中央研究院"近代史研究所集刊》第 63 卷，2009 年 3 月，第 97—145 页。

———：《"我会穿上缀有英国皇家领扣的副领事服"：马礼逊的政治翻译活动》，《编译论丛》第 3 卷第 1 期，2010 年 3 月，第 1—40 页。

————：《"叛逆"的译者：中国翻译史上所见统治者对翻译的焦虑》，《翻译学研究集刊》第 13 辑，2010 年 11 月，第 1—55 页。

————：《第一次鸦片战争中的译者：上篇：中方的译者》，《翻译史研究（2011）》，上海：复旦大学出版社，2011 年，第 82—113 页。

————：《第一次鸦片战争中的译者：下篇：英方的译者》，《翻译史研究（2012）》，上海：复旦大学出版社，2012 年，第 1—58 页。

————：《通事与奸民：明末中英虎门事件中的译者》，《编译论丛》第 5 卷第 1 期，2012 年 3 月，第 41—66 页。

————：《大红毛国的来信：马戛尔尼使团国书中译的几个问题》，《翻译史研究（2013）》，上海：复旦大学出版社，2013 年，第 1—37 页。

————：《"张大其词以自炫其奇巧"：翻译与马戛尔尼的礼物》，张上冠编：《知识之礼：再探礼物文化学术论坛论文集》，台北：台湾政治大学外国语文学院翻译中心、台湾政治大学外国语文学院跨文化研究中心，2013 年，第 77—124 页。

————：《马礼逊与"蛮夷的眼睛"》，《东方翻译》第 22 期，2013 年 4 月，第 28—35 页。

————：《蒙突奇与白日升圣经译本》，《东方翻译》第 25 期，2013 年 10 月，第 36—42 页。

————：《律劳卑与无比：人名翻译与近代中英外交纷争》，《中国翻译》2013 年第 5 期，2013 年 11 月，第 23—28 页。

————：《翻译与近代中国》，上海：复旦大学出版社，2014 年。

————：《"不通文移"：近代中英交往的语言问题》，《翻译与近代中国》，上海：复旦大学出版社，2014 年，第 135—193 页。

————：《1814 年的"阿耀事件"：近代中英交往中通事》，《中国文化研究所学报》第 59 期，2014 年 7 月，第 203—232 页。

————：《斯当东与广州体制中英贸易的翻译：兼论 1814 年东印度公司与广州官员一次涉及翻译问题的会议》，《翻译学研究集刊》第 17 期，2014 年 8 月，第 225—259 页。

————：《"这简直就是一份外交赝品"：蒲安臣使团国书的英译》，《侨易》创刊号，2014 年 10 月，第 85—119 页。

————：《〈南京条约〉"领事"翻译的历史探析》，《中国翻译》2015 年第 3 期，2015 年 6 月，第 26—36 页。

———:《从"红江"到"香港":19 世纪上半英国人对 Hong Kong 的翻译》，《东方翻译》2015 年第 3 期，2015 年 6 月，第 40—46 页。

———:《英国外相巴麦尊的"昭雪伸冤":鸦片战争初期一条影响道光皇帝对英策略的翻译》，《外国语文研究》2015 年第 4 期，2015 年 8 月，第 49—59 页。

———:《"岂有城内城外之分?":"广州入城事件"与〈南京条约〉的翻译问题》，《翻译史研究（2016）》，上海:复旦大学出版社，2016 年，第 153—189 页。

———:《说"夷":十八至十九世纪中英交往中的政治话语》，《文学》2016 年春/夏，2017 年 3 月，第 209—307 页。

———:《"不得辩论"? 1849 年香港第三任总督文翰一道有关"广州入城"问题照会的翻译》，《翻译史研究（2017）》，上海:复旦大学出版社，2018 年，第 125—148 页。

———:《从西藏拉萨到〈大英百科全书〉:万宁（Thomas Manning，1772—1840）与 18—19 世纪中英关系》，《国际汉学》第 16 期，2018 年 9 月，第 122—147 页。

———:《"著名的十三条"之谜:围绕 1843 年中英〈善后事宜清册附粘和约〉的争议》，《"中央研究院"近代史研究集刊》第 103 期，2019 年 5 月，第 1—46 页。

———:《马戛尔尼使团的译员》，《翻译史研究（2018）》，上海:复旦大学出版社，2020 年，第 36—120 页。

———:《"今尔国使臣之意，欲任听夷人传教?":马戛尔尼使团乾隆致英国王第二道敕谕中的传教问题》，《中国文化研究所学报》第 71 期，2020 年 7 月，第 47—70 页。

———:《生荣死哀:英国第一任宁波领事罗伯聃（Robert Thom，1807—1846）的去世及有关其抚恤安排的讨论》，《或问》第 37 期，2020 年 8 月，第 1—16 页。

———:《使团的预告:东印度公司主席百灵就马戛尔尼使团访华致广东官员信函的翻译问题》，《翻译史论丛》第 2 期，2020 年 12 月，第 1—35。

———:《作为文化现象的译者:译者研究的一个切入点》，《长江学术》第 69 期，2021 年 1 月，第 87—96 页。

———:《"奉天承运，皇帝敕谕英吉利国王知悉":乾隆致英国王乔治三世的三道敕谕及其翻译问题》，《复旦谈译录》第 3 期，2021 年 6 月，第 50—
129 页。

——：《如何"张大其词以自炫其奇巧"？论新发现 1793 年马戛尔尼使团礼品
清单中译本》，《外国语言与文化》第 5 卷第 3 期，2021 年 9 月，第 102—
123 页。

王辉：《天朝话语与乔治三世致乾隆皇帝的清宫译文》，《中国翻译》2009 年第 1
期，2009 年 1 月，第 27—32 页。

王开玺：《清代外交礼仪的交涉与论争》，北京：人民出版社，2009 年。

——：《清代的外交与外交礼仪之争》，北京：东方出版社，2017 年。

王日根：《明清海疆政策与中国社会发展》，福州：福建人民出版社，2006 年。

王铁崖编：《中外旧约章汇编》，北京：生活·读书·新知三联书店，1957 年。

王先谦：《东华续录》，《续修四库全书·史部·编年类》第 374 册，上海：上海
古籍出版社，1995 年。

王云五主编：《四库全书珍本六集》，台北：台湾商务印书馆，1976 年。

王曾才：《马戛尔尼使团评述》，《屈万里先生七秩荣庆论文集》编辑委员会编：
《屈万里先生七秩荣庆论文集》，台北：联经出版事业公司，1978 年，第
235—248 页；王曾才：《中英外交史论集》，台北：联经出版事业公司，1979
年，第 17—40 页。

〔英〕威廉·亚历山大著，沈弘译：《1793：英国使团画家笔下的乾隆盛世——中
国人的服饰和习俗图鉴》，杭州：浙江古籍出版社，2006 年。

（清）文庆、贾桢、宝鋆等纂辑：《筹办夷务始末（道光朝）》，北京：中华书局，
1964 年。

吴义雄：《条约口岸体制的酝酿——19 世纪 30 年代中英关系研究》，北京：中华
书局，2009 年。

——：《国际战争、商业秩序与"通夷"事件——通事阿耀案的透视》，《史学
月刊》2018 年第 3 期，2018 年 3 月，第 66—78 页。

夏泉、冯翠：《传教士本土化的尝试：试论意大利传教士马国贤与清中叶中国学院
的创办》，《世界宗教研究》2010 年第 3 期，2010 年 6 月，第 77—85 页。

（清）夏燮：《中西纪事》，长沙：岳麓书社，1988 年。

（清）萧令裕：《记英吉利》，（清）魏源撰，陈华等点校：《海国图志》卷五十三，
长沙：岳麓书社，1998 年，第 1451—1477 页。

解江红：《清代广州贸易中的法国商馆》，《清史研究》2017 年第 2 期（2017 年 5

月），第 99—112 页。

许地山编：《达衷集》，上海：商务印书馆，1931 年。

徐艺圃：《序言》，中国第一历史档案馆编：《英使马戛尔尼访华档案史料汇编》，北京：国际文化出版公司，1996 年，第 1—9 页。

阎宗临：《中西交通史》，桂林：广西师范大学出版社，2007 年。

（清）杨光荣修，（清）陈澧纂：《［光绪］香山县志》卷八，清光绪五年（1879 年）刻本。

（清）印光任、张汝霖：《澳门记略》，广州：广东高等教育出版社，1988 年。

游博清：《小斯当东（George Thomas Staunton，1781—1859）——19 世纪的英国茶商、使者与中国通》，台湾"清华大学"历史研究所硕士学位论文，新竹，2004 年。

——：《经营管理与商业竞争力：1786—1816 年间英国东印度公司对华贸易》，台北：元华文创股份有限公司，2017 年。

叶霭云：《广东通事"老汤姆"及其宽和通事馆考》，《翻译史研究（2016）》，上海：复旦大学出版社，2016 年，第 97—119 页。

叶柏川：《俄国来华使团研究：1618—1807》，北京：社会科学文献出版社，2010 年。

余三乐：《早期西方传教士与北京》，北京：北京出版社，2001 年。

袁墨香：《马戛尔尼使华与天主教传教士》，山东大学硕士学位论文，济南，2005 年。

——：《天主教传教士与马戛尔尼使团》，《枣庄学院学报》第 23 卷第 1 期，2006 年 2 月，第 71—76 页。

〔英〕约翰·巴罗著，李国庆整理：《中国旅行记》，2 册，桂林：广西师范大学出版社，2011 年。

〔美〕约瑟夫·塞比斯著，王立人译：《耶稣会士徐日升关于中俄尼布楚谈判的日记》，北京：商务印书馆，1973 年。

臧小华：《陆海交接处：早期世界贸易体系中的澳门》，北京：社会科学文献出版社，2013 年。

曾阳晴：《白日升"四史攸编耶稣基利斯督福音之合编"之编辑原则研究》，《成大宗教与文化学报》第 11 期，2008 年 12 月，第 156—188 页。

章文钦：《广东十三行与早期中西关系》，广州：广东经济出版社，2009 年。

〔法〕张诚著，陈霞飞译，陈泽宪校：《张诚日记：1689 年 6 月 13 日—1690 年 5

月 7 日），北京：商务印书馆，1973 年。

张德昌：《胡夏米（Hugh Hamilton Linsay）货船来华经过及其影响》，《中国近代
　　经济史研究集刊》1 卷 2 期，1931 年 11 月，《清史研究资料丛编》，香港：
　　学海出版社，出版日期缺，第 220—239 页。

张海鹏编：《中葡关系史资料集》，2 册，成都：四川人民出版社，1999 年。

张静庐辑注：《中国近代出版史料二编》，北京：中华书局，1957 年。

张隆溪：《什么是"怀柔远人"？正名、考证与后现代式史学》，《二十一世纪》第
　　45 期，1998 年 2 月，第 56—63 页。

——：《"余论"的余论》，《二十一世纪》第 65 期，2001 年 6 月，第 90—
　　91 页。

（清）张渠：《粤东闻见录》，广州：广东高等教育出版社，1990 年。

张顺洪：《马戛尔尼和阿美士德对华评价与态度的比较》，《近代史研究》1992 年
　　第 3 期，1992 年 6 月，第 1—36 页。

（清）张廷玉等：《清朝文献通考》，上海：商务印书局，1936 年。

——等：《明史》，北京：中华书局，1974 年。

张维华：《葡萄牙第一次来华使臣事迹考》，《史学年报》第 1 卷第 5 期，1933 年，
　　第 103—112 页。

——：《〈明史〉佛郎机吕宋和兰意大里亚四传注释》，北平：哈佛燕京学社，
　　1934 年。

——：《明史欧洲四国传注释》，上海：上海古籍出版社，1982 年。

张西平：《明清之际〈圣经〉中译溯源研究》，陈春声编：《海陆交通与世界文
　　明》，北京：商务印书馆，2013 年，第 341—367 页。

（明）张燮：《东西洋考》，上海：商务印书馆，1937 年。

张轶东：《中英两国最早的接触》，《历史研究》1958 年第 5 期，1958 年 10 月，
　　第 27—43 页。

张芝联主编：《中英通使二百周年学术讨论会论文集》，北京：中国社会科学出版
　　社，1996 年。

赵刚：《是什么遮蔽了史家的眼睛？——18 世纪世界视野中的马戛尔尼使团来华
　　事件》，李陀、陈燕谷主编：《视界》第 9 辑，石家庄：河北教育出版社，
　　2003 年，第 2—28 页。

赵晓阳：《二马圣经本与白日升圣经译本关系考辨》，《近代史研究》2009 年第 4
　　期，2009 年 7 月，第 41—59 页。

（清）赵翼：《檐曝杂记》，北京：中华书局，1997 年。

中国第一历史档案馆编：《鸦片战争档案史料》，7 册，天津：天津古籍出版社，1992 年。

——编：《英使马戛尔尼访华档案史料汇编》，北京：国际文化出版公司，1996 年。

——编：《清中前期西洋天主教在华活动档案史料》，4 册，北京：中华书局，2003 年。

"中央研究院"历史语言研究所编：《明世宗肃皇帝实录》，《明实录》，台北："中央研究院"历史语言研究所，1966 年。

〔比〕钟鸣旦著，陈妍蓉译：《礼仪之争中的中国声音》，上海：上海人民出版社，2021 年。

钟叔河：《走向世界：近代中国知识分子考察西方的历史》，北京：中华书局，1985 年。

钟珍萍、葛桂录：《互文·图像·数据与中国形象建构——以英国马戛尔尼使团著作为中心》，《福建师范大学学报（哲学社会科学版）》2021 年第 2 期，2021 年 3 月，第 144—154 页。

周锡瑞：《后现代式研究：望文生义，方为妥善》，《二十一世纪》第 44 期，1997 年 12 月，第 105—117 页。

朱杰勤：《英国第一次使臣来华记》，《现代史学》第 3 卷第 1 期，1936 年 5 月，第 1—47 页，《中外关系史论文集》，郑州：河南人民出版社，1984 年，第 482—547 页。

——：《英国第一次使团来华的目的和要求》，《世界历史》1980 年第 3 期，1980 年 3 月，第 24—31；收《中外关系史论文集》，郑州：河南人民出版社，1984 年，第 548—562 页。

朱雍：《不愿打开的中国大门：18 世纪的外交与中国命运》，南昌：江西人民出版社，1989 年。

日 文 书 目

〔日〕内田慶市：《白日昇漢譯聖經攷》，《東アジア文化交渉研究》第 5 號，2012 年，第 191—198 页。

〔日〕佐佐木正哉編：《鴉片戰爭後の中英抗爭（資料篇稿）》，東京：近代中國研究委員會，1964 年。

———編:《鴉片戰爭の研究（資料篇）》，東京：近代中國研究委員會，1967 年。

———編:《鴉片戰爭前中英交涉文書》，東京：巖南堂書店，1967 年。

索　引

（以中文首字拼音、英文首字母排序）